Vadim Zeland

Ausstieg aus dem technogenen System

Vadim Zeland

Ausstieg aus dem technogenen System

||||||||||||||||||||||||||||||||||||||||||||||||| SILBERSCHNUR VERLAG

Hinweis:

Wir haben uns bemüht, mit unserer Übersetzung sehr nah am russischen Originaltext zu bleiben, der an einigen Stellen jedoch eigenwillige Neologismen und eine recht bilderreiche Terminologie beinhaltet. Wir haben uns bemüht, dieser in der Übersetzung Rechnung zu tragen und sie in angemessener Weise im Deutschen wiederzugeben. Wenn Sie daher bei Ihrer Lektüre häufiger auf Wortneubildungen stoßen, so hoffen wir, damit in Ihrem Interesse gehandelt zu haben, indem wir die Übersetzung so wortgetreu wie möglich gehalten haben.

Titel der Originalausgabe ВЗЛОМ ТЕХНОГЕННОЙ СИСТЕМЫ

ISBN 978-3-89845-494-0

1. Auflage 2016 2. Auflage 2019 3. Auflage 2021

Übersetzung: Helmut Kunkel
Gestaltung & Satz: XPresentation, Güllesheim
Coverfoto: © 2012 Гордиенко Арина, картина »Осколок Времени«
(© ARINA, »The Shard of Time«, 2012)
Druck: Finidr, s.r.o. Cesky Tesin

Silberschnur Verlag • Steinstraße 1 • D-56593 Güllesheim
www.silberschnur.de • E-Mail: info@silberschnur.de

Inhalt

Teil 3: Die Biosphäre

Teil 4: Die Gesellschaft

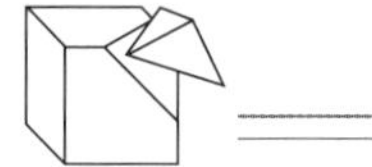

Vorwort

Liebe Leserinnen und Leser!

Sie halten ein Buch in den Händen, das von der KRAFT geschaffen wurde. Ich habe es nicht geschrieben, vielmehr wurde ich von der KRAFT getrieben. Ich kann das mit Gewissheit behaupten, denn erstens hätte ich niemals ein solches Buch schreiben können. Und zweitens ist so etwas nicht möglich ohne die Unterstützung der KRAFT, wie der Name schon andeutet. Warum? Weil der Inhalt des Buches, wie Sie schon bald selbst erfahren werden, voll und ganz seinem Titel gerecht wird. Niemand darf über diese Dinge einfach so, ohne Erlaubnis, sprechen. Sie können über das Ende der Welt sprechen, über Außerirdische, über Anhänger oder Gegner von irgendetwas, über beliebige Fehler und Mängel unserer Gesellschaft, auch über die angebliche geheime Weltregierung. Aber nicht über *das Aushebeln des Systems* an sich. Das ist ein Tabu. Oder haben Sie etwa schon mal von so etwas gehört?

Ich spiele damit nicht auf ökologische Umweltprobleme an. Es gibt ein anderes, aber nicht minder ernstes Problem - ernst deshalb, weil es, auch wenn es nicht explizit zu erkennen ist, eine Gefahr für das Wertvollste darstellt, was der Mensch besitzt - seine Freiheit und seine Individualität. Es geht um die *Ökologie des Geistes* - ein Thema, das aus irgendeinem Grunde kaum jemanden zu bekümmern scheint. Die Aufmerksamkeit wird auf triviale, unwichtige Themen gelenkt, während die Welt sich hintergründig und unbemerkt auf heftige Weise wandelt. Es mag scheinen, dass gar nichts geschieht, aber der Schein trügt.

Äußerlich sind diese Änderungen kaum wahrzunehmen: Alles scheint seinen gewohnten Lauf zu nehmen, unsere Zivilisation geht den Weg des technischen Fortschritts. Doch tatsächlich ist der Fortschritt, dessen Früchte für die Menschen vorteilhaft genannt werden können, schon längst vorbei und wir bewegen uns in einer Richtung, die eigentlich nur noch dem System selbst dienlich ist. Das System begann zu wuchern wie ein Tumor und hat sich vom Willen des Menschen gelöst. Alles deutet darauf hin, dass dieser Prozess außer Kontrolle geraten ist.

Das bleibt für den Menschen nicht folgenlos: Seine Fähigkeiten werden blockiert, seine Möglichkeiten drastisch reduziert - mit genau dem Zweck, dass er das System nicht dabei stört, sich so zu entwickeln, wie es ihm beliebt. Doch der Mensch sieht und fühlt nichts davon, weil die Operation unter Vollnarkose stattfindet, im Tiefschlaf, wovon der Patient wiederum nichts ahnt. In seinen Kopf wird ein Code eingepflanzt:

Setz dich an deinen Arbeitsplatz in deiner Zelle und drücke auf den Knopf, wie es von dir erwartet wird. Erschaffe neue Systemprodukte und konsumiere alles, was das System dir gibt. Befolge die Regel des Pendels: »Macht es so wie ich.« Halte dich an das Prinzip der Gesellschaft: »Wenn alle anderen etwas tun, dann muss es richtig sein.« Und versuche ja nicht, aus der Reihe zu tanzen. Am wichtigsten aber ist es, immer mit dem Informationsnetz verbunden zu bleiben. Bleib im System. Trenne dich nicht von den dafür nötigen Geräten. Höre auf den Fluss der eingehenden Informationen. Stimme ein in den gemeinsamen Chor der »Clicks« und »Likes«, so dass du immer in Resonanz mit dem Netz stehst - werde ein Teil von ihm. Denke nicht nach. Du brauchst dein Gehirn nicht anzustrengen, denn alles Nötige wird dir mitgeteilt werden. Deine Aufgabe ist es, dich so primitiv wie möglich mit »Clicks« und »Likes« zu beschäftigen, die nötigen Reflexe zu entwickeln, um an der rechten Stelle und zur rechten Zeit deine »Clicks« und »Likes« abzugeben - ob mit der Maustaste, beim Einkaufswagen oder bei Umfragen. Und wenn die Stunde geschlagen hat, dann sei bereit, dich in Reih und Glied einzufügen und mit den vielen anderen mitzumarschieren ... wohin, das wird man dir sagen. Sei vor allem bereit, du Getrieberädchen.

Stellen Sie sich vor, Sie kommen zur Arbeit oder zum Studium und sehen sich mit einem kollektiven Traum konfrontiert. Alle streben nach Erfolg, aber handeln wie im Traum, auf der Grundlage irgendwelcher gemeinsamer Algorithmen und Instinkte. Sie würden gern vorankommen und sich von der allgemeinen Masse abheben. Doch wie soll Ihnen das gelingen, wo Sie doch ein gewöhnliches Rädchen sind, das in Reih und Glied mitmarschiert und das, was Bewusstsein und Energetik betrifft, genau wie alle anderen ist? Heutzutage sind alle gebildet, jeder kennt »das Geheimnis«. Sie kennen es auch. Was nun? Was für einen Vorteil haben Sie davon? Keinen. Ihre Chancen sind sehr gering.

Das technogene System ist von Natur aus destruktiv, sowohl in Bezug auf den Menschen als auch auf die Biosphäre unseres Planeten. Doch weil in dieser Welt alles nach Ausgeglichenheit strebt, kann für jede Handlung, die das harmonische Gleichgewicht stört, eine entgegengesetzte Handlung gefunden werden. In einem solchen Antagonismus kommt die Kraft zum Tragen, die ich zu Beginn erwähnte. Es geht nicht darum, das System zu zerstören. Höchstwahrscheinlich ist das sowieso unmöglich, außer es würde sich selbst zugrunde richten oder es wird durch eine Naturkatastrophe zerstört.

Dafür haben wir aber eine Chance, unsere individuelle Lebensqualität zu steigern, wenn wir die Wirkprinzipien des Systems und die Spielregeln kennen, die uns nie mitgeteilt wurden. Es ist möglich, sich im System zu befinden und es für seine eigenen Zwecke zu verwenden, während man gleichzeitig vom System losgelöst ist. Stellen Sie sich ein anderes Bild vor. Ihr Bewusstsein ist frei und rein. Ihre Energetik ist wesentlich höher als die der anderen. Sie haben sich davon verabschiedet, wie die Allgemeinheit zu denken und zu handeln. Sie machen Ihr eigenes Ding, ohne aus dem System auszubrechen. Sie geben vor zu träumen, sind aber hellwach. Sie sind sich voll dessen bewusst, dass alle ringsumher schlafen, nur Sie sind wach. Wer so aus der Reihe tanzt, hat immer die folgenden Vorteile auf seiner Seite:

- Er kann von außen zuschauen, wohin alle anderen gehen.
- Er kann den Zwängen und Stereotypen der Gesellschaft entgehen.
- Er lernt, zu sehen und zu verstehen, was andere nicht sehen und verstehen können.
- Er gibt das Streben auf, der Erste zu sein, und ersetzt es mit dem Ansinnen, einzigartig zu sein.

Wenn Sie sich freimachen von den Zwängen und Konventionen, die Ihnen das System auferlegt hat, werden Sie die Chance erhalten, sich dafür zu rächen, dass Ihre Persönlichkeit plattgemacht wurde. Sie sind einzigartig, und jetzt sind Sie auch frei. Das ist ein prächtiges Privileg. Gönnen Sie es sich!

Teil 1

Transsurfing

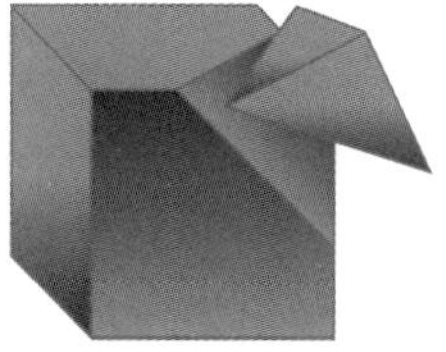

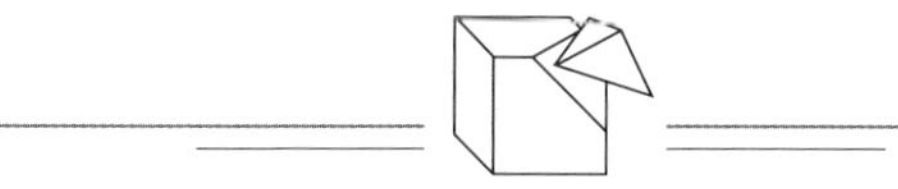

Sie können sich selbst eine beliebige Welt erschaffen

Heutzutage ist es en vogue zu sagen, Gedanken seien materiell. Als Physiker kann ich Ihnen versichern: Das ist blanker Unsinn. Gedanken sind allein schon deshalb immateriell, weil sie weder gemessen werden können noch eine Ausbreitungsgeschwindigkeit haben. Sobald Sie etwas denken, hat Ihr Gedanke schon die Grenze des Universums erreicht - unverzüglich. Ein EEG kann zwar die Gehirntätigkeit registrieren - sozusagen die Folgen der Denkaktivität des Gehirns -, aber nicht die Gedanken selbst. In ähnlicher Weise zeigen blinkende Lichter an einem Computer nicht die Programme selbst an, sondern nur den Verarbeitungsprozess. Mit Energie ist es da schon einfacher: Man kann sie orten, spüren und auf einem Oszilloskop sichtbar machen. Bei Gedanken hingegen liegt der Fall eindeutig schwieriger. Wenn es jemandem gelingt, mithilfe von »Gedankenkraft« Gegenstände zu bewegen, dann scheint das nur so. Denn Gegenstände werden durch Energie bewegt, und die ist materiell. Gedanken aber nicht.

Haben Sie sich eigentlich schon mal überlegt, was Gedanken überhaupt sind? Klar ist nur so viel: Gedanken enthalten Informationen. Aber können Sie auch erklären, was das ist?

Es ist ähnlich wie mit der Unendlichkeit, die sich auch nicht erklären lässt. Stellen Sie sich einmal vor, wir bewegen uns immer weiter von der Erde fort: Wir verlassen das Sonnensystem, dann die Galaxie. Wir fliegen an zahllosen Sternhaufen vorbei, dann überschreiten wir die Grenze des Universums und erreichen andere Universen ...

und immer so weiter. Es ist unmöglich, sich das vorzustellen, wie sehr man es auch versucht. Mir jedenfalls bereitet dieses Bild einiges Kopfzerbrechen. Woran liegt das?

Aber damit hören die Schwierigkeiten noch nicht auf: Die Unendlichkeit und der Punkt sind, topologisch gesehen, ein und dasselbe. Stellen Sie sich einmal vor, dass wir die Unendlichkeit nicht extern, sondern intern erforschen: Wir begeben uns also virtuell hinab in ein Molekül, dann auf die Ebene des Atoms, dessen Kern von Elektronen umkreist wird; dann weiter hinein in ein Proton, in dessen Innerem wir Quarks begegnen, und so weiter und so fort. Das ließe sich ebenfalls unendlich fortführen. Dort lässt sich weder Anfang noch Ende finden, und es gibt auch kein Fundament, auf dem unser Verstand Fuß fassen könnte, um etwas zu begreifen.

Was können wir tun? Wir müssen uns mit Modellen zufriedengeben, die uns zumindest in groben Ansätzen erklären, wer wir sind und in was für einer Welt wir leben. Ansonsten werden wir im wahrsten Sinne des Wortes »verrückt«. Dann geschieht nämlich Folgendes: Wenn der Verstand in dieser Welt seinen Halt verliert, wird er in eine andere, parallele Welt verrückt, und so wird der Mensch buchstäblich »verrückt«. Doch was für Erklärungen man auch immer findet und egal welches Modell man erdenkt, die Fragen bleiben nach wie vor offen.

Das Modell des Transsurfings ist nur eine von vielen möglichen Interpretationen, die darauf abzielen, unserem Verstand zu erklären, wie er mit jener fremden, verwirrenden Realität umgehen kann. Der einzige Trost besteht darin, dass dieses Modell, wenngleich es auch nicht alles erklären kann, zumindest funktioniert.

Das Grundprinzip besteht darin, dass *Sie mit Ihren Gedanken Ihre eigene Realität formen*. Man mag nun fragen, wie das möglich sein soll, da ja die Gedanken schließlich immateriell sind. Allerdings befinden sich die Gedanken nicht im Kopf, sondern im immateriellen, metaphysischen Variantenraum, wo alles gespeichert ist, was war, ist und sein wird. Gedanken sind etwas Ähnliches wie die Programme eines Fernsehapparats. Und der Mensch ist einfach der perfekte Bioempfänger, der in der Lage ist, sich nach eigenem Wunsch mit diesem oder jenem Sektor des Variantenraumes zu verbinden, wo gleichartige Gedanken vorhanden sind - die »Fernsehprogramme«. Und wie beim Fernsehen generiert der Mensch die Programme nicht, sondern er empfängt sie.

Alle Lebewesen in unserer Welt sind mit diesem oder jenem Programm »verbunden«. Die Programme der Pflanzen sind strikt festgelegt. Für jene, die kriechen, schwimmen, laufen oder fliegen können, sind die Programme flexibler, verlaufen aber, auf der Ebene der Instinkte, immer noch ziemlich rigide. Allein der Mensch ist in der Lage, frei und bewusst von einem »Kanal« zum anderen zu wechseln. Er nutzt diese Gelegenheit aber nicht in vollem Umfang, weil er so scharf auf die »Serie« ist, die in der Realität abläuft. Und diese öfters langweilige Soap nimmt kein Ende, weil der Programmschalter wie festgefressen ist.

Der Mensch ist nun allerdings in der Lage, die Fernbedienung zu nehmen und umzuschalten. Richtig, die Realität wird sich nicht auf der Stelle ändern. Zunächst einmal wird ganz mechanisch das gleiche Programm weiterlaufen. Wenn man jedoch lange genug feste auf die Fernbedienung drückt, werden sich allmählich Merkmale des neuen Programms manifestieren, und schließlich wird eine neue Realität die alte gänzlich ersetzen. Auf diese Weise lassen sich Gedanken materialisieren. Die einzige Bedingung, die wir gut lernen müssen, ist folgende: *Um Gedanken zu materialisieren, müssen wir unsere Aufmerksamkeit systematisch und lange genug auf sie richten.*

In der Theorie gibt es mehrere Modelle, die demonstrieren, wie Transsurfing funktioniert. Eines von ihnen ist die Analogie mit dem Einstellen eines Senders auf eine bestimmte Frequenz. Sie befinden sich auf einer Lebenslinie, deren Parameter Ihrer »geistigen Ausstrahlung« entsprechen. Mit anderen Worten, die Frequenz, die Sie anpeilen, bestimmt Ihre Realität.

Zwar sind die Begriffe »geistige Ausstrahlung« und »Gedankenenergie«, die ich in meinen ersten Büchern verwendet habe, nicht ganz treffend, aber sie sollen auch nur das Verständnis erleichtern und nicht etwa eine in sich stimmige Erklärung des Aufbaus der Welt liefern. Wir vergessen immer, dass wir vor einem Weltspiegel stehen und dass uns daher vieles umgekehrt erscheint. Ich wiederhole also: Wir strahlen nicht Gedanken aus, sondern stellen in Wirklichkeit eine Verbindung zu ihnen her, denn die Gedanken sind da, wo immaterielle Dinge hingehören: im metaphysischen Raum. Wie genau diese Verbindung funktioniert, das weiß niemand. Was im Grunde geschieht, ist Folgendes: Mit der Taschenlampe unserer Aufmerksamkeit beleuchten wir zunächst einmal einen Sektor des Variantenraumes und nehmen die Informationen wahr, die es dort gibt; folglich scheinen diese Gedanken in unserem Kopf entstanden zu sein. Und wenn dann die Beleuchtung lange genug währt, wird die entsprechende Gedankenform in der Realität abgebildet und nimmt somit materielle Form an.

Ein weiteres Modell ist das des Spiegels. Die uns umgebende Wirklichkeit ist ein Spiegelbild (wobei der Begriff »Spiegel« vielleicht wieder nicht ganz treffend ist, aber doch sehr nahe) jener Form, die in unseren Gedanken sitzt. Das Ganze ist denkbar einfach: Ihre Aufgabe besteht darin, das Bild, das Sie im Spiegel sehen wollen, darzustellen. Wenn Sie ein fröhliches Gesicht sehen wollen, dann lächeln Sie. Wenn Sie möchten, dass die Reflexion sich nach vorn bewegt, dann tun Sie einen Schritt nach vorn. Die Schwierigkeit dabei ist nur, dass die Menschen der Spiegelillusion sehr leicht zum Opfer fallen. Sie schauen wie gebannt unentwegt in den Spiegel, das heißt in die sie umgebende Realität. Und ähnlich wie im Traum vergessen sie dabei sich selbst – ihre eigene Gestalt.

Was ist daran eigentlich so schwer? Entreiße deine Aufmerksamkeit dem Spiegelbild und richte sie auf das Urbild. Gestalte dieses Urbild so, wie du es sehen willst, und dann achte darauf, was mit der Reflexion geschieht. Aber nein, wir machen alles umgekehrt: Mit den »harten Fakten« konfrontiert, fürchten wir uns. Wir glauben, dass es immer so sein wird, wie es jetzt ist, und fixieren uns auf unsere mentale Schablone. So leben wir heute in dieser unserer trostlosen Realität, unfähig, unseren Blick vom Spiegel zu wenden und ihn auf uns selbst zu richten, auf unsere Gedanken, und dort zumindest irgendeinen Schalter zu betätigen.

Da erhebt sich wieder die alte Frage: Was tun? Erstens gilt es, *die Wachsamkeit aufrechtzuerhalten,* damit wir vom Spiegel nicht betört werden wie in einem Traum. Zweitens *sollten wir nicht in den Spiegel schauen, sondern auf uns selbst.* Nur wenn diese beiden Bedingungen erfüllt sind, beginnt unsere Umgebung, oder unsere Weltschicht, langsam, aber sicher nachzugeben. Die Hauptsache ist, an dem gewünschten Bild entschlossen und unnachgiebig in Gedanken festzuhalten, ohne es zu verändern. Die Reflexion wird sich letztlich dem Urbild anpassen. Sie hat gar keine Wahl!

Sie können sich tatsächlich eine beliebige Welt aufbauen. Wenn Sie Ihre Aufmerksamkeit - ob bewusst und entschlossen oder unwillkürlich und zwanghaft - auf eine bestimmte Vorstellung fixieren, wird sich die Realität in Ihrem Umfeld verändern. Seltsame Dinge werden geschehen. Das, worauf Sie Ihre Aufmerksamkeit richten, überschwemmt buchstäblich Ihre Welt, und Sie werden plötzlich an jeder Ecke darüber stolpern. Andere Dinge hingegen hören auf, Ihre Gedanken zu beherrschen, und verflüchtigen sich irgendwie. Wie kann das angehen? Ist die Realität nicht für alle die gleiche?

Nicht wirklich. Die Realität ist zwar ein und dieselbe, doch jeder hat seine eigene Schicht dieser Realität. *Was sich ändert, ist nicht die gesamte Realität, sondern nur die Konfiguration Ihrer individuellen Weltschicht.* Schon für Ihren Nachbarn mag die Realität ganz anders sein. Es mag unglaublich klingen, aber so ist es tatsächlich. Die Welt ist einfach sehr vielschichtig. Diese Vielfalt ermöglicht eine große Bandbreite möglicher Konfigurationen für die einzelnen Schichten. Mit Ihren Gedanken formen Sie eine einzigartige, individuelle Version Ihrer Welt. Es geschieht das, was in Ihren Gedanken vorhanden ist, und was nicht vorhanden ist, das geschieht auch nicht.

Eine Frau, die Trinker hasst, wird in der Realität ständig mit solchen Leuten konfrontiert sein. Es ist eine Allerweltsweisheit: *Was Sie ärgert, das wird Ihre Gedanken durchfluten.* Schon tritt eine Polarisierung aufgrund von Überschusspotenzialen ein, und dann werden sich Ärgernisse an Ihre Weltschicht heften wie Eisenspäne an einen Magneten. Wenn wir dann in unserem Hass auf Betrunkene erfolgreich sind, wird als Folge unsere Weltschicht von ihnen überschwemmt werden. In der Welt der armen Frau wird sich eine Unmenge torkelnder, herumlungernder Säufer an ihre Fersen heften. Alle Männer in ihrem Bekanntenkreis werden Alkoholiker sein, auch ihre Kinder.

Gleichfalls wird ein Mann, der irgendwo in der Tiefe seines Herzens erkannt hat, dass er längst nicht vollkommen ist, und sich daher davon zu überzeugen sucht, alle Frauen seien Prostituierte oder zumindest dumme Gänse, immer wieder mit genau solchen Exemplaren zu tun haben. Frauen der »oberen Liga« werden von seiner Weltschicht weit entfernt sein, denn er selbst hat seine Wahl getroffen, indem er sie kategorisch aus der Welt verbannte.

Ist das alles Einbildung? Nein, auch das ist die Realität der Spiegelwelt - in ihrer grenzenlosen Vielfalt der Erscheinungsformen. Der eine oder andere mag nun das von mir gezeichnete Bild der Welt erschreckend finden. Kein Grund zur Beunruhigung - das ist nur die äußere, sichtbare Seite des Doppelspiegels. Die vor uns verborgene Realität ist noch erschreckender.

Zusammenfassung

- Gedanken sind immateriell; sie befinden sich nicht im Kopf, sondern im metaphysischen Raum.
- Gedanken sind ähnlich wie Fernsehkanäle.
- Wir erzeugen keine Gedanken und strahlen sie auch nicht aus, sondern verbinden uns mit ihnen, als eine Art Bio-TV-Empfänger.

- Als Menschen sind wir in der Lage, bewusst von einem Kanal auf den anderen zu wechseln, indem wir unsere Gedanken steuern.
- Wir nutzen diese Fähigkeit nicht in vollem Maße, weil wir allzu scharf auf die Soap-Folgen sind, die in der Realität ablaufen.
- Gedankenbilder sind wie ein festes Fernsehprogramm, mit dem wir uns verbinden und das wir in die Welt ausstrahlen können.
- Um ein Gedankenbild zu materialisieren, müssen wir systematisch und lange genug unsere Aufmerksamkeit darauf richten.
- Die Realität ist für uns alle ein und dieselbe, aber jeder von uns hat seine eigene, separate Wirklichkeitsschicht.
- Mit Ihren Gedanken formen Sie Ihre eigene, von Ihnen persönlich gestaltete Welt.
- Es geschieht das, was in Ihren Gedanken ist, und was nicht darin ist, geschieht auch nicht.

Randnotizen

Unser Grundfehler besteht darin, dass wir in der Rolle eines passiven Zuschauers wie gebannt in den Spiegel der Realität starren, ohne unseren Blick abzuwenden. Wie ein Bio-TV-Gerät sehen wir uns Programme an, die uns von außen aufgezwungen werden. Warum das so ist, das wird Ihnen spätestens bis zum Ende des Buches klar werden. Um Ihre eigene Welt zu gestalten, sollten Sie nicht auf den externen Bildschirm (den Spiegel) schauen, sondern auf den internen Bildschirm (auf sich selbst). Empfangen Sie keine fremden Programme, sondern senden Sie Ihre eigenen!

Der Beginn der Transformation

Nun kommen wir zur Frage: Wie kann ich die gewünschte Konfiguration meiner Weltschicht anlegen? Ganz einfach. Nehmen Sie ein Blatt Papier und schreiben Sie Ihre Gedankenbilder auf: eine kurze Skizze Ihrer Umwelt und Ihren Platz darin, in wenigen Sätzen, so wie Sie es gern sehen würden.

Zum Beispiel: *»Ich kümmere mich um meine Welt, und meine Welt wird sich um mich kümmern. Meine Welt kümmert sich immer um alles, und alle sind zufrieden. Ich brauche mir keine Sorgen zu machen. Für mich läuft alles so, wie es sein sollte. Allmählich wird sich mein Planet in eine gemütliche Ecke verwandeln. Mir gelingt alles. Ich sehe toll aus, und mit jedem Tag wird alles besser. Ich bin sehr charmant, und von mir geht ein inneres Licht aus. Die Menschen spüren das und mögen mich. Ich habe eine robuste Gesundheit, viel Energie und einen starken Intellekt. Mit Problemen werde ich spielend fertig. Und die Kraft ist bei mir, sie führt mich, so dass ich für alles eine geniale, brillante Lösung habe.«*

Sie können diesen Ansatz auch nach Belieben verändern, konkretisieren und ergänzen: Was immer Sie auch anstreben, Sie werden es am Ende bekommen. Auf diese Weise kreieren Sie eine Art Konfigurationsdatei nach dem Typ config.sys, sozusagen ein Betriebssystem Ihrer eigenen Welt.

Die Konfiguration Ihrer Vision auf Papier zu schreiben ist schon deshalb ratsam, weil es hilft, Ihre Gedanken zu organisieren. Sie haben sich wahrscheinlich noch nie in Ruhe überlegt, wie Ihre Umgebung nach Ihren Wünschen aussehen sollte. Beschreiben Sie also Ihre Vision.

Diese »Konfigurationsdatei« brauchen Sie für die erste Zeit, bis Sie sich alle aufgezeichneten Parameter klar eingeprägt haben. Aber hängen Sie den Zettel nicht an die Wand, so dass jeder ihn sehen kann. Ihr Gedankenbild ist ein Geheimnis zwischen Ihnen und Ihrer Welt, mit der Sie es gemeinsam verwirklichen werden.

Wie geht es nun weiter? Erstens: Jedes Mal, wenn Sie Ihre Welt betrachten (im Spiegel), tun Sie dies durch die Linse einer bestimmten Konfiguration. Mit anderen Worten, Sie betrachten zuerst sich selbst, dann das Spiegelbild. Was dort draußen auch immer geschieht, *Sie sollten den Strahl Ihrer Aufmerksamkeit auf das fokussieren, was Ihnen zusagt und was Ihnen gefällt, während Sie gleichzeitig darauf achten, den Strahl von allem fernzuhalten, was Sie ärgert oder behindert.* Lassen Sie die Störungen ruhig Störungen sein. Das sollte nicht Ihre Sorge sein, wenden Sie sich einfach von ihnen ab. Schon bald wird all dieser Müll von ihrem Planeten wie weggeblasen sein.

Zum Beispiel können Sie so Menschen ausfiltern, die Ihnen querkommen. Richten Sie Ihre Aufmerksamkeit stattdessen auf nette, schöne Menschen, für die Sie sich interessieren. Genießen Sie es, mit ihnen zu kommunizieren, lächeln Sie sie an, verschaffen Sie sich das Vergnügen ihrer Gesellschaft. Und Leute, die Ihnen unangenehm sind, sollten Sie einfach höflich tolerieren, ohne sie weiter zu beachten. Wenn Sie nicht darauf angewiesen sind, mit ihnen zu kommunizieren, dann vermeiden Sie einfach den Kontakt. Nach und nach wird sich Ihre Welt mit angenehmen Zeitgenossen füllen - erstaunlicherweise auch dort, wo eigentlich keine nette Gesellschaft zu erwarten ist.

Nicht immer wird alles so glatt und reibungslos laufen, wie Sie es gern hätten. Von Zeit zu Zeit werden Sie nicht umhinkommen, sich mit den negativen Aspekten der Realität auseinanderzusetzen. Aber Sie können gelassen bleiben und all dieses Zeug durch ihren Konfigurationsfilter aussondern lassen. Erinnern Sie sich einfach daran, dass Ihre Welt es am besten versteht, sich um Sie zu kümmern, und alles wird so, wie es sein soll, denn das Prinzip der Koordination der Absichten funktioniert einwandfrei.

Zweitens: Deklarieren Sie Ihre Gedankenbilder bei jeder Gelegenheit, vor allem dann, wenn Sie sich durch sie bestätigt fühlen. Nehmen Sie sich dafür extra Zeit, und tragen Sie die Gedankenbilder stets im Hintergrund bei sich. Wiederholen Sie sie oft, wie ein Gebet. Zuerst einmal lernen Sie also, den Lauf Ihrer Gedanken zu beherrschen, und das ist das Gleiche, wie Ihre Realität zu beherrschen. Und zweitens verwandeln Sie die Realität in einer Weise, wie es für Sie nützlich ist.

Das ist ganz wörtlich so zu verstehen. Legen Sie in Ihren Videoprojektor den richtigen Film ein und lassen Sie ihn systematisch und beständig ablaufen. Falls Ihre Gedanken manchmal abwandern oder negative Passagen den Film stören, so sollten Sie nicht dagegen ankämpfen, sondern bloß ruhig und gewissenhaft zu Ihren Bildern zurückkehren - wieder und immer wieder. *Schließlich werden Sie in der Realität jenen Film sehen, den Sie in Ihrem virtuellen Projektor abspielen.*

Es ist unerheblich, wie Sie Ihre Gedankenbilder formulieren - laut oder leise. Worte sind zweitrangig, denn sie sind nur Klanggebilde. Bedeutend sind nur Gedanken, und zwar diejenigen, die systematisch und beharrlich ausgestrahlt werden. Wenn Sie wollen, können Sie den ganzen Tag lang wie ein wandelnder Fernseher ein oder mehrere ausgewählte Festprogramme ausstrahlen, dann wird Ihre Weltschicht allmählich die gewünschte Konfiguration annehmen.

Ich betone: *Sie müssen Ihre Gedankenbilder systematisch senden. Das ist konkrete Arbeit, keine Tagträumerei.* Das ist aber auch schon das einzige »Geheimnis«, das Sie kennen müssen, und eigentlich ist dies gar kein Geheimnis. Es gibt hierbei keine Geheimnisse. Alles esoterische Wissen ist allgemein zugänglich, wenn auch nicht jeder zugreift. Wer dieses »Geheimnis« für sich selbst entdeckt, wird Herr und Meister seiner eigenen Realität. Die Schwierigkeit besteht allein darin, dass sich das Ergebnis nicht sofort zeigt. Sie müssen ausdauernd und beharrlich, ja hartnäckig und stur sein in Ihrem Bemühen, dem Universum die *richtige* Konfiguration zu senden, auch wenn es überhaupt nicht danach aussieht, dass Ihre Wünsche wahr werden.

Dennoch sollten Sie beachten, dass Gedanken, die mechanisch, unbewusst und unreflektiert ablaufen, nicht besonders wirkungsvoll sind. Die externe Absicht kann nur mit Gedanken aufgerufen werden, die von Herzen und mit Gefühl formuliert werden, in der Einheit von Seele und Verstand.

Schriftlich festgehaltene Gedanken haben sogar noch mehr Kraft. Nicht umsonst heißt es: »Was mit dem Stift geschrieben ist, kann keine Axt abholzen.« Wenn Sie an etwas nicht nur denken, sondern es darüber hinaus auch schriftlich deklarieren, neigen Seele und Verstand dazu, Einheit zu erreichen. Aus diesem Grunde geschieht es Autoren öfters, dass die Geschichten, die Ereignisse und die Leute, über die sie schreiben, in ihrem Leben Realität werden. Diese Tatsache kann ich persönlich bestätigen.

In einem Brief, besonders wenn er mit Gefühl geschrieben wird und an eine bestimmte Person gerichtet ist, steckt die Kraft der Gedanken hoch zwei. Daher sollte man mit persönlichen Mitteilungen sehr sorgsam umgehen. Im Internet begegnet man heutzutage überall einem typischen Muster: In dem Ansinnen, Gift und Galle zu spucken, schießt jemand mit beleidigenden, herabwürdigenden Gedankenbildern um sich, entweder an alle gerichtet oder an eine bestimmte Person. Wenn Sie etwas Erfahrung mit virtuellen Kommunikationsforen haben, dann wissen Sie: Es wird dort immer jemanden geben, der es darauf abgesehen hat, Ihnen mit spitzen Bemerkungen die Laune zu verderben. Das bedeutet nicht, dass diese Personen schlecht sind. Oft sind sie einfach einsam und unglücklich und versuchen so, sich auf Kosten anderer selbst etwas zu beweisen, oder sie projizieren ihre eigenen Probleme auf andere.

Offenbar wurden Sie mit etwas konfrontiert, was Ihnen nicht gefallen hat. Vermeiden Sie solche Auseinandersetzungen lieber und gehen Sie dorthin, wo Sie sich wohlfühlen. Nehmen Sie sich das, was Ihnen guttut. Auch wenn nun jemand etwas gesagt oder getan hat – wahrscheinlich hatte er gerade dieses Bedürfnis oder es gab andere Gründe dafür. Und sei es nur, um Ihnen zu zeigen, dass jemand anderes die gleiche Existenzberechtigung hat wie Sie. Wahrscheinlich wird diese Nervensäge auch nicht einfach weitergehen. Zweifellos wird er »sein Territorium markieren«, seinen Schmutz ablassen und erst dann, zufrieden mit sich selbst, seiner Wege gehen.

Ich betrachte solche Leute mit ehrfürchtigem Entsetzen, ungefähr so wie jemanden, der Selbstverstümmelung betreibt. Es kommt ihnen gar nicht in den Sinn, dass sie durch ihre unfreundlichen Worte oder ihre Kritik zwar jemandem ein paar Minuten auf die Nerven fallen mögen, dass aber solches Verhalten unweigerlich wie ein Bumerang auf sie selbst zurückfällt. Wie sollte es auch anders sein? In der einen oder anderen Form bekommen sie eine vielleicht noch ärgere Retourkutsche. Es ist so, als leerte man seinen Mülleimer gegen den Wind aus. Der Unterschied ist nur, *dass ein Bumerang nicht sofort zurückkehrt und auch nicht immer auf die gleiche Weise, wie man ihn geworfen hat.* Da solche Leute die Verbindung zwischen Ursache und Wirkung nicht kennen, verstehen sie nicht, dass sie für ihr Verhalten zahlen müssen, indem sie selbst bluten. Am Ende landet der von ihnen verstreute Müll auf ihrem eigenen Hinterhof.

Zweifellos ist es, rein praktisch gesehen, sehr unvorteilhaft, auf jemanden mit einem bitterbösen Bumerang zu zielen. Wäre es nicht besser, anstatt Unrat an diesem Ort eine Blume zu hinterlassen? Schicken Sie jemandem Worte der Ermutigung, der Anteilnahme, des Dankes. Auch wenn man manchmal tatsächlich Gift und Galle spucken möchte, ist es besser, das sein zu lassen. Besser ist es, loszulassen oder seine Einstellung zu ändern – von negativ zu positiv. Seltsamerweise ist es ganz einfach, seinen bösen Bumerang zum Guten umzupolen. Das ist jederzeit möglich – man braucht nur aufzuwachen, ein wenig nachzudenken und es zu wollen. Gute Worte werden genauso stark sein, wie es üble sein könnten, und die Befriedigung wird für den Absender sogar viel größer sein – im Moment des Abschickens, aber auch noch danach. Kommt denn ein Bumerang der Liebe und Güte ebenfalls zurück? Und ob!

Zusammenfassung

- Die Konfigurationsdatei erfüllt einen wichtigen Zweck: Sie ordnet und klärt Ihre Gedanken, Wünsche und Ziele.
- Sehen Sie die Welt durch die Brille einer bestimmten Konfiguration.
- Richten Sie den Strahl Ihrer Aufmerksamkeit auf Dinge, die Ihnen wohltun und die Ihnen gefallen, und halten Sie ihn fern von Dingen, die Sie ärgern oder stören.
- Deklarieren Sie Ihre Gedankenbilder bei jeder Gelegenheit, vor allem dann, wenn Sie eine Bestätigung finden.
- Der Film, den Sie in Ihrem virtuellen Projektor laufen lassen, wird der gleiche sein, den Sie in der Realität sehen werden.
- Sie sollten Ihre Gedankenbilder systematisch generieren.
- Aufgeschriebene Gedankenformen erwerben zusätzliche Kraft.
- Das Bumerang-Prinzip: Wenn Sie in der Reflexion keine Feindseligkeit, Aggression, Missbilligung und Ablehnung sehen wollen, dann brauchen Sie nur die entsprechenden Gedankenbilder zu erstellen.

Randnotizen

Die Konfigurationsdatei wird Ordnung in Ihre Gedanken bringen. Mit dem feinen Strahl Ihrer Aufmerksamkeit wählen Sie einerseits alles Gute von dem aus, was Ihnen in Ihrer Weltschicht begegnet, und andererseits senden Sie damit in Ihre Umgebung all das aus, was Ihnen noch fehlt und was Sie gern dort sehen würden. Sie werden sozusagen gleichzeitig zum Scheinwerfer und zum Projektor. Das sind die ersten Schritte zur wundersamen Verwandlung vom Empfänger zum Sender. Sie werden sehen, wie schon bald nach Ihrer Verwandlung eine qualitative Veränderung Ihrer Realität erfolgt.

Ich kann alles!

Wir haben also vier Methoden, mit denen Sie Ihre Weltschicht transformieren können: *die Konfigurationsdatei, den Aufmerksamkeitsstrahl, den Projektor und den Bumerang*. Wir wollen nun an praktischen Beispielen betrachten, wie die Verwandlung vonstattengeht.

Gibt es irgendeine Erklärung dafür, dass ich an drei Tagen in Folge Katzen begegne? Zuerst stirbt eine Nachbarin vor unseren Augen. Am nächsten Tag gehe ich ins Kino (was ich seit einem Jahr nicht mehr getan habe), und im Film stirbt eine Katze. Am dritten Tag streunt eine unbekannte Katze nachts auf einem Balkon herum (im vierten Stock!) und miaut, was das Zeug hält. Und so weiter. Mir sind auf einmal viele Beziehungen aufgefallen, genauer gesagt: die Wiederholung von Worten, Dingen und Ereignissen. Aber ich verstehe nicht, was das alles zu bedeuten hat.

Das ist ganz einfach: In Ihrer Welt sammelt sich das an, worauf Sie Ihre Aufmerksamkeit richten. Zunächst schnappen Sie als Empfänger aus dem eingehenden Datenstrom ein Signal auf, doch sobald es Ihre Aufmerksamkeit erregt hat, werden Sie selbst zum Sender, und durch den Rückkopplungseffekt wird das Signal dann verstärkt.

Ich suche einen Job. Alle Angebote, die ich erhalte, kommen von großen westlichen Firmen (was meinem Wunsch entspricht), aber es sind nur Zigarettenhersteller oder Brauereien. Jetzt bin ich aber Nichtraucher und Antialkoholiker und habe für mich klar entschieden, dass es gegen meine Prinzipien wäre, für solche Unternehmen zu arbeiten. Dennoch bekomme ich weiterhin Angebote nur von solchen Firmen. Wenn mich Freunde fragen, wie es mit meiner Jobsuche vorangeht, muss ich immer antworten, dass alle Angebote von Zigarettenherstellern und Brauereien kommen. Kann es sein, dass ich durch diese Wiederholungen diese Firmen quasi zu mir hinziehe?

Ihre Gedanken werden davon beherrscht, dass Sie nicht nachgeben. Sie wollen einfach nicht einlenken und wiederholen hartnäckig Ihre Weigerung. So fixieren Sie Ihre Aufmerksamkeit und bekommen als Ergebnis die Umsetzung im Spiegel der Realität. Sie könnten ja weiterhin auf Rauchen und Trinken verzichten, aber gleichzeitig Verständnis dafür aufbringen, dass andere das tun. Warum lassen Sie die anderen nicht einfach anders sein?

In den letzten Monaten ist mir irgendwie ständig die Zahl »222« ins Auge gesprungen. Ganz intuitiv, glaube ich. Manchmal schaue ich irgendwohin, sagen wir zum Beispiel auf den Tacho, und dann sehe ich beim Kilometerstand drei oder vier gleiche Ziffern (nicht nur die Ziffer 2). Wenn ich auf die Uhr schaue, begegnen mir dort ebenfalls jene seltsamen Wiederholungen: 22:22 Uhr oder 11:11 Uhr – und das recht häufig. Das ist übrigens erst seit einigen Monaten so, vorher gab es so etwas nicht. Könnten das Wegzeichen in Form von Zahlen sein?

Das hat rein gar nichts zu bedeuten. In Ihrer Weltschicht wird immer das vorherrschend sein, worauf Ihr Aufmerksamkeitsstrahl gerichtet ist, vor allem dann, wenn Sie über etwas überrascht oder irritiert sind. Beispiele hierfür gibt es in Hülle und Fülle. Wenn Sie eine Abneigung gegen Landstreicher haben, werden sie ihnen immer wieder über den Weg laufen. Wenn Sie sich regelmäßig über Nachbarn und Mitreisende aufregen, können Sie sicher sein, ihnen auf Schritt und Tritt zu begegnen. Wenn Sie hübsche Mädchen mögen und Sie nach Ihnen Ausschau halten, werden Ihnen öfters welche begegnen. Wenn Sie aus der Haut fahren, wenn Sie in einem Laden übers Ohr gehauen wurden oder man Ihnen eine schlechte Ware angedreht hat, wird das immer wieder vorkommen.

In Ihrem Fall ist es so, dass Sie auf Zahlen achten. Alles hat damit begonnen, dass Sie Ihre Aufmerksamkeit auf symmetrische Zahlen gerichtet haben. Auf die eine oder andere Weise werden Ihre Gedanken sich im Spiegel der Welt und in Ihrer Umgebung manifestieren. Deshalb begegnen Ihnen immer wieder jene seltsamen Zahlkombinationen. Sie sind überrascht, aber Seele und Verstand verschmelzen immer zu einer Einheit, wenn die Gefühle stark genug sind, und als Folge davon erscheint auf dem Spiegel ein deutliches Bild. Der Prozess geht aber noch weiter. *Das, worauf Sie Ihre Aufmerksamkeit fixieren, wird Ihre Welt buchstäblich durchfluten.*

Der gewöhnliche Menschenverstand kann es kaum glauben, dass die Gedanken in der Lage sind, die Realität zu formen. Ich will also alles auf die selektive Wahrnehmung abschieben, nicht wahr? Kann ich denn etwa mit meinen Gedanken Landstreicher, Nachbarn und Mitreisende kreieren? Nun, es gibt sie ja bereits, nur werden sie mir dadurch, dass ich ihnen meine besondere Aufmerksamkeit schenke, ein Dorn im Auge!

Aber ganz so einfach ist es nicht. Die selektive Wahrnehmung findet tatsächlich statt, aber das ist erst die eine Hälfte. Wenn Sie genau hinsehen, werden Sie mit Überraschung ein seltsames Phänomen feststellen: Sobald etwas Sie nicht mehr berührt, wird es aus Ihrem Leben verschwinden, und umgekehrt genauso: Sobald Sie einem Phänomen besondere Beachtung schenken, wird es Sie unweigerlich verfolgen. Und es lässt sich eindeutig erkennen, dass die Wahrnehmung dabei keine Rolle spielt. Sie hören also auf, auf Landstreicher zu achten, und plötzlich begegnen Sie Ihnen nur noch ganz selten – wo sind sie auf einmal geblieben? Sie finden einen Partner, und hübsche Mädchen rennen Ihnen auf einmal nicht mehr so oft über den Weg – gibt es etwa weniger davon? Sie finden sich mit etwas ab, was Sie früher sehr aufregte – Müll auf der Straße –, und plötzlich scheinen die Straßen sauberer zu sein. Woran liegt das?

Der Grund dafür ist, dass jeder von uns in seiner eigenen Weltschicht eine gewisse Autonomie oder Eigenständigkeit besitzt. All diese Schichten überlagern und überschneiden sich, bewegen sich jedoch unabhängig voneinander in jene Richtung, in der sie vom Strahl der Aufmerksamkeit gezogen werden. Die Realität ist für uns alle ein und dieselbe, wie ein Tisch, doch die Karten auf diesem Tisch sind bunt gemischt. Sobald der Besitzer einer Schicht den Strahl seiner Aufmerksamkeit auf ein bestimmtes Objekt richtet, beginnt seine Schicht sich in eine Region zu bewegen, wo sich eine große Ansammlung solcher Objekte befindet. In der Tat ist es nicht so, dass Sie die Figuren und Dinge manifestieren, auf die Ihre Gedanken sich richten; vielmehr »geht« Ihre Weltschicht dorthin, wo sie in Fülle vorkommen.

Ich schreibe Musik und Texte im Rap-Stil. Sehr oft kommt es vor, dass die Ereignisse, über die ich geschrieben habe, dann tatsächlich stattfinden, entweder in meinem eigenen Leben oder im Leben von jemand anderem. Ich bekam fast einen Schock, als ich in den Nachrichten von einem Fall erfuhr, den ich in ein, zwei Wochen zuvor fast genauso in einem meiner Texte beschrieben hatte. Jener Text war eine von mir frei erfundene Ballade, zu der ich auch die Melodie geschrieben hatte. Solche Situationen sind nicht nur ein, zwei Mal vorgekommen, und ich bin jetzt viel vorsichtiger geworden. Ich begriff auf einmal, warum Künstler wie 50 Cent so viel mit ihrem Rap verdienen – sie haben Texte über ihren eigenen Wohlstand gesungen, der sich dann in der Folge manifestierte. In Zukunft werde ich die Themen, über die ich schreibe, bewusst auswählen und filtern.

Kommentar unnötig.

In unserer Welt finden große Naturkatastrophen statt. Wenn ich das richtig verstanden habe, ist alles, was mit uns geschieht, eine Folge unserer Gedanken. Angenommen, jemand hat daran gedacht, dass ihm etwas zustoßen wird. Aber das wird man ja wohl kaum von allen Menschen behaupten können, die in ein bestimmtes Unglück verwickelt sind.

Der Glaube, dass alles, was uns passiert, eine Folge unserer Gedanken ist, beruht nicht auf Transsurfing, sondern ist »reine Esoterik«, also eine Metaphysik, die auf einem Absoluten aufbaut. Dieser Glaube ist ein Irrglaube.

Wir leben in einer dualen Welt, die aus physischen und metaphysischen Komponenten besteht, also müssen Sie beide Komponenten in Ihre Rechnung mit einbeziehen. Allerdings gibt es in der »Gleichung der physischen Realität« zu viele Variablen. Wenn es eine Reihe von Umständen gibt, als deren Folge eine tödliche Variable auftritt, dann kann jedem etwas zustoßen, auch wenn er noch so positiv gesinnt ist. Kann es Ihnen zum Beispiel gelingen, Erdbeben völlig zu vermeiden, wenn Sie in einem Erdbebengebiet leben? Möglich ist nur, über den Zusammenhang zwischen Ihren Gedanken und *der Wahrscheinlichkeit* eines Unglücks zu sprechen.

Außerdem leben Sie nicht allein in dieser Welt. Die Schichten vieler Menschen kreuzen sich in Raum und Zeit. Deshalb ist es unmöglich, seine eigene Weltschicht so zu isolieren, dass keine externen Einflüsse mehr wirken. Fremdeinflüsse wird es immer geben, da gibt es kein Entkommen. Was nun Unfälle und Katastrophen betrifft, so werden sie, solange Sie Meldungen darüber nicht weiter beachten, in Ihrer eigenen Weltschicht höchstwahrscheinlich nicht geschehen.

Wenn meine Weltschicht zum größten Teil aus meinen Gedanken gebildet wird, sollte dann nicht auch schon die kleinste Aufregung (sagen wir, ich habe Angst, dass etwas nicht klappt) dazu führen, dass ich es tatsächlich nicht hinbekomme?

Unsere Welt ist nicht so primitiv wie ein Automat, der nur ein Ja oder ein Nein kennt. Die Wirklichkeit besteht aus Myriaden von Einsen und Nullen. Daraus ergibt sich ein System, in dem alles gleichzeitig deterministisch und zufällig ist. Zufälle sollte es scheinbar nicht geben, denn jede Wirkung hat eine Ursache. *Aufgrund der Komplexität des Systems beobachten wir jedoch nicht ein deterministisches, sondern ein stochastisches Verhalten der Realität.* Und auch wir selbst sind nicht so einfach gestrickt. Unser Kopf ist nicht wie eine Glühbirne, die entweder ein- oder ausgeschaltet ist. Unsere Psyche ist weitaus komplizierter. Und wenn wir erst unsere Interaktion mit der Realität betrachten, wird alles noch eine Stufe schwieriger.

Wenn wir also über Dinge spekulieren wie »was wäre, wenn ...«, so geht es dabei nicht um absolute Gesetze und strikte Algorithmen, sondern um Tendenzen und Wahrscheinlichkeiten. Ist Ihnen schon mal aufgefallen, dass wir beim Transsurfing nicht von Gesetzen sprechen, sondern von Prinzipien? Zum Beispiel: Je stärker unsere Begierde (ein mit Angst vor dem Scheitern verbundener Wunsch), desto geringer die Wahrscheinlichkeit, dass wir es bekommen. Aber niemand hat behauptet, dass Sie rein gar nichts bekommen, bloß weil Sie eine leise Befürchtung haben. Und umgekehrt können Sie »mit einem Senfkorn« Glauben Berge versetzen. Dennoch kann Ihnen niemand sagen, wie viel Glauben Sie genau brauchen, um Ihr gewünschtes Ergebnis zu erlangen. Das Senfkorn ist hier natürlich nur eine Metapher.

Es gibt also kein absolutes Nein. Und Gott sei Dank ist das so, denn wenn jeder Wunsch und jede kleine Befürchtung sofort umgesetzt würde, hätten wir in unserer Welt ein völliges Chaos.

Von allen Seiten höre ich Informationen über kommende Katastrophen, und ich bereite mich darauf vor, dass sie tatsächlich kommen. Wenn ich durch die Straßen gehe, erscheint es mir, als wandele ich in einer fremden Welt. Alles dreht sich im Kreis, die Läden verkaufen nur nutzlosen Junk. Die Gerüche und Klänge sind künstlich, die Probleme der Menschen scheinen keine Rolle zu spielen ... Rutscht unsere Zivilisation in eine Matrix? Das sind sehr unbehagliche Aussichten.

Sie sollten diese Matrix-Szenarios sehr distanziert betrachten. Lassen Sie sich nicht darauf ein – Sie können solche Entwicklungen sowieso nicht aufhalten. Im Gegenteil, mit dieser Haltung werden Sie in Ihrer Welt nur Unordnung stiften. Es ist zwecklos, seinen Widerwillen gegen etwas zur Schau zu stellen, seine Unzufriedenheit zu äußern oder sich gar auf einen Kampf gegen die Pendel einzulassen. Etwas, das Sie ablehnen, beherrscht in der Regel Ihre Gedanken, und folglich wird Ihre Welt damit überflutet werden. Vielmehr sollten Sie das, was Sie abstößt, akzeptieren, so als würden Sie es einfach zur Kenntnis nehmen, ohne sich weiter damit zu beschäftigen. Wenn Sie das Ärgernis auf diese Weise loslassen, wird es auch Sie in Ruhe lassen.

Ich habe folgendes Problem. Von meinen politischen Anschauungen her bin ich westlich ausgerichtet, ein Liberaler und Demokrat. Wie Sie verstehen werden, ist das, was gerade in Russland geschieht (das Abdriften in ein totalitäres System), für mich so unausstehlich wie die Pest. Was kann ich da tun? Ich werde es kaum schaffen, die Politik ganz aus meinem Leben zu streichen. Meldungen über Katastrophen, Morde und so weiter versuche ich zu vermeiden. Doch dem ständigen Strom der Negativität aus dem Internet und aus den Medien ist wohl nicht zu entkommen. Und schon wenn ich Fotos unserer Staatsführer sehe, regt mich das auf. Was kann ich da tun? Ich habe das Gefühl, dieser tägliche Ärger macht alle meine Bemühungen beim Transsurfing zunichte.

Sie machen den Fehler, dass Sie die Gesellschaft, in der Sie leben, mit Ihrem eigenen Wohlbefinden verknüpfen. Auf den ersten Blick mag es seltsam erscheinen, aber es gibt hierbei absolut keine Verbindung. Sie können in jeder Staatsform glücklich oder unglücklich sein, ob nun im Totalitarismus oder in einer Demokratie. Darüber hinaus besteht der Unterschied zwischen den beiden Systemen eigentlich nur an der Oberfläche. Sie können in jedem beliebigen Umfeld Ihr eigenes Ding durchziehen. Wenn Sie das verstehen, wird die Politik Sie nicht mehr so aufregen.

Ich habe eine Frage zu bösen Absichten. Sie schreiben ja, dass es schlimm endet für jemanden, der solche Absichten hegt. Ich wüsste gern, warum das so ist. Denn wenn ich fest davon überzeugt bin, dass ich dabei nicht zu Schaden komme, wie soll mir dann etwas passieren? Welche Kräfte sind dabei am Wirken? Etwa ein Gesetz der kosmischen Gerechtigkeit, das einen Übeltäter bestraft? Haben Sie nicht gesagt, dass es Karma gar nicht gibt? Außerdem gibt es ja auch die schwarze Magie, deren Anhänger sich durchaus ihrer Handlungen bewusst sind, ohne dass sie Angst vor Strafe hätten.

Karma gibt es tatsächlich nicht - solange es nicht in Ihrer Konfigurationsdatei enthalten ist. Karma ist eine subjektive Angelegenheit, genauso wie das Schicksal. Wenn sich jemand damit abgefunden hat, dass das Schicksal vorherbestimmt ist, dann ist das auch so - für ihn. Wer aber sein Schicksal in die eigene Hand nimmt, für den wird es lenkbar.

Allerdings gibt es auch das objektive Gesetz des Bumerangs: Wenn Sie jemandem Verderben wünschen, wird dieser Wunsch in der einen oder anderen Form auf Sie selbst zurückfallen. Denn die Welt ist ein Spiegel: »Wie du in den Wald hineinrufst, so schallt es heraus.«

Bei Schwarzmagiern liegt der Fall etwas anders. Sie wirken nicht selbst, sondern durch ihre Pendel, und daher kommt der Bumerang nicht zu ihnen zurück. Wenn Sie also jemanden ärgern wollen, sollten Sie die entsprechenden Pendel einsetzen oder sich gar nicht mit solchen Dingen befassen. Denn was bringt das schon?

Ein paar Jahre lang habe ich an verschiedenen Zentren für geistige Entwicklung studiert. Doch irgendwann fiel mir auf, dass die Techniken zwar wirksam sind, dass sie mich aber nicht zu meinem Hauptziel bringen, nämlich zu einer problemlosen Existenz. Das ergibt dann eine Art »auf der Stelle treten mit Hüpfern zwischendrin«. Für mich ist das nicht das passende Ergebnis – wenngleich einige meiner Hüpfer recht beeindruckend waren. So konnte ich das Wetter beherrschen, indem ich beispielsweise den Regen stoppte, außerdem konnte ich Grundstücke und Autos materialisieren und so weiter. Aber es ist mir dennoch nicht gelungen, konstante Glückswellen oder eine problemlose Existenz zu erreichen. Nach einem Erfolg kam wieder eine Niederlage.

Um seine Weltschicht zu einem stabilen, störungsfreien Zustand zu bringen, sollte man systematisch und mit gleichbleibender

Konstanz das Prinzip der Koordination der Absicht praktizieren und dazu die Amalgam-Technik praktizieren, wie im Buch *Transsurfing* beschrieben.* *Das ganze Geheimnis liegt in der Stetigkeit.* Der Spiegel reagiert mit einer gewissen Verzögerung, und daher ist eine stabile Realität nicht durch eine einmalige Anstrengung zu erreichen, sondern nur durch gefestigte Gewohnheiten und Denkweisen. Das Amalgam und die Koordination sollten Sie sich zur Gewohnheit machen. Das ist erforderlich und auch ausreichend, um auf einer steten Welle des Glücks zu gleiten. Das Ganze ist denkbar einfach: Nötig ist eine dauerhafte Beständigkeit im Denken und Handeln. Doch die meisten Menschen sind da nicht konsequent genug. Sie sind schnell Feuer und Flamme, kühlen aber genauso schnell wieder ab. Und so ergeben sich in ihrem Leben immer wieder schwarze Streifen, hin und wieder unterbrochen von zeitweiligen »Hüpfern«.

Ich habe den Zustand der Ganzheit und der inneren Freude verloren. Ich versuche mich zu erinnern, wie dieses Gefühl war, aber vergeblich. In meinem Kopf zirkulieren viele miteinander verflochtene Gedanken, aber es gibt dort nicht eine einzige vollständige Idee. Ich verfalle deshalb nicht in Panik, aber dieser Zustand gefällt mir überhaupt nicht. Was kann ich in einer solchen Lage tun? Ich weiß, was ich will: Vertrauen, Ruhe und Freude.

Sie müssen Ihre Realität korrigieren, indem Sie Ihre Weltschicht von Ihrer jetzigen Nebelwolke in eine saubere Region des Variantenraumes überführen. Wie können Sie das schaffen?

Es gibt ein Rezept, das ebenso einfach wie genial ist. Wenn ein Kind weint, wie kann man es dann beruhigen? Gut zureden wird kaum helfen. Sie müssen mit ihm basteln, Fürsorge und Anteilnahme

* Im Russischen sind die ersten fünf Bände der Reihe *Transsurfing* nachträglich in einem Sammelband zusammengefasst worden. Wenn der Autor sich auf das Buch *Transsurfing* bezieht, meint er damit den Sammelband, den es im Deutschen nur in fünf Bänden gibt. (Anmerkung des Übersetzers)

zeigen und ihm Ihre Aufmerksamkeit schenken. Wenn es Ihnen schlecht geht, dann weint Ihr inneres Kind. Kümmern Sie sich um es. Abgesehen davon, dass viele von uns sich nach außen seriös, solide und hart geben, bleiben wir im Innern eigentlich Kinder. Denken Sie mal darüber nach. Gönnen Sie sich eine Karussellfahrt, mit anderen Worten: Achten Sie darauf, was Ihnen am besten gefällt. Nehmen Sie sich für die Korrektur der Realität eine besondere Auszeit, in der Sie einfach entspannen, ohne über Probleme nachzudenken. Sagen Sie sich: *»Heute gehe ich mit meiner Welt spazieren.«* Die Zeit lohnt sich, denn Ihre Weltschicht muss gereinigt werden - davon hängt vieles ab. Kaufen Sie sich Ihre Lieblingsleckerei: »Iss, iss, mein Guter, lass es dir besser ergehen.« Verbringen Sie einen ganzen Tag mit sich selbst und Ihren Freuden. Kümmern Sie sich um sich selbst, und legen Sie sich in Ruhe ins Bett: »Schlaf, mein Guter, deine Welt wird sich um dich kümmern.«

Nach einiger Zeit wird Ihre Umgebung wärmere, behaglichere Töne annehmen - Ihre Weltschicht entkommt dem Morast. Dann sollten Sie sich bemühen, dass diverse Prinzipien wie das der *Koordination der Absicht*, aber auch Techniken zu Realitätstransformation wie *die Konfiguration, der Aufmerksamkeitsstrahl, der Projektor und der Bumerang* Ihnen zur Gewohnheit werden und Sie sie somit in Ihre Gedanken und Ihre Weltanschauung integrieren. Und irgendwann wird der Tag kommen, an dem Sie sich sagen: *»Ich kann alles.«*

Zusammenfassung

- In Ihrer Weltschicht entsteht all das, worauf Sie Ihre Aufmerksamkeit fixieren.
- Etwas, das Sie völlig ablehnen, kann Ihre Gedanken vereinnahmen.
- Wenn etwas Sie nicht mehr berührt, verschwindet es aus Ihrem Leben. Umgekehrt gilt in ähnlicher Weise: Sobald Sie einer Sache besondere Aufmerksamkeit schenken, beginnt sie Sie zu verfolgen.

- Ihre Weltschicht bewegt sich dorthin, wohin Sie Ihren Aufmerksamkeitsstrahl richten.
- Sie können in jedem beliebigen Umfeld Ihr eigenes Ding durchziehen.
- Gleichzeitig wird nicht alles allein durch Gedanken bestimmt, denn die Welt ist dual, und die Schichten verschiedener Menschen können sich auch überschneiden.
- Aufgrund der Komplexität des Systems beobachten wir nicht ein deterministisches, sondern ein stochastisches Verhalten der Realität.
- Eine stabile Realität ist nicht durch eine einmalige Anstrengung zu erreichen, sondern nur durch gefestigte Gewohnheiten und Denkweisen.

Randnotizen

Im Weiteren wollen wir typische Fragen anhand von konkreten Beispielen analysieren, die sich während des Aufbaus Ihrer Welt ergeben.

Dias von Liebespartnern

Ist es möglich, in ein Zieldia eine bestimmte Person einzusetzen?

Wenn Sie Ihre Weltschicht mit der Methode des Transsurfings einrichten, materialisieren Sie aus dem Variantenraum all das, was Sie beabsichtigen zu haben. Das ist so ähnlich, als würden Sie in einen Laden gehen und von dort das, was Sie brauchen, nach Hause bringen. Im Variantenraum sind alle Dinge enthalten, die sich materialisieren lassen: Haus, Auto, Segelyacht, Karriere und so weiter. Es ist wie eine Schablone, in der Drehbücher und Bühnenbilder gespeichert sind. Was könnte es geben, was es dort nicht gibt?

Was es dort nicht gibt, sind Ihre Liebe oder Ihr Hass, Ihr Seelenfrieden oder Ihre Depression, Ihre Freude oder Ihre Traurigkeit. Verstehen Sie, was es dort nicht gibt? Ihre Seele. Und kennen Sie den Unterschied zwischen echten Menschen und Figuren des Variantenraums, denen Sie in Ihren Träumen begegnen? Jene Figuren haben im Gegensatz zu uns Menschen keine Seele und kein Selbstbewusstsein. Sie sind nur Schablonen, Schaufensterpuppen, pseudolebendige Programme. Wenn Sie im bewussten Traum jemandem eine Ihrer Fragen stellen: »Weißt du eigentlich, dass ich träume und dass ich dich in meinem Traum sehe?«, werden Sie als Antwort wohl nur ein dummes Kichern ernten, weil Ihr Gegenüber die Bedeutung solcher Fragen nicht verstehen kann. Die Figuren im Traum handeln in einem vorbestimmten Szenario, wie die Helden in einem Computerspiel oder einem Film. Was ihnen in dem Film, den Sie gerade sehen, von ihrer Rolle vorgeschrieben ist, das wird auch geschehen.

Natürlich gibt es eine unzählige Menge solcher Filme. Daher kann das Verhalten der Traumfiguren plastisch variieren, je nach den Erwartungen des Zuschauers oder der Rolle des Filmvorführers (des Ideengebers). *Während der Verstand den Film sieht, passt er das Drehbuch an seine Erwartungen und Vorstellungen an, so dass sich auf der Stelle auch der Film ändert.* So entsteht die Illusion, als würde der Träumende den Traum nicht betrachten, sondern darin leben, wie im realen Leben. Aber das ist eine Illusion. Alles, was dort vor sich geht, ist nicht real, obwohl gleichzeitig der Traum seine eigene Realität hat (ähnlich wie der Film eine Illusion ist, wohingegen die Filmrolle in der Metallschachtel real ist). Und die Charaktere dort sind nicht lebendig, sondern seelenlose Schablonen.

Was geschieht nun, wenn Sie eine konkrete Person in Ihr Dia einsetzen? Mit Ihrem Aufmerksamkeitsstrahl strahlen Sie in den Film aus dem Variantenraum die *Figur* einer bestimmten Person ein - genauer gesagt ein *Muster* der Person. Aber welchen Sinn hat das? Es ist so, als würden Sie einen Film betrachten und sich vorstellen, dass Sie sich mit dem Helden in der Realität unterhalten. Es ist die gleiche Situation, als wenn die »Geister der Toten« angerufen werden. Die Teilnehmer einer spiritistischen Séance glauben in ihrer Einfalt, sie würden tatsächlich mit den Toten kommunizieren - mit Menschen, die verstorben sind und jetzt irgendwo im Jenseits leben. In Wahrheit sind jene »Personen«, mit denen sie in Verbindung treten, nie geboren worden und auch nie gestorben. Es sind *Traumfiguren, Kopien, Attrappen,* die irgendwo in den Regalen des Variantenraums lagern und dies immer noch tun. Und hier sind die Originale - die Seelen der Verstorbenen, die entweder schon lange in einem neuen Körper leben oder in Regionen schweben, zu denen nur Gott Zugang hat.

Im Prinzip können Sie natürlich schon ein Dia visualisieren, wo Sie beide zusammen sind und einander lieben. Das ist ein Drehbuch, das folglich im Variantenraum existiert, und daher ist es theoretisch möglich, dieses Szenario aus der metaphysischen Welt in die physische zu transferieren, also zu materialisieren. Aber ich wiederhole:

Ihr Wunschpartner ist kein passives Objekt, sondern ein Lebewesen mit einem eigenen Willen. Vielleicht haben Sie ja etwas von dem Dia, aber es wird wirkungslos sein, denn ein lebendiger Mensch sitzt nicht ständig im Variantenraum herum, sondern läuft irgendwo in der Realität umher. Während Sie mit Ihren Dias herumhantieren, findet er womöglich schon bald für sich einen »irdischeren« Partner.

Überhaupt verstößt die Einflussnahme auf Menschen gegen die Prinzipien des Transsurfings. In einem Kaufhaus können Sie sich jede beliebige Ware aussuchen. Wenn Sie aber versuchen, jemandem am Ellenbogen zu packen und mitzunehmen, was wird dann wohl geschehen? Das ist das Problem. Aber vielleicht hat ja jener Mensch gar kein Interesse an dem Gesabber, mit dem Sie ihn auf Ihrem Liebesdia zu umgarnen suchen?

Ich weiß nicht, was für Mechanismen dabei am Wirken sind, aber wahrscheinlich fühlt sich die Seele Ihres Diapartners so ähnlich. Auch wenn es Ihnen nicht passt, könnte es sein, dass er eine unbewusste Abneigung gegen Sie hegt. Wollen Sie das etwa? Anstatt mit der Metaphysik herumzuexperimentieren, täten Sie besser daran, einen direkten Kontakt zu etablieren, nach den Prinzipien des Freiling. Eine zwischenmenschliche Beziehung zeichnet sich durch das Bedürfnis aus, mit einem Menschen aus Fleisch und Blut zu kommunizieren. Es ist kein Wolkenkuckucksheim für Träumer. Und wenn Sie noch niemand Bestimmtes im Auge haben, dann können Sie ein Dia mit einer abstrakten Idealperson verwenden. Dann werden Sie irgendwann jemanden treffen, der Ihrem Ideal nahekommt.

Wenn ich mir einen glücklichen Menschen vorstelle (eine »Energiebombe«), wie kann das richtig sein? Sie schreiben, das sei ein Geschenk auf der mentalen Ebene. In meinem konkreten Fall ist diese Person ein Mädchen. Ich versuche mir nur vorzustellen, wie ich ihr Liebe schenke, ohne etwas dafür zu erwarten. Aber wenn es schlecht ist, eine bestimmte Person mit einem Dia anzupeilen, warum sollte man ihr dann ein energetisches Geschenk machen?

Das wäre dann ja auch nur die Vorstellung von einem Menschen in einer für ihn ungewöhnlichen Situation.

Sie geben ihr Liebe! Aber wissen Sie auch, ob sie das überhaupt will? Wird bei der Technik des energetischen Geschenks etwa gesagt, dass Sie es sind, der jemandem eine Freude bereiten sollte? Dort steht doch nur, dass man sich jemanden in einer Situation vorstellen soll, in der er oder sie zufrieden ist: beim Radfahren, beim Biertrinken, beim Fußballspielen und so weiter. Ihre Anwesenheit in diesem Bild ist völlig unnötig. In meinem Buch steht nur, dass man sich überlegen sollte, was für ein Geschenk man am besten präsentiert. Und dafür sollte man ein echtes Interesse an der betreffenden Person haben: In welcher Situation fühlt sie sich wohl, was fehlt ihr? Und das ist eben kein Dia, sondern ein energetisches Geschenk. Die Person wird sich dann in Ihrer Nähe wohlfühlen, weil Ihre energetische Ausstrahlung das enthält, was ihr fehlt.

Wenn Sie ein Buch lesen, sollten Sie genau hinschauen. Und auch wirklich lesen, zumindest beim ersten Mal – und sich nicht eine Audiodatei anhören. Denn beim Zuhören geht vieles am Ohr vorbei. Und lesen Sie ein gedrucktes Buch, nicht einen elektronischen Text. Ein Buch ist ein lebendiges Wesen. Wenn Sie mit ihm direkt kommunizieren, wird es Ihnen helfen. Das ist eine absolute Tatsache.

Was soll ich tun, wenn mein Ziel ein Mensch ist, ein potenzieller Partner für eine Liebesbeziehung? Mein Ziel ist es, einen Partner zu finden, der meine Bedürfnisse im Liebesaustausch vollkommen zufriedenstellt. Ich habe kein Problem damit, ein Bild zu visualisieren. Aber die Sache zieht sich allmählich in die Länge, ohne ein Zeichen für eine Veränderung der Lage, nicht einmal ansatzweise. Genauer gesagt verbringe ich bereits mehr als ein Dutzend Jahre mit der Visualisierung des Zieldias.

Dafür kann es zwei Gründe geben. Erstens: die Leerlaufvisualisierung. Sie sollten sich nicht bloß Bilder mit der Erfüllung Ihrer Wünsche vorstellen, sondern auch vorhaben, Ihr Ziel zu erreichen, indem Sie aktiv auf das Ziel zugehen. Zweitens: Sie verpassen geöffnete Türen, so als wären Ihre Augen und Ohren geschlossen. Sollten in gewissem Maße beide Gründe zutreffen, so ergibt sich folgende Situation.

Ich wollte einmal in den Wald gehen, um Pilze zu sammeln. Ich irrte also umher und stellte mir vor, wie viele Pilze ich sammeln würde, um sie dann zuzubereiten und zu essen. Ein in jeder Hinsicht perfektes Dia. Eines jedoch fehlte: Alle meine Gedanken und Handlungen waren nur mit der Visualisierung beschäftigt. Ich rannte träumend umher und blickte auf die Baumwipfel, ohne auf den Boden zu schauen. Da hätte ich den Korb auch zu Hause lassen können. Oder ich hätte »Pilze sammeln« können, indem ich auf dem Sofa liege. Allerdings kommen die Pilze ja nicht aufs Sofa gehüpft, ich muss sie immer noch pflücken gehen.

Ich kann mich selbst einfach nicht so akzeptieren, wie ich bin, d. h. nicht akzeptieren und nicht lieben. Und dann erlege ich mir immer wieder Bedingungen auf: Wenn ich eine Schönheit wäre, dann könnte ich mich lieben – und so weiter. Im Innern meines Herzens verstehe ich, dass das absurd ist. Es ist aber eine Tatsache, dass ich gewisse Mängel aufweise: eine Narbe auf der Lippe, eine krumme Nase ... Eigentlich bin ich ein ganz nettes Mädchen, aber diese Mängel verderben alles. Genauer gesagt: nicht sie selbst, sondern meine negative Einstellung zu ihnen. Ich denke oft, dass ich wegen meines Aussehens immer allein bleiben werde.

Zwanzig Jahre lang war ich verheiratet, und ich habe eine Tochter. Dennoch hatte ich immer das Gefühl, etwas falsch zu machen. Mein Mann war ein guter Ehepartner – nett, fürsorglich und vor allem liebte er mich und meine Tochter. Ich dachte, ich würde ihn auch lieben. Doch wenn ich mich zurückerinnere, muss ich sagen, dass ich mich in all den Jahren ziemlich mies fühlte. Sehr oft musste ich weinen, scheinbar ohne Grund. Ich hatte einfach das Gefühl, dass meine Seele bittere Tränen vergoss, wie ein Kind.

Dann eines Tages brachte uns ein Familienfreund ein Hörbuch über Transsurfing. Das interessierte mich sehr, und so begann ich gleich, mir ein Zieldia vorzustellen. Und was geschah? Es hat funktioniert. Aber die Art und Weise, wie ich das machte, war wohl nicht richtig. Ich habe mir vorgestellt, glücklich zu sein, geliebt zu werden und – was die Hauptsache war – auch selbst zu lieben, aber nicht meinen Ehemann, sondern einen anderen.

Das ging dann schief. Mein Mann merkte etwas und verließ mich. Ehrlich gesagt bin ich ganz froh, dass er weg ist. In meinem Herzen fühlte ich mich sehr erleichtert und zufrieden. Mein Mann liebt mich noch immer und leidet, aber er kann mir unmöglich verzeihen.

Dann lernte ich im Internet einen Mann kennen. Wir kamen miteinander ins Gespräch, und dann kam er zu Besuch. Ich mochte ihn sehr, und bei mir hat es gleich gefunkt. Bei ihm hingegen war das offenbar gar nicht der Fall. Irgendwie hat es mit uns nicht geklappt. Er ging wieder, sagte aber, wir könnten in Kontakt bleiben. Er hat sich dann aber nicht mehr gemeldet. Auf Anrufe reagierte er nicht, und wenn er doch einmal abnahm, dann sagte er, wir könnten sprechen, aber später. Mit anderen Worten, ich soll warten. Doch wie lange? Ich will ihn nicht verlieren. Vor allem deshalb nicht, weil er mir nie ein klares »Nein« gegeben hat. Ich stelle mir jetzt auf meinem Zieldia ihn und mich als glückliches Paar vor. Mache ich das richtig?

Sie sollten sich eine einfache Wahrheit vor Augen halten: *Erstens: Wenn Ihr Ehepartner Sie verlassen hat, dann ist er nicht Ihr Ehepartner.* Denken Sie doch einmal nach: Wie kann Ihr Ehemann Sie verlassen? Aber leider verstehen viele Leute diese einfachen Dinge nicht. *Zweitens: Wenn er gegangen ist, ist es unmöglich, ihn zurückzuholen. Wer das anders sieht, ist auf dem Holzweg.* Auch das ist ganz einfach, und es wird Ihnen nicht helfen, ein psychologisches Wolkenkuckucksheim zu erbauen. Selbst wenn es hin und wieder gelingen mag, einen solchen Partner zurückzuholen, so kommt doch nichts Gutes dabei heraus. Aber das ist ein anderes Thema, auf das wir später zurückkommen werden.

Eigentlich gibt es für Sie sowieso keine Rückkehr, denn Sie haben nichts zu verlieren. Machen Sie sich keine unnötigen Illusionen, damit verschwenden Sie nur Ihre Zeit. Und die haben Sie ja auch nicht im Überfluss. Sie halten sich außerdem an der Hoffnung fest, dass Ihr neuer Partner Ihnen nie »ein klares Nein gegeben hat«. Allerdings gibt es ja Leute, die ein Nein nicht über die Lippen bringen. Außerdem sollten Sie wissen: Während für eine Frau eine Situation nach dem Motto »Ich habe nicht ja gesagt - er hat nicht nein gesagt« auf eine hoffnungsvolle Unsicherheit in den Gedanken hindeutet, ist das für einen Mann eine klare Absage. Die Mentalität der Männer ist in dieser Hinsicht eindeutig, man könnte sagen: schwarz-weiß.

Mit einem Dia auf eine bestimmte Person abzielen sollte man nur dann, wenn man keine andere Wahl hat. Sie allerdings sollten das nicht tun, denn so werden Sie nicht Ihren Traumpartner finden. Wenn Sie Ihrem Mann begegnen, brauchen Sie nicht um ihn zu kämpfen, da er sich auch so zu Ihnen hingezogen fühlt. Wenden Sie die Technik des Amalgams an und die Koordination der Absicht.

Was nun die Mängel in Ihrem Aussehen betrifft - was für ein Unsinn! Im Gegenteil, solche Merkmale, die aus dem Standard fallen, sind eine Besonderheit, die Ihrem Aussehen das gewisse Etwas verleiht. Glauben Sie etwa, Männer fliegen nur auf ein püppchengleiches Äußeres? So ein Quatsch! In dieser Hinsicht dürfen Sie ganz entspannt sein und sich so akzeptieren wie ein neugeborenes Kind - nämlich so, wie Sie sind. Dann werden Sie auch alle Leute in Ihrer Umgebung so akzeptieren. Ihre Umwelt ist wie ein Spiegel.

Vielleicht haben Sie ja recht. Aber wie meinen Sie es, dass ich meinem Freund nicht nachtrauern soll? Soll das bedeuten, dass ich, auch wenn es mir gelingt, ihn in mein Leben zurückzuholen, mit ihm nicht glücklich sein kann?

Wenn es wirklich Ihre Tür ist, dann werden Sie dort mit offenen Armen empfangen, und alles läuft leicht und angenehm. Wenn es von Anfang an Schwierigkeiten gibt oder sie Ihnen zuerst geöffnet wird, um dann vor Ihrer Nase zugeschlagen zu werden, dann ist es eine fremde Tür. Manchmal scheinen Sie mit Drücken weiterzukommen, aber in der Regel bringt das am Ende nichts. Deshalb haben Sie in diesem Fall überhaupt keinen Grund, etwas zu bedauern.

Das Gleiche gilt für Ihren Ehepartner. Sie sind ihm einfach noch nicht begegnet. Damit sind Sie allerdings nicht allein. Die meisten Menschen haben dieses Problem. Ihr eigenes Ziel und Ihren Lebenspartner zu finden, das sind die wohl schwierigsten Aufgaben im Leben. Der Rest ist trivial. Die Seele hat von sich aus die Neigung, sich zu verlieben. Und oft scheint es ihr, sie habe ihren Partner gefunden. Doch dann zeigt es sich, dass das nur ein Strohfeuer war. Wenn die rechte Absicht vorhanden ist, wird es auch klappen.

Das Anvisieren eines Menschen mithilfe eines Dias ist, wie es scheint, eine Art Eindringen in seine Privatsphäre. Dennoch wüsste ich gern, was die Folgen sind, wenn ich weiterhin eine bestimmte Person in mein Zieldia mit einbeziehe. Was kann dabei passieren? Ich will wissen, wohin das führen kann und inwiefern ich für die Konsequenzen verantwortlich bin.

Das führt zu nichts, und Sie werden auch keine Verantwortung tragen, solange Sie keine Schuldgefühle hegen. Eine moralische Verantwortung liegt bei Leuten, die die Dienste eines Magiers in Anspruch nehmen, um einen Menschen zu bezirzen. Das ist eine schmutzige Technik. Ein normaler Mensch hat keinen direkten Zugang zum Bewusstsein eines anderen – ein Pendel allerdings schon. Der Magier verschafft sich Zugang mithilfe eines Pendels. Wenn das Ziel erreicht ist, erhält der Kunde seine »Zombie-Liebe«. Und natürlich wandelt sich das künstliche Glück früher oder später zum Unglück.

Das Einzige, was Sie mit einem Dia bewirken können, ist, eine Person in Ihre eigene Weltschicht hineinzuziehen. Womöglich haben Sie mehr Erfolg, wenn Sie der Person in die Augen sehen, woraus sich dann ein näherer Kontakt entwickeln kann. Sie werden sich jedenfalls nicht mithilfe eines Dias verlieben. Eher tritt dann schon der gegenteilige Effekt ein und Ihre Zielperson verspürt durch Ihre heimliche Anvisierung eine Abneigung. Das ist sogar fast mit Sicherheit so. Stellen Sie sich nur mal vor, Sie sind bewusstlos, und jemand macht sich ohne Ihr Wissen sexuell an Ihnen zu schaffen.

Wenn Sie andererseits unbedingt einen Menschen in Ihr Leben mit einbeziehen wollen und keine andere Möglichkeit sehen, dann können Sie tatsächlich zu einer so extremen Methode greifen wie einem Dia mit einer bestimmten Person. Wenn Sie das aber tun, dann sollten Sie es, wie Sie wohl verstehen werden, aufrichtig und taktvoll tun. Mit anderen Worten, Sie sollten sich nichts herausnehmen, was Sie sich nicht auch im realen Leben herausnehmen würden.

Zusammenfassung

- Das Einbeziehen einer bestimmten Person in ein Zieldia ist nicht ratsam, denn es ist ineffektiv und kann darüber hinaus die gegenteilige Wirkung hervorbringen.
- Diese Methode kommt nur dann infrage, wenn einem keine andere Wahl bleibt.
- Das Einzige, was man dadurch bewirken kann, ist, die Zielperson in die eigene Weltschicht hineinzuziehen.
- Sie sollten sich nicht nur Bilder der Erfüllung Ihrer Wünsche vorstellen, sondern müssen auch die Absicht haben, das Ziel zu erreichen, und aktiv auf das Ziel zuschreiten.

Randnotizen

Von einer zwischenmenschlichen Beziehung ist dann zu sprechen, wenn Sie das Bedürfnis haben, mit einer lebenden Person zu sprechen. Wenden Sie die Methode des Freiling an. Lesen Sie mehr dazu in der Reihe »Transsurfing«.

Die Hydraulik der Absicht

Wenn sich bei mir bereits die »Absicht zu haben« eingestellt hat, sollte ich mich dann als Nächstes mit der Visualisierung beschäftigen?

Wenn Sie wirklich mit der Absicht zu haben ausgestattet wären, dann würden sich für Sie Fragen wie diese erübrigen, weil Sie dann nämlich schon das Ihr Eigen nennen würden, was Sie zu haben beabsichtigen. Da Sie aber Ihre Frage nun einmal gestellt haben, bedeutet das, dass Sie hart arbeiten müssen.

Wenn Ihre *Absicht zu haben* rein ist, ohne Beimischung von Zweifeln und Angst, lässt der Pförtner der Ewigkeit Sie in den Supermarkt des Variantenraumes ein, und Sie nehmen sich problemlos das Ihre. Wir wollen wieder auf das klassische Beispiel mit dem Kiosk zurückgreifen. Sie haben keinen Zweifel daran, dass Sie dort Ihre Morgenzeitung bekommen werden (die Entschlossenheit zu haben). Sie machen sich in aller Ruhe auf den Weg und kaufen die Zeitung am Kiosk (die Entschlossenheit zu handeln). Wenn Sie über die reine *Entschlossenheit zu haben und zu handeln* verfügen, dann werden Sie mit Sicherheit bekommen, was Sie wollen. Sie wollen auf dem Wasser laufen? Kein Problem!

Wenn Sie auch nur eine Spur Zweifel oder Angst haben, müssen Sie mit dem Zieldia arbeiten, anders geht es nicht. Ihre Aufgabe ist es, *die Absicht mit Glauben aufzupumpen*, ähnlich wie bei einer Hydraulikpumpe - zumindest ein wenig, Tropfen für Tropfen, aber regelmäßig und systematisch. Solches systematische Handeln baut enorme Kräfte auf. Gleichzeitig erweitert sich auch Ihre Komfortzone, und Ihre Umgebung macht erhebliche Wandlungen durch. Aus dem Sektor des Variantenraumes, den Sie mit Ihrer Aufmerksamkeit fest anvisieren, wird in die physische Schicht Ihrer Welt mit Druck das hineingepumpt, was vorher nicht da war und dort auch nicht sein konnte. So funktioniert die »Hydraulik« Ihrer Absicht.

Zur weiteren Stärkung des Glaubens werde ich durch das Buch hindurch Zuschriften von Lesern einstreuen, die für sich sprechen.

Ich fühle mich wie Neo in der Matrix, der auf einmal erkennt, dass alles um ihn herum Illusion ist. Im Transsurfing wird mein Verständnis der einfachen Tatsache, dass die Welt nichts ist, voll bestätigt. Und ich betrachte sie ohne Angst und mit Freude, wie ein Kind. Manchmal geschieht es freilich, dass ich vergesslich werde und vor unnötiger Unrast erzittere, doch dann schüttle ich jenes Blendwerk von mir ab. Sie haben mir in der Tat das Tor zur Wahrheit geöffnet, und ich kann damit machen, was ich will. Und mir alles nehmen, was ich will. Mein Leben mit dem anfüllen, was mir gefällt. Ein magisches Gefühl, das ich in meiner Kindheit kannte.

Im Grunde ist die Welt nicht völlig illusorisch. Sie besteht aus zwei Komponenten: der materiellen und der immateriellen. Das sollte man nicht vergessen.

Der Variantenraum ermöglicht, im Gegensatz zu einem Informationsspeicher, die Realisierung einer bestimmten Version der Ereignisse. Sie können nicht einfach eine CD aus dem Regal nehmen und deren Inhalt anschauen, aber *Sie können Ihre eigene Sendung starten*, so dass Ihr Film in der Realität abläuft.

Ich habe das Transsurfing auf einmal als Bestandteil meines Lebens wahrgenommen. Die Ergebnisse ließen nicht lange auf sich warten, aber es waren nur Kleinigkeiten. Ich brauchte ein Auto – zack, da war es! Ich wollte eine größere Wohnung – kein Problem! Dabei fanden mich die Varianten wie von selbst. Aber ich konnte mir nicht vorstellen, dass die Kraft der Absicht grenzenlos ist, dass es für sie keine Grenzen in Raum und Zeit gibt.

Um es kurz zu machen: Ich lebte wie alle anderen, aber daran war nichts Gutes. Meine Seele bat mich, ja flehte mich an, etwas Bestimmtes zu tun, doch mein Verstand, unter dem Einfluss »wohlmeinender Freunde«, tat genau das Gegenteil. Das dauerte so lange, bis eines Tages meine Seele sich an den Verstand wandte und sagte: »Lass mich mal machen. Überlasse mir nur einmal die Steuerung, nur ganz kurz.« Widerwillig lenkte der Verstand ein. Es geschah das Unmögliche. Die Realität hat sich im Laufe eines Tages geändert! Mein Verstand war schockiert, doch meine Seele sang und jubilierte. Ich erkannte, dass dies der Weg des Herzens ist!

Jeder ist Herr seiner eigenen Welt, nur werden wir von Kindheit an durch die gesellschaftliche Matrix von uns selbst entfremdet. Wenn ich einen Entschluss treffen muss, vor allem in entscheidenden Momenten des Lebens, dann schicke ich alle »wohlmeinenden Freunde« und Berater fort, tauche in die Stille ein, schalte die Glotze ab, gehe in den Wald oder schließe mich in mein Zimmer ein, höre auf zu denken, wäge alles Für und Wider ab und lausche einfach der sanften Stimme des Herzens. Seine Antwort ist die einzig richtige Entscheidung, auch wenn sie auf den ersten Blick unlogisch erscheinen mag.

Denn in unserem Leben liegt alles, was wir zu unserem Glück brauchen, direkt vor unserer Nase. Und wenn wir unseren Weg des Herzens gefunden haben, dann wird alles andere (verschiedene materielle Güter) je nach Bedarf wie von selbst erscheinen. Und das ist nicht einfach meine Meinung, ich WEISS es. Ich wünsche allen Glück und Zufriedenheit! Im Leben ist nichts unmöglich! Die Hauptsache ist, sich nie entmutigen zu lassen! Das Leben ist viel wunderbarer und mysteriöser als die tollste Fantasie.

Ich kann nur hinzufügen, dass man manchmal nicht nur den äußeren Fernseher abschalten muss, sondern auch den inneren, nämlich den Fernseher im eigenen Kopf. Es ist schon seltsam, dass die meisten Menschen es nicht auf die Reihe bekommen, eine ganz elementare Sache zu tun: sich an einen Tisch zu setzen, ein Blatt

Papier herzunehmen und ihre Anforderungen an die Welt sowie den eigenen Platz darin zu formulieren - so, wie man es gerne hätte; eine eigene Konfigurationsdatei zu erstellen, um diese dann, mindestens einmal am Tag nach dem Aufwachen, in der eigenen Weltschicht zu laden, sozusagen als Betriebssystem. Niemand tut das. Die Menschen laufen umher wie aufgedreht. Sie haben nie Zeit, verschieben alles auf später und *am Ende kommt nichts dabei heraus*. Dennoch: Versuchen Sie es mit der Konfiguration, so wie ich es in einem früheren Posting beschrieben habe, und Sie werden sehen, dass es erstens eine lohnende Aufgabe ist und dass es zweitens auch noch funktioniert.

Und ich gebe dazu noch ein Beispiel, das in praktischer Hinsicht sehr lehrreich ist.

Ich fahre mit dem Auto zur Arbeit. Manchmal nehme ich unterwegs oder auch auf dem Rückweg Anhalter mit – nicht nur deshalb, weil zusätzliche 50–300 Rubel kein schlechtes Zubrot sind. Es gefällt mir auch, denn ich fahre gerne Auto. Auch mag ich das Element der Abwechslung, denn ich spreche gerne mit Fremden (wenn auch nicht immer und nicht mit jedem).

Diese zwei bis drei Stunden haben mit meinem sonstigen Leben herzlich wenig zu tun. Ich gehe aus dem Haus, verbringe eine bis eineinhalb Stunden mit diesem Spiel und komme dann an meinem Arbeitsplatz an, in einer völlig anderen Welt. Ein weiterer Arbeitstag geht zu Ende, und wieder kurve ich ein, zwei oder selten auch mal drei Stunden im Auto umher, bevor ich zu Hause ankomme. Ich könnte das Ganze auch sein lassen. Aber dann würde ich nicht nur einen Batzen Geld verlieren, sondern auch ein schönes Hobby.

Eines Tages lernte ich dann das Transsurfing kennen. Dann kam mir der Gedanke, dass ich mir den Weg von meinem Zuhause und wieder zurück als eine Art Transsurfing-Modell vorstellen kann. Es ist wie ein kleines Leben: mit einem Anfang und einem Ende, Erfolgen und Misserfolgen, Zufällen und Gesetzmäßigkeiten, möglichen

Tragödien (Verkehrsunfälle), der Hoffnung auf eine glückliche Begegnung (zum Beispiel mit einer schönen Fremden, die in mein Auto einsteigt), mit bösen Feinden (zum Beispiel den Verkehrspolizisten, die hinter den Büschen versteckt mit einer Radarfalle warten) und so weiter.

Die Hauptsache jedoch ist, dass der gesamte Ablauf einzig und allein von meiner WAHL abhängt: von der Route, die ich mir aussuche. Davon, ob ich den unrasierten Tramper einsteigen lasse, der nach Rauch und schmutziger Wäsche riecht. Davon, ob ich bei Gelb noch durchfahre oder brav an der Haltelinie stoppe. Und so weiter. Wenn ich es mir genau überlege, hängt alles, was ich auf dieser kleinen Extraroute tue, völlig von meiner Wahl ab. Alles, was ich unterwegs erlebe, ist davon abhängig, welche Wahl ich zuvor getroffen habe!

Was ist übrigens das RESULTAT von alledem? Da wäre natürlich zunächst die rein rechnerische Seite – wie viel Geld ich verdient habe. Aber das ist nicht alles. Nicht zu vergessen ist die Stimmung, mit der ich von der Arbeit nach Hause komme. Es könnte ein düsteres, bedrückendes Befinden sein oder auch eine gute Laune aufgrund einer angenehmen Fahrt und der Kommunikation mit netten Menschen.

Als ich erkannte, dass der Ablauf dieser Fahrten einen deutlichen Bezug zum Transsurfing hat, beschloss ich, Folgendes zu beachten:

- Den Aspekt des Profits meiner Fahrten ganz auszublenden. Hatte ich etwas verdient – super. Wenn aber nicht, dann zur Hölle damit. Morgen würde es besser sein.
- Nie um einen Kunden kämpfen; nie jemanden überholen; nie um Preise verhandeln, keine Leute mitnehmen, denen etwas nicht passt.
- Bei der Wahl der Route weniger »kalkulieren«, sondern mich ganz auf innere Impulse verlassen. In die Richtung fahren, in

die ich fahren möchte, wohin ich mich gezogen fühle und wo der Verkehr ruhiger ist.

- Auf der Straße sehr zurückhaltend fahren, sinnlose Risiken vermeiden.
- Wohl die Hauptsache: NIE UND NIMMER etwas bereuen, selbst wenn jemand mich dreist betrügt und nicht bezahlt.

So fahre ich zum Beispiel auf der rechten Spur des Marschall-Schukow-Prospekts und sehe eine junge Anhalterin mit weißer Jacke. Innerlich freue ich mich schon: Sie wird mein sein.

Da gibt auf einmal eine kleine Rostlaube auf der Nebenspur Gas, schneidet mich so, dass ich eine Vollbremsung machen muss, und schnappt mir MEIN Mädchen vor der Nase weg. Früher hätte ich vor mich hin geflucht (manchmal auch laut), hätte den Fahrer, das Mädchen und vor allem mich selbst verdammt (weil ich mich übertölpeln ließ). Jetzt bemühe ich mich, in einer solchen Situation zu lächeln, ungefähr so: »Na, so ein Esel aber auch ... Pass nur auf, dass es dich nicht erwischt, mein Freundchen. Und was das Mädchen betrifft – war es etwa das letzte? Es werden andere kommen, und schönere noch dazu!«

Das hat hundertprozentig hingehauen. Wenn früher eine Tour mit einem Flop begann, war ich innerlich frustriert, und in der Regel ist danach alles schiefgegangen. Heute ist mir so etwas schnurzegal (oder jedenfalls fast). Ein misslungener Auftakt zu einer Tour (bzw. ein scheinbar misslungener Auftakt) hat keinen Einfluss auf den weiteren Verlauf.

Und nun zu einer konkreten Frage: Kann ich auf diese Weise mehr verdienen? Ich werde ehrlich antworten: Ich weiß es nicht. Vielleicht ja, vielleicht aber auch nicht. Ich habe es nicht gezählt. Jedenfalls sind meine Einnahmen nicht sprunghaft gestiegen. Aber ich merke eine deutliche Veränderung in etwas anderem. Mir ist aufgefallen, dass die Leute auf der Straße auf einmal ganz anders waren. Verschwunden waren die ungehobelten Zechbrüder, bei denen ich hinterher erst einmal gut durchlüften musste, und auch jene arroganten Wichtigtuer, die sich sofort über meinen Fahrstil mokierten. Auch gab es weniger Kaukasier (gegen die ich im Allgemeinen nichts habe). Dafür hatte ich immer mehr sympathische Liebespaare, gesprächige Damen in den Vierzigern und Männer, die sich (wie ich) für klassischen Rock und Fußball interessierten. Es kam mir vor, als hätte die Verringerung meiner inneren Spannungen einen Einfluss auf meine Weltschicht gehabt, die dann in helleren Farben und freundlicheren Tönen erschien.

Zusammenfassung

- Die Menschen laufen umher wie aufgedreht. Sie haben nie Zeit, verschieben alles auf später, und am Ende kommt nichts dabei heraus. Man sollte aufhören, das Leben auf später zu verschieben, und beginnen, jetzt zu leben.
- Die systematische Arbeit mit dem Zieldia pumpt Ihre Absicht mit Glauben auf, ähnlich wie bei einer Hydraulikpumpe – wenn auch langsam, Tropfen für Tropfen, aber regelmäßig und systematisch.

Randnotizen

Unsere Gedanken sind nicht im Kopf. Sie befinden sich im Variantenraum. Wenn Sie sich mit einer Visualisierung beschäftigen, holen Sie sich eigentlich von dort den nötigen Film und lassen ihn vor Ihren Augen abspielen. Wenn Sie das lange genug tun, materialisiert sich der Film in der Realität. Durch dieses Prinzip ziehen Sie aus dem Variantenraum jene Realität heraus, die Sie brauchen.

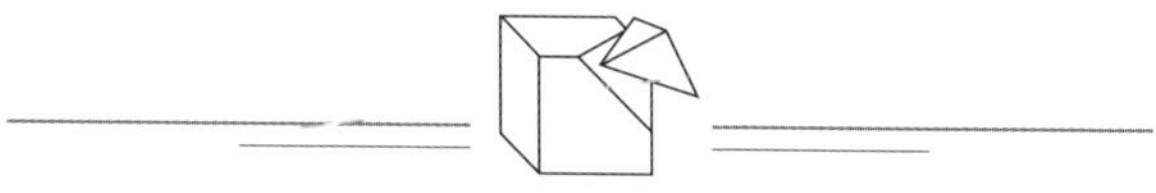

Myriaden von Reflexionen

Wir wollen einige weitere schwierige Fragen zum Thema Transsurfing untersuchen. Wie ich vielen Leserbriefen entnehme, gibt es zur Technik der Dias noch einige Unklarheiten.

Es ist eine Tatsache, dass ich schon genau weiß, was ich will. Ich will für mich selbst leben, ein eigenes Haus haben, reisen, Sport treiben, mich fortbilden, Sprachen lernen und so weiter. Eine eigene Beschäftigung (selbst wenn sie mir Spaß machte) will ich nicht haben. Mit anderen Worten, die Quelle für die Erfüllung meiner Wünsche soll entweder eine Erbschaft sein oder eine Kapitalanlage. Mache ich es richtig, wenn ich nur mit meinem Zieldia arbeite, auf dem ich in meinem eigenen Haus wohne und hin und wieder in meinem eigenen Auto fahre? Oder muss ich mir ein Dia vorstellen, wo ich Dokumente zum Erhalt einer Erbschaft unterzeichne?

Ihr Zieldia muss ein Bild des von Ihnen erreichten Ziels enthalten, also Ihr Haus, Ihre Reisen und so weiter. Die Unterzeichnung von Erbschaftsdokumenten ist nicht das Ziel, sondern ein Mittel. Die Mittel zur Erreichung Ihres Ziels sollten Sie nicht programmieren, wenn Sie nichts Bestimmtes darüber wissen. Wie das Ziel erreicht wird, ist nicht Ihre Aufgabe. Die Aufgabe des Verstandes besteht darin, die Aufmerksamkeit auf das Zieldia zu fokussieren, denn sonst wird der Prozess nur gebremst. Wenn Sie Ihre Aufmerksamkeit stetig auf das Bild gerichtet halten, wo Sie bereits alle Vorzüge genießen, wird sich nach einer gewissen Zeit eine Tür öffnen, hinter der der Weg zu Ihrem Ziel führt. Was hinter dieser Tür ist, wissen Sie vorher aber nicht. Und die Tür wird sich nur öffnen, wenn Sie sich in diesem Stadium erlauben, nichts von ihr zu wissen und auch nicht an sie zu denken. Genießen Sie einfach das Betrachten des Zieldias. Wenn die Tür sich dann öffnet, müssen Seele und Verstand sich einigen, was das geeignete Mittel ist. Ist diese Einigung geschafft, wird alles gelingen.

Mein Leben lang habe ich bereits das Gefühl, mit dem Kopf gegen die Wand zu rennen. Andererseits hat mich dabei immer die Ahnung, ja das Wissen verfolgt, dass hinter dieser Mauer eine zauberhaft schöne Unendlichkeit liegt, in der alles möglich ist.

Mein Schmerz und meine Sehnsucht führten mich von einem Buch zum anderen. Bei jedem neuen Buch ergriff mich zuerst wilde Begeisterung über die neue Weltanschauung, dann aber überkam mich Traurigkeit darüber, dass alles wieder normal wurde. Der Schmerz blieb, aber mein Leben hat sich nicht geändert.

Für Ihre Bücher hingegen empfinde ich nach wie vor eine unglaubliche Begeisterung. Natürlich mache ich mir ein wenig Sorgen, dass es so enden könnte wie bei früheren Fällen. Aber in meinem Reich sind solche Erfahrungen erlaubt.

Ich habe derzeit Schwierigkeiten mit der Technik der Dias. Wie soll so ein Dia aussehen? Und wie erstelle ich es?

Das Leben ändert sich nicht einfach dadurch, dass Sie wie gebannt auf eine Leinwand schauen und sich nur von Ihrer Begeisterung darüber nähren, was für wundervolle Bilder Sie sehen. Indem Sie die Bücher anderer Leute lesen, schauen Sie sich fremde Dias an. Dadurch wird sich natürlich nichts ändern.

Film, Fernsehen und auch andere Medien wie Bücher sind eine Welt der Illusion, eine geniale Erfindung der Matrix, die mit dem Ziel geschaffen wurde, die Fähigkeit des Menschen, seine eigene Realität zu erschaffen, zu blockieren. Ein Kind mag sich an allem erfreuen, solange es mit seinem Handeln nur kein Chaos in die

Bewegung des geordneten Systems bringt. Das System bewegt sich dorthin, wo es ihm selbst von Nutzen ist. Doch wo nützt es Ihnen?

Niemand wird für Sie Ihr persönliches Dia erstellen. Sie müssen endlich damit aufhören, fremde Filme anzuschauen, und sich daran machen, Ihren eigenen zu schaffen. Die Spielregel ist sehr einfach: *Den Film, der in Ihrem Kopf abläuft, werden Sie auch in der Realität sehen.*

Stellen Sie sich das nicht so vor, als müssten Sie auf Anweisung handeln, sondern so, wie es Ihnen in den Sinn kommt. Genau so, wie es Ihnen in den Sinn kommt, denn die Visualisierung ist eine individuelle Angelegenheit, die bei allen unterschiedlich aussieht. Dafür gibt es keine Anweisungen. Das Wichtigste dabei ist: Die Rolle müssen Sie jetzt selbst spielen, und zwar so, dass Sie Spaß daran haben.

Ich arbeite mit einem Zieldia, aber es gelingt mir einfach nicht, mein Gehirn abzuschalten. Daher bekomme ich sogleich Probleme im Kopf. Anstatt der gewünschten Leere strömen Gedanken ein wie: »Was sollen die anderen denken? Wie sieht das von außen aus? Das ist doch gar nicht möglich« und so weiter. Wenn ich das richtig verstehe, ist das ein Pendel, das ich ignorieren sollte, aber es klappt nicht. Meine Gedanken drehen sich einfach im Kreis. Trinken würde ja das Gehirn deaktivieren, aber ich will nicht trinken, und eine andere Möglichkeit sehe ich nicht.

Den Denkapparat zum Schweigen zu bringen ist völlig nutzlos. Im Gegenteil, das ist sehr zeitaufwändig und noch dazu im Rahmen der Beschäftigung mit dem Transsurfing auch ganz und gar sinnlos. Es geht nicht darum, Ihren »Projektor« zu betäuben, sondern den richtigen Film einzulegen. Wenn Sie Ihren eigenen Projektor anhalten, fliegt das Bewusstsein zu anderen Filmen, die wiederum nicht Ihre eigenen sind, sondern Fremdfilme (das wissen Sie ja).

Es werden Nebengedanken auftreten, das ist unvermeidlich, so ist unser Verstand nun mal. *Die Hauptsache ist, dass der prinzipielle*

Vektor Ihrer Gedanken auf das Ziel gerichtet ist. Sie mögen zweifeln, sich fürchten oder sogar pessimistisch sein, aber kehren Sie immer wieder zum Ziel zurück, egal was geschieht.

Meine Firma entwickelt und produziert Jugendkleidung. Die Ware wird in den Geschäften unserer Kunden verkauft. Ich beabsichtige, unseren Verkauf durch Visualisierung zu steigern. Das Problem dabei ist Folgendes: Muss ich mir vorstellen, wie die Käufer in jeden der vielen Läden kommen, da es ja immer verschiedene Ware ist?

In diesem Fall müssen Sie nicht unbedingt visualisieren, wie sich die Waren gut verkaufen. Es reicht aus, mit Überzeugung ein Gedankenbild zu deklarieren. Zum Beispiel können Sie die Technik des »Absichtsgenerators« ohne Visualisierung anwenden, wobei Sie einfach eine Gedankenform als Deklarierung Ihrer Absicht nutzen. Indem Sie Ihre Absicht deklarieren, senden Sie an den Weltspiegel ein Bild, das früher oder später in der Reflexion erscheint. Hauptsache, Sie tun es systematisch. Und vergessen Sie nicht: Der Spiegel reagiert mit Verzögerung.

Mein Mann und ich haben uns über unseren jeweiligen Lebenstraum unterhalten und dabei festgestellt, dass wir fast die gleichen Vorstellungen haben. Wir träumen beide von einem Haus am Meer, das unsere Residenz sein soll, einem Porsche, einer Yacht und Weltreisen. Nun schreiben Sie aber nirgends, dass auch ein gemeinsamer Traum für zwei verwirklicht werden kann. Daher haben wir Fragen zur Visualisierung. Zwar haben wir mündlich das Haus, die Umgebung, den Hof, das Boot und so weiter beschrieben, aber auf der mentalen Ebene gibt es doch gewisse Unterschiede. Kann das nicht die Erfüllung unserer Träume und den Übergang auf die von uns gewünschte Lebenslinie behindern? Sollte nur einer von uns sich mit der Visualisierung beschäftigen? Oder ist es auch in Ordnung, wenn wir es gemeinsam tun? Denn eigentlich beruht unsere Visualisierung auf einem gemeinsamen Traum. Die Yacht will eigentlich nur mein Mann, in meinem Traum kam sie nicht vor. Ich stimmte der Idee mit meinem Verstand zu, aber mein Herz sagt etwas anderes. Eine Yacht scheint mir sehr teuer zu sein (obwohl natürlich der Kauf von einem Grundstück mit Haus deutlich mehr kostet).

Sie können und sollten die Visualisierung zu zweit in Angriff nehmen. Wenn Sie zum Beispiel für eine Yacht nichts übrig haben, brauchen Sie sich nicht dazu zu zwingen. Auf geografische Spezifikationen sollten Sie in der ersten Phase lieber verzichten. Aber machen Sie sich keine Sorgen, Sie würden in Sachen Luxus über das Ziel hinausschießen. Hauptsache, Sie sind innerhalb Ihrer Komfortzone. Allerdings kann ja die Komfortzone mithilfe von Dias auch erweitert werden. Denken Sie nicht darüber nach, wie und wann Sie das Ziel erreichen. Vielleicht müssen Sie ein Jahr oder mehr warten. Na und? Der Sektor des Variantenraums, in dem Sie in einem noblen Herrenhaus wohnen, ist ja schließlich von Ihrer gegenwärtigen Realität recht weit entfernt. Es dauert also eine gewisse Zeit, bis Ihre Realität in jenem Sektor angelangt ist. Haben Sie also Geduld und beschäftigen Sie sich systematisch mit der Diatechnik. Wenn Sie von Ihrem Ziel nicht abweichen, werden Sie es erreichen.

Sie raten von der Visualisierung eines bestimmten Menschen als Lebenspartner ab. Was aber, wenn die beiden schon ein Paar sind? Ist dann eine Visualisierung möglich, damit der Umgang miteinander noch besser wird?

Die Frage sollte nicht lauten, ob es möglich ist, sondern ob es sinnvoll ist. Wenn Sie bereits ein Paar sind, ist es an der Zeit, mit dem Visualisieren aufzuhören und sich der eigentlichen Liebe zuzuwenden. Die Liebe kommt eines Tages, und zwar von selbst. Wenn Sie aber da ist, muss man sie hegen und pflegen, so wie ein Lagerfeuer. Zwischenmenschliche Beziehungen können Sie nach den Prinzipien des Freilings aufbauen, Dias sind da nicht mehr angebracht. Das ist konkrete Arbeit, nicht ein angenehmer Zeitvertreib. Der wichtigste Grundsatz dabei ist, den Vektor der Aufmerksamkeit und der Absicht gut auszurichten: nicht *bekommen*, sondern *geben*. Weil Sie sich vor einen Spiegel stellen, brauchen Sie nur den ersten Schritt zu tun, dann wird das Bild Ihnen entgegenkommen. Sobald Sie von der *Absicht zu bekommen* Abstand nehmen und sie mit der *Absicht zu geben* ersetzen, werden Sie das bekommen, worauf Sie verzichtet haben. Das ist ganz einfach, aber wenn Sie diese Arbeit vernachlässigen, wird die Liebe bald erlöschen.

Ist es ebenfalls ein Überschusspotenzial, wenn ich mir vorstelle, mein Wunschziel bereits erreicht zu haben, mich dabei aber so sehr freue, dass mir manchmal die Tränen kommen? Denn auch in meinem normalen Leben geschieht es mir oft, dass ich aus Glück oder Dankbarkeit weine. Oder ist das auch wieder eine Art Überschusspotenzial?

Freuen Sie sich, wie Sie möchten, das kann nicht schaden. Nur bei der Arbeit mit den Dias sollten Sie zielgerichtet und systematisch handeln. Dann wird sich auch Ihre Euphorie legen, und das Ergebnis wird folgen.

Ich liebe das Filmgenre Mystik, Horror und Action. Doch der Zuschauer erlebt das Gesehene aus Sicht des Helden, ja in gewissem Sinne schlüpft er sogar in dessen Rolle. Kann es da geschehen, dass die Gedanken eines Zuschauers, der regelmäßig solche Filme sieht oder solche Bücher liest, einen negativen Sektor des Variantenraums anpeilen und dann verwirklicht werden?

Die Antwort ist ja. Wenn Sie sich der Rolle des aktiven Schöpfers verweigern und stattdessen voll und ganz in die des passiven Zuschauers und des Konsumenten externer Informationen eintauchen, wie es bei den meisten Menschen der Fall ist, dann sinkt Ihre Fähigkeit, die Realität zu steuern, auf den Nullpunkt. Wenn sich dann Ihre Ohren, Augen und Gedanken beispielsweise ständig um das Gefangenenlager Wladimirowka drehen, werden Sie eines Tages dort enden. Das, worauf Sie Ihre Aufmerksamkeit fixieren, wird, in der einen oder anderen Form, auch Ihr Leben bestimmen.

Ich will meine Zukunft mit dem Kino verbinden, genauer gesagt möchte ich als Regisseur tätig sein. Zwar sehe ich bislang keine Möglichkeiten, meinen Weg zum Ziel aufzunehmen, aber darüber mache ich mir keine Sorgen, sondern überlasse dies dem Ermessen der äußeren Absicht. Aber ich muss ja mit Dias arbeiten, und das bereitet mir Schwierigkeiten.

Stellen Sie sich all das vor, was mit Ihrer zukünftigen Arbeit verbunden ist. Denken Sie nicht daran, was richtig oder falsch ist. Haben Sie einfach Spaß an Ihrer virtuellen Realität. Wenn sich Ihnen dann eine Tür öffnet, werden Sie wissen, was Sie weiter zu tun haben.

Schon als Jugendlicher hatte ich Klarträume, das heißt, mir war bewusst, dass ich träumte. Jedes Mal, wenn ich zu träumen begann, überlegte ich mir: Ist das jetzt ein Traum? Tat ich etwas Unsinniges oder etwas, was ich normalerweise nicht tun könnte? Wenn ja, dann nichts wie hinein!

Wenn ich im Leben Erfolg hatte und auf einer Glückswelle ritt, schien mir meine Welt wie ein Traum und ich wie der Herr des Traumes. Kraft meiner Gedanken zerstörte ich Gebäude, flog wie Supermann mit Überschallgeschwindigkeit, ging durch Wände und vergnügte mich, so gut ich konnte. Das war auch gar nicht schwer, denn ich war der festen Überzeugung, dass Träume meine eigene Welt sind, in der ich tun und lassen kann, was ich will.

Meine Frage nun bezieht sich auf etwas anderes. Sie schreiben in Ihren Büchern, dass negative Gedanken zu negativen Ereignissen führen. Aber aus irgendeinem Grund habe ich folgendes Talent: Je schöner und realer ich mir künftige Ereignisse vorstelle, desto geringer die Wahrscheinlichkeit, dass sie eintreten.

Ich kann mich einfach nicht dazu zwingen, herrliche Bilder von diesen oder jenen möglichen Ereignissen zu entwerfen. Theoretisch sollten sich ja die farbenfrohsten Dias verwirklichen. In der Realität hingegen werden immer die mattesten wahr.

Bei meiner ewigen Suche nach verschiedenen Wahrheiten und dem Aufbau des Universums bin ich immer mehr zu dem Schluss gekommen, dass es keine Ideen gibt. Es gibt nur das, was Sie die Einheit von Seele und Verstand nennen. Ideen hingegen sind Teil der materiellen Welt, und wir selbst erschaffen sie.

Was wahr ist, ist wahr. Wie real unsere Welt ist, weiß niemand, und so bald wird es wohl auch niemand ergründen, denn die Welt ist nicht statisch und »einfältig«, sondern unendlich vielfältig in ihren Erscheinungsformen, so wie die endlose Reihe von Reflexionen zweier einander gegenüberstehender Spiegel. Haben Sie schon mal probiert, sich mit einem Spiegel in den Händen einem zweiten Spiegel zu nähern? Was Sie dabei sehen, ist ein adäquates Modell unserer Welt - eine Unzahl gespiegelter Reflexionen. Wir können nur einzelne Reflexionen erforschen und verstehen - den einen oder anderen Aspekt der vielschichtigen Realität.

Mit welcher Konzeption (mit welchem Spiegelchen) Sie auch vor den Weltspiegel treten, Sie werden eine entsprechende Reflexion erhalten. Wenn im Grunde Ihres Spiegelchens die Prinzipien des Materialismus liegen, erhalten Sie ein dementsprechendes Weltbild. Und sind es die Prinzipien eines Idealismus (ob subjektiv oder objektiv, spielt keine Rolle), so wird die Welt nicht widersprechen, sondern wird eine völlig logische und konsistente Reflexion liefern.

Wir müssen uns also mit Modellen begnügen, die zumindest ansatzweise erklären, wer wir sind und in was für einer Welt wir leben. Wie viele Modelle Sie auch hernehmen, so viele wird es geben. Wichtig ist aber etwas anderes: Was können wir mit dem einen oder anderen Modell erreichen? Beispielsweise: Bauen wir eine Atombombe, oder errichten wir eine humanistische Gesellschaft, in Harmonie mit der Biosphäre des Planeten? Lassen wir uns passiv treiben, oder wollen wir unser eigenes Schicksal in die Hand nehmen?

Was Ihre Frage zur Verwirklichung bzw. Nichtverwirklichung von Dias betrifft, so gibt es in Ihrem Brief zwei wichtige Passagen:

» ... *schien mir meine Welt wie ein Traum und ich wie der Herr des Traumes*«. Und: »*Ich kann mich einfach nicht dazu zwingen, herrliche Bilder von diesen oder jenen möglichen Ereignissen zu entwerfen.*«

Das Diabild gehört auf die Leinwand der Absichten und sollte nicht irgendwo im Raum der Fantasie schweben. Wenn Sie sich selbst in einem Traum als Herrn der Realität sehen, ist keine Absicht erforderlich, da das Gefühl »ich kann alles« sich außerhalb der Zone von Glauben und Nichtglauben befindet und im Grunde eine Selbstverständlichkeit ist. Was von Seele und Verstand bedingungslos akzeptiert wird, das wird mit Sicherheit vom Spiegel realisiert, und zwar sofort. Da jedoch Ihr Verstand mehr vom Betrachten der Spiegelillusion ergriffen ist als von der Umsetzung der eigenen Absichten, kommt dabei kaum etwas heraus.

Um etwas zu erreichen, müssen Sie den »Filmprojektor« bewusst einsetzen. Wenn die Bildqualität nicht besonders gut wird, müssen Sie *die Festung durch stetige Belagerung einnehmen* oder, mit anderen Worten, Ihre Diashow systematisch laufen lassen.

Sie haben Ihre deutlichen Dias spontan und ohne bewusste Anstrengung erhalten. Das bedeutet, dass sie fertig im Variantenraum herumhingen, aber keine Kraft hatten. Stattdessen haben sich mit der Zeit die matten Bilder, die Sie zu zeichnen versuchten, verwirklicht. Daher rate ich Ihnen, der Technik der Visualisierung große Bedeutung beizumessen. Der Schlüssel zum Erfolg ist die systematische und zielgerichtete Bemühung.

Zusammenfassung

- Das Dia sollte das Bild des erreichten Ziels enthalten, nicht ein Drehbuch und die Mittel zum Erreichens des Ziels.
- Den Film, der in Ihrem Kopf abläuft, werden Sie auch in Ihrer Realität sehen.
- Den inneren Monolog brauchen Sie nicht abzubrechen. Die Hauptsache ist, dass der prinzipielle Vektor Ihrer Gedanken auf das Ziel ausgerichtet ist.

- Falls es Ihnen schwerfällt, ein visuelles Bild zu erstellen, können Sie eine verbale Gedankenform abfassen, inklusive der Technik des »Absichtsgenerators«.
- Zwischenmenschliche Beziehungen sollten nach den Prinzipien des Freilings aufgebaut werden. Dias sind hierbei nicht erforderlich.
- Wenn sich dann Ihre Ohren, Augen und Gedanken ständig um das Gefangenenlager Wladimirowka drehen, werden Sie eines Tages dort enden.
- Das Diabild gehört auf die Leinwand der Absichten und sollte nicht irgendwo im Raum der Fantasie schweben.
- Wenn Ihre Bildqualität nicht besonders gut ist, müssen Sie die Festung durch stetige Belagerung einnehmen oder, mit anderen Worten, Ihre Diashow systematisch laufen lassen.

Randnotizen

Eigentlich beantworten sich diese Fragen fast von selbst, aber ich bin deshalb so detailliert auf sie eingegangen, weil das Prinzip der »eigenen Diashow« anscheinend doch nicht so offenkundig ist, wie man meinen sollte.

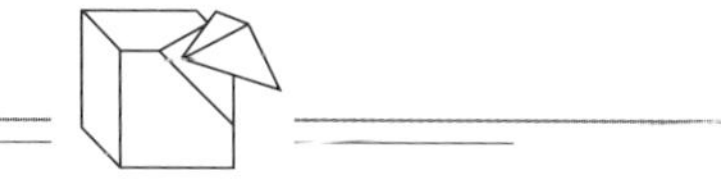

Pokerface

Wie Sie schreiben, sollte man täglich mindestens eine halbe Stunde mit der privaten Diashow verbringen, und das habe ich mir gut eingeprägt. Von außen betrachtet ist es klar, dass diese halbe Stunde eine Routine ist wie etwa das Zähneputzen oder die tägliche Gymnastik. Wichtig ist also nicht so sehr die korrekte, gewissenhafte Ausübung als vielmehr die systematische, regelmäßige Ausrichtung auf die Zielfrequenz. In der Praxis jedoch kann das schnell mal zu einem kleinen Albtraum geraten.

Folgendes ist geschehen: Ein paar Tage oder sogar eine Woche lang habe ich täglich meine geistige Diashow durchgezogen, und alles war wunderbar. Eines Tages jedoch wache ich dann mit dem Gedanken auf, ich »müsse« Zeit für die Diashow beiseite tun, und damit kommt die Angst, vielleicht keine Zeit zu haben. Mein Verstand will nichts davon hören. Er erzeugt ein gewaltiges Überschusspotenzial, so dass ihm schon nur eine imaginäre Bedrohung der regelmäßigen Arbeit mit den Dias einen solchen Schrecken einjagt, dass sich der ganze Brustkorb zusammenzieht. Die Bedeutung des Ziels nimmt überbordende Ausmaße an. Ich erinnere mich an Ihre Worte, dass die Visualisierung nicht zu einer lästigen Pflicht werden sollte, das alarmiert mich noch mehr. Es ist ein Teufelskreis, ja genauer gesagt: ein Tollhaus!

Ab und zu muss man, wenn man gar nichts mehr auf die Reihe bekommt, sich gehen lassen und einen Ruhetag einlegen. Bei Carlos Castaneda wird diese Praxis »Nichtstun« genannt. Wenn Sie sich gezielt gestatten, nichts zu tun, wird die aufgestaute Energie von Überschusspotenzialen genauso zerstreut wie bei einer Handlung.

Gleichzeitig wird die Absicht bezüglich einer bevorstehenden Handlung angespannt wie eine Bogensehne. Und wenn Sie nach dem Nichtstun die Bogensehne losschnellen lassen, wird die zuvor angesammelte Energie freigesetzt.

Es gibt auch noch eine zweite Methode. Um die systematische Arbeit nicht zu einer Last werden zu lassen, müssen Sie sie sich zur Gewohnheit machen. In der ersten Phase brauchen Sie dafür ein gutes Maß an Willenskraft, doch sobald sich die Gewohnheit einstellt, werden Sie sich nicht mehr überfordert fühlen.

Noch besser ist es, die Gewohnheit der regelmäßigen Diashow im Hintergrund ablaufen zu lassen, also während Sie Ihren täglichen Pflichten nachkommen. Das ist äußerst effektiv. Was immer Sie tun, Sie kehren in Gedanken immer wieder zu Ihrem Ziel zurück, indem Sie alle hereinkommenden Informationen dem gegenüberstellen, was Sie erreichen wollen. Mit anderen Worten, Ihre Diashow wird auf stetiger Basis in Ihrem Projektor ablaufen. Handeln Sie also bewusst, und machen Sie sich darüber keine Sorgen.

Was die Technik der Visualisierung betrifft, so hat sie mir in letzter Zeit einiges Kopfzerbrechen bereitet, oder genauer gesagt habe ich mich dabei überanstrengt. Lohnt es sich wirklich, Zeit und Energie zu verwenden, um vollkommene, klare Gedankenformen zu erstellen, oder kann ich das einfach so machen, wie es mir liegt?

Sie sollten sich nicht mit Gewalt zu etwas zwingen. Was Sie brauchen, ist Konzentration, kein Übereifer. Das sind zwei verschiedene Dinge. Besser, Sie versuchen einfach, sich eine Freude zu machen. Es fällt uns immer leichter, uns auf etwas zu konzentrieren, was uns erfreut.

Ich lebe in einem Wohnheim und habe mir zum Ziel gesetzt, eine Wohnung zu beziehen. Als ich mir dann meine neue Bleibe vorstellte, regte sich zunächst in meinem Herzen Freude, so dass ich singen, springen und tanzen wollte. Dann jedoch merkte ich, dass dies gar nicht mein eigentliches Ziel war. Ich will nämlich nicht eine Stadtwohnung, sondern ein Haus auf dem Lande. Der Gedanke daran macht mir wesentlich mehr Spaß. Im Moment ist es außerdem so, dass mich in erster Linie mein Umzug ins eigene Haus interessiert; für einen universalen Wandel bin ich wohl noch nicht bereit (der scheint außerhalb meiner Komfortzone zu liegen).

Sie sollten mit Ihrer Bestellung sofort aufs Ganze gehen. So erweitern Sie auch Ihre Komfortzone und bringen sich gleichzeitig auf eine Lebenslinie, auf der Sie auf dem kürzesten Weg zu Ihrem Ziel gelangen. Falls Ihr Ziel besonders anspruchsvoll und ehrgeizig ist, mag die äußere Absicht Ihnen zunächst eine bescheidenere Variante zuweisen. In diesem Fall sollten Sie sich über die schlichten Geschenke freuen und wissen, dass die exquisiteren noch kommen werden.

Soll ich mir meine Diashow so vorstellen wie einen ganzen Spielfilm? Sozusagen als ununterbrochene Folge von Ereignissen mit meiner Beteiligung? Oder ist es besser, wenn ich mir einen kurzen Ausschnitt immer wieder vor Augen führe?

Wie Sie wollen. Bei der Diatechnik gibt es keine strikten Regeln oder Beschränkungen. Machen Sie es einfach so, wie Sie es für richtig halten und wie es für Sie angenehm ist. Wenn Sie alles so tun, dass es für Sie angenehm ist, dann wird es genau richtig sein. Die Hauptsache ist, dass die Beschäftigung Ihnen nicht zur Last fällt, sondern Sie Ihren Spaß daran haben, und dass die Bilder auf Ihrer Leinwand nicht irgendwelche Fremdbilder sind, sondern Ihr eigenes virtuelles Leben darstellen, dann werden sie sich mit der Zeit auch verwirklichen. Sie brauchen sich auch keinen zeitlichen Rahmen zu setzen. *Im Prinzip kann jeder seine eigene Diatechnik entwickeln und befolgen.*

Ich habe eine Freundin, die über unglaubliche Energien verfügt. Alles, was sie will, erfüllt sich auf unglaublichste Art und Weise. Sie will mir nun in meinem Berufsleben helfen. Zunächst dachten wir, dass sie mich im Umfeld bestimmter Leute und in bestimmten

Umständen visualisieren sollte. Das klappte jedoch nicht, vielleicht deshalb, weil sie nicht die Gepflogenheiten meines Geschäftslebens kennt. Bisher hat sie jedenfalls nichts erreicht. Wie könnte sie besser für meine Zwecke tätig sein?

Gar nicht. Sie können nur Ihre eigene Weltschicht kontrollieren. Jeder Mensch hat seine eigene Realität. Das gilt auch, wenn Menschen in Nachbarschaft oder miteinander leben. Sie können keine mentale (metaphysische) Wirkung auf eine fremde Realität ausüben. Genauso können auch andere keinen Einfluss auf Ihre Realität nehmen. Es ist zwar auch möglich, mit vereinten Kräften eine gemeinsame Realität zu erschaffen, nur sollte man sich dann die Kompetenzen aufteilen. Ihr Geschäftsleben ist beispielsweise Ihre eigene Angelegenheit, auf die Ihre Freundin keinen Einfluss hat. Aber mithilfe von Transsurfing ein gemeinsames Haus zu bauen, in dem Sie dann zusammen leben, das wäre durchaus ein realistisches Projekt.

Ich habe am WGIK* studiert und drehe zurzeit mit einem Freund einen Kurzfilm. Das Drehbuch basiert auf meinen eigenen Erfahrungen und teilweise auf meiner eigenen Lebensgeschichte. Nur das Ende des Films unterscheidet sich von meiner eigenen Lebensstory, die ja noch nicht zum Ende gekommen ist. Ich spiele in dem Film dazu noch die Hauptrolle. Während wir die erste Szene drehten, erkannten wir, dass wir das Drehbuch ändern müssen. Tagelang ließ ich mir verschiedene Optionen der Story durch den Kopf gehen. Und jedes Mal, wenn mir etwas Interessantes einfiel und ich es zu Papier brachte, begann mein Leben sich in Richtung der geschriebenen Geschichte zu bewegen. Wenn das so weitergeht, drehe ich noch durch.

Wie Sie sehen, funktioniert der Spiegel tatsächlich nach dem Prinzip: *Die Diashow oder der Film, den Sie in Ihrem »Projektor« laufen lassen, wird sich auch in Ihrem realen Leben abspielen.* Und

* Gerassimow-Institut für Kinematografie in Moskau (Anm. d. Übers.)

wenn Sie sich die Story nicht nur einfach ausdenken und vorstellen, sondern sie auch noch aufschreiben, wird sie umso effektiver. Daher empfehle ich Ihnen: Seien Sie nicht zu bequem, um Ihre Gedankenbilder aufzuschreiben, denn dadurch erstellen Sie eine Konfiguration Ihrer Realität. Morgens können Sie die Einstellungen zum Erreichen eines Zieles erstellen, und abends sehen Sie dann Ihre Fortschritte und Erfolge. Das eine oder andere Element Ihrer Vision wird sich dann immer stärker in Ihre mentale Schablone einprägen und schließlich auch in die Realität.

Mit der Visualisierung ist mehr oder weniger alles klar, aber wie gehe ich mit Zweifeln um? Sie scheinen wie eingebacken in meine Dias.

Es hat keinen Zweck, gegen Zweifel anzukämpfen. Wenn Sie überhandnehmen, dann lassen Sie es ruhig zu, dass sie sich ein wenig in Ihrem Kopf austoben, um dann wieder Ihre Aufmerksamkeit auf das Ziel zu richten, und zwar so, als sei es schon erreicht. Die flatterhafte Aufmerksamkeit darf manchmal durchaus einen Abstecher machen, solange der Hauptvektor fest auf das Ziel gerichtet ist. Arbeiten Sie einfach systematisch und beharrlich mit den Dias. Dann werden vorübergehende Zweifel keinen Schaden anrichten.

Mein Ziel ist folgendes: unabhängig, sicher und bequem durchs Leben zu gehen, ohne zu arbeiten. Wie könnte da Ihrer Meinung nach ein passendes Zieldia aussehen, also der Zustand, in dem dieses Ziel bereits erreicht ist? Also gut – einmal abgesehen von vollen Bankkonten. Und glauben Sie jetzt bitte nicht, dass Ihnen ein Faulpelz schreibt, der auf dem Sofa liegt und Däumchen dreht. Ich bin ein erfolgreicher Fachmann und Autor mehrerer Bücher. Früher habe ich wie besessen in meinem Fach gearbeitet, doch seit ich die vierzig überschritten habe, habe ich das langsam satt.

Lassen Sie in Gedanken einfach ein rauschendes Fest des Lebens abspielen, so wie Sie es sich vorstellen. Dazu gehören ja wohl nicht nur volle Bankkonten?! Leben Sie virtuell in Ihrer erdachten Welt. Ich nenne eine solche Beschäftigung *»konzentriertes Schweben in den Wolken«*. Im Laufe der Zeit werden sich Türen öffnen, die ein solches Fest tatsächlich ermöglichen.

Der Weltspiegel ist eine coole Sache, die einem einfach den Atem verschlägt. Sie brauchen sich nicht den Kopf zu zerbrechen, wie Ihr Traum verwirklicht werden kann - der Spiegel wird es Ihnen schon zeigen. Die Schwierigkeit besteht allein darin, sich nicht in die Spiegelillusion mit einbeziehen zu lassen. In der Realität, vor allem zu Beginn, wird ganz und gar nicht das geschehen, was sich in Ihrem virtuellen Projektor abspielt. Und das führt zu Zweifeln, Sorgen und Panik. In solcher Aufruhr neigt man dazu, seine Diashow zu vergessen und stattdessen die sich entfaltenden Ereignisse zu betrachten. Und genau das ist die Spiegelillusion.

Es ist unerlässlich, bis zum Ende konsequent zu bleiben, ich würde sogar sagen: ausgefuchst. Spielen Sie »Pokerface«. Auch wenn man mich einschüchtert, betrügt oder verspottet, bewahre ich die Ruhe und bleibe meiner Linie treu. Ich schaue nicht mit großen Augen auf das Chaos, das auf der Leinwand abläuft, sondern werfe nur gelegentlich einen verschmitzten Blick darauf, während ich vor allem darauf achte, was in meinem inneren Projektor vorgeht.

»No, he can't read my poker face.« Lassen Sie sich nicht in das Spiel hineinziehen, das man Ihnen aufdrängen möchte. Spielen Sie Ihr eigenes Spiel! Das Bild auf dem Spiegel wird sich früher oder später Ihrem internen Film anpassen. Es hat gar keine andere Wahl, denn das sind nun einmal die Regeln.

Einerseits soll ich meine Absicht in der Gegenwart deklarieren – so, als ob ich mein Ziel schon erreicht hätte. Zum Beispiel ein Auto. Ich kann mir leicht vorstellen, bereits eines zu haben. Dass es vor meinem Fenster steht. Wie ich aus dem Haus gehe, mich hineinsetze, es starte und losfahre. Wie ich im Fachhandel Winterreifen und andere Ersatzteile kaufe. Aber wie passt das mit der Tatsache zusammen, dass ich das Auto noch gar nicht habe? Wo ist es eigentlich? Mein Verstand bedrängt mich ständig mit dieser Frage.

So ist nun einmal das Spiel mit dem Weltspiegel: »Ich glaube - ich glaube nicht.« Dieser Spiegel spielt tatsächlich mit Ihnen und verfährt dabei, wie es ihm beliebt. Dabei macht er sich die Tatsache zunutze, dass er problemlos Ihre Aufmerksamkeit mit der Seifenoper erhaschen kann, die sich in Ihrer Umgebung abspielt.

Was geschieht, ist Folgendes: Sie schauen in den Spiegel und sehen darin, wie man sich in dieser unnachgiebigen und unangenehmen Welt, in der Erfolg nur mit Mühe erlangt wird, ohne Unterlass abrackern muss und dabei die Umstände zu beachten und sich nach ihnen zu richten hat. Stets muss man in Anspannung bleiben - sich um etwas bemühen, sich Sorgen machen und an etwas zweifeln (vor allem an sich selbst) und vor allem bei jedem Kinkerlitzchen hochfahren wie ein Springteufel. Sie halten das für eine Illusion? So ist es aber. Was für ein einseitiges Spiel - und obendrein haben Sie selbst apathisch Ihrer Rolle als passiver, illusionierter Zuschauer zugestimmt!

Nun aber sollen Sie Ihre eigene Illusion für den Spiegel erstellen. Geben Sie ihm den Befehl: *»Schau jetzt her und tu, was ich dir sage.«* Und stellen Sie sich nur vor: Er wird sich fügen, gern sogar. Der Spiegel wird Sie betrachten und denken: »Ich glaube, ich glaube nicht.« Ob er Ihnen glaubt oder nicht und wann - früher oder später -, hängt davon ab, wie aufrichtig Sie ihn hinters Licht führen. Und natürlich davon, wie lange Sie am Drücker bleiben. Denn wenn Sie die Karten hinschmeißen und wieder auf den Bildschirm glotzen, beginnt der gleiche Zirkus natürlich von vorn - Sie werden vorgeführt und werden willig folgen.

Sobald Sie also Ihren bezauberten Blick vom Bildschirm abwenden und Ihre Aufmerksamkeit auf sich selbst richten - auf den Film, der in Ihrem eigenen Kopf abläuft -, wird sich die Realität allmählich transformieren. Das wird aber nicht sogleich geschehen, ganz im Gegenteil: Der Bildschirm wird Ihnen in seiner Trägheit die gleiche alte Seifenoper vorführen und Ihnen Dinge zeigen, die ganz und gar nicht mit Ihren Plänen übereinstimmen, bis hin zu einer völligen Verschlechterung der Situation. Aber Sie müssen bedenken, dass man Ihnen etwas vormacht und Sie zu betrügen versucht.

Wenn Sie beharrlich Ihrer Linie treu bleiben, werden Sie bald sehen, wie die Attribute der Vergangenheit allmählich aus Ihrer Weltschicht verschwinden und wie erste Anzeichen einer neuen Zukunft auftauchen, einer Zukunft, die Sie selbst entworfen haben. Das ist wie ein Wechsel des Bühnenbilds im Theater. Nur geschieht das alles sehr unmerklich – als würde eine andere Realität aus einer Parallelwelt in die echte Welt hineingezogen. Und je dreister Sie dabei schwindeln, desto natürlicher wird Ihr Ergebnis aussehen. Und der Spiegel wird Ihnen letztlich alles abnehmen und Ihnen genauso brav folgen, wie Sie es zuvor getan haben. Das ursprüngliche Prinzip dieses Spiels ist folgendes: *Der eine kreiert eine Illusion, der andere sieht zu.* Ihre Rolle wählen Sie selbst.

Zusammenfassung

- Machen Sie die Arbeit mit dem Zieldia nicht zu einer lästigen Pflicht.
- Um zu vermeiden, dass Ihnen die systematische Arbeit zur Last fällt, sollten Sie sie sich zur Gewohnheit machen.
- Von entscheidender Bedeutung bei der Arbeit mit den Dias ist die Konzentration, nicht der Eifer.
- Bei der Technik mit den Dias gibt es keine strengen Regeln und Beschränkungen. Sie können und sollten alles so tun, wie Sie es für richtig halten und wie es für Sie angenehm ist.
- Nur Ihre eigene Weltschicht steht zu Ihrer Verfügung. Auf die Realität von anderen haben Sie keinen Einfluss.
- Wenn Sie sich eine Diashow nicht nur einfach ausdenken und vorstellen, sondern Sie auch noch aufschreiben, wird sie umso effektiver sein.

- Arbeiten Sie einfach systematisch und beharrlich mit den Dias. Dann werden vorübergehende Zweifel keinen Schaden anrichten.
- Lassen Sie in Gedanken einfach ein rauschendes Fest des Lebens abspielen, so wie Sie es sich vorstellen. Leben Sie virtuell in Ihrer erdachten Welt. Schweben Sie konzentriert in den Wolken.
- Lassen Sie sich nicht in das Spiel hineinziehen, das man Ihnen aufdrängen möchte. Spielen Sie Ihr eigenes Spiel!
- Spielen Sie mit der Welt »ich glaube - ich glaube nicht«. Erstellen Sie Ihre Illusion für den Spiegel. Geben Sie ihm den Befehl: »Schau jetzt her und tu, was ich dir sage.«

Randnotizen

Wenn Sie stur und beharrlich in Gedanken Ihre eigenen Filme ablaufen lassen, wird sich die Realität früher oder später daran anpassen. Die Realität hat keine andere Wahl, denn das ist ihre Natur. Sie sind dann nicht mehr abhängig von der Realität, sondern die Realität von Ihnen. Die Frage ist nur, wer am Drücker ist.

Teil 2

Die Technosphäre

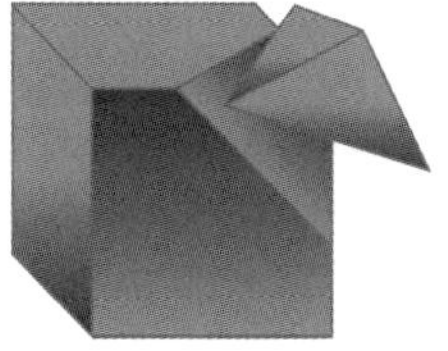

Parasiten der Gesellschaft

Heute ist der beste Tag,
heute ist der Kampf mit den Narren.

Aus einem Liedertext der russischen Musikgruppe
Maschina Wremeni (»Zeitmaschine«)

Um verstehen zu können, warum die Leute Schwierigkeiten mit dem Transsurfing haben, muss man sich darüber klar werden, wie unsere Gesellschaft funktioniert. Wir wollen uns dabei zunächst mit nicht sehr angenehmen Fragen beschäftigen. Nicht oft, aber hin und wieder bekomme ich E-Mails von Leuten, die mir mit Befremden mitteilen, dass ihre Erwartungen ans Transsurfing nicht erfüllt wurden.

Sie sind auf dem richtigen Weg! Machen Sie einen Haufen Kohle, solange Ihr Name in aller Munde ist.

So ist es recht: kurz und bündig. Ich wünschte, dass alle Briefe solchen Inhalts, die man mir schreibt, von diesem Format wären, denn wenn eine Nachricht sich von vornherein als feindselig zu erkennen gibt und länger als zwei oder drei Zeilen ist, landet sie dort, wo sie eigentlich hingehört, nämlich im Papierkorb. Und dann war all die Schreiberei umsonst. Wenn aber die Botschaft knapp und klar ist, dann hat Ihr Pfeil das Ziel erreicht, und ich sinke getroffen in den Staub.

Eigentlich würde ich dieses Thema liebend gern vermeiden. Provokationen einzelner Pendelmarionetten kann man getrost ignorieren, doch wenn etwas zu einer Art Phänomen wird, lässt es sich einfach nicht umgehen. Ein solches Phänomen gibt es nun mal, und eine seiner Erscheinungsformen besteht darin, dass ich E-Mails von Leuten bekomme, die tatsächlich davon überzeugt sind, dass meine Arbeit nicht bezahlt werden sollte. Wie zum Beispiel diese hier:

Einer der Gründe, warum ich über Transsurfing zu lesen begann, war die Selbstlosigkeit des Autors – er hat freizügig seine Bücher verbreitet, ohne dafür etwas zu verlangen. Inzwischen aber ist das Ganze zu einem gewöhnlichen kommerziellen Produkt verkommen.

Zunächst einmal habe ich meine Bücher niemals kostenlos verteilt. Wenngleich ich jemandem, der einen bestimmten Text braucht, diesen auch so schicke. Zweitens: Wenn Sie wirklich der Überzeugung sind, dass man unentgeltlich arbeiten sollte, dann machen Sie es bitte vor. Ist doch ganz einfach, nicht wahr? Oder wollen Sie etwa kneifen?

Es ist doch nun einmal so, dass wir alle etwas herstellen und dafür bezahlt werden. Wenn ich nun den Verfasser des obigen Briefes um das bitten würde, was er herstellt, würde er es mir ja wohl kaum einfach so zuschicken. Dennoch ist er davon überzeugt, dass ich genau das tun sollte. Und nicht nur sollte ich das tun, ich müsste meine Arbeit umsonst verrichten. Das ist die Mentalität von Parasiten.

Solche E-Mails erfüllen mich eher mit Staunen als mit Entrüstung. Ich betrachte solche Dinge einerseits mit Widerwillen, andererseits jedoch mit der Neugier eines Forschers. Denn dieses Phänomen ist in der Tat von medizinischem Interesse und verdient eine sorgfältige Untersuchung. Wir alle kennen Parasiten des Körpers, doch es gibt auch die weniger bekannten Bewusstseinsparasiten. Und dann gibt es noch gesellschaftliche Parasiten, die überraschenderweise nur von wenigen als Phänomen untersucht wurden. Da ich zu diesem Thema keine ausreichende Kompetenz besitze, will ich mich nicht ausführlich darüber auslassen, aber doch einige Bemerkungen dazu machen.

Interessant und überraschend ist dabei nicht so sehr die Erscheinung der Parasiten selbst, sondern vielmehr die unbeschreibliche Dummheit ihrer Behauptungen. Was meinen Sie, wie kann man Malern, Musikern, Komponisten, Schriftstellern oder Köchen ihre »bösartige Neigung zum Kommerz« vorwerfen? Stehen Sie vom Tisch in einem Restaurant auf, gehen Sie in die Küche und schreien Sie den Koch an: »Du machst sicher einen schönen Batzen Geld, du Gierhals!« Oder die Musiker in einem Konzert: »Ihr habt es doch nur auf die Kohle abgesehen! Ich will echte Kunst!«

Und nun zu Ihnen: Aus welchem Grund gehen Sie eigentlich in ein Restaurant oder in ein Konzert? Sie haben irgendein Bedürfnis, nicht wahr? Ansonsten würden Sie ja kein Geld dafür ausgeben. Aber zahlen wollen Sie dafür nicht. Für sich selbst beanspruchen Sie, jederzeit etwas umsonst zu bekommen, und wenn das nicht klappt, beschuldigen Sie sogleich die anderen der Gier.

So verhält sich ein Wurm: Er krabbelt aus seinem Loch, schaut sich um und runzelt die Stirn: »Schau einer an, wie profitgeil hier alle sind!« Der Koch speist ihn, der Musiker unterhält ihn, aber er ist unzufrieden. Wäre alles umsonst, ja, dann hätte er nichts auszusetzen. Gleichzeitig bietet er in seinem Laden Wurst an, und versuch mal, von ihm eine Freiwurst zu erbitten. »Wie bitte - das kann man doch nicht vergleichen: meine konkrete Wurst und Ihre Scheißkunst!«

Ich bin absichtlich auf die Ebene des Primitivismus herabgestiegen, um etwas zu erklären, was eigentlich offenkundig ist. Die Sache ist halt die, dass es Leute gibt, die die einfachsten Dinge nicht verstehen.

Die riesigen Summen, die der bekannte Autor angeblich zusammenrafft, jedenfalls in der Fantasie der Würmer, gibt es im Grunde nicht - alles ist wesentlich bescheidener. Eigentlich ist sogar das Verhältnis von Arbeitsaufwand und finanzieller Entlohnung völlig unverhältnismäßig. Wer sich damit noch nicht befasst hat, dem kann ich das auch kaum erklären.

Das Zentrum für Transsurfing* lässt den Würmern keine Ruhe. Sie können nicht akzeptieren, dass jemand sein Geld mit Schulung verdient. Aber schließlich ist dieses Zentrum durch eine Schulungsnachfrage entstanden. Also wird dort offenbar ein bestehendes Bedürfnis bedient. Sollen die Lehrer nun etwa kostenlos arbeiten? Der Schulungsberuf erfordert eine hohe Qualifikation und ist eine Vollzeitbeschäftigung. Den Parasiten ist nicht bekannt, was es kostet, die Lehrer einer konventionellen Schule zu bezahlen. Sie wertschätzen die Arbeit anderer nicht, da sie sich selbst nicht überanstrengen. Ich selbst habe keine Einkünfte vom Zentrum für Transsurfing, da ich dort weder unterrichte noch anderweitig beschäftigt bin. Sollte ich in Zukunft etwas dort tun, so werde ich auch etwas verdienen. Oder wäre das auch wieder falsch?

Falls es dazu kommt, dann ist an solchem Kommerz nichts Schlechtes - Geschäft ist Geschäft. Wenn es um das eigene Geschäft geht, so geben sich alle stets sehr scheu und sanft. In Bezug auf die Unternehmungen anderer hantiert man jedoch schnell mal mit Etiketten wie Gier, Betrug und Gaunerei. Und inwiefern kann man überhaupt von Kommerz sprechen, wenn ich so unbequeme Themen wie die Ernährung von lebendiger pflanzlicher Nahrung aufgreife? Ist das etwa ein populäres Thema? Gott bewahre! Fleisch wäre da natürlich etwas anderes.

Würde ich das Vertrauen in einen Autor verlieren, den ich früher einmal gelesen habe, würde ich mich einfach abwenden und meine eigenen Wege gehen, und es würde mich nicht weiter interessieren, was er treibt. Sie hingegen (ich wende mich an die Verfasser von Briefen wie dem obigen) hängen noch immer hier herum?! Wieso? Dort ist der Ausgang! Ich habe immer gesagt, dass ich niemanden zu mir einlade.

---

* *http://tsurf.ru/ - Hier finden Sie weitere Anmerkungen des Autors (in russischer Sprache).*

Momentan ist es so, dass ein Großteil meiner Arbeit nicht bezahlt wird. Die Beantwortung der E-Mails von Lesern, die mich in bestimmten Situationen um Hilfe bitten, kostet viel Zeit und Mühe. In diesem Fall helfe ich wirklich unentgeltlich Leuten, die Hilfe brauchen - im Rahmen meiner Möglichkeiten und soweit ich kann. Soll ich denn für meine Bücher überhaupt nichts bekommen? Dann würde ich anderweitig mein Geld verdienen, und für das, was ich jetzt tue, bliebe mir keine Zeit mehr. So hätten Sie es wohl gern.

Klingt verrückt und geradezu absurd, nicht wahr? Und wie ist es mit den Anmaßungen der Würmer, sind die etwa nicht verrückt? Moment mal, das sind eben alles Leute, die unter uns leben und die von der Gesellschaft voll und ganz als gesund anerkannt sind. Warum ist dieses Phänomen eigentlich so verbreitet?

Bei uns in Russland, wo die Krankheit des gesellschaftlichen Parasitismus sich zunehmend zugespitzt hat, kommt diesem Phänomen eine historische Besonderheit zu. Sowohl im Mittelalter als auch in der Feudalzeit und auch später im Sozialismus wurde hierzulande die Zahlung von Abgaben von der Gemeinde getragen, nicht von den einzelnen Warenherstellern. Während einige gewissenhaft arbeiteten, konnten andere ihre Zeit vertrödeln, denn schließlich zahlte ja die Gemeinde für alle. Das waren einfach ideale Bedingungen für die Vermehrung von Parasiten.

Nach dem Zarenregime, in dem eine geradezu krankhafte Bürokratie floriert hatte, hofften die Bolschewiken: »Wir werden dieses System dem Erdboden gleichmachen, und dann ...« Die Zerstörung schafften sie auch, aber aus dem Rest wurde nichts. Im Gegenteil, die Bürokratie wucherte noch wilder als je zuvor.

Lenin, der beobachtete, was im Anschluss an die Revolution geschah, fasste sich verzweifelt an den Kopf, denn er wusste nicht, was zu tun sei. Was ihm vor allem Sorgen bereitete, war weder die Krise der Verwüstung noch der Widerstand aufrührerischer Kräfte noch Dummköpfe oder Straßen, sondern das rasante Wachstum der

Bürokratie, das sich wie von selbst entwickelte, nach irgendeinem eigenen Gesetz, und das sich durch keine Maßnahmen aufhalten ließ.

Viele von uns werden sich noch erinnern, wie im Sozialismus, bis zum Ende, eine aktive Kampagne gegen Bürokratie gefahren wurde. Man spuckte auf die Bürokratie und hatte der Korruption den Kampf angesagt. Und wieder änderte sich nichts. Bekanntlich lernen wir nichts aus der Geschichte. Offenbar ist es völlig sinnlos, gegen Parasiten in der Gesellschaft oder im Körper zu kämpfen. Wir müssen Bedingungen schaffen, in denen ihre Existenz unerträglich und unmöglich wird.

Aber selbst angesichts unseres historischen Erbes finde ich es erstaunlich und verwirrend, wie gebildete Menschen aufrichtig glauben können, jemand solle ihnen etwas umsonst geben, während sie selbst überhaupt nicht dazu verpflichtet sind. Kurz gesagt: »Egal wie viele Jahre du durch die Taiga streifst, du wirst sie nie verstehen.« (© Dersu Uzala)

Und wenn es so ist, dass wir einander grundsätzlich nicht verstehen, so heißt das, dass wir zu verschieden sind, als wären wir von unterschiedlichen Planeten, und dass wir uns besser voneinander fernhalten sollten. Aber die Äußerung eines fremdartigen Wesens einfach zu ignorieren, sobald man ihr begegnet, ist auch nicht immer möglich. Wenn man Parasiten im Körper ignoriert, so werden sie sich in aller Ruhe festsetzen und einen auslutschen. Gesellschaftliche Parasiten kann man auch nicht einfach ignorieren. Du gehst zu einem Beamten, um ein Papier zu bekommen. Er hält es in der einen Hand, hält dir aber die andere hin. Und Transsurfing kann einen weder vor diesen noch vor jenen Parasiten retten. Die Erlösung von Parasiten des Körpers und Geistes haben wir Gott sei Dank gefunden - lebendige Nahrung, lebendiges Wasser, lebendige Luft. Doch wo ist ein Mittel gegen gesellschaftliche Parasiten? Bisher hat noch niemand eins gefunden. Aber wir suchen weiter.

Zusammenfassung

- Das System beginnt seine Entwicklung mit der Ausformung der Bürokratie.

Randnotizen

Liebe Leser!

Bekanntlich sind die Bücher über Transsurfing im angeblich freien Internet zugänglich. Sie selbst geben nichts umsonst her und bekommen auch nichts umsonst. Entweder Sie bekommen eine billige Fälschung wie auf dem Flohmarkt oder Sie dienen den Interessen irgendwelcher Leute. Ich muss Sie warnen: Wenn Sie elektronische Bücher von illegalen Quellen herunterladen, kann ich nicht garantieren, dass es vollumfänglich meine Texte sind. Da kann alles Mögliche eingefügt sein, und so sieht es in der Praxis auch aus. Lesen Sie entweder die Originale vom Verlag oder holen Sie sich »Gebrauchtexemplare«, die im Netz erhältlich sind – es ist eine Frage Ihrer Wahl und Ihrer Verantwortung. Wenn Sie einen bestimmten Text brauchen, dann schreiben Sie mir, und ich werde ihn Ihnen zusenden. Ich schlage niemandem eine solche Bitte ab. Dafür brauchen Sie nichts zu zahlen, Sie können es als ein Geschenk betrachten. Mich interessiert nur eines: dass Sie keinem Fake unter dem Label »Transsurfing« auf den Leim gehen.

Die Vereinnahmung der Aufmerksamkeit

Nach den Wellen, die die Serie *Transsurfing* schlug, wurde ich geradezu überhäuft mit Leserbriefen und Anfragen verschiedener Zeitschriften (auch ausländischen), die Interviews und Artikel herausbringen wollten, so dass meine Zeit sehr knapp wurde, was wiederum das vorliegende Buch deutlich verzögert hat.

Andererseits ist ein derart reges Interesse natürlich erfreulich, denn es zeigt, dass die Richtung zum »Transsurfing der Regeneration«, die ich in den letzten Büchern eingeschlagen hatte, gut und zur rechten Zeit gewählt war. Die Idee zur Reinigung des Körpers, zur Verbesserung der Energetik und zur Befreiung des Bewusstseins durch eine lebendige Ernährung hat bei den Lesern großen Anklang gefunden. Ich bekomme viele begeisterte Dankesbriefe, die zeigen, dass das modernisierte Transsurfing viel effektiver funktioniert als die klassische Variante.

Ehrlich gesagt hatte ich mit einer solchen Unterstützung nicht gerechnet, denn der von mir eingeschlagene Kurs schien, zumindest zu Anfang, seltsamerweise ganz unbeliebt zu sein. Ich musste enormen Druck vonseiten vieler Leser aushalten, die überzeugt waren, dass ich das Wesen der Transsurfing-Philosophie mit »unnötigem Müll verstopfe«. Dennoch beginnt jetzt die neue Philosophie nicht nur Wurzeln zu schlagen, sondern auch schon sehr viele enorm zu ermutigen. Offenbar berührt das Thema lebendige Ernährung eine innere Saite der Seele, so als würde am Ende des Tunnels ein neues Licht erscheinen. Und ich werde im Weiteren erklären, warum das so ist.

*.gnunnerT ni ebeiL retfnas hcan ehcus dnu rnreF eid ni efierts
hcI .hciltsötnu ,tfuL eid ni se efrew dnu znawhcS ma reiT sad ekcap
hcI .tgnähegfua nenieB ned nA ?sad raw reW .sawte hcod tgnäh ad
- euahcs hcI .dlaW ned hcrud nehcilgegsuanu etettort hcI*

Sind Sie jetzt wach? Verzeihung, liebe Leser, ich habe diesen Trick angewandt, um Ihre Aufmerksamkeit zu intensivieren. (Der obige kurze Auszug stammt aus dem russischsprachigen Buch *Forum der Träume*.) Ansonsten würden Sie vielleicht den Sinn von dem, was ich Ihnen mitteilen will, nicht erfassen. Sie wissen ja, was manchmal im Traum geschieht: Wenn zu viele sinnlose Dinge auf einmal passieren, beginnt man zu stutzen und erkennt, dass man träumt. Die Hauptsache ist aber nicht, dass man sich dessen bewusst wird, sondern dass man aufhört, ein Zombie zu sein, und sich klarmacht, was um einen herum geschieht.

Vor Kurzem habe ich mit Erstaunen festgestellt, dass etwas Seltsames geschah. Ich bekam immer wieder Briefe, wo ich nach Dingen gefragt wurde, die bereits detailliert in den Büchern beschrieben sind. Im Buch wird eine direkte Frage gestellt, und ich gebe dort eine direkte, klare Antwort. Und jemand, der dieses Buch gelesen hat, schreibt mir eine E-Mail mit der gleichen Frage, fast Wort für Wort sogar.

Früher habe ich so etwas kaum beachtet und das einfach auf die Zerstreutheit des Lesers zurückgeführt. Aber in letzter Zeit hat sich das immer häufiger wiederholt, was schon den Schluss zulässt, dass es sich nicht um Einzelfälle handelt, sondern um ein regelmäßiges Phänomen.

Ich hatte das Gefühl, als sei ein bedeutender Teil der Aufmerksamkeit eines solchen Lesers von jemandem oder etwas anderem beansprucht. Es ist so ähnlich wie bei einem Kranken, dessen Energie zu einem Großteil mit dem Kampf gegen die Krankheit beschäftigt ist. Oder wie bei jemandem, der eine große Last von Verpflichtungen mit sich herumschleppt - seine freie Energie ist aufgrund dieser Belastung wie blockiert.

In meinen ersten Büchern habe ich bereits über die Vereinnahmung der Aufmerksamkeit durch die Pendel geschrieben. Wenn jemand durch etwas verwirrt, besorgt oder verängstigt ist, kann es sein, dass er in eine Art Starrheit verfällt, ringsumher nur noch sein Problem sieht und dabei gar nicht mehr erkennt, was in seiner Realität eigentlich vorgeht. Damals habe ich das nicht als Massenphänomen beschrieben, doch als genau das hat es sich jetzt für mich herausgestellt. Für mich ist das ein alarmierendes Zeichen, denn *vor zwei, drei Jahren war es noch nicht so ausgeprägt*. Daher will ich im Folgenden noch einmal auf die Beschreibung des Phänomens zurückkommen, jedoch mit anderen Beispielen, die den Effekt der Vereinnahmung der Aufmerksamkeit verdeutlichen sollen.

Lassen Sie uns zumindest eine Ausgabe meines Newsletters* über gesellschaftliche Parasiten hernehmen. Manchmal erkläre ich, warum ich dieses oder jenes tue, manchmal auch nicht. In jener Ausgabe habe ich ganz deutlich erklärt, warum ich besagtes Thema anging. Aber stellen Sie sich einmal vor: Es gab Leute, die, nachdem sie meine Erklärung gelesen hatten, mich fragten: »Warum tust du das?« Und weiter: »In meiner Welt gibt es keine Parasiten!«

So etwas geschieht, wenn jemand aus Dummheit die Prinzipien des Transsurfings verabsolutiert und sich in die so geschaffene Illusion verrennt. Dann kann es sein, dass nicht nur das Lenken, sondern sogar schon die richtige Beurteilung der Realität unmöglich wird.

Und genau solche Leute meine ich! Es ist möglich, einzelne Provokateure zu ignorieren, aber das Phänomen an sich zu ignorieren ist einfach nur dumm. Man sollte es zumindest aus der Sicht eines Beobachters untersuchen und nicht den Kopf in den Sand stecken.

---

* Einige Kapitel meiner Bücher wurden zunächst in meinem elektronischen Newsletter veröffentlicht, den Sie auf der Website des Autors abonnieren können: *http://zelands.ru*.

Natürlich gibt es sie in Ihrer Welt - sowohl die Parasiten von Körper und Geist als auch die Sozialschmarotzer. Sie verschwinden nicht einfach deshalb, weil Sie erklärt haben, dass es sie nicht gibt. Die Ersten von Ihnen sitzen still in Ihrem Körper, und es ist ihnen völlig gleichgültig, ob Sie sich an sie erinnern oder nicht. Andere können problemlos von Ihrem Bewusstsein Besitz ergreifen, ohne dass Sie etwas davon merken. Und der dritten Gruppe werden Sie so oder so in irgendwelchen Amtsstuben oder sonst wo begegnen.

Also, ich wiederhole: Parasiten zu ignorieren ist zwecklos. Man sollte sie zumindest beobachten, vorzugsweise durch eine Lupe. Wenn Sie sie aus der Dunkelheit, in der sie träge umherschwirren, herausziehen und ans Licht Gottes befördern, werden sie sich sogleich winden und krümmen, denn die Bloßstellung ihrer unansehnlichen Gestalt ist für sie wie der Tod. Nimmt man sie unter die Lupe, so kommt ihr ganzes Wesen zum Vorschein, und sie können sich nicht mehr ruhig mit ihren Sachen beschäftigen. Das ist der Grund, warum ich diese Themen aufgreife. Richtig, und jetzt fragen Sie mich wieder, warum ich das tue.

In der gleichen Ausgabe gab es auch noch eine andere interessante Geschichte. Das Zentrum für Transsurfing* kündigte ein kostenloses Webinar an, für das sich eine unerwartet hohe Zahl von Teilnehmern registrierte, so dass die Registrierung schon am ersten Tag beendet werden musste, da die Teilnehmerzahl begrenzt war. Die tatsächliche Anzahl der Teilnehmer war dann jedoch unerwartet gering. Ich fragte mich, wie das zu erklären war (wozu erst registrieren?). Das Zentrum machte eine Umfrage, warum die Leute weggeblieben waren. Die Gründe waren dann recht banal: keine Zeit, etwas anderes zu erledigen, vergessen, Zeitzonen verwechselt, verpasst, zu früh angemeldet und später nicht mehr eingeloggt, Adresse falsch notiert, keine Einladung erhalten und so weiter.

* *http://tsurf.ru/*

Das zeigt, dass die meisten Menschen schlafen, das heißt, sie verhalten sich wie in einem Traum. Sie leben nicht ihr eigenes Leben, sondern *»werden gelebt«*. Man könnte sich natürlich gut vorstellen, dass die Leute, hätten sie für die Veranstaltung bezahlt, auch erschienen wären. Aber ist Geld wirklich das Einzige, was die Aufmerksamkeit aktivieren kann? Wenn die Statistiken schon unter Transsurfern so mau aussehen, wie ist es dann erst bei anderen? Mir scheint, der Effekt des »Einschlafens« nimmt zurzeit enorm an Kraft und Geschwindigkeit zu. Noch vor ein paar Jahren waren die Menschen nicht so schläfrig.

Auch in der Wirtschaft, wo ja die Aufmerksamkeit des Erfolgs wegen eigentlich auf höchstem Niveau stehen sollte, ist sie oft nur schablonenhaft aufgestellt. Zum Beispiel wurde mir kürzlich von einem kommerziellen Mailservice eine Zusammenarbeit angeboten. Die Idee war, die Adressdatenbank meiner Leserschaft von *Subscribe.ru* zu jenem neuen Mailservice umzusiedeln. Als die Firma dann aber erfuhr, dass die Adressdatenbank auf *Subscribe.ru* für Autoren von Rundbriefen nicht zugänglich war (ich hätte so eine Entscheidung ohnehin niemals allein getroffen, ohne das Wissen der Leser), boten sie mir eine Bezahlung für die Artikel, die ich schreiben würde, und sie wollten den Versand übernehmen. Dieser Vorschlag hat mich verwundert, denn die Marke Transsurfing zieht Menschen an und bewirkt daher ein Anwachsen des Abonnenten-Service, der an sich viel mehr wert ist als das Geld, das ich als Autor verdienen kann.

Aber das ist noch nicht alles. Nachdem ich mich geweigert hatte, den Zahlungsbedingungen zuzustimmen, offerierten sie mir Folgendes: »Wir werden Ihre Artikel kostenlos veröffentlichen, vorausgesetzt, dass darin nicht Ihre Produkte erwähnt werden.« Sehen Sie, wie die geniale Idee eines Geschäftsmanns funktioniert? Offenbar kann man die Philosophie des Transsurfings einfach mit Wurst und Turnschuhen in eine Schublade stecken. Mit anderen Worten, ich kann in meinen Artikeln über alles Mögliche große Reden schwingen, nur nicht über Transsurfing – denn das ist schließlich ein Produkt!

Hier ist offensichtlich die Aufmerksamkeit mit einer alles verschlingenden Leidenschaft besetzt. Statt der Absicht, vor dem Spiegel einen ersten Schritt zu tun, um der Reflexion entgegenzukommen, herrscht der Drang, jene Reflexion um jeden Preis zu packen und mit Macht zu sich hinzuziehen. Die dahintersteckende Psychologie unterscheidet sich kaum von dem kindlichen »Gib mir!« Und gleichzeitig spielt die Angst mit hinein, dass jemand - Gott bewahre! - kostenlose Werbung bekommen könnte.

Ich zum Beispiel bin in dieser Hinsicht absolut frei. Ich werde keine schlaflosen Nächte verbringen mit dem Gedanken, dass jemand mit meinen Empfehlungen Geld verdienen könnte. Meine Güte! Wenn ich etwas empfehle, dann tue ich das nicht mit dem Ziel, dass jemand anders reich wird, sondern um anderen die Suche nach zuverlässigen Ressourcen zu erleichtern, auf die man sich verlassen kann. Und ich begreife einfach nicht, warum alle so empfindlich auf kostenlose Werbung reagieren.

Und ein weiteres Beispiel, um die Wirkungsweise der Vereinnahmung zu veranschaulichen. Wenn ein paar Leute eine Fahrt ins Blaue machen, was geschieht dann in erster Linie? Man öffnet die Autotüren und dreht das Radio auf volle Lautstärke. Eigentlich seltsam: Anstatt sich vom Stadtlärm zu erholen und der Stille der Wälder und dem Gesang der Vögel zu lauschen, lassen wir uns lieber die Ohren volldröhnen. Als könnten wir alle ohne Musik und Nachrichten nicht leben.

Vergleichen Sie mal den modernen Menschen mit dem, der vor tausend Jahren lebte, als es weder Zeitungen noch Filme, Radio, Fernsehen, Internet oder Mobiltelefone gab. Das sind ganz unterschiedliche Leute. Und der Hauptunterschied besteht noch nicht einmal in der Stufe der Intelligenz, der Höflichkeit oder der Bildung. Die Sache ist die, dass der moderne Mensch informationssüchtig ist. Er kann ohne den externen Informationsfluss nicht mehr auskommen. Und es ist dieser vom System generierte Informationsstrom, der *die Vereinnahmung unserer Aufmerksamkeit bewirkt.*

Sie mögen das Gefühl haben, völlig auf die Sache konzentriert zu sein, mit der Sie sich gerade beschäftigen, doch in Wirklichkeit ist nur ein geringer Teil Ihrer Aufmerksamkeit aktiv. Der Großteil ist wie durch einen unsichtbaren Faden mit dem Informationsnetz des Systems verbunden, reserviert für den externen Leitfluss wie ein Bankschließfach.

Und ein weiterer, nicht minder großer Teil der Aufmerksamkeit ist uns versperrt, denn er befindet sich im Ruhezustand. Diese Sperre wird hervorgerufen durch *synthetische Nahrung* und jedes andere Produkt, das unser Bewusstsein beeinflusst, das eine mehr, das andere weniger.

Die Aufmerksamkeit - und damit auch das Bewusstsein - wird blockiert durch tote Nahrung, die auf dem Feuer erhitzt wurde. Diese Entdeckung wurde zu Beginn des vergangenen Jahrhunderts von Arnold Ehret gemacht. Aber auch er konnte sich damals noch nicht vorstellen, was für eine Wirkung synthetische Nahrung auf das Bewusstsein hat.

In unserer modernen Realität finden also zwei parallele Prozesse statt: das Vereinnahmen und die Blockade der Aufmerksamkeit. Diese Prozesse sind ein wesentlicher Bestandteil des komplexen Mechanismus des Systems - der Matrix.

Zusammenfassung

- Die meisten Menschen schlafen und verhalten sich buchstäblich wie in einem Traum. Sie leben nicht ihr eigenes Leben, sondern »werden gelebt«.
- Statt der Absicht, vor dem Spiegel einen ersten Schritt zu tun, um der Reflexion entgegenzukommen, herrscht der Drang, jene Reflexion um jeden Preis zu packen und mit Macht zu sich hinzuziehen.
- Der moderne Mensch ist informationssüchtig ist. Er kann ohne den externen Informationsfluss nicht mehr auskommen.

- Der vom System generierte Informationsstrom bewirkt die Vereinnahmung unserer Aufmerksamkeit.
- Nur ein kleiner Teil unserer Aufmerksamkeit ist aktiv. Der Großteil ist reserviert für den externen Leitfluss wie ein Bankschließfach.
- Ein weiterer, nicht minder großer Teil der Aufmerksamkeit ist uns versperrt, denn er befindet sich im Ruhezustand. Diese Sperre wird hervorgerufen durch synthetische Nahrung.

Randnotizen

Das Phänomen der Vereinnahmung der Aufmerksamkeit, das in den vergangenen Jahren vermehrt aufgetreten ist, ist das erste Anzeichen dafür, dass das System beginnt, sich aktiv zu verbreiten, wie ein Tumor. An uns Menschen geht diese Entwicklung nicht spurlos vorbei: Unsere Fähigkeiten werden blockiert, unsere Möglichkeiten drastisch eingeschränkt. Wir begannen mit der Erörterung der Grundlagen des Transsurfings und damit verbundenen schwierigen Fragen, und jetzt wollen wir dazu übergehen, wie wir mit diesen Schwierigkeiten umgehen können.

Technogenes Bewusstsein

Mit der *Entwicklung der Technik* sollte auch eine *Entwicklung des technologischen Bewusstseins* einhergehen - Cyborg-Bewusstsein, wenn Sie so wollen. Das eine ist ohne das andere unmöglich, denn alles ist miteinander verbunden. *Isst du Plastik, wirst du zum Cyborg. Wirst du zum Cyborg, isst du Plastik.* Für den Menschen bedeutet dies, dass er sich zu einer Matrixzelle entwickelt. Das ist auch keine Zukunftsmusik mehr.

Warum wird hierüber nirgends klar und deutlich gesprochen? Auch das hat seine natürlichen Gründe. Erstens schadet diese Art der Information dem System. Und zweitens ist das Bewusstsein der Menschen bereits sehr stark blockiert, und das vereinnahmte Bewusstsein wird sich eher sekundären, unbedeutenden Dingen zuwenden.

Was kann man dagegen tun? Viele wenden sich einem Pfad der spirituellen Suche zu, wobei sie ihre Hoffnungen auf alte esoterische Lehren und Praktiken setzen. Sie mögen zwar eine gewisse Hilfe bieten, doch große Hoffnungen sollte man auf jahrtausendealte Praktiken nicht setzen, denn schließlich wurden sie zu einer Zeit entwickelt, als die Menschen ganz anders waren und unter anderen Bedingungen lebten.

Man kann auch seine Aufmerksamkeit auf eine höhere Ebene lenken, indem man sich auf rein mentalem Wege ständig selbst beobachtet sowie seine Gedanken, seine Handlungen und seine Umgebung. Aber sich selbst ständig und ohne abzuweichen zu erziehen ist ziemlich schwierig; das erfordert die Disziplin eines Kriegers und erhebliche Willenskraft. Das ist nicht jedermanns Sache, und nur sehr wenige werden diese Praxis durchhalten.

Angesichts dieser Tatsachen ist die Praxis der natürlichen Ernährung - möglichst mit lebendiger Nahrung - wesentlich einfacher, natürlicher und effektiver. (Ich begann bereits 2005, in dem Buch *Lenker der Realität* darüber zu schreiben.) Zumindest wird so die *Blockierung der Aufmerksamkeit* aufgelöst. Das Bewusstsein klärt sich und wird befreit, ganz zu schweigen von einer Steigerung des allgemeinen Wohlbefindens, der Energetik und der Gesundheit derjenigen, die das verstanden und im eigenen Leben ausprobiert haben. Und dazu braucht man nur so wenig zu tun: es verstehen und ausprobieren.

Vor Kurzem wurde in den Nachrichten von einem Mädchen berichtet, das an einer Art zwanghaftem Verhalten litt. Sie fühlte sich gezwungen, ein oder mehrmals die gleiche sinnlose Handlung auszuführen - zum Beispiel ihre Schritte zu zählen oder die Tür zu schließen. Das ist eine extreme Stufe der Vereinnahmung der Aufmerksamkeit durch Bewusstseinsparasiten. Der Arzt verabreichte ihr höhere Dosen von Psychopharmaka, aber das half nicht. Durch eine solche »Behandlung« erreicht man nur eines: Man macht das Mädchen zum Gemüse. Dabei wäre es so einfach, ihr zu helfen - sie müsste bloß ihre Ernährung ändern: lebendige pflanzliche Nahrung und viel frisches Gemüse. Die Bewusstseinsparasiten werden von selbst von ihr ablassen; dafür braucht sie noch nicht einmal einen Therapeuten, ganz zu schweigen von Chemikalien. Ich kann aber nicht helfen, weil man nicht auf mich hört. Die Ärzte verstehen nicht, was sie tun, weil ihre Aufmerksamkeit so sehr vereinnahmt ist. Das ist schon ganz schön traurig.

Seit alters her ist es wohlbekannt: Das, was direkt in den Menschen eingeht, formt seinen physischen Körper, seinen Geist und letztlich auch seine individuelle Realität. Aber im Laufe der Jahrtausende ist diese grundlegende Wahrheit derart zu einem abgegriffenen Klischee verkommen, dass sie heute kaum mehr beachtet wird. Die Menschen haben sie kollektiv vergessen und suchen nach irgendwelchen neuen, verborgenen Geheimnissen zur Verbesserung des Lebens.

Ist es nicht seltsam, dass sich die meisten Menschen überhaupt nicht fragen, was sie essen und warum - *sie essen einfach, das ist alles.* Sie interessieren sich höchstens dafür, wie es geschmeckt hat oder ob es zumindest praktisch war.

Natürlich ist der Grad der Achtsamkeit in dieser Frage individuell. Stellen Sie sich beispielsweise eine alte Dame vor, die aus rein praktischen Gründen einen riesigen Vorrat an Nudeln, weißem Mehl, geschrotetem Getreide, Margarine, raffiniertem Öl und Zucker angelegt hat. Schon die Produkte selbst sind für die Ernährung ungeeignet, ganz zu schweigen natürlich von daraus zubereiteten Gerichten. So etwas essen gebrechliche, gequälte, kranke Menschen. Die meisten Menschen über vierzig werden so, es gibt aber auch jüngere. Das ist die niedrigste Stufe der Achtsamkeit: *Der Mensch isst einfach das, was essbar ist.* Und das hat nichts mit einer niedrigen Rente zu tun. Für das gleiche Geld kann man viel mehr Bioprodukte kaufen.

Eine junge Hausfrau, die sich im Fernsehen »fortschrittliche« Sendungen über gesunde Ernährung anschaut, weist schon einen höheren Achtsamkeitsgrad auf. Sie denkt daran, dass das Essen sie selbst und ihre Familie ernährt. Doch vieles von dem, was von Fernsehsendern und anderen Massenmedien propagiert wird, dient den Interessen der großen Hersteller. Und die interessieren sich natürlich nicht für die Gesundheit der Nation, sondern für etwas anderes. Und selbstverständlich betont jede Lebensmittelwerbung, wie »gesund und natürlich« die Produkte angeblich sind.

Nehmen wir beispielsweise einmal das häufigste Produkt - weißes Mehl. Die Achtsamkeit der jungen Hausfrau reicht nicht aus, um zu verstehen, dass weißes Mehl - und alle daraus hergestellten Erzeugnisse - ein völlig synthetisches Produkt ist, das jede Kochkunst ad absurdum führt. Alles Wertvolle beim Getreide liegt im Keim und in der Schale. So wird alles Wertvolle entsorgt, und übrig bleiben nur die toten Bestandteile, hauptsächlich Stärke. Dieser leblose Teil ist von der Natur als eine Art Fettspeicher für den Keimling vorgesehen. Wer Produkte aus Auszugsmehl isst, kann auch gleich eine Tüte Stärke kaufen und diese zum Mittagessen auslöffeln.

Machen Sie sich aber keine Illusionen über dunkles Roggenbrot. Die Leute wissen nicht, dass Mehl ein leicht verderbliches Produkt ist. Tocopherole (Vitamin E), die Vitamine der B-Gruppe und auch die restlichen Nährstoffe oxidieren sehr schnell an der Luft. Frisch gemahlenes Mehl verliert rasch sein attraktives Aussehen, die nötige Konsistenz, die Feuchtigkeit und andere Eigenschaften, die eine Weiterverarbeitung erlauben. Das ist natürlich für Händler und Verkäufer äußerst nachteilig. Um das Mehl weiter verwerten zu können, unterziehen sie es daher einer gründlichen chemischen Behandlung. Das wissen aber nur wenige.

Außerdem werden Produkte aus Auszugsmehl mithilfe thermophiler Hefe hergestellt. Diese Praxis erlangte vor noch gar nicht langer Zeit Verbreitung, nämlich im Zweiten Weltkrieg. Hefe bereitete einfach weniger Probleme als natürlicher Sauerteig. Sobald sie in den Teig geworfen wird, geht dieser auf. Was aber ist Hefe? Es handelt sich um Pilze, deren Lebensfähigkeit mit der der gefährlichsten Parasiten vergleichbar ist, die sogar bei hohen Temperaturen nicht totzukriegen sind – daher auch der Name thermophil.

Stellen Sie sich einmal vor, in Ihrem Körper wohnt ein Pilz, der Ihr Innenleben umzustrukturieren beginnt. Bekannt ist bisher nur, dass Hefe die symbiotische Mikroflora unterdrückt (daher die unglaubliche Popularität von Joghurt, einer weiteren Kunstnahrung, die diese Flora angeblich »restauriert«). Über weitere degenerative Veränderungen lässt sich nur anhand der Anzahl von Todesfällen aufgrund neuer Krankheiten und des Einkommens von Pharmaunternehmen urteilen; denn die entsprechenden Studien werden nicht durchgeführt (das wäre für viele Interessengruppen äußerst unrentabel).

Was soll eine junge Hausfrau tun, wenn ihr von allen Seiten nur leblose Kunststoffe aufgedrängt werden?

Stellen Sie sich nun etwas anderes vor. In Ihrer Küche steht eine Elektromühle. (Viele wissen wahrscheinlich gar nicht, dass es ein solches Wunderwerk überhaupt gibt.) Sie können das Getreide jederzeit selbst mahlen und daraus dann alles Mögliche zubereiten: Brot, Süßspeisen und andere Köstlichkeiten. Und Sie wissen genau, dass in Ihren Leckereien keine Spur an Chemie oder Hefe enthalten ist. So bleiben auch alle Nährstoffe erhalten. Und Sie sehen, wie echtes Mehl aussieht - nicht weiß, wie Stärke, sondern braun, mit Tüpfelchen der kostbaren Schale und des Keimlings. Das ist echtes Mehl, wie es unsere Vorfahren benutzten und wie Sie es wahrscheinlich noch nie gesehen haben.

Einen natürlichen Sauerteig anzusetzen und eigenes Brot zu backen ist in der Tat ganz einfach - nicht schwieriger als gewöhnliche Plätzchen. Und wenn Sie wollen, können Sie obendrein ein heilsames Produkt bekommen, indem Sie das Korn zuerst sprießen und dann wieder trocknen lassen. Ökologisches Getreide können Sie problemlos im Fachhandel oder über das Internet beziehen (noch jedenfalls). Auch die entsprechenden Rezepte sowie elektrische Getreidemühlen sind über das Internet erhältlich. Die Mühle wird in Ihrer Küche Ihr Lieblingsgerät werden, wenn Sie sehen, was für ein Wunder sie ist, und verstehen, dass es Sie von zahllosen unersättlichen Synthetikherstellern befreit. Dazu muss eine junge Hausfrau ihre Achtsamkeit aber mindestens eine Stufe höher schalten. Verstehen Sie?

P.S.: Ach herrje, jetzt habe ich schon wieder Reklame gemacht! Nur habe ich es diesmal absichtlich getan, auch wenn ich jetzt keine Adresse angebe, wo Sie die Mühle bekommen. Wer will, findet sie per Suchmaschine. Wenn aber jemand unbedingt will, dann schreiben Sie mir und ich schicke Ihnen einen Link. Ganz vertraulich!

Zusammenfassung

- Isst du Plastik, wirst du zum Cyborg. Wirst du zum Cyborg, isst du Plastik.
- Die Aufmerksamkeit wird ständig vom System zu sekundären, unbedeutenden Dingen umgeleitet.
- Das, was direkt in den Menschen eingeht, formt seinen physischen Körper, seinen Geist und letztlich auch seine individuelle Realität.
- Die meisten Menschen fragen sich überhaupt nicht, was sie essen und warum - sie essen einfach, das ist alles.
- Eine natürliche und möglichst lebendige Ernährung entriegelt zumindest die Aufmerksamkeit. Das Bewusstsein klärt sich und wird befreit, ganz zu schweigen von einer Steigerung des allgemeinen Wohlbefindens, der Energetik und der Gesundheit.

Randnotizen

Schauen Sie sich einmal um: Gebrechliche, gequälte, kranke Menschen ernähren sich von den Supermärkten des Systems; sie rennen in die Krankenhäuser des Systems und lassen sich tagein, tagaus mit Werbung volldröhnen ... Die Menschheit hat sich in eine solche Idiotie herabsinken lassen, dass sie drauf und dran ist, sich selbst zu zerstören, und zwar nicht durch die Umwelt, sondern direkt durch die Nahrung. Ein solches Verhalten wäre von Wesen, die sich selbst für vernünftig halten, eigentlich kaum zu erwarten gewesen.

Das Artefakt der Absicht

Ich biete Ihnen eine mächtige, gleichzeitig aber uralte Technik an, die sich in den gegenwärtigen Umständen einer vereinnahmten und blockierten Aufmerksamkeit als sehr nützlich erweisen kann.

Sie benötigen dazu ein gewisses Requisit - ein kleines Spielzeug, ein Souvenir, ein Maskottchen oder einen Fausthandschuh -, eine beliebige Kleinigkeit, für die Sie Sympathie hegen. Das kann ein Geschenk sein, ein beliebiges Objekt, das Ihnen jemand gekauft oder für Sie gefertigt hat, oder eine Entdeckung, die Ihre Aufmerksamkeit erregt hat.

Die Technik läuft auf ein einfaches »heidnisches« Ritual hinaus, das morgens und abends ausgeführt wird. Sie nehmen also Ihren Talisman in die Hand und sagen: »Guten Morgen (gute Nacht), mein Guter. Ich liebe dich und kümmere mich um dich, und du hilfst mir bei der Erfüllung meines Wunsches.« Ferner geben Sie eine Deklaration ab, was Sie erreichen wollen. Zum Beispiel:

Meine Welt liebt mich, meine Welt sorgt für mich. Ich finde meinen Traumpartner (oder mein Traumpartner findet mich, wie Sie wollen), ich bekomme eine hervorragende Arbeitsstelle. Ich werde mein Projekt auf brillante Weise zu Ende führen. Ich erhalte die Gelegenheit, ein Eigenheim zu bekommen. Ich finde mein Ziel, es geht mit mir bergauf und so weiter - was immer Sie wirklich möchten.

Auf einen Talisman kommt jeweils ein Wunsch. Falls Sie mehrere Wünsche haben, müssen Sie sich eine Reihe von Talismanen zulegen und mit jedem separat »tuscheln«. Sie müssen die Deklaration prägnant, klar und konkret formulieren, auf selbstbewusste Art und Weise, in der Gegenwartsform oder als Fortführung der Gegenwart und nicht als Aufforderung oder Bitte, sondern als Absicht, ohne Bedingungen oder Wenn und Aber. Sie sollten Ihre Deklaration nicht als Wunsch aussprechen, sondern als Absicht. Sie beabsichtigen, etwas zu tun, und tun es auch. Sie beabsichtigen, etwas zu erhalten, und erhalten es. Wenn die Deklaration richtig formuliert ist, erfüllt sie Sie mit dem charakteristischen Gefühl der Sicherheit, mit der Gewissheit, dass Sie das Ihre bekommen.

Trotz seiner Einfachheit und Unschuld (oder gar Naivität) ist der Talisman eine ernste Angelegenheit. Ich werde jetzt erklären, wie und warum er funktioniert. Im Kern des Mechanismus liegen zwei Funktionen. Die erste ist ganz offensichtlich das Element der Absicht. In der heutigen Realität übt der Effekt der Vereinnahmung der Aufmerksamkeit auf die Menschen eine große Wirkung aus. Daher wird es immer schwieriger, seine Absicht auf ein Ziel zu fixieren. Sie können auch an sich selbst beobachten, wie viele Absichten man immer wieder auf später verschiebt, wie viele Verpflichtungen und Ablenkungen auftauchen, die uns nicht einmal eine Minute verharren lassen, um unsere Gedanken auf unsere Ziele zu konzentrieren.

Das oben beschriebene Ritual, das Sie in einen obligatorischen Zeitplan einbezieht, wirkt wie ein Lasso, das Ihre Aufmerksamkeit einfängt und systematisch auf Ihr Ziel ausrichtet.

Die zweite Funktion ist nicht ganz so offensichtlich, denn sie liegt im metaphysischen, immateriellen Bereich. Auf gleicher Stufe wie die physische Welt existiert eine genauso objektiv vorhandene, aber unsichtbare Welt, die von feinstofflichen Wesen bewohnt ist, die genauso real sind wie Sie und ich. Diese Welt können wir nur indirekt wahrnehmen, und zwar in Form von paranormalen Phänomenen. In ähnlicher Weise nehmen die Wesen der feinstofflichen Welt unsere Präsenz nur anhand von Reflexen wahr, sozusagen als Phantomprojektionen aus einer anderen Dimension.

Stellen Sie sich vor, Sie nehmen an einer Ausgrabung teil und entdecken dabei in einer Jahrmillionen alten Schicht Objekte, die eindeutig übernatürlichen oder außerirdischen Ursprungs sind. Sie wären vor Ehrfurcht wie gelähmt, denn der Begriff »Wunder« passt hier nicht mehr; dazu ist das, was Sie sehen, zu irreal. Ein Artefakt ist etwas Ähnliches. In einer Enzyklopädie habe ich folgende Definition gefunden: »Ein Prozess oder ein Objekt - bzw. die Eigenschaft eines Prozesses oder eines Objektes -, dessen Erscheinung in der beobachtbaren Welt einer natürlichen Ursache nur mit verschwindend geringer Wahrscheinlichkeit oder gar nicht zugeordnet werden kann. Es weist entweder auf einen gezielten Eingriff in den beobachteten Prozess hin oder auf das Vorhandensein unberücksichtigter Faktoren.«

Genau das, was durch die Absicht markiert wird, erscheint den feinstofflichen Wesen wie ein Artefakt und ruft bei ihnen starke Neugier hervor. Die Welt der uns umgebenden Objekte bleibt den feinstofflichen Wesen unsichtbar. Für uns sind in der Regel Dinge, mit denen wir keine Absicht verbinden, praktisch bedeutungslos, und wir benutzen sie nur mechanisch als Geräte, Werkzeuge oder Einrichtungsgegenstände. Die einzige universelle Brücke zwischen unseren Welten besteht in der Absicht und in der Liebe. Wenn wir in ein materielles Ding eine Absicht investieren, verwandelt es sich aus einem leblosen Stück Materie in ein Kraftobjekt, das dann in der feinstofflichen Welt sichtbar wird. Den Wesen dort erscheint es dann als ein Artefakt der Absicht, als ein Zeichen zielgerichteter Intervention aus einer parallelen Realität. Wird in das Objekt dann auch noch Liebe investiert, so beginnt es zu leuchten und zieht die feinstofflichen Wesen an, so wie Nektar Schmetterlinge anzieht.

Dabei handelt es sich um eigenständige Wesen (es sind nicht etwa Pendel). Sie alle sind individuell verschieden - große und kleine, mehr entwickelte und weniger entwickelte. Sie haben keinen direkten Zugang zu unserer Welt, aber sie sind sehr an ihr interessiert, und wenn sich ihnen eine Gelegenheit bietet, nehmen sie Kontakt auf. In meinen Büchern habe ich bereits beschrieben, dass Sie in der Lage sind, selbst Wesenheiten zu kreieren - Phantomwesen, die Sie dann mit Ihrer geistigen Energie am Leben erhalten können. Und so mag es Ihnen gelingen, ein bereits herangereiftes Wesen für sich zu gewinnen, das dann zu Ihrem Verbündeten wird. Das Artefakt der Absicht, Ihr Talisman, ist eine Art Telefonleitung zwischen Ihnen und Ihrem Verbündeten. In welcher Form Ihre »Kommunikation« stattfindet, ist völlig egal - die Regeln, die Sie dafür festlegen, werden gültig sein. Was Sie aufbringen müssen, ist lediglich eine mehr oder weniger stetige, systematische Aufmerksamkeit, gespeist durch die Energien der Absicht und der Liebe. Ein kleines morgendliches und abendliches Ritual wird ausreichend sein.

Wenn Sie also das Ritual mit Ihrem Talisman ausüben, sitzt darauf ein Wesen, so ähnlich wie ein Schmetterling auf einer Blume. Es sonnt sich in den Strahlen Ihrer Liebe und lauscht gespannt Ihren Absichten. Und wiederum spielt es keine Rolle, ob es versteht, was Sie ihm sagen wollen, oder nicht. Es hört einfach nur zu, wie man einem Märchen oder einem Lied lauscht, um dann wegzufliegen und das Gehörte überall hinzutragen, wie ein Echo: »Meine Welt liebt mich! Meine Welt kümmert sich um mich! Mein Traum ist, dass wir uns bald treffen.« Dieses Echo ist genau der bedeutende Zusatz, der Ihre eigene Absicht deutlich verstärkt.

Zusammenfassung

- Wenn wir in ein materielles Ding eine Absicht investieren, verwandelt es sich aus einem leblosen Stück Materie in ein Kraftobjekt, das dann in der feinstofflichen Welt sichtbar wird.
- Das Artefakt der Absicht ist eine Art Telefonleitung zwischen Ihnen und Ihrem Verbündeten.
- Sie müssen die Deklaration prägnant, klar und konkret formulieren, auf selbstbewusste Art und Weise, in der Gegenwartsform oder als Fortführung der Gegenwart und nicht als Aufforderung oder Bitte, sondern als Absicht, ohne Bedingungen oder Wenn und Aber.

- Wenn die Deklaration richtig formuliert ist, erfüllt sie Sie mit dem charakteristischen Gefühl der Sicherheit, mit der Gewissheit, dass Sie das Ihre bekommen.
- Dieses Ritual richtet Ihre Aufmerksamkeit auf das Ziel.

Randnotizen

Meine Bücher, vor allem das vorliegende, sind völlig eigenständige Wesen, ja Persönlichkeiten. Und diese Persönlichkeiten sind stärker als ich selbst. Die Bücher haben sich von selbst geschrieben, nicht ich war es. Und sie bekommen den Inhalt, den sie wollen, nicht, wie ich es will. Und selbst im Verlag übernehmen sie das Kommando. Die Redakteure haben mir erzählt, wenn eines meiner Bücher zu ihnen kommt, dann etabliert es seine eigene Ordnung, wie ein neuer Chef.

Während ich das letzte halbe Jahr an diesem Buch arbeitete, dachte ich jeden Monat: »So, jetzt ist gleich Schluss.« Aber nein – irgendeine Kraft schob mir noch weitere Fragen zu, und ich war gezwungen, sie zu bearbeiten. Dieses Buch ist selbst ein Kraftobjekt – ein Artefakt der Kraft, da bin ich mir ganz sicher. Ich bin nur ein mittelmäßiger Auftragnehmer, aber es hat mich am Kragen gepackt und alles aus mir herausgewrungen, was es wollte.

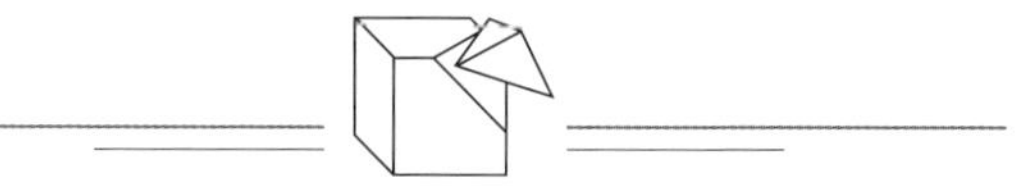

Ein schreckliches Geheimnis

Das Kapitel »Das Artefakt der Absicht« wurde im Newsletter veröffentlicht. Im Folgenden beantworte ich einige Fragen, die das Thema *Vereinnahmung der Aufmerksamkeit* vertiefen.

Die von Ihnen beschriebene Technik unterscheidet sich nicht von schamanischen Ritualen. Sie hatten und haben nichts Neues zu sagen.

Habe ich denn jemals behauptet, etwas Neues zu beschreiben? Im Gegenteil, ich habe das Transsurfing stets als altes Wissen bezeichnet, das vielen übrigens auch ganz ohne Bücher bekannt ist, denn viele von uns sind sehr alte Seelen.

Haben Sie nicht gewusst, dass alle über das Gleiche schreiben – angefangen von den Veden bis hin zu Blavatsky? Von modernen Autoren will gar nicht erst sprechen. In unserer Welt gibt es nichts Neues, denn diese Welt ist schon sehr alt.

Ich will Ihnen jetzt ein schreckliches Geheimnis verraten - aber nicht weitersagen! Es ist nicht nur so, dass Ihnen dieser oder jener Autor persönlich etwas Neues eröffnen kann, nein, Sie selbst können Neues entdecken, indem Sie diesen oder jenen Autor lesen. Sie können mit gleichem Erfolg ein ernstes philosophisches Werk oder ein simples Märchen lesen - *das Ergebnis hängt im Großen und Ganzen nicht so sehr von der Informationsquelle ab als vielmehr davon, was für Gedanken Ihnen dabei durch den Kopf gehen.*

Ihre Erfahrung sollte anders formuliert werden: »Ich habe Ihren Text gelesen und nichts Neues entdeckt.« Ferner möchte ich noch einige weitere Punkte klarstellen:

1. *»Neues im allgemeinen Sinne oder Neues für Sie selbst?«*
2. *»Warum haben Sie nichts entdeckt?«* Ist das Ihre eigene Schuld oder die des Autors?
3. *»Woran dachte ich, als ich den Text las?«* Daran, dass Sie sehr schlau sind und alles wissen?
4. *»Wie arbeitete mein Verstand, als ich den Text las?«*

Die Klärung des letztgenannten Punktes ist sehr wesentlich. Wie ich bereits mehrfach erwähnte, ist der moderne Mensch eher ein Verbraucher als ein Schöpfer von Informationen. Am Vorgang der Bereitstellung von Informationen ist nur ein Bruchteil der Bevölkerung beteiligt - weniger als ein Prozent. Der Rest konsumiert nur. Und auch diejenigen, die Informationen bereitstellen, sind letztlich ebenfalls Konsumenten. In welchem Sinne?

Stellen Sie sich das folgende, etwas überzogene Bild vor. Im Kino sitzt ein kybernetischer Organismus (angenommen, das ginge technisch bereits), der zwei grundlegende Funktionen erlernt hat: sich Popcorn einzuverleiben und als Reaktion auf externe Audio- und Videoeffekte Lämpchen aufblinken zu lassen. Wenn der Cyborg einfach nur einen Kinofilm anschaut, ohne dabei zu denken, und Popcorn kaut, laufen in seinem Körper zwei Prozesse ab.

Erstens: Das Popcorn verschwindet in einem Loch und bewegt sich auf ein zweites Loch zu, wobei es gleichzeitig diverse verdauungstechnische Wandlungen durchmacht. Zweiter Prozess: In ähnlicher Weise gehen in benachbarte Öffnungen Informationen ein, wodurch im Innern Zahnräder in Bewegung gesetzt werden (mit Reaktionen der Art »Wow! Haha!«), während außen Lämpchen aufblinken. Die Prozesse sind nur scheinbar verschieden, denn im Wesentlichen sind sie gleich: Popcorn und Informationen kommen und gehen und bewirken dabei keinerlei Veränderungen, schon gar nicht in Form von Kreativität oder Einsichten.

Ich will damit jetzt nicht sagen, dass das Anschauen von Filmen oder das Lesen von Büchern einfach so zum Spaß sinnlos wäre. Alles hat seinen Sinn, solange man es bewusst tut. Doch wenn die Zahnräder nur auf den Konsum von Informationen eingestellt sind, dann ist die Ausgabe kritischer Bemerkungen aus Ihrem Ausgangsloch - *das ist nicht neu, ich finde es uninteressant, es ist meiner nicht würdig* - zumindest unästhetisch. Wenn jemand, der ein Buch gelesen hat, nichts Neues darin gefunden haben will, dann kann man mit Gewissheit davon ausgehen, dass er ein primitiver Konsument ist. Und schon gar nicht kreativ. Denn auch von fremden Worten etwas Neues zu lernen ist weder eine Leistung noch kreativ.

Eine Leistung oder ein Zeichen von Kreativität wäre es, wenn Sie ein Ihnen bekanntes Buch durchblättern und dabei etwas Neues entdecken. Dann wird auch der Wunsch zu kritisieren - einfach um auf sich aufmerksam zu machen - völlig verschwinden, weil auch die Absicht eine ganz andere ist und der Verstand in einem völlig anderen Modus arbeitet.

Nun wollen wir mal sehen, ob es trotzdem etwas Neues in der Technik des »Artefakts der Absicht« gibt. In der Tat, eine ähnliche Technik wurde bereits von Helden, Magiern und auch von Kindern verwendet. Aber trotz der äußeren Ähnlichkeit der Techniken sind sie doch von ihrem Wesen her verschieden.

Um es kurz zu machen: Die Unterschiede sind wie folgt: Magier geben ihre Absicht in Artefakte ein, indem sie daraus Amulette, Talismane und andere Kraftobjekte machen. Die Absicht ist hierbei sehr effektiv. Bei Helden ist nicht eine Absicht aktiv, sondern eher eine Bitte, der Glaube, die Hoffnung, Verehrung oder Angst. Kinder sind weder von Glauben noch von Absicht motiviert, sondern von Liebe. Kinder lieben einfach ihre Teddybären und Puppen, und weder bitten sie sie um etwas noch legen sie eine besondere

Bedeutung in diese Beziehungen hinein. In der Technik des »Artefakts der Absicht« kommt eine doppelte Energie zum Tragen: Absicht und Liebe. Ich denke, weitere Erklärungen sind überflüssig.

Die Frage ist nur, ob Sie in der Lage sind, Liebe für einen gewöhnlichen Klimbim zu empfinden, wobei natürlich klar ist, dass diese Liebe eigentlich nicht dem Gegenstand gilt, sondern dem Wesen, das dahintersteht. Und das ist keine Sentimentalität, wie es scheinen mag, sondern eher »berechnende Liebe«. Denn Sie erwarten so oder so, dass das Wesen, an das Sie sich durch das Medium des Talismans wenden, Ihnen helfen möge. Doch auch eine Liebe, die nicht völlig »rein« ist, hat genügend Kraft. Wir beginnen diejenigen zu lieben, um die wir uns kümmern, und Sie kümmern sich ja in der Tat um Ihren Talisman, weil Sie ihm so viel Beachtung schenken. Und überhaupt: Wie könnte man ihn nicht lieben, wo er doch so gütig ist, sich meine Märchen und Lieder anzuhören, und mir dafür hilft, während er selbst nichts für sich fordert außer ein wenig Aufmerksamkeit?

Aber ich möchte nochmals darauf hinweisen, dass diese Technik nicht für jede Gemütsart und jede Mentalität geeignet ist. Wenn sie nicht in Ihre Komfortzone passt, dann wenden Sie einfach andere Techniken an.

Wenn mein Artefakt nach einiger Zeit meine Absicht erfüllt hat, soll ich mich dann von ihm trennen und mir für ein neues Ziel ein neues Artefakt suchen? Mit anderen Worten: Ist es, grob gesagt, wiederverwendbar?

Ist ein Echo etwa eine einmalige Sache? Oder wird ein CD-Player nur einmal benutzt? Natürlich kann ein und dasselbe Wesen zunächst eine Absicht ausstrahlen und später auf eine andere wechseln, weil es wie ein Echo funktioniert oder sagen wir wie ein Glühwürmchen, das durch die feinstoffliche Welt fliegt und die Deklaration Ihrer Absicht wie ein Radioprogramm oder ein Funksignal ausstrahlt. Sie brauchen lediglich klar und konsequent genug zu sein, um weder das Wesen noch sich selbst zu verwirren.

Was soll ich mit einem Kraftobjekt und einem Verbündeten tun, wenn mein Ziel erreicht ist? Soll ich einfach aufhören, diesem Wesen Aufmerksamkeit und Liebe zu schenken? Ist es nicht wie ein eigenes Kind, auch wenn man es nur gefunden, aber nicht erschaffen hat?

Wenn Ihre Aufgabe erfüllt ist, können Sie mit dem gleichen Kraftobjekt eine neue Aufgabe beginnen. Im Übrigen werden Sie das auch selbst verstehen. Wir tragen Verantwortung für jene, die wir aufziehen. Wenn Sie zum Beispiel das Interesse an einem Haustier verlieren, lastet die Entscheidung, was Sie dann tun, auf Ihrem Gewissen. Natürlich zeigen die Wesen der feinstofflichen Welt sich nicht so deutlich wie die Bewohner der materiellen Welt. Es ist schwer zu sagen, was mit einem Wesen geschieht, von dem Sie sich getrennt haben. Es kann sein, dass es dahinschwindet, aber vielleicht erwirbt es auch ein Eigenleben. Alles ist möglich. Die Entscheidung liegt in jedem Fall bei Ihnen. Nur ein Tipp: Legen Sie sich nicht zu viele Verbündete zu, damit Sie Ihre eigene Zukunft nicht belasten.

Zusammenfassung

- Wissen, das man sich durch das Lesen eines Buches aneignet, ist zum größten Teil nicht von dem Inhalt abhängig, sondern davon, dass der Leser selbst es vermag, sich dem Wissen zu öffnen.
- Von den Worten eines anderen etwas zu lernen ist weder eine Leistung noch kreativ. Leistung und Kreativität zeigen sich, wenn Sie ein Ihnen bekanntes Buch durchblättern und dabei selbst neue Entdeckungen machen.

Randnotizen

Ein Kraftobjekt für dieses Buch ist das Umschlagbild. Es wurde von einer Londoner Künstlerin von Weltruf gemalt: ARINA (Arina Gordienko). Ich war überrascht, dass ein solcher Star mir von selbst anbot, dem Buch zu einem schönen Äußeren zu verhelfen; dafür bin ich sehr dankbar. Das Bild ist nicht nur schön. Wie Sie selbst sehen können, ist die Abbildung der Priesterin perfekt gelungen. Sie ist lebendig und gleichzeitig so leblos und ominös wie der systemische Würfel. Zweifellos trägt das Bild das Siegel der Kraft. Arina hat das erstaunliche Talent, die Welt einzufangen und festzuhalten. Sie können auf ihrer Website weitere Zeugnisse ihrer Kreativität anschauen: http://arina-art.com/.

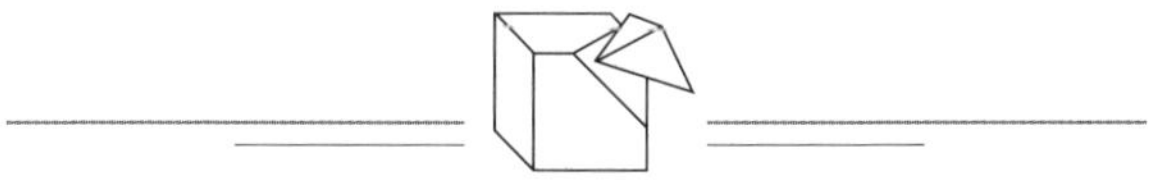

Frost und Hunger

Ich bekomme häufig Briefe mit Fragen wie diesen:

Ich kann mir nicht vorstellen, wo ich im Winter lebendige Nahrung herbekomme.

Ja, Sie frieren und sind hungrig. Sie frieren, weil Sie hungrig sind, und Sie sind hungrig, weil es friert.

Während ich diese Zeilen schrieb, war es mitten im Winter, doch dann gab es plötzlich einen Wetterumschwung, und wir hatten einen kurzen Frühlingseinbruch. Tulpen und Löwenzahn dachten, der Winter sei vorbei, und reckten ihre Sprossen empor. Das hätten sie besser nicht getan. So kam es, dass ich mich unwillkürlich vor dem Winter fürchtete. Oder vielleicht fürchtete ich mich auch nicht, sondern geriet in Verwirrung, ich weiß nicht genau. Auf jeden Fall geschah dann etwas wirklich Seltsames.

In jenem Winter fiel bei uns sehr viel Schnee, was für die Gegend, in der ich wohne, ganz ungewöhnlich ist. Ich habe keine Skier, weil wir in der Regel nur wenig Schnee haben und der dann nicht lange hält. In jenem Winter aber, genauer gesagt seit Dezember, musste ich praktisch jeden Morgen Schnee schaufeln. Schließlich reichte es mir, und ich dachte: Jetzt kaufe ich mir ein Paar Skier. Meine Familie staunte nicht schlecht, aber ich war fest entschlossen. Es gab dann noch das Problem, dass bei uns fast niemand Ski fährt, und so gab es in den entsprechenden Geschäften auch keine zu kaufen. Allerdings hatte ich bereits gegen den Winter das Kriegsbeil ausgegraben, und so zweifelte ich nicht daran, dass ich Skier finden würde. Oder sollte Transsurfing etwa auf einmal nicht funktionieren? Meine Suche begann jedoch mit der groben Verletzung der Transsurfing-Prinzipien. (Solche Rückfälle habe ich öfters, denn einen Großteil meines Lebens habe ich mich von Anti-Transsurfing leiten lassen.) Ich überlegte mir also: In einem Laden ganz in der Nähe wird es sicherlich keine Skier geben (wenn überhaupt irgendwo in unserer Stadt). Die Suche nach einem Paar Skier wird zweifellos lange dauern und schwierig sein, und finden kann sie überhaupt nur jemand, der klüger als alle anderen ist und weiß, dass man sie nur in weiter Ferne in einem Fachgeschäft kaufen kann. Und auch nur jemand, der alle Mühen und Strapazen auf den verschneiten Straßen sowie die bittere Enttäuschung der vergeblichen Suche durchgemacht hat.

Genauso kam es dann auch (wie ich es »bestellt« hatte). Nachdem eine mühsame Suche kreuz und quer durch die Stadt erfolglos verlaufen war, ging ich schließlich in einen einfachen Laden in der Nähe, wo ich endlich meine Skier bekam - extra für mich zurückgelegt, wie sich herausstellte.

Ich brachte die Skier nach Hause und stellte sie dort unternehmungslustig an prominenter Stelle hin. Am nächsten Tag regnete es, und der Schnee schmolz dahin. Das ist jetzt zwei Wochen her. Und bis jetzt hat sich daran nichts geändert. Auch am Tag der Jesustaufe [6. Januar] ist der sprichwörtlich damit verbundene Frost ausgeblieben. So kamen dann die rastlosen Pflanzen zum Schluss, nun endlich sei der Frühling gekommen, und beschlossen ernsthaft aufzuwachen.

Was soll ich jetzt tun? Meine Skier in der Scheune verstecken, damit der Winter zurückkehrt und die dummen Pflanzen wieder einschlummern? Oder sollte ich lieber warten, um dann, sobald der Winter wieder anbräche, Schlittschuhe zu kaufen? Auch einen Eishockeyschläger hatte ich noch nicht sowie viele andere Wintersportgeräte. Bislang habe ich noch keine Lösung. Wir werden sehen ...

Etwas Ähnliches passierte mir auch schon zuvor, zum Beispiel, als ich einmal nach Hongkong reiste, um dort meine Bücher zu präsentieren. Ich wusste, dass dort gerade die Regenzeit war, und so hatte ich mich vorsorglich mit einem großen Regenschirm ausgerüstet. In der Zeit, als ich dann dort war, regnete es aber nicht. Meine Freunde in Hongkong waren erstaunt: »Was ist das? Haben wir das Herrn Zeland zu verdanken?« - »Nein«, antwortete ich, »meinem Schirm und mir.«

Nun aber zurück zur Nahrungssuche. In der Tat: Wenn Sie sich nicht vorstellen können, wovon Sie sich im Winter ernähren können, dann ist es noch zu früh für eine hundertprozentige Umstellung auf lebendige Nahrung. Sie haben sich noch nicht genug damit befasst. Sie sollten sich einfach mehr für lebendige Nahrung und alles, was damit verbunden ist, interessieren. Im Internet und in letzter Zeit auch in den Regalen von Buchläden finden Sie viele Informationen von Menschen, die hierzu nützliche Erfahrungen gesammelt haben.

Ich kann nur dazu raten, nicht einfach alles zu glauben, was im Fernsehen über Nahrung berichtet wird, vor allem nicht das, was dort über lebendige Nahrung gesagt wird. Die Moderatoren unterhalten sich in der Regel mit Leuten darüber, die sich mit dem Thema gar nicht auskennen. Die Massenmedien begünstigen sowieso immer die großen Hersteller und Händler. Wann immer eine »harte Wahrheit über die Ernährung« offenbart wird, sollte man sich fragen: Wer profitiert von dieser Sendung?

Wenn man sich in den Zuschauerraum begibt, kann man leicht erkennen, was für eine seichte Schmierenkomödie auf der Bühne gespielt wird: Leiden die Hersteller unter der »harten Wahrheit«, so gewinnt die Medizin; werden die Interessen der Kosmetik benachteiligt, reiben sich die Pharmariesen die Hände; bekommen bestimmte Handelsketten einen Dämpfer, freuen sich gleichzeitig andere, und so weiter - in allen vorstellbaren Kombinationen. Es ist ein ständiger Kampf der großen Pendel im Gange - ein Kampf um uns, die Käufer und Verbraucher. Unsere Aufgabe ist es dabei, uns nicht in diesen Kampf verwickeln zu lassen und den Köder nicht zu schlucken, sondern das Ganze aus der Distanz zu verfolgen, so wie eine Zirkusshow. Wir müssen uns bewusst sein, dass es nur eine Show ist.

Wenn Sie nicht wissen, was Sie essen und wovon Sie sich ernähren sollen, ohne dabei gegen irgendeine Regel zu verstoßen, so können Sie eines tun: Gestatten Sie sich, gegen die Regel zu verstoßen.

Dabei wäre es ratsam, sich an folgende Grundsätze zu halten:

1. Wenn Sie sich nicht völlig sicher sind, dass Sie *ausschließlich und allein* lebendige pflanzliche Nahrung essen *wollen und auch können*, sollten Sie die Messlatte etwas niedriger setzen: indem Sie sich *vorrangig* von lebendiger Nahrung ernähren und sich zu bestimmten Zeiten eine Ausnahme erlauben.
2. Wenn Sie dann eine solche Ausnahme machen, sollten Sie Produkte bevorzugen, die etwas Nützliches und Wertvolles enthalten, und nicht einfach nehmen, was irgendwie essbar ist.
3. Als nützlich und wertvoll kann solche Nahrung gelten, die einen hohen Nährwert hat und den Organismus eher reinigt als belastet.
4. Richten Sie sich nicht nach dem Prinzip der Ablehnung, sondern nach dem der Ersetzung bestimmter Produkte mit anderen, die wertvoller sind.
5. Und nicht zu vergessen: Die Umstellung auf lebendige Pflanzennahrung sollte schrittweise erfolgen, im Einklang mit der eigenen Entwicklung und nicht mit großer Willenskraft und emotionaler Spannung.

Das dritte Prinzip bedarf der Erläuterung. Produkte, die eher reinigen als belasten, gibt es sogar unter den leblosen Nahrungsmitteln. Damit meine ich vor allem die Keimlinge von Getreide und

Hülsenfrüchten. Im Rohzustand zeigen sie sich natürlich von ihrer besten Seite, aber auch gekocht sind sie immer noch sehr gut. Die Sprossen von Mungbohnen und Kichererbsen zum Beispiel reinigen den Körper auf allen Ebenen, von der Zelle bis zum Verdauungssystem, und haben obendrein noch einen hohen Nährwert. Die Zubereitung ist auch sehr einfach: abends auslesen (manchmal sind kleine Steinchen dazwischen), mit Wasser bedecken und bis zum Morgen stehen lassen. Morgens geben Sie die Sprossen in ein Sieb und stellen sie, bedeckt mit vier Lagen feuchtem Mull, an einen warmen Ort. Abends kochen Sie einen Topf mit Wasser. Hinein geben Sie ein Lorbeerblatt, Piment und Nelken, dann die Sprossen. Lassen Sie das Ganze drei bis fünf Minuten lang kochen. Gießen Sie nun das Wasser ab und fügen Sie etwas Kürbiskern- oder Zedernöl hinzu, eine Prise Salz oder echte Adschika* (ohne Tomaten). So erhalten Sie ein Gericht, das einen weitaus höheren Nährwert hat als Fleisch und dessen Reinigungskraft nur von lebendigen Sprossen übertroffen wird. Mungbohnen und Kichererbsen bekommt man in Orientshops oder durch den Internetversand, bisweilen auch im Reformhaus.

Eine frisch zubereitete vegetarische Borschtsch* hat seltsamerweise ein gewisses Redoxpotenzial und enthält dazu noch lebendiges Wasser. Borschtsch mit Fleischbrühe kann ich natürlich nicht empfehlen. Wem dieses Gericht ein wenig fad erscheint, der kann in einer Pfanne Tomaten mit Knoblauch und je einem Teil Frischkohl und Sauerkohl anschwitzen und dann halb garen, aber nicht mehr als das. Auch dies ist ein nahrhaftes, bekömmliches Gericht, wenngleich es erhitzt wurde.

Eine weitere nahrhafte, aber fast vergessene Nährpflanze ist die Speiserübe. Sie hat einen hohen Gehalt an Calcium, Eisen und

* Eine ursprünglich aus Georgien stammende Würzsoße aus Peperonischoten mit Nüssen und verschiedenen Gewürzen, auch in Deutschland im Handel. (Anm. d. Übers.)

* Gemüsesuppe mit Roter Bete. (Anm. d. Übers.)

Kalium. Ihr Vitamin-C-Gehalt übertrifft sogar den der Zitrone. Auch Phosphor und Magnesium sind reichlich in der Speiserübe enthalten, und sie wirkt außerdem krebsvorbeugend. Sie ist sehr nützlich für die Stärkung von Zähnen und Knochen und reinigt den Magen-Darm-Trakt. Aufgrund ihres hohen Nährwerts ist sie auch als Nahrung der Pyramidenbauer bekannt.

Niemand kann mit Sicherheit sagen, ob die Pyramiden tatsächlich »im Schweiße des Angesichts« gebaut wurden, aber sowohl im alten Ägypten als auch in Russland war die Rübe, vor der Einführung der Kartoffel, eines der wichtigsten Nahrungsmittel. Mit dem Aufkommen der technokratischen Zivilisation und der damit einhergehenden kompletten Abstumpfung gerieten dann sehr viele wertvolle Produkte in Vergessenheit. Falls Sie auf dem Markt einer alten Dame mit Speiserüben begegnen, dann können Sie das als einen Glücksfall betrachten. Natürlich gibt es immer noch Leute, die den hohen Nutzen solcher Nahrung kennen, aber sie schon sehr rar geworden.

Wenn Sie im Winter Appetit auf etwas Kräftiges, Heißes haben, können Sie eine Speiserübe in Wasser kochen (wenn Sie das Glück haben, Speiserüben zu bekommen) oder je einen Teil Kartoffeln und einen Teil Speiserüben. Nach etwa fünf Minuten, wenn das Gemüse gar ist, können Sie etwas Zwiebeln hinzufügen. Wie Obst wird auch Gemüse in der Regel mit der Schale gegessen (Ausnahmen sind Bananen und Zitrusfrüchte), denn die Schale enthält Stoffe, die für die vollständige Verdauung der jeweiligen Pflanze nötig sind. Sie sollten allerdings darauf achten, dass alte Winterkartoffeln geschält werden sollten, da sich in der Schale mit der Zeit Schadstoffe ablagern. Bei Speiserüben ist das nicht unbedingt erforderlich. Grünteile sollten, sowohl bei Kartoffeln als auch bei Rüben, herausgeschnitten werden.

Bisher war noch keine Rede von einer reinen lebendigen Ernährung, sondern erst von möglichen Ausnahmen und Ergänzungen. *Der Sinn davon ist: Wenn Sie gegen das Prinzip der Ernährung von lebendiger Nahrung verstoßen, dann sollten Sie dies mit Bedacht tun, so dass der Schaden für den Organismus möglichst gering und der Nutzen möglichst groß ist.* Zum Beispiel können Sie gekochten Getreidebrei durch sprießende Hülsenfrüchte ersetzen, Kartoffeln durch Speiserüben. Ein weiteres Produkt ist in dieser Hinsicht einzigartig - der Wildreis.

Eigentlich hat diese Pflanze, außer einer gewissen äußeren Ähnlichkeit, keine Beziehung zum Reis. Wildreis war seinerzeit eines der wichtigsten Nahrungsmittel der nordamerikanischen Indianer (ähnlich wie Amaranth bei den Maya und Azteken). Wildreis ist äußerst nützlich für den Körper. Er verbessert Sehkraft und Reaktionsfähigkeit und gibt dem Körper einen außerordentlichen Energieschub. Er wirkt stärkend und ausgleichend auf das Nervensystem und ist reich an Eiweiß. Ferner dient er auch als Aphrodisiakum: In dieser Hinsicht ist er etwa so wirksam wie Austern.

Gekocht wird er auf unterschiedliche Weise, je nach der Art. Das Grundprinzip dabei ist wie folgt: zuerst den Wildreis eine Stunde in Wasser einweichen - oder auch über Nacht, sofern er sich dann nicht verformt. (Der Versuch, Wildreis keimen zu lassen, wird leider kaum gelingen, da er in der Regel zwecks langer Lagerzeiten hocherhitzt wurde.) 20 bis 25 Minuten kochen (drei Teile Wasser, einen Teil Reis). Danach den Topf für zwei Stunden in eine Decke einwickeln. Nun mit Sojasauce (möglichst ohne Glutamat) und mit Zedernöl abschmecken.

Wildreis ist im Handel nicht so leicht zu bekommen, und zwar aus dem gleichen Grund wie bei der Speiserübe: Die große Mehrheit der Menschen hat von Esskultur überhaupt keine Ahnung - sie wissen nichts und wollen auch nichts wissen, sondern essen einfach das, was irgendwie essbar ist. Ich sage das auch aus diesem Grund: Wenn Sie diese neue Praxis des Transsurfings - *natürliche Ernährung und lebendige Nahrung* -, übernehmen, sind Sie in einem Eliteclub angekommen.

Wildreis wird in der Regel in gastronomischen Boutiquen angeboten, auch in Biomärkten und sogar in manchen Supermärkten. Sie können ihn auch über das Internet beziehen.

Was Gemüse und Kräuter aus dem Gewächshaus betrifft, so ist es besser, sich im Winter nicht auf sie zu verlegen, sondern stattdessen Laminaria und Sauerkraut zu bevorzugen. Treibhauspflanzen haben ein starkes Defizit an Nährstoffen. Wenn Sie sie doch regelmäßig verzehren, sollten Sie sicherstellen, dass sie ohne den Einsatz von chemischen Düngemitteln angebaut wurden. Doch hin und wieder können Sie sich auch Gemüse aus dem Supermarkt gönnen - allzu groß wird der Schaden nicht sein. Nur sollten Sie es vermeiden, Produkte aus Ländern zu kaufen, die nicht der EU angegliedert sind - Sie könnten an Genfood geraten.

Früchte sollten Sie aus jenen Ländern beziehen, wo sie saisonal unter natürlichen Bedingungen wachsen. Zum Beispiel können Sie Bananen, Orangen, Mandarinen, Zitronen, Ananas und so weiter ohne große Bedenken konsumieren, wenn sie bei Ihnen von natürlichem Aussehen, Geschmack und Aroma sind. Biobananen (und anderes Bioobst) verderben in der Regel schnell und bekommen schwarze Flecken.

Tiefgekühlte Gemüse und Beeren (nicht blanchiert) stellen eine durchaus akzeptable lebendige Nahrung für den Winter dar. Aus tiefgekühlten Beeren lässt sich ein herrliches Gericht zubereiten, das ich als »lebendigen Joghurt« bezeichne, weil er, im Gegensatz zu den Surrogaten aus dem Supermarkt, seinem Namen aufgrund von zahlreichen nützlichen Eigenschaften alle Ehre macht. Hier das Rezept:

- *Tiefgekühlte Beeren - 300-400 g*
- *Äpfel - 2-3 Stück*
- *Bananen - 2-3 Stück*
- *Kuriltee - 2 EL (gehäuft)*

- *Blütenpollen - 5 EL*
- *Perga - 1 EL*
- *Wasser - 2 Tassen*

Die Beeren (Johannisbeeren, Heidelbeeren, Erdbeeren) auftauen. (Anstatt der Beeren eignet sich auch gut eine halbe Ananas.) Die Äpfel in Scheiben schneiden, inklusive Kerngehäuse. Blütenpollen und Perga mit Honig vermischen, wie in den Grundrezepten beschrieben (siehe das Buch *Apokryphes Transsurfing*).

Kuriltee ist eine Art trockenes Gras und gilt als eines der besten Mittel zur Dysbakteriose. Man spricht von Dysbakteriose, wenn die symbiotische Mikroflora eines Menschen als Folge der Ernährung von Hefebrot sowie synthetischer, lebloser Nahrung erkrankt und entartet. Nahezu die gesamte Bevölkerung leidet an Dysbakteriose. Diese Krankheit zeigt sich zumindest in Form von Immunschwäche und einem verminderten Wirkungsgrad des Magen-Darm-Trakts. Der Mensch isst viel, verdaut aber nur einen Bruchteil davon.

Zurück zum Rezept: Alle Zutaten in einen Mixer geben und gut durchmixen. Dieses Produkt hat einen sehr hohen Nährwert. 400-500 g davon ergeben ein sehr nahrhaftes, gesundes Frühstück für jeden Wintertag. Besonders empfehlenswert ist dieser lebendige Joghurt für Kinder und Sportler.

Ein weiteres, äußerst nützliches Rezept für ein Gericht, das sehr effektiv Leber und Darm reinigt, den allgemeinen Tonus stärkt und den Organismus mit allem Nötigen versorgt:

- *Weizenkörner - 200 g*
- *Bananen - 3 Stück*
- *Öl aus den Samen der Mariendistel - 5 EL*

Den Weizen keimen lassen (wie im Grundrezept für Weizenkeime). Zuerst die Bananen, dann die Weizenkeime durch einen Fleischwolf mit feinem Gitter drehen. Das Öl hinzufügen und vermischen. Fertig. Dieses Gericht ist nicht nur gesund, sondern auch lecker und sollte für sich allein gegessen werden, ohne weitere Nebenspeisen. Das Rezept stammt von dem Unternehmen »Tiniatov« (*http://www.tiniatov.ru*).

Und zum Abschluss ein Rezept für ein Getränk. Im Winter können Sie den Mangel an frischem Gemüse und Salat nicht nur durch Laminaria kompensieren, sondern auch durch Aufgüsse von getrockneten Kräutern.

- *Kuriltee - 1 gehäufter EL*
- *Weidenröschen (Epilobium) - 1 geh. EL*
- *Roselle (Sudan-Eibisch) - 1 EL*
- *Hagebutten - 3-4 geh. EL*
- *Vogelbeeren oder Weißdornbeeren - 1 geh. EL*
- *Lebendiges Wasser - 1 l*

Die Hagebutten in einer Kaffeemühle mahlen. Alle Zutaten in kaltes Wasser (vorzugsweise lebendiges, aktiviertes Wasser) geben, umrühren und im Laufe eines Tages oder einer Nacht stehen lassen.

Dann kaltstellen, da der Trank schnell sauer wird. Mit Honig eine Delikatesse. Praktisch ist hierfür ein 1-Liter-Kaffeezubereiter (alle Teile der Presse sollten aus Metall sein, sonst lässt sich der Aufguss schwer filtern). Alle möglichen getrockneten Kräuter finden Sie hier: *http://www.taiga.etnoshop.net*.

Alle Beeren sollten natürlich bei Raumtemperatur getrocknet werden. Und es ist besser, das selbst zu tun, als sie von jemandem zu kaufen, den man nicht kennt. Es war mir schon immer unbegreiflich, wie man Hagebutten im Ofen trocknen, in kochendem

Wasser aufbrühen und sich dann noch einbilden kann, ein solches Getränk sei reich an Vitamin C. Mir ist schleierhaft, was für Nährstoffe nach einer solchen Behandlung noch übrig sein sollen. Außer Pektinen vielleicht ... Es ist so sinnlos, Hagebutten zu Sirup einzukochen und dann, weil sämtliche Vitamine verloren sind, wieder künstlich welche hinzuzufügen. Aber genau das wird allen Ernstes gemacht, und sogar mit »wissenschaftlichem« Anspruch.

In erster Linie will ich hierauf hinaus: Es ist überhaupt nicht nötig zu hungern, wenn man weiß, wo man nach Nahrung suchen muss. Und um das herauszufinden, muss man sich nur genügend mit diesem Ziel befassen. Viel Spaß bei der Suche!

Zusammenfassung

- Wenn Sie sich nicht vorstellen können, wovon Sie sich im Winter ernähren können, dann ist es noch zu früh für eine hundertprozentige Umstellung auf lebendige Nahrung. Lassen Sie sich Zeit, und vollziehen Sie den Wandel allmählich.
- Sie können sich überwiegend von lebendiger Nahrung ernähren und sich dabei Ausnahmen erlauben.
- Sie sollten Produkte bevorzugen, die Nützliches und Wertvolles enthalten, und nicht einfach das nehmen, was irgendwie essbar ist.
- Als nützlich und wertvoll kann solche Nahrung gelten, die einen hohen Nährwert hat und den Organismus eher reinigt als belastet.
- Richten Sie sich nicht nach dem Prinzip der Ablehnung, sondern nach dem der Ersetzung bestimmter Produkte mit anderen, die wertvoller sind.
- Und nicht zu vergessen: Die Umstellung auf lebendige Pflanzennahrung sollte schrittweise erfolgen, im Einklang mit der eigenen Entwicklung und nicht mit großer Willenskraft und emotionaler Spannung.

Randnotizen

Sprossen sind zu jeder Jahreszeit die Grundlage einer lebendigen Ernährung. Sie sind auch die Antwort auf sehr interessante Fragen:

- *Was soll ich im Winter essen?*
- *Wie kann ich Eiweißmangel vermeiden?*
- *Woher bekomme ich Vitamine und Aminosäuren?*
- *Was kann ich überhaupt noch essen, wenn überall Chemie und Genfood lauern?*

Keimende Samen sind per Definition nicht genbehandelt. In ihnen sind alle für den Organismus nötigen Stoffe enthalten, die Sie schon zuvor zu sich nahmen, aber insbesondere auch die, die Sie vorher nicht bekamen.

Mehr über das Thema Sprossen können Sie in Natalja Kairos Buch »Sprossen - lebendige Nahrung« nachlesen (http://www.ozon.ru/context/detail/id/8533500/).

Mäuse und Hunde

Ich halte mich weiter an das System der Fragen, die in großer Zahl von meiner Leserschaft kommen.

Zuerst einmal kann man zwei grundlegende Fragen sehr oft sehen. Die erste ist diese: *»Wie kann es sein, dass man beim Lesen eines Buches zunächst Feuer und Flamme ist, dass dieses Gefühl sich dann aber wieder verflüchtigt?«*

Warum wird diese Frage überhaupt gestellt? Jetzt sollen Sie die Antwort erfahren, die Ihnen ebenso einfach wie naheliegend erscheinen wird.

Also, woher kommt nun diese Euphorie? Was ist da los? Wenn Sie eines meiner Bücher lesen, wird Ihnen gesagt, dass das Leben wie ein bewusster Traum ist. Wenn Sie dann aber das Buch beiseitelegen und in die Realität eintauchen, erkennen Sie, dass nicht alles so einfach ist, wie Sie zunächst dachten. Sie befinden sich wieder in einem unbewussten Traum, von dem Sie beherrscht werden. Von einem Traum (den Büchern) gehen Sie über in einen anderen Traum (die Realität), der bei weitem nicht so rosig ist.

Ist das eine klare Antwort? Alles ist ganz einfach. Aber nicht offenkundig. Sonst hätten Sie ja gar nicht erst gefragt, nicht wahr? Aber was war vor diesen Worten? Nebelschwaden im Kopf, das ist das Problem. Habe ich recht oder nicht? Natürlich mag das jeder anders sehen. Jeder hat seine individuelle Stufe des Bewusstseins und der Kraft. Und darum geht es.

Denken Sie daran, wie es ist, wenn Sie einen Film angeschaut haben, der Sie sehr inspiriert hat, so dass Sie absolut überzeugt waren: »Genau das ist es! Und ich kann das auch! Von jetzt ab werde ich ein anderer sein. Ich werde so sein wie sie und er.«

Aber schon nach kurzer Zeit fielen Sie in den infantilen, hilflosen Traum zurück, und all die guten Vorsätze, die Sie sich feierlich geschworen hatten, lösten sich genauso schnell auf wie Ihre Euphorie.

Die zweite wesentliche Frage (oder eigentlich die erste) lautet wie folgt: *»Warum gibt es überhaupt Fragen?«* In den Büchern scheint alles so klar beschrieben. Doch irgendwoher tauchen dann doch wieder Fragen auf, und immer neue und neue Fragen ...

Die Antwort ist diese: Weil es Ihnen nicht gelingt, den bewussten Traum zu lenken - Ihre Realität. Wäre Ihnen das gelungen, dann gäbe es auch keine Fragen - nicht wahr?

Und warum gelingt Ihnen das nicht? Wie gesagt, ist der Mensch eher ein Informationskonsument als ein -ersteller (oder in diesem Kontext genauer gesagt ein -schöpfer). Wenn Sie Empfänger sind, befinden Sie sich gerade im Film eines anderen. Wenn Sie selbst einen Film ausstrahlen, sind Sie ein Macher. Verstehen Sie, worum es geht? Wenn Sie im Film eines anderen sind, befinden Sie sich in einem unbewussten Traum. *Um den unbewussten Traum in einen Klartraum zu verwandeln, müssen Sie sich selbst vom Empfänger zum Sender umwandeln.*

Ein Sender ist jemand, der nicht von Klischees und Konventionen gesteuert wird, die ihm von der Gesellschaft auferlegt werden, sondern dreist genug ist, eigene Gesetze und Regeln aufzustellen. Die Gesetze der Gesellschaft sind (im Gegensatz zu den Naturgesetzen) eine ganz schön wacklige Angelegenheit, ganz zu schweigen von ihren Regeln. Bei aller Objektivität einer gemeinsamen Realität - Ihre Welt ist Ihre Welt, Ihr Traum ist Ihr Traum. Wenn Sie *das Bewusstsein und die Absicht eines Aufsehers* haben, wird Ihr Traum (Ihre Realität) überschaubar, trotz der scheinbar »höheren Gewalt«.

Haben Sie keine Angst vor diesem gnadenlosen Begriff – »höhere Gewalt«. Nehmen wir zum Beispiel eine zwar allgemein bekannte, aber höchst erstaunliche Tatsache: *Fledermäuse können fliegen* – und wie! Aus der Sicht des gesunden Menschenverstandes und der *gängigen* Mechanik kann das eigentlich nicht sein. Es kann beileibe nicht sein! Und doch funktioniert es, genauso wie das Transsurfing.

Falls Sie jemals den Flug einer Fledermaus beobachtet haben, dann wissen Sie, dass er mit nichts anderem vergleichbar ist: weder mit dem Flug der Vögel noch mit dem der Insekten. Man kann sogar sagen, ihre Bewegung hat etwas Mystisches, ja Überirdisches. Die Fledermaus hat eine Virtuosität. Sie ist, im Vergleich mit einem Vogel, ungefähr so wie ein Hubschrauber im Vergleich zu einem UFO. Worauf ich damit hinauswill? Das werden Sie gleich erfahren.

Die Hauptfrage ist: *Wie wandeln Sie sich vom Empfänger zu einem Sender? Die Antwort: Befreien Sie Ihr Bewusstsein und steigern Sie Ihre Energie.*

Ein Großteil des Bewusstseins des modernen Menschen wird, wie im Zusammenhang mit der *Vereinnahmung der Aufmerksamkeit* besprochen, durch den externen Informationsfluss vom System *besetzt*, ein weiterer beträchtlicher Teil wird durch die technisierte Umwelt *blockiert*: leblose, synthetische Nahrung, Chemie, GVO, elektromagnetische Strahlung und andere Faktoren. Der Kopf ist benebelt, die Gedanken schwirren umher wie Federn im Wind, und so wird es fast unmöglich, gezielt einen »eigenen Film« zu senden.

Dieselben Ursachen bewirken die *Vereinnahmung und die Blockierung der Energie*. Einen Teil der Energie beansprucht das System, weil der Mensch als Teil des Systems dessen Vorteile objektiv nicht nutzen kann. Ein weiterer Teil wird unvermeidlich von der

Technosphäre getilgt, wiederum weil der Mensch als natürliche Schöpfung in der für seinen Organismus künstlichen Technosphäre nicht einfach »ungestraft faulenzen« kann. Ein Großteil seiner Energie geht für »laufende Ausgaben« drauf: Verdauung lebloser Kunststoffe, Kampf gegen Krankheiten und Stress, das Hochhalten belastender Hanteln in Form von Verpflichtungen sowie psychische Probleme. Am Ende bleibt an freier Energie, dem Kraftstoff der bewussten Absicht, fast nichts mehr übrig.

Mit zunehmendem Alter wird das Bewusstsein unklarer, und noch mehr Energie schmilzt dahin. Als Folge tritt ein Phänomen ein, das ich hier als »Phänomen der alten Kommode« bezeichnen möchte. Sie können dieses Phänomen aus eigener Erfahrung nachvollziehen, wenn Sie selbst schon nicht mehr ganz jung sind oder wenn Sie Leute aus Ihrem Verwandten- und Bekanntenkreis in höherem Alter beobachten. Viele Dinge, die man früher mit Energie, Lust und Leidenschaft betrieb, tut man Jahre später kaum mehr oder gar nicht mehr.

Zum Beispiel mögen Sie sich früher dafür begeistert haben, einen Tisch schön zu decken, das Heim auszustatten und zu putzen, das Auto auf Vordermann zu bringen und schließlich für sich selbst zu sorgen. Dieser Wunsch nach Perfektion ist im Laufe der Zeit jedoch beträchtlich geschwunden. Jetzt sind Sie viel öfter von Unlust getrieben. Den Tisch dekorieren Sie mit kaum mehr als der Zeitung, die Innenausstattung Ihres Heims ist Ihnen inzwischen gleichgültig, beim Reinemachen sind Sie höchstens noch halben Herzens dabei und überhaupt empfinden Sie es als lästig, viel zu tun.

Am Ende zieht dort, wo einst Glanz und Gloria herrschten, schleichende Verwüstung ein, als ob jemand bald seinen Löffel abgibt. Daher das Bild von der alten Kommode, auf der sich nur Staub ansammelt und sich ein paar Souvenirs langweilen.

Natürlich ist das nicht bei allen Menschen so. Viel hängt vom Niveau der Kultur, der Intelligenz und der Bildung ab. Wenn die kulturelle Tradition einer Familie stark genug ist, werden Sauberkeit und Ordnung im Hause aufrechterhalten werden, und auf der Kommode wird sich kein Staub ansammeln, trotz eventueller seelischer Müdigkeit. Umgekehrt aber, wenn in einer Familie regelmäßig gezecht wird, dann wird das Phänomen der alten Truhe sehr deutlich zutage treten.

Ich führe solche Beispiele an, um damit Folgendes zu veranschaulichen: Wenn man mit solcher Energetik und mit solchem Bewusstsein schon auf der materiellen Ebene nichts mehr auf die Reihe bekommt, dann wird sich auf der feinstofflichen Ebene überhaupt nichts tun. Das Phänomen der alten Kommode wird Sie so abrupt und unvorbereitet treffen, dass Sie noch nicht einmal Zeit zum Schnaufen haben werden. Denn die beiden genannten Prozesse - die Vereinnahmung und *die Blockierung der Energetik und des Bewusstseins* - tendieren in letzter Zeit zu äußerlich unauffälliger, aber sehr starker Beschleunigung. Auf Ihrer Kommode wird sich der Staub schon viel eher ansammeln als auf der Ihrer Eltern.

Hier stellt sich wieder die uralte Frage: Was kann man dagegen tun? Dazu ist es mal wieder nötig, auf ein etwas lästiges Thema zurückzukommen. Transsurfing sollte als holistische, ganzheitliche Lehre betrachtet werden, die drei Säulen hat: *wie wir denken, wie wir uns ernähren und wie wir uns bewegen.*

Was bedeutet »holistische Lehre«? Es bedeutet, wenn wir eine oder mehrere ihrer Komponenten ausklammern, bekommen wir etwas »Unfertiges« - die Technik verliert ihre Kraft.

Denken ist Ihre Art der Interaktion mit dem Weltspiegel, das heißt, welche Form Sie vor ihm gestalten und wie Sie darauf reagieren, was in der Reflexion abgebildet wird.

Ernährung ist das, was Sie direkt in sich aufnehmen: also nicht nur das Essen, sondern auch Informationen.

Bewegung umfasst Ihren Lebensstil - aktiv oder inaktiv - und auch Ihre Fähigkeit, mit Ihrem Körper und Ihrer Energie umzugehen.

Die erste Komponente, die allen als das klassische Transsurfing bekannt ist, wird in den Bänden 1 bis 5 der Reihe Transsurfing dargelegt. In letzter Zeit gewinnen jedoch die zweite und dritte Komponente mehr an Bedeutung, denn die erste allein wurde bereits genügend behandelt.

Sie können sich nicht einfach »im Spaziergang« eine Realität nach eigenem Geschmack und in eigenen Farben aufbauen. Dazu reicht Ihre Energetik und Ihre Bewusstheitsstufe nicht aus. Natürlich funktioniert Visualisierung, daran führt kein Weg vorbei, aber um die Realität wie einen bewussten Traum zu lenken, braucht man freies Bewusstsein und eine hohe Energetik.

Es ist nun aber möglich, im System (der Matrix) zu existieren, das einem Energie und Bewusstsein raubt, und gleichzeitig von ihm losgelöst zu sein. Dies ist nur mithilfe der zweiten und dritten Komponente zu schaffen. Alle möglichen anderen mentalen Methoden - Meditation, Unterbrechung des inneren Monologs, Eintauchen in die Tiefen des Unterbewusstseins - sind sämtlich nutzlos. *Sie können sich vom System nur mit den gleichen Mitteln lösen, mit denen es Sie bindet.*

Das bedeutet, entgegengesetzt zu handeln: Das System drängt Sie zu Bewegungsmangel - Sie tun das Gegenteil, indem Sie ernsthaft an Ihrer Fitness arbeiten. Es gibt Ihnen synthetische Stoffe zu essen - Sie stellen auf natürliche Ernährung um. Das System versucht, Ihnen alle möglichen unsinnigen Informationen einzutrichtern - Sie weichen aus, indem Sie vorgeben, »leer« zu sein. Es vergiftet Sie mit allen möglichen Chemikalien und mit Strahlung - Sie bemühen sich um ökologische Alternativen, angefangen vom Haus bis hin zur Kosmetik. Das ist ein einfaches Prinzip.

Das bedeutet nicht unbedingt, dass Sie sogleich auf Rohkost oder ökologisches Wohnen umstellen sollten. Sie können mit einfachen, für Sie machbaren Umstellungen beginnen. *Das ist zumindest schon ein Anfang:* Sie haben sich auf den Weg gemacht. Der Weg selbst wird Ihnen dann zeigen, was Sie weiter tun sollten.

Wenn Sie zum Beispiel an psychischen Problemen in Form von komplexen Phobien leiden, können Sie Jahre mit dem Kampf gegen sich selbst, mit Introspektion und Selbstsuche verbringen, sich an Psychiater und Therapeuten wenden, ohne dass das etwas bringt.

Aber sobald Sie auf Trennkost mit natürlichen Produkten umstellen und sich um Ihren physischen Körper und Ihre Energetik kümmern, werden all Ihre Komplexe wie von selbst allmählich verschwinden. Warum das so ist? Weil die zweite und dritte Komponente einen erheblichen Teil der Energie und des Bewusstseins freisetzen, welcher durch das System vereinnahmt wurde. *Wenn Energie und Bewusstsein eine kritische Masse erreichen, beginnt alles andere sich ganz von selbst zu verbessern.* Damit werden wir uns noch ausführlicher befassen.

Nun mag jemand einwenden: Ich habe das Transsurfing, und das funktioniert gut - der Rest ist mir egal. Natürlich funktioniert es, aber *rückblickend kann ich mit Sicherheit sagen, dass es nicht mehr so effektiv wirkt wie noch vor fünf oder sieben Jahren, und zwar aufgrund der Vereinnahmung und Blockierung der Energie und des Bewusstseins.* Das betrifft uns alle. Die Realität ändert sich sehr schnell, und wenn Sie weiterhin nach den alten Prinzipien leben - im Sinne von »Es funktioniert, und der Rest ist mir egal« –, dann haben Sie schon bald den Anschluss verpasst.

Andererseits wählt natürlich jeder sein eigenes Niveau an Freiheit und Kraft, abhängig von seinen individuellen Bedürfnissen. Es ist wie mit Autos: Der eine bevorzugt ein leistungsstarkes Modell, der andere gibt sich mit einem leichteren Wagen zufrieden. Wie viele Kräfte sie beabsichtigen zu haben, so viele bekommen Sie auch.

Wenn Sie sich das Ziel setzen, Ihr Bewusstsein und Ihre Energetik zu stärken, werden Sie Probleme von der Art »Wo ist nur meine Euphorie hingekommen?« nicht mehr kennen. Eines schönen Tages dann wird Ihnen, nachdem Sie ein Buch zugeklappt oder aus dem Kino gekommen sind und darüber nachdenken, was Sie in Ihrem Leben erreichen können, auf einmal klar werden, dass Sie Ihre Träume nicht mehr wie früher auf Sparflamme stellen müssen, sondern dass Sie sie *umsetzen* können, da Sie über *genügend* Energie und Bewusstseinsstärke (und auch über genügend Geld) verfügen. Und Sie brauchen dazu keine große Willenskraft aufzubringen wie jetzt, sondern es wird ganz einfach sein.

Eine gute Veranschaulichung der Tatsache, dass Sie Ihr Energielevel nach eigenem Ermessen wählen können, ist die Evolution. Sie sehen dabei scheinbar alltägliche, ganz vertraute Dinge: Ein Wesen schwimmt, ein anderes läuft, kriecht oder fliegt, während ein anderes die ganze Zeit stillsteht. Einfach und klar: jedem das Seine – so war es, und so wird es immer sein. Aber ist das wirklich so offenkundig? Nein!

Ich stelle eine »kindische« Frage: Warum? Wieso fliegt der eine, wohingegen der andere kriecht? Wer kann so etwas beantworten? Wenn Sie sich ab und zu solche kindischen Fragen stellen, werden Sie ringsumher auf scheinbar gewöhnliche, aber alles andere als offenkundige Dinge stoßen.

Es gibt eine seltsame Klasse von Säugetieren, die sogenannten Armflügler, deren vordere Gliedmaßen sich zu Flügeln gewandelt haben. Darunter gibt es Arten, die nur fliegen, während andere auch laufen, schwimmen und sich sogar von der Wasseroberfläche in die Luft erheben können. Stellen Sie sich einmal vor, die Lebewesen hätten sich vor langer Zeit aufgeteilt. Einige blieben auf dem Land, doch es gab auch solche, die sich damit nicht zufriedengaben. In der Realität – zumindest in der zeitlich ausgedehnten Realität – gibt es keine unüberwindlichen Umstände. Willst du auf den Hinterbeinen laufen? – Bitteschön! Willst du fliegen? – Aber ja doch!

Was, das ist den Vögeln vorbehalten? Wer sagt das denn? *Jeder bestimmt sein eigenes Niveau von Freiheit und Kraft.*

Und selbst unter jenen, die sich das Fliegen ausgesucht haben, gibt es eine große Spannbreite, was die Präferenz der Kraft anbelangt. Vergleichen wir nur einmal die beiden interessantesten Vertreter: die Fledermaus und den Flughund.

Die Fledermaus ist eines der vollendetsten und mysteriösesten Wesen, die von der Natur erschaffen wurden. Kein Wunder also, dass die Figur des Batman diesem Tier entlehnt wurde. Die Fledermaus ist nachtaktiv. Sie verfügt über die sogenannte Direktsicht.* Unter Wissenschaftlern wird zwar die Ansicht vertreten, die Fledermaus orientiere sich mithilfe des Echos von Ultraschall. Das ist allerdings sehr zweifelhaft. Niemand kann genau sagen, warum Fledermäuse Ultraschall benutzen (oder angeblich benutzen). Fledermäuse ernähren sich von Insekten. Während des Fluges singen sie Lieder, vor allem Paarungslieder. Nicht alle diese Lieder sind für den Menschen wahrnehmbar, weil die Frequenz über der Hörgrenze von 20 KHz liegen kann. Unter ungünstigen Umweltbedingungen können Sie sich in einen Winterschlaf versetzen.

Flughunde leben sowohl am Tage als auch in der Nacht. Sie ernähren sich hauptsächlich von Früchten, Nektar und Blüten. Sie erreichen eine Flügelspannweite von eineinhalb Metern. Ihr Flug ist

* Zur Erklärung: Direktsicht ist die Fähigkeit des Gehirns, die Realität ohne die Hilfe der Augen, also direkt wahrzunehmen. Diese und ähnliche Fertigkeiten werden in der Schule von Bronnikov unterrichtet (*http://bronnikov.ru*). Direktsicht beim Menschen ist der Traum im Wachzustand. Im normalen Traum sehen wir nur den nichtrealisierten Teil des Variantenraumes. Bei Direktsicht ist es möglich, ohne die Hilfe der Augen die metaphysischen und physischen Bestandteile unserer Welt sowie auch die daraus resultierenden Phänomene wahrzunehmen. All diese Fähigkeiten sind tiefgängig blockiert, können jedoch mithilfe einer besonderen Schulung wiedererweckt werden. Am besten klappt das bei Kindern. Für Erwachsene ist es schwierig, aber dennoch möglich.

nicht elegant, aber dafür sind sie intelligente Planer. Sie halten keinen Winterschlaf, auch besitzen sie weder Direktsicht noch die Fähigkeit der Echoortung. Sie leben in Rudeln, streiten ständig miteinander, sind sehr laut und legen ein schlechtes Benehmen an den Tag.

Würden sich Fledermaus und Flughund begegnen und miteinander ins Gespräch kommen, könnte man sich einen Dialog wie den folgenden vorstellen:

»Ich bin ein Flughund. Und du?«

»Ich bin eine Fledermaus.«

»Ach, du Ärmste! Was für eine Missgeburt!«

»Dann schau dich nur mal selbst an: vorstehende, behaarte Schnauze, zottiger Unterleib und kurzer Schwanz.«

»Aber schau nur, was für wunderschöne Ohren ich habe! Und nicht so komische Löffel wie du!«

»Dafür habe ich Echoortung. Allerdings kann ich auch ohne sie sehen, sogar im Dunkeln. Aus irgendeinem Grund glauben alle, man könne sich durch Echoortung im Flug orientieren. So ein Blödsinn! Das ist ungefähr so, als würde ein Blinder mit seinem Stock im Wald Pilze suchen. Ich muss auch Schmetterlinge jagen, und die sind ganz schön flink, weißt du?«

»Wozu brauchst du denn dann die Echoortung?«

»Das geht niemanden etwas an. Es ist meine Sache.«

»Toll, Pimpfi, einfach toll! Jetzt blas dich mal nicht zu sehr auf, sonst platzt du noch!«

»Wohl kaum. Weißt du, wir sind ruhige, bescheidene Mäuslein. Wir haben Spaß am Fliegen und freuen uns des Lebens. Doch ihr streitlustigen Hunde macht in eurem Rudel ständig Lärm und zankt euch. Ihr ärgert euch wohl darüber, dass ihr so plump und nutzlos seid?«

»Und du - warum quiekst du eigentlich so ekelhaft, wenn du fliegst?«

»Aus Freude, weil ich fliegen kann, wie es mir Spaß macht.«

»Aber ich fliege doch auch.«

»Ja, wie ein Hund, wenn er Flügel hätte.
Ach könnte ich doch gleiten
Über Wald und Feld,
Die Hundeflügel spreizen,
Tief unter mir die Welt!«

»Jetzt sieh nur zu, dass du fortkommst, sonst kommt es mir noch in den Sinn, dich zu verschnabulieren.«

»Wohl kaum, mein Lieber, du bist ja Vegetarier.«

Und so weiter und so fort. In ähnlicher Weise gibt es auch unter euch Lesern Flughunde und Fledermäuse. Denn wir sind alle verschieden, und jeder hat seine eigenen Bedürfnisse und Interessen. Jeder wählt auch sein individuelles Niveau an Freiheit und Kraft. Aber die Bedürfnisse und Interessen können sich mit der Zeit verändern. Heute so, morgen so. Und ihr, die ihr euch eines Tages begegnet, sprecht vielleicht zueinander die folgenden Worte, wie eine Parole:

»Ich bin eine Fledermaus.«

»Und ich bin ein Flughund.«

»Und ich bin eine Maus.«

»Und ich ein Hund. Aber wenn ich will, kann ich auch eine Maus sein. Hier und jetzt.«

Zusammenfassung

- Wenn Sie eines meiner Bücher lesen, wird Ihnen gesagt, dass das Leben wie ein bewusster Traum ist. Wenn Sie dann aber das Buch beiseitelegen und in die Realität eintauchen, erkennen Sie, dass nicht alles so einfach ist, wie Sie zunächst dachten.
- Die Realität lässt sich nicht lenken, solange Sie Konsument sind statt Schöpfer; Empfänger statt Sender.
- Um aus dem unbewussten Traum einen bewussten Traum zu machen, müssen Sie sich selbst vom Empfänger in einen Sender umwandeln.
- Ein Sender ist jemand, der nicht von Klischees und Konventionen gesteuert wird, die ihm von der Gesellschaft auferlegt werden, sondern dreist genug ist, eigene Gesetze und Regeln aufzustellen.
- Um sich von einem Empfänger in einen Sender zu verwandeln, müssen Sie Ihr Bewusstsein befreien und Ihre Energetik steigern.
- Ein Großteil des Bewusstseins des modernen Menschen wird durch den externen Informationsfluss vom System besetzt, ein weiterer beträchtlicher Teil wird durch die Produkte der technisierten Umwelt blockiert.
- Ein und dieselben Faktoren verursachen die Vereinnahmung und Blockierung der Energie.
- Mit zunehmendem Alter wird das Bewusstsein unklarer, und noch mehr Energie schmilzt dahin. Als Folge tritt das »Phänomen der alten Kommode« ein.
- Die Prozesse der Vereinnahmung und Blockierung der Energetik und des Bewusstseins tendieren in letzter Zeit zu äußerlich unauffälliger, aber sehr starker Beschleunigung.

- Transsurfing sollte als holistische, ganzheitliche Lehre betrachtet werden, die drei Säulen hat: wie wir denken, wie wir uns ernähren und wie wir uns bewegen.
- Es ist möglich, im System (der Matrix) zu existieren, das einem Energie und Bewusstsein raubt, und gleichzeitig von ihm losgelöst zu sein.
- Sie können sich vom System nur mit den gleichen Mitteln lösen, mit denen es Sie bindet. Das bedeutet, entgegengesetzt zu handeln.
- Wenn Energie und Bewusstsein eine kritische Masse erreichen, verschwinden alle anderen Probleme wie von selbst.
- Jeder wählt sein eigenes Niveau an Freiheit und Kraft, nach seinen individuellen Bedürfnissen.

Randnotizen

*Manchmal werde ich gefragt: »**Im Internet findet man recht widersprüchliche Angaben zur Methode von Bronnikov. Du weißt dann gar nicht, wonach du dich richten sollst.**«*

In der Regel neigen die Menschen dazu, etwas Geschriebenem zu glauben, wenn es in einem Medium der Massenkommunikation wie dem Internet erscheint. Die Besonderheit des Internets besteht darin, dass es gleichzeitig eine reiche Fundgrube und eine unsägliche Kloake ist. Ist Ihnen das noch nie aufgefallen? Dicht beieinander, fast wie auf ein und demselben Regal, befinden sich zuverlässige Informationen und auch glatte Lügen. Niemand kann alles kontrollieren.

Was nun Bronnikov betrifft, so erscheint seine Methode den Durchschnittsbürgern so fantastisch, dass sie einfach nicht wahr sein darf. Da nehmen sich ungebildete Banausen heraus, mit unflätigen Worten über diese Lehre herzuziehen, um ihre eigene Unwissenheit zu rechtfertigen. Reicht denn nicht schon der Quark, den sie über Transsurfing verbreiten?

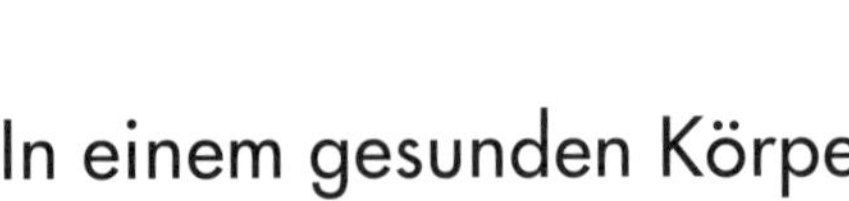

In einem gesunden Körper ein gesundes Gewicht

Sie können auf Ihre Statur wie folgt Bezug nehmen: entweder mit Selbstironie, wenn Sie füllig und gut drauf sind, oder mit Stolz, wenn Sie eine sportliche Figur haben. Aber was ist eigentlich Gesundheit, und wie äußert sie sich? Oder stellen wir eine noch interessantere Frage: Gibt es überhaupt so etwas wie Gesundheit?

Durch und durch gesunde Menschen gibt es heutzutage nur sehr wenige, wenn es überhaupt welche gibt, denn der Mensch ist in Bezug auf seinen Körper ein ausgesprochener Sadist. Er setzt sich Prüfungen aus, die von der Natur nicht vorgesehen sind.

Die Natur konnte nicht vorhersehen, dass der Mensch auf den Gedanken kommt, Alkohol in sich hineinzuschütten, sich mit Tabak zu vergiften, zu kochen, sich mit allerlei Chemikalien und elektromagnetischer Strahlung zu umgeben und anstelle aktiver Bewegung, für die der Körper eigentlich vorgesehen ist, einen bewegungsarmen Lebenswandel zu führen.

Wenn der Patient nach provisorischer Diagnose eher lebendig als tot ist, dann ist er nach endgültiger Diagnose eher krank, aber mit Sicherheit nicht gesund.

Es gibt zwei falsche Klischees

Erstens: *Krankheit ist, wenn etwas wehtut.* Allerdings zeigt der menschliche Körper, da er über eine Menge Ressourcen verfügt, erst im letzten Stadium Schmerzen an, wenn es einfach nicht mehr möglich ist, so wie zuvor weiterzuleben. Zweitens: *Krankheiten können durch Ärzte und Medikamente geheilt werden.* Verletzungen können wir nicht den Krankheiten zuordnen; hier passt eher ein Begriff wie »Bruch«, also etwas, was sich reparieren lässt. Das Problem ist nun, dass wir uns daran gewöhnt haben, praktisch alle Krankheiten zu »reparieren«. Mit anderen Worten, wir wenden für chronische Krankheiten die Methoden der Notfallmedizin an.

So wie eine Straße nicht in Ordnung gehalten werden kann, einfach indem man im Frühling die Schlaglöcher füllt, so kann man einen Körper nicht gesund erhalten, indem man hier und da Flicken anbringt. Aber genau das ist eigentlich die Beschäftigung der Ärzte: *Löcher zu stopfen.* Sie behandeln nicht Ursachen, sondern unterdrücken die Manifestation der Symptome. Bei erhöhtem Blutdruck werden Tabletten verabreicht, um ihn zu senken. Bei erhöhter Temperatur wird ähnlich vorgegangen. Hast du Husten - unterdrücke ihn! Hast du Kopfschmerzen - betäube sie! Schmerzt dein Bauch, mach dir eine Kompresse! Es gibt eine Vielzahl von Möglichkeiten, den Körper ruhigzustellen. Mag er durch die ständige Einnahme von Tabletten ruhig malträtiert werden - Hauptsache, er geht niemandem durch seine Schmerzensschreie auf die Nerven, weder dem Besitzer noch den Ärzten.

Gibt es eine Alternative? Wie kann man den Menschen heilen - ein Naturkind, das gegen alle Naturgesetze verstößt? Fragen Sie mal einen vernünftigen Arzt: Ist es möglich, einen Menschen durch Tabletten, Umschläge und Wickel von Krankheiten zu heilen? Nie im Leben! Es ist vielleicht möglich, die Krankheiten eine Zeit lang in Schach zu halten. Aber *heilen kann man sie nicht.* Dennoch wird *dauernd behandelt,* als würde man eine Straße flicken.

Was ist die Alternative?

Der Akademiker I. P. Pawlow pflegte zu sagen: »*Der Körper ist ein System, das sich selbst reguliert und repariert.*« Er heilt sich selbst. Dazu muss man allerdings Bedingungen schaffen, die für ein reibungsloses Funktionieren natürlich sind, wie von der Natur vorgesehen.

Die wichtigsten dieser Bedingungen sind gesunde Ernährung und Bewegung. Zur Ernährung habe ich mich schon wiederholt geäußert. Jetzt wollen wir uns mit der Notwendigkeit ausreichender körperlicher Aktivität befassen. Eigentlich wissen alle, dass Bewegung wichtig ist – das ist ein gängiges Klischee. Aber warum eigentlich Bewegung so wichtig ist, darüber denkt kaum jemand nach, und zwar genau aus dem Grund, weil es eine unbestrittene Tatsache ist. Nicht alles Einfache ist offensichtlich, und nicht alles Offensichtliche ist klar. Ich will versuchen, eine kurze, klare Antwort zu geben, um das Offensichtliche zu verdeutlichen.

Krankheit ist wie eine Überschwemmung

Eine Krankheit entsteht dort, wo es aus irgendwelchen Gründen zu Störungen in der Mikrozirkulation des Blutes, der Lymphe und der interzellulären Flüssigkeit kommt. Gemäß Pawlow schickt der Körper in seiner Eigenschaft als selbstregulierendes System einen Fluss »reparierender« Ressourcen in die Regionen, wo ein Problem auftaucht. Solange die Lieferung der Ressourcen unterwegs auf keine Hindernisse trifft, wird das Problem in der Regel behoben. Wenn jedoch die Durchlässigkeit der Fließwege (das Netzwerk der Gefäße) behindert ist und mit der Menge der Sonderemissionen nicht zurechtkommt, kommt es zu einer Überschwemmung, einer Stagnation und dann einer ***Entzündung***.

Wenn die Gefäße austrocknen ...

Bei Menschen mit sitzender Lebensweise verkümmern die Gefäße und Kapillaren. Die Kapillaren sterben ab, die Venen verkümmern. Ferner werden durch ungesunde Ernährung die Wände der Blutgefäße zusätzlich verstopft, wie eine alte Rohrleitung. Schließlich vertrocknet nicht der Blutfluss selbst (Blut gibt es ja genug), sondern die Gefäße. Ein wasserreicher Fluss verwandelt sich in ein dünnes Rinnsal oder versiegt sogar ganz. Das hat viele negative Folgen.

Muskeln als »Uferruderer«

Das Herz kann Blut nur durch große Gefäße schnell pumpen. In kleinen Gefäßen bewegt sich das Blut hauptsächlich dank der Skelettmuskulatur, daher wird sie auch das zweite Herz genannt. Für die Lymphe und die interzellulären Flüssigkeiten ist kein separates Herz vorgesehen, so dass die Bewegung dieser Stoffe einzig und allein vom Zustand der Skelettmuskulatur abhängig ist, die sozusagen entlang der flussgleichen Blutgefäße wie ein Ruderer fungiert.

Was nicht benutzt wird, verkümmert

Es gibt ein Naturgesetz, dem niemand entgehen kann. Einen »Status quo« gibt es nicht, sondern nur entweder Fortentwicklung oder Rückgang. Ungefähr bis zum zwanzigsten Lebensjahr entwickelt sich der Körper wie von selbst, danach aber wird alles anders: Entweder Sie bemühen sich um eine Weiterentwicklung oder zumindest um die Erhaltung Ihrer Form, oder Ihr Körper verkümmert allmählich. Werden die Muskeln nicht beansprucht, dann werden die Uferruderer schwächeln, und ihre Anzahl wird sich verringern. Die Körper der Ruderer im Organismus eines Menschen, der einen bewegungsarmen Lebenswandel führt, werden an die Figur ihres Besitzers erinnern: entweder übergewichtig und plump oder schwach und entkräftet.

Überflüssige Muskeln gibt es nicht

Die Natur erschafft nichts Unnötiges. Wenn es etwas gibt, dann wird es auch gebraucht. Das gilt auch für Muskeln, denen man kaum Beachtung schenkt. Doch wie oben gesagt, werden Muskeln, die nicht benutzt werden, verkümmern. Mangelhafte motorische Aktivität (wie auch Passivität) führt zu einer ungleichmäßigen Auslastung: Einige Muskeln werden häufiger, andere seltener (oder gar nicht) verwendet. In einigen Körperregionen gibt es mehr Ruderer, in anderen weniger, woanders gar keine. Einerseits gibt es ein »Niltal«, demgegenüber aber auch Wüsten. Ist das normal? Nein. Ist das typisch? Für den modernen Menschen ja.

Was tun?

Stellen Sie sich vor, Ihre »Ruderer« seien Ihre Armee, von der Ihre Sicherheit, ja Ihr Leben abhängt. Sie dürfen nicht zulassen, dass Ihre Soldaten »auf Kur« sind - ihre Kampfkraft muss ständig trainiert werden. Denken Sie daran: Entweder Sie entwickeln sich weiter, oder Sie degenerieren. Sie sollten Ihren Körper regelmäßig und systematisch belasten, ohne ihn überzustrapazieren. Arbeit und Erholung - alles sollte in Maßen gehalten werden. Bewegung sollte Spaß machen. Wenn das nicht so ist, sollten Sie Ihren Körper gründlich entschlacken und reinigen. Ihre physischen Übungen sollten sehr vielfältig sein, damit alle Muskelgruppen ausnahmslos beansprucht werden.

Wie Sie sehen, gibt es nichts Neues unter der Sonne - alles ist einfach und klar. Aber jetzt ist es darüber hinaus auch noch verständlich, nicht wahr? Wenn sich die Gefäße erholen und die Ruderer Kraft schöpfen, wird die Krankheit Sie verlassen. Ihr Körper wird schön werden, und Gesundheit wird sich in Ihnen verbreiten, und auch Ihr Gewicht wird ein gesundes Maß haben.

Zusammenfassung

- Heutzutage gibt es nur sehr wenige Menschen, die man als völlig gesund bezeichnen kann.
- Der menschliche Körper zeigt Schmerzen erst im letzten Stadium an.
- Wir haben uns daran gewöhnt, bei chronischen Krankheiten Methoden der Notfallmedizin anzuwenden.

- Der Körper ist ein selbstregulierendes und selbstreparierendes System.
- Die primäre Ursache für Krankheiten ist in den meisten Fällen eine Störung der Mikrozirkulation im Innern.
- Bei Menschen mit sitzender Lebensweise verkümmert das Netzwerk der Kapillar-, Lymph- und Blutgefäße.
- In kleinen Gefäßen bewegen sich Blut und Lymphe hauptsächlich dank der Zusammenziehung der Skelettmuskulatur, weshalb diese auch »das zweite Herz« genannt wird.
- Einen »Status quo« gibt es nicht. Es gibt nur entweder Fortentwicklung oder Rückgang.
- Überflüssige Muskeln gibt es nicht.
- Ihre »Ruderer« sind Ihre Armee, von der Ihre Sicherheit, ja Ihr Leben abhängt.
- Sie sollten Ihren Körper regelmäßig und systematisch belasten, ohne ihn überzustrapazieren.
- Physische Übungen sollten möglichst vielfältig sein.

Randnotizen

Die Technosphäre raubt uns unsere Gesundheit, unsere Energie, Aufmerksamkeit, Achtsamkeit und schließlich unsere Freiheit. Das Seltsame daran ist, dass wir all das sehr wohl sehen, aber dennoch nichts ändern. Haben Sie zum Beispiel mitverfolgt, wie in den letzten zwei, drei Jahrzehnten schnell und kaum merklich synthetische Materialien die natürlichen fast vollständig verdrängt haben?

Um das Grundprinzip des Transsurfings zu verwirklichen, brauchen wir uns nicht darüber auf dem Laufenden zu halten, welche Beschränkungen uns die Technosphäre aufdrängt. Wir brauchen nur ein angemessenes Maß an Sachkenntnis und Absicht, denn natürliche Nahrung und Kleidung, angenehm für Körper und Geist, sind im Variantenraum reichlich vorhanden.

Es gibt ein vergessenes Wunder: blaues Leinen. Darüber ließe sich eigentlich viel sagen, doch in diesem Fall gibt es kaum angemessene Worte. Nur so viel: In der Technosphäre muss man nach blauem Leinen suchen und so gierig danach jagen wie nach einem Schatz, denn Kleidung aus blauem Leinen ist eine Biosphärenoase für den Körper. Sehen Sie nur, welche Wunder es in der Welt gibt: http://otrada.by.

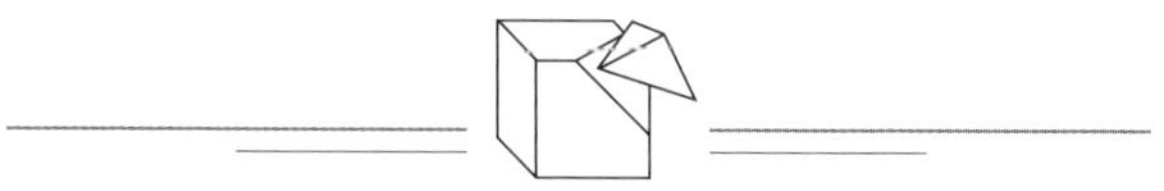

Transsurfing oder Transgression?

Ich bekomme oft Briefe mit begeistertem Feedback, im Sinne von: »Transsurfing funktioniert!« Aber konkrete Geschichten, wo erzählt wird, wie jemand dies tat und jenes als Ergebnis erhielt, sehe ich eher selten. Das weist darauf hin, dass viele die absichtliche, bewusste Kontrolle über die Realität mit der Wirkungsweise der Synchronizität verwechseln, wenn etwas, das unsere Aufmerksamkeit ergriffen hat, sich dann in der Realität manifestiert.

Denn wenn Sie zum ersten Mal bemerken, dass zwischen Ihren Gedanken und der Realität eine spontane Kommunikation besteht, so heißt das noch lange nicht, dass Sie erfolgreiches Transsurfing betrieben haben. Oder genauer gesagt hat zwar etwas funktioniert, aber von selbst, unabhängig von Ihrem Willen. Und das ist nicht Transsurfing, sondern unkontrollierte Synchronizität, ein Phänomen, das Sie nur beobachten und bestaunen können.

Um nun zu beginnen, diesen Prozess selbst zu steuern, das heißt zu lernen, eine vorsätzlich herbeigeführte »Überraschung« zu erleben, ist es wie gesagt erforderlich, *die eigenen Denkfähigkeiten umzugestalten,* irgendwo das Hirn so neu zu verkabeln, dass aus einem passiven Empfänger ein aktiver Sender wird. *Es muss ein Umschalten in jenen Modus stattfinden, in dem eigene Absichten ausgestrahlt werden.*

Man könnte nun fragen: Wie oft und wie lange sollte man sich im Sendemodus befinden? Das ist ungefähr so, als würde man fragen: Wie viele Männer müssen in einem Boot rudern, um in einem sich ständig ändernden Fluss ein Boot in konstanter Geschwindigkeit zu halten? Sobald Sie das Ruder sinken lassen, werden Sie vom Strom der äußeren Umstände erfasst, die nicht von Ihnen geschaffen wurden. Ihr Leben gerät in Abhängigkeit von fremden Szenarien und Bühnenbildern - es ist nicht mehr Ihre eigene Realität. Ihre Ruder sind in den Händen Ihrer aktiveren Begleiter. Das ist der Stand der Dinge.

Daher sollte man sich bemühen, *ein Bild der eigenen Realität ständig an die Außenwelt zu senden*, entweder direkt oder im Hintergrund. Selbst wenn Sie einfach nur ausspannen, wandern oder lesen, wenn Sie fremde Filme oder Programme ansehen oder anhören, sollte die Ausstrahlung Ihres eigenen Filmes und das Senden Ihres Radioprogramms niemals aufhören. Sie malen Ihre eigene Welt so aus, wie Sie es wollen. Wenn Sie es denn auch wollen ... Was auch in der Realität passiert, beharren Sie auf Ihrem eigenen Weg, wie in dem berühmten Lied:

Orange ist der Himmel, orange ist das Meer,
Orange sind die Kräuter, orange das Kamel,
Orange sind die Mütter und singen orange
Orangefarbene Lieder für Kinder orange.

Das können auch Sie haben, zum Beispiel: orange Polizisten, orange Beamte, Chefs, Narren, Straßen, beliebige Probleme - alles in Orange! Achten Sie mal drauf, wie schnell Ihnen das Spaß macht! Ganz gleich welch düstere Wolken auch am Himmel hängen, erinnern Sie sich daran, dass für Sie der Himmel immer blau ist. Oder, wenn Sie wollen, orange.

Das ist so eine Art »magische Erklärung« in vereinfachter Form. Im Prinzip kann jede eingehende Information irgendwelche Analogien und die Kommunikation mit Ihrer inneren Welt hervorrufen. Wenn Sie sich im Sendemodus befinden, werden die eingehenden Daten sich in Assoziationen umwandeln, und beim Ausgang werden sie eine Deklaration Ihrer Absicht abgeben. Setzen Sie sich einfach das Ziel, wenn Sie fremde Bilder sehen, eine Assoziation zu erhaschen und gleichzeitig Ihren eigenen Film laufen zu lassen - Ihre Absicht zu deklarieren, Ihre »orange Welt«.

Für die meisten Leute ist alles grau, für mich alles orange. Ganz gleich welche Probleme es in dieser Welt auch geben mag, in meiner Welt gibt es sie nicht. Alle Menschen leben im Rahmen verschiedener Begrenzungen - doch das berührt mich nicht. Berühmte Persönlichkeiten erschaffen Meisterwerke - das kann ich auch. Diese Leute sind schön, stark und mutig - diese Vorzüge habe ich ebenfalls. Das da will ich in meiner Welt nicht haben - und so ist es dann auch.

Oder ich kann alle eingehenden Informationen auf den gemeinsamen Nenner meines Zieles bringen. Wenn Sie zum Beispiel wirklich ein eigenes Haus wollen, brauchen Sie nur ständig Ihre Sendung auszustrahlen: »Das ist mein Haus, und ich bin darin.« Wenn Sie in der Realität, im Kino oder im Fernsehen ein Haus sehen, dann sollten Sie es Ihrem eigenen gegenüberstellen, wie Sie es gern hätten - es kann ähnlich aussehen oder auch ganz anders -, und es sich in Gedanken ausmalen. Wenn Sie in der Werbung oder in einem Geschäft nützliche Waren sehen, dann sollten Sie sich etwas davon für Ihr Heim aussuchen, zumindest in Gedanken. Schauen Sie sich verschiedene Regionen der Welt an und stellen Sie sich vor, wo Sie gern leben würden. Malen Sie sich jene Welt in den Farben Ihrer Träume aus, völlig ernst und entschlossen, ohne den Typen zu beachten, der im Lied singt: »Das werde ich nie erleben.« Schließlich ist es ja er, der das nie erlebt. Für Sie gilt das nicht.

Der Verbleib in diesem Sendemodus mag nun dem einen oder anderen sehr stressig und beschwerlich erscheinen, ja als eine völlig unnötige Beschäftigung. Natürlich hängt dabei alles vom Vorhandensein eines wirklichen Zieles im Leben ab wie auch von der Kraft des Wunsches, es zu erreichen. Was wie eine Last erscheinen mag, ist eigentlich nur eine Frage der Gewohnheit. Was zur täglichen Gewohnheit wird, hört auf, eine Last zu sein. Die Umstellung zur Denkweise des Sendemodus kann auf ganz einfache Art beginnen.

Im Transsurfing gibt es das sehr leistungsstarke und zugleich einfache Prinzip der Koordinierung der Absicht. Frischen Sie hierzu ruhig einmal Ihr Gedächtnis auf.

Wenn Sie sich vornehmen, ein Ereignis, das negativ erscheint, positiv zu sehen, wird auch alles genau so sein. Denken Sie daran: Wie schlecht auch immer Ihre Lage gerade aussehen mag, es erwartet Sie eine freudige Überraschung, vorausgesetzt, Sie halten sich an die Koordination. Warum ist das so?

Das Leben der Menschen ist, wie jede andere Bewegung in der Materie, eine Abfolge von Ursachen und Wirkungen. Eine Reaktion im Variantenraum hat immer einen direkten Bezug zu deren Ursache. So wie eines aus dem anderen folgt, so sind auch umliegende Raumsektoren in Form einer Lebenslinie angeordnet. Jedes Ereignis auf einer Lebenslinie hat zwei Abzweigungen: in eine günstige und eine ungünstige Richtung. Jedes Mal, wenn Sie mit einem Ereignis konfrontiert werden, treffen Sie eine Wahl, wie Sie sich ihm gegenüber verhalten. Wenn Sie das Ereignis als positiv erachten, entscheiden Sie sich für die günstige Abzweigung der Lebenslinie. Eine Neigung zum Negativismus jedoch bewegt Sie zum Klagen, und so wählen Sie die ungünstige Abzweigung. Sobald Sie sich über etwas ärgern, ziehen Sie damit neue Schwierigkeiten auf sich. Daher sagt man auch: »Ein Unglück kommt selten allein.« Aber eine Kette von Schwierigkeiten folgt nicht von selbst einem Unglück, sondern Ihrer Einstellung dazu. *Eine Gesetzmäßigkeit prägt die Wahl, die Sie an der Weggabelung treffen.* Das Prinzip der Koordinierung der Absicht gibt Ihnen die Möglichkeit, immer auf die günstige Abzweigung zu geraten.

Warum wiederhole ich etwas, was Ihnen längst bekannt ist? Weil zwischen *wissen* und *handeln* eine beträchtliche Kluft liegt. Geben Sie zu: Sie kennen das Prinzip der Koordinierung der Absicht sehr wohl, richten sich aber nicht danach, nicht wahr? Das gehört nicht zu Ihren täglichen Gewohnheiten. Ansonsten hätten Sie nicht all die Probleme, von denen ich ständig zu lesen bekomme. Obwohl

Sie all das wissen und begreifen, reagieren Sie immer noch negativ auf negative Umstände und Ereignisse - *das* ist Ihre Gewohnheit. Und so kommt es, dass Ihre Realität von einer unbewussten Gewohnheit gesteuert wird anstatt von der bewussten Absicht.

Ich möchte noch einmal klarstellen, warum es wirklich erforderlich ist, das Prinzip der Koordinierung der Absicht zu befolgen. Dazu wollen wir ein Phänomen betrachten, das mit diesem Thema keine direkte Beziehung zu haben scheint - das *Déjà-vu*. Von einem Déjà-vu spricht man dann, wenn die Verknüpfung einer Reihe von Umständen andeutet, dass wir in der Vergangenheit bereits etwas Ähnliches erlebt haben. Eine Besonderheit besteht dabei in der Tatsache, dass man sich fast sicher ist, aber nicht genau weiß, wo und wann das Parallelereignis stattgefunden hat. In der Regel ist es so, dass die Ereignisse der Vergangenheit miteinander verwirrt sind, und es ist unmöglich festzustellen, ob es sich um einen Fehler im Gedächtnis oder um ein Gewirr der Realität handelt.

Es lassen sich zwei mögliche Ursachen für das Phänomen ausmachen. Erstens: Das Déjà-vu-Erlebnis beruht darauf, dass etwas Ähnliches mal in einem Traum stattfand. Wir erinnern uns nicht immer daran, was wir geträumt haben, aber wenn wir in der Wirklichkeit mit einer ähnlichen Situation und ähnlichen Umständen konfrontiert werden, beschleicht uns das dumpfe, aber deutliche Gefühl, so etwas schon einmal erlebt zu haben.

Zweitens: Im Laufe des Lebens wechseln wir ständig von einer Lebenslinie zur anderen. Zwei solcher Linien können, wie zwei Filmrollen, verschiedene Ereignisse der Vergangenheit enthalten. Es ist so, als hätte man zwei Filmrollen zusammengeschnitten, die bis zum Schneidepunkt verschieden sind. In seltenen Fällen können sich die Szenarien recht grundlegend voneinander unterscheiden. Man sollte meinen, derartige Übergänge würden zu einer Störung der Ursache-Wirkung-Beziehung führen, doch in der Regel entstehen keine offensichtlichen Konflikte, sondern es kommt zu einer Art »Missverständnis«, wobei unklar ist, ob der Betreffende nur verwirrt ist oder ob wirklich etwas Anomales geschieht. Doch wie dem auch sei, es gelingt weder, die verworrene Situation zu bestätigen, noch sie zu dementieren, das heißt, es ist nicht möglich, die Realität sozusagen »auf frischer Tat zu ertappen«. Es ergibt sich Folgendes: Der Betreffende selbst scheint sich daran zu erinnern, dass auf den vorherigen Bildern etwas Bestimmtes zu sehen war, aber die Leute um ihn herum, die nicht von einem Film in den anderen »mitgesprungen« sind, geben ihm immer wieder zu verstehen, dass dies nicht geschehen ist, sondern etwas ganz anderes.

Und hier drängen sich schon neue Fragen auf, Fragen zur Struktur des menschlichen Gedächtnisses. Wenn beispielsweise der Erinnerungsprozess eine Verbindung zu den Bändern herstellt, die im Variantenraum gespeichert sind, dann stellt sich die Frage: »Sieht« der Betreffende sich seinen eigenen Film an, der sich durch zahlreiche Schnitte bei den Übergängen von einer Lebenslinie zur nächsten ergeben hat, oder kann er sich mit einem ganzen Teil jener Filme verbinden, an denen er selbst gar nicht teilnahm? Hier kann man schon leicht verwirrt werden.

Solche Verwirrung entsteht nicht nur im Leben, wo man alles auf die Unvollkommenheit der menschlichen Psyche abschieben kann, sondern auch in Physiklabors. Das Prinzip der Heisenbergschen Unschärfe, wie es aus der Quantenmechanik bekannt ist, demonstriert diese heimtückische Seite der Realität. Sie lässt sich nicht einfach »am Kragen packen«, wenn du versuchst, sie an die Wand zu drängen und gebührlich zu untersuchen, sondern entwindet sich dir mit allen möglichen Tricks und reißt aus.

Ein typisches Beispiel der Verwirrung, wie sie bei einem Déjà-vu auftritt, finden Sie in dem Buch von Siderski und Priwalow mit dem Titel »Das Auge der Renaissance für eine neue Epoche«. Es geht um das, was der Autor die *Transgression* von einem Leben zum anderen nennt. Ein wissenschaftlicher Mitarbeiter eines geheimen Unternehmens in Sibirien wacht eines Tages in einer anderen Realität auf, wo er mit einer Frau verheiratet ist, die er kennt und doch nicht kennt, und wo er einer völlig anderen Arbeit nachgeht, die ihm vertraut und doch nicht vertraut ist. Der »Transgressor« hatte ganz klar das Gefühl, als würde er in ein und derselben physischen Inkarnation zwei völlig unterschiedliche Existenzen erleben. Da er genau weiß, wo sich das geheimnisvolle Unternehmen in Sibirien befindet, begibt er sich dorthin, erkennt aber dort nichts wieder.

Auch Carlos Castaneda spricht von einer ähnlichen Situation, als er von einer Klippe in den Abgrund stürzte und dann in seiner Wohnung in New York aufwachte. Nach seinem Empfinden hätte er zerschellen sollen, doch tatsächlich ging er von einer Realität in eine andere über und geriet dabei auf die Linie, wo er gerade lebte.

Ich maße mir nicht an, beurteilen zu können, inwieweit das, was man in Büchern liest, die Wahrheit ist, aber auch das Leben in Raum und Zeit hat nicht minder erstaunliche Zeugnisse auf Lager, selbst wenn die Realität wie immer keine klaren Antworten gibt: Ist es geschehen oder nicht, wie und warum ... Zweifelsfrei ist nur eines: Die Transgression ist wie eine Verlagerung zwischen einzelnen Lebenslinien, die, ob nah oder fern, tatsächlich stattfinden. Darüber hinaus geschieht uns das ständig - *jedes Mal, wenn wir uns an einer Weggabelung entscheiden.*

In meinem Leben ist mir so etwas auch schon passiert. Hier eine Erinnerung aus alten Tagen:

Du hast bei mir deine Handschuhe vergessen. Genauer gesagt: Hast du sie vergessen, oder hast du sie liegen lassen, um wieder zurückzukommen? Mich beschleicht das seltsame Gefühl, als ob zwischen uns etwas geschehen ist, aber ich habe keine Gewissheit, ob ich träume oder wache.

Am Abend zuvor hatte es bei mir zu Hause eine Party gegeben, es war eine fröhliche Gesellschaft. Ich erinnere mich, dass ich mit dir auf den Balkon ging, um dort zu rauchen. Es war niemand anders dort, und auf einmal begannen wir, uns ganz leidenschaftlich zu küssen. Zu meiner Schande muss ich gestehen, dass ich an jenem Abend sehr viel getrunken hatte, und so konnte ich am nächsten Tag Traum und Wirklichkeit nicht unterscheiden.

Als wir uns dann trafen, schautest du mich etwas seltsam an, doch gleichzeitig konnte ich deinem Verhalten nicht entnehmen, ob zwischen uns etwas gewesen war oder ob ich mir das nur einbildete. Also sagte ich, du hättest bei mir deine Handschuhe vergessen, vielleicht willst du sie holen kommen. Du sagtest: »Vielleicht.« Aber du schautest noch immer etwas seltsam drein. Und ich konnte auch nicht geradeheraus sprechen, weil ich mich an nichts erinnern konnte. Auch du sagtest ja nichts. Vielleicht war etwas gewesen, vielleicht auch nicht. Ich saß in der Klemme. Ich darf nicht so viel trinken.

Als dann mein Kater endgültig verflogen war, blitzte in meinem Gedächtnis eine weitere Szene auf, noch eindringlicher als die andere. Wir küssten uns wieder, diesmal im Flur - hemmungslos und rabiat. Du, die du normalerweise ruhig und ausgeglichen warst, entledigtest dich fieberhaft deiner Schuhe und versuchtest, mir das Hemd auszuziehen ... Ich weiß es nicht mehr. Wieder ein Sprung ins Leere. Nun ja, war es so oder nicht? Auf jeden Fall muss ich weniger trinken!

Zwei Tage vergehen. Du bist nicht deine Handschuhe holen gekommen. Hast du sie also gar nicht absichtlich liegen lassen, sondern vergessen? Und hatte ich alles nur geträumt? Es war geradezu lächerlich, das Ganze. Warum wohl? Du warst mit einem anderen zusammen und ich mit einer anderen. An so etwas hatte ich gar nicht gedacht, und ich wollte ja auch nicht fremdgehen. Wozu? Ich trete eine Dienstreise an. Dort tauchen weitere Probleme auf. Mein Déjà-vu erreicht eine neue Dimension. Dann komme ich nach Hause zurück. Deine Handschuhe sind verschwunden. Jetzt reicht es, ich bin völlig perplex.

Wie das alles passieren konnte, das verstehe ich erst jetzt. Es ist eine Transgression aufgetreten: von einer Linie, wo wirklich etwas geschah und eine Fortsetzung haben konnte, zu einer anderen Linie, wo nichts geschah, weder in der Vorgeschichte noch später. Der Schnitt bzw. die Nahtstelle ist der Moment, in dem ich schloss: »Es ist nichts geschehen.« Allerdings ist es mir auch damals nicht gelungen, die Realität am Schopf zu packen, also zu wissen, wo auf einmal die Handschuhe abgeblieben waren. Aber wir wollen uns noch eine Geschichte ansehen, diesmal aus jüngster Vergangenheit.

Es ist Winter, und es friert. Ich will gerade in die Scheune, um Brennholz für den Kamin zu holen. Ich muss mein Handy einstecken, falls jemand aus dem Verlag anruft. In just diesem Moment bin ich nicht bei der Sache und vergesse es. Ich gehe aus dem Haus. Ich taste nach dem Handy in meiner Tasche. Da ist es – alles klar, ich habe es nicht vergessen. Wo könnte ich es besser aufbewahren, damit es mich nicht stört? Nein, ich hätte es nicht mitnehmen sollen. Solange ich mit dem Holz herumhantiere, kann ich es unabsichtlich beschädigen. Ich sollte es an einem sicheren Ort ablegen. Wieder eine Ablenkung. Der Kater des Nachbarn ist in mein Grundstück eingedrungen. Ich jage ihm hinterher. Das Drecksvieh hat sich angewöhnt, an meine Tür zu pinkeln. Schließlich komme ich dazu, mich um das Brennholz zu kümmern. Da fällt mir wieder das Handy ein. Ich muss es irgendwo ablegen. Ich greife in meine Tasche. Es ist nicht da. Schöne Bescherung. Ich muss es verloren haben, während ich den Kater verjagte. Na gut, ich werde es schon finden. Wieder bin ich geistesabwesend. Ich komme nach Hause. Das Handy liegt auf dem Tisch.

Ganz offensichtlich wurde hier wieder Verschiedenes zusammengestückelt. Diesmal hätte ich schwören können, dass ich das Handy in meiner Tasche ertastet hatte. Wie kam es nur auf den Tisch? Wahrscheinlich handelte es sich um eine spontane Entladung meiner Energie, denn eine solche Transgression »am helllichten Tage« erfordert schon ein erhebliches Maß an Energie. Heutzutage, wo ich vor Energie nur so strotze, geschieht es manchmal, dass elektronische Geräte ausfallen. Und trinken tue ich schon lange nicht mehr ...

Um es kurz zu machen: Wozu sage ich das alles? Ein Déjà-vu ist kein gesteuertes Phänomen, es geschieht einfach, gleich einem unbewussten Traum. Solange wir unbewusst, wie im Delirium, an wichtigen Weggabelungen Entscheidungen fällen und dumm wie Austern auf kleine, alltägliche Probleme reagieren, wird unser Leben als eine ungesteuerte Transgression auf erfolglose Lebenslinien ablaufen. Wenn wir es uns aber angewöhnen, uns in jeder Lebenslage an den Grundsatz der Koordinierung der Absicht zu halten, wird unsere Realität auf einer Welle des Glücks dahingleiten. Und das ist dann keine Transgression mehr, sondern Transsurfing.

Die ganze Anmut der Koordinierung besteht darin, dass sie die Realität auf optimale Weise korrigiert - es ist nicht erforderlich, sich besonders um die Färbung der eigenen Welt zu bemühen. Angenommen, Sie wollen, dass bei Ihnen alles gut und recht läuft, wissen aber nicht, wie genau dieses »gut und recht« aussehen sollte. Kein Problem. Sie brauchen sich darüber nicht den Kopf zu zerbrechen. Machen Sie es sich einfach zur Gewohnheit, jedes Mal, wenn etwas nicht so läuft, wie es Ihnen passt, sogleich aufzuwachen und bewusst Ihren Ärger in Behagen umzuwandeln. Für solche Fälle sollten Sie darauf vorbereitet sein, entsprechend zu reagieren.

Wow, was für ein freudiges Ereignis wird wohl als Nächstes kommen?! Oh, mich erwartet eine angenehme Überraschung! Mal sehen! Was für ein Glück, heißa! War das eine Freude! Ich hatte wirklich mal Glück! Was für ein wunderbarer Zufall! Welch großartige Gelegenheit! Ja, das ist meine Chance! Meine Welt hat mich vor größerer Mühsal gerettet! Was für eine Riesengaudi! Das ist schon echt klasse! Ich freue mich auf Geschenke und Glückwünsche!

All diese »unangemessenen« Freudenrufe sollten Sie von sich geben (ob laut oder in Gedanken, spielt keine Rolle), wann immer

Ihnen ein Ärgernis widerfährt oder das von Ihnen beabsichtigte Szenario auch nur im Geringsten gestört wird. Lernen Sie, über schlechtes Wetter, Warteschlangen, Staus, ja über jedes beliebige negative Probleme zu jubeln.

Mit einer solchen Art Masochismus deaktivieren Sie den Himmel über Ihrer Welt. Sie sollten sich dann nur überlegen, welchen Nutzen Ihnen dieser oder jener unglückliche Umstand bringen könnte. Und das wird er tatsächlich tun - davon können Sie sich immer wieder selbst überzeugen. Setzen Sie vor allem zu Beginn einiges an Willenskraft ein, so dass Ihnen die Koordinierung der Absicht zur Gewohnheit wird, ein Teil Ihres Ichs sozusagen. Dann wird alles bei Ihnen so sein, wie es sein soll. Das ist der erste Schritt auf dem Wege des Wandels von einem Empfänger zu einem Sender.

Zusammenfassung

- Verwechseln Sie nicht die absichtliche, bewusste Steuerung der Realität mit der Wirkungsweise der Synchronizität.
- Wenn zwischen Ihren Gedanken und der Realität eine spontane Kommunikation besteht, so heißt das noch lange nicht, dass Sie erfolgreiches Transsurfing betrieben haben.
- Um zu beginnen, diesen Prozess zu steuern, müssen Sie Ihre Denkweise umgestalten, so dass Sie von einem passiven Empfänger zu einem Sender werden, der in den Modus umschaltet, Ihre Absichten auszustrahlen.
- Sie sollten versuchen, ständig ein Bild Ihrer Realität an die Außenwelt zu senden, entweder direkt oder im Hintergrund.
- Egal was für schwarze Wolken über Ihnen aufziehen, Sie sollten immer daran denken, dass über Ihnen der klare Himmel strahlt.
- Setzen Sie sich einfach das Ziel, wenn Sie fremde Bilder sehen, eine Assoziation zu erhaschen und gleichzeitig Ihren eigenen Film laufen zu lassen - Ihre Absicht zu deklarieren, Ihre »orange Welt«.

- Bringen Sie alle eingehenden Informationen auf den gemeinsamen Nenner Ihres Ziels.
- Durch die Umgestaltung Ihrer Denkweise zum Sendemodus können Sie mit der Koordinierung der Absicht beginnen.
- Wenn Sie sich vornehmen, Ereignisse, die negativ erscheinen, positiv zu betrachten, dann wird alles tatsächlich positiv sein.
- Transgression erleben wir ständig - jedes Mal, wenn wir an einer Weggabelung eine Entscheidung treffen.
- Lernen Sie, über schlechtes Wetter, Warteschlangen, Staus, ja über jedes beliebige negative Probleme zu jubeln.

Randnotizen

Den gesamten »Orange-Song« (in der Originalfassung) können Sie übrigens im Blog namens »Transsurfing in der Praxis« von Laura Lotos und Drakoscha Chiwong hören (http://transerfingon.ru/). Das Lied wurde zum ersten Mal vorgetragen von der achtjährigen Irma Sokhadze, ich schätze vor vierzig Jahren. Danach wurde das Lied immer wieder gecovert (natürlich nicht ohne Grund). Im »Orange-Song« ist übrigens die gesamte Quintessenz des Transsurfings enthalten. Der Text stammt von Gregor Gorin und Arkadi Arkanow, die Melodie von Konstantin Pewsner. Auf der Blogseite finden Sie auch den vollständigen Text. Viel Spaß auf dem Blog. Alles dort ist sehr interessant und sehr orange.

Ein kindisches Gepräge

Ich schließe an das Thema des letzten Kapitels an, wo von der Koordinierung der Absicht die Rede war. Wir haben Ereignisse und Umstände, die einen angeblich »negativen« Farbton tragen, in Orange angemalt. Eigentlich steht es in unserer Macht, aus jedem (nun gut, aus fast jedem) Ärgernis ein Vergnügen zu machen. Übrigens gelten die gleichen Prinzipien bezüglich Menschen und dem, was sie tun.

Jetzt wollen wir uns einer Technik zuwenden, mithilfe derer wir die Welt von unnötigem Müll reinigen können. Wenn Sie aufmerksam sind, wird Ihnen auffallen, dass Transsurfing sich nicht mit der Behandlung von Problemen befasst, sondern deren Ursachen behebt, was der Zerschlagung des Gordischen Knotens gleichkommt. Darüber hinaus lohnt es sich nicht, die Gründe für diese oder jene Situation herauszufinden - das kann sehr lange dauern und letztlich zu Verwirrung führen. Das Beste, was man tun kann, um sich einen langen Weg zu ersparen, ist, die lästigen Dinge loszuwerden, indem man ihre Ursachen beseitigt. Dann werden sich die Probleme wie von selbst lösen, und neue wird es nicht geben.

Mit anderen Worten, man sollte nicht in die Vergangenheit schauen, auch nicht in die Gegenwart, sondern in die Zukunft des eigenen Ziels. Auch die Bewegung sollte nach vorn gerichtet sein, damit hinter uns nichts zurückbleibt. Denn Sie gelangen nur dorthin, wohin Ihre Absicht strebt. *In diesem Kontext* ist die bekannte Sentenz »Lebe im Hier und Jetzt« nicht ganz korrekt. *Der gegenwärtige Moment hat an sich keine Kraft - die Kraft steckt im vorausliegenden Moment.* Denn gerade der kann Ihre Träume zur Wirklichkeit machen. Aber darüber später mehr, momentan soll dieser Gedanke nur zum Nachdenken anregen.

Wenn wir uns an das Mädchen erinnern, das seine Welt mit der Farbe Orange angemalt hat, könnte man fragen: Und wie sieht das in der Praxis aus? Zum Glück sind hierzu keine besonderen Fähigkeiten und Anstrengungen erforderlich, denn die Welt nimmt von selbst schöne Farben an, wenn man auf sie das Prinzip der Koordinierung der Absicht anwendet - sowohl in Bezug auf die Situation als auch auf die Handlungen und Taten der Menschen.

Diejenigen, deren Achtsamkeit gerade aktiviert ist, könnten mich jetzt fragen: »Was denn? Handlungen, Taten - ist das nicht ein und dasselbe?« Der springende Punkt hierbei ist: Wir sind es gewohnt, andere mit oder ohne Grund wegen kleiner Fehler zu bedrängen, zurechtzuweisen oder zu kritisieren - wegen großer Fehler aber gar zu verfluchen. Das ist ein automatischer Reflex, den wir uns fast zwanghaft angeeignet haben. Sobald uns etwas nicht ganz korrekt erscheint oder nicht gefällt, leuchtet irgendwo bei uns im Kopf ein rotes Alarmlämpchen auf: »Aha!«, und wir wettern los, entweder in mündlicher oder schriftlicher Form.

Besonders das Internet, wo ja niemand am Kragen gepackt oder in den Hintern getreten wird, bietet Kritikern jeder Couleur ein riesiges Freiheitsspektrum.

Was auch immer dort über eine entspannte Einstellung gegenüber Kritik gesagt wird, Kritik ist keineswegs gut - weder für das Kritikobjekt noch für den Kritiker. Zumindest sieht Kritik *immer unschön* aus.

Wenn Sie gerade geistig ausgeglichen sind, dann versuchen Sie sich einmal vorzustellen, welchen Eindruck jemand macht, der über jemanden oder etwas schimpft und dabei sein Missfallen und seinen Widerwillen zum Ausdruck bringt. Das ist tatsächlich unschön, und zwar unabhängig davon, ob diese Reaktion gerechtfertigt ist oder nicht. Dann fragt man sich jedoch, warum die Menschen so oft eine solch unschöne Rolle einnehmen.

Weil sich seit früher Kindheit in unserer Gesinnung ein bestimmtes Gepräge eingenistet hat: Wenn einer der Erwachsenen uns selbstsicher und wütend ausschimpfte, bedeutete das, sie waren im Recht, und wir hatten uns etwas zuschulden kommen lassen. Irgendetwas hatten wir falsch gemacht, und daher waren sie älter, größer und besser als wir. Wir hingegen waren klein und nutzlos, ihnen untergeordnet - einfach schlechter. Verstehen Sie? Wollen wir etwa niedriger sein als jemand anderes? Das war schon seit unserer Kindheit so und hat eine schemahafte Reaktion hervorgerufen. Wenn nicht du beschimpft wirst, sondern selbst jemanden anschnauzt, dann bedeutet das, dass du recht hast, dass du besser bist, denen überlegen, die du beschimpfst.

Wenn man darüber nachdenkt, ist diese Reaktion ganz schön primitiv, ungefähr auf einer Ebene mit niedrigen wirbellosen Tieren. Aber sie erzeugt eine Illusion der Überlegenheit, wenngleich nur vorübergehend, und erhebt uns irgendwie über die anderen.

Allerdings sollte man sich dabei vor Augen halten, dass es eben nur eine Illusion ist, wobei das erhebende Gefühl nur innerlich für uns selbst vorhanden ist. Von außen gesehen macht so etwas immer einen unattraktiven Eindruck.

Nehmen wir zum Beispiel mal das Internet, weil es so viel Platz in unserer Realität einnimmt, und stellen wir uns vor: Wie sieht ein Kritiker aus (oder gleich mehrere davon), der dort auf der Suche nach Selbstbestätigung unterwegs ist? Genau wie ein Hofhund mit erhobenem Schwanz, der laut bellt und einen Haufen macht - wenn er auch manchmal im Recht sein mag. Doch wie lautet sein Motto? Nun, in Anlehnung an einen bekannten historischen Ausspruch vielleicht so: »Ich kam, ich schiss, ich kläffte.«

Die Frage ist nur, wessen Taten haben Bestand und was für Spuren hinterlässt er? Die Taten derer, die vom Pöbler angegriffen wurden, haben mit Sicherheit Bestand, da dieser in der Regel nicht auf Unbedeutendem herumhackt. Doch was bleibt nach alledem? Früher oder später schmilzt der Schnee in der Frühlingssonne und entblößt die »Kunstwerke«, und der Sommerregen wäscht dann alles hinfort, was für das Auge unangenehm ist.

Ich selbst bin hin und wieder gezwungen, mich mit solchen Artefakten zu beschäftigen, um jenes kindische Gepräge zu entblößen und zu unterminieren. Aber die Unappetitlichkeit ist bei weitem nicht das Einzige, was die primitive Reaktion des Missfallens kennzeichnet. Es gibt noch drei weitere gute Gründe, warum Sie ihr nicht nachgeben sollten.

Der erste ist der *Bumerangeffekt*. Was immer Sie auf den Spiegel werfen, wird zu Ihnen zurückfliegen, egal ob es gut oder schlecht war. Das führt zur direkten Schlussfolgerung: Es ist nicht ratsam, etwas zu werfen, was man nicht wiederhaben möchte. Bitte beachten Sie: Wenn Sie jemanden verurteilen, werden Sie sich schon bald selbst in der Rolle des Angeklagten wiederfinden, in gleicher Angelegenheit. Das geschieht sehr oft. Hin und wieder kehrt der Bumerang auch in anderer, veränderter Form zurück. Jemand mag Sie wegen anderer Dinge beschuldigen, die Sie getan haben. Oder Sie bekommen es mit einem Ärgernis zu tun, von dem Sie keine logische Verbindung zu etwas sehen können, was Sie in der Vergangenheit getan haben. Wie kann man verwirrt fragen: »Woher kommen nur all meine Leiden?«, wenn man über alles und jeden flucht und in der Folge einem Hagel von Bumerangs ausgesetzt ist, gegen die man sich dann wiederum wehren muss? Natürlich ist nicht alles so fatal und eindeutig, aber sicherlich sind obige Beobachtungen im Prinzip richtig. Das scheinbar so harmlose kindische Gepräge ruft eine ganze Reihe von Konflikten hervor, angefangen von Familienskandalen bis hin zu ausgewachsenen »Star Wars«.

Der zweite Grund ist der *Spiegeleffekt*. Ein Spiegel konstatiert nüchtern den Inhalt einer Haltung, unabhängig von deren Ausrichtung. Es kümmert ihn wenig, ob Sie Ihre Zustimmung oder Ihre Verurteilung äußern. Er reflektiert einfach Ihren Impuls. Doch im zweiten Fall fällt auf Ihre Realität zusätzlich ein dunkler Schatten, denn eine Verurteilung wird immer in dem Gefühl der Einheit von Seele und Verstand geäußert. Durch das Ausdrücken von Unzufriedenheit und Widerwillen verunreinigen Sie Ihre Welt noch mehr. Die Filmrolle, die im Projektor steckt, wird auch auf der Leinwand abgebildet.

Und schließlich der dritte Grund - *Sie sind womöglich im Unrecht*. Wenn Sie jemanden mit Kritik überschütten, werden Sie fast mit Sicherheit falsch liegen, denn Sie können gar nicht alle Informationen darüber besitzen, warum der Betreffende nicht so gehandelt hat, wie Sie es gern gehabt hätten. Was hätten Sie womöglich angerichtet, wenn Sie in seiner Haut gesteckt hätten? In jedem Fall ist es unmöglich, alle Umstände, Bedingungen und Motive zu kennen. Vieles in dieser Welt ist relativ, mit nur wenigen Ausnahmen.

Um nicht in die Ferne schweifen zu müssen, nehmen wir einmal als Beispiel Kritik, die an meine Adresse gerichtet ist. Mir wird bisweilen vorgeworfen, dass ich in die Esoterik alles mögliche »Küchengeschirr« einbaue, was dort gar nichts zu suchen habe. Und überhaupt sei die Küche ja gar nicht die Domäne des Mannes. Es ist nun nicht so, dass mich solche Kritik auf die Palme bringt, seltsam ist jedoch, mit welcher Haltung da bisweilen geurteilt wird. Übrigens schadet es ja nicht, mitunter mal nicht geradlinig und männlich zu denken, sondern »senkrecht«, wie »Blondinen« es tun (und damit will ich absolut nichts gegen irgendjemanden gesagt haben). Nichtlineare, unlogische Schritte bei der Lösung von komplexen Aufgaben, die scheinbar »am Thema vorbeigehen«, führen sehr häufig zu Einsichten. Und was »unmännliche Belehrungen« betrifft, so ist auch hier alles relativ.

Ich erinnere mich, dass wir in der Armee diejenigen nicht mochten, die von nichts eine Ahnung hatten. Auf jemanden, der sich von allen Seiten bemuttern ließ, war kein Verlass, und mit solchen Leuten konntest du nicht auf Erkundung gehen. Ich weiß nicht, wie es heute ist, aber zu meiner Zeit mussten wir alles selbst machen, auch Küchenarbeit. Es kam vor, dass wir im Winter im Wald auf Nahrungssuche gehen mussten. Zum Beispiel ist es nicht leicht, einen Hasen mit einer Kalaschnikow zu erlegen oder überhaupt nur einen aufzuspüren. Aber es gibt eine andere Methode, die wegen ihrer Grausamkeit nichts für zart Besaitete ist.

Man macht eine Schlinge aus einem Telefonkabel mit Stahlfasern und befestigt sie an einem Zweig entlang einer Hasenfährte. Der Hase läuft in der Nacht auf seinem Pfad und gerät mit dem Hinterlauf in die Schlinge, die sich dann zuzieht und ihn am Weiterlaufen hindert. Am Morgen findest du ihn bereits bewusstlos, auf rotem Schnee, mit einer Pfote, die die Schlinge bis auf den Knochen durchgescheuert hat. Er zieht es vor, bis zum Ende zu zappeln und zu sterben, wobei er intensive Schmerzen erleidet, als auf den Fallensteller zu warten. Wenn man einen feigen Mann einen »Hasenfuß« nennt, so ist das eigentlich ein ziemlich schräger Vergleich. Denn der Hase hat eine innere Stärke wie ein Wolf. Alles ist relativ.

Der Grundtenor von allem oben Gesagten ist: Wenn man Unzufriedenheit über etwas äußert oder jemanden beschimpft – die Regierung, die Beamten, Fußballer, das Wetter, Kollegen, Nachbarn, Verwandte, ganz zu schweigen von Kindern –, so senden Sie an den Weltspiegel ein unschönes Bild und erhalten als Folge eine entsprechende Realität in der Reflexion. Ob Sie ein Programm auf der Frequenz »Radio Glückswelle« oder »Radio Klospülung« senden, ist eine Frage der bewussten oder unbewussten Wahl.

Natürlich soll das jetzt nicht heißen, dass man sich überhaupt nicht streiten, sich wehren oder sich selbst oder jemand anderes verteidigen sollte, wenn es wirklich nötig ist. Hauptsache, Ihre Haltung und Ihre Handlungen werden nicht von einem unbewussten

Gepräge beherrscht, sondern von bewusster Absicht. Überall und immer wieder gibt es Situationen, in denen die Äußerung negativer Reaktionen unnötig ist. Warum schimpfen Sie über etwas, was Sie nicht direkt betrifft, oder über jemanden, der Ihnen persönlich nichts getan hat? Sie können am *Weltgeschehen* ohnehin nichts ändern, so wie Sie auch nichts am Film ändern können, der auf der Leinwand läuft. Es steht aber in Ihrer Macht, einen anderen Film einzulegen. Die Leinwand anzugreifen oder einen eigenen Projektor aufzustellen, das sind zwei völlig unterschiedliche Lebensweisen, und wieder ist dies eine Frage der persönlichen Wahl.

In vielen Fällen ist es besser, Dinge, die negative Emotionen hervorrufen, einfach vorbeiziehen zu lassen, sie nicht weiter zu beachten und sich nicht etwas zu Herzen zu nehmen, was man nicht in seiner Weltschicht haben möchte. Denn sobald Sie es zulassen, dass jemand oder etwas mit negativen Dingen Ihre Aufmerksamkeit erhascht, *gestatten Sie ihm Zutritt in Ihre Realität*.

Wenn es Ihnen nicht gelungen ist, eine Sache vorübergehen zu lassen, und Sie in die emotionale Falle getappt sind, dann hat es keinen Zweck, mit Gewalt dagegen anzukämpfen. Sie müssen bedenken, *dass Sie Emotionen nicht lenken können, sehr wohl aber Ihre innere Einstellung*. Es ist stets möglich, die Einstellung *umzukehren*, vorausgesetzt, Ihre Achtsamkeit ist eingeschaltet.

Zum Beispiel können Sie, anstatt jemanden zu beschimpfen, genau das Gegenteil tun: ihn loben. Haben Sie die Nase voll von Beamten? Betrachten Sie sie mal aus einem anderen Blickwinkel: Wie fleißig sie sind! Wie eifrig sie sich bemühen! Wurden Sie auf der Straße von der Polizei angehalten? Was für tolle Burschen! Wie gut sie dafür sorgen, dass ich nicht in einen Unfall gerate! Gehen Ihnen Ihre apathischen Nachbarn auf den Geist? Oh, wie unterhaltsam sie doch sind! Was für kreative Leute! Wurden Sie von Fußballern enttäuscht? Wie flink sie doch über den Rasen laufen! Wie glorreich und strahlend sie sind und wie toll sie aussehen! Sie wurden von Arbeitskollegen beleidigt? Sie haben Ihnen geholfen, aufzuwachen und etwas zu verstehen! Loben Sie jeden Einzelnen von ihnen, was das Zeug hält! Auf alle negativen Äußerungen sollten Sie zumindest stets eine »spöttisch-nette« Antwort parat haben. Wie reizend! Oder wie bei der Kannibalin Ellotschka: Kolossal!* Mögen die Pendel vor Wut kochen, da sie auf diese Weise leer ausgehen.

Wie dem auch sei, *Toleranz und Nachsicht sind die Tugenden der Könige,* nicht wahr?

Noch eine kleine Ergänzung in diesem Zusammenhang über die Bewegung im Variantenstrom. Im täglichen Leben werden Sie oft mit der Tatsache konfrontiert, dass jemand Ihnen gegenüber flüchtig eine Bemerkung macht oder Ihnen eine Anregung oder einen Rat gibt oder einfach nur eine abstrakte Ansicht ausdrückt. All das scheinen nur kleine, unbedeutende Dinge zu sein, doch in Wahrheit ist es nicht so. Sie sollten wissen, dass sich die Menschen um Sie herum, im Gegensatz zu Ihnen selbst (außer Sie selbst schlafen auch mit offenen Augen), in einem tiefen Traum befinden. Der Traum schiebt sie vor sich her, und zum größten Teil treiben sie auf seinem Kurs und versuchen nur gelegentlich, etwas daran zu ändern. Ihre Aufgabe ist es, sich nicht treiben zu lassen, sondern *sich bewusst im Strom zu bewegen*, indem Sie seine Kraft nutzen und auf die vorbeiziehenden Zeichen achten.

Als Zeichen können beiläufige Bemerkungen dienen, vor allem wenn Sie sehen, dass sie nicht absichtlich gemacht werden, sondern flüchtig, im Vorbeigehen. In solchen Fällen ist es sehr hilfreich, den ersten Impuls - auf stur zu stellen, zu widersprechen oder abzuwinken - zu überwinden. Sie müssen natürlich solche Ratschläge nicht sogleich befolgen, aber es kann nicht schaden, sie sich zu merken. Legen Sie sich eine neue Regel zu: Hören Sie auf Ihre Frau und tun

* Die Kannibalin Ellotschka ist eine Figur im satirischen Roman »Zwölf Stühle« von Ilja Ilf und Jewgeni Petrow aus dem Jahre 1928. Viele Aussprüche dieses Romans sind in Russland geflügelte Worte geworden. (Anm. d. Übers.)

Sie, was sie Ihnen sagt. Verstehen Sie, wovon ich spreche? In Bezug auf den Ehemann funktioniert das nicht immer, denn Männer verlassen sich eher auf den Verstand als auf die Intuition. Dennoch sollten auch Frauen ihrem Mann zuhören und ihn loben. Hast du gut gemacht! Mein Tipp: Tun Sie nicht unbedingt, was er sagt, aber ein Lob kann sicher nicht schaden. Auch Männer mögen es, wenn man ihnen zuhört und sie lobt, den Rest vergeben sie. Und natürlich ist es nützlich, das, was sie unbewusst sagen, zur Kenntnis zu nehmen, denn das ist ein wegweisendes Zeichen, ein kluger Hinweis vom Variantenstrom, der sich auf optimale Weise bewegt. *Bleiben Sie guten Mutes, wenn um Sie herum ein unbewusster Traum abläuft, und nehmen Sie dies als ein aufregendes Abenteuer.*

Und noch etwas: Damit das alles funktioniert, sollten Sie sich daran gewöhnen, im rechten Moment Ihre Achtsamkeit einzuschalten. Jedes Mal, wenn Ihnen etwas nicht passt und Sie sich veranlasst sehen, Ihren negativen Emotionen Ausdruck zu verleihen, sollten Sie sich beherrschen. Leuchtet in Ihrem Kopf ein rotes Lämpchen auf? Aha! Der Modus der Aufsicht ist eingeschaltet. Was ist zu tun? Das werden Sie später wissen. Nicht sofort, aber bei der gebotenen Sorgfalt nach einer Reihe unglücklicher Stürze in einen Traum werden Sie allmählich die gewünschte Fertigkeit erlangen, und Ihr ehemaliges unbewusstes Gepräge wird aufhören, Ihr Leben zu steuern. Sie werden überrascht feststellen, dass die Anlässe für Unzufriedenheit um Sie herum immer weniger werden. Ihre Welt ist gereinigt und erglänzt in warmem Orange.

Zusammenfassung

- Die Welt nimmt von selbst schöne Farben an, wenn man auf sie das Prinzip der Koordinierung der Absicht anwendet – sowohl in Bezug auf die Situation als auch auf die Handlungen und Taten der Menschen.
- Seit früher Kindheit hat sich in unsere Gesinnung ein bestimmtes Gepräge eingenistet: Wenn jemand uns selbstsicher und wütend ausschimpft, bedeutet das, er ist im Recht, und wir haben etwas falsch gemacht.

- Wenn nicht du beschimpft wirst, sondern selbst jemanden anschnauzt, dann bedeutet das, dass du recht hast, dass du besser bist, denen überlegen, die du beschimpfst.
- Was immer Sie auf den Spiegel werfen, wird zu Ihnen zurückfliegen, egal ob es gut oder schlecht war.
- Indem Sie Ihre Unzufriedenheit und Ihren Widerwillen ausdrücken, verunreinigen Sie Ihre Welt.
- Wenn Sie jemanden mit Kritik überschütten, werden Sie fast mit Sicherheit falsch liegen.
- Wenn Sie Ihre Unzufriedenheit über etwas äußern oder jemanden beschimpfen, so senden Sie an den Weltspiegel ein unschönes Bild und erhalten als Folge eine entsprechende Realität in der Reflexion.
- Das bedeutet nicht, dass man sich überhaupt nicht streiten, sich wehren oder sich selbst oder jemand anderes verteidigen sollte, wenn es wirklich nötig ist.
- Ihre Haltung und Ihre Handlungen sollten nicht von einem unbewussten Gepräge beherrscht werden, sondern von bewusster Absicht.
- Sie können am Weltgeschehen nichts ändern, aber es steht in Ihrer Macht, einen anderen Film einzulegen.
- Die Leinwand anzugreifen oder einen eigenen Projektor aufzustellen, das sind zwei völlig unterschiedliche Lebensweisen.
- Lenken Sie nicht Ihre Emotionen, sondern Ihre innere Einstellung.
- Toleranz und Nachsicht sind die Tugenden der Könige.
- Bewegen Sie sich mit dem Variantenstrom, und beachten Sie wegweisende Zeichen. Hören Sie auf Ihre Frau und tun Sie, was sie sagt.
- Bleiben Sie guten Mutes, wenn um Sie herum ein unbewusster Traum abläuft, und nehmen Sie dies als ein aufregendes Abenteuer.

- Gewöhnen Sie sich daran, im rechten Moment Ihre Achtsamkeit einzuschalten. Leuchtet in Ihrem Kopf ein rotes Lämpchen auf? Aha! Der Modus der Aufsicht ist eingeschaltet.

Randnotizen

Wenn Sie sich über etwas ärgern oder aufregen, schlafen Sie. Sobald Sie erkannt haben, dass Sie etwas aufregt, können Sie aus Ihrem Traum erwachen - ob im Wachen oder im Schlaf, ist unwichtig. Und wenn Sie über genügend Energie und Klarheit des Bewusstseins verfügen, können Sie diesen Ihren Traum steuern.

Ich habe den Regenbogen gesehen!

Ich habe mich diesmal für etwas entschieden, was ich sehr selten tue: Statt problematischer E-Mails veröffentliche ich im Folgenden Erfolgsgeschichten. Davon gibt es so viele, dass sie ein dickes Buch füllen könnten. Ich denke, es wird Sie interessieren, wie andere Erfolg hatten.

»Ich möchte Ihnen einfach beschreiben, was mir gelungen ist und wie. Ich las *Transsurfing in 78 Tagen*. Es lief nicht schlecht. Ich hatte den Wunsch, eine nahende Depression loszuwerden. Jammern und Verzweiflung waren daher ein unzulässiger Luxus.

Ich wollte ein Experiment machen und legte mir die Absicht zurecht, einen neuen Job zu finden. Viele Prinzipien aus dem Buch überlappten sich mit dem, was ich anstrebte: von der Welt nur Gutes erwarten, das feste Vertrauen in den eigenen Glücksstern und so weiter. Meine Jobsuche war schließlich erfolgreich. Ich arbeite bereits seit drei Monaten an einem anderen Ort.

Genau das ist es, was ich dazu benutzte, um meinen Verstand davon zu überzeugen, dass alles prima lief. Ich spreche jetzt nicht von alltäglichen Kleinigkeiten wie einem erfolgreich verlaufenen Transport und anderen schönen ›Zufälligkeiten‹.

Im Moment beschäftige ich mich mit der Projektion eines ganzen Bilderkomplexes. Sie zielen auf größere Veränderungen ab als einfach eine interessante Arbeit. Die Änderungen finden schrittweise statt: Denn immerhin ist das Tätigkeitsfeld sehr groß, und manchmal finde ich mich darin wieder, wie ich mit Gewissensprüfungen und mentalem Masochismus beschäftigt bin. In solchen Fällen hilft es mir, wenn ich mich um das Wohl meines physischen Körpers kümmere: Duschen, ein leckerer Salat, ein langer Spaziergang, Bewegung. Oder ich richte meine Aufmerksamkeit auf meine Umgebung, einschließlich der Menschen.

Allerdings ist in letzter Zeit die Welt wie ein riesiges Uhrwerk geworden, das ich zunächst anhielt. Und jetzt beginnt es sich in umgekehrter Richtung zu drehen - zunächst langsam und knirschend, doch mit jedem Tag drehen sich die ›Zahnräder‹ schneller und schneller.

Kommen wir nun zur Transgression. Ich erinnere mich da an einen Fall, der schon ein paar Jahre zurückliegt. Seit über zehn Jahren trage ich nun einen Ring, den ich niemals abnehme und den ich noch als Teenager kaufte. Eines Tages dann muss er mir unerwartet vom Finger gerutscht sein, jedenfalls war er plötzlich weg. Normalerweise wäre ich wohl frustriert gewesen, doch irgendwie waren meine Gedanken wie weggeblasen. Es war so, als wenn du einen ganz realen Traum hast, und dann wachst du auf und versuchst zu verstehen, ob es Realität war oder nur ein Traum. Die ersten Bilder, an die ich mich erinnere, waren schon recht klar: Ich steckte meine Hand in die Tasche, und als ich sie wieder herauszog, hatte ich den Ring wieder am Finger. In diesem Moment war ich gar nicht überrascht. Ich betrachtete ihn, streichelte darüber und in einer Art Kryptobiose ging alles weiter.«

»Wird dein Freund ausgelassen und obszön,
Klagt, jammert, schimpft nicht, dann sage ich dir ...
Er ist sicherlich ein Transsurfer geworden.
Du sagst ihm, der Himmel sei bewölkt,
Er antwortet: »Geld ist geil!«
Der Sommer ist vorbei, der Regen fällt,
Dafür hat er nur ein Lachen übrig.

Er neckt uns alle gleichermaßen,
Der Schnee ist weg - bald kommt der Urlaub!
Die Kälte ist wild - auf zur Ernte!
Das ist alles. Ich schweige ... ich habe nichts dagegen ...
Der Chef tobt ... bald gibt es mehr Gehalt!
Strumpfhose kaputt? Her mit neuen Kleidern!
Eine stramme Buße auf dem Parkplatz -
Zum Mittag wartet ein neues Gewand!
Montag wird das Leben süß,
Die ganze Woche wird glatt laufen!
Der Boss hat dich gefeuert? Jammre nicht!
Wisse, Glück winkt dir in der Liebe ...
Der Hund wedelt dir mit dem Schwanz zu?
Dann gibt es mehr Geld! Er weiß es genau.
Die Katze krault sich hinterm Ohr?
Du landest kopfüber im Glück!
Was immer geschieht, es ist ein Spaß!
Das Dach stürzt ein ... auf ein neues Heim!
Alle Wege führen nach Rom und zum Meer!
Mit ihm streite ich schon lang nicht mehr ...
Und heute eilt er wie ein Vogel
Auf den Wellen des Glücks dahin!
Alles wandelt sich, selbst der Wandel,
Er geht fort, er geht fort ...
Lauf ihm nicht hinterher, das ist nicht nötig ...
Deine eigene Realität ist in der Nähe!
Und sei der Himmel auch bewölkt,
Dafür ist es in Ägypten angenehm!
Der Sommer ist vorbei, der Regen kommt ...
Durch das Examen schlüpfen wir!
Der Stiefel drückt, der Frühling kommt!
Du hast keine Schuhe? Kauf dir die besten!
Krankheiten über Krankheiten? Auf ein langes Leben!
90 Jahre? 100 Jahre!
Das Leben ist hauptsächlich zum Glücklichsein da!!!
Wir leben, und das bedeutet,

Dass das Glück für uns alle enorm ist!!!
In alledem liegt Transsurfing ... nicht wahr?«

»Eines Tages im letzten Winter machte ich abends einen Spaziergang und visualisierte dabei meine Ziele. Das ist mein künftiges Haus. In meinen Gedanken ist es schon vorhanden. Die Inneneinrichtung, die Möbel und auch meine Familie inmitten von ALLEDEM.

Ich will noch gar nicht darüber sprechen, wie mein Haus von außen aussieht oder wie es zur Sonne steht. Ich kann in aller Ruhe dorthin spazieren, einen Blick in die Küche werfen und dort meine Frau sehen. Ich sehe das Tageslicht im Haus, wie die Sonnenstrahlen durch die Fenster fallen und auf dem Fußboden zu einer für die nackten Füße angenehmen Sonnenenergie zerfließen. Es ist erstaunlich! Während ich diese Zeilen schreibe, bin ich selbst DORT, in meinem Haus!

Es dämmerte - wie liebe ich diese Tageszeit, die wie keine andere die ganze Anmut unserer Welt offenbart! Es ist weder hell noch dunkel, weder heiß noch kalt. Mir scheint, in diesem Moment spüre ich die absolute Harmonie der Welt! Es ist eine flüchtige Zeit - vor einigen Minuten noch war es hell, und in wenigen Minuten wird es dunkel sein. Und wenn es mir gelingt, diesen Augenblick zu erfassen, erfüllt mich ein Gefühl stiller Freude. So geschieht es auch jetzt, doch bei alledem kommen hier auf unerklärliche Weise Ursache und Wirkung zusammen, im Hier und Jetzt, wie man so sagt.

Auf den Wegen lag viel Schnee (nach europäischem Maßstab), so dass ich beim Überqueren der Straße vorsichtig sein musste. Im Laufe des Tages war der Schnee geschmolzen, und gegen Abend bildete sich Eis, aber trotzdem verlief mein Abendspaziergang ohne größere Probleme, und als ich nach Hause kam, musste ich noch eine enge Gasse durchqueren und dabei über einen schneegefegten Bürgersteig laufen.

In dem Moment, als mein linker Fuß auf den sicheren Bürgersteig trat und der rechte Fuß sich dem linken zugesellen wollte, konzentrierte ich aus Sicherheitsgründen all meine Aufmerksamkeit auf die Bordsteinkante, und in diesem Augenblick sah ich ETWAS! Es war ein Bruchstück der Realität von unbestimmter Form, mit zerschlissenen Kanten, aber deutlich ausgeprägter Kontur, wie eine Insel im Ozean auf einer Weltkarte.

›Da ist es ja!‹, dachte ich. Und das war kein Traum – es geschah ganz real, in einem Augenblick, den ich einfing. Dank der besonderen Lichtverhältnisse, wie sie normalerweise nur in der Dämmerung vorkommen, war das Bild von hoher Qualität, ohne viele Schnörkel, wie beispielsweise in bunten Träumen, stand aber solchen Träumen eigentlich in nichts nach. Ich weiß nicht, warum ich beschloss, hiervon zu berichten. Plötzlich tauchte am klaren Himmel ein Stern auf, der mir wohl auffiel, weil er im Vergleich mit den anderen Sternen besonders hell war – dabei war ich absolut sicher, dass er eine Sekunde zuvor noch nicht da gewesen war! Oder das, was ich gestern während meiner Visualisierung direkt über meinem Kopf gesehen hatte, ein Regenbogensegment am Himmel, hatte überhaupt nicht auf einen bevorstehenden Regen hingedeutet. Der Regenbogen brachte mich auf die Idee, dass in jenen zehn Minuten, während derer er zu sehen war, ihn wahrscheinlich nur wenige Menschen überhaupt gesehen haben, wie es immer der Fall ist. Jemand ist irgendwo unterwegs, ein anderer kauft im Supermarkt ein, wieder ein anderer trinkt, schläft und so weiter. Und ich habe diesen Regenbogen gesehen! Wahrscheinlich war das einfach nur GLÜCK!«

»Vor Kurzem gab es einen Konflikt mit meinem Sohn wegen seines Schulunterrichts (er ist zwölf). Alles in allem ist er ein gehorsamer Bub, doch manchmal kommt er ins Schleudern. Der Konflikt hatte mit mangelhaften Lernfortschritten in der Schule zu tun, weil er zu viel Zeit mit Computern und in sozialen Netzwerken verbrachte. In der Regel gab es harte Auseinandersetzungen, und er bekam eine Strafe. Zur Strafe musste er sich dann jeden Tag bis zu seinem Geburtstag entschuldigen und zugeben, wie schlecht er sich verhalten hatte. Am dritten Tag dämmerte es mir, dass ich wie ein klassischer Manipulator handelte. Somit nahm ich einige Änderungen vor: Er musste jeden Tag daran erinnert werden, dass er sehr schön und sehr klug ist, dass er gut im Unterricht aufpasst, immer ein offenes Ohr für die Eltern hat, seiner Mutter bei der Hausarbeit hilft und bei allem immer Glück hat.

Nun, die Tatsache, dass der Unterricht praktisch ohne meine Intervention weiterlief, überraschte mich nicht sonderlich, denn nach einer ordentlichen Rüge ist so etwas schon möglich. Als wir aber heute Abend nach Hause gingen und über die Schule sprachen – was für Witze dort gemacht wurden, wer in der Klasse cool drauf ist und so weiter –, erzählte mir mein Sohn, dass die Mädchen ab und zu eine Umfrage machen, wer wem gefällt. Und nach der gestrigen Umfrage belegte er den ersten Platz. Das raubte mir vor lauter Rührung fast den Atem.«

»Was Sie mit Ihren Büchern in meinem Leben ›angerichtet‹ haben, ist schwer in Worte zu fassen. Jeder Tag erweckt in mir Begeisterung. Es fing damit an, dass ich mir im Sommer 2005 eines Ihrer Bücher kaufte. Ich las es in einem Rutsch. Dann kaufte ich mir weitere Bücher und studierte sie. Und ich abonnierte den Newsletter.

Ich begann, das Gelernte in meinem Leben anzuwenden. Jeden Tag versuchte ich, nach der Lehre des Transsurfings zu leben. Daraufhin hat sich mein Leben in jeder Hinsicht verändert, und das nur zum Guten. Darüber hinaus ist es so geworden, wie ich es zuvor ›gemalt‹ hatte.

Zum Beispiel: Ich erstellte eine Tabelle mit dem Titel ›MEINE ZIELE für dieses Jahr‹. Darauf waren zehn Punkte vermerkt. Alle Gedanken an Geld warf ich von mir. Zum Zeitpunkt, als ich die Tabelle erstellte, verfügte ich über weniger als ein Zehntel der benötigten Menge. Nichtsdestoweniger druckte ich die Tabelle in drei

Exemplaren aus. Eine davon hängte ich bei mir zu Hause über den Schreibtisch, eine zweite trug ich in einer Mappe bei mir, und eine dritte hängte ich an prominenter Stelle in meiner Datscha auf. Außerdem begann ich, mit aufgeschriebenen Zielen zu arbeiten, wie in den Büchern von Dr. Zeland ›vorgeschrieben‹.

Der erste Punkt lautete: Auto kaufen. Da das Modell bereits feststand, suchte ich mir alle möglichen Informationen darüber heraus: Fotos, Videos, Ergebnisse von Testfahrten, Prospekte, Diskussionsforen und so weiter. Ich hängte bunte Fotos des Modells an gut sichtbaren Stellen hin, trug sie unterwegs bei mir und schaute sie mir an, hielt Ausschau nach diesem Auto auf Straßen und Parkplätzen, sah es mir bei Händlern an, setzte mich hinein und machte auch einmal eine Probefahrt. Und hier ist das ERGEBNIS:

Ich sitze am Steuer meines eigenen Wagens. Ein schönes Detail: Ich habe ein Auto der gleichen Marke gekauft, aber ein teureres und besseres Modell. Ich glaube, dass sich in diesem Fall meine Welt darum gekümmert hat, die besser weiß, was ich brauche. Ich bin damit sehr zufrieden. Von meinen ursprünglichen zehn Punkten konnte ich mir im laufenden Jahr bereits neun erfüllen. Mit der Erfüllung des letzten Punktes habe ich kürzlich begonnen.

Eines hätte ich beinahe vergessen! Vor anderthalb Jahren habe ich mich ganz bewusst und freiwillig von allen alkoholischen Getränken verabschiedet. Und vor einem Jahr habe ich auf lebendige Nahrung umgestellt. Durch Ihre Bücher habe ich das geschafft. Meine Gesundheit ist jetzt wie verwandelt: Ich fühle mich jünger, habe 20 Kilo abgespeckt, bin jetzt froh, munter, widerstandsfähig und so weiter.«

»Wenn ich mein Zieldia visualisiere, stelle ich mir mein künftiges Leben vor. Das, was mein Leben zu einem Fest macht. Ich bin ein erfolgreicher Bankier und habe eine wundervolle Familie. Hier ist meine Arbeitsstelle. Mein Büro befindet sich im 30. Stock. Ich gehe in mein Büro. Ich setze mich auf meinen Stuhl neben dem Fenster. Ich öffne die Jalousien, und dann diese Aussicht ... einfach atemberaubend! Mein Sekretär bringt mir die Post. Ich nehme den Brieföffner in die Hand. Er hat einen schmucken Holzgriff. Ich öffne einen Brief. Das Papier fühlt sich gut an und knistert ein wenig. Es ist eine Einladung zum Jubiläum an der Universität. Dann gehe ich zur Besprechung.

Während ich mein Dia betrachte, habe ich das deutliche Gefühl, dass ich mich auf meinem Arbeitsgebiet hervorragend auskenne. Ich bin ein hochklassiger Spezialist. Als Nächstes kann ich entweder mit meiner Frau in ein Restaurant gehen oder mit einem Freund zum Tennis. Es wartet außerdem eine Geschäftsreise nach New York.

Ein anderes Mal visualisiere ich ein Dia, auf dem ich zu Hause bin. Ich wache auf, während mein Mops versucht, auf mein Bett zu klettern. Er ist ein wenig mollig und kann nicht richtig springen. Ich stehe auf. Im Haus duftet es nach frischem Gebäck. Ich gehe zum Fenster. Es ist ein hohes Fenster, das vom Fußboden bis zur Decke reicht. Ich öffne es und betrete den Balkon. Wir haben dort unten einen kleinen See, um ihn herum spielen Kinder.

Es kommt auch vor, dass mein Dia sich ständig ändert, wobei ich natürlich auf all diese Szenarien immer wieder mal zurückkomme. So kann ich beispielsweise heute mit meiner Familie durch Europa fahren, morgen auf Dienstreise in Sibirien sein, am nächsten Tag ins Mariinski-Theater gehen und so weiter. Der konstante Faktor bei all diesen Bildern ist das Gefühl, dass es jeweils mein eigenes Leben ist. All das ist mein. Ich fühle, ich höre, ich sehe. Und all das gefällt mir sehr gut. Ich habe meine Komfortzone erheblich erweitert.

Während ich früher immer dachte: ›Wie ist das nur möglich?‹, ›Wie kann ich das je erreichen?‹, habe ich solche Probleme jetzt nicht mehr. Alles läuft so, wie es sein sollte. Und die Welt kommt mir entgegen. Schon jetzt geschieht so vieles, was ich zuvor nie für möglich gehalten hätte.

Allerdings habe ich vor Kurzem in einem Forum gelesen, man solle keine kombinierten Dias visualisieren. Dann lebe man angeblich nicht sein eigenes Leben, hat es geheißen. Stimmt das wirklich?«

Sie machen alles richtig. Sie kreieren für sich eine virtuelle Realität und leben darin. Wenn Sie sich Ihre Dias systematisch anschauen, werden Sie die entsprechende Realität erhalten. (V. Z.)

»Ich bin aus der Ukraine. Im Februar erhielten wir eine Einladung vom Fernsehsender STB zu einem Casting für Kochamateure (Profis durften nicht teilnehmen). Wir sind dann auch angetreten. Die Entscheidung für das Gericht traf ich (es war eine Torte). Doch wie sollten wir sie dekorieren ... ich hatte noch nie Speisen dekoriert, und so etwas ist ja auch nicht einfach ... Ich suchte im Internet, fand ein paar interessante Mastix-Dekorationen und ging schlafen. Morgens stand ich auf, und alles musste nun ganz fix gehen (meinen Mann musste ich zur Arbeit im Auto mitnehmen). Und da ich so etwas noch nie gemacht hatte, klappte es dann auf die Schnelle auch nicht mehr mit den Dekorationen ... gleichzeitig drängte mich mein Mann zur Eile ... In der Regel befolge ich das Prinzip der Koordinierung der Absicht (meinen Mann hatte ich zur Arbeit gefahren, damit er nicht stört), und so sang ich in der Küche ein Lied. Ungefähr so: ›Alles ist mir gelungen. Ich werde die Beste von allen. Ich bin Siegerin, und mich wird man krönen.‹ Und so weiter. Beim Casting lief es dann so toll, dass mir die Worte fehlen, um es richtig zu beschreiben. Ich wurde vor laufender Kamera gefragt, ob ich für Hochzeiten oder Geburtstage backe, und als ich antwortete, ich täte das zum ersten Mal, wollte man mir einfach nicht glauben ...«

»Ich erkannte: Je genauer ich meine Gedanken steuerte, desto schneller geht alles in Erfüllung. Ich ließ alle negativen Gedanken sausen, und innerhalb einer Woche hatte ich mein Geschäft aufgebaut. Ich eröffnete ein Videostudio, wie es schon lange mein

Wunsch gewesen war. Und so lief es ab: Ich hatte keine müde Kopeke, oft reichte es kaum für die Miete. Wie also sollte ich ein eigenes Unternehmen gründen können? Ein Kredit kam nicht infrage, denn ich hatte bereits meine liebe Mühe, einen bestehenden abzustottern. Aber mein Entschluss stand fest, und so begann ich, in diese Richtung zu denken. Ich lebte geradezu von diesem Gedanken. Ich erstellte einen Einkommensplan und gelangte zur Überzeugung, dass es nicht nur lukrativer wäre, für mich selbst zu arbeiten anstatt für jemand anders, sondern auch angenehmer. Ich sah in meinen Plänen so viele Vorteile, dass es mir schon Spaß machte, nur darüber nachzudenken. Ich genoss diese Vorstellung, wie ich nur konnte, ohne daran zu denken, woher das Geld kommen sollte. Und dann eines schönen Tages schlugen mir meine Freunde vor, auf ihren Namen einen Kredit aufzunehmen, um endlich das Geschäft zu beginnen. Dieses Angebot machten sie bereitwillig, ohne dafür im Gegenzug etwas zu verlangen. Abgesehen von einer Kiste Bier von den ersten Einnahmen ... Jedenfalls willigte ich nur allzu gern ein. Seit einem halben Jahr bin ich nun selbstständig. Ich lebe in einer neuen Wohnung, zwar zur Miete, aber mit guter Ausstattung. Ich verdiene ordentlich und habe einen Kredit bereits abbezahlt. In einigen Monaten wird auch der zweite bezahlt sein. Nicht schlecht, was?«

»Ihre Bücher haben mein Leben verändert. ›Apokryphes Transsurfing‹ ist mein Handbuch. Der Organismus spürt sofort den Unterschied zwischen natürlicher Ernährung und toter Nahrung. Als ich anfing, lebendige Götterspeise zuzubereiten, erschien mir der Geschmack zunächst – gelinde gesagt – nicht so toll. Später jedoch konnte ich gar nicht mehr genug davon bekommen. Ständig esse ich Samenkeimlinge, lebendiges Brot und so weiter – mit erstaunlichem Effekt! Überrascht musste ich feststellen, dass ich offenbar nie wusste, was echte Gesundheit ist. Ebenso wende ich ständig die Techniken ›Absichtsgenerator‹ und ›ein Glas Wasser trinken‹ an – das sind grooooßartige Techniken, die zu einhundert Prozent funktionieren. Anderthalb Jahre lang habe ich ›das Auge der Wiedergeburt‹

praktiziert, mit nur mäßigem Effekt, aber gemeinsam mit den Methoden aus Ihrem Buch spüre ich jetzt endlich die Kraft dieses Komplexes. Meine Kraft und meine Energie nehmen dreifach zu, und du willst alles auf einmal ändern. Du verstehst tatsächlich, dass deine Kraft und deine Verfassung für alles ausreichen. Das Gefühl der Trägheit ist völlig verschwunden.«

»Ich kann nicht sagen, dass ich völlig auf lebendige Nahrung umgestiegen wäre, denn manchmal esse ich auch wärmebehandelte Kost, aber viel öfter Gemüse, Obst und Pökelfisch. Ich bin 48 Jahre alt. Transsurfing hat mich und mein Leben verändert. Zunächst habe ich abgenommen. Meine Energetik ist ganz konkret angestiegen, und ich fühle mich stets prima. Ich treibe aktiven Sport. Am erstaunlichsten war, dass ich begann, ein Schimmern um die Menschen wahrzunehmen. Ich kann die Größe dieses Schimmerns erkennen und auch deren Farben unterscheiden. Es ist schon ein Ding: Wir leben in einer Welt heller, leuchtender Wesen! Ich hatte schon darüber gelesen, aber ich hätte nie gedacht, dass auch ich so etwas sehen kann.«

»Ich habe es tatsächlich geschafft, viel in meinem Leben zu verändern. Während ich zum Beispiel früher bestrebt war, Geld zu verdienen, geschieht dies nun wie von selbst. Ich gebe einfach eine Bestellung auf, wie viel Geld ich genau brauche, dann importiere ich es in meine Komfortzone und warte. Normalerweise dauert es zwei bis drei Wochen, bis das Geld von selbst erscheint, sprich: materialisiert. Mein Einkommen hat sich in den letzten Monaten ungefähr zehn Mal erhöht, seit ich begonnen habe, Ihre Methoden in die Praxis umzusetzen. Ich bin mir sicher, dass dafür viel weniger Zeit nötig wäre, wäre da nicht diese ›Komfortzone‹. Zunächst konnte ich es kaum glauben, *dass ich mir vieles von dem leisten konnte,* was ich jetzt habe. Noch vor zwei Jahren hätte ich das nie für möglich gehalten, aber jetzt ist es ganz vertraut und natürlich geworden. Es gibt auch Momente des Stillstands, wo nicht alles so glatt läuft, aber ich weiß, dass das eine vorübergehende und überwindbare Erscheinung ist.«

»Ich bin stolz darauf, wie sehr es mit mir bergauf gegangen ist. Ich bin zwanzig Jahre alt und habe Architektur an einer Moskauer Fachhochschule studiert. Danach fing ich in einer Baufirma an, und natürlich war ich dort die jüngste Architektin. Inzwischen bin ich stellvertretende Leiterin der architektonischen Abteilung (GAP). Ich habe mich einfach verpachtet. Ehrlich gesagt habe ich das zunächst instinktiv getan, später dann bewusst. Die Technik des Freiling hat mir auch sehr geholfen. Mein Boss hat mich sehr gern. Und überhaupt geht es mir super. Vielen Dank! Für mich gibt es jetzt keine Begrenzungen mehr!!!!! Es fühlt sich so an, als sei ich früher ein Pferd gewesen, das sich mit gesenktem Kopf auf seinem Pfad dahingeschleppt hat, und auf einmal sind mir Flügel gewachsen. Ich bin frei und unbeschwert geworden ... wie ein Kind!!!!! Ja! So kann man das sagen. Und es passiert nichts, wenn ich des Spiels müde werde - ich denke mir einfach ein neues aus. Es gibt im Leben nichts Ernstes, außer den Zustand der Seele zu überwachen. Und in der Hinsicht sieht es bei mir super aus.«

»In meinem Leben hat sich buchstäblich alles geändert - meine Beziehungen zur Familie, zu Freunden und Bekannten. Auf einmal gewann ich sogar auf unvorstellbare Weise im Billard, obwohl ich vorher mir und anderen mit meinem sogenannten Spielen bloß auf die Nerven ging. Das Stärkste war die Annäherung an meine Frau - allein dafür vielen, vielen Dank! Wir haben begonnen, zusammen ein Unternehmen auf die Beine zu stellen! Seit ich aufgehört habe, mich selbst sehr wichtig zu nehmen, merke ich, wie sehr sich die Einstellung meiner Mitmenschen zu mir gebessert hat! Ich bin befreit von den furchtbaren Gedanken, die einem von den Massenmedien aufgedrängt werden, und zwar nicht nur deshalb, weil ich auf das Fernsehen verzichte, das im positiven Strom meines Lebens keinen Platz mehr hat. Meine Reaktion auf eindeutig negative

Ereignisse erschüttert meine Mitmenschen. Ich charakterisiere meine jetzige Situation als Schwerelosigkeit - ich war früher Militärpilot und weiß, wovon ich spreche. Vor einem Monat bin ich vierzig geworden, und anstatt des Gefühls ›jetzt ist das Leben vorbei‹ denke ich: ›Jetzt fängt es erst richtig an!‹«

»Sie haben eine Frage beantwortet, die mich schon mein ganzes Leben bedrückt hat: Warum läuft bei mir im Leben alles umgekehrt? Wenn ich sicher war, dass ein Ereignis geschehen würde, dann fand dieses Ereignis niemals statt. Wobei es egal war, ob das Ereignis gut oder schlecht war. Das ging bis hin zur Absurdität. Eines Tages schrieb man mir am Institut für Kommunikation eine Diskette mit einem bestimmten Bibliotheksprogramm, und ich war mir sicher, die gewünschte Info zu bekommen. Ich war mir sicher, dass nichts dazwischenkommen konnte, denn die Diskette war bereits geschrieben. Ich musste sie nur noch entgegennehmen. Selbst wenn irgendetwas passieren würde, hätte man die gleiche Diskette einfach nochmal schreiben können, und alle Probleme wären gelöst. Am Tage bevor mir die Diskette zugeschickt werden sollte, brach am Rechenzentrum beim Institut für Kommunikation, wo meine Diskette aufbewahrt wurde, zufällig ein Feuer aus, und meine Diskette war zerstört. Mein Traum war dahin. Als mir die Gesetzmäßigkeit dahinter klar wurde, beschloss ich, dieses Phänomen aktiv zu benutzen. Wenn ich etwas brauchte, überzeugte ich mich selbst - am besten auch noch andere um mich herum - davon, dass es nicht klappen werde. In der Folge geschah dann das Gegenteil, und ich bekam das gewünschte Ergebnis. Ich habe diesen Trick dreißig Jahre lang angewandt!!!! Ausnahmen gab es praktisch keine. Die Trefferquote lag bei 99,9999 Prozent!!!!!!!!! Am Ende hatte ich es satt. Warum lief es bei mir anders als bei den anderen Menschen? Warum musste ich immer umgekehrt denken? Alle um mich herum sagten mir, ich sollte gute Gedanken aussenden und positiv denken. Ach so - Pustekuchen! Sobald ich positiv denke, läuft es bei mir wieder falsch herum. Und siehe da, eines Tages erhielt ich zufällig (haha!) den Rat, ich solle mir Ihre Bücher besorgen. Plötzlich stellte sich die Welt auf den Kopf, und alles war klar. Seit einem Monat habe ich meine Gedanken neu konfiguriert, und nun ist meine Absicht so eingestellt, wie sie es sollte. Es wurde noch besser als zuvor. Es ist einfacher, intuitiver und macht noch mehr Spaß! Meine Fragen wurden beantwortet, und als Bonus gibt es obendrein die Methode, wie man auf sein Ziel losgehen kann und wie man sich gegen Pendel wehrt. Auch die Theorie der Visualisierung von Dias ist wunderschön! Alles funktioniert!!!!!«

»Ich will Sie nicht mit einer endlosen Liste von Wundern (ein anderes Wort wäre unpassend) belasten, die mir dank dieses WISSENS widerfahren sind. Um es kurz zu machen: Früher lebte ich ein düsteres, scheußliches Leben in einer Metropole, und jetzt, seit nur sehr kurzer Zeit, verbringe ich mein Dasein mit einer Frau auf einer tropischen Insel im Meer, und jede Minute meines Lebens ist voller Bedeutung und Freude. Wie Sie ja treffend sagen: ›Die Seele singt, und der Verstand reibt sich die Hände.‹ Manchmal erstaunt und ärgert es mich zugleich zu sehen, wie blind die Menschen um mich herum sind und wie diejenigen, denen du das Wunder des TRANSSURFINGS schenkst, GAR NICHTS von dem verstehen, was sie in einem Buch darüber lesen ... Sie schimpfen und führen ihr routinemäßiges, verhasstes Leben fort, während sie bei jeder Gelegenheit ins Grübeln kommen. Aber besonders ärgere ich mich auch wieder nicht, denn jeder Mensch wählt nun mal seine eigene Weltsicht.«

»Was mache ich? Angenommen, mich erreicht eine aus meiner Sicht schlechte Nachricht? Ich reibe mir die Hände und lache (manchmal laut, manchmal auch verhalten). Dabei sage ich mir: ›Alles läuft so, wie es sollte. Alles ist großartig!‹ Aber dann kommt eine Art ›innere Geste‹. Ich kann gar nicht verstehen, was das ist, umso weniger kann ich es erklären! Als würde sich in mir etwas vor Glück zusammenschnüren (ungefähr so, als würden kleine Kinder vor Glück die Fäuste ballen und sie schütteln). Das ist es, was ich mich zu tun zwinge. Und es funktioniert tatsächlich! Die Situation verändert sich nicht nur zu meinen Gunsten, sondern bringt auch noch eine unerwartete gute Überraschung mit sich. Dann sagst du dir nur noch: ›Wow!!!!‹«

»Als ich begann, das erste Buch zu lesen, war ich ganz überrascht, dass das, was Sie schreiben, mir bereits bekannt, ja vertraut war: Als Kind, im Alter von 12–14 Jahren, konnte ich all dies bereits. Natürlich war mein Wissen nicht so detailliert, aber irgendwie hatte ich eine intuitive Veranlagung und hatte auch Erfolg damit. Dann wurde es immer öfter erforderlich, intelligent zu handeln und das Nötige zu tun. Später konnte ich dank meiner Lebenserfahrung alles in Schubladen mit der Aufschrift ›gut‹ bzw. ›schlecht‹ stecken. Die Folgen ließen nicht lange auf sich warten: Jetzt habe ich alles verloren, was ich einst erreicht hatte und was mir wichtig und unerschütterlich erschienen war. Eine besonders standhafte Überzeugung ist mir infolge bestimmter Ereignisse abhanden gekommen. Gut, dass ich beschloss, innezuhalten und nachzudenken, was es damit auf sich hatte. Auf Ihre Bücher bin ich per Zufall gestoßen, zum Glück noch rechtzeitig. Vielleicht ist dies auch ein Wegzeichen. Jetzt bin ich wie ein Sportler, der einst einen Meistertitel hatte, aber aufgrund einer Selbstüberschätzung eine Verletzung erlitten hat und nun wieder lernen muss zu laufen. Ich werde mich an meine Kindheit erinnern.«

»Als ich vor zwei Jahren *Transsurfing* las, hätte ich nicht einmal im Traum daran zu denken gewagt, einmal ins Ausland zu reisen, schon gar nicht nach London. Doch dass sich Menschen darüber streiten können, in welche Berge sie nach den Alpen reisen sollen, das habe ich erst in Ihrem Buch erfahren. Da beschloss ich, dass auch ich das will. Es erschien mir schon etwas unrealistisch, doch ich wusste: Wenn Transsurfing funktioniert, dann wird es so sein. Momentan bin ich gerade in den Alpen unterwegs. Es hat also geklappt, und für die Zukunft werde ich mir noch unglaublichere und verrücktere Ziele setzen. Denn nichts ist unmöglich. Wir beschränken uns nur selbst.«

»Von Anfang an war es mein Ziel, meinen Wohnraum zu wechseln. Ich hatte aber Probleme damit herauszufinden, was ich genau will. Noch vor zwei Jahren hatte ich unermüdlich und mit Begeisterung eine Dreizimmerwohnung im Herzen meiner Stadt visualisiert, doch dann, anderthalb Jahre später, erkannte ich endgültig: Meine Seele sehnt sich nach einem großen Stück Land, nach Landwirtschaft und einem eigenen Haus. Ich will auf dem Lande leben und arbeiten. Und ich will auch weg aus meiner Stadt. Und vor drei Tagen dann ist mir das Glück praktisch auf den Kopf gefallen. Ich bekam tatsächlich die Gelegenheit, ein für den landwirtschaftlichen Betrieb geeignetes Grundstück (7 ha) zu einem sehr erschwinglichen Preis zu erwerben. Wenn ich meine jetzige Wohnung verkaufe, kann ich mir von dem Erlös auch noch ein schönes Ferienhaus bauen. Insgesamt tauschte ich - ohne Hypotheken oder sonstige Schuldenfallen - meine Zweizimmer-Eigentumswohnung in drittklassiger Lage gegen ein großes Landhaus mit 150 qm Wohnfläche und einer riesigen Fläche fruchtbarem Ackerland. Das Anwesen ist von einem Wald umgeben und liegt an einem Bach, eine Autostunde von der Stadt entfernt. Wenn da nicht genügend Platz ist für meine Fantasie, was sich dort alles realisieren lässt!

Als mir sozusagen das Glück auf den Kopf fiel, kam das so unerwartet, dass ich am Anfang in eine Art Panik verfiel. Also gut, ich hatte tatsächlich die Absicht, das alles zu haben, nur kam es dann ein wenig einfach und schnell! Das verändert mein gesamtes Leben auf drastische Weise! Ich musste ein wenig an mir arbeiten, mich beruhigen und meinen Denkkasten etwas zurechtrücken. Soweit ich es verstanden habe, findet die Umsetzung der Absicht dann statt, wenn dir ganz klar wird, was du genau brauchst. Und auch nur dann, wenn du es wirklich brauchst. Ich wäre jetzt nicht zufrieden mit einer Dreizimmerwohnung im Stadtzentrum. Das war nicht mein Ziel. Sobald ich mein wahres Ziel ausmachte, habe ich es erreicht.«

»Die Seele lebt, die Seele krankt,
Sie sehnte sich und rief,
Sie wollte frei sein, schweben
Lieben, Böses vergessen,
Lachen, das Leben genießen,
Voll Glück das weiße Licht sehen ...
Doch Gedanken drängten sich herein,
Vernünftigen Rat zu geben:
Glaube nicht ... es ist nicht nötig ... Es klappt nicht ...
Komm auf den Boden der Tatsachen zurück ... begehre nicht ...
Wie oft lehrt uns der Verstand, die Hölle zu schaffen,
Die Seele hingegen sucht, in allem das Paradies zu schaffen ...«

»Ich begann zu lesen und konnte mich nicht mehr davon losreißen. Ich fand Antworten auf alle Fragen, auch auf jene Fragen, die ich selbst nicht formulieren konnte. Alles Gelesene formte ein in sich geschlossenes System, in dem es keine Störungen gab, sondern im Gegenteil Hilfe angeboten wurde. Viele Dinge wurden mir klar, deren Wesen ich entweder zuvor nicht verstanden hatte oder bei denen ich an der Richtigkeit meines eigenen Urteils zweifelte.

Seit meiner Kindheit hatte ich Fragen, die, wie Erwachsene zu sagen pflegten, denen der anderen einen Schritt voraus waren. Während alle sagten: ›Das geht doch nicht. Mach es so, sonst wirst du nichts erreichen‹, suchte ich nach einem anderen Weg. Fast nie gefiel mir der ›Weg‹ meiner Altersgenossen. Und erst jetzt verstehe ich, dass ich meinen eigenen Weg suchte, den Weg der ›Harmonie von Seele und Verstand‹.

Nach diesen Worten änderte sich meine Welt, als hätte mir jemand meine Brille weggenommen. Ich betrachtete meine Umgebung und konnte nicht genug bekommen von dem, was ich jetzt mit meinen Augen sah. Als hätte ich auf einmal Flügel! So sehr hat sich alles verändert. Und wie sich herausstellte, war das, was ich zuvor unbewusst gemacht hatte, im Einklang mit Transsurfing gewesen.

Und ohne einen Schatten des Zweifels begann ich meinen eigenen Weg zu gehen, meinen Weg in Richtung Einheit von Seele und Verstand. Wie sich zeigte, war alles, wie ich zu sagen pflegte, ›lächerlich einfach‹. Ich lasse mich auch nicht mehr durch jede kleine Provokation aus der Ruhe bringen, denn jetzt finde ich es lustig, wenn zum Beispiel im Bus eine alte Frau zu zetern anfängt. Verschwunden sind auch ›unerreichbare Ziele‹, denn die gibt es nicht. Ob Probleme mit der Kommunikation, mit dem Lernen oder mit Geld - sie alle haben sich verflüchtigt. Jetzt weiß ich, dass Transsurfing authentisch ist. Zum ersten Mal bin ich mit meinen 18 Jahren wirklich glücklich. Denn ich bin ›von der Farm‹ weggerannt. Ich bin frei! Und ich werde nicht mehr dorthin zurückkehren.«

»Eine Freundin gab mir Ihre Texte über synthetische Nahrung zum Lesen. Mir scheint, Sie sollten wissen, dass Sie einen weiteren Menschen auf den Weg geschickt haben - mich. Es fiel mir nicht schwer, auf lebendige Nahrung umzustellen, denn ich hatte regelmäßig gefastet, und so war mein Körper vorbereitet. Während einer Fastenkur fühlte ich mich pudelwohl und hatte eine Menge Energie, aber ich hätte mir nicht vorstellen können, dass es noch mehr werden würde! Es fühlte sich so an, als hätte man mir Doping verpasst. Ich wollte fliegen und kreativ sein.

Aber das ist noch nicht das Wichtigste. Ich habe noch nie über meine Gesundheit oder mein Bewusstsein geklagt, da ich schon lange bewusst lebe und alle meine Absichten sich verwirklichen. Aber neulich wachte ich morgens mit einer Unruhe auf, und ich konnte nicht verstehen, wo sie herkam. Es war eine unbegründete Unruhe, die sich dann in ein Gefühl der Angst verwandelte. Doch dann verstand ich. In meinem Körper existierte eine Abhängigkeit, eine Abhängigkeit von genau jener oben genannten Synthetik. Als die Abhängigkeit aufhörte, hörte auch mein Problem auf. Früher hatte ich mich nicht wohlgefühlt, denn ich konnte mir zwar ein Ziel setzen und es auch erreichen, aber nicht fristgerecht. Jetzt hingegen motiviert mich eine Dringlichkeit. Ich habe eine klare Absicht und gehe ohne übermäßige Anstrengung einfach auf das Ziel zu. Das ist alles. Alles ist ganz leicht geworden.

Aber ich konnte mir nicht vorstellen, was mein Problem war. Hätte mich jemand auf die Ernährung hingewiesen, hätte ich das nicht geglaubt. Alle suchten die Ursachen in meinem Charakter, in einem Mangel an Disziplin und in vielem mehr. Und siehe da: Einfach indem ich erkannte, dass es mehr Dinge gibt, von denen ich keine Ahnung hatte, wie zum Beispiel die Ernährung, konnte ich auf einfache Weise meine Realität verändern. Ich habe diesen Brief geschrieben, damit Sie wissen, WIE viel Sie für mich getan haben.«

Randnotizen

Es bleibt mir die Bemerkung, dass nach der Veröffentlichung von Apokryphes Transsurfing *die Anzahl der mir zugesandten Erfolgsgeschichten deutlich zugenommen hat. Es wird in diesem Buch noch ein weiteres Kapitel mit Feedback dazu geben, wie radikal die lebendige Ernährung die Welt verändern kann.*

Teil 3

Die Biosphäre

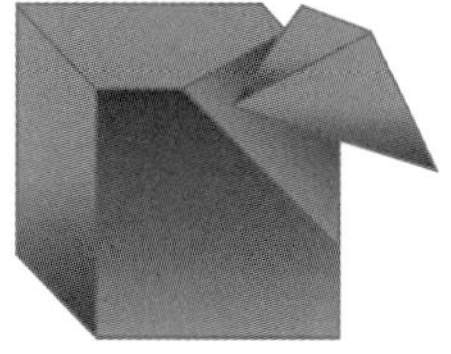

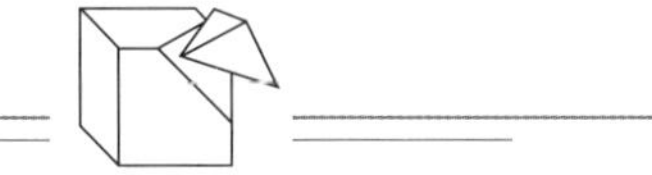

Lebendige Fragen

Die Leser schicken mir viele Fragen zum Thema natürliche Lebensweise. Die folgenden Kapitel handeln davon, wenngleich nicht ausschließlich davon.

Stimmt es, dass häufiger Sex zu einem Rückgang der kreativen Energie führt, wie in einem der Romane von Dreiser, wo der Protagonist ein Künstler ist und aufhört zu zeichnen, nachdem er geheiratet hat?

Nein, das ist nicht wahr. Das führt nicht zu einem Rückgang der kreativen Energie oder allgemein der Energie, solange ein bestimmter Rahmen nicht überschritten wird. Die Intimbeziehung ist eine recht emotionale und in gewissem Sinne unausgeglichene Sphäre, und daher gibt es auf diesem Gebiet eine Menge Mythen und Märchen.

Die Frage ist: Was versteht man unter »häufigem Sex«? Jede Beschäftigung, nicht nur Sex, raubt Energie, wenn man sie über die Maßen betreibt. Wo nun dieses Maß liegt, muss jeder für sich selbst bestimmen, denn alle Menschen sind verschieden.

Es sollte nur Folgendes beachtet werden. Energie ist ein Kraftstrom, und er äußert sich allein in Bewegung. Mit anderen Worten: Energie ist dort, wo es Bewegung gibt, und wo Stagnation herrscht, gibt es auch keine Energie. Sie können keine Energie sparen. Was nicht genutzt wird, verkümmert nach und nach. Denn es ist überflüssig. Das ist das Wesen der Natur.

Nach Ansicht von Magiern der Castaneda-Schule entstehen nach der Empfängnis in der Aura beider Partner schwarze Löcher. Stimmt das?

Nein, das ist nicht korrekt. Fakt ist, dass es keine Informationen darüber gibt, dass jemand jemals nach der Zeugung eines Kindes in seiner Aura ein Loch bemerkt hat. Glauben Sie wirklich, die Natur hätte ein Interesse daran, einen Menschen dafür zu »durchlöchern«, dass er seine vorrangige natürliche Funktion ausgeübt hat? Wohl eher das Gegenteil. Es ist nicht gut, Dinge zu erfinden, und wir sollten auch nicht alles blind glauben, was irgendjemand einmal gesagt hat.

Stimmt es, dass durch lebendige Ernährung die sexuelle Energie abnimmt?

Nein, das ist falsch. Zuerst sinkt die Energie, dann steigt sie jedoch. Essen Sie abwechslungsreich und vollwertig. Wenn der Übergang vorbei ist, erholt sich alles wieder und wird normal.

Warum sagt Osho, es reiche, ein Mal pro Jahr Sex zu haben und Sex sei gar kein obligatorischer Bestandteil des menschlichen Lebens?

Warum jetzt gerade ein Mal im Jahr und nicht zwei Mal oder zwölf Mal? Worin besteht das Kriterium? Wenn es um die Erhaltung der Art geht, ist das eine ganz andere Frage. Es geht jedoch um Sex, nicht um die Funktion der Reproduktion. Das sind zwei verschiedene Dinge.

Wahr ist, dass Sex ein optionaler Bestandteil des Lebens ist. In der Tat kommen viele ohne Sex aus, ohne dass ihre Lebenstüchtigkeit dadurch sonderlich beeinträchtigt würde. Können Sie irgendwelche nennenswerten Unterschiede aufzählen zwischen Menschen, die ein aktives Sexualleben führen, und jenen, die diese Lebensphase noch nicht erreicht oder sie bereits hinter sich haben?

Wenn Sie irgendeine Energie nehmen, die Sie zur Verfügung haben, so können Sie sie entweder verwenden oder auch nicht - ganz nach Ihrem Belieben. Verwenden Sie sie nicht, verlieren Sie sie allmählich, und verwenden Sie sie übermäßig, so verlieren Sie sie auch.

Doch wie ich bereits sagte: Ohne diese Energie auszukommen - wenn Sie dafür keinen Bedarf haben - ist vollkommen möglich, ohne dass Ihnen dadurch ein Schaden entsteht.

Sie haben geschrieben: Wenn man keine Energie hat, kann man auch nichts schaffen, weil die Absicht nicht stark genug ist. In letzter Zeit habe ich mich sehr für Meditation begeistert, und die Sache ist die, dass ich selbst bei lebendiger Ernährung das Gefühl habe, dass meine Energie nicht ausreicht, um stets eine hohe Bewusstseinsstufe aufrechtzuerhalten. Deswegen begannen meine Gedanken dann die sexuelle Sphäre zu begrenzen und wandten sich in Richtung Brahmachari. Allerdings ... ich habe auch eine Freundin. Und ich möchte mich nicht entscheiden zwischen dem Weg der Seele und dem Weg der Liebe zu meiner Freundin.

Man sollte Gottes Gabe nicht mit Rührei verwechseln. Liebe mit Sex, Spiritualität mit Askese, Disziplin mit fanatischer Abstinenz - das sind alles verschiedene Dinge. Wenn Sie eine Form der Energie nicht nutzen, so wird sie verkümmern, *was jedoch keineswegs bedeutet, dass die jeweils andere Form der Energie dadurch erhöht wird.*

Findet Bewegung statt, dann gibt es auch Energie. Vergleichen Sie mal einen reißenden Gebirgsfluss mit einem stehenden Sumpf. In welchem wohnt Energie?

Ich weiß nicht, welche Art der Meditation es Ihnen angetan hat und was Ihnen das bringt. Ich kann nur eines sagen: Meditation im Sinne der Unterbrechung des inneren Monologs - als ein Eintauchen in die Tiefen des Bewusstseins, der Wunsch, irgendeine Wahrheit zu erkennen und dergleichen mehr - hat nichts mit Transsurfing zu tun.

Welche besondere Erkenntnis haben Meditationsanhänger mit ihren Praktiken erlangt? Soweit es bekannt ist, ist der Erste und Letzte, der in dieser Beziehung etwas vorzuweisen hat, Buddha gewesen (wobei niemand genau weiß, was er erkannt haben soll). Von irgendwelchen durchschlagenden Erfolgen seiner Anhänger haben wir noch nichts gehört. Oder täusche ich mich?

Den inneren Monolog sollten Sie nicht unterbrechen, sondern ihn stattdessen in die richtige Richtung lenken, um Ihre gezielte Absicht an alle Welt zu senden. Dieses Senden ist Bewegung. Meditation hingegen ist Stagnation, das Hinabgleiten von einem Traum in den nächsten, auf eine noch tiefere Ebene. Und wer wird in diesem Traum Ihre Gedanken steuern - Sie selbst oder die feinstofflichen Wesen, die dort in ihrer angestammten Umgebung existieren -, das ist die große Frage.

Auch lebendige Nahrung ist keine Garantie für Erleuchtung, wenngleich sie Sie sehr wohl auf eine höhere Ebene erhebt, wie mit dem Fahrstuhl, und zwar gleich um mehrere Stockwerke.

Das Erlangen jener Bewusstseinsebene, auf der die Realität wie ein der Absicht unterstellter, bewusster Traum empfunden wird, was das eigentliche Ziel des Transsurfings darstellt, ist ein recht langwieriger Weg, der eine Menge Selbstdisziplin erfordert - aber keine Selbstbeschränkung. Verstehen Sie den Unterschied?

Lebendige Ernährung bedeutet ja keinesfalls eine Beschränkung, sondern ist eine prinzipiell andere Lebensweise, die den Menschen auf eine höhere Schwingungsebene erhebt und ihm natürlich den Weg zur bewussten Achtsamkeit erleichtert. Aber auch hierbei gibt es bei weitem keine Sofortlösung.

Hilft Schungit beim Schutz vor elektromagnetischer Strahlung?

Weiß ich nicht. Es gibt Hersteller, die behaupten, Schungitplatten könnten Felder abschirmen. Im Internet kann man auch einen Film finden, in dem vorgeführt wird, wie ein Messgerät angeblich die Verringerung eines Handyfeldes anzeigt, wenn dieses auf eine Schungitplatte gelegt wird. In Wahrheit kann ein Stück Stein kein elektromagnetisches Feld abschirmen. Ein Topf ist dazu in der Lage, Schungit jedoch nicht. Ich habe ein elektromagnetisches Messgerät, und ich habe mir die Mühe gemacht, es selbst zu testen. Leider ist es nicht sehr praktisch, zu diesem Zweck einen Topf zu verwenden.

Abschirmung, das heißt die Senkung der Feldstärke, ist nur durch eine Blende möglich. Wenn wir über die elektromagnetische Strahlung eines Handys sprechen, so kann hierbei von Abschirmung keine Rede sein, weil dann das Gerät einfach nicht funktioniert. Die Strahlung lässt sich nicht tilgen, man kann sie nur harmonisieren, so dass sie mehr oder weniger physiologisch verträglich wird.

Ein Feld harmonisieren, dazu ist Schungit in der Lage, zumindest theoretisch. Aber in welchem Umfang, das ist schwer zu sagen, denn die Hersteller verfügen nicht über solche Daten. Um das zu überprüfen, bräuchte man eine Spezialausrüstung. So bleibt ihnen nichts anderes, als einfach zu erklären, dass Schungit angeblich schützt. Es wäre natürlich toll, wenn jemand eine fachkundige Prüfung vornehmen könnte.

Eine Bekannte von mir arbeitet in einer Praxis für Magnetresonanztomografie. Eine längere Zeit konnte sie problemlos dort arbeiten. Doch nach drei Jahren bemerkte sie, dass sie nach der Arbeit von solcher Müdigkeit geplagt wird, dass nicht einmal ein ausgiebiger Schlaf hilft. Wochenenden verbringt sie in einer Art Dauerschlaf. Am Freitag legt sie sich um 21 Uhr hin und wacht morgens um 9 Uhr auf. Nach zwei Stunden muss sie sich schon wieder hinlegen. Dann schläft sie wie ein Murmeltier. Sie ist einen Monat in Urlaub gefahren, ohne dass es besser wurde. Ihrer Kollegin ergeht es genauso. Liegt das wohl an der elektromagnetischen Strahlung? Oder an etwas anderem? Kann man irgendetwas dagegen tun, außer sich einen anderen Job zu suchen?

Am besten wäre es, den Arbeitsplatz zu wechseln. Zu den gesundheitsschädlichsten Berufen gehören: Lokführer, Straßenbahn- und O-Bus-Fahrer, Astronaut, Taucher, Pilot und all jene, die in der Nähe von elektrischen Geräten arbeiten. Elektromagnetische Strahlung wirkt sich in erster Linie auf das Blut und das Biofeld des Menschen aus. Die roten Blutkörperchen verklumpen zu Konglomeraten (Trauben), ähnlich als würde man Alkohol trinken. Das Biofeld ist erheblichen Belastungen ausgeliefert. Spezialgeräte zeigen, dass bei Menschen, die ständig mit einem Handy Kontakt haben oder lange Zeit vor dem Computer verbringen, eine völlig zerstörte Aura haben. Das ist der Preis für die technologischen »Annehmlichkeiten«.

Der überwiegenden Masse der Menschen jedoch ist solche Info egal, denn die meisten suhlen sich wie üblich in unbeschwerter Ignoranz, als gäbe es diese Probleme nicht und alles sei in Ordnung. (Man beachte, dass Unwissenheit gerade deshalb so sorgenfrei und unbeschwert ist, weil es ein kollektives Phänomen darstellt.) Das hält jedoch nur eine gewisse Zeit an, bis die Reserven des Körpers erschöpft sind und degenerative Prozesse einsetzen. Doch selbst dann pfeifen viele noch immer darauf.

Was kann man nun denen empfehlen, denen nicht alles egal ist? Sie können sich vor solcher Strahlung nicht verstecken, sondern sie nur harmonisieren, das heißt sie physiologisch so anpassen, dass sie für den Körper akzeptabel wird. Meiner Meinung nach wird ein Gerät mit der Bezeichnung KFS dieser Aufgabe einigermaßen gerecht (siehe *http://www.center-region.com*).

Ich will niemandem etwas aufzwingen, insbesondere weil dieser Apparat nicht gerade billig ist. Aber ich halte es für meine Pflicht zu erwähnen, dass ich ihn selbst benutze.

Diese Info ist für diejenigen gedacht, die daraus einen Nutzen ziehen können, nicht als Reklame. Ich verdiene damit kein Geld. Aber ich teile gern Informationen über Dinge, die wirken, im Gegensatz zu den protzig beworbenen Produkten der Technosphäre.

Das soll mein Beitrag sein zur Erhaltung der kostbaren und fragilen Biosphäre unseres Planeten.

KFS ist eine kleine Platte, die, um es allgemein und kurz zu sagen, Wasser strukturiert, nichtphysiologische Felder harmonisiert sowie unkomfortable Umstände für Fremdorganismen schafft - also für Parasiten und vieles mehr. Verschiedene Platten haben verschiedene Eigenschaften und dienen verschiedenen Zwecken. Mit anderen Worten, das KFS bietet den Menschen eine lokale persönliche Oase in einer aggressiven Umgebung. Als Energiequelle dient das Magnetfeld der Erde. Weitere Informationen finden Sie auf der Website des Herstellers.

Vielleicht sollte ich darauf hinweisen, dass diese Informationen bei unvorbereiteten Menschen zu Unverständnis, Misstrauen oder sogar Ablehnung führen können. Leider hat der Hersteller sich nicht die Zeit genommen, seine Produkte in einfach zugänglicher Sprache vorzustellen, so dass auch normale Menschen ohne biophysikalisch-technische Vorbildung sie begreifen können. Das betrifft vor allem die Vorträge des Erfinders, Sergei Walentinowitsch Kolzow. Ich hatte den Eindruck, es spricht ein Genie, aber so, als kommuniziere er mit seinen Kollegen, die sich sehr gut mit der Thematik auskennen.

In der Tat werden Sie zunächst fast nur Bahnhof verstehen. Sie müssten eine ganze Reihe von Videovorträgen anhören und viele Texte lesen, bevor Sie beginnen, etwas zu begreifen. Umso mehr, als die theoretische Grundlage für KFS im Widerspruch zum Paradigma der Grundlagenforschung steht. Aber dieser Widerspruch ist eher ein Plus, da genau dieses Paradigma zur Bildung der Technosphäre geführt hat, die uns töten kann - entweder schnell und unerwartet oder allmählich und langsam. Folglich bewirkt die Grundlagenforschung schon seit langem eher Angst als Vertrauen.

Ehrlich gesagt kann ich Ihnen keine hundertprozentige Garantie geben, dass das Produkt wirklich so funktioniert wie beschrieben.

Gefühle können subjektiv sein, aber eine objektive Prüfung würde ziemlich komplexe, teure Geräte erfordern, die ich nicht besitze. Uns bleibt also nur übrig, dem Hersteller zu glauben, dessen Geräte anzeigen, dass die Aura sich tatsächlich verbessert und dass die roten Blutkörperchen sich in der Tat entklumpen. Ich persönlich glaube dem Hersteller. Gleichzeitig kann ich Ihnen aber nicht raten, das Gleiche zu glauben, was ich glaube. Sie müssen sich da schon selbst entscheiden - vorausgesetzt, die Sache interessiert Sie überhaupt. Sie können das Gesagte auch einfach zur Kenntnis nehmen und wieder vergessen. Vielleicht gibt es in Ihrer Welt ja auch ein anderes Gerät zum Eigenschutz. Jeder hat seinen eigenen Weg und sein eigenes Spielzeug.

Was hat eigentlich Unterricht im Transsurfing zu suchen? Sie haben doch selbst einmal gesagt, dass man alles selbst lernen kann, ohne jedes Training.

Seit ich das gesagt habe, sind viele Jahre vergangen. Die Realität ändert sich schnell, und das gilt auch für das Transsurfing. Die Änderungen finden mit hoher Beschleunigung statt. Die neue Realität beginnt sich bereits früher zu manifestieren, als dass die nächste, ihr entsprechende Technik des Transsurfings erstellt wird. Und die Herausgabe neuer Bücher unterliegt sogar einer noch größeren Verzögerung. Im Zentrum haben Sie die Möglichkeit, die neuesten Techniken der Realitätssteuerung zu meistern.

Bei entsprechender Zielstrebigkeit kommen Sie natürlich auch ohne Training aus. Aber nicht jeder verfügt über solche Zielstrebigkeit; viele brauchen einen Anstoß von außen, um mit der eigenständigen Bewegung zu beginnen. Besonders in den letzten Jahren, in denen sich die Wirkung der Vereinnahmung von Energie und Bewusstsein, worüber ich im letzten Newsletter schrieb, immer stärker etabliert. Die Menschen werden immer träger. Das Leben des Menschen geht unter in einem Potpourri von ihm unabhängiger Ereignisse, und er kann nichts dagegen tun. Es mangelt ihm an Energie und Achtsamkeit.

Außerdem können, wie es so oft der Fall ist, zwischen dem Verständnis der Theorie und der Handlung - der Fähigkeit, eine praktische Aufgabe zu lösen - Welten liegen. Bekanntlich besteht das Problem des Hundes darin, dass er zwar etwas verstehen mag, aber nicht sprechen kann. Das Problem des Menschen ist ein anderes: Er versteht alles, er kann sprechen - aber handeln kann er nicht. Demnach werden Sie, indem Sie ein Buch lesen, zu *verstehen* lernen. In unseren Kursen lernen Sie, Ihre Erkenntnisse in die Praxis umzusetzen - zu *handeln*.

Ich lebe bereits seit einem halben Jahr von lebendiger Nahrung, bisweilen verfalle ich auch auf rohen Fisch oder Lammfleisch. Von Lammfleisch stumpfe ich sofort ab. Ich bin gewandt geworden, unnatürlich dürr und aggressiv. Mein Verlangen nach Sex ist verschwunden. Ich bin blass geworden, was für mich mit einem Mangel an Vitamin B12 zu tun hat, das in Pflanzenkost ja nur in Spuren vorhanden ist.

Das sind alles vorübergehende Phänomene. Wenn die Umstellung abgeschlossen ist, wird alles wieder normal. Daher empfehle ich auch nicht, sich sogleich auf rein pflanzliche Rohkost zu stürzen. Denn alles sollte reibungslos und harmonisch vonstatten gehen, ohne Nebenwirkungen. Der Körper braucht weniger als ein Jahr für die komplette Reinigung und Anpassung.

Über Vitamin B12 habe ich bereits geschrieben, aber ich wiederhole es gern. Der Körper braucht nur winzige Mengen dieses Vitamins. Natürliche Quellen für B12 sind: Trauben, blaue Rosinen, natürlicher Apfelessig, Pollen, Perga, Getreidekeime. Die nötigen Vitamine werden unter anderem auch von der Mikroflora des Darms produziert. Dazu sollte sie allerdings gesund sein. Doch die Mikroflora baut sich nur sehr langsam auf, und das ist ein weiterer Grund, warum man besser nicht sofort auf lebendige Nahrung umstellt, sondern nach und nach.

Zusammenfassung

- Energie ist dort vorhanden, wo es Bewegung gibt. Wo hingegen Stagnation herrscht, ist Energie abwesend.
- Was nicht genutzt wird, verkümmert.
- Wenn Sie beabsichtigen, auf lebendige Nahrung umzustellen, so tun Sie das am besten Schritt für Schritt. Essen Sie abwechslungsreiche, vollwertige Kost.
- Wenn die Umstellung vollbracht ist, erholt sich der Körper und alles wird wieder normal.
- Die lebendige Ernährung ist nicht die Beschränkung auf irgendetwas, sondern eine grundsätzlich andere Lebensweise.
- Die lebendige Ernährung versetzt den Menschen auf eine höhere Schwingungsebene.
- Sie können sich nicht vor elektromagnetischer Strahlung verstecken, sondern sie nur harmonisieren, das heißt sie physiologisch so anpassen, dass sie für den Körper akzeptabel wird.

Randnotizen

Den Begriff »Rohkost« mag ich nicht und versuche ihn zu vermeiden, denn diese Strömung wurde sowohl von den Massenmedien als auch von den Rohköstlern selbst bereits genügend diskreditiert. Ich empfehle niemandem, die Umstellung auf lebendige Ernährung schlagartig zu vollziehen. Meine Ansicht, wie es getan werden sollte, habe ich in dem Buch Apokryphes Transsurfing *dargelegt. Das Aufgeben der synthetischen Supermarktprodukte ist bereits eine große Leistung. Arnold Ehret, der Begründer der lebendigen Ernährung, warnte: »Vergessen Sie nie, dass alles Extreme schädlich ist. Vermeiden Sie jede Art von Extremen.«*

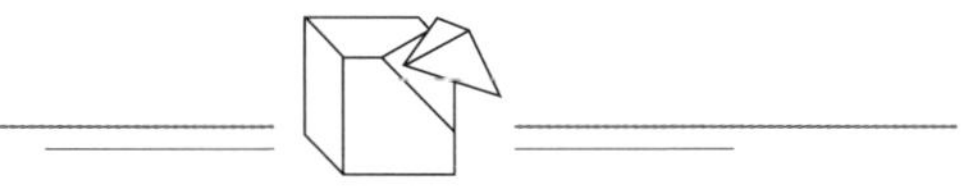

Wenn du mich liebst, dann iss!

Ich weiß nicht, was ich tun soll. Ich möchte auf lebendige Ernährung umstellen, denn ich glaube, das ist die beste Option, aber mein Ehemann unterstützt mich dabei nicht. Er sagt, ich verfalle in Extreme und sei zu egoistisch, indem ich nur an mich selbst denke. Dabei habe ich gar nicht versucht, ihm etwas vorzuschreiben. Er isst sowieso, was er will, aber er will mich dazu zwingen, dass ich das Gleiche esse wie er. Er sagt: ›Wenn du mich liebst, dann iss!‹

Er glaubt, in unserem Leben solle es Gutes wie Schlechtes geben; daher will er, dass ich gekochte Speisen esse und Alkohol trinke, damit der Körper lernt, wie er mit verschiedenen Krankheiten umgehen muss. Denn wenn ich nur Rohkost äße, würde mein Körper geschwächt werden und ich würde krank.

All das, was er isst, mag ich nicht, aber ich muss es in mich hineinstopfen, weil er es so befohlen hat. Er sagt: ›Wie kannst du wissen, was dein Körper will? Das wissen nur die Ärzte, denn dafür studieren sie ja – nicht umsonst haben sie die Medizin erfunden. Tabletten muss man auch schlucken, das ist ein Muss.‹

Einmal sagte er zu mir: ›Du kannst wählen: Rohkost oder mich. Wenn du Rohköstler sein willst, lasse ich mich scheiden. Dann will ich nicht mehr mit einem so dummen Menschen wie dir zusammenleben.‹«

Für solche Situationen kann ich keine konkreten Ratschläge geben. Familienbeziehungen sind ein Gebiet, aus dem man sich mit Tipps ›aus dem eigenen Nähkästchen‹ am besten heraushält. Sind

Sie noch gar nicht auf die Idee gekommen, dass die Meinungsverschiedenheit zwischen Ihnen und Ihrem Mann vielleicht gar nichts mit dem Essen zu tun hat?

Ein typischer Fall ist zum Beispiel der, der in einem Buch der Familie Boutenko mit dem Titel »Kulinarische Rezepte für Rohköstler«* beschrieben ist:

»*Sergei Boutenko*: Nach dem kulinarischen Kurs kam eine Frau zu mir (sie heißt Wendy), die mir davon erzählte, dass sie im Begriff war, sich scheiden zu lassen, weil er von Rohkosternährung noch nicht einmal etwas hören wollte. Obwohl sie selbst erst einen Monat zuvor zur Rohkost übergegangen war, war sie es bereits müde, ihn zu überzeugen, und war sich sicher, dass alle Versuche, ihn zu ändern, nutzlos wären.

Ein Jahr später bekam ich eine E-Mail von Peter, dem Ex-Mann von Wendy, in dem er mir davon berichtete, dass er sich von Wendy hatte scheiden lassen und inzwischen mit einer anderen Frau verlobt sei. Zusammen seien sie auf Rohkost umgestiegen. Peter war begeistert von Rohkost und bat mich, zusammen mit meiner Schwester das Catering für seine Hochzeitstafel zu übernehmen. Am Ende seines Briefes erwähnte Peter zynisch, dass Wendy der Rohkost den Rücken gekehrt hatte.«

Ich kann der Versuchung nicht widerstehen, an dieser Stelle einen Auszug aus diesem wunderbaren Buch abzudrucken. Sie finden es übrigens unter: *http://www.ozon.ru/context/detail/id/5600408/*

* Freie Übersetzung, da das Buch bislang nicht auf Deutsch erschienen ist.

* »*Valya Boutenko*: Hier ein typisches Beispiel für meine vielen Dialoge mit Kursteilnehmern.

* Sämtliche Auszüge sind freie Übersetzungen, da das Buch bislang nicht auf Deutsch erschienen ist.

Ich: Hallo.

Henry: Hallo.

Ich: Wie geht's?

Henry: Also gestern Abend, da hab ich alles in meinem Zimmer vollgekotzt. Geschlafen habe ich nur drei Stunden. Und in meinem Kopf, da tickt es wie eine Bombe mit Zeitzünder.

Ich: Ach du meine Güte!

Henry: Und wie geht es dir?

Ich: Ich fühle mich sehr entspannt.

Henry: Ich komme auch nicht so richtig mit im Unterricht. Verstehst du, was der Lehrer sagt?

Ich: Ja.

Henry: Gestern auf der Party, das war richtig cool!

Ich: Genau.

Henry: Mir geht es echt mies. Ich hasse diese Schule. Wäre der Unterricht doch schon vorbei!

Ich: Ich fühle mich heute ganz gut. Ist es nicht toll, dass man die Dichte eines Körpers bestimmen kann, indem man seine Masse durch sein Volumen teilt? Stell dir nur mal vor: Die Dichte von Wasser ist eins, und die Dichte von Eis ist nur 0,9. Eis ist zehn Prozent leichter als Wasser, deshalb sieht man von einem Eisberg nur die Spitze (nämlich die zehn Prozent, die das Eis leichter als Wasser ist).

Henry: Ja, interessant. Und woher weißt du das?

Ich: Das hatten wird doch heute im Physikunterricht. Was ist los, erinnerst du dich nicht?

Henry: Nicht die Bohne! (Er wendet sich ab.) Bis später dann.

Ich: Tschüss!

Wie kann ich meine Kinder davon überzeugen, auf lebendige Nahrung umzustellen? Es ist ja gar nicht so einfach, ihnen zu erklären, warum wir früher so und jetzt anders essen.

Erklären Sie es einfach nach Ihrem eigenen Verständnis. Auch Kinder können das verstehen, wenn nicht gar besser als Sie selbst. Es sei denn, sie sind bereits auf die Stufe unverbesserlicher Konsumenten von Supermarktsynthetik gesunken. Leider wohnt der Synthetik eine üble Attraktivität inne und sie führt zu einer drogenartigen Abhängigkeit. Folglich hat die Stimme der Natur, wenn sie überhaupt noch durchdringt, dann kaum mehr eine Chance, an die Vernunft zu appellieren. Es ist auch nicht einfach, die Kinder vor dem Einfluss von Freunden und Verwandten sowie dem aggressiven Umfeld ihrer Altersgenossen zu bewahren, wo keiner auch nur daran denkt, dem anderen Gutes zu wünschen. Allerdings sollte Zwang in Ernährungsfragen keinesfalls angewendet werden. *Alles, was Sie tun können, ist, mit gutem Beispiel voranzugehen.* Mehr nicht. Zwang oder einen wie auch immer gearteten Familienzwist anzuzetteln wird nichts bringen - alles wird nur noch schlimmer werden.

Es folgt ein weiterer Auszug aus dem Boutenko-Buch. Wieder konnte ich nicht widerstehen. Hier wird auf brillante Weise deutlich, wie Kinder sich untereinander verstehen. Erwachsene können dabei nur vor Neid erblassen:

»*Valya Boutenko*: Eines Tages hatten wir in der dritten Klasse einen Ausflug in eine Pizzeria, ein Ereignis, das im Kalender von Drittklässlern an Wichtigkeit gleich nach Weihnachten und Neujahr rangiert. Ich saß zusammen mit meinen Freunden und aß Obstsalat aus Äpfeln, Orangen, Blaubeeren, Himbeeren und Honig, als ein Mädchen aus der Parallelklasse sich neben mich setzte. Aus Erfahrung wusste ich, dass ihre Anwesenheit nur Ärger bedeuten konnte.

›Schau mal, was für eine tolle Pizza ich habe!‹, sagte sie und hielt mir ein schrundiges Stück vor die Nase. ›So etwas hast du nicht, Karnickel essen ja keine Pizza.‹

›Wenn ich wollte, könnte ich auch Pizza haben‹, sagte ich. ›Ich will aber nicht.‹

›Wirklich?‹, fragte sie spöttisch. ›Und warum nicht?‹

›Also gut, wenn du es wirklich wissen willst‹, seufzte ich. ›Weil das Mehl aus gentechnisch verändertem Weizen hergestellt wurde, der mit solch giftigen Pestiziden besprüht wurde, dass die Menschen, die damit arbeiten, Schutzanzüge und Gasmasken tragen müssen. Der Käse auf deiner Pizza ist einige Jährchen älter als du selbst. Er sieht aus, als stamme er aus ausrangierten Armeebeständen. Die Tomaten werden grün geerntet, eingefroren und mithilfe von Ethylenoxid zwangsgerötet. Und die Wurst wurde aus Fleisch von Tieren hergestellt, die mit Hormonen vollgepumpt wurden und in einem solchen Dreck gehalten werden, dass dir allein von dem Anblick übel wird. Ich habe nicht den geringsten Wunsch, so etwas zu essen. Meine Eltern sind mit dem Besitzer der Pizzeria bekannt, und er hat ihnen erzählt, dass sein Geschäft ganz gut läuft, weil die Zutaten für eine Pizza nur ein paar Groschen kosten.‹

Den Mädchen an meinem Tisch saßen mit heruntergeklappten Kinnladen da. Am Abend erhielt meine Mutter einen Anruf von einer rothaarigen Frau, die wissen wollte, was ich ihrer Tochter erzählt hatte, dass sie sich nun weigerte zu essen.«

Natürlich bedeutet das nicht, dass man alle, die versuchen, einen zu kränken, links liegen lässt. Darüber hinaus sollte man auch in der Lage sein, angemessen zu reagieren. Wissen Sie, was dazu erforderlich ist? Rechtzeitig aufzuwachen, das Ganze von einer höheren Warte aus zu betrachten und sich ruhig und nüchtern bewusst zu machen, was gerade los ist. Mit anderen Worten: Man braucht ein klares Bewusstsein. Wahrscheinlich wird wohl fast jeder zugeben, dass nicht selten die erforderlichen Worte als Reaktion auf eine Beleidigung zu spät kamen. Offensichtlich zeigen die beiden obigen Zitate von Valya Boutenko, welche Vorteile die lebendige Ernährung mit sich bringt. *Ich kann alles klar erkennen, klar verstehen und klar darlegen. Ich bin frei, ruhig und von mir selbst überzeugt.*

Ich habe das Transsurfing sogleich verstanden und akzeptiert. Schwerer tat ich mir nur mit Ihrem Newsletter über lebendige Ernährung und lebendiges Wasser. Ich war damals einfach nicht dazu bereit. Ich war noch krampfhaft auf der Sinnsuche. Ich ließ mich zu verschiedenen Lehren hinreißen, worauf sich einige kleine Tragödien in mein Leben einschlichen. Dann kaufte ich mir Ihr Buch *Apokryphes Transsurfing*. Ich habe es sofort gelesen. Aber ich bin nicht dazu gekommen, genügend darüber nachzudenken, weil ich gerade dann umständehalber auf die Malediven flog. Was dort genau passiert ist, weiß ich nicht, jedenfalls war ich nach meiner Rückkehr ein neuer Mensch! Inzwischen ernähre ich mich schon neun Monate von lebendiger Nahrung, einschließlich Leinöl, Mariendistelöl, Pollen und Kräutertee. Außerdem habe ich auf Naturkosmetik umgestellt, wobei ich viele Cremes durch Pflanzensäfte ersetzt habe. Ich finde, ich sehe jetzt super aus! Mit Genugtuung kann ich sagen: je älter, desto jünger.

Aber etwas verwirrt mich völlig! In meinem Umfeld gibt es niemanden, der *Transsurfing* gelesen hat. Mein geliebter Gatte (bislang bemüht er sich noch, bei mir zu bleiben) wollte wissen, was mich so sehr begeistert hatte, doch dann gab er mir das Buch zurück und sagte, es sei »populistisch«. Um mich herum gibt es niemanden, der lebendige Nahrung isst und meine Ansichten teilt. Ich dränge niemandem diese Ernährung auf, sondern beantworte lediglich geduldig, warum ich dieses oder jenes Produkt nicht esse. Seit neun Monaten habe ich unzählige Belehrungen und Moralpredigten über mich ergehen lassen müssen: Meine Ernährung enthalte nicht genügend Proteine und bestimmte Vitamine. Dabei geht es mir täglich besser und besser. Außerdem gehe ich allen auf die Nerven. Fazit: Missverständnisse, freundschaftliche Beziehungen sind abgebrochen und mein persönliches Leben ist im Eimer.

Nicht Sie fallen den anderen auf die Nerven, sondern die anderen fallen Ihnen auf die Nerven. Nicht die anderen gestehen Ihnen nicht zu, Sie selbst zu sein, sondern Sie gestehen den anderen nicht zu, sie selbst zu sein. Was geschieht, ist Folgendes: Sie möchten, dass Ihre Mitmenschen sich für Ihre Hobbys interessieren. Der Spiegel reflektiert zunächst nur die Tatsache, dass Sie es wollen: »Ich will! - Ja, du willst. Nur zu!«

Weiter. Sie sehen, dass Ihr Wunsch allein noch nichts ändert. Sie fahren mit Ihrem Wunsch fort, aber bereits mit einer Mischung aus Wut und Groll: Warum wollen die anderen nicht das, was ich will? Wiederum reflektiert der Spiegel nur Ihre Unzufriedenheit und Ihren Frust.

Jetzt bietet sich Ihnen bereits ein anderes Bild dar: In Ihrer Umgebung treten Nuancen der Aggression gegen Sie auf - von Ihrer Warte aus gesehen. Ihre nun folgende (und ganz natürliche, aber unbewusste) Reaktion ist eine Abwehrhaltung gegen die externe Aggression. Sie beginnen sich zu verteidigen, doch was sehen Sie im Spiegel? Das Gleiche - Ihre Projektion.

In meiner Welt hat niemand Lust auf Transsurfing. Zu Hause spreche ich überhaupt nicht über Transsurfing. Und für lebendige Nahrung interessiert sich in meiner Familie niemand. Können Sie sich das vorstellen? Aber meinen Beziehungen hat das überhaupt nicht geschadet. Denn ich will meine Weltanschauung niemandem aufzwingen. Deshalb spreche ich auch mit niemanden über Transsurfing, es sei denn, jemand spricht mich direkt darauf an.

Das Gleiche gilt auch für die Ernährung. Ich kann an einem Tisch mit anderen sitzen, die Fleisch essen und Alkohol trinken, während auf meinem Teller und in meinem Glas etwas ganz anderes ist. Wenn nun jemand lieber auf Fleisch und Alkohol verzichtet, ist das etwa ein Anlass, mit ihm zu brechen?

Meines Wissens gibt es viele Menschen, die wie ich ihren Neigungen treu bleiben, trotz der Tatsache, dass ihre Familie und ihre Freunde diese Neigungen nicht teilen. In dieser Hinsicht brauchen Sie bloß den ersten Grundsatz des Transsurfings zu beherzigen: Nehmen Sie sich das Recht, Sie selbst zu sein, und lassen Sie den anderen das Recht, anders zu sein. *Wenn Sie sich selbst nicht gestatten, Sie selbst zu sein, werden Ihnen andere das auch nicht gestatten. Verstehen Sie?*

Wenn Sie andererseits auf Fleisch, Alkohol, Tabak und andere Dinge verzichten, die zu einer Abhängigkeit führen (Fleisch ist übrigens eine starke Droge), erheben Sie sich auf eine Ebene höherer Schwingung, und dann können Sie damit aufhören, mit Ihrem ehemaligen Umgang in Resonanz zu stehen. Sie werden nicht mehr die gleiche Sprache sprechen. Wenn zum Beispiel jemand aufhört zu fixen, wird er mit seinen ehemaligen befreundeten Junkies keine Gemeinsamkeiten mehr finden. Wenn jemand aufhört zu trinken, wird er das Interesse an seinen früheren Saufkumpanen verlieren.

Wenn Sie jedoch, nachdem Sie sich geändert haben, flexibel bleiben und das erste Prinzip befolgen, werden Ihre Freunde Sie so akzeptieren, wie Sie sind, und Sie werden auch sie so akzeptieren, wie sie geblieben sind. Und es wird immer noch jede Menge Gemeinsamkeiten zwischen Ihnen geben.

Meine Freunde zum Beispiel, mit denen ich einst feste zusammen gebechert habe, haben nicht aufgehört, meine Freunde zu sein, nachdem ich mich von dieser Gewohnheit abgewendet hatte. Ganz zu schweigen einmal von unserer nun recht unterschiedlichen Speisekarte. Allerdings sind einige von denen, die weiter getrunken haben, bereits tot, und jene, die noch am Leben sind, haben erhebliche Probleme mit der Gesundheit und leiden allgemein an mangelnder Lebensqualität.

In Ihrem Fall ist es so, dass Sie sich entweder nicht an das erste Prinzip gehalten haben, und deshalb haben Sie Ihre Umgebung von sich gestoßen, oder aber Ihre Umgebung stimmt mit Ihnen einfach nicht mehr überein. Wenn aber die Ursache für den Abbruch Ihrer Beziehungen tatsächlich einfach die Umstellung Ihrer Speisekarte ist, sollten Sie sich vielleicht einmal überlegen: Wozu brauche ich solche Freunde?

Mich hat einmal beeindruckt, mit welch ungezwungener Leidenschaft eine sehr bekannte Prominente mir von ihren Sorgen erzählte.

»Ach, morgen gibt es bei uns eine Party. Es kommen Freunde, und ich muss so viel für sie kochen. Dann muss ich auch Wein kaufen, Fleisch kaufen, dieses tun, jenes tun. Blablabla ...«

Ich schaue sie an.

»Du selbst trinkst nicht und isst auch kein Fleisch, nicht wahr?«

Für einen Augenblick erstarrt ihr Gesicht in aufrichtigem Erstaunen.

»Ja und ...?!«

»Aber was hast du dann für Freunde?«

»Die sind halt so, wie sie sind. Blablabla ...«

Sehen Sie, das ist eine ganz andere Ausstrahlung. Es ist ihr völlig egal, ob ihre Freunde das Gleiche wollen wie sie. Sie kümmert sich einfach um ihre Welt, und ihre Welt kümmert sich um sie. Das ist alles. Hören Sie auf damit, an den Spiegel eine Projektion Ihrer Umgebung zu senden, und Ihre Umgebung wird Sie in Ruhe lassen. Seien Sie fürsorglich, dann werden Sie von Fürsorge umgeben sein. Fundamentales Freiling.

Zusammenfassung

- Der Supermarktsynthetik wohnt eine üble Attraktivität inne, und sie führt zu einer drogenartigen Abhängigkeit.
- Von Zwang sollte man sich bei Ernährungsfragen völlig befreien. Alles, was Sie tun können, ist, selbst mit gutem Beispiel voranzugehen.
- Nehmen Sie sich das Recht, Sie selbst zu sein, und lassen Sie anderen das Recht, anders zu sein.
- Streiten Sie mit niemandem, zwingen Sie niemandem etwas auf, und versuchen Sie nicht, anderen etwas zu beweisen.

Randnotizen

Trotz aller Vorteile der lebendigen Ernährung möchte ich Sie dazu anhalten, in dieser Angelegenheit umsichtig und kompetent vorzugehen. Ich selbst habe sehr moderate Ansichten zu diesem Thema. Meine wichtigsten Prinzipien hierbei sind: harmonisch und Schritt für Schritt. Leider gehören Rohköstler manchmal zu jenen Leuten, von denen man sagt: »Zwingst du den Narren zu beten, so wird er sich auch die Stirn aufschlagen.« (Damit sind jetzt nicht die Briefschreiber hier gemeint, sondern es ist eine allgemeine Aussage.)

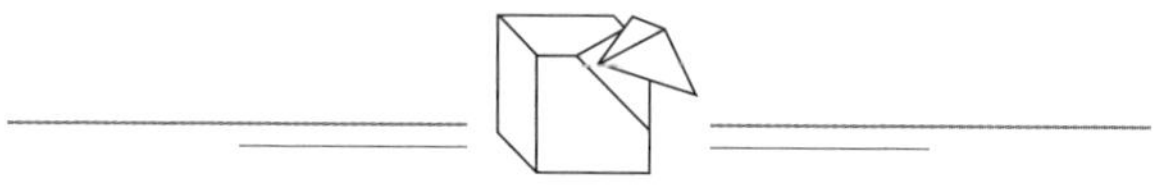

Das Leben ist keine Chemie im Reagenzglas

Die Ärzte sagen, Milchprodukte seien absolut notwendig, da sonst die Zähne verderben und die Haare ausfallen. Wie sieht es denn mit Ihren Zähnen und Haaren aus?

Das alte Lied von der angeblich so wichtigen Kalziumquelle – Milch und Milchprodukte – ist nur ein Lied, in erster Linie gesungen nicht einmal von Landwirten und Ärzten (Letztere stimmen es zwar auch einmütig an), sondern von Produktherstellern und Händlern. Sie brauchen natürlich sehr gute Argumente, damit die Leute mit gleichbleibender Regelmäßigkeit und voller Enthusiasmus ihren Geldbeutel öffnen und diese Waren kaufen.

Produzenten und Händler sind so mächtig, dass sie praktisch jedes Märchen in die Welt setzen können. Sollte plötzlich aus irgendeinem Grund die Milchherstellung und der Handel mit Milchprodukten unvorteilhaft werden, zögern sie nicht, sogleich ein neues Lied zu erfinden. Das Lied muss sehr überzeugend sein und vernünftig und schön klingen, damit alle daran glauben. Die Darsteller sind auch gleich zur Stelle – von den Stars im Showgeschäft bis hin zum Professor. Die Käufer hören zu und sagen: »Oh, was für ein schönes, gescheites, neues Lied!« Und sie werden ihr Geld gern zum Supermarkt bringen. Wie Sie sehen, lässt sich das alles sehr kompetent und umfassend organisieren. Und genauso wird es auch gemacht.

Außer Liedern werden auch furchtbare Gruselgeschichten verfasst.

Wenn du - Gott bewahre! - nicht unseren leckeren Joghurt isst, fallen dir Haare und Nägel aus. Dann musst du sie ausreißen, weil sie sonst nach innen wachsen! Wenn du unseren Joghurt nicht massenweise isst, wird man dich zum furchtbar bösen Zahnarzt schicken, mit seinen aufgekrempelten Ärmeln und seiner Zange! Und wenn du weiterhin auf dem Gedanken beharrst, dass du ohne unseren heilsamen Joghurt überleben kannst - weißt du was? Dann werden sich all deine Knochen auflösen! Und dann kannst du nur noch auf allen Vieren umherkriechen, wie ein erbärmlicher Lump, und alle gesunden, schönen Menschen werden mit ihren Joghurtbechern um dich herumstehen, dich auslachen und mit dem Finger auf dich zeigen. Willst du das etwa? (»Nein! Nein! Will ich nicht!«) Dann iss mehr von unserem so natürlichen und bekömmlichen Joghurt!

Es werden noch weitere Lügenmärchen erdacht, die als Grundlagen dienen, um fremde, unbequeme Ansichten und Lehren zu verdrehen und zu diskreditieren.

An apple a day keeps the doctor away. Ein Apfel am Tag also, und du brauchst keinen Arzt. Stimmt nicht. Ein Apfel am Tag, und ich gehe zum Arzt, um ihn umzubringen. Wer Äpfel isst, verwandelt sich in einen durchgeknallten Psycho, einen schrecklichen Terroristen. Nein, so nicht! Ein Tropfen Nikotin tötet ein Pferd, ein Apfel tötet einen Arzt. Esst keine Äpfel, das ist sehr schlecht!

Etwa in diesem Sinne. Ich persönlich ziehe es vor, der Natur zu glauben, denn sie ist nicht auf Profit aus, komponiert keine Lieder und führt keine Show auf. In der Natur ernähren sich nur Babys von Milch, allerdings nur von der Milch der eigenen Mutter, nicht von fremder.

Außerdem neige ich dazu, alles aus eigener Erfahrung zu überprüfen. Als tierische Produkte *nach und nach* aus meiner Ernährung *verdrängt* und durch lebendige Pflanzen *ersetzt* wurden, lösten sich alle meine Zahnprobleme, ganz ohne Beteiligung des »bösen, schrecklichen Zahnarztes«.

Ich hatte mehrere problematische Zähne. Sie fielen mir von selbst aus, völlig schmerzfrei, als sei es das Natürlichste von der Welt, und an ihre Stelle traten neue. Bei Rohköstlern ist dieses Phänomen nicht ungewöhnlich. Aber nur bei jenen, die keine Fanatiker sind und die *abwechslungsreich und vollwertig* essen. Meine Haare sind genauso dicht und stark wie in meiner Jugend, und sie ergrauen nicht, obwohl das schon lange fällig wäre. Von Falten ist noch nicht einmal eine Spur zu sehen. Das soll nun nicht heißen, dass ich etwas Besonderes wäre. Ganz im Gegenteil, in meinem Leben gab es eine Zeit, als die Zeichen des Alterns - schlechte Zähne, Falten, graues Haar - ganz offensichtlich waren. Doch dann stellte ich zu meinem Erstaunen fest, dass die degenerativen Prozesse nicht nur zum Stillstand gebracht werden, sondern sogar umgekehrt werden können. Das geschah dann, als ich auf meinen Speiseplan *eine Vielfalt* lebendiger pflanzlicher Nahrung setzte. Wie sich zeigte, erwacht im Körper die *Fähigkeit zur Regeneration,* wenn man zu den Naturgesetzen *zurückkehrt*. Sehr viel, wenn nicht alles, erholt sich und wird wieder normal.

Aber ich betone nochmals: Es hat keinen Wert, es bis auf die Spitze zu treiben. Das Essen sollte vor allem abwechslungsreich und vollwertig sein. Fanatismus sollte außen vor bleiben. Manch einer hört vom Wert lebendiger Nahrung und beginnt buchstäblich nur noch Äpfel zu essen. Das ist nicht der Sinn der Sache. Der Übergang sollte allmählich und natürlich vonstattengehen. Das Grundprinzip ist *nicht Einschränkung und Verzicht* auf bestimmte Produkte, sondern ihre allmähliche *Ersetzung und Verdrängung* durch andere Speisen.

Verzichten Sie nicht auf Käse, Quark, Eier und Butter, wenn Sie der Meinung sind, Sie seien dazu noch nicht bereit. Und denken Sie daran: Der besondere Wert liegt nicht so sehr in Gemüse und

Obst, sondern in frischen Kräutern, Getreidekeimen und Meeresalgen. Was den Gehalt an Vitaminen, Mineralien und anderen Nährstoffen betrifft, so wird Obst von Kräutern Dutzende oder gar Hunderte von Malen übertroffen. Aber von Kräutern allein kann man sich kaum ernähren, das ist mühsam und auch nicht besonders schmackhaft. Doch dafür gibt es eine Lösung: grüne Smoothies und Kräutersuppe. Darüber ist ausführlich in dem Buch *Apokryphes Transsurfing* die Rede.

Mein ganzes Leben – ich bin jetzt 22 – treibe ich bereits aktiv Sport. Momentan spiele ich Fußball und mache in einem Fitnesscenter Bodybuilding. Nun meine Frage: Woher beziehen Anhänger der Rohkost Proteine, die für den Aufbau von Muskeln unverzichtbar sind? Meine Mutter, eine professionelle Ärztin von liebevollem Wesen, sagt, ohne tierisches Eiweiß würden meine Muskeln nicht wachsen.

Diese Frage habe ich schon oft beantwortet, aber sie wird mir immer wieder gestellt. Natürlich hat Ihre Mutter recht. Keine Mutter in der Natur wird ihr Kalb mit Fleisch oder ihr Tigerjunges mit Gras füttern. Die Frage ist: *Wer sind Sie? Was ist Ihre Nahrung? Und von wem wurden Sie aufgezogen?*

Warum verliert ein Mensch, der sich von gekochten Lebensmitteln und Tierprodukten verabschiedet und dafür lebendige Pflanzenkost isst, deutlich an Gewicht? Vor allem dann, wenn der Übergang abrupt erfolgt?

Hierbei greifen zwei Prozesse. Zum Ersten blockiert lebendige Nahrung nicht den Prozess der Ausscheidung von Schlacken und Giftstoffen, wie es bei gekochter (toter) Nahrung der Fall ist, sondern bringt ihn im Gegenteil in Gang. Zuvor kam Nahrung in den Körper, die vom Feuer getötet, minderwertig, ja beinahe giftig war. Gekochte Nahrung ist vom Wesen her giftig. Totes ist nun einmal tot. Urteilen Sie selbst: Was ist Leben, was ist Tod?

Vergleichen Sie ein beliebiges lebendiges Wesen mit einem toten. Warum verstehen wir alle sehr wohl den Unterschied zwischen einem lebendigen Wesen und einer Leiche, und warum erzeugt der Anblick einen sehr starken Eindruck, wenn wir konkret eine Leiche vor Augen haben oder eine verdorrte, tote Pflanze? Der Tod ist ein sehr unangenehmer, schon gar nicht appetitlicher Anblick, nicht wahr?

Doch sobald wir uns an den Mittagstisch setzen, vergessen wir das alles aus irgendeinem Grunde. Das liegt an der Macht der Gewohnheit, die schon mit der Geburt einsetzt. Das ist ein Klischee, ein mentales Muster, das von der Gesellschaft geformt wurde. Stellen Sie sich einmal die gesottene Leiche eines Menschen vor. Nie gesehen? Widerlich? Aber unterscheidet sie sich im Prinzip von der gekochten Leiche eines Huhns?

Wir wollen hier bei den Unterschieden zwischen Lebenden und Toten nicht weiter ins Detail gehen. Was hat der Körper mit toter Nahrung zu tun? Die Natur konnte nicht ahnen, dass eines ihrer Geschöpfe auf die Idee kommt, seine Nahrung zuerst im Feuer zu töten. Sie hat jedoch für den Fall der Fälle einen ausreichenden Vorrat an Reserve und Festigkeit vorgesehen. Wir sind in dieser Hinsicht viel vollkommener ausgestattet als jedes Tier. Würde sich ein Tier solch extremen Exzessen und Verstößen gegen die Naturgesetze aussetzen, wie es der Mensch tut, so würde es nicht lange überleben.

Der Körper ist gezwungen, sich irgendwie mit toter Nahrung zurechtzufinden, wenn man ihn solchen Bedingungen aussetzt. Er hat einfach keine andere Wahl. Und er kommt damit mehr oder weniger zurecht, mit unterschiedlichem Erfolg. Es gibt bei alledem auch noch eine Sicherheitsspanne und eine Bereitschaft für Extremsituationen. Das geht allerdings nicht so weit, dass die Extremsituation sich unbegrenzt fortsetzt. Verstehen Sie? Der Körper ist nicht in der Lage, kontinuierlich Abfälle aus der Verarbeitung toter Nahrung zu beseitigen. Denn tot ist nun einmal tot. Nahrung ist nicht nur ein chemischer Rohstoff, eine Mischung aus irgendwelchen

Molekülen und benötigten Stoffen. Und der Körper ist nicht eine chemische Fabrik, die Rohstoffe herstellt. In ähnlicher Weise ist das Leben auch nicht eine Kette chemischer Reaktionen.

Alles ist viel komplizierter. Selbst die Wissenschaft, die bis heute nicht erklären kann, was Leben eigentlich ist, stimmt hierin überein. *Lebewesen müssen Lebendiges essen.* Das ist ein absolutes Naturgesetz. Selbst Pflanzen - die einzigen Lebewesen, die in der Lage sind, Nährstoffe direkt aus Mineralien zu beziehen - ernähren sich von lebendigen Mineralien. Versuchen Sie mal, eine Zimmerpflanze aus ihrem Topf zu nehmen und dann den Topf mit der Erde in einen Backofen zu schieben. Was meinen Sie wohl, was passiert, wenn sie anschließend die Pflanze wieder in die gebackene Erde stecken? Sie wird eingehen, natürlich. Denn tot ist schließlich tot. Eine Blume hat keine Ressourcen, um wie der Mensch tote Stoffe aufzunehmen und in lebendige zu verwandeln.

Ich wiederhole: Das Leben ist keine Chemie im Reagenzglas. *Mit jeder Mahlzeit aus toter Nahrung, die der Mensch zu sich nimmt, verbraucht er einen Teil seiner Lebensenergie.* Gemäß dem Verständnis der Wissenschaft besteht diese Energie aus lebenden Enzymen. Aber das ist noch nicht alles. Enzyme sind nicht einfach Chemikalien, sondern eine lebendige Substanz, und sie verfügen über eine eigene Ausstrahlung, eine Aura. In einem beseelten Körper bleiben sie eine ganze Weile am Leben. Doch wenn man den Körper brät, kann etwas Lebendiges dort nicht bleiben.

Folglich ist der Organismus gezwungen, die Abfallstoffe aus der Verarbeitung der toten Nahrung herauszusaugen und irgendwohin zu verfrachten - seine eigenen Ressourcen erlauben es ihm nicht, sie vollständig auszuleiten. Auf diese Weise gelangen lebendige und tote, erforderliche und nicht erforderliche, verdauliche und unverdauliche Stoffe ins Blut.

Darüber hinaus konnte die Natur auch nicht ahnen, dass der Mensch, unter dem Einfluss der Chemie, so verrückt sein würde, selbige in seine Lebenssphäre einzuführen, insbesondere in seine Nahrung. Der Organismus verteilt all diesen Ballast im ganzen Körper - er sammelt diesen Müll ein ganzes Leben lang. Ein massiger Körper - es sei denn, es handelt sich um einen Schwerathleten - zeigt genau diesen Ballast an, und nicht etwa Gesundheit und Muskelkraft.

Wenn nun jemand auf lebendige Nahrung umstellt, werden die Mechanismen der Selbstreinigung aktiviert. Die Reserven der Ausscheidungssysteme werden befreit, und der Körper beginnt, sich allmählich der seit Jahren in allen Ecken angesammelten Abfallstoffe zu entledigen. Ganz ähnlich wie Müll aus einem alten, von Schwachsinnigen bewohnten Haus geräumt wird.

Folglich ist der erste Prozess, aus dem sich eine Abnahme entwickelt, die *Reinigung*. Die Reinigung kann einige Jahre in Anspruch nehmen, denn es wurde ja auch jahrelang Abfall angesammelt. Und es ist nicht so einfach, das alles wieder loszuwerden. Das kann ich aus eigener Erfahrung bestätigen. Wenngleich ich sehr auf Reinigung und richtige Ernährung achtete, sehe und spüre ich noch heute, dass weiterhin Dreck aus mir herauskommt, den ich einst eifrig ansammelte.

Und Sie können das bei sich selbst feststellen: Es ist so, als würde das Phantom von etwas, was Sie schon lange nicht mehr zu sich genommen haben, aus Ihnen austreten. So mögen Sie zum Beispiel das Gefühl haben, nach einem Bier aufzustoßen, oder den flüchtigen Geschmack von Tabak, Wein oder Bratkartoffeln verspüren. Wozu sollte dieses Gefühl kommen, wenn Sie diese Dinge nicht vor Langem tatsächlich verzehrt hätten? Hier liegt ein doppelter Vorgang vor: Das Phantom toxischer, toter Produkte, im wörtlichen wie im übertragenen Sinne, das sich in Form von Schlacken und Toxinen nicht nur auf der körperlichen Ebene zeigt, sondern auch als mentale Prägung.

Gleichzeitig mit der Reinigung beginnt ein weiterer Prozess - der Ersatz. Ersatz wovon und wodurch? Überlegen Sie mal: Wodurch unterscheidet sich der Mensch vom pflanzenfressenden Tier, von dessen Fleisch er sich ernährt? Genau durch das Fleisch. Sie stehen auf verschiedenen Stufen der Nahrungskette, bei ihnen ist alles anders: die Verdauung, das Fleisch, die Knochen und auch das Bewusstsein.

Und jetzt stellen Sie sich vor, der gleiche Mensch hört mir nichts, dir nichts auf, sich von Nahrung tierischen Ursprungs zu ernähren, und beginnt Pflanzen zu essen, die obendrein nicht gekocht sind, sondern roh. Was geschieht mit ihm? Sein Körper macht zunächst einen schweren Schock durch. Wieso? Er ist verwirrt und begreift nicht, was man von ihm will. Dann jedoch besinnt er sich und macht sich daran, *sich selbst zu rekonstruieren*. Der Körper ist gezwungen zu gehorchen, denn mit den Naturgesetzen lässt sich nicht argumentieren. Er muss auf eine andere Stufe der Pyramide steigen, und dafür muss er alles in sich austauschen. Die äußere Form kann die gleiche bleiben, doch der Gehalt, die Substanz, ist ein völlig anderer.

Der Körper macht also zwei Prozesse durch: Reinigung und Ersatz. Offensichtlich handelt es sich um eine grundlegende Umstrukturierung. Was folgt daraus?

Zusammenfassung

- Klischees in Ernährungsfragen werden im Großen und Ganzen von Herstellern und Händlern in die Welt gesetzt.
- Die Natur ist nicht auf Profit aus, komponiert keine Lieder und veranstaltet auch keine Shows. In der Natur ernähren sich nur Babys von Milch, obendrein von der Milch der eigenen Mutter, nicht der einer Fremden.
- Bei lebendiger Ernährung behält man volles Haar, graue Haare werden wieder natürlich und es wachsen einem neue Zähne nach. Allerdings muss dazu die Ernährung vollwertig und abwechslungsreich sein. Und natürlich geschieht das nicht sofort.

- Wenn Sie zu den Naturgesetzen zurückkehren, erwacht in Ihrem Körper die Fähigkeit zur Regeneration.
- Die Umstellung sollte allmählich und natürlich vonstatten gehen. Das Grundprinzip ist nicht Einschränkung und Verzicht auf bestimmte Produkte, sondern deren allmähliche Ersetzung und Verdrängung durch andere.
- Verzichten Sie nicht auf Käse, Quark, Eier und Butter, wenn Sie von Ihrem Empfinden her noch nicht dazu bereit sind.
- Der besondere Nährwert liegt nicht einmal so sehr in Obst und Gemüse, sondern in frischen Kräutern, Getreidekeimen und Meeresalgen.
- Nahrung ist nicht bloß ein chemischer Rohstoff, eine Mischung aus Molekülen und irgendwie vom Körper benötigten Stoffen.
- Der Körper ist nicht bloß ein chemischer Betrieb, in dem Rohstoffe hergestellt werden.
- Das Leben ist nicht lediglich eine Reihe chemischer Reaktionen.
- Menschen, die mit jeder Mahlzeit tote Nahrung aufnehmen, müssen einen Teil ihrer Lebensenergie für die Verdauung aufwenden.
- Ist der Organismus gezwungen, die Abfallstoffe aus der Verarbeitung der toten Nahrung herauszusaugen und irgendwohin zu verfrachten, so erlauben seine eigenen Ressourcen es ihm nicht, sie vollständig auszuleiten.
- Leben muss sich von Lebendigem ernähren.
- Wenn jemand auf lebendige Ernährung umstellt, werden die Mechanismen der Selbstreinigung aktiviert.
- Die Selbstreinigung kann Jahre dauern, denn der Abfall wurde auch jahrelang angesammelt.

- Der Körper wendet sich der Rekonstruktion seiner selbst von allein zu.

Randnotizen

Die systemkonformen Massenmedien werden versuchen, Sie davon zu überzeugen, dass lebendige Ernährung eine abartige Marotte von Menschen sei, deren physische und geistige Gesundheit bedenklich angeschlagen ist. Zum Beispiel, indem sie einen verrückten, gequält aussehenden Rohköstler neben einer blühend schönen, wohlhabenden Frau zeigen, die »wie ein normaler Mensch« isst. Beide, Fleischesser wie Rohköstler, werden hier gleichermaßen zur Manipulierung benutzt. Einerseits werden Unwissenheit, offene Lüge, tendenziöse Aufmachung und Diskreditierung eingesetzt, andererseits Engstirnigkeit, Besessenheit und kopfloser Fanatismus. Unwissenheit ist in der Tat eine große Macht!

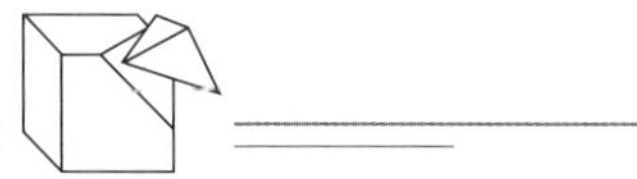

Das Prinzip des Herdentriebs

Wir waren dabei stehengeblieben, dass mit der Umstellung auf lebendige pflanzliche Nahrung eine allgemeine Renovierung des Körpers einhergeht, begleitet von den Prozessen der Reinigung und des Ersatzes. Der Ballast in Form von Schlackenstoffen und Toxinen, die über viele Jahre angesammelt wurden, wird entsorgt, und an seine Stelle tritt buchstäblich ein neuer Körper, bestehend aus neuem Biomaterial und ausgestattet mit neuen Mechanismen für die Verdauung und den Stoffwechsel.

Man kann nicht sagen, dass der Mechanismus des Stoffwechsels und der Verdauung sich grundlegend ändert, aber eine erhebliche Überholung der symbiotischen Mikroflora und die Tatsache, dass pflanzliche Rohkost vollständig verdaut wird, sagt schon einiges.

Verehrte Leser, ich möchte Sie bitten, Ihre Aufmerksamkeit zu aktivieren und die Tragweite des oben Gesagten zu begreifen. Verstehen Sie wirklich, worum es hier geht? Es ist keine Diät, keine oberflächliche Veränderung der Ernährung und auch kein gewöhnlicher Vegetarismus, bei dem Milchprodukte und die Bearbeitung der Nahrungsmittel mit Hitze erlaubt ist, sondern *der Übergang auf eine andere Stufe der Lebenspyramide*, mit allen daraus resultierenden Folgen.

Im vorherigen Kapitel habe ich bereits darauf hingewiesen, aber ohne besonderen Nachdruck, und offenbar hat niemand bemerkt, dass »im Traum etwas jenseits des Üblichen geschah«. Im Gegenteil, viele interessieren sich nur für die neuen Zähne. Doch die Zähne sind nur ein Nebeneffekt der Umstellung. Es geht um *die prinzipielle*

Fähigkeit des Körpers zur Regeneration, in dem Sinne, dass es möglich ist, *degenerative Prozesse wieder umzukehren*. Und das ist schon ein recht fundamentales Thema.

Natürlich lässt sich bislang noch nichts Endgültiges über die Möglichkeit der absoluten Regeneration aussagen, obgleich es in der Vergangenheit Fälle gab, wo einem Menschen verlorene Gliedmaßen wieder nachwuchsen, wie bei einem Salamander. Doch bereits das, was ich an mir selbst beobachte, weckt in mir große Hoffnung, so dass die Ansicht der offiziellen Wissenschaft hierzu mir uninteressant erscheint.

Aus irgendeinem Grunde spricht niemand klar und deutlich von der lebendigen Ernährung als dem Übergang auf eine andere Pyramidenstufe. Sogar ich selbst habe bisher darüber nicht aus dieser Perspektive gesprochen, um mein Publikum nicht unnötig zu schockieren, sondern alle Interessierten möglichst sanft in das Thema einzuführen. Aber ich denke, die Zeit ist gekommen, um die Dinge beim Namen zu nennen.

Auf jener Pyramidenstufe sind die Menschen schon recht anders. Sie haben eine andere Weltanschauung, eine andere Energetik, Gesundheit, Intelligenz und Lebensqualität und letztlich auch einen anderen Körper. Es ist eine Art Eliteclub, wenn man die außergewöhnlichen Privilegien in Betracht zieht, die dieser Club bietet. Im Gegensatz zu anderen privilegierten Clubs kann jedoch jeder beitreten, der will. (Und im Gegensatz zu einer Sekte kann man auch jederzeit wieder austreten.)

Aber für einen solch außergewöhnlichen Schritt sollte man auch einen sehr triftigen Grund haben. Ist es etwa leicht, eine höhere Stufe der Pyramide zu erklimmen, noch dazu in unserer Gesellschaft, die von etablierten Klischees verdummt ist? Es gibt hierzu drei gute Fragen:

(1) Was sind die Vorteile?

(2) Wie ist es möglich?

(3) Ist es überhaupt möglich?

Um die erste Frage zu beantworten, sollen hier die Hauptvorteile aufgezählt werden: ein reiner, gesunder Organismus; eine leistungsfähige Intelligenz und ein klares Bewusstsein; eine gute körperliche Form; eine stabile Psyche; Befreiung von Parasiten; Befreiung von der Abhängigkeit von Lebensmitteln und anderen Zwängen; Befreiung von chronischen und degenerativen Krankheiten wie dem Herz-Kreislauf-Syndrom, Krebs, Diabetes, Arthritis, Aids, Übergewicht, Allergien, Depression, Neurasthenie, Unfruchtbarkeit, frühzeitigem Altern, Stress, chronischer Müdigkeit und so weiter. Und darüber hinaus, als natürliche Folge, eine Steigerung der allgemeinen Vitalität und der Lebensqualität. Ob diese Gründe gewichtig genug sind oder nicht, überlasse ich gern Ihrem Urteilsvermögen.

Sieht man die lebendige Ernährung als Bestandteil des Transsurfings, so ist der offensichtliche Vorteil dabei die Steigerung der Energetik und die Klärung des Bewusstseins, was für die Steuerung der Realität durch den bewussten Traum eine vorrangige Notwendigkeit ist. *Sie beginnen zu sehen und zu verstehen, was anderen verborgen bleibt.*

Durch das Erlangen von mindestens einem der oben genannten Vorteile sind Sie anderen, die über diese Vorteile nicht verfügen, ein Stück voraus. Überhaupt sind Sie anderen gegenüber schon im Vorteil, sobald Sie aus der Reihe tanzen und anders handeln als die Allgemeinheit. Das sollte Ihnen aus den Grundlagen des Transsurfings bekannt sein. Erinnern Sie sich noch an die Regel des Pendels? »Handle so wie ich.«

Wer der etablierten Ordnung folgt, gehorcht blind dem Prinzip: *Wenn alle so denken oder handeln, muss es richtig sein.* An dieses Prinzip hält sich eigentlich auch die Gesellschaft, das ist jedoch längst nicht immer empfehlenswert.

Die Verbreitung degenerativer Krankheiten zum Beispiel ist statistisch eindeutig mit dem Aufkommen und der Entwicklung neuer Technologien der Lebensmittelherstellung wie der Konservierung, der Raffinierung und aller möglichen chemischen Behandlungsmethoden verbunden. Lebensmitteltechnologien werden nicht wegen ihrer Nützlichkeit entwickelt, sondern *weil es lecker, praktisch und modern ist und weil »alle das tun«.*

Zuerst erfand man Wege, um Getreide und Reis von der Schale und dem Keim zu »reinigen«, in denen eigentlich alle wertvollen Bestandteile stecken. Produkte aus so behandeltem Getreide sind weiß, zart und flockig. Eines Tages kam jemand einen Bekannten besuchen und dachte: »Was für zarte Brötchen, was für ein blütenweißer Reis! Toll! Das will ich auch!« Und schon bald wollten das alle. Und es wurde zur Gewohnheit. An dieser Stelle begannen alle möglichen Krankheiten. Es ist nur noch niemand auf den Gedanken gekommen, das Aufkommen neuer Krankheiten mit den Veränderungen in der Lebensmitteltechnologie zu verbinden. Jedenfalls kaum einem. Und bis zum heutigen Tage denken nur wenige darüber nach. *Sie essen und werden krank. Sie werden krank und essen.*

Interessant ist die Tatsache, dass im mittelalterlichen Frankreich, der Heimat der raffinierten Kochkunst, eine große Schüssel grüner Salat die tägliche Hauptspeise der Bürger war. Das gewöhnliche Volk aß einfache, naturbelassene Nahrungsmittel. Kulinarische Köstlichkeiten galten als Privileg der Adligen – jedenfalls bemühte sich ein Koch, für sie derartige Speisen zuzubereiten, während er selbst in der Küche saß und eine ganze Schüssel Salat aus verschiedenen Kräutern aß. Für die Speisen des Adels wurden solche Kräuter nur als Würzmittel und zur Dekoration verwendet.

Damals wurden Krankheiten und alle möglichen Beschwerden ein charakteristisches Merkmal des Adels. Es galt auch als kultiviert, ein blasses Gesicht zu haben und den ganzen Tag im Bett zu liegen, erschöpft von »hochwohlgeborenem« Weltschmerz. Das war damals die Mode. Demgegenüber waren Sonnenbräune, Gesundheit und

Offenheit charakteristische Merkmale der Unterschicht. Krank? Na weißt du, keine Zeit dafür. Und an Kraft gab es sowieso keinen Mangel. Den ganzen Tag zu arbeiten war die Regel, und sich danach irgendwo in einem Heuhaufen zu vergnügen war genauso normal.

Doch im Laufe der Zeit verbreitete sich die »erlesene Kochkunst« überall, und wiederum half dabei in vieler Hinsicht die Mode. Konserven wurden beispielsweise erfunden, um praktische Rationen für die napoleonische Armee zu gewährleisten. Dann aber kamen sie in Mode und galten als eine der vielen Errungenschaften des Fortschritts. Stellen Sie sich vor: Menschen sitzen an der Tafel und bekommen allerlei Konservendosen aufgetischt. Und eines der Gesprächsthemen ist: »Was für Konserven haben Sie heute gegessen? Wie bitte, Sie essen keine Konserven?! Sie sind ja völlig hinter dem Mond!«

Zunächst beschränkte sich die Konservierung auf Wärmebehandlung. Dann wurden jedoch alle möglichen Konservierungsstoffe, Geschmacksverstärker, Aromen und Zusatzstoffe erfunden. An solche Nahrung kann man sich nicht einfach gewöhnen - sie schafft eine starke, drogenartige Sucht, eine Abhängigkeit vom Fressnapf. Die Hauptsache aber ist, dass dies für alle Beteiligten sehr praktisch scheint: für die Hersteller, für die Händler und auch für die Verbraucher. Alle hängen an der gleichen Nadel, und jeder hat seine eigenen Vorteile. Aber auch hier gilt: *Sie essen und werden krank. Sie werden krank und essen.*

Man kann sich des Eindrucks nicht erwehren, als sei der Mensch von heute kein *Homo sapiens*, ein »gescheiter Mensch«, sondern eine von *IRGENDJEMANDEM* gezähmte, domestizierte und vorsätzlich abgerichtete Spezies, die überhaupt nicht darüber nachdenkt, womit sie gefüttert wird und mit welchem Ziel. *Homo mansuetus, der von IRGENDJEMANDEM gezähmte Mensch.* Hier fantasiere ich natürlich. Denn in Wahrheit ist dieser *JEMAND* kein Individuum, sondern das System, die Matrix. Das ändert aber nichts am Kern der Sache.

Das System ist daran interessiert, dass sich alle in Reih und Glied bewegen. Und diese Steuerung wird besonders einfach, wenn alle aus ein und demselben Trog fressen. So ist es doch, nicht wahr? Und diese Ordnung lässt sich auch dann leicht aufrechterhalten, wenn alle noch das gleiche vorgekaute Ziel anstreben und sich vor den gleichen Problemen fürchten. Schauen Sie sich eine beliebige Präsentation der Massenmedien an, und Sie werden durch die Bank ein sehr primitives Bild vorfinden: Einerseits wird uns von allen Bildschirmen und von allen Zeitschriften *der Kult des Erfolgs und des Konsums* aufgedrängt, gleichzeitig *die Angst vor beunruhigenden Nachrichten*. So wird die Ordnung aufrechterhalten.

Wie kann man nun dem gesamten System entkommen, um nicht mehr dem Erfolg eines anderen zu dienen, sondern dem eigenen? Dafür ist es erforderlich, mit dem Prinzip des Herdentriebs zu brechen. *Verabschieden Sie sich von der Idee: »Wenn alle etwas tun, ist es richtig.«*

In gewissem Sinne kann man einen solchen Schritt als *das Hacking des Betriebssystems der Gesellschaft* betrachten, die Sie ständig mit dem Erfolg anderer lockt und Sie gleichzeitig in einen Rahmen zwängt und Sie zwingt, nach einem vorgegebenem Programm zu handeln und in den kollektiven Traum einzutauchen. Befreit von diesem Programm, können Sie Ihr eigenes erstellen und dieses dann so in das System einbauen, dass es für Ihren Vorteil wirkt und nicht für den des Systems. Eines Tages dann wird Ihr Erfolg der Maßstab für andere werden, die sich noch in der Gewalt des Algorithmus befinden.

Zusammenfassung

- An die Stelle des alten Körpers tritt buchstäblich ein neuer, der aus neuem Biomaterial besteht und mit neuen Mechanismen für die Verdauung und den Stoffwechsel ausgestattet ist.
- Es ist keine Diät, keine oberflächliche Veränderung der Ernährung und auch kein gewöhnlicher Vegetarismus, bei dem

Milchprodukte und die Bearbeitung der Nahrungsmittel mit Hitze erlaubt ist, sondern der Übergang auf eine andere Stufe der Lebenspyramide – eine grundsätzlich andere Art der Ernährung und des Daseins.

- Es geht um die prinzipielle Fähigkeit des Körpers zur Regeneration, in dem Sinne, dass es möglich ist, degenerative Prozesse wieder umzukehren.
- Das Bewusstsein klärt sich, und Sie beginnen zu sehen und zu verstehen, was andere nicht sehen und verstehen können.
- Wenn Sie die allgemeine Ordnung verlassen und beginnen, etwas nicht so zu tun wie die anderen, so ziehen Sie auf jeden Fall einen Vorteil daraus.
- Das Prinzip des Herdentriebs besagt: Wenn alle auf eine bestimmte Weise denken und handeln, muss es richtig sein.
- Die Verbreitung degenerativer Krankheiten zum Beispiel ist statistisch eindeutig mit dem Aufkommen und der Entwicklung neuer Technologien der Lebensmittelherstellung verbunden.
- Hierüber wird nur wenig nachgedacht: Sie essen und werden krank. Sie werden krank und essen.
- Synthetische Nahrung schafft eine starke, drogenartige Sucht, eine Abhängigkeit vom Fressnapf.
- Alle hängen an der gleichen Nadel, und jeder hat seine eigenen Vorteile. Aber auch hier gilt: Sie essen und werden krank. Sie werden krank und essen.
- Der Mensch von heute ist eine gezähmte, domestizierte und vorsätzlich abgerichtete Spezies, die einst eigenständig und vernünftig war.
- Das System ist daran interessiert, dass sich alle in Reih und Glied bewegen. Und die Steuerung des Systems wird besonders einfach, wenn sich alle vor den gleichen Horrorgeschichten fürchten, die gleichen Ziele verfolgen und aus ein und demselben Trog fressen.

- Um nicht mehr dem Erfolg eines anderen zu dienen, sondern dem eigenen, ist es erforderlich, mit dem Prinzip des Herdentriebs zu brechen. Verabschieden Sie sich von der Idee: »Wenn alle etwas tun, ist es richtig.«

Randnotizen

Objektiv gesehen sollte man sich mit solchen Fragen nicht aufgrund einer Vorliebe für eine bestimmte Ernährung oder rein aus gesundheitlichen Gründen auseinandersetzen, sondern weil es für die Realitätssteuerung erforderlich ist, zunächst einmal zu wissen, was die Realität überhaupt ist.

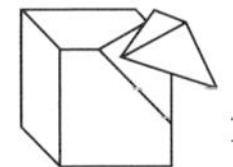

Lebendiges und Totes

Wir wollen jetzt das Thema des letzten Kapitels weiterverfolgen. Abgesehen von den Vorteilen der neuen Stufe der Ernährungspyramide ist es weiterhin möglich, einige sehr willkommene Boni einzustreichen. Für Frauen bedeutet dies unter anderem die Beseitigung solch unnatürlicher und unlogischer Probleme wie der Monatsblutung, die Vermeidung einer Blutvergiftung während der Schwangerschaft und eine schmerzfreie Geburt. Hierzu schreibt Dr. Arnold Ehret:

»Wenn der Körper der Frau dank der heilsamen Diät vollständig gereinigt ist, hört die Menstruation auf. In den heiligen Schriften wird dieses Phänomen ›Reinigung‹ genannt, d. h. das Aufhören des Abflusses von unreinem Blut und Schlackenstoffen.

Alle meine Patientinnen, die sich dem Prozess der heilsamen Diät (lebendige Ernährung) unterzogen haben, haben berichtet, dass die Monatsblutungen immer seltener auftraten – mit einem Abstand von zwei, drei oder vier Monaten, bis sie schließlich ganz aufhörten.

Kopf- und Zahnschmerzen, Übelkeit und andere Beschwerden, die angeblich zu einer Schwangerschaft gehören, hören auf, und es erfolgt eine schmerzfreie Geburt. Die Babys erblicken das Licht der Welt ungewöhnlich ›sauber‹, und die Mütter produzieren reichlich süße Milch – all dies habe ich bei Frauen beobachtet, die sich an die Heilernährung hielten.

Es ist nicht empfehlenswert, die Ernährung während der Schwangerschaft oder der Stillzeit umzustellen. Ein solcher Wechsel sollte mindestens zwei bis drei Monate vor der Empfängnis erfolgen.«

Ein nützlicher Vorteil für Männer ist eine deutliche Verbesserung der psychischen Stabilität angesichts äußerer Einflüsse wie Stress. Der Mann wird das charakteristische Gefühl ruhigen Selbstbewusstseins entwickeln, ein Gefühl von Kraft und Ausgeglichenheit, frei von Hysterie und unangemessener Aggression.

Wie Sie sicher wissen, ist in jeder schwierigen Lage, einschließlich Konfliktsituationen, die wertvollste Eigenschaft standhafte Selbstbeherrschung und nicht physische Kraft. Aber Selbstbeherrschung zu entwickeln ist schwieriger, als Muskeln aufzubauen. Folglich entsteht Selbstvertrauen seltsamerweise nicht durch ein Stück Fleisch, sondern durch frische Kräuter. Also nicht in erster Linie Obst und Gemüse, sondern frische Kräuter stabilisieren das Nervensystem. Warum? Ich werde versuchen, es zu erklären.

Man kann nicht sagen, dass durch die lebendige Ernährung dem Körper irgendwelche Kräfte zugeführt werden. Vielmehr ist es so, dass die Kräfte nicht hereinkommen, sondern *freigegeben* werden. Vergleichen Sie den Willen und die Psyche eines Drogensüchtigen mit dem Willen eines gesunden Menschen. Euphorie und Begeisterung halten beim Süchtigen nur sehr kurz an - die meiste Zeit befindet er sich in einem Zustand der Zerrüttung und der Zurückgezogenheit. Seine Energie ist so ähnlich wie bei einem löchrigen Eimer - er braucht immer wieder eine neue Dosis, um den Energieabfluss zu ergänzen. Der Rauschzustand entzieht dem Körper viel Kraft und hat eine extrem schlechte Auswirkung auf das Nervensystem, das dadurch destabilisiert und geschwächt wird.

Die Auswirkung toter Nahrung manifestiert sich zwar nicht so extrem wie bei einer Drogensucht, aber doch schon recht ähnlich. Das Problem dabei sind die sich bildenden Toxine. Die Einnahme eines Stoffes, der einen Rausch hervorruft, bringt immer

Entzugserscheinungen mit sich, und dann braucht man eine neue Dosis, um die Entzugserscheinungen zu stoppen. Man will wieder fixen, trinken, rauchen oder essen - der Stoff selbst macht keinen Unterschied, denn das Problem bleibt im Wesentlichen das gleiche.

Man könnte nun fragen, wie es dann kommt, dass ein solcher Mensch glücklich und zufrieden lebt (natürlich in relativem Maße), wenn er sich gleichzeitig über lange Zeit vergiftet. Oder warum zum Beispiel jemand jahrelang rauchen kann, ohne schwere und vor allem ohne baldige Folgen. Denn Tabakrauch enthält Hunderte von Giftstoffen.

Die Sache ist die, dass der Körper die Fähigkeit hat, Giftstoffe, die nicht ausgeleitet werden können, einzukapseln und irgendwo zu speichern, um sie möglichst von lebenswichtigen Organen fernzuhalten. Genauso eilig - allerdings nicht aus Verzweiflung, sondern aufgrund großer Torheit - hält der Mensch chemische Abfallstoffe von seinen Augen fern. Aber ein Fass mit Giftstoffen kann nicht ewig lange auf dem Grund der Ostsee gelagert werden. Genauso kommt irgendwann unausweichlich die Zeit, wo die Wände der toxischen Lagerstätten im Körper zusammenbrechen. Bis dahin scheint das ganze Problem sich allerdings auf den Zustand eines anhaltenden Katers zu beschränken.

Lebendige Nahrung ist, im Gegensatz zu toter, nicht toxisch. Lebendig ist lebendig - immer frisch und rein. Jede lebendige Pflanze ist reiner als ein beliebiger toter Brei, auch wenn dieser angeblich noch so »gesund« ist. Tote Nahrung ist immer unrein, zumindest in gewisser Hinsicht. Denn tot ist nun einmal tot. Ein grünes Blatt ist die ursprüngliche und vollkommene Manifestation der höchsten Lebensformen. Im grünen Blatt steckt ein gewaltiges Potenzial, das Programm zur Fortentwicklung. In einem toten Blatt hingegen ist das Leben bereits vorbei. Und wo das Leben vorbei ist, beginnt der Prozess des Zerfalls und der Fäulnis. Leben und Zerfall sind zwei entgegengesetzte Prozesse. Sie sind durch eine subtile, aber sehr bestimmte Grenze voneinander getrennt.

Wenn Sie vor einem Spiegel stehen, verstehen Sie den Unterschied zwischen Realität und Reflexion. Sie wissen, dass im Spiegel eine Grenzschicht vorhanden ist, eine Fläche, deren eine Seite sich von der anderen völlig unterscheidet. Wenn Sie vor einem toten Körper stehen, erkennen Sie ebenso deutlich die Grenze zwischen Leben und Tod. Doch sobald es um Lebensmittel geht, verflüchtigt sich das Gefühl für diese Grenze völlig. Die Menschen haben sich so sehr an tote Nahrung gewöhnt, dass sie den Unterschied zwischen einem frischen und einem gekochten Apfel schon nicht mehr wahrnehmen. Nun ja, natürlich verstehen sie schon die andere Konsistenz und den veränderten Geschmack. Doch das Verständnis für die *Grenze*, die das Lebendige vom Toten *grundsätzlich* unterscheidet, geht ihnen völlig ab.

Leben impliziert das Vorhandensein von Potenzialen, die Fähigkeit zu Regeneration und Entwicklung. Doch sobald die Grenze zwischen Leben und Tod erreicht ist, beginnt das Programm der Degeneration und Zersetzung. Daher sind toxische Abfälle ein integraler Bestandteil toter Nahrung. Und wo immer ein Rausch stattfindet, da folgen, wie gesagt, Entzugserscheinungen, Energiemangel, Verlust der Willenskraft und Störungen des Nervensystems. Das Loch im Eimer ist wie ein Loch in der Seele, das stets mit irgendetwas gefüllt werden muss.

Eigentlich hat die gekochte (tote) Nahrung keinen besonders großen Schaden im menschlichen Körper angerichtet, solange sie jahrhundertelang einigermaßen natürlich blieb. Denn die Reserven des menschlichen Körpers haben sich als überraschend groß erwiesen. Doch seit dem Aufkommen der Entwicklung technologischer Verfahren zur Verarbeitung von Lebensmitteln ist die Lage Jahr für Jahr schlimmer geworden.

Zum Beispiel wird eine psychische Besonderheit heutiger Kinder, die sich in *Hyperaktivität und Aufmerksamkeitsstörungen* zeigt, gewöhnlich dem sogenannten »Indigo-Phänomen« zugeschrieben. Es mag bequem sein, so zu denken (solange man nicht die wahre Ursache kennt) und diese Kinder einfach als »Indigo-Kinder« zu bezeichnen. Praktisch alle Kinder gehören ja inzwischen zu diesem erlesenen Kreis.

Leider sieht die Realität anders aus. Das hysterische Verhalten, das heutzutage schon für kleine Kinder geradezu typisch ist, rührt vom hohen Anteil an Chemie und Kunststoffen im Supermarktfutter her. Tote Synthetik ist um ein Vielfaches toxischer als bloß gekochte, aber natürliche Nahrung. Daher kommt das zerrüttete Nervensystem. Ein solches Kind ist so zappelig wie eine Wetterfahne im Wind. Das Lernen fällt ihm schwer, und es kann sich nicht konzentrieren und stillsitzen.

Zu meiner Zeit, als ich bei den Pionieren war, konnten wir stillsitzen. Meine Generation erinnert sich noch daran, dass wir uns sogar zwingen konnten, mit auf dem Schreibpult zusammengelegten Händen dazusitzen. Warum können die Kinder von heute das nicht mehr? Ihre Stimmung und ihre Energie ändern sich ständig. Wodurch unterscheiden sie sich von den Pionieren - von uns? Auch wir waren wild und tollten herum, doch wir konnten uns problemlos konzentrieren.

Heute jedoch, so würde ich sagen, sind die Kinder schon nicht mehr wild (was sie ja sogar sein sollten), sondern eher müde. Als ich im Sommer am Strand spazieren ging, sah ich dort eine größere Gruppe von Kindern, die offenbar Lagerkinder waren.

Sie waren gerade eben dorthin gebracht worden, zogen sich um und bekamen die Erlaubnis, ins Wasser zu gehen. Ich rechnete damit, dass gleich eine Horde wilder, schreiender, tollender Kinder auf mich zukäme. Dem war aber nicht so. Sie verhielten sich wie Rentner nach einem herzhaften Mittagessen. Und das trotz der Tatsache, dass sich normalerweise Kinder für das Meer begeistern.

Natürlich sind nicht alle Kinder gleich, und auch auf Erwachsene wirkt sich Chemie unterschiedlich aus. Das Gesamtbild jedoch ist eindeutig: ein Rausch durch tote Synthetik, mit allen Symptomen, die diesen Rausch begleiten und die bereits zur Norm geworden sind. Es gilt als normal, denn das Prinzip des Herdentriebs besagt ja: »Wenn alle etwas tun, dann ist es auch richtig.« Aber kann das wirklich richtig sein?

Werfen Sie dieses idiotische Klischee von sich und überlegen Sie einmal: Kann es normal sein, dass in unserem Körper, in unserem geliebten, wunderschönen Körper, etwas verrottet und verfault? Muss das etwa so sein? Nur weil es bei allen so ist? Und was, wenn ich nicht so sein will wie alle anderen?

Wenn Sie sich nun trauen, mit dem Prinzip des Herdentriebs in Ernährungsfragen zu brechen, werden Sie sehen, dass mit Ihnen auf einmal ungewöhnliche, aber erstaunlich schöne Dinge geschehen. Zum Beispiel können Ihnen neue Zähne wachsen, weil das alte Programm der Degeneration beendet ist und stattdessen ein neues Programm in Kraft getreten ist: das Programm der Erneuerung und Entwicklung. Auch Ihre Haut verändert sich. In erster Linie aber werden Sie Ihre Vergiftung los, und somit erschließt sich Ihnen ein erhebliches Potenzial an Kräften. Das ist ein beträchtlicher Vorteil gegenüber jenen, die nach wie vor in einem ständigen Katerzustand leben.

Zusammenfassung

- Die Beseitigung solch unnatürlicher und unlogischer Probleme wie der Monatsblutung, die Vermeidung einer Blutvergiftung während der Schwangerschaft und eine schmerzfreie Geburt.
- Eine deutliche Verbesserung der psychischen Stabilität angesichts äußerer Einflüsse wie Stress.
- Das Selbstvertrauen wird bemerkenswerterweise nicht durch ein Stück Fleisch, sondern durch frische Kräuter gesteigert.

- Mit der lebendigen Nahrung wird keine Kraft zugeführt, sondern freigesetzt.
- Lebendige Nahrung ist, im Gegensatz zu toter, nicht toxisch. Lebendiges ist lebendig - immer frisch und rein.
- Ein grünes Blatt ist die ursprüngliche und vollkommene Manifestation der höchsten Lebensformen. Im grünen Blatt steckt ein gewaltiges Potenzial, das Programm zur Fortentwicklung.
- Eigentlich hat die gekochte (tote) Nahrung keinen besonders großen Schaden im menschlichen Körper angerichtet, solange sie jahrhundertelang einigermaßen natürlich blieb.
- Hyperaktivität und Aufmerksamkeitsstörungen bei Kindern stehen in direktem Zusammenhang mit der Präsenz von Kunststoffen in der Nahrung.
- Tote Synthetik ist um ein Vielfaches toxischer als bloß gekochte, aber natürliche Nahrung.

Randnotizen

So wie früher Menschen aus Dummheit an Skorbut starben, so sterben sie jetzt aus Dummheit an technogener Nahrung, ohne zu wissen, wieso. Tiere passen sich in ihrer Einfalt veränderten Lebensverhältnissen an. Wird es kalt, so ziehen die Huftiere weg, die Raubtiere folgen ihnen. Der Mensch ist genauso einfältig. Er strebt nach Profit, nach billigen Arbeitskräften und billigen Produkten. Wieder Gewinne, billiges Essen, der Mensch konsumiert alles, ohne zu denken. Qualität ist ihm egal, Hauptsache, er macht Gewinn und es ist billig. Er folgt einfach, mit gesenktem Haupt, »der Wanderschaft der Huftiere«. Wie in alten Zeiten. Der Mensch ist nicht gescheiter geworden.

Überleben in einer künstlichen Umgebung

Der Tod von Steve Jobs machte viele betroffen. Auch mir ging dieses Ereignis nahe, da ich ihn immer für ein herausragendes Genie und einen großen Transsurfer gehalten hatte. Steves Motto lautete: *»Habe den Mut, den Weg deines Herzens und deiner Intuition zu gehen. Alles andere ist zweitrangig.«*

Außerdem gefällt mir die Devise: »Bleibe hungrig und bleibe unvernünftig.« Das verstehe ich so: Gib dich nie zufrieden, werde nicht erwachsen, sondern bleibe Kind, das die Welt erstaunt und mit weit offenen Augen betrachtet. Höre auf niemanden, nur auf die Stimme des Herzens. Suche dein eigenes Ziel, ohne zu verzweifeln und aufzugeben, denn das Ziel ist der Weg und nicht ein Bestimmungsort.

Traurig ist, wenn der Tod so absurd und verfrüht ist. Wir sind davon überzeugt, dass der Tod seine Klienten nicht in VIP und gewöhnliche Leute unterteilt, dass er weder durch hervorragende Eigenschaften noch durch grandiose Kreationen beeindruckt ist. Weder Geld noch ein brillanter Verstand kann einen vor ihm beschützen.

Anscheinend ist die Realität so beschaffen, dass es eine tödliche Krankheit gibt, vor der es kein Entkommen gibt und zu der auch keine Hilfe zu erwarten ist. Dennoch gibt es Hilfe. Um sich selbst zu helfen (denn auf »jemand anderes« ist hierbei kaum Verlass), muss man die Tatsache akzeptieren, dass die Frage des Überlebens in einem zivilisierten Umfeld nicht weniger aktuell ist als in der Wildnis.

Oft werde ich gefragt: Sind all die Vorbereitungen und Zeremonien für lebendiges Wasser, lebendige Luft und lebendige Nahrung nicht viel zu aufwändig? Warum ist das alles so kompliziert, und wie viel bringt das wirklich?

Im Grunde ist das Ganze weder mühsam noch umständlich, nur etwas ungewöhnlich. Stellen Sie bei sich zu Hause und im Büro einen Ionisator auf - und atmen Sie lebendige Luft. Ersetzen Sie Ihren Teekocher mit einem Aktivator - und trinken Sie lebendiges Wasser. Worin besteht die Schwierigkeit? Mit der Nahrung ist es dann schon nicht mehr ganz so einfach, aber stellen Sie sich einmal diese Frage - *warum*? Lohnt es sich oder nicht?

In der Wildnis ist eine ständige Bemühung erforderlich, um Nahrung zu besorgen und zuzubereiten und um sich vor schlechter Witterung und wilden Tieren zu schützen. Wem das zu kompliziert ist, der kann sich auf den Boden legen und an Hunger, Kälte und den Angriffen von Raubtieren sterben, so einfach ist das. Wer überleben will, der muss sich all diesen Herausforderungen stellen.

Unter den Bedingungen der Zivilisation scheint alles bereits vorbereitet und zur Verfügung gestellt zu sein. Es gibt eine Wohnung, wenngleich aus schädlichem Material gebaut, dafür aber billig und schnell errichtet. Mit den Gebrauchsgegenständen ist es ähnlich: Chemie und Kunststoff ohne Ende, aber praktisch. Man braucht auch nicht mehr auf eigenen Füßen zu laufen. Ist solcher »Komfort« aber wirklich nötig? Schon für ein paar hundert Meter wird das Auto genommen. Für Unterhaltung und Kommunikation wurde eine ganze virtuelle Welt geschaffen. Dann gibt es auch noch so etwas wie elektromagnetische Strahlung, doch die spürt man ja nicht, also wird auch alles in Ordnung sein damit. Zu essen gibt es genug - wenn du willst, isst du, wenn nicht ... doch wer wollte schon nicht essen? Natürlich - vage hat man schon etwas von Chemie, GVO, Nahrungsmittelsucht gehört - doch all diese Dinge sind so lecker und so praktisch.

Aber ist wirklich alles so einfach und unproblematisch in unserer synthetischen Zivilisation? Chemie, GVO und Strahlung sind in der Tat kaum spürbar, töten aber ganz real, nur langsam. Es ist ein allmählicher Tod. Und es ist der Weg des Todes, nicht der des Lebens. Man muss wirklich sehr naiv sein, um zu glauben, all diese »synthetischen Annehmlichkeiten« wären umsonst zu haben. Schließlich sind wir ja keine Androiden, nicht wahr?

Sie können es natürlich auch vermeiden, darüber nachzudenken. Wir haben einfach Spaß, wie die Motten, die um das Feuer tanzen. Ein weiterer sorgloser Tag - alles in Ordnung! Und noch ein Tag, noch einer ... Wie viele solcher Tage hätten Sie gern? Motten denken über so etwas niemals nach. Und wir Menschen erst dann, wenn es zu spät ist.

Uns bewegt der Tod eines Menschen immer stark, vor allem dann, wenn er großen Erfolg hatte. Aber kaum jemanden beeindruckt eine allgemeine Statistik, sie bleibt stets im Schatten, hinter den Kulissen. Eine Statistik wie die folgende.

In Russland sterben pro Jahr 300000 Menschen an Krebs, in den USA eine halbe Million. Das ist die Bevölkerung eines kleinen Landes. Stellen Sie sich nur vor: In jedem großen Staat stirbt jährlich ein ganzes Land. Nur an Krebs. Und Jahr für Jahr steigen diese Zahlen deutlich an. In letzter Zeit betrifft diese Krankheit zunehmend auch junge Menschen.

Ich werde hier jetzt keine Statistik der Todesraten von Kreislauferkrankungen und Diabetes vorlegen - die Zahlen sind erschreckend hoch. Interessieren soll uns aber eine andere Statistik. Ein Drittel der Bevölkerung der USA, des in technologischer Hinsicht fortschrittlichsten Landes der Welt, leidet an Unfruchtbarkeit, ein Drittel an übermäßiger Fettleibigkeit und ein Drittel nimmt regelmäßig Antidepressiva.

Vierzig Prozent der Bevölkerung Europas leidet laut der Zeitschrift *New Scientist* erwiesenermaßen an psychischen Störungen. Ist das etwa schwer zu glauben? Wenn man bedenkt, dass beispielsweise

Depressionen bereits das Ausmaß einer Pandemie angenommen haben, so sind diese Zahlen kaum verwunderlich. Allergien, Arthritis, Wirbelsäulenprobleme - auch das sind bereits schwerwiegende Epidemien.

Apropos Depressionen - allein in Russland haben in den vergangenen zwei Jahrzehnten 800000 Menschen Selbstmord begangen. Das bedeutet, bei uns sterben jedes Jahr durchschnittlich 40000 Menschen, nicht aufgrund von Krankheiten, sondern weil sie das Leben einfach als unerträglich empfinden.

Jeden Tag sterben 37000 Menschen an Hunger. Alle fünf Sekunden verhungert ein Kind. Uns wurde versprochen, GVO würde die Menschheit vor dem Hunger retten. Doch GVO ist diesem Problem nicht nur nicht gewachsen, es steigert auch die Unfruchtbarkeit und die Todesrate der bestäubenden Insekten, was in Zukunft katastrophale Folgen haben kann.

So sieht die gegenwärtige Statistik aus, von der kaum jemand etwas weiß. Aber klar: Alles ist in Ordnung. Wichtig hierbei sind jedoch nicht allein die Zahlen, sondern die Tatsache, dass alle beschriebenen Krankheiten degenerativer Natur sind.

Mit anderen Worten, der Körper zerfällt buchstäblich, er degeneriert unter dem Ansturm unnatürlicher, aggressiver Umweltbedingungen. Und der Ursprung all dieser Krankheiten, einschließlich Selbstmord, wird *allein von der Technik hervorgerufen*. In der Geschichte hat es, vor der flächendeckenden Einführung der Technosphäre in alle Bereiche des Lebens, vor allem in die Lebensmittelherstellung, noch nie etwas Derartiges gegeben.

Ist das *Überleben* unter den Bedingungen der *synthetischen Zivilisation* nun problematisch? Was birgt in sich ein großes Potenzial an Gefahr und Schaden: die Biosphäre oder die Technosphäre? Und lohnt es sich wohl, für das Überleben irgendwelche Anstrengungen zu unternehmen?

Die letzte Frage war übrigens nicht rhetorisch, sondern einfach idiotisch. Allerdings mag man das auch anders sehen. Wenn du im Stall stehst und einen Futtertrog vor der Nase hast, dann kann dir vielleicht schon alles andere egal sein. Und wenn nicht, dann stellt sich die Frage nach einem alternativen Plan. Wenn du nicht ein für allemal von der Farm fliehen willst, kannst du dann vielleicht doch weiter dort bleiben und dich unter ihrem Dach satt fressen, während du gleichzeitig nicht von ihr abhängig bist?

Die Antwort ist ja. Dazu ist es nur erforderlich, ein wenig Wissen zu haben und etwas Aufwand zu betreiben. Wissen muss man um die Regeln für das Überleben in einer künstlichen Umgebung. Warum nannte ich den Ausbruch von Krebs absurd? Weil der Ausbruch von Krebs, wie auch der jeder anderen degenerativen Krankheit, verhindert werden könnte. Für jeden schädlichen äußeren Einfluss, ob Chemie oder Strahlung, lässt sich mindestens ein Mittel finden, das den Schaden oder die Gefahr begrenzt.

Insbesondere das Risiko für Brustkrebs wird durch eine Übersäuerung des Körpers erhöht, wenn die Nahrung hauptsächlich aus tierischen und synthetischen Produkten besteht. Ein Übermaß an elektromagnetischer Strahlung, die von Handys und Computern ausgeht, wirkt dazu als Katalysator.

Was kann in diesem Fall als Gegenmittel dienen? Eine Änderung der Balance in der Ernährung in Richtung lebendige pflanzliche Ernährung. Aber auch wenn Sie Ihre Diät nicht ändern wollen, dann sind lebendiges Wasser und lebendige Luft das absolute Minimum, das sich jeder leisten kann. Es ist ganz leicht zu bewerkstelligen und kostet keinen großen Aufwand. Grundlegende Regeln der Sicherheit und der Hygiene.

Zusammenfassung

- In einem zivilisierten Umfeld ist die Frage des Überlebens nicht weniger relevant als in der Wildnis.

- Chemie, Strahlung und GVO sind kaum spürbar, töten aber dennoch, wenn auch langsam. Es ist ein allmählicher Tod. Und dies ist der Weg des Todes, nicht der des Lebens.
- Degenerative Erkrankungen bedeuten, dass der Körper buchstäblich zerfällt und unter dem Ansturm der unnatürlichen, aggressiven Umweltbedingungen zugrunde geht.
- Der Ursprung aller degenerativen Krankheiten ist rein technogen.
- Es ist möglich, in einem System zu leben, dessen verschiedene Vorteile zu genießen und dennoch nicht von ihm abhängig zu sein.
- Dazu müssen Sie die Regeln für eine sichere Existenz in einer künstlichen Umgebung kennen. Das ist das Thema dieses Buches.

Randnotizen

Eigentlich ist die Frage, wo wir sind und was um uns herum geschieht, kaum die wichtigste und schwierigste. Wir sind nur in der Lage, die Oberfläche der Erscheinungen zu sehen und einzelne Aspekte der Realität zu erkennen. Einer der offensichtlichsten und gleichzeitig (paradoxerweise) verstecktesten Aspekte ist die Umwandlung der Zivilisation in eine technogene Matrix.

Da ist Heiner

Bevor wir nun fortfahren, müssen wir zunächst klären, was wir hier tun und was unsere Ziele sind. Hin und wieder ist es notwendig, dies zu tun, denn zu unserem Publikum stoßen ständig neue Leute, die vielleicht gerade mal mit den Grundlagen des Transsurfings vertraut sind, und nicht alle Neulinge wissen, wohin sie gekommen sind und was hier geschieht. (Dieses und das vorangegangene Kapitel wurden im Newsletter veröffentlicht; den Newsletter können Sie auf der Autorenwebsite *http://zelands.ru* abonnieren.)

Die Anzahl der Newsletter-Leser beträgt bereits mehr als 45000 - ein großes Stadion voll. Es gibt nicht viele Zeitschriften mit einer solchen Auflage. Unter den Lesern befinden sich bekannte Persönlichkeiten - Stars, Politiker, Unternehmer -, aber auch viele Schülerinnen und Schüler, die noch am Anfang des Lebens stehen, sowie Rentner, für die auch ein neues Leben beginnt, wenn sie zu uns kommen.

Die Tatsache, dass die Anzahl der Leser nicht abnimmt, sondern mit jedem Tag zunimmt, spricht dafür, dass die besprochenen Themen Ihre Aufmerksamkeit verdienen. Und die Aufmerksamkeit eines so großen Publikums zu gewinnen, das ist gar nicht leicht, muss ich sagen. Ganz zu schweigen davon, sie aufrechtzuerhalten. Dennoch ist es mir bislang gelungen, und das seit neun Jahren, als im August 2003 die erste Ausgabe des Newsletters erschien.

Die Aufmerksamkeit aufrechtzuerhalten ist umso schwerer, da sich in letzter Zeit die Wirkungen der Aufnahmesperre von Energie und Bewusstsein entfalten, von denen ich in den vergangenen

Ausgaben des Newsletters berichtete. Das Bewusstsein ist so angelegt, dass es, als Bewusstsein des Individuums, einerseits frei ist, sich andererseits aber nicht im freien Flug oder in der Schwebe halten kann. Das Bewusstsein braucht einen Halt, so wie der Vogel einen Zweig. Während zu Beginn der Zivilisation die Religion als Halt diente, ist heute eine Initiative am Werk, die schleichend, aber mit Macht zum System mutiert ist: die energoinformative Matrix.

Die neue Realität verändert sich mit hoher Beschleunigung. Im Jahr 2003 hatten wir eine völlig andere Situation, und auch Transsurfing war anders. Es ist sehr gut, dass viele das schon verstanden haben, wie ich den E-Mails meiner Leser entnehmen kann. Es gibt aber auch viele, die noch immer in der Euphorie verbleiben: »Es funktioniert, alles andere ist mir egal.« Im Grunde funktioniert das alte, klassische Transsurfing nicht mehr so wie früher. Wenn Sie nicht die aktuellen Besonderheiten berücksichtigen, wird Ihre Euphorie bald vorbei sein, und die gleiche ungesteuerte Realität kehrt zurück, wo die Dinge ihren gewohnten Gang gehen, ohne dass Ihr »ich will« oder »ich will nicht« eine Rolle spielen würden.

Folglich muss ich geduldig sein und hin und wieder auf die gleichen inadäquaten Fragen antworten. Inadäquat sind diese Fragen aus ein und demselben Grund: Der Fragesteller mag denken, er sei bei guter physischer und geistiger Gesundheit, doch in Wirklichkeit sind seine Energie und sein Bewusstsein bereits weitgehend blockiert, vereinnahmt vom System. Was ist der Sinn von Transsurfing, wenn die Realität sich in so verzerrter Form darbietet?

Steve Jobs war doch auch nur einer der Führer des technogenen Systems.

Es ist eine Sache, für Menschen komfortable Geräte zu entwickeln, und etwas ganz anderes, Dinge wie Bomben oder GVO zu erfinden. Da sollte man schon unterscheiden. Möchten Sie Ihr Handy oder Ihren Computer aufgeben? Richtig, das sind auch Produkte des Systems. Aber es geht ja nicht darum, dem System zu entfliehen, sondern es bewusst zu nutzen und gleichzeitig dennoch von ihm unabhängig zu bleiben.

Steve Jobs hat kein Fleisch gegessen, wurde aber dennoch krank.

Ich möchte mich möglichst milde ausdrücken ... Was sind Sie doch für seltsame Leute? Wer hat denn je behauptet, dass jemand, der kein Fleisch isst, nicht an Krebs erkranken kann?

Hallo Wladimir! Schon sehr lange lese ich Ihre Bücher und beziehe Ihren Newsletter. In vielerlei Hinsicht hat mir Transsurfing geholfen, aber ich habe noch immer etliche Fragen. Zum Beispiel, warum Transsurfing nicht immer funktioniert, sondern mehr oder weniger selektiv. Ich las heute Ihren Beitrag zum Tode von Steve Jops, und Ihre Ansicht dazu hat mich sehr interessiert. In einer TV-Sendung habe ich viel über das Leben von Steve Jops erfahren. Zum Beispiel, dass er nach seinem Studium Indien besuchte und dann allmählich Buddhist wurde ... und Vegetarier!!!

Daraus, dass Sie mich Wladimir nennen und Steve »Jops«, schließe ich, dass Ihre Aufmerksamkeit bereits stark vom System vereinnahmt ist und dass Sie die Essenz von dem, was ich vermitteln will, einfach nicht verstehen können. Von Krebs wird man nicht dadurch befreit, dass man Vegetarier wird, sondern durch die Ernährung von lebendiger, natürlicher Nahrung – das sind zwei völlig verschiedene Dinge. In dem Buch *Apokryphes Transsurfing* habe ich darüber in gut lesbarer Schrift, schwarz auf weiß geschrieben, damit es klar und deutlich verständlich ist. Doch Sie begreifen es immer noch nicht, denn aus Ihrer Sicht funktioniert Transsurfing »mehr oder weniger selektiv«.

Solche E-Mails bekomme ich nicht selten, und daher sind sie nicht einfach normaler Unaufmerksamkeit zuzuschreiben. Heute leidet fast die gesamte junge Generation am Aufmerksamkeitsdefizitsyndrom. Wissen Sie, warum wir das »Einheitliche Staatsexamen« haben? Mit Sicherheit nicht aufgrund einer dummen Laune. Dieses

Examen hat seine volle Berechtigung. Denn heutzutage gibt es sehr wenige junge Menschen, die geradeaus denken und sich klar ausdrücken können. Bei den meisten reicht es gerade dazu aus, um an der richtigen Stelle ein Kreuzchen zu machen.

Stellen Sie sich einmal vor, wie eine Prüfung für einen vor sich hin dösenden Prüfling aussehen könnte. Nur indem man ihm ganz simple Fragen stellt und eine Auswahl möglicher Antworten vorlegt. Eine einfache, zusammenhängende Rede bekommt er nicht hin, aber im Dämmerzustand ein paar Zeichen zu setzen oder elementare Reaktionen zu zeigen, dazu reicht es gerade noch. Damit übertreibe ich natürlich absichtlich, aber im Grunde ist das heute unsere Realität.

Die Blockade der Aufmerksamkeit ist allerdings erst ein Teil des Problems. Mentale Schablonen engen die Grenzen der Wahrnehmung ein und lassen es nicht zu, die Realität so zu sehen, wie sie ist. Die Leute sehen ein Flugzeug, stellen sich dann aber ein »fliegendes Auto« vor. Sie sehen einen Zug, erkennen darin aber ein »eisernes Pferd«. Ich erzähle Ihnen etwas von lebendiger Nahrung (nicht notwendigerweise auf pflanzlicher Basis), aber für Sie schaut es so aus, als spräche ich von Vegetarismus.

Mit dem Aufkommen der Massenmedien und der Kommunikationsexplosion haben die mentalen Schablonen begonnen, sich noch aktiver, noch stabiler und vor allem noch zentraler in das Bewusstsein einzuschalten, wie unter der Leitung eines Betriebssystems, das an der Basis der technokratischen Gesellschaft operiert. Das Bewusstsein wird eindeutig vom System zermalmt. Das System lässt keine Übertragung von Dingen zu, die für es selbst unrentabel wären. Und selbst wenn mal etwas durchrutscht, dann wird es vom Bewusstsein nur in verzerrter Form wahrgenommen.

Bald werden wir wahrscheinlich die Bedeutung der einzelnen Wörter erklären müssen, oder wir müssen schreiben wie in der Fibel:

»Da ist Heiner. Heiner fährt mit dem Roller.« Aber selbst dann wird es wohl Leute geben, die auch solche einfachen Dinge falsch verstehen, etwa so: »Da ist Heiner. Heiner plärrt mit dem Schnuller.« Oder vielleicht so: »Da ist Reiner. Reiner färbt seine Tolle.«

Wäre ich an einem Newsletter über gesunde Ernährung interessiert gewesen, dann hätte ich auch einen abonniert. Also streichen Sie mich bitte aus der Abonnentenliste. So leid es mir tut.

Offenbar sind diese Zeilen dazu gedacht, mich aufzubringen, doch das Gegenteil ist der Fall. Für mich ist es viel angenehmer und einfacher, mit Leuten zu kommunizieren, die einen Roller von einem Schnuller unterscheiden können. Es braucht Ihnen also nicht leidzutun. Ich habe mich schon längst mit der Tatsache abgefunden, *dass ich nicht alle erreiche und dass mich nicht alle verstehen*. Meine Hoffnung ruht auf den wenigen, die verstanden haben, dass es, trotz gewisser Ähnlichkeiten in Lexik und Semantik, nicht um gesunde Ernährung geht. Gesundheit ist bei mir ein Nebeneffekt, aber nicht das Ziel. Über Gesundheit zu sprechen - und allgemein über Ernährung - finde ich sogar recht uninteressant.

Mir ist klar, dass das Thema nicht besonders beliebt ist. (Irgendjemand, der jetzt gerade aufgewacht ist, wie im Schulunterricht, wird nun sicher die Frage stellen: »Welches Thema?«) Wenn ich auf Popularität aus wäre, würde ich unangenehmen Fragen einfach aus dem Wege gehen. Aber ich bin es gewohnt, der Realität ins Auge zu sehen. Meiner Ansicht nach (seit der Veröffentlichung meiner ersten Bücher sind schon recht viele Jahre vergangen, und daher kann ich auch Schlüsse ziehen) liegt die Anzahl der Menschen, die für Transsurfing zugänglich sind, bei nicht mehr als fünf Prozent. Die restlichen 95 Prozent werden sich Regalen mit solchen Büchern nicht einmal nähern. Und von den besagten 5 Prozent werden wiederum nur 10 Prozent verstehen können, worum es in dem Buch *Apokryphes Transsurfing* geht. Ganz eindeutig wird die Leserschaft hierbei noch einmal deutlich weniger. Was nützt mir das? Und warum schreibe ich im gleichen Stil weiter?

Weil ich mich mit einer besonders enttäuschenden Statistik auseinandersetzen musste. Von denen, die mit den Grundlagen des Transsurfings vertraut sind, waren nur sehr wenige - es fällt mir schwer, eine Zahl zu nennen - in der Lage, tatsächlich alles zu verstehen und das Wissen dann auch in die Praxis umzusetzen. Die meisten haben so gut wie nichts verstanden, und das Wissen hatte auf ihr Leben praktisch keinen Einfluss. Das kann ich anhand der Fragen beurteilen, die mir immer wieder gestellt werden - so als hätte ich überhaupt keine Bücher geschrieben. Soll ich etwa wieder ganz von vorn anfangen? Doch warum? Das »Geheimnis« kennt ihr ja bereits, was wollt ihr noch mehr?

Ich hätte auch einen ganz banalen Weg wählen können: weiterhin die Grundlagen des Transsurfings erklären, erneut das Gleiche durchkauen, was dann wieder auf den Regalen landet, aber auch so schon vorher hätte verstanden werden sollen. Das wäre dann allerdings schon eine Art »Steuerung der Irrealität« gewesen. *Warum wird nicht das verstanden, was schon deutlich genug erklärt ist?* Die Ursache ist, dass es in der Realität Aspekte gibt, die zuvor nicht genügend berücksichtigt wurden. Zumal sich die Realität ja vor unseren Augen ändert.

Natürlich mag der Tanz auf einer Granitplatte erstarrten Wissens in gewissem Sinne für alle angenehm sein, ein unvergleichliches Erlebnis. Und beliebt dazu. Aber irreal. Denn Wissen sollte eine neue Entwicklung ermöglichen und einen auf eine neue Stufe erheben, auf der das, was vorher unverständlich war, deutlich und klar wird. Und so ist es auch in der Tat. Hier nun eine andere Ansicht, die von einem ganz anderen Geist erfüllt ist als die vorliegende, weil sie von genau der neuen Stufe des Wissens kommt.

In der Tat: Mit natürlicher Ernährung nehme ich Transsurfing völlig anders wahr. Früher las ich, und obwohl mir irgendwie alles klar erschien, war da so eine Art Trägheit, irgendetwas war einfach nicht ganz richtig … Jetzt hingegen lese ich einfach zwischen den Zeilen und ziehe buchstäblich die erforderlichen Ereignisse in mein Leben hinein!

Wovon ist hier die Rede? Von gesunder Ernährung? Nein. Auch nicht von Rohkost an sich. Wie Sie inzwischen bemerkt haben sollten, bin ich bei solchen Fragen sehr weit entfernt von jeglichem Fanatismus. Mittel und Ziel sollten klar auseinandergehalten werden. Besteht das Ziel darin, sein Gewicht zu senken oder irgendwelche Krankheiten zu kurieren, dann sind die Mittel und auch die Sprache ganz anders. Die Begriffe sind vielleicht ähnlich und auch das Thema ist irgendwie verwandt, aber das Ziel ist ein ganz anderes, verstehen Sie? Und demgemäß sind dann auch der Sinn und der Weg wieder anders.

Über das, wovon hier die Rede ist, werden Sie nirgendwo anders etwas lesen oder hören. Denn das Ziel passt nicht in den Rahmen der Systemschablonen: das Ausbrechen aus der allgemeinen Ordnung, von der keiner weiß, wo sie hinführt, und die Befreiung vom kollektiven Traum. Dies ist das Ziel, darum geht es und das ist der ganze Sinn. Und eines der Mittel dazu, und sei es auch nur für den Anfang, besteht darin, aufzuhören, das zu konsumieren, was üblich ist. Denn genau das, was üblich ist und was direkt konsumiert wird, zieht einen geradewegs *in den kollektiven Traum hinein*.

Das, was direkt mit dem Körper und dem Verstand des Menschen in Kontakt tritt (Nahrung, Informationen, Umgebung), formt auf direkte Weise sein Bewusstsein. Das System hat keine andere Möglichkeit, auf das Bewusstsein einzuwirken, als durch die Nahrung, durch Informationen und Umweltbedingungen. Deswegen sollte Transsurfing nicht nur in dem einen, *klassischen* Aspekt gesehen werden, nämlich dem geistigen. Der Vollständigkeit halber brauchen wir noch zwei weitere Aspekte: *wie wir uns ernähren und wie wir uns bewegen*.

Gegenwärtig gibt es in der Technosphäre eine gewaltige Schieflage im Informationswesen: Ein Großteil der Informationen reflektiert insbesondere die Interessen von Herstellern, Händlern, politischen und finanziellen Strukturen, insbesondere aber die Interessen des technogenen Systems.

Das Ziel der Technosphäre ist es, den Menschen in eine Matrixzelle zu treiben, seine Individualität zu löschen und ihn zu einem nützlichen Rädchen im Getriebe zu formen. Zu diesem Zweck wird in großem Umfang und auf schamlose Weise Desinformation und Meinungsmache betrieben. Das Rädchen sollte nicht völlig gesund sein, damit es keine freie Energie zur Verfügung hat, und ein wenig »bekloppt«, damit es nicht versteht, wo es ist.

Das Ziel des Individuums ist es, seine Freiheit, seine Unabhängigkeit, seine Einzigartigkeit, sein Bewusstsein, seine Energie und seine Gesundheit zu bewahren. Das kann nur jenen gelingen, die es wagen, aus der Reihe zu tanzen. Den Anhänger der Technosphäre erwartet eine allumfängliche »Vereinheitlichung«, die Anpassung an die Bedürfnisse des Systems. Und das ist keine Science-Fiction.

Wie können wir der »Vereinheitlichung« entgehen?

Der erste und wichtigste Schritt besteht darin, das Prinzip des Herdentriebs zu durchbrechen und nicht mehr zu glauben: »Wenn alle etwas denken und tun, dann ist es richtig.« Brechen Sie aus der allgemeinen Ordnung aus. Hören Sie auf, für den Erfolg eines anderen zu arbeiten, und streben Sie nach Ihrem eigenen Erfolg.

Was soll das bringen?

Wer aus der Reihe tanzt, hat immer bestimmte Vorteile:

- Sie können die anderen Marschierenden von der Seite betrachten.
- Sie befreien sich von »Wäscheklammern« und gesellschaftlichen Klischees.
- Sie lernen, zu sehen und zu verstehen, was andere nicht sehen und verstehen.
- Sie können das Bestreben aufgeben, Erster zu sein, und werden stattdessen einzigartig.

Wozu ist das nötig?

Es muss schon jeder für sich entscheiden, was er braucht und nicht braucht. Wenn Sie keine besonderen Tugenden oder Talente besitzen, bleibt Ihnen nichts anderes übrig, als das gesamte System zu verlassen und sich zu gestatten, einzigartig zu sein. Berücksichtigt man, wie schnell die Realität in Richtung Vereinheitlichung sputet, so lässt sich vermuten, dass es in 5 bis 10 Jahren sehr interessant wird. Aber noch interessanter wird es für denjenigen sein, der *aus der Reihe getanzt ist und die anderen betrachtet.*

In der Praxis der Tolteken heißt das *Pirschen*. Stellen Sie sich vor, Sie gehen zur Schule oder zur Arbeit und dort herrscht ein kollektiver Traum. Alle versuchen, erfolgreich zu sein, doch sie handeln wie im Traum, auf der Ebene allgemein anerkannter Algorithmen und Instinkte. Sie würden auch gern erfolgreich sein. Aber wie soll Ihnen das gelingen, wenn Sie ein normales Rädchen im Getriebe sind und im Gleichschritt marschieren, wenn Ihr Bewusstsein und Ihre Energie genauso ist wie bei allen anderen? Jetzt sind alle gebildet und kennen das »Geheimnis«. Auch Sie kennen es. Und nun? Was für einen Vorsprung haben Sie jetzt gegenüber anderen? Keinen. Sie haben fast keine Chance.

Und jetzt stellen Sie sich ein anderes Bild vor. Ihr Bewusstsein ist frei und rein. Ihre Energetik ist den anderen weit überlegen. Sie haben aufgehört, wie alle zu denken und zu handeln. Sie sind aus der Ordnung ausgebrochen, haben sie aber nicht verlassen. Sie geben vor zu träumen, sind aber wach. Inzwischen ist Ihnen klar geworden, dass alle ringsumher schlafen, während Sie wach sind. Dann beginnt das Pirschen – Sie steuern Ihren bewussten Traum. In diesem Traum sind Sie Herr und Aufseher. Und das ist bereits die nächste Stufe des Transsurfings, auf der Sie echte Vorteile haben.

Aber ich kann mich jetzt nicht daranmachen, das Pirschen zu erklären, und zwar aus einem einfachen Grund: Es wird nicht erklärt, sondern verstanden. Können Sie aus der Realität erwachen, so wie

Sie aus einem Traum erwachen? Dazu müssen Sie zuerst Ihr Bewusstsein klären und Ihre Energetik steigern. Und die lebendige Ernährung ist hierbei nicht das zentrale Thema, sondern nur ein Aspekt. Aber das sind schon die ersten Schritte beim Pirschen. Du gibst vor, ein »normaler Verrückter« zu sein, nimmst aber deine Tabletten nicht ein. Du übernachtest auf einem Bauernhof, indem du vorgibst, »im Stall« zu sein, »wie alle«, aber dein Futter nimmst du freiwillig zu dir, nicht, weil man dir einen Trog vor die Nase schiebt.

Es ist meine Pflicht, Wissen konsequent zu vermitteln, für diejenigen, die es lernen wollen. Ansonsten wird in Zukunft gar nichts mehr verstanden werden, schon gar nicht »von allen«.

Zusammenfassung

- Das Bewusstsein ist nicht in der Lage, sich im freien Flug oder in der Schwebe zu halten. Es braucht einen Halt, so wie ein Vogel einen Zweig braucht.
- Während zu Beginn der Zivilisation die Religion als Halt diente, ist heute eine Initiative am Werk, die schleichend, aber mit Macht zum System mutiert ist: die energoinformative Matrix.
- Die neue Realität verändert sich mit hoher Beschleunigung.
- Mit dem Aufkommen der Massenmedien und der Kommunikationsexplosion haben die mentalen Schablonen begonnen, sich noch aktiver, noch stabiler und vor allem noch zentraler in das Bewusstsein einzuschalten.
- Das, was üblich ist und was direkt konsumiert wird, zieht einen geradewegs in den kollektiven Traum hinein.
- Das System hat keine andere Möglichkeit, auf das Bewusstsein einzuwirken, als durch die Nahrung, durch Informationen und Umweltbedingungen.
- Ein Großteil der Informationen reflektiert insbesondere die Interessen von Herstellern, Händlern, politischen und

finanziellen Strukturen, insbesondere aber die Interessen des technogenen Systems.

- Das Ziel der Technosphäre ist es, den Menschen in eine Matrixzelle zu treiben, seine Individualität zu löschen und ihn zu einem nützlichen Rädchen im Getriebe zu formen.
- Das Ziel des Individuums ist es, seine Freiheit, seine Unabhängigkeit, seine Einzigartigkeit, sein Bewusstsein, seine Energie und seine Gesundheit zu bewahren.
- Das Ziel des aktualisierten Transsurfings ist das Ausbrechen aus der allgemeinen Ordnung, von der keiner weiß, wo sie hinführt, und die Befreiung vom kollektiven Traum.
- Eines der Mittel dazu, und sei es auch nur für den Anfang, besteht darin, aufzuhören, das zu konsumieren, was üblich ist.
- Der erste und wichtigste Schritt besteht darin, das Prinzip des Herdentriebs zu durchbrechen und nicht mehr zu glauben: »Wenn alle etwas denken und tun, dann ist es richtig.«
- Hören Sie auf, für den Erfolg eines anderen zu arbeiten, und streben Sie nach Ihrem eigenen Erfolg.

Randnotizen

Das Bewusstsein des Menschen ist ständig der Codierung ausgesetzt: »Mach es wie ich. Passe dich den vorgegebenen Klischees und Zielen an. Erzeuge und konsumiere alles, was im System erzeugt und konsumiert wird. Begehre das, was dir das System bietet. Bleibe stets online, um auf alle Schwingungen im Internet reagieren zu können. Sei im System. Letzten Endes handeln alle so. Und wenn alle so denken und handeln, dann muss es richtig sein.« Diese Codierung ist uns ins Bewusstsein eingeprägt worden.

Lebendiges Wasser

In diesem Kapitel geht es um Antworten auf Fragen zum Thema »lebendiges Wasser«.

Sie sagen, wir sollten alkalisches Wasser trinken. Der Autor Z hingegen sagt das Gegenteil: dass wir saures Wasser trinken sollten.

Ich habe empfohlen, lebendiges Wasser zu trinken, nicht alkalisches Wasser. Lebendiges Wasser weist eine alkalische Reaktion auf wegen des negativen ORP-Wertes (Redoxpotenzial), und nicht wegen der Präsenz der Salze von Alkalimetallen. In lebendigem Wasser dominieren Antioxidantien - Spendermoleküle, die über ein freies Elektron verfügen. Totes Wasser hat eine saure Reaktion, weil es einen positiven ORP-Wert hat. Im toten Wasser dominieren freie Radikale - Vampirmoleküle, denen ein Elektron fehlt. Lebendiges Wasser verjüngt den Organismus und lädt die Batterien auf. Man kann davon trinken, so viel man will. Totes Wasser hat antibakterielle Eigenschaften, und daher wird es in einem speziellen Programm zu medizinischen Zwecken verwendet. Die Heilkunst ist nicht mein Kompetenzbereich, und daher kann ich kein Rezept für totes Wasser anbieten.

Und nun zum zweiten Teil der Frage. Der Autor Z hat bei allen Verwirrung gestiftet. Nach seiner Empfehlung sollte in der Ernährung unbedingt auch saures Wasser enthalten sein. Dazu soll man es auch noch mit Zitronensäure vermischt trinken. Aber die ganze Theorie des Autors Z wurde für einen Ort entwickelt, wo das Wasser viel Kalzium enthält (zum Beispiel im Mündungsgebiet großer Flüsse). Härtebildner fördern die Formation von *Ablagerungen an den Gefäßwänden und in den Gelenken.* Vielleicht wirkt saures Wasser zu einem gewissen Grade dem Prozess der Salzablagerung entgegen. Aber das gilt für den Fall, wenn Sie hartes Wasser trinken. Die Frage ist dann nur: Warum überhaupt hartes Wasser trinken? Reinigen Sie es mit einem Destilliergerät oder einem Umkehr-Osmose-Filter und trinken Sie auf die Gesundheit.

Persönlich möchte ich hinzufügen, dass ich die Ansichten von Autor Z schon aus einem Grund nicht als maßgeblich betrachten kann, der schwerer wiegt als alle anderen: Er hat sich negative Ausfälle gegen Paul Bragg und Gennadi Malachow erlaubt. Das ist jedoch nicht gut. Bragg und Malachow haben so viel für die Gesundheit ganzer Nationen getan, wie es sich Autor Z nicht einmal im Traum vorstellen könnte. Kann ich Vertrauen in eine Person haben, die sich mit der Diskreditierung fremder Lehren befasst? Ich werde nicht einmal den Namen von Autor Z aussprechen. Wer sich mit dem Thema befasst hat, wird ihn auch so kennen.

Kann ich ständig destilliertes Wasser trinken?

Ja, aber nicht reines destilliertes Wasser, sondern solches, das mit Schungit und Feuerstein angereichert wurde. Alle Flüssigkeiten im Körper sind Elektrolyte, und daher sollte Trinkwasser leicht sein, so wenig wie möglich mineralisiert. Schungit und Feuerstein eignen sich für diesen Zweck am besten.

Stimmt es, dass Schungit und Feuerstein nach sechs Monaten unbrauchbar werden?

Ja, die Steine sollten mindestens einmal alle vierzehn Tage gewaschen werden. Nach einem halben Jahr sollten sie ausgetauscht werden, weil sich auf ihnen zwangsläufig ein harter Belag bildet, selbst wenn Sie destilliertes Wasser verwenden. Sie können im Haushalt kein steriles Wasser verwenden.

Kann ich anstelle eines Destillators auch einen Umkehr-Osmose-Filter verwenden?

Ja, das geht. Es ist einfacher und billiger. Natürlich spendet ein Destillator Wasser von besserer Qualität, und das schlägt sich auch im Geschmack nieder. Ein Membranfilter reinigt das Wasser ebenfalls sehr gut, auch von Härtebildnern. Sie sollten nur wissen, dass die Struktur des Membranwassers stark zerstört ist. Solches Wasser sollte man nicht sogleich trinken, es sollte auf jeden Fall zuerst in Ordnung gebracht werden: durch Sonnenschein, Schungit, Feuerstein, AquaDisk oder KFS.*

Alte Informationen kann ein Membranfilter ebenfalls nicht löschen. Vielleicht kann die dünne Trennwand es nicht verhindern, dass die »Bits« sich hinter ihr sogleich wieder auffrischen. Soweit es bekannt ist, wird die Information gleichsam »archiviert«, aber nicht ausgelöscht. (Bitte beachten Sie hierbei: Struktur und Information sind nicht dasselbe.) Benutzt man allerdings KFS, dann braucht man sich darum nicht zu kümmern, denn KFS lädt schnell und effektiv eine Menge Heilinformationen in das Wasser, die offenbar vollständig alles Negative blockieren. Das ist jedenfalls meine Ansicht.

Mich würde Ihre Erfahrung mit der Herstellung lebendigen Wassers interessieren. Mit welchen Mengen arbeiten Sie?

Zunächst einmal brauchen Sie destilliertes Wasser. Für diesen Zweck benutze ich einen Destillierer (»DE-4 Tjumen-Mediko«), manchmal auch den Membranfilter »Geyser Prestige« (ohne zusätzliche Mineralisierung).

Das destillierte Wasser kommt in einen emaillierten 25-Liter-Behälter, auf dessen Boden Steine liegen (etwa 1 kg Feuerstein und 1-1,5 kg Schungit). Wie lange genau das Wasser in dem Behälter steht,

* KFS scheint es bisher nur in Russland zu geben. Es ist die Abkürzung für (»Korrektor des physischen Zustands [des Menschen]«). Es handelt sich um verschiedenfarbige flache Plastikbehälter, die für unterschiedliche Zwecke benutzt werden. Je nach der Farbe (Gold, Blau, Grün und so weiter) werden sie für einen bestimmten Zweck eingesetzt.

ist nicht so wichtig – ein paar Stunden sollten ausreichend sein. Das Wasser sollte mit einem Baumwolltuch bedeckt werden, damit sich kein Staub darauf absetzt. Aber man sollte auch wissen, dass das Wasser vor dem Trinken »das Tageslicht sehen« sollte. (Damit ist nicht notwendigerweise direkte Sonnenbestrahlung gemeint.) Nachdem also das destillierte Wasser fertig ist, sollte man das Tuch für mindestens eine Stunde entfernen.

Das wird aus folgendem Grund gemacht. Nach der Destillation (und mehr noch nach dem Einsatz eines Membranfilters) hat das Wasser eine zerstörte Struktur. Genauer gesagt hat es gar keine Struktur. Jenes technische Wasser hatte keinen Kontakt mit natürlichen Mineralstoffen und mit Sonnenschein, und daher ist es für den Organismus nicht bekömmlich. Astronauten und Seeleute, die solches Wasser tranken, wurden oft sehr krank. Um das Wasser für den Körper nutzbar zu machen, müssen Sie es dem Tageslicht aussetzen, um es mit der Sonne zu synchronisieren. Schungit und Feuerstein strukturieren ebenfalls teilweise das Wasser und machen es somit bekömmlich und natürlich.

Es ist nicht nötig, die unterste Schicht Wasser zu entsorgen, denn das Wasser ist rein. Allerdings sollte man die Steine einmal alle vierzehn Tage mit fließendem Wasser abspülen. Vor dem ersten Gebrauch sollten die Steine gut gewaschen und abgebürstet werden, vor allem der Schungit. *Und zuerst sollte man die neuen Steine sparsam einsetzen, da sie sonst zu stark mineralisierend wirken.*

Die nächste Phase ist die Aktivierung, das heißt die Zubereitung des lebendigen Wassers. Persönlich bin ich recht zufrieden mit dem Elektroaktivator »AP-1«. Die Aktivierungsdauer ist abhängig von der Position der Pfeile auf der Anzeige und kann von einer Minute bis zu einer Stunde dauern. Das wichtigste Kriterium für die richtige Dauer ist folgendes: Das lebendige Wasser im äußeren Glasgefäß sollte weder einen Geruch haben noch einen alkalischen Geschmack; das tote Wasser im Keramikbehälter sollte ebenfalls keinen Beigeschmack haben, aber einen schwachen, kaum wahrnehmbaren säuerlichen

Geruch. Die optimalen physikalisch-chemischen Indikatoren für lebendiges Wasser sind folgende: ORP = -150 bis -200, pH = 8 bis 8,5. Das tote Wasser kann einige Tage ruhen und dann wieder in den Behälter gegossen werden. Sowohl ein positives als auch ein negatives Redoxpotenzial wird sich im Laufe der Zeit auf neutral einpendeln. Es stimmt: Das tote Wasser behält seine Eigenschaften länger als das lebendige. Das können Sie an seinem Geruch beurteilen.

Der letzte Schritt ist die ultimative Strukturierung. Das lebendige Wasser wird in einen Tonkrug gefüllt, der auf einem AquaDisk steht, und dann mit einem Holzstab gegen den Uhrzeigersinn kräftig umgerührt. Außer dem AquaDisk benutzte ich noch KFS-Platten. Die beiden stören einander nicht, sondern ergänzen sich gut. Eine KFS-Platte (abwechselnd benutzt: einen Tag Nr. 1, am nächsten Tag Nr. 2) steht in unmittelbarer Nähe des Kruges, an eine Wand gelehnt.

Auf diese Weise wird der gesamte Prozess auf das Gießen von einem Behälter in einen anderen reduziert. Das aufbereitete Wasser können Sie den ganzen Tag bei sich tragen und seine lebensspendende Kraft genießen, während andere sich mit schweren Getränken herumplagen. Es ist für den Körper tatsächlich schwer, Getränke zu absorbieren. Und damit sind jegliche Getränke gemeint. Die einzige Ausnahme ist ein Aufguss aus Kräutern auf der Grundlage jenes lebendigen Wassers. Selbst frisch gepresster Saft ist kein Getränk, sondern Nahrung. Der Körper benötigt reines Wasser, vor allem zur Reinigung und für die Pflege des Wasserhaushalts.

Von Kaffee, Tee und anderen Getränken wird das Blut dick und zähflüssig. Wenn Sie Kaffee oder Tee trinken, vergessen Sie nicht, sich nach einer halben Stunde mit reinem Wasser zu erfrischen und durchzuspülen. Wie wollen Sie Ihren Körper haben: wie einen reinen Bergfluss oder wie einen toten Sumpf? Mehr über lebendiges Wasser erfahren Sie aus dem Buch *Apokryphes Transsurfing*, falls Sie es nicht schon gelesen haben.

Nach der Aktivierung nimmt das Wasser einen schlechten, irgendwie chemischen Geschmack an.

Wichtig ist dabei, dass das ursprüngliche Wasser entweder reines, destilliertes Wasser oder durch einen Umkehr-Osmose-Filter gelaufenes Wasser ist, das dann über Schungit und Feuerstein gegossen wird. Die Dauer der Aktivierung solchen Wassers ist abhängig von der Zeigerstellung auf dem Display. Wenn der Pfeil im grünen Bereich steht, wird nicht mehr als eine Minute benötigt. Steht er an der Grenze zwischen Grün und Gelb, so reichen drei Minuten. Und steht er auf Null, dann kann es bis zu einer Stunde dauern.

Viel hängt auch von der Leitfähigkeit des Keramikbechers ab. In letzter Zeit wurden sehr poröse Becher hergestellt, so dass der Zeiger auch bei sehr schwach mineralisiertem Wasser im grünen Bereich steht. Daher wiederhole ich hier nochmals das wichtigste Kriterium: Das lebendige Wasser im äußeren Glasgefäß darf keinen Geruch und keinen alkalischen Geschmack haben. Das tote Wasser im Keramikbecher sollte ebenfalls keinen Geschmack haben, dafür aber einen schwachen, kaum spürbaren säuerlichen Geruch. Sollte das Wasser einen Beigeschmack haben, so wurde die Aktivierungszeit stark überschritten. Und wenn sich Flocken bilden, heißt das, dass das Wasser sehr hart ist.

Man sollte auch nicht vergessen, dass der Becher und die Elektroden mit der Zeit verstopfen. Sie sollten wenigstens einmal pro Monat gereinigt werden. Dazu zieht man den Stecker des Geräts aus der Steckdose und spült es wie gewöhnlich aus, aber nicht mit Wasser, sondern mit 6-prozentigem Essig. Dann lässt man es eine halbe Stunde stehen, um es dann gründlich abzuspülen.

Kann ich den Aktivator mit Quellwasser füllen?

Quellwasser ist ziemlich hart. Im Aktivator wird sich daraus eine trübe Brühe mit Flocken bilden. Flocken sind Härtebildner, die Sie aus Ihrem Körper irgendwie heraushalten sollten. Der einzige

Vorteil von Quellwasser sind die darin enthaltenen Informationen. Aber auch nur dann, wenn es sich um eine wirklich gute Quelle aus einer ökologisch sauberen Region handelt.

Ein Professor hat sich sehr bemüht, mich davon zu überzeugen, dass bereits eine fünfzigprozentige Umstellung auf lebendiges Wasser für den Körper schädlich ist, ganz zu schweigen von einer vollständigen Umstellung, von der man angeblich nicht weiß, welche Auswirkungen sie auf den Körper habe.

Wenn man die Auswirkungen tatsächlich nicht kennt, sollte man auch kein Urteil fällen. Ich kenne die Auswirkungen, und darum sage ich auch, was ich weiß. Negative Auswirkungen gibt es sicherlich keine. Lebendiges Wasser ist köstlich, und du willst es eigentlich immer trinken, nicht nur, wenn du durstig bist.

Es gibt die Ansicht, dass ein Dehydrator, aber auch künstlich strukturiertes Wasser nicht zur Rohkost dazugehören. Was halten Sie von dieser Ansicht?

Mit Rohkost habe ich nichts zu tun. Genauer gesagt sehe ich mich weder als Rohköstler noch als spiritueller Lehrer oder spirituell Suchender. Überhaupt gefällt mir der Ausdruck »Rohkost« nicht, daher benutze ich ihn auch nur selten. Der Begriff »zu etwas dazugehören« trifft ohnehin eher auf die Identifikation mit etwas wie einer Gruppe oder einem Dogma zu. Für mich gibt es aber keine Dogmen, und ich predige auch nicht. Ich zwinge auch niemanden, eine Wahl zu treffen, vielmehr gebe ich die Informationen, auf deren Grundlage jeder seine eigene Wahl treffen kann.

Es mag scheinen, dass all diese Manipulationen am Wasser nicht die Aufmerksamkeit, die Zeit und die Mühe wert sind, und einige mögen diese Dinge für überflüssig und lästig halten. Und das ist in der Tat der Fall. Denn eigentlich wissen wir alle: Schlechtes Benzin ist schlecht für den Motor, doch schlechtes Wasser soll irgendwie für den Körper unschädlich sein. Ich werde das jetzt beweisen.

Wenn in den Menschen oral, also durch den Mund, minderwertiges Wasser gegossen wird, zeigt der Körper keine sichtbaren Reaktionen: Er schlägt keine Blasen, bekommt keine Krämpfe, und vor allem raucht und stottert er nicht. Also muss man sich um die Qualität des Benzins sehr wohl kümmern, aber nicht um die des Wassers.

Wenn Sie mit diesem Beweis nicht zufrieden sind, kann ich nichts tun - einen anderen habe ich nicht. Aber es gibt auch eine andere Logik als die allgemein anerkannte. Die Frage ist ja: Was wollen Sie haben oder nicht haben? Absicht ist die Entschlossenheit zu haben und zu handeln. Damit beginnt alles. Die Logik ist ganz einfach. Die Kraft der Absicht ist proportional zur Energetik. In einem reinen Körper fließt die Energie frei und ungehemmt, wie bei einem klaren Bergfluss. Die Reinheit der Gefäße, der Gelenke und wiederum auch der Energiekanäle ist weitgehend von der Qualität des Trinkwassers abhängig. Das ist also keine vergebliche Liebesmüh, sondern die Bemühung um die Hauptsache.

Darüber hinaus können Sie den Prozess der Herstellung hochwertigen Wassers auch zum Training der Kraft der Absicht verwenden. Denn die Qualität des Wassers ist im Grunde direkt abhängig von der Absicht, die Sie in diesen Prozess hineinstecken. Wird die Wasserherstellung mechanisch, unbewusst und unbeteiligt ausgeführt, dann kommt auch bei der Absicht nichts heraus.

Wird aber alles so gemacht:
bedacht (denn Sie verstehen, warum Sie das tun),
bewusst (Sie sind sich im Klaren, was Sie gerade tun),
mit Herz (Sie bemühen sich ja für sich selbst) -
dann wird auch Ihr Wasser einige *Kraft* haben. Es ist nicht einfach H_20, sondern Ihre Absicht, die auf einen flüssigen Träger übertragen wurde. Die Absicht wird zu Ihnen zurückkehren, und zwar mit doppelter Energie.

Zusammenfassung

- Lebendiges Wasser verjüngt den Körper, »lädt seine Batterien auf« und man kann davon so viel trinken, wie man möchte.
- Härtebildner fördern die Formation von Ablagerungen an den Gefäßwänden und in den Gelenken.
- Alle Flüssigkeiten im Körper sind Elektrolyte, und daher sollte Trinkwasser leicht sein, im Grunde fast nicht mineralisiert.
- Die Struktur in Membran-Wasser ist stark zerstört. Dieses Wasser sollte nicht sogleich getrunken, sondern unbedingt zuerst strukturiert werden.
- Feuerstein und Schungit sollten vor dem ersten Gebrauch gründlich gewaschen und abgebürstet werden, und man sollte neue Steine sparsam einsetzen, da sie das Wasser stark mineralisieren.
- Lebendiges Wasser sollte keinen Geruch und keinen alkalischen Geschmack haben; auch Flocken sollten nicht darin sein. Sollte dies dennoch der Fall sein, so verwenden Sie eine falsche Technologie.
- Der Körper benötigt reines Wasser, vor allem für die Reinigung und für die Pflege des Wasserhaushalts.
- Die Kraft der Absicht ist direkt proportional zur Energetik.
- In einem reinen Körper fließt die Energie frei und leicht, wie in einem reinen Bergfluss.
- Die Reinheit der Gefäße, der Gelenke und wiederum auch der Energiekanäle hängt weitgehend von der Qualität des Trinkwassers ab.
- Daher ist das alles keine vergebliche Liebesmüh, sondern die Bemühung um die Hauptsache.

Randnotizen

Die Absicht kehrt mit verdoppelter Energie zurück. Woher diese Energie stammt und worin das Training der Absicht besteht, das soll getrennt behandelt werden, und zwar im folgenden Kapitel.

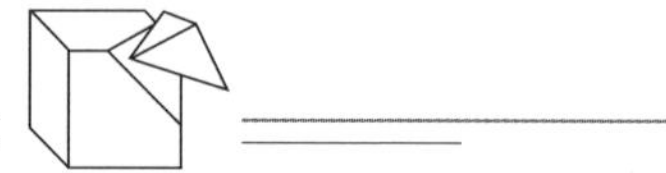

Das Gesetz der Akquisition der Kraft

Im letzten Kapitel sind wir dabei stehen geblieben, dass man mithilfe eines solch gewöhnlichen Verfahrens wie der Aufbereitung von lebendigem Wasser die Absicht trainieren kann.

Neben den angenehmen Dingen im Leben gibt es auch nicht ganz so angenehme Pflichten und Routinehandlungen. Routinemäßige Arbeit wollen wir nicht ausführen, entweder aus Trägheit oder oft auch, weil es lästig erscheint. Aber sich seine eigene Bequemlichkeit zu gönnen kann auch mühsam und bedrückend sein. Dadurch wird es nicht leichter, weil Sie ja sehr wohl verstehen, dass das zu nichts führt. Und Untätigkeit macht noch umso träger.

Die Frage ist: Wie gehe ich mit meiner Trägheit um? Es ist unmöglich, sie zu überwinden. Denn wenn ich meine Routinearbeit verrichte, obwohl mir gar nicht danach ist, wird meine Faulheit nicht verschwinden. Die Pflicht bleibt so, wie sie war. Und dabei ist es gleichgültig, wem du verpflichtet bist: dir selbst oder jemand anderem.

Gegen Faulheit gibt es nur ein Mittel: das Herz in das zu investieren, was dir zum Halse heraushängt; den Routinejob so gut wie möglich auszuüben, mit voller Hingabe. Aber nicht durch Selbstüberwindung, sondern von Herzen. Damit mag dann zu gewissem Grade Selbstbetrug oder Heuchelei verbunden sein. Machen Sie aus Ihrer Verpflichtung eine Pflicht aus Leidenschaft, und zwar ganz bewusst und absichtlich. In diesem Fall wird die Faulheit wirklich verschwinden. Falls Ihnen dieses Geheimnis noch unbekannt ist, können Sie sich selbst davon überzeugen. Und ich werde versuchen zu erklären, warum das so ist.

Der Zustand der Faulheit oder Tatenlosigkeit ist eine energetische Stagnation, ein Stau, eine Blockade. Keine Bewegung - keine Energie. Kcinc Energie - keine Lust, etwas zu tun. Das ist ein Teufelskreis. Wenn Sie dennoch beginnen, sich zu regen, manifestiert sich »Strom«, und der Motor beginnt zu arbeiten, wenn auch bei niedriger Drehzahl. Die Energie nährt die Absicht, die Absicht führt zu Bewegung und so weiter. Eine Art Rückkopplungseffekt also.

Das ist aber noch nicht genug. Wenn die Arbeit als Pflicht angesehen wird, ist die Absicht nicht ausreichend. Die Faulheit wird nicht weichen, die Arbeit wird auch nicht zur Freude, und das Ergebnis wird schlecht sein. Aber wenn Sie Ihre Arbeit - und sei es auch eine sehr ordinäre Beschäftigung - gewissenhaft und fleißig verrichten, dann manifestiert sich auf einmal von irgendwoher zusätzliche Energie. Das erfordert nicht einmal eine besondere Anstrengung. Denn es gibt nur zwei Möglichkeiten: die Arbeit entweder schlampig auszuführen oder aber gewissenhaft. Im ersten Fall wird die Energie allerdings hauptsächlich zur Überwindung der Faulheit verbraucht, während sie im zweiten Fall wie von selbst kommt. Woher kommt sie?

Eine externe Energie fließt hinein. Oder, mit anderen Worten, eine äußere Absicht. Die gleiche Energie, von der die Jedi in der Saga *Star Wars* sprachen. Aber natürlich nicht nur sie. Das ist keine Fiktion, diese Kraft existiert wirklich. Was ist das für eine Kraft?

Wenn wir uns vereinfachend die Realität als die Bewegung einer Filmrolle in einem Kinoprojektor vorstellen, dann ist die Kraft der Motor, der den Projektor antreibt. Die Aufgabe der Kraft ist es, die Realität voranzutreiben, sie kontinuierlich zu bewegen, damit sie nie zu einem Halt kommt. Denn eine Haltestelle kann es nicht geben. Materie und Raum, Kraft und Bewegung, aber auch die Zeit als »Nebenwirkung« der Bewegung - all das sind absolute, unveränderliche Grundprinzipien unserer Welt. Sie sind nie entstanden und nie verschwunden, sondern es gab sie schon immer.

Jedes Individuum hat seine eigene Perspektive - die Schicht seiner Welt. Mit seinen Gedanken und Handlungen dreht der Mensch auf die eine oder andere Art die Filmrolle in seinem Projektor. Wenn also jemand absichtlich und bewusst, gewissenhaft und sorgfältig, in der Einheit von Seele und Verstand sich seinen kleinen Film als Teil des großen Ganzen erschafft - womit er einen Beitrag zur Mission der Kraft leistet -, dann sieht diese es und eilt sofort zu Hilfe.

Sie tut das nicht »aus irgendeinem Grund« oder »nur mal so«, sondern dies ist einfach die Eigenschaft der Kraft. Der innere Impuls führt zu einer externen Resonanz. Kein Wunder, dass die alten Magier und die Meister der Kampfkünste ihre Schüler zwangen, Aufgaben zu erfüllen, die zur Praxis keinen Bezug hatten. Du kannst einfach mechanisch und gedankenlos die Straßen fegen, aber du kannst diese Beschäftigung auch in eine magische Handlung umwandeln. Fege so lange, bis du verstehst, was du tust und wie du es tust.

Um zu veranschaulichen, wie das funktioniert, möchte ich ein paar Beispiele aus eigener Erfahrung anführen.

• ● •

Einer der wichtigsten Kurse, die ich an der Fachhochschule für Physik belegte, war die Geschichte der KPdSU (für diejenigen, die es nicht wissen oder es vergessen haben: Die KPdSU war die Kommunistische Partei der Sowjetunion). Und es war nicht eine einfache Vorlesung, sondern sie zog sich über drei Semester hin. Heutzutage könnte die Geschichte der Partei vielleicht sogar meine Neugier erwecken, aber damals sagte mir das Thema überhaupt nicht zu. Aber die Noten übten einen erheblichen Einfluss auf die Zuteilung zu bestimmten Universitäten aus. Gleichzeitig ist Geschichte kein Fach, in dem man irgendwie so »durchrutscht«. Entweder du kennst dich aus, oder du hast von Tuten und Blasen keine Ahnung.

Die Abschlussexamen waren dabei nicht einmal die schlimmsten Prüfungen. Jede Woche ging es in den Seminaren richtig zur Sache, da man stets nach vorn gerufen werden konnte. Die Seminare fanden in der feierlichen Atmosphäre einer mittelalterlichen Hinrichtung statt. Jeder konnte nur hoffen, dass er an jenem Tage nicht drankam. Das war für uns alle eine große Tortur. Das Studium an sich war schon schwer genug, aber nach vorn zum Schafott gerufen zu werden, das war die reinste Hölle. Der Lehrer hingegen hatte eine Menge Spaß – er war gleichzeitig Zuschauer in einer Zirkusshow und Pilatus auf dem Richterstuhl.

Mich stimmte das alles überhaupt nicht froh. Mein Dilemma war: Lernen konnte und wollte ich nicht, aber Dreien* wollte und konnte ich mir auch nicht leisten. Und unter dem Joch der erzwungenen Notwendigkeiten zu stehen war einfach unerträglich. Zumindest für mich. Es kam mir vor wie Sklavenarbeit auf einer Galeere. Man lässt dich am Leben, solange du dich in die Riemen legst; doch eigentlich lässt man dich auch dann nicht leben, denn du bist dennoch nur ein Sklave. Eine traurige Pflicht. Es musste eine Entscheidung her.

Und so beschloss ich dann, mich auf die Seminarprüfungen so vorzubereiten, als sei es meine Lieblingsbeschäftigung. Es war nicht so, dass ich mich einfach über meine eigenen Grenzen hinaus puschte, nein. Es war etwas anderes. Es lief eher nach dem Prinzip: Je schlimmer, desto besser. Bei den Vorlesungen saß ich in der ersten Reihe, verschlang den Lehrer mit meinen Augen und schrieb fleißig mit. Während die anderen bei den Seminaren zitterten und den Kopf in die Schultern einzogen, streckte ich meine Hand hoch und begann enthusiastisch vorzutragen: »Auf jenem Parteitag war es geplant, die sozialistischen Forderungen zu erhöhen und den Plan zur Produktion von Traktoren und Mähdreschern zu überbieten! Und

* Die Drei war die zweitschlechteste Note im sowjetischen Schulsystem. (Anm. d. Übers.)

in jenem Fünfjahresplan gelang es den Kolchosbauern, die Kornkammer der Heimat mit soundso vielen Tonnen Getreide zu füllen.« (Ja, solche Zeiten gab es tatsächlich, nicht so wie heute. Nebenbei gesagt.)

Niemand begriff, was in mich gefahren war. War ich völlig durchgeknallt? Der Lehrer war zuerst zufrieden, doch dann, als meine Hand bei jedem Seminar nach oben schoss, wurde er etwas nervös, traute sich aber nicht, meine Vorträge zu stoppen. Es war mein Wunsch, meine Initiative, mich zu melden. Das Ganze mutierte in eine Art Zirkusnummer, und niemand wusste, ob er das ernst nehmen sollte oder ob ich allen einen Streich spielen wollte. Dennoch gewöhnte man sich schon bald an meine »Marotte«.

Es handelte sich ganz sicher nicht um einen Streich, eher hatte ich mir einfach einen Vorsatz gemacht (teilweise war es auch ein innerer Protest), aus dem Zwang der Umstände heraus, nach dem Stil: »Wenn ihr mir so kommt, dann komme ich euch so.« Man kann nicht sagen, dass ich mich tatsächlich für die Geschichte der Partei interessierte (auch wenn es die Geschichte unseres Landes ist). In der Tat, ich verpachtete mich sozusagen, und zwar ganz bewusst. Dabei studierte ich eigentlich nicht das Thema selbst, sondern bereitete mich auf das jeweilige Seminar vor, indem ich fleißig die Literatur durchwälzte und mir Notizen machte. (Im Unterricht war es natürlich gestattet, einen Blick auf die eigenen Notizen zu werfen, wenn man welche hatte.)

Dabei machte ich eine erstaunliche Entdeckung: Du kannst dich verpachten, aber wenn du es obendrein voller Hingabe tust, wird es auf einmal ganz leicht! Woher diese Leichtigkeit kam, war mir nicht klar, doch die Tatsache war offensichtlich: Ich hatte die Zwangsarbeit auf einer Galeere in eine faszinierende Kreativität umgeformt. Du handelst nicht aus Zwang heraus, sondern bringst deinen freien Willen zum Ausdruck. Und die Arbeit ist keine Last mehr, sondern wird Teil deiner Freiheit. Elegant!

So ging es von einer Prüfung zur anderen. Der Unterschied zu vorher war der, dass ich während der Prüfung gar keinen Druck verspürte. Es war genau umgekehrt. Dabei war es keineswegs so, dass ich das Thema perfekt assimiliert hatte (auch wenn natürlich immer etwas hängen blieb). Im Gegenteil, nach dem Unterricht war gleich alles wieder vergessen, denn das Fach selbst erschien mir uninteressant und nutzlos. Aber ich war mir sicher, dass mein Lehrer sich mein Geschwafel nicht auch noch im Schlussexamen würde anhören können. Jedes meiner mündlichen Geschichtsexamen lief auf einen kurzen, nervösen Dialog hinaus:

»Also, ääh, mmh ...«
»Nächste Frage!«
»Die zweite Frage lautet wie folgt ...«
»Weiter, weiter!«
»Auf die dritte Frage möchte ich etwas ausführlicher eingehen ...«
»Das reicht. Fünf.* Sie können gehen.«

• ● •

Etwas Ähnliches ereignete sich beim Militär. Das Militär eignet sich sehr gut zur Veranschaulichung, weil dort alle gesellschaftlichen Probleme sehr kontrastreich in Erscheinung treten.

In den ersten Monaten des Militärdienstes wurde den Rekruten in unserem Regiment wie folgt Disziplin beigebracht. Die Kompanie stellte sich vor dem Eingang der Kaserne auf. Dann folgte das Kommando: »Wegtreten! Zur Kompanieunterkunft, im Laufschritt - Marsch!« Wer als Letzter ankam, musste das gesamte Treppenhaus putzen.

Das wollte mir nicht recht in den Sinn. Ich hatte jedenfalls andere Vorstellungen von militärischen Prinzipien: Kameradschaft,

* Die Fünf war die Bestnote im sowjetischen Schulsystem. (Anm. d. Übers.)

einander beistehen ... Wie war das noch gleich: »Stirb selbst, aber rette deinen Kameraden!«? Für die Befehlshaber war es aber anscheinend praktischer, nach dem Prinzip »Teile und herrsche« zu handeln. Denn eine Truppe zu unterwerfen ist alles andere als einfach. Damit der Wille der Rekruten formbar wurde wie weicher Ton, musste ihnen das Leben möglichst schwer gemacht werden.

Die Kompanieunterkunft befand sich im zweiten Stock. Das gesamte Treppenhaus war mit weißen Fliesen ausgelegt. Stellen Sie sich einmal vor, wie eine Treppe aussieht, nachdem eine wilde Horde mit vierzig Paar schwarzen Stiefeln darüber hinweggefegt ist. Und das nicht nur ein- oder zweimal, sondern mehrmals am Tag, hin und zurück. Auf jeden Fall war es so: »Den Letzten beißen die Hunde.«

Die Idee dahinter war mir schon klar. Es war mal wieder die gute alte Galeere. In mir erwachte das vertraute Gefühl des inneren Protests, und ich beschloss, jedes Mal demonstrativ Letzter zu sein.

Meine Arbeit führte ich dann mit großem Fleiß durch, um nicht zu sagen: voller Genuss. Seife, Bürste, Lappen, Eimer. Ein wenig Masochismus war wohl auch dabei. Aber nur ein wenig. Es zeigte sich: Je schlimmer, desto besser. Es fiel mir nicht schwer. Ich war frei.

Die Offiziere und Unteroffiziere schauten mich voller Enttäuschung an. Würde ich mich je unterwerfen?! Aber sie konnten klar sehen, dass ich, anstatt zu leiden, offenbar auch noch Spaß daran hatte! Der etablierte Mechanismus schien nicht mehr zu greifen. Was sollte man mit mir noch tun? Es mussten neue Maßnahmen her. Das wilde Herumrennen wurde gestoppt, und das Treppenhaus wurde abwechselnd gereinigt: jeden Tag ein anderer. Bald darauf wurden wir dann in eine andere Kaserne versetzt. Ich hatte noch immer nicht ganz verstanden, was ich da getan hatte, dachte mir aber: »Wow, es ist tatsächlich möglich, das System zu hacken!«

• ● •

Und noch eine typische Militärepisode. Wir laufen auf unebenem Gelände. Schon lange. Mit voller Ausrüstung. Es ist heiß und staubig. Die Zunge klebt uns am Gaumen. Der Brustkorb ist eingeengt. Wir können nicht mehr. Und das Ziel ist noch weit entfernt.

Wir stehen unter dem Kommando eines kräftigen Feldwebels. Genauer gesagt kommandierte er nicht, sondern verhöhnte uns nach Strich und Faden: »Ihr Weicheier! Ich werde aus euch richtige Männer machen!« Es war offensichtlich, dass er sich in dieser Rolle sehr gefiel und seinen Spaß daran hatte. Allerdings lief er selbst mit leichtem Gepäck und in Turnschuhen umher.

Auch ich bin am Ende meiner Kräfte, genau wie alle anderen. Wir dachten nur an eines: Wenn die Qual nur bald beendet wäre! Gleichzeitig jedoch war ich innerlich angekratzt. Wie, verdammt noch mal, hatte es nur so weit kommen können?! Irgendein Feldwebel muss »mich zu einem Mann machen«. Wenn dem wirklich so war, stand es ganz schlecht um mich.

Ich erinnerte mich an die Devise der Samurai: »Lebe so, als seist du schon gestorben.« Ich erinnerte mich auch, wie sie trainierten: Laufen bis zum Umfallen, dann dreihundert Liegestützen. Wieder laufen. Wieder Liegestützen. Wieder laufen. Dann halten sie inne. Sie können einfach nicht mehr. »Genug«, sagt der Sensei, »das reicht jetzt. Oder doch nicht? Denn sind wir nicht schließlich Soldaten?« – »Banzai!«, rufen alle. Darauf machen sie noch dreihundert Liegestützen. Und wieder laufen sie.

Aber ich kann nicht. Ich habe einfach keine Kraft mehr. Sie sind wer, sie sind Samurai und sie sind ja auch schon gestorben. Ich aber verrecke hier einfach nur in der Wildnis, wie ein Hund. Aber dann ist dieser Feldwebel eine Hündin ... Da packte mich auf einmal die Wut. Gut, sagte ich mir, ich bin eben gestorben. Lasst uns jetzt laufen! Jetzt wollen wir ihm mal etwas beibringen!

In diesem Augenblick spürte ich, wie mich eine Kraft packte und weitertrug. Das Nächste, was ich merkte, war, dass alles leichter wurde. Nach einiger Zeit blickte ich mich um. Der Feldwebel schien sehr besorgt und versuchte vergeblich, mich einzuholen. Die Kraft, die noch eine Minute zuvor in ihm steckte, schien auf mich übergegangen zu sein. Er war natürlich entsprechend wütend, tat aber so, als sei nichts geschehen.

• ● •

Und ein letztes Beispiel, diesmal aus der Geschichte. Den Saporoger Kosaken im Mittelalter waren erstaunliche magische Praktiken zu eigen. Geriet ein Kosake in Kriegsgefangenschaft, so versuchten die Feinde, durch Folter seinen Willen zu brechen. Und dann schlugen sie ihm den Kopf ab. In diesem Fall sagte er: »Was schlägst du mir den Kopf ab! Spieße mich auf einen Pfahl auf, ziehe mir bei lebendigem Leib die Haut ab, dann werden wir sehen!« Wenn sie das dann mit ihm taten, ging sein Geist in den Körper des Feindes ein.

Natürlich ist es nicht nötig, durch so brutale Methoden Kraft zu erlangen. Derartige extreme Situationen kommen im Leben ja auch kaum vor. Man kann aber die Kraft auch im gewöhnlichen Alltag erhaschen. Denken Sie zum Beispiel an Folgendes.

»Hallo, Kameraden! Ich bitte um einen Moment Aufmerksamkeit. Das Frühstück im Kindergarten fällt heute aus. (Hurra!) Wir machen dafür einen Flug mit einer Rakete zum Mars. Bitte nehmt eure kosmischen Löffel in die Hand. Die Rakete wird nicht zum Mittagessen zur Erde zurückkehren.«

Die Moral der Geschichte ist: Wenn Sie sich in einer Zwangslage wiederfinden, in der Sie von anderen oder von sich selbst dazu gezwungen werden, eine Aufgabe zu erfüllen, sollten Sie versuchen, den äußeren Zwang in eine verborgene Absicht umzuwandeln.

Stellen Sie sich vor, Sie geraten in eine Sklavenkolonne, ohne Aussicht auf ein Entkommen. Sie werden zu Sträflingsarbeit gezwungen. Doch dann erwachen Sie, Sie fahren auf und legen sich mit dem Sklaventreiber an: »Komm schon! Peitsch mich aus! Du treibst mich nicht richtig an!« Formen Sie die Situation um, von: »Ich werde gezwungen« zu Ihrer eigenen Freiheit der Willensäußerung: »Ich will es.« Kinder handeln oft auf diese Weise. Sie spüren die Präsenz der Kraft. Wenn sie leidenschaftlich den Motor ihrer Realität anwerfen, wird die Kraft auf sie aufmerksam und verbindet sich mit ihnen.

Wenn Sie die Arbeit auf jeden Fall machen müssen, bleibt Ihnen keine andere Wahl, als absichtlich und bewusst zu handeln, mit der Seele, und so das Beste daraus zu machen. Wenn Sie die Bemühung machen, wird sich die Seele automatisch einschalten. Und wenn die Seele sich einschaltet, wird auch die Kraft auf den Plan treten. Jede Arbeit wird leichter, wenn sie gewissenhaft ausgeführt wird anstatt schlampig. Wer das nicht weiß, wird das ganze Leben leiden, indem er gegen eine Zwangslage und gegen unbesiegbare Faulheit ankämpft.

Wenn Sie sich das Gesetz der Akquisition der Kraft zunutze machen, können Sie sich von Routine und Faulheit verabschieden. Selbst die einfachsten Handlungen, wie zum Beispiel die Aufbereitung lebendigen Wassers, werden von Kraft und Leichtigkeit durchdrungen, wenn Sie sie absichtlich und bewusst ausführen, mit der Seele. Dann ist es nicht mehr bloß eine einfache Bewegung, sondern wird zur magischen Praxis, unter Teilnahme der Kraft. Wenn Sie sich diese Praxis angewöhnen, werden Sie immer von der Kraft begleitet. Und wenn die Kraft mit Ihnen ist, können Sie Meisterwerke erschaffen.

Zusammenfassung

- Der Zustand der Faulheit oder Tatenlosigkeit ist eine energetische Stagnation, ein Stau, eine Blockade. Keine Bewegung - keine Energie.

- Das Mittel gegen Faulheit: das Herz in das zu investieren, was dir zum Halse heraushängt; den Routinejob so gut wie möglich auszuüben, mit voller Hingabe.
- Du kannst dich verpachten, aber wenn du es mit voller Hingabe tust, wird es einfach.
- Formen Sie die Situation um, von: »Ich werde gezwungen« zu Ihrer eigenen Freiheit der Willensäußerung: »Ich will es.«
- Wenn Sie die Bemühung machen, wird sich die Seele automatisch einschalten. Und wenn die Seele sich einschaltet, wird auch die Kraft auf den Plan treten.
- Wenn Sie leidenschaftlich den Motor Ihrer Realität anwerfen, wird die Kraft auf Sie aufmerksam und verbindet sich mit Ihnen.

Randnotizen

Erinnern Sie sich noch an das Gesetz der »alten Kommode«? Wenn Ihre Energie nicht ausreicht, bietet Ihnen das Gesetz der Akquisition der Kraft eine zusätzliche Quelle.

Ein Requiem für fremdes Fleisch

Wie schön, irgendwie zu wissen,
dass irgendwo jemand ist.
Oder dass es in der Nähe jemanden gibt,
der sich genüsslich verspeisen lässt.

In diesem Kapitel möchte ich eine Frage klären, die zum ersten Mal in einem der ersten Bücher über Transsurfing angeschnitten wurde, und zwar in *Transsurfing - Lenker der Realität*. Ich erhalte viele E-Mails von Lesern, die von dem Wunsch beseelt sind, sich auf eine neue Stufe der Ernährungspyramide zu erheben, gleichzeitig aber bezweifeln, dass es möglich ist, ohne tierisches Eiweiß auszukommen, ohne dass dabei die Gesundheit oder das Aussehen zu Schaden kommt.

Diese Befürchtungen werden vor allem durch die Tatsache ausgelöst, dass fast alle Ernährungswissenschaftler und Ärzte wie mit einer Stimme wiederholen: »Ohne Fleisch kann man in dieser Welt nicht leben; das geht nicht.« Angeblich gibt es im Fleisch irgendwelche Stoffe, ohne die der Körper nicht auskommt. Außerdem gibt es noch das Prinzip des Herdentriebs, das mit Macht einstimmt: »Alle essen Fleisch, also muss es ja notwendig sein.« Und tatsächlich, wenn man in ein Restaurant geht und sich die Speisekarte ansieht, wird sogleich klar: *Wer kein Fleisch isst, isst nicht.* Oder anders ausgedrückt: *Nahrung ist das, was jemand anderes Fleisch ist.*

In Indien allerdings sind 70 Prozent der Bevölkerung Vegetarier. Es ist aber nicht bekannt, dass die Inder an Erschöpfung leiden würden. Im Gegenteil, Indien hat schon fast China an Einwohnern überholt. Offenbar stimmt etwas nicht mit dem »Fleisch-Prinzip«.

Ich habe mir nicht vorgenommen, irgendjemanden zu entmutigen, die allgemein verbreiteten Vorlieben für Essen aufzugeben. Davon hätte ich überhaupt nichts. Mir ist nur daran gelegen, Informationen anzubieten. Im technogenen System sind alle Informationen dazu bestimmt, dem System zu dienen. Jedes System einer natürlichen Ernährung lässt sich so verdrehen und entstellen, dass alle Ikonen Tränen vergießen.

Wir wollen uns, um Antworten zu bekommen, an die zuverlässigsten Quellen wenden - an die Natur, den gesunden Menschenverstand und auch an die Klassiker auf diesem Gebiet: Arnold Ehret und Max Oskar Bircher-Benner, die seltsamerweise fast in Vergessenheit geraten sind.

Zunächst einmal: Was sind eigentlich Proteine? Weder Schweinefleisch, Rindfleisch, Fisch oder irgendein anderes Fleisch, sondern riesige Moleküle - lange Ketten aus Aminosäuren. Was muss der Organismus tun, um Proteine in Muskeln zu verwandeln? Wird ein Beefsteak einfach so ein Teil unseres Körpers? Nein, *um ein fremdes Eiweißmolekül aufzunehmen, muss es zunächst in Aminosäuren aufgespalten und dann zu körpereigenen Molekülen verarbeitet werden.*

Proteine kommen überall vor - sowohl im Kotelett als auch in grünen Blättern. Doch im Gegensatz zu tierischen Lebensmitteln enthalten Pflanzen auch elementare Aminosäuren, also primäre Baustoffe. Ganz offensichtlich sind Pflanzen - und insbesondere Grünpflanzen - in diesem Sinne nicht nur die besten Quellen für Proteine, sondern auch für das Ausgangsmaterial von deren Synthese.

Eine visuelle Bestätigung finden Sie direkt in der Pfanne. Das Fleisch eines Tieres, das sich von »eiweißreichem« Mischfutter ernährt hat, vermindert sich in der Größe zwei bis drei Mal, während sich die Größe eines Stückes Fleisch von einem Tier, das sich von echtem Gras und Heu ernährt hat, fast nicht verändert. Von dem sogenannten »vollwertigen tierischen Eiweiß«, das dem Futter in großem Stil beigemengt wird, wird das Vieh nur fett und rund, anstatt Fleisch zuzusetzen.

In Bezug auf Proteine scheint überhaupt so gut wie alles völlig entstellt zu sein. In Wahrheit sollte als »vollwertig« nicht tierisches Eiweiß gelten, sondern pflanzliches oder, um es genauer zu sagen, jene Aminosäuren, Minerale und Vitamine, aus denen Proteine zusammengesetzt werden und die im Überfluss in Pflanzen vorhanden sind. Durch lebendige Pflanzennahrung wird Muskelmasse langsam, aber natürlich und effizient aufgebaut. Tierische Nahrung führt im Gegenteil zu einer Gewichtszunahme. Das ist genau jenes nutzlose Extragewicht, das auf der Pfanne dahinschmilzt und das das Herz des Herstellers so sehr erfreut.

Und dann informiert der Hersteller genauso freudig seinen Verbraucher, dass tierisches Eiweiß besser sei – man könne damit sogar Tiere füttern und erst recht natürlich den Menschen ernähren.

Der Verbraucher glaubt das gern, denn sein engstirniger Verstand kann diese primitive Logik, über die man nicht nachzudenken braucht, gut akzeptieren: Um Muskeln auszubilden, muss man Muskelfleisch essen, um Proteine zu bilden, muss man Proteine essen, und um Fett zu bilden, muss man Fett essen; gleichermaßen sollte eine stillende Mutter Milch trinken, damit sich ihre Brüste mit Milch füllen.

Aber wenn man dieser Logik folgt, dann sollte man einen Stier mit Fleisch füttern (was faktisch bereits geschieht, da seinem Futter Knochen- und Fischmehl beigemengt werden) und eine Kuh mit Milch. Nach der gleichen Logik sollte man ein Haus, da es aus Mauern besteht, aus Mauern erbauen und nicht aus Ziegeln. Oder am besten gleich aus massiven »vollwertigen Häusern«. Wie viele Häuser braucht man wohl für den Bau eines Hauses? Nun, was dort auf der Baustelle geschieht, das ist nicht wichtig. Es ist Sache des Konstrukteurs. Unsere Aufgabe ist es, auf der Baustelle die erforderliche Anzahl Häuser abzuliefern und den Rest den Verantwortlichen zu überlassen. Es macht nichts, dass die Wände in einzelne Steine zerlegt werden müssen. Hauptsache, wir haben die »vollwertigen« Baustoffe.

Die Vorstellung, dass tierische Lebensmittel etwas Unverzichtbares enthalten, ohne das der Körper nicht auskommen kann, ist bestenfalls ein Märchen, eigentlich jedoch pure Unwissenheit oder eine Lüge mit einer bestimmten Absicht. Es gibt nichts in der Natur, was nicht auch in diesen oder jenen Pflanzen enthalten wäre. Und wenn die Wissenschaft zuverlässige Informationen darüber hätte, was der Körper synthetisieren und nicht synthetisieren kann, dann wären solche Probleme wie Krebs und Diabetes längst gelöst. Man muss auch berücksichtigen, dass sich die Wissenschaft über den Menschen noch völlig im Stadium von Laboruntersuchungen befindet, was sie nicht gerade verlässlich macht.

Das Einzige, auf das man sich verlassen sollte, sind die Natur und der gesunde Menschenverstand. Genau auf diesen Prinzipien fußt das System des Schweizer Arztes Dr. Bircher-Benner. Wir listen im Folgenden die wichtigsten Bestandteile seiner Theorie auf. Hier ist alles klar und einfach.

Letzten Endes ernähren wir uns alle von Sonnenenergie. Dies ist unsere primäre Energiequelle. Alles andere, wie Öl, Kohle und Gas, ist zweitrangig. Kosmische Energie wollen wir in unsere Betrachtungen zunächst nicht einbeziehen.

Pflanzen assimilieren die Sonnenenergie direkt. Sie sind die einzigen Wesen auf der Erde, die dazu in der Lage sind. (Solarnahrung und Prana-Nahrung wollen wir einmal außer Acht lassen, um das Thema nicht zu kompliziert zu machen.)

Mit den Pflanzen konsumieren wir auch gleichzeitig Sonnenenergie. Mit anderen Worten, die Energie der Sonne kommt über die Pflanzen zu uns. Die Tiere, die auf der nächsten Stufe der Nahrungspyramide stehen, ernähren sich ebenfalls von Pflanzen.

Fleischfressende Tiere, die eine Stufe darüber stehen, ernähren sich von den Körpern (Aas) pflanzenfressender Tiere.

Diejenigen, die sich von Pflanzen ernähren, bekommen Sonnenenergie aus erster Hand. Fleischfresser erhalten Sonnenenergie aus zweiter Hand. Und wenn man Tiere (oder natürlich auch Vögel), wie es heutzutage üblich ist, mit tierischen Proteinen füttert, dann ist dies Sonnenenergie aus dritter Hand.

Pflanzen sind Nahrung der ersten Klasse. Sie enthalten pflanzliche Proteine, die leicht verdaulich sind, sowie grundlegende Aminosäuren, aus denen Proteine zusammengesetzt werden.

Fleisch von pflanzenfressenden Tieren ist Nahrung zweiter Klasse. Sie stehen nach den Pflanzen an zweiter Stelle in der Kette der Vermittlung der Sonnenenergie. Alle nachfolgenden Vermittler in dieser Kette können als Nahrung niederer Klasse gelten. Vom Fleisch der Raubtiere ernährt sich in der Natur fast niemand. Solches Fleisch aufzunehmen ist im Prinzip möglich, aber diejenigen, die dazu in der Lage sind, sind von besonderer Art.

Aber der Mensch geht in seinem »Produktionsprozess« der Nahrungszubereitung noch weiter. Bircher-Benner führt dazu Begriffe wie *Nekrobiose* ein: zunächst das Töten von lebendigem Fleisch, dann das von totem Fleisch.

Bekanntlich geht das Töten eines Lebewesens, das über ein ausreichend hohes Bewusstsein verfügt, dass es den Akt seiner Tötung versteht, nicht spurlos an seinem Körper vorüber. Es werden Stoffe ins Blut ausgeschüttet, die dem Fleisch den Stempel des Todes aufdrücken. Das geschieht sowohl auf der physikalisch-chemischen wie auch auf der energoinformativen Ebene. Folglich ist solche Nahrung, betrachtet man sie als Quelle von Sonnenenergie, nochmals um eine Klasse reduziert.

Die nächste Phase ist *das Abtöten des toten Fleisches.* Man mag sich fragen, wie dieser Prozess eigentlich noch weitergehen kann.

Natürlich finden wir daran eigentlich nichts Besonderes, denn seit unserer Geburt beobachten wir diesen »Prozess« und haben uns an ihn als einen integralen, normalen Bestandteil des Lebens gewöhnt. Aber ist das wirklich normal, von der Warte der Natur aus gesehen? Stellen Sie sich einmal vor, Sie hätten noch nie gesehen, wie Fleisch gebraten wird, und hätten keine Ahnung, dass so etwas möglich oder sogar nötig ist. Aber genau das tun Sie. Es ist sowieso schon tot, und Sie machen es noch toter. Das ist schon sehr seltsam. Etwas kann hier nicht stimmen.

Sind wir eigentlich Kinder der Natur oder irgendwelche verkommenen Perversen? Wahrscheinlich hat bislang noch niemand diese Frage so gestellt.

Hitzebehandelte Lebensmittel sind eine Nahrungsquelle der dritten Klasse. Energetisch gesehen handelt es sich um einen Prozess der Senkung des Energiepotenzials. Lebendig ist lebendig. Tot ist tot. Energie und Kraft sind dort präsent, wo Leben ist. Je stärker die Auswirkung des Feuers, desto niedriger das Energiepotenzial von Lebensmitteln. Ganz abgesehen davon, dass beim Kochen toxische Stoffe entstehen. Jedes Produkt ist in seiner naturbelassenen Form wertvoller. Allerdings kann rohes Fleisch nicht als Delikatesse gelten. Als Ausnahme könnte Fisch gelten. Aber im Meer ist das Leben viel natürlicher und harmonischer gestaltet als auf dem Land. Auch das Fleisch von Raubfischen ist im Vergleich zu dem von Landraubtieren durchaus essbar.

Aus dem oben Gesagten können bereits wesentliche Schlüsse gezogen werden:

(1) *Energie bezieht man besser aus erster Hand als aus der Hand irgendwelcher Vermittler.*

(2) *Lebendig ist in jeder Hinsicht besser als tot.*

Hier wird nichts grundsätzlich Neues gesagt. Bircher-Benner nannte die Dinge einfach beim Namen. Und wenn die Dinge beim Namen genannt werden, bekommen sie ihren wahren Sinn.

Zusammenfassung

- Das Prinzip des Herdentriebs lautet: Nahrung ist das, was jemand anderen Fleisch ist.
- Im technogenen System sind alle Informationen dazu bestimmt, dem System zu dienen.
- Um ein fremdes Eiweißmolekül aufzunehmen, muss es zunächst in Aminosäuren aufgespalten und dann zu körpereigenen Molekülen verarbeitet werden.
- Pflanzen - und insbesondere Grünpflanzen - sind nicht nur die besten Quellen für Proteine, sondern auch für das Ausgangsmaterial zu deren Synthese.
- Durch lebendige Pflanzennahrung wird Muskelmasse langsam, aber natürlich und effizient aufgebaut.
- Wir alle ernähren uns letztlich von Sonnenenergie.
- Pflanzen assimilieren die Sonnenenergie direkt.
- Mit den Pflanzen konsumieren wir gleichzeitig Sonnenenergie.
- Diejenigen, die sich von Pflanzen ernähren, bekommen Sonnenenergie aus erster Hand.
- Pflanzen sind Nahrung der ersten Klasse.
- Fleisch von pflanzenfressenden Tieren ist Nahrung zweiter Klasse.
- Hitzebehandelte Lebensmittel sind eine Nahrungsquelle dritter Klasse.
- Dem Fleisch eines getöteten Tieres wird der Stempel des Todes aufgedrückt.

Randnotizen

Aber das ist noch nicht alles. Es bleibt noch eine Reihe interessanter Fragen:

- *Warum gibt es noch immer so viele Menschen, die süchtig nach Fleisch sind?*
- *Wo ist es besser: an der Spitze der Pyramide oder eine Stufe darunter?*
- *Woher kommt die Lebenskraft: aus Eiweißen, Fetten oder Kohlehydraten?*

All diese Fragen, vor allem die letzte, sind alles andere als banal. Um also eine inhaltliche Überlastung zu vermeiden, wollen wir sie im nächsten Kapitel behandeln.

B-Dur

Da steht ein Mann in Schwarz,
Verneigt sich tief, gibt
Mir ein Requiem in Auftrag und geht fort ...
Ob Tag, ob Nacht, er gibt mir keine Ruh,
Mein schwarzer Mann.

Puschkin, *Mozart und Salieri*

Heute befassen wir uns mit dem, worum es im Transsurfing im Kern geht: einfache Lösungen für komplexe Probleme. Und auch wenn das Thema nicht besonders verwickelt ist, sollten Sie sich darauf gefasst machen, dass *Alltägliches und Selbstverständliches* manchmal *überraschend und schockierend* sein kann. Es mag Sie das seltsame Gefühl beschleichen, als würden Sie etwas Neues für sich entdecken, das Sie zwar schon lange wussten, das Ihnen aber gleichzeitig völlig unbekannt erscheint. Die Sache ist aber die, dass *die einfachen Dinge in dieser Welt oft zu den am meisten vernachlässigten gehören*, da wir sie in der Regel kaum beachten.

Formulieren wir die erste Frage mal etwas anders: *Warum ist im Laufe der Zeit überhaupt jemand auf die Idee gekommen, jemand anderes zu essen?* Stellen Sie sich vor, Sie kämen auf die Erde und es gäbe hier nur Pflanzen. Von einer Fauna keine Spur. Ist das möglich? Durchaus, denn Pflanzen sind die vollkommensten Geschöpfe; sie brauchen zum Leben nur Mineralien, Wasser, Sonne und Luft. Und sie sind die friedlichsten und gütigsten Geschöpfe. Sie greifen niemanden an, verpesten nicht die Umwelt, vergiften sich nicht gegenseitig mit Chemikalien und erfinden keine Atombombe. Die einzige Form der Aggression von ihrer Seite – wenn man das überhaupt so nennen kann - ist das Streben nach mehr Sonne und Platz für ihre Existenz. Denn dieses Recht - das Recht auf Leben - hat ja jeder!

In jeder Gesellschaft, auch in der friedlichsten und wohlhabendsten, gibt es kraft des unerbittlichen Gesetzes der Dialektik immer mindestens ein »asoziales« Element, das entweder besonders gierig und gefräßig oder irgendwie benachteiligt ist. Was ist jenem Wesen da wohl in den Sinn gekommen? Anstatt mich geduldig wie die anderen mit der langsamen, mühsamen Photosynthese zu beschäftigen, will ich einfach einen Nachbarn verschlingen. Oder ich werde mir einen fügsamen »Freund« suchen, werde ihn freundlich »in die Arme schließen« und mich heimlich an seinem Saft laben.

Es tauchten noch andere derartige Wesen auf, die auf fremde Kosten, sogar auf Kosten des Lebens anderer, existierten. Diese anderen begannen sich schnell zu vermehren und zu entwickeln, kraft der gleichen Dialektik. In der Nahrungspyramide standen sie bereits eine Stufe höher als die Pflanzen, was ihnen einen entscheidenden Vorteil einbringt. Viele von ihnen haben bereits gelernt, sich räumlich zu bewegen, während die meisten »niederen« Lebewesen noch immer an ein und demselben Ort festsitzen.

Aber schon bald tauchten noch dreistere und gefräßigere Formen auf, die eine Stufe höher kletterten und begannen, jene anderen zu fressen, die sich noch von Pflanzen ernährten.

Und jetzt fragen Sie sich mal: *Was für einen Sinn hat das Ganze?* Lohnt sich der Aufstieg in der Nahrungspyramide, weil es oben besser ist? Ist es denn wirklich besser, andere zu fressen, als sich selbst zu ernähren, wie es die Pflanzen tun?

Auf den ersten Blick ergibt sich die angeblich »natürliche« Schlussfolgerung: Je höher du stehst, desto stärker bist du und desto vorteilhafter ist es für deine Situation. Doch erinnern wir uns an das Prinzip von Bircher-Benner: *Wir alle ernähren uns letztlich von Sonnenenergie*. Daraus folgt: Wer näher an der Quelle dieser Energie steht und auf die wenigsten Vermittler angewiesen ist, befindet sich auf der Nahrungspyramide in der besten Lage. Aber woher kommt dann jener Wettbewerb »Wer isst wen?«? Das ist eine seltsame Situation. Widerspricht die Natur sich selbst?

Die Antwort ist ebenso einfach wie paradox. *Jemand sieht sich nicht genötigt, einen anderen zu fressen, weil das besser ist (nahrhafter, wohlschmeckender), sondern weil es nichts anderes zu fressen gibt.* Denken Sie mal über diesen Satz nach. Nur hierin, und in nichts anderem, ist der Grund für den Kampf um die Spitze der Pyramide zu sehen. Die Tatsache, dass in der Natur immer und überall »einer den anderen frisst«, scheint daher völlig natürlich, nicht wahr?

Aber wenn wir die üblichen Klischees einmal über Bord werfen, wird auch noch etwas anderes selbstverständlich: Es ist überhaupt nicht verpflichtend, natürlich zu sein – in dem Sinne, dass »einer den anderen isst«. Üblich ist keineswegs das Gleiche wie natürlich und normal. Es ist sogar möglich, dass unser Planet in diesem Sinne eine von wenigen Ausnahmen ist. Allerdings wissen wir ja nicht, was sich »irgendwo in einer fernen Galaxie« abspielt.

Bei uns ist es jedenfalls so. In unserer Natur hat es immer wieder Situationen gegeben, in denen es an einem bestimmten Ort und zu einer bestimmten Zeit nichts zu fressen gab. Daran hat sich bis heute nichts geändert. Pflanzen sind in diesem Sinne angesichts aller möglichen klimatischen Widrigkeiten besser gerüstet. Einige können sogar für eine gewisse Zeit in einen Zustand der Anabiose fallen. Tiere hingegen geraten, wenn es beispielsweise trocken oder kalt wird, in echte Schwierigkeiten. Was ist dann zu tun? ... Mit hungrigem Maul kriecht es auf weichen Pfoten über den Wüstenboden und denkt wehmütig: »Ich habe niemanden und bin ganz traurig. Ich schwöre, ich würde alles geben, würde ich jemanden finden, würde ich nur jemanden finden ...« Es ist klar, warum es klagt ... Es sucht nach etwas zu fressen. Wenn es ringsumher nicht einmal eine einzige Pflanze gibt, frisst du, wen oder was du nur finden kannst. Das Überleben ist ein Grundinstinkt. Da gibt es keine Alternative.

Bei den Menschen ist es nicht anders. Es ist nicht bekannt, wann und von woher sie auf die Erde kamen, in welchen Umständen sie existierten, aber es ist leicht, sich vorzustellen, dass sie angesichts einer Situation, als die Pflanzen aus ihrem Lebensraum wichen, in der Nahrungspyramide eine Stufe höher steigen mussten. Allerdings war das mit großen, mit sehr großen Nachteilen verbunden. Und der Grund dafür war noch nicht einmal der, dass die Nahrung zweiter Klasse von niederer Qualität war. Nahrung zweiter Klasse, also tierische Nahrung, ist viel schwieriger zu bekommen - das ist der springende Punkt. Pflanzen muss man nicht jagen. Sie sind viele, laufen nicht weg, beißen nicht und haben keine Hörner zum Stoßen. Und die Jagd ist sehr zeitraubend, nicht nur für die Menschen.

Der Mann von der Straße, der nicht vertraut ist mit dem wirklichen Leben der Tiere, mag denken, Raubtiere hätten ein gutes, sattes Leben. Muss ja so sein! Niemand kann dir etwas anhaben. Du kannst fressen, wen du willst, oder zumindest all die, denen du überlegen bist. Und niemand hat es auf dein Fleisch abgesehen. Du kannst durch die Gegend streifen und nach Belieben fressen, die Freiheit genießen! Rundherum wimmelt es von einfältigen Pflanzenfressern und dummen Fischen! Das alles ist dein - deine Beute!

In Wirklichkeit ist alles viel komplizierter und auch noch viel tragischer. Die Vorstellung, das sei alles kein Problem, ist bloß eine Illusion. Im Fernseher sehen Sie, wie ein Löwe mit Leichtigkeit einen Stier reißt, der Bär einen Fisch fängt, der Wolf einen Hasen, wie der Jäger ein Reh zur Strecke bringt und so weiter. Gezeigt wird jeweils nur das Finale, aber hinter den Kulissen läuft ein langwieriger Prozess ab, bis es so weit ist. Es scheint also nur so, als sei alles ganz einfach: Wenn du an der Spitze der Pyramide stehst, bist du König und Gott, und alles steht dir zur Verfügung.

In der Tat ist das Gegenteil der Fall. *Es ist paradox, aber je höher die Stufe auf der Nahrungspyramide, desto schwieriger wird die Nahrungsbeschaffung.* Und umgekehrt: *Je tiefer du stehst, desto leichter die Ernährung.* Seltsam, nicht wahr? Aber so ist es tatsächlich.

In der Realität sieht es so aus: Auf den oberen Stufen der Pyramide herrscht eine Hungersnot. Es ist ein erbitterter Kampf ums Überleben. Vor allem seit jener Zeit, als sich der Mensch an die Spitze der Pyramide stellte. Hunger kennt kaum jemand, und es sind noch weniger, die darüber sprechen. Wenn Millionen Menschen irgendwo in Afrika sterben, gilt das als Tragödie. Sterben jedoch Raubtiere aus Nahrungsmangel, so wird dies als ein natürlicher Prozess angesehen, sozusagen als Regulierung der Bevölkerung.

Kaum bekannt ist, dass ein Löwenrudel manchmal monatelang nichts zu fressen bekommt. Echte Löwen (nicht solche aus Zoo oder Zirkus) sehen zu solchen Zeiten aus wie wandelnde Leichen. Wölfe jagen oft wochenlang vergeblich nach Beute. Auch Eisbären, die überhaupt arme Kreaturen sind, können bisweilen monatelang kein Futter finden. Buckelwale, die sich von Heringen ernähren, müssen umständehalber ein halbes Jahr lang (!) hungern. Phytoplankton hingegen, eine Art auf der untersten Stufe der Nahrungspyramide, frisst, wann es will und wie viel es will.

Es gibt viele Gründe, warum der Lebensunterhalt auf der Erde so problematisch ist. Der Klimawandel, die Jahreszeiten, die Migration der Säugetiere, Fische und Vögel und so weiter - das ist eine lange Geschichte. Der Hauptpunkt dabei ist jedoch, dass alle Vertreter der verschiedenen Pyramidenstufen voneinander *abhängig* sind, *wie in einer Kette.* Daher spricht man auch von einer Nahrungskette. Je höher du stehst, desto länger und schwerer ist die Kette und desto stärker die Abhängigkeit von allen untergeordneten Arten. Das nächste Paradox besteht darin, dass die oben Stehenden nicht wirklich Könige der Natur sind, sondern *Gefangene der Umstände und Schmarotzer ihrer »essbaren« Untertanen.*

Mit dem Menschen verhält es sich genauso. Der moderne, zivilisierte Mensch ist in freier Wildbahn hilflos. Der springende Punkt hierbei ist jedoch nicht einmal seine Hilflosigkeit, sondern dass er sich auf die Endstufe der *Abhängigkeit* begeben hat. Für ihn ist alles, was kein Fleisch ist, auch keine Nahrung.

In einer Dokuserie auf *Discovery* wurde folgendes Experiment gezeigt. Eine Gruppe von sieben Freiwilligen - normale Stadtbewohner - wurden in Alaska ausgesetzt. Ihre Aufgabe bestand darin, so lange wie möglich durchzuhalten. Sie waren ausgestattet mit Zelten, Gewehren, Angelruten und sonstigen Erfordernissen - mit allem, außer mit Nahrung. Außerdem hatte jeder noch einen Pager dabei. Ein Druck auf die Taste, und ein Hubschrauber kam, um seine Leiden zu beenden.

Es war irgendwann Anfang oder Mitte Herbst. Der erste Tag auf Wanderung machte richtig Spaß. Die Natur war herrlich, die Stimmung großartig, alles war ein Kinderspiel. Dann kam der Regen. Alle waren patschnass. Zu essen hatten sie noch nichts gefunden, und so mussten sie mit leerem Magen übernachten. Aber in der Gruppe waren ein leidenschaftlicher Angler und eine begeisterte Jägerin, so dass die Chancen auf Erfolg recht gut schienen.

Am Morgen stellte sich heraus, dass die Schuhe, die sie zum Trocknen an das Lagerfeuer gestellt hatten, verbrannt waren. Sie mussten sich Ersatzschuhe schaffen, indem sie ihre Füße irgendwie umwickelten. Alle hatten einen wahnsinnigen Hunger. Die Suche nach Wild in der Umgebung brachte nichts. Aus irgendeinem Grunde beeilte sich die üppige Wildnis nicht, ihre Reichtümer mit den ungebetenen Gästen zu teilen. Die Jägerin sagte, sie müsse noch weiter auf die Pirsch gehen, und machte sich auf den Weg. Sie versprach, am Abend werde es Fleisch geben ... viel Fleisch.

So weit, so gut. Man warf die Angelruten aus. In der Nähe gab es einen prima Gebirgsbach. Aber nach mehreren erfolglosen Versuchen ließ die Begeisterung merklich nach. Der Angler kam zu dem Schluss, dass es in diesem Fluss gar keine Fische gebe. Da könne man nichts machen. Man müsse halt Fleisch finden.

Bald darauf bemerkten sie, dass in der Nähe des Camps eine Maus lebte. Sie müssten sie halt fangen. Aber wie? Natürlich waren sie alle gebildete, intelligente Leute, und daher ersannen sie eine Methode

- aber was für eine, nicht irgendeine Pipifax-Methode! Sie füllten einen großen Topf mit Wasser, lehnten eine Stange daran, und am Rand des Topfes befestigten sie einen Draht, an dem ein Röhrchen angebracht war, und zwar so, dass sich das Röhrchen frei um den Draht drehen konnte. Die Maus sollte auf die Stange klettern, auf den Draht steigen, vom Röhrchen abrutschen und ins Wasser fallen - und dann war sie gefangen!

Stellen Sie sich nur vor, das war tatsächlich ihr voller Ernst. Sie warteten ... und warteten und warteten. Aber die Maus zeigte nicht die geringste Lust, auf den Topf zu klettern, sondern beschäftigte sich ruhig mit ihren gewöhnlichen Aktivitäten. Da war sie, die nächste Niederlage.

In der Zwischenzeit zeigte die Kamera, die die Gruppe filmte: Im Fluss schwamm eine Forelle (es gab also doch welche!), auf den Büschen und im Gras wuchsen Beeren, am Flussufer stand ein Dickicht aus Kletten und noch viele weitere Dinge, an die ich mich nicht mehr erinnern kann. Klettenwurzeln kann man beispielsweise backen, wenn es sein muss, und sie schmecken auch nicht schlechter als Kartoffeln. Aber das alles hat die Leute in Alaska nicht interessiert. Sie suchten nach Fleisch.

Schließlich erblickte einer der Jungs auf einem Baum ein Eichhörnchen, und wie durch ein Wunder gelang es ihm, es abzuschießen. Ohne viel nachzudenken, häuteten sie das Eichhörnchen (darauf verstanden sie sich) und grillten den kleinen Kadaver, der kaum größer war als eine Maus, am Lagerfeuer. All dies taten sie wieder mit vollem Ernst, obwohl es offensichtlich war, dass nach dem Aufteilen des Tierchens jeder nur ein Stückchen Fleisch von der Größe einer Fingerkuppe bekommen würde. Jeder verschlang schnell sein Stück. Die siebte Person der Gruppe (die Jägerin) wurde beim Aufteilen gar nicht bedacht - sie würde ja bald mit einer riesigen Menge Fleisch auftauchen.

Und dann kam sie tatsächlich. Mit leeren Händen und stinksauer. Wie sich herausstellte, gab es in dieser verflixten Einöde gar kein Wild!

Aber als sie dann erfuhr, dass ihre Kollegen ohne sie ein Eichhörnchen verspeist hatten, wurde sie fuchsteufelswild. Sie waren doch ein Team! Wie hatten sie ihr das nur antun können? Es begann ein langer, quengeliger Streit.

Die Fortsetzung der Geschichte konnte ich nicht mehr mit ansehen. Aber man kann sich leicht vorstellen, was für ein Ende das Ganze nahm. Es ist auch nicht so wichtig, denn auch so haben Sie schon das Wichtigste verstanden.

Zusammenfassung

Die einfachen Dinge in dieser Welt gehören oft zu den am meisten vernachlässigten, da wir sie in der Regel kaum beachten.

- Wer näher an der Quelle dieser Energie steht und auf die wenigsten Vermittler angewiesen ist, befindet sich auf der Nahrungspyramide in der besten Lage.
- Jemand sieht sich nicht genötigt, einen anderen zu fressen, weil das besser ist (nahrhafter, wohlschmeckender), sondern weil es nichts anderes zu fressen gibt.
- Auf den oberen Stufen der Pyramide herrscht Hungersnot.
- Die oben Stehenden sind nicht wirklich Könige der Natur, sondern Gefangene der Umstände und Schmarotzer ihrer »essbaren« Untertanen.
- Der moderne, zivilisierte Mensch hat sich in die Endstufe der Abhängigkeit hineinmanövriert.

Randnotizen

Zur Erklärung: B-Dur ist die Tonart, die Mozart vorzugsweise in seinen Werken verwendete. Allerdings ... damals spielte man die Geige, heute gibt es Militärmärsche. Es wird aber noch interessanter.

Die Menschenfarm

Ich hoffe, ich habe hiermit die Idee von »fremdem Fleisch« erfolgreich zu Grabe getragen. Halten Sie nun aber nicht alle meine Worte für die Ergüsse eines Fanatikers. Denn im Transsurfing gibt es keine Regeln (Regeln sind etwas für Pendel) und auch fast keine Gesetze, sondern bloß Prinzipien, denen Sie folgen können oder auch nicht, ganz nach Ihrem Belieben, in der Einheit von Seele und Verstand.

Ich betrachte es außerdem als meine Aufgabe, unabhängige, nicht irgendjemandes Interessen vertretende Informationen zu geben, die im Gegensatz zur wilden Propaganda der Hersteller und Händler stehen, von der unsere gesamte Welt vereinnahmt ist.

Wir alle sollten uns bewusst sein, dass die Produkte, die wir täglich sehen, nicht so sehr deshalb hergestellt werden, weil wir ohne sie nicht auskommen, sondern vielmehr deshalb, weil Hersteller und Händler auf Profit angewiesen sind. *Nur am Anfang wird produziert und verkauft, was jemand braucht. Dann aber beginnt etwas ganz anderes - ein Konkurrenzkampf um jeden Preis.* Wir leben in einer Welt, in der dieser Konkurrenzkampf ständig läuft, und wie Sie wissen, gibt es bei den Mitteln des Kampfes keinerlei Zurückhaltung.

Lüge und Desinformation sind sehr wirksame Mittel. Denn um beispielsweise ein Lebensmittelprodukt verkaufen zu können, muss man, um beim Wettbewerb mithalten zu können, den Mythos kreieren, dass es nicht nur äußerst nützlich ist, sondern dass man ohne es nicht existieren kann. (Ohne Fleisch und Milch ist das Leben gar nicht möglich.)

Es ist gerade ein neuer Trend im Kommen, den man als »Natur total« bezeichnen könnte und zu dem in gewissem Maße auch meine Bücher beigetragen haben. Frage: Wie kann man unter solchen Umständen Waren verkaufen, die mit dem Naturtrend nichts zu tun haben? Nichts leichter als das: Sie bezeichnen sie einfach als natürlich, das ist alles. In der Fernsehreklame sieht man so etwas ja täglich: Ein kerngesundes Kind mit roten Bäckchen (das man sich hierfür ausgesucht hat) isst mit Behagen ein synthetisches Produkt aus der Konservendose, während im Hintergrund erklärt wird, was Sache ist: »... weil es so natürlich ist!«

Erklären Sie mir bitte mal, wie ein Produkt natürlich sein kann, wenn es konserviert ist, also in einer Dose oder Packung »verschlossen und begraben« wurde, mit einer Haltbarkeit von ein oder zwei Jahren? So einfach geht das! Produktion und Handel sind sehr schnell, wenn es darum geht, sich an aktuelle Trends anzupassen. Aber sie verwenden nicht die geringste Mühe, um ihr »Märchen« wahr zu machen. Denn das würde ja mehr kosten, als den ahnungslosen Kunden einen Bären aufzubinden.

Die Haltbarkeitsdauer kann man mit dem Begriff »Knacki« in Verbindung bringen, und zwar gilt bei beiden: je länger, desto gefährlicher. Wahrscheinlich erinnern sich nicht mehr viele an die Zeiten, als Mayonnaise nicht länger als drei Wochen im Kühlschrank gelagert werden konnte, als Flaschenmilch nach zwei, drei Tagen sauer wurde und Bier nach einer Woche trübe. Viele werden das jetzt sogar zum ersten Mal hören.

Die allgegenwärtige Profitkonkurrenz hat uns zu Gefangenen gemacht, zu Geiseln der Interessen der Hersteller und Händler. In den Geschäften findet man schon kaum mehr echte Bioprodukte. Als letzte Zuflucht blieben nur noch der Wochenmarkt und Meeresfrüchte (natürlich nicht die künstlich gezüchteten). Aber selbst dort geht es längst nicht immer sauber und ehrlich zu.

Wenn wir der Klassifizierung von Bircher-Benner folgen, dann könnten wir seine Tabelle heute um eine weitere, *vierte Klasse* ergänzen, die er damals noch nicht kennen konnte: *Supermarkt-Synthetik*. Produkte der untersten Klasse. In der Tat ist dies Matrix-Nahrung für Cyborgs, die an der Spitze der Nahrungspyramide stehen.

Die Idee ist leicht nachvollziehbar: Je mehr Kunststoffe ein Produkt enthält, desto niedriger sind die Kosten. Je länger die Haltbarkeit, desto leichter die Herstellung.

Es stellt sich die Frage: Welches Recht haben die Hersteller, uns mit solchem Dreck zu ernähren? Wie konnte es geschehen, dass alles in Plastik gehüllt ist? Und das nicht nur bei der Nahrung, sondern bei allem?

Wieder ist die Antwort sehr einfach: Wenn die Bewusstheit der Verbraucher auf einem sehr niedrigen Niveau steht, buchstäblich auf der Ebene von Zombies, dann kann man ihnen alles Beliebige andrehen. Und sie werden glauben, dass all diese Produkte nicht nur sinnvoll, sondern sogar für ihre Gesundheit unentbehrlich sind.

Wenn die Bewusstheit sowohl der Individuen als auch der Gesellschaft im Allgemeinen auf einem höheren Niveau stünde, dann würden wir zumindest natürliche Milch und natürliches Bier trinken, und wir würden auch natürliche Wurst essen ohne genmanipulierten Sojazusatz. Und so weiter. Aber wir sind nicht freie, bewusste Individuen. *Wir sind* - und das ist noch milde ausgedrückt - *Farmtiere und fressen, was man uns vorsetzt.* Das ist unsere Situation. Und Sie meinen wirklich, das hätte nichts mit Transsurfing zu tun?

Es ist ja tatsächlich so: *Was man uns gibt, das essen wir auch.* Daher gibt es in unserer fortschrittlichen, zivilisierten Gesellschaft ein Gesetz, das man wie folgt formulieren kann: *Erst wird die Ware produziert, dann werden die Kunden gezwungen, sie zu kaufen.* Ich will auch gleich erklären, was das bedeutet.

Wie gesagt, steht am Anfang die Herstellung eines Produktes, für das eine Nachfrage besteht. Angenommen, alle haben erfahren, dass es irgendwo in einem Bergdorf Hundertjährige gibt, die ihre robuste Gesundheit und Fröhlichkeit einem sagenhaften Getränk verdanken. Warum also dieses Produkt nicht auch für die Stadt herstellen? Kein Problem - die Produktion beginnt und wird ein Erfolg. Aber dann treten Konkurrenten auf den Plan, die das Gleiche tun. Der Markt wird allmählich von dem Produkt überschwemmt. Wie kann man da noch mithalten?

All diese Probleme lassen sich leicht lösen. Das Getränk wird synthetisch hergestellt. Es ist schon längst nicht mehr das gleiche wie das, was im Bergdorf getrunken wird. Aber die Kosten für ein solches Produkt sind deutlich geringer, und seine Haltbarkeit ist länger. Den Konsumenten braucht man nur weiszumachen, dass es das gleiche Wunderelixier ist. Sie sind sehr kauffreudig und gutgläubig.

Sobald dann die Fertigung etabliert ist, beginnt ein Prozess ganz anderer Art - man muss das jetzt alles loswerden, indem man es den Käufern mit allen erdenklichen Mitteln unterjubelt. *Wenn wir es produzieren, müssen Sie es auch kaufen*. Wenn Sie es nicht kaufen wollen, werden wir es Ihnen eindringlich empfehlen. Es ist wie bei der Armee: Kannst du nicht, dann bringen wir es dir bei. Und willst du nicht, dann werden wir dich zwingen. Wie wir es dir beibringen? Wir werden dir sagen, mit Unterstützung der maßgeblichen Ansicht von Ärzten (für die kranke Patienten prinzipiell praktischer sind als gesunde), dass dieses Produkt gut für die Gesundheit ist und dass es überhaupt unentbehrlich ist, weil es alles Nötige enthält und so weiter. Und wie wir dich zwingen? Ganz einfach - es gibt in den Regalen nichts anderes, nur unser Produkt, für euch, liebe hochentwickelte Wesen auf unserer Farm ... denn schließlich haben wir euch alle gern und kümmern uns um euch!

Das alles geschieht nicht etwa deshalb so, weil Produzenten und Händler ein schlechter, böser Menschenschlag wären. In der Tat, sie werden vom System gezwungen, so und nicht anders zu handeln.

Und so wie die Revolution ihre eigenen Kinder frisst, so befinden sich auch die Kinder des Systems in dessen Gewalt (Rachen).

Als Beispiel soll hier noch einmal wiederholt werden, was bereits in der Reihe *Transsurfing* erklärt wurde.

Die US-Regierung verkündete 1974, die Verringerung der Bevölkerung in den Ländern der Dritten Welt sei eine Frage der nationalen Sicherheit. Auf welche Weise sollte diese Politik durchgesetzt werden? Außenminister Kissinger empfahl der US-Regierung in einer Denkschrift zur nationalen Sicherheit direkt, neben der Provokation von Kriegen auch Lebensmittel als Mittel zur Bevölkerungsreduktion zu nutzen. Zunächst beschäftigten sie sich mit der Entwicklung biologischer Waffen, doch dann erkannten sie, dass es viel effektiver wäre, »friedlich« zu handeln. Die sogenannte transgenetische Technologie ist die geniale Erfindung eines Systems, durch das zwei Fliegen mit einer Klappe geschlagen werden: Es ist ein Mittel zur Reduzierung der Bevölkerung und gleichzeitig auch ein Mittel zur Untergrabung der Lebensmittelversorgung einzelner Staaten, weil die Samen der modifizierten Pflanzen nicht wachsen und damit der Vorrat an Saatgut immer in den Händen von Konzernen ist. Es ist die perfekte Methode der Manipulation. Dadurch ist es nicht mehr nötig, einen Krieg zu entfesseln. Es reicht schon, die Versorgung mit Saatgut zum rechten Zeitpunkt einzustellen, und schon kann man mit dem Land machen, was man will. Es wurden bereits viele Länder auf diese Weise regelrecht in die Knie gezwungen.

Interessanterweise hatte die Politik der US-Regierung, die eigentlich gegen die Länder der Dritten Welt gerichtet war, unvorhersehbare Folgen für die USA. Im Wettrennen um den Profit legte sich *Microsoft* bei der Produktion von GVO dermaßen ins Zeug, dass man schon gar nicht mehr wusste, wohin damit. Aber irgendwer musste das Zeug ja abnehmen! Nun kam das oben erwähnte Gesetz ins Spiel: Erst produzieren wir, dann zwingen wir die Leute, es zu kaufen. Und wen haben sie gezwungen? In erster Linie die eigenen Bürger.

Inzwischen ist die ganze Welt voll mit diesem Teufelszeug. Nahrung für Nichtmenschen. Eine epidemienhafte Ausbreitung von Unfruchtbarkeit, Übergewicht und Depression, alle möglichen Krankheiten und schockierende Veränderungen in der Natur - ein Unfug sondergleichen. Hauptsache, man hat die Nase vorn im Wettrennen um den Profit. In Ländern, wo das Bewusstheitsniveau höher liegt und wo die Menschen sich selbst respektieren, gibt es zumindest eine Wahlmöglichkeit.

Zum Beispiel in Skandinavien: Dort gibt es zwar synthetische Lebensmittel, aber auch Bioprodukte. Und der Kunde wird deutlich darüber informiert, welche Art von Produkten er im Supermarkt kauft. In Russland hingegen haben wir nicht das Recht zu erfahren, ob ein Produkt GVO enthält oder nicht. Stellen Sie sich vor: Das Fehlen dieses Rechts ist bei uns gesetzlich festgelegt. Wir befinden uns tatsächlich auf einer Farm, nicht wahr?

Außerdem: Wenn die Welt in einer Krise steckt oder sogar in eine tiefe Rezession absackt, ist das Profitrennen umso schärfer. Und momentan hat diese Entwicklung einen sehr deutlichen Einfluss auf die Qualität der Produkte - aller Produkte, also nicht nur der Lebensmittel. *Das gilt auch für beliebige Haushaltsgegenstände, von der Farbe bis zur Glühbirne. Es werden von der Industrie billige chemische Komponenten zugesetzt, die eine unmittelbare Gefahr darstellen, und zwar nicht nur für die Gesundheit, sondern auch für das Leben.*

Aus irgendwelchen Gründen spricht niemand klar und deutlich diesen Aspekt der Krise an. Dabei entwickelt sich gerade dieser Aspekt zurzeit mit erhöhter Beschleunigung. Es mag scheinen, als würde sich nichts verändern, aber dem ist nicht so. Noch gestern haben Sie vielleicht Haushaltsgegenstände von einer bestimmten Qualität gekauft, doch morgen kann diese schon ganz anders aussehen. Wettbewerb ist nun mal Wettbewerb.

Letzten Endes sind die Hersteller selbst gezwungen, ihre eigenen Produkte zu konsumieren. Denn das Gesetz »Erst produzieren wir, dann zwingen wir sie zu kaufen« gilt ausnahmslos für alle. Es gibt ein russisches Sprichwort: »Spucke nicht in einen Brunnen, und grabe einem anderen keine Grube.«

Aber ich wiederhole: Hersteller und Händler sind nicht die Verkörperung irgendeines abstrakten Bösen, das irgendwo außerhalb der zivilisierten Gesellschaft existiert. Es sind Leute wie du und ich, die Familie und Kinder haben und die an den gleichen Folgen des Profitrennens leiden. Das Problem liegt im System selbst. *Es nutzt dich aus, während du das Gefühl hast, du würdest seine Früchte genießen.*

Verschiedene Modelle des Systems haben unterschiedliche Auswirkungen. Das sozialistische Modell erlaubt keine Wahlfreiheit, das kapitalistische versklavt. Das technogene System funktioniert auf bemerkenswerte Weise. *Es hemmt nicht direkt und übt auch keinen unmittelbaren Druck aus. Es schafft eine Situation, in der seine Elemente - die Rädchen im Getriebe - sich von selbst an die Bedürfnisse des Systems anpassen und das zu wollen beginnen, was dem System nützt.*

Alles beruht auf Abhängigkeit. Jede beliebige synthetische Nahrung trübt das Bewusstsein und ruft eine starke physische Sucht hervor. Das System hat keine anderen Möglichkeiten, auf das Bewusstsein einzuwirken, als durch Nahrung, Informationen und Umweltbedingungen. Deshalb ist es erforderlich, dass ich darüber spreche. Und Sie können mir glauben: Ich tue das überhaupt nicht gern. Viele meiner Kollegen ziehen es vor, solche Themen komplett zu vermeiden, als würde das alles keine Rolle spielen.

Doch wenn das alles tatsächlich keine Rolle spielt, dann befassen wir uns mit *Realitätssteuerung im Stall.* Ich kann nicht die Verantwortung dafür übernehmen, Ihnen etwas Ephemeres und rein Metaphysisches anzubieten. Transsurfing ist eben etwas Besonderes, denn es hat einen höchst realistischen und ganzheitlichen Ansatz. Sie können mit der bewussten Absicht, eine rosarote Brille zu tragen,

Ihre Welt mit der Farbe Orange anmalen. Aber gen Himmel fliegen geht nicht. Gen Himmel fliegen sollen die Äpfel; Sie selbst sollen auf der Erde bleiben, denn sonst ist das gesamte Transsurfing Illusion.

Zusammenfassung

- Die Produkte, die wir täglich sehen, werden nicht so sehr deshalb hergestellt, weil wir ohne sie nicht auskommen, sondern vielmehr deshalb, weil Hersteller und Händler auf Profit angewiesen sind.
- Produktion und Handel sind sehr schnell, wenn es darum geht, sich an aktuelle Trends anzupassen.
- Die Haltbarkeitsdauer kann man mit dem Begriff »Knacki« in Verbindung bringen, und zwar gilt bei beiden: je länger, desto gefährlicher.
- Die allgegenwärtige Profitkonkurrenz hat uns zu Gefangenen gemacht, zu Geiseln der Interessen der Hersteller und Händler.
- Supermarkt-Synthetik ist Nahrung der vierten Klasse. Es sind Produkte der untersten Klasse. In der Tat ist dies Matrix-Nahrung für Cyborgs.
- Wir leben auf einer Farm, daher essen wir, was man uns vorsetzt.
- Im technogenen System produziert man zuerst Ware, und dann zwingt man die Leute zum Kaufen.
- Sobald die Fertigung etabliert ist, beginnt ein Prozess ganz anderer Art - man muss das jetzt alles loswerden, indem man es den Käufern mit allen erdenklichen Mitteln unterjubelt. Wenn wir es produzieren, müssen sie es auch kaufen.
- Eine epidemienhafte Ausbreitung von Unfruchtbarkeit, Übergewicht und Depression, alle möglichen Krankheiten und schockierende Veränderungen in der Natur - ein Unfug sondergleichen. Aber Hauptsache, man hat die Nase vorn im Wettrennen um den Profit.

- In jedem beliebigen Haushaltsgegenstand, von der Farbe bis zur Glühbirne, werden von der Industrie billige chemische Komponenten hinzugesetzt, die eine unmittelbare Gefahr darstellen, und zwar nicht nur für die Gesundheit, sondern auch für das Leben.
- Das System nutzt dich aus, während du das Gefühl hast, du würdest seine Früchte genießen.
- Das technogene System schafft eine Situation, in der seine Elemente - die Rädchen im Getriebe - sich von selbst an die Bedürfnisse des Systems anpassen und das zu wollen beginnen, was dem System nützt.
- Alles beruht auf Abhängigkeit.

Randnotizen

Im folgenden Kapitel erfahren Sie Dinge, von denen Ihnen noch niemand erzählt hat und von denen Ihnen vielleicht schlecht wird. Aber wir machen hier keine Witze und erzählen auch keine Märchen. Zum Transsurfing gehört die Bereitschaft, die Realität so zu sehen und zu verstehen, wie sie tatsächlich ist, anstatt weiterhin im kollektiven Schlaf, der Illusion, zu verbleiben. Gleichzeitig möchte ich Sie wiederum vor extremen Experimenten und Fanatismus in Bezug auf Ihren Körper und Ihre Lebensweise warnen. Wenn Sie etwas an sich ändern wollen, sollten Sie dies vernünftig, schrittweise und harmonisch tun.

Krieg in Mittelerde

Im letzten Kapitel sind wir dabei stehen geblieben, dass die technogene Matrix sich ein System der **Lenkung** der Menschen auf der Grundlage von *Abhängigkeit* erschafft. Die hauptsächliche Abhängigkeit ist die von der Nahrung. An der Wurzel dieser Abhängigkeit liegt natürlich nicht ein physisches Bedürfnis, sondern ein suchtartiger Hunger. Denn Nahrung der dritten Klasse (d. h. wärmebehandelte Lebensmittel, insbesondere solche von tierischem Ursprung) erzeugt einen Rauschzustand. Und alles, was einen Rausch hervorruft, führt zu einer Sucht oder Abhängigkeit.

Tot ist tot. Tote Nahrung an sich ist bereits toxisch. Noch toxischer wird sie jedoch während der Verdauung, denn die Verdauung toter Dinge ist im Wesentlichen ein *Verwesungsprozess*. (Daher rühren auch - man möge mir verzeihen - die entsprechenden Gerüchlein beim Besuch der Toilette.)

Gebratenes oder gekochtes Fleisch ist eine reine Droge. Genau deshalb will man es immer wieder haben. Es gibt sogar Fleischschwärmer, die nicht einen Tag lang ohne Fleisch auskommen können. *Wenn ich jetzt nicht jemanden zu essen bekomme, werde ich jemanden töten.* Sobald sie die nächste Dosis nehmen, hört die Intoxikation zeitweilig auf, und sie können weiter leben.

Zum besseren Verständnis möchte ich daran erinnern, was eine Intoxikation ist. Es geht nicht einmal um den Verschmutzungsgrad des Körpers durch Giftstoffe, sondern um den Moment, wenn die Ausscheidung der Toxine beginnt. Der Organismus des Menschen wird im Lauf des Lebens kontinuierlich und zunehmend verunreinigt.

Er ist wie eine Grabstätte chemischer Abfälle, weil die Ausscheidungsorgane einfach nicht mitkommen. Für diesen Fall gibt es nur den »Plan B«: Der Körper hat die Fähigkeit, die Schadstoffe einzukapseln, indem er sie aufs Geratewohl irgendwohin befördert, nur möglichst weit weg von den lebenswichtigen Organen. Aber jedes Mal, sobald der Organismus von der schweren Arbeit der Verdauung des toten Mittagessens befreit ist, macht er sich an die Reinigung. In diesem Moment geraten die Toxine in die Blutbahn, was automatisch eine Reaktion auslöst: Die nächste Dosis muss her! Und genau diesem Impuls folgt der Mensch natürlich. Auf diese Weise läuft Plan B ständig, obwohl er eigentlich eine Notlösung ist. Kein Beinbruch, die Schadstoffe werden eingekapselt (noch), und das Leben geht weiter (wieder: noch). Aber: Ohne die nächste Dosis wird das Leben unmöglich.

Genau diese Abhängigkeit ist dann auch der Hauptgrund gewesen, warum der Mensch sich zur Spitze der Nahrungspyramide erhob und sich dort in der Folge dauerhaft festsetzte.

Gegenwärtig scheinen das Problem des Überlebens in der Wildnis und der ständige Nahrungsmangel nicht mehr relevant zu sein. Es ist möglich, auf tierische Produkte zu verzichten, aber die Abhängigkeit hat den Menschen fest im Griff. Heutzutage fließt ein Großteil der pflanzlichen Ernte nicht in die direkte Ernährung ein, sondern wird als Futter für das Schlachtvieh genutzt.

Selbst in den tropischen Wäldern, wo ständig eine reiche Vielfalt an Pflanzen vorhanden ist, hören die Eingeborenen nicht mit der Jagd auf. Denn wenn man einmal gegrilltes Fleisch probiert hat, will man es immer wieder essen. Die Abhängigkeit davon führt zur Gewohnheit. Und die Gewohnheit wiederum erschafft ein mentales (gesellschaftliches) Klischee - eine vernünftige (kollektive) Erklärung, *warum und weshalb alles so sein muss.*

Außerdem hat sich der Mensch mit der Erfindung der industriellen Lebensmitteltechnologie in eine noch hartnäckigere Abhängigkeit getrieben. Denn Chemie und Synthetik rufen den stärksten

Effekt der Gewöhnung hervor – die Sucht. Und es ist natürlich klar, wem eine solche Bindung an den Futtertrog etwas nützt. *Wenn wir etwas produzieren und verkaufen, müssen Sie es kaufen.* Die synthetischen Komponenten werden den Produkten ganz bewusst hinzugefügt.

Es gibt zahlreiche Beispiele. Mir hat sich schon mehrmals folgendes Szenario dargeboten: Auf einem Fließband wird Fleisch transportiert, da senkt sich auf einmal von oben eine mit Spritzen gespickte Stanze auf das Produkt. Das Fleisch wird mit irgendwelchen Chemikalien behandelt, offensichtlich zur Optimierung von Volumen, Gewicht, Farbe und Form. Und das, obwohl bereits zuvor ein bunter Cocktail von Chemikalien, Antibiotika, Hormonen und sonstigen Mittelchen unter das Viehfutter gemischt wurde, ganz zu schweigen von Kadavergiften und Stoffwechselprodukten, die während der Todesqualen anfallen. Bekanntlich gibt es beim Wettlauf um den Profit kein Tabu.

Die Abhängigkeit wird noch dadurch verstärkt, dass gekochte, insbesondere gekochte *tierische* Nahrung viel nahrhafter scheint als naturbelassene. Das ist aber tatsächlich nur scheinbar so. Das Ehretsche Gesetz, über das ich bereits in dem Buch *Apokryphes Transsurfing* schrieb, besagt: *Sobald gekochte Nahrung in den Magen gelangt, ist die Eliminierung (Ausscheidung) von Toxinen beendet.* Die Wirkung ist damit vergleichbar, als hätte ein Vorschlaghammer den Bauch getroffen. Durch diese konkrete Belastung fällt der Organismus in eine Art kleine Ohnmacht. Genau dieses Gefühl der Belastung, kombiniert mit dem wohligen Gefühl des Stopps der Entgiftungsarbeit, wird gewöhnlich mit Sattheit verwechselt.

Nun zur Frage: Ist tierische Nahrung tatsächlich nahrhafter als pflanzliche? Dr. Walter Veith, bekannt als Whistleblower des Milch-ist-gesund-Märchens, gibt dazu folgendes Beispiel. Eine dunkelhäutige afrikanische Frau, die *während ihres Lebens keine Milch trinkt*, nimmt statistisch gesehen durch ihre Nahrung täglich 350 mg Kalzium auf; bei einer amerikanischen Frau sind es täglich 1400 mg.

In Amerika leiden die Frauen während der Schwangerschaft oft an Kalziummangel (Osteoporose), bei afrikanischen Frauen hingegen tritt ein solcher Mangel nur selten auf.

Im Körper geht es längst nicht so einfach zu wie auf einer Tabelle für Kalziumzufuhr. Wichtig ist nicht, wie viel Kalzium in den Lebensmitteln enthalten ist, sondern ob der Körper es auch verwerten kann. Und das hängt von vielen Faktoren ab. Dr. Veith vergleicht diesen Vorgang mit der Arbeit eines Maurers. Angenommen, ein Maurer kann am Tag 500 Ziegelsteine verbauen. Kann seine Leistung nun dadurch erhöht werden, dass man ihm mehr Ziegelsteine liefert? Selbst wenn man ihn mit Ziegeln geradezu eindeckt, wird er dadurch nicht schneller arbeiten können.

Die traditionelle Vorstellung, die den Akzent ausschließlich auf die Kalorienmenge und den Nährwert der Lebensmittel legt, ist ein Hirngespinst, weil dabei ein grundlegender Aspekt unter den Tisch fällt: *Welcher Aufwand muss betrieben werden, um das betreffende Produkt zu verdauen?*

Die Idee einer Tagesnorm für Vitamine, Mineralien, Spurenelemente und Makronährstoffe ist ebenfalls recht amüsant. Wenn Sie alle Produkte zusammenstellen, die erforderlich wären, um den Tagesbedarf an körperlichen Bedürfnissen zu decken, wäre das ein solcher Berg, dass Sie ihn unmöglich an einem Tag in sich hineinschaufeln könnten. Das beruht darauf, dass jedes Produkt mal mehr und mal weniger enthält und auch insgesamt nur eine kleine Menge. Der Vergleich des menschlichen Körpers mit dem Heizkessel einer Lokomotive ist, gelinde gesagt, inkorrekt. Der Stoffwechsel ist keine chemische Reaktion im Labor, sondern etwas anderes, was bisher noch nicht richtig verstanden wurde. Die Wissenschaft erklärt alles nur auf einer Ebene, die ihr zugänglich ist. Aber wieso ein Baby so schnell zunimmt und wächst, wenn es sich ausschließlich von Muttermilch ernährt, das kann sie nicht erklären. Was schätzen Sie, wie viel Eiweiß in der Muttermilch enthalten ist? Nur ein Prozent! Und wie können Lebewesen ohne Sonnennahrung auskommen?

Man sollte allein deshalb schon nicht auf die Wissenschaft vertrauen, weil sie nicht in der Lage ist, die an Übergewicht leidende Menschheit zu heilen.

Ziehen wir einmal Bilanz. Einerseits haben wir die offensichtlichen Vorteile einer lebendigen pflanzlichen Ernährung, auf der anderen Seite das seit Jahrhunderten etablierte Klischee, dass tierische Nahrung nahrhafter und in gekochter Form auch leichter verdaulich sei.

In der Tat hat sich in der Praxis gezeigt, dass Menschen, die sich auf lebendige pflanzliche Nahrung umstellen, mit bestimmten Problemen zu rechnen haben: mit Verdauungsstörungen, starkem Gewichtsverlust, einer Verschlechterung der Gesundheit, Neurosen, der Verschlimmerung alter Krankheiten und Allergien am ganzen Körper. Wie lässt sich dieser uralte Streit zwischen den Anhängern lebendiger und toter Nahrung lösen?

Die Lösung liegt nicht dort, wo sie meistens gesucht wird, sondern auf einer völlig anderen Ebene. Es geht gar nicht darum, welche Nahrung nahrhafter oder leichter verdaulich ist - tote oder lebendige, pflanzliche oder tierische -, sondern darum, auf welcher Stufe der Nahrungspyramide der Mensch steht, *auf welche Art von Nahrung sein Körper konfiguriert ist.*

Auf den verschiedenen Stufen der Pyramide und für die verschiedenen Arten der Nahrung gibt es grundsätzlich unterschiedliche Verdauungssysteme. Dabei hängt der Verdauungstypus größtenteils von der Darmflora ab, und diese wiederum unterscheidet sich auf den verschiedenen Pyramidenstufen. *Wir können keine Schlüsse ziehen, ohne tatsächlich von einer Stufe auf die nächste gelangt zu sein.* Es würde ja wohl niemandem in den Sinn kommen, eine Kuh mit Fleisch zu füttern oder einen Tiger mit Gras und dann Schlüsse zu ziehen.

Aber in Bezug auf den Menschen werden genau solche unsinnigen Schlüsse gezogen. Dabei wird der grundlegende Unterschied zwischen lebendiger und toter Nahrung völlig außer Acht gelassen, auch der zwischen einer Stufe der Ernährungspyramide und einer anderen sowie der zwischen Leben und Tod.

Wie aber soll ein Durchschnittsbürger begreifen können, was das Leben ist, wenn selbst die Wissenschaft keinen Schimmer davon hat? Ganz gleich welche »wissenschaftliche« Erklärung des Lebens wir auch betrachten, sie sind alle gleich sinnlos und einfältig. So zum Beispiel: »Leben ist die Fähigkeit, von Eiweißkörpern zu existieren.« Denken Sie mal darüber nach, ob es in dieser Definition auch nur ein Fünkchen Sinn oder Erkenntnis gibt. Mit dem gleichen Ergebnis wird man folgende »wissenschaftliche« Definition beurteilen müssen: »Sex ist die Fähigkeit von Eiweißkörpern zur Paarung.«

Es gibt hierbei einen prinzipiellen Unterschied zwischen dem wissenschaftlichen und dem esoterischen Ansatz zum Verständnis grundsätzlicher Dinge. Es gibt Dinge, die man nicht verstehen oder erklären, aber wissen kann – und zwar *nicht mit dem Verstand, sondern mit der Seele, dem Herzen.*

Die Natur erklärt nichts, sondern zeigt nur, was natürlich ist und was gegen alles Natürliche verstößt; wo das Herz ist und wo vom Herzen keine Spur ist. Die Natur *weiß*, dass Lebewesen sich von Lebendigem ernähren müssen. *Gebt den Lebewesen Lebendiges, und überlasst das Tote den Toten.* Eine wissenschaftliche Auseinandersetzung mit der Natur ist sinnlos.

Allerdings gibt es eine Methode, mit der man sich dem Verständnis des Wesens der Dinge nähern und sie beim Namen nennen kann. Und um Ihre Geduld, liebe Leserinnen und Leser, nicht zu sehr zu strapazieren, werde ich mich jetzt kurz genau damit beschäftigen.

Man kann sich lange damit befassen, die eine oder andere Art der Ernährung zu verteidigen und zu rechtfertigen. Es gibt eine ganze Reihe angeblich »richtiger« Arten der Ernährung: gemäß der Blutgruppe, gemäß dem Körperbau, Vegetarismus, strikter Vegetarismus (vegan), koscheres Essen, Ayurveda, Makrobiotik ... Alle diese Arten haben eines gemeinsam: In der Tat sind sie alle nichts anderes als *Nekrobiotik*.

Der Begriff *Nekrobiose* (vom Griechischen *nekros* = »tot« und *biose* = »Leben, Lebensform«) bezeichnet von seiner Definition her die Veränderung in Zellen, die sich dem Tode nähern. Das gesamte Leben eines Menschen, der sich von toter Nahrung ernährt, ist die ständige Näherung an die Schwelle des Todes, die Vorbereitung auf den Tod, ja der Wunsch nach dem Tod.

Nekrobiose ist auch eine besondere Art der Verdauung und des Stoffwechsels, an die der Körper sich anpassen muss, wenn man ihn mit toter Nahrung ernährt. Dabei bildet sich naturgemäß eine besondere Art von Mikroorganismen, die in der Lage sind, tote Nahrung zu verdauen: die *Nekroflora*.

Wenn hingegen dem Körper vorwiegend oder ausschließlich lebendige Nahrung zugeführt wird, dann kommen ganz andere Prozesse der Verdauung und des Stoffwechsels ins Spiel: die der *Vitabiose*. Und auch die Mikroflora ist eine andere: die *Vitaflora*.

Die Vitaflora unterscheidet sich von der Nekroflora ungefähr so wie Feen und Elfen von Goblins und Orks. Einerseits magische, reine Wesen, die in einem magischen, reinen Land leben; andererseits Missbildung, Schmutz, Mutanten, Parasiten, Gestank, Leichenverzehr, Verwesung. Genauso deutlich unterscheiden sich Babys, die von einer Mutter gestillt werden, die lebendige Nahrung isst, von Babys, die mit irgendwelchen industriell zurechtgepanschten Milchsurrogaten ernährt werden.

Über Erwachsene will ich gar nicht erst reden. Wir sollten uns jedoch nicht davon täuschen lassen, dass von außen betrachtet alles akzeptabel und manchmal sogar schön aussieht. Wie es innen aussieht, das kann man vielleicht verstecken, aber dadurch ändert sich prinzipiell nichts. Nekrobiose: Totes geht hinein, tot und schmutzig ist es innen, Totes und Schmutziges kommt heraus. Vitabiose: Lebendiges geht hinein, lebendig und sauber ist es innen, Lebendiges und Reines kommt heraus. So sieht es in der Realität aus. Das sind Fakten, die keiner Erläuterung bedürfen.

Erklärt zu werden braucht nur eines: Warum wird die Umstellung auf lebendige Ernährung von Krisen begleitet (die allerdings zeitlich begrenzt sind)? Wenn lebendige Nahrung in eine schmutzige Umgebung kommt, die von einer Nekroflora besiedelt ist, beginnt sie sofort, alles zu reinigen. Die Nekroflora wiederum kann mit der lebendigen Nahrung nichts anfangen. Goblins und Orks sind ganz andere Lebensmittel gewohnt.

Was ist erforderlich, damit lebendige Nahrung von Anfang an vollständig aufgenommen werden und den Nutzen bringen kann, den sie bringen sollte? Reinigen Sie Ihr gesamtes Inneres, werfen Sie alles Fremde, Üble aus dem Organismus heraus, um so *anstelle der Nekroflora eine neue Vitaflora zu bekommen*. Das ist aber nicht auf einen Schlag möglich. Eine solche Umstellung kann mit dem langwierigen Krieg in Mittelerde aus der Trilogie *Der Herr der Ringe* verglichen werden. Goblins und Orks gehen nicht einfach so weg. Der Übergang kann eine unbestimmte Zeit lang dauern und ist abhängig vom Gesundheitszustand und der Verunreinigung des Körpers. Es gibt aber auch Fälle, wo alles sehr schnell und sogar schmerzlos abläuft.

Hauptsache, Sie haben verstanden, worum es geht: Es ist eine richtig ernste Umstellung, ein wahrhaftiger Krieg in Mittelerde, begleitet von einem Regierungswechsel im Königreich und den dabei anfallenden Kosten. *Der Übergang auf eine neue Stufe der Nahrungspyramide findet dann statt, wenn bei der Verdauung alle nekrobiotischen Prozesse aufgehört haben und durch einen lebendigen Stoffwechsel ersetzt wurden - die Vitabiose.* Dann beginnt im Körper das eigentliche Leben. Ein neues Leben.

Nach der Vertreibung der Orks und Goblins kommen Elfen und Feen in die Mikroflora. Und auch Ihre eigene Selbstwahrnehmung wird so sein, als hätten Sie sich selbst in eine Elfe oder Fee verwandelt. Und in Ihrem Innern ist kein übler, fauliger Sumpf mehr, sondern ein magisches, reines Land. Für mich selbst kann ich sagen, dass es ein seltsames, wunderbares und längst vergessenes Gefühl ist: Du bist fünfzig, fühlst dich aber wie siebzehn.

Zusammenfassung

- Tote Nahrung wird während der Verdauung noch giftiger, da die Verdauung toter Dinge im Wesentlichen ein Verwesungsprozess ist.
- Synthetische Komponenten werden den Lebensmitteln vorsätzlich beigemischt, um die Verbraucher an den Futtertrog zu binden.
- Das Gefühl der Belastung, kombiniert mit dem wohligen Gefühl des Stopps der Entgiftungsarbeit, wird gewöhnlich mit Sattheit verwechselt.
- Der Vergleich des menschlichen Körpers mit dem Heizkessel einer Lokomotive ist, gelinde gesagt, inkorrekt.
- Auf den verschiedenen Stufen der Nahrungspyramide und für die verschiedenen Arten der Nahrung gibt es grundsätzlich unterschiedliche Verdauungssysteme.
- Nekrobiose ist eine besondere Art der Verdauung und des Stoffwechsels, an die der Körper sich anpassen muss, wenn man ihn mit toter Nahrung ernährt.
- Dabei bildet sich naturgemäß eine besondere Art von Mikroorganismen, die in der Lage sind, tote Nahrung zu verdauen: die Nekroflora.
- Wenn hingegen dem Körper vorwiegend oder ausschließlich lebendige Nahrung zugeführt wird, dann kommen ganz andere Prozesse der Verdauung und des Stoffwechsels ins Spiel: Vitabiose und Vitaflora.

- Wenn lebendige Nahrung in eine schmutzige Umgebung kommt, die von einer Nekroflora besiedelt ist, beginnt sie sofort, alles zu reinigen.
- Der Wechsel auf eine neue Stufe der Lebensmittelpyramide findet dann statt, wenn bei der Verdauung alle nekrobiotischen Prozesse zum Erliegen gekommen sind und durch einen lebendigen Stoffwechsel ersetzt wurden: die Vitabiose.

Randnotizen

Das ist aber noch nicht das Ende, sondern nur das Vorspiel vom Hauptpunkt, zu dem wir sogleich kommen werden.

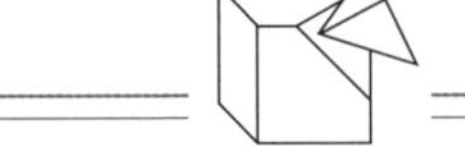

Die Gleichung des Lebens

Im letzten Kapitel sind wir bei der Feststellung stehen geblieben, dass der Wechsel auf eine neue Stufe der Lebensmittelpyramide dann stattfindet, wenn bei der Verdauung alle nekrobiotischen Prozesse zum Erliegen gekommen sind und durch einen lebendigen Stoffwechsel ersetzt wurden: die Vitabiose. Dann beginnt im Körper das wirkliche Leben. *Ein neues Leben.*

Ein neues Leben deshalb, weil sich Ihre Vitalität drastisch gesteigert hat und damit auch Ihre Absicht und Ihre Kraft, den Lauf der Dinge zu beeinflussen. Um zu verstehen, woher diese Kraft kommt, wollen wir eine längst vergessene Formel heranziehen, die Dr. Arnold Ehret zu Beginn des letzten Jahrhunderts aufgestellt hat:

L = K - B

Hierbei ist:

L - die Lebenskraft
K - eine unbekannte Größe
B - Belastung

Der unbekannte Wert ist hierbei die Energie, die den menschlichen Mechanismus antreibt. Diese Größe ist wirklich unbekannt, da niemand weiß, woher in einem lebendigen Organismus die Energie kommt.

Das Leben ist keine chemische Kombination im Reagenzglas, die sich berechnen lässt. Das physikalisch-chemische Modell des

»Heizkessels in einer Lokomotive« ist nicht mehr als ein primitives Modell, in dem auch nur ein Aspekt berücksichtigt wird, und noch nicht einmal der wichtigste. Die anderen Aspekte bleiben im Bereich Vermutungen. Der Mensch ist, wie jedes andere Lebewesen auch, *gleichzeitig ein Verbraucher und ein Erzeuger von kosmischer Energie*. Man kann sagen, dass *K die physische Stärke, die Qi-Kraft und auch die Kraft des Geistes ist*.

B ist die Arbeit, die vor allem für die Verdauung von toter Nahrung und den Abbau der Stoffwechselprodukte aufgewendet werden muss. Ein Organismus, dessen gesamte Funktionalität auf der Nekrobiose basiert, ist im Wesentlichen nur mit dieser Arbeit beschäftigt. Er hat einfach keine Zeit, sich mit Selbstreinigung, Regeneration und Entwicklung zu beschäftigen. Im Unterschied zur Vitabiose verläuft die Nekrobiose sehr langsam und ist ein schmutziger, träger, äußerst energieaufwendiger Prozess. B ist eine *Belastung*, die der Körper während seines gesamten Daseins tragen muss. Und diese Belastung steigt im Lauf der Jahre kontinuierlich an, weil die Ressourcen und Leistungsreserven abnehmen, während die Belastung durch nicht ausgeschiedene Verdauungsstoffe wächst.

Trotz ihrer Einfachheit ist Ehrets Formel von elementarer Bedeutung. Sie ist nicht weniger bedeutend als Einsteins berühmte Formel $E = mc^2$. Es handelt sich in der Tat um die *Lebensformel.* Und gleichzeitig könnte man sie auch die *Todesformel* nennen. Wenn B immer größer wird und den gleichen Wert wie K erreicht, ist das Leben zu Ende.

Eine technische Analogie zu dieser Formel wäre: Die *wahre Leistungsfähigkeit* (Effizienz) eines Fahrzeugs ist die Motorleistung abzüglich allen Aufwands und aller Reibung. Wenn die Reibung die Leistung des Fahrzeugs übersteigt, kommt das Auto zum Stillstand.

Die grundlegende Bedeutung der Ehretschen Formel ist die folgende: Woher auch immer die Energie K kommt, letztlich ist die

Lebenskraft L direkt und hauptsächlich abhängig vom Aufwand B. Der genaue Aufwand verdient die größte Aufmerksamkeit, denn B zu reduzieren ist viel einfacher, als K zu erhöhen.

Die Energieintensität und die Aufnahmefähigkeit des Körpers, oder die sogenannte Qi-Energie, lässt sich durch komplexe und zeitraubende Übungen erhöhen. Diese Praktiken sind ausschließlich auf die Erhöhung von K gerichtet. Wie jedoch aus der Ehretschen Formel ersichtlich, lässt sich die Energetik auf eine ganz andere und einfachere Weise steigern. Und zwar, indem Sie einfach den Organismus von seiner Last befreien, alle nekrobiotischen Prozesse stoppen und auf die optimale und am wenigsten aufwendige Art des Stoffwechsels umsteigen: die Vitabiose. Das ist ungefähr so, als würden Sie von einer Lokomotive auf einen Formel-1-Wagen umsteigen.

Die Ernährung von Lebensmitteln mit niedrigem Potenzial führt zu Trägheit, Begriffsstutzigkeit, chronischer Müdigkeit, Übergewicht, allgemeiner Schlaffheit und einer Trübung des Bewusstseins. Diese Entwicklung setzt schon in der Jugend ein, aber noch nicht in kritischem Ausmaß. Dann, wenn man sich dem mittleren Alter nähert, beginnt das sympathische Nervensystem nachzulassen, und die Funktionen von wichtigen Organen, Kreislauf, Nieren, Haut, Atemwegen und dem Verdauungstrakt können beeinträchtigt werden. Dann beginnen pathologische Prozesse.

Demgegenüber bleibt dem Körper bei lebendiger Nahrung nicht nur unnötiger Ballast erspart, er wird sogar gereinigt, das Nervensystem wird stabilisiert, der Verstand klärt sich, und - was besonders bemerkenswert ist - der Körper bekommt die Fähigkeit zur Regeneration. Diese Fähigkeit hat der Körper wirklich!

Sie haben wahrscheinlich schon oft davon gehört, dass das menschliche Gehirn, gemäß verschiedenen Untersuchungen, nur zu wenigen Prozent aktiv ist. Aber nur wenige wissen, dass in einem durchschnittlichen Körper nicht mehr als zwanzig Prozent (!) der Zellen überhaupt aktiv sind. Die restlichen Zellen befinden sich aufgrund von Hypoenergetik in einem Zustand des »Halbschlafs« (mangels der erforderlichen Energie in den Zellen).

Wenn aber der Körper, nachdem er auf eine neue Pyramidenstufe gelangt ist, von der Belastung durch B befreit ist, wird das Energiepotenzial enorm gesteigert, und die Zellen werden aktiviert. Dadurch wird die Wiederherstellung vieler Funktionen und Prozesse möglich, die auf der ehemaligen Pyramidenstufe als irreversibel verloren galten. Auf der neuen Pyramidenstufe jedoch ist vieles wieder umkehrbar.

Arnold Ehret beschreibt nach seiner Entdeckung seine Eindrücke wie folgt:

»Ein unbeschreibliches, vorher nie gekanntes Gefühl besserer Gesundheit, von mehr Lebenskraft, größerer Leistungsfähigkeit, von mehr Ausdauer und Stärke überkam mich und brachte mir viel Freude und das Glücksgefühl, am Leben zu sein. Dies betraf nicht nur den Körper, sondern es fand auch eine große Veränderung in meinen geistigen Fähigkeiten statt. Bessere Wahrnehmung, klarere Erinnerung, ich hatte mehr Mut und Hoffnung, und vor allem, ich bekam einen Einblick in das Spirituelle, das wie ein Sonnenaufgang wirkte und ein Licht auf alle höheren und geistigen Probleme warf. Alle meine Fähigkeiten waren verbessert, bei weitem besser als während meiner gesündesten und besten Jugendzeit. Körperliche Leistungsfähigkeit und Ausdauer nahmen wunderbar zu. Ich machte eine Fahrradtour von ungefähr 800 Meilen von Algier nach Tunis, auf der ich von einem geübten Radfahrer, der sich normal ernährte, begleitet wurde. Ich lag nie hinter ihm, sondern gegen Abend, wenn die Ausdauer auf die Probe gestellt wurde, meistens vor ihm. Vergessen sie nicht: die Ärzte hatten mich zuvor als Todeskandidaten bezeichnet, jetzt aber frohlockte ich, dass ich die größten Leistungen vollbringen konnte.« Und weiter schreibt er bemerkenswerterweise: *»... wird Ihr Gehirn auf eine Weise arbeiten, die Sie überraschen wird. Ihr früheres Leben wird Ihnen wie ein Traum erscheinen und*

zum ersten Mal in Ihrem Leben erwacht Ihr Bewusstsein zu einem wahren Selbstbewusstsein.«

Und ich kann, gemäß eigener Erfahrung, nur jedes seiner Worte unterschreiben. Schade finde ich nur, dass mir bloß Worte zur Verfügung stehen und nicht die gesamte Palette der Empfindungen. Es tut mir auch sehr leid, dass nicht alle verstehen, warum ich von so seltsamen Dingen spreche wie dem Wechsel auf eine andere Pyramidenstufe, warum ich so schreckliche Begriffe wie Nekrobiose gebrauche und so abstrakte Allegorien wie den »Krieg in Mittelerde« ins Feld führe. Das ist wirklich sehr seltsam. Es ist zu weit weg von dem gewohnten Themenkreis, den man mit Esoterik verbindet.

Der Grund, warum ich mich mit dieser Thematik beschäftige, besteht darin, dass die neuen Prinzipien des Transsurfings, so seltsam sie auch erscheinen mögen, Kräfte in sich tragen, wie Sie es nie geahnt hätten. Und meine Art, diese Dinge zu präsentieren, habe ich mir nicht zufällig ausgewählt, sondern weil es sehr schwierig ist, eingefrorene mentale Klischees zu knacken. Und bei einer beträchtlichen Anzahl von Menschen sind diese Klischees überhaupt nicht knackbar. Es ist sehr schwer, Schlafenden klarzumachen, dass es nicht um gesunde Ernährung geht, sondern um grundlegend neue Dinge, wenngleich sie auch für jedermann ersichtlich sein mögen. Schlafender, erkenne dich selbst, es ist immer wieder die gleiche alte Leier: »Wo ist hier das Transsurfing? Ich sehe kein Transsurfing. Ich sehe nur gesunde Ernährung. Und was habe ich davon?«

Du hast davon ein unvergleichliches Gefühl von Freiheit, geistiger Klarheit, verrückter Energie und jugendlicher Euphorie. Erinnern Sie sich noch an die Antwort auf das Rätsel des Aufsehers? *Sie gewinnen die Freiheit, wenn Sie Ihren Kampf einstellen.* Aber das ist nur der anfängliche Aspekt des Transsurfings, nur der erste Schritt, *die erste Stufe der Freiheit.* Zu einer neuen Stufe der Freiheit gelangen Sie dann, wenn Sie die letzten Fäden loswerden, an denen Sie das System hält und zieht. *Die letzten Marionettenfäden* sind Nahrung, Informationen und die Bedingungen der Umgebung.

Wenn Sie die Realität dieser Fäden erkennen und sie abreißen, erhalten Sie eine Freiheit, von der Sie nicht einmal zu träumen wagten.

Alles, was ich schreibe, stellt mein Streben dar, irgendwie darauf hinzuweisen, dass diese Fäden, die Sie mit dem System verbinden, real sind. Selbst fühlen können Sie das nur, wenn Sie versuchen, sich von ihnen zu befreien. Wie gesagt, mit meinen fünfzig Jahren fühle ich mich jetzt wie siebzehn. Ganz richtig ist das allerdings nicht. Denn in der Tat ist es sogar viel besser. Denn zurzeit ist meine B-Komponente sehr gering, verglichen mit der Belastung, als ich siebzehn war. *Dieser Effekt kann nicht allein mithilfe einer Visualisierung erreicht werden.* Sie müssen dafür schon einen komplexen Ansatz verwenden, der *die Art und Weise des Denkens, der Ernährung und der Bewegung* mit einschließt.

Man fühlt sich so, dass man einfach nicht weiß, wohin mit all der Energie. Du kannst dich gleichzeitig mit einem Parcours, Freestyle-Skiing und ähnlichen Dingen beschäftigen, wobei man sich den Hals brechen kann. Es ist natürliche Ekstase, ohne irgendwelche Tabletten. Und das zu einer Zeit, wenn sich die Lebenssonne normalerweise schon dem Untergang zuneigt. Ich habe das Gefühl, dass ich nicht nur das System geknackt habe, sondern etwas anderes, Ernsteres. Bisher kann ich nicht in Worte fassen, was genau das ist. Das Interessanteste steht mir wahrscheinlich noch bevor.

Und wenn mir jemand schreibt, dass alles, was ich in letzter Zeit geschrieben habe, Unsinn ist, überkommt mich ein Gefühl tiefer Verwunderung. Wie soll ich es noch erklären, wie kann ich Ihnen die Realität der Fäden vor Augen führen, an denen Sie hängen?! Und nochmals: Es tut mir sehr leid, dass jemand, der solche Dinge sagt, all die Ekstase der Freiheit und diese pulsierende Energie nicht spüren kann ... und wohl niemals spüren wird.

Allerdings gibt es durchaus auch andere Stellungnahmen – von jenen, die einen Geschmack an dem Wechsel auf die neue Pyramidenstufe gefunden haben und die gleichen Empfindungen erfahren haben wie ich. Bitte schicken Sie mir E-Mails mit Ihren Erfahrungen, damit auch alle anderen erkennen, *dass es einen Ausweg in eine völlig andere Dimension der Wirklichkeit und der Lebensrealität gibt.*

- Wenn Sie einen sehnlichen Traum haben,
- wenn Ihr Ziel schwer zu erreichen ist,
- wenn viele das Gleiche wollen wie Sie,
- wenn Sie für Ihren Traum in einer langen Schlange stehen müssen,
- Sie keine herausragenden Fähigkeiten oder Talente haben,
- dann sollten Sie wissen, dass Sie eine besondere, einzigartige Chance haben.

- Die Chance, einen Vorteil zu ergattern, den andere nicht haben.
- Die Chance, die Matrix zu knacken und in die Freiheit zu entfliehen.
- Sie sollten zumindest wissen, dass das möglich ist.

Zusammenfassung

- Durch den Wechsel auf die neue Pyramidenstufe steigert sich Ihre Vitalität auf drastische Weise und damit auch Ihre Absicht und Ihre Kraft, den Lauf der Dinge zu beeinflussen.
- Die Ehretsche Formel: L (Lebenskraft) = K (lebendige Energie) - B (Belastung).
- Der Mensch ist gleichzeitig ein Verbraucher und ein Erzeuger kosmischer Energie.
- K besteht aus physischer Energie, Qi-Kraft und geistiger Stärke.
- B ist die Arbeit, die vor allem für die Verdauung toter Nahrung und für den Abbau von Stoffwechselprodukten aufgewendet werden muss.

- Ein Körper, dessen gesamte Funktionalität auf der Nekrobiose beruht, ist im Grunde ausschließlich mit dieser Arbeit beschäftigt.
- B zu reduzieren ist viel einfacher, als K zu steigern.
- Die einfachste und am wenigsten aufwendige Art des Stoffwechsels ist die Vitabiose.
- Es ist einfacher, die Energetik zu steigern, wenn Sie den Körper von der Belastung befreien und alle nekrobiotischen Prozesse stoppen.
- Die Ernährung von Lebensmitteln mit niedrigem Potenzial führt zu Trägheit, Begriffsstutzigkeit, chronischer Müdigkeit, Übergewicht, allgemeiner Schlaffheit und einer Trübung des Bewusstseins.
- Durch lebendige Nahrung bleibt dem Körper nicht nur unnötiger Ballast erspart, er wird sogar gereinigt, das Nervensystem wird stabilisiert, der Verstand klärt sich und der Körper bekommt die Fähigkeit zur Regeneration.
- Die letzten Marionettenfäden sind Nahrung, Informationen und die Bedingungen der Umgebung.
- Wenn Sie die Realität dieser Fäden erkennen und sie abreißen, erhalten Sie eine Freiheit, von der Sie zuvor nicht einmal zu träumen gewagt haben.

Randnotizen

Im Roh-Ark-Verlag ist Arnold Ehrets Buch »Gesunde Menschen« erschienen.

»Arnold Ehret hinterließ der Menschheit ein sehr kostbares Erbe - vielleicht das wichtigste, das die Menschen im letzten Jahrtausend erhalten haben. Ehrets Theorie bringt ihren Anhängern Gesundheit, Glück und spirituelles Erwachen, was viel wertvoller ist als alle Reichtümer der Welt.« (Professor B. C. Child)

Ein Brief aus Mittelerde

Liebe Leserinnen und Leser! Ich erhalte von Ihnen sehr viele E-Mails, in denen Sie von Ihren Erfahrungen mit dem Wechsel auf die neue Pyramidenstufe berichten. Ich kann hier nicht alle E-Mails abdrucken, denn das wären zu viele. Ich habe aber einige typische Beispiele ausgewählt, um zu zeigen, dass jeder seine eigenen, individuellen Erfahrungen damit gemacht hat. Sie sollten vor allem auf Ihr eigenes Herz hören und Ihren eigenen Weg gehen - so, wie Sie es für richtig halten. Das Einzige, was Sie auf jeden Fall vermeiden sollten, ist Fanatismus, in all seinen Erscheinungsformen. Wenn Sie mit Bedacht handeln, im Einklang von Seele und Verstand, werden Sie Erfolg haben. Und es wird genauso sein, wie es sein sollte, denn jeder Mensch ist einzigartig.

»Meine Erfahrung ist folgende: 25 Jahre traditionelle Ernährung (die sogar nach traditionellen Maßstäben als sehr schädlich gilt), mit offensichtlicher Neigung zum Alkoholismus; seit zweieinhalb Jahren dann der Wechsel zur lebendigen Ernährung.

(1) Wie ich mich auf die lebendige Ernährung umstellte:

Die Umstellung verlief reibungslos. Ich handelte intuitiv und auf eigenen Wunsch hin. Infolgedessen hatte ich fast keine Beschwerden zu erleiden. Meine Frau und ich machten alles zusammen, wodurch meine Erfahrung mit zwei multipliziert wurde.

Zuerst verzichtete ich auf Zigaretten und Alkohol, dann der Reihe nach auf Fleisch, auf Fisch auf Eier und Brot. Dann wurde ich

Veganer, und schließlich stellte ich auf lebendige Ernährung um. Während ich den Anteil an rohen Lebensmitteln steigerte, vermied ich Konserven, Zucker und alles Schädliche.

All das hat zweieinhalb Jahre gedauert. Ich bin mir sicher: Hätte ich sogleich auf lebendige Nahrung umgestellt, wäre ich entweder abgestürzt oder ich hätte schwere Zeiten durchgemacht, sowohl in physischer als auch in psychischer Hinsicht. Fahr langsam, dann kommst du weit!

(2) Was mir die lebendige Ernährung gebracht hat.

Sie hat mich nicht zum ›Brummkreisel‹ gemacht. Dazu macht einen die Matrix, indem sie einem die Überzeugung einflößt, je mehr man haste - wie von der Tarantel gestochen -, desto größere Erfolge werde man haben. Das ist das typische Modell vom Esel mit der Karotte. Es gibt Menschen, die zu Hektik neigen, und diese Leute gehen der Matrix leicht auf den Leim. Ich spreche aus Erfahrung, denn ich selbst gerate bisweilen in diesen Strudel.

Die Umstellung auf lebendige Nahrung bringt Energie einer anderen Art: ruhig, ausgeglichen, gelassen, zuversichtlich. Ich würde dies eine gesunde Energie nennen. Gesunde Energie bedeutet, wenn man ruhig das tut, was man will, ohne Erschöpfung, ohne Unterbrechung, ohne Stimmungsschwankungen. Wenn man klar die eigenen Stärken kennt und Dinge bis zur Vollendung bringt. Ich habe diese Art der Energie erlebt, und das noch vor der vollständigen Umstellung auf lebendige Ernährung. Ich begann plötzlich, mich dort zu bewegen, wo ich früher auf der Stelle getreten hatte. Ich konnte Dinge zu Ende bringen, die wie festgefroren gewesen waren. Ich entzog mich vielen Verpflichtungen, die mich früher belastet hatten. Ich hatte auf einmal viele Ideen, aber keine hirnverbrannten Schnapsideen, sondern ganz praktische Ideen; keine Ideen, die kommen und gehen, sondern die zu einem praktischen Ergebnis führen. Es ist sehr schwierig, solche Energie zu erhalten, wenn du dich auf herkömmliche Weise ernährst.

Normalerweise ›wurschtelt‹ sich der Mensch durchs Leben und gerät dabei vom Regen in die Traufe. Oft verstehen die Leute auch, was das Problem ist, aber sie schaffen es nicht, etwas daran zu ändern. Ich weiß jetzt, dass die Ernährung hierbei eine zentrale Rolle spielt. Allerdings geht es hierbei nicht nur um die Ernährung, sondern auch um den ›Konsum‹. Wenn zum Beispiel jemand täglich die Nachrichten im Fernsehen oder im Internet verfolgt, ist er nicht in der Lage, angstfrei durchs Leben zu gehen, und er kann seine Lage auch nicht nüchtern einschätzen. Auch das weiß ich aus eigener Erfahrung. Ob Nahrung, Bücher, Filme, Musik oder jegliche Ware – wir müssen alles, was irgendwie in uns hineingeht, zuerst filtern. Und dabei nimmt das Essen eindeutig den ersten Rang ein.

(3) Was die lebendige Nahrung mir nicht gebracht hat.

Die Pendel lieben es, der Menschheit eine inspirative Einstellung zu allem vorzuführen. Zum Beispiel mag der Held eines Hollywood-Films im Elend verschmachten, doch dann kommt ihm eine Erleuchtung, und voller Begeisterung legt er los ... Man hat uns diesen Chip der Inspiration eingepflanzt, und wir haben ihn assimiliert. Zur Freude der Pendel.

Die Umstellung auf natürliche Ernährung impliziert, im Gegensatz zu den Matrix-Ködern, keinen Wow-Effekt, zumindest bei einem fließenden Übergang. Sie verleiht nur stille Freude und Zuversicht, und es gibt fast keine Ängste mehr. Das Leben wird mit jedem Tag besser und stabiler. Die Probleme verflüchtigen sich irgendwie. Das Ansteuern des Ziels ist kein Kampf mehr. Erfolge stellen sich ein. Aber alles geschieht auf sehr ruhige Weise, ohne Euphorie. So natürlich, dass du es nicht einmal bemerkst.

Zumindest in meinem Fall hat die lebendige Ernährung keine Freude, Euphorie oder Ekstase mit sich gebracht. Sie machte mich nicht zu einem Brummkreisel, der arbeiten kann, ohne zu ermüden. Ich bin nicht in der Lage, immer nur positiv zu sein. Ich habe etwas gewonnen, was man nicht beschreiben oder vorführen kann. Man muss es ausprobieren.

(4) Meine Empfehlung.

Pharmakonzerne entwickeln über Jahre Medikamente für verschiedene Krankheiten, Vitaminkomplexe, die das Wohlbefinden ein wenig steigern, Antibiotika und so weiter. Dafür werden Milliarden von Dollars und eine Vielzahl weiterer Ressourcen ausgegeben. Viktoria Boutenko hingegen hat einfach eines Tages etwas Wasser, Früchte und Kräuter vermischt. Das Ergebnis war - zumindest meiner Ansicht nach - die wichtigste Erfindung des 21. Jahrhunderts: der grüne Cocktail (*green smoothie*). Das ist ein wahres Elixier für Gesundheit und Jugend.

Mein Leben (und auch das meiner Familie) hat jetzt eine ganz andere Qualität. Es ist echt stark. So mag ich das Leben!«

»Es begann vor einigen Jahren, als ich zum ersten Mal von der Serie ›Transsurfing‹ hörte. Zuvor hatte ich schon viele Ziele mithilfe meiner Absicht erreicht, und ich wusste bereits, dass ›es‹ funktioniert. Aber ehrlich gesagt begriff ich nicht, worum es in diesen Büchern ging. Zwar bemühte ich mich, irgendwie in das Thema einzudringen, aber es wollte mir nicht gelingen.

Das ging etwa ein Jahr so weiter. Dann sagte mir jemand, dass Alkoholkonsum sich auf das Bewusstseinsniveau auswirkt. Und ich beschloss, einen Versuch zu wagen. Ich habe den Alkohol vollständig aus meinem Leben gestrichen. Auch bei verschiedenen Partys blieb ich standhaft. Nach einigen Monaten geschah es dann. Ich verstand endlich, worum es in diesen Büchern ging. Endlich fiel bei mir der Groschen. Als ich dann beim Buch *Apokryphes Transsurfing* anlangte, beschloss ich, die lebendige Ernährung anzuwenden.

In dem Buch ist zwar des Öfteren von einem fließenden Übergang die Rede, aber ich wünschte mir so sehr die Wirkung der lebendigen Ernährung, dass ich mich sehr schnell darauf umstellte. Darüber hinaus verzichtete ich auch auf Tee und Kaffee. Ich trank nur noch lebendiges Wasser.

Die Ergebnisse ließen nicht lange auf sich warten. Vor meiner Umstellung der Ernährung hatte ich nur wenig Energie. Am Abend, nach dem Essen, legte ich mich aufs Ohr, schloss die Augen und schlief sofort ein. Ich wog damals 85 Kilo bei einer Größe von 1,74 m, und ich begann, sehr schnell an Gewicht zu verlieren. In drei Monaten hatte ich 15 Kilo abgespeckt, und das setzte sich noch fort. Das war ein super Gefühl, als könnte ich fliegen. Energie habe ich mittlerweile mehr als genug. In der Nacht schlief ich vier bis fünf Stunden. Ich begann mit Gymnastik und ging viel spazieren. Und dabei hatte ich einen Überschuss an Energie, so dass ich gar nicht wusste, wohin damit.

Alle meine Bekannten zeigten sich besorgt über meinen Gewichtsverlust. Auf der Arbeit war es mir nicht möglich, zusammen mit den anderen zu essen. Sie schauten immer in meinen Becher und machten dazu ihre Bemerkungen. Meine Frau und meine Schwiegermutter fühlten sich irgendwie überflüssig, da sie nicht mehr für mich zu kochen brauchten, aber sie gewöhnten sich schließlich daran. Ich wachte um fünf Uhr früh auf und wusste nicht, was ich tun sollte. Ich fühlte mich richtig ausgeschlafen und hatte keine Beschäftigung. Ich hatte dann erstaunliche Visionen, und mir kamen geniale Ideen. Auf der Arbeit löste ich alle anfallenden Aufgaben mit Leichtigkeit. Ich konnte Probleme von einer höheren Warte aus betrachten, und es fiel mir sehr leicht, sie zu lösen.

Eines Tages dann, als mein Gewicht nur noch 65 Kilo betrug, beschloss ich aufzuhören. Mir wurde klar, dass mein Umfeld die drastischen Veränderungen nicht duldete. Sie brachten weitere Veränderungen mit sich, für die ich noch nicht bereit war. Das Problem war meine Arbeit. Ich war noch nicht bereit, sie aufzugeben, denn sie gefiel mir. Daher stellte ich meine Ernährung wieder um, so wie sie zuvor gewesen war. Ich begann sogar, Fleisch zu essen.

Ich beschloss, meine Umstellung allmählich zu vollziehen, innerhalb von drei Jahren. Ich bin jetzt 27, und mit 30 werde ich mich vollständig auf lebendige Nahrung umgestellt haben. Ein halbes

Jahr lang findet diese allmähliche Umstellung bereits statt. Größtenteils ernähre ich mich bereits von frischem Obst und Salaten. Kaffee und Tee hatte ich schon vorher aufgegeben. In den Ferien genehmige ich mir bisweilen etwas Alkohol. An Energie mangelt es mir nicht. Weder für eine genügende Achtsamkeit noch für die erforderlichen Tätigkeiten des Alltags. Aufwachen tue ich von allein, ehe der Wecker klingelt, aber nicht so früh wie zu der Zeit, als ich die voller Power der lebendigen Nahrung hatte.

Eine sehr interessante Sache ist mir vor Kurzem aufgefallen. Ich habe keinen Appetit mehr auf Fleisch. Es ist für mich absolut fade geworden. Jene Fleischgerichte, für die ich früher schwärmte, sind mir jetzt völlig gleichgültig geworden. Ich esse jetzt lieber Salat und frisches Gemüse als gefüllte Paprika.

Im Allgemeinen kann ich allen nur empfehlen, die Umstellung fließend und allmählich zu vollziehen. Mit der Zeit werden Sie mehr Energie zur Verfügung haben, und Sie werden auch die Zeit haben herauszufinden, was Sie damit tun können. Solch eine allmähliche Veränderung wird Ihre Mitmenschen auch nicht so sehr schockieren. Übrigens hat sich mein Gewicht jetzt bei 70 Kilo eingependelt, und damit bin ich absolut zufrieden.«

»Ich habe versucht, lebendige Nahrung allmählich in meinen Speiseplan einzuführen, indem ich Schritt für Schritt bestimmte Produkte ersetzte, doch mir wurde dann klar, dass ich einen schnelleren Weg ohne System wollte. Am zweiten Januar, als alle Neujahrssalate aufgegessen waren, wandte ich mich von allen wärmebehandelten Produkten ab. Vom Rauchen und Trinken hatte ich mich bereits einen Monat zuvor verabschiedet.

Hin und wieder kommt es vor, dass ich von meinem Speiseplan abweiche, aber das gestatte ich mir, wenn ich den starken Wunsch dazu verspüre. Ich zwinge mich nicht zur Disziplin und habe hinterher auch keine Gewissensbisse. Das ist meine Art, den Übergang zu schaffen. Diese Pannen lassen aber auch allmählich nach. Das Rauchen aufzugeben war allerdings gar nicht einfach. Das hat mich arg durchgeschüttelt, da ich öfters einen ›Schmachter‹ hatte. Da war es schon einfacher, auf Alkohol zu verzichten. Zum Trinken fühlte ich mich nicht mehr hingezogen. Selbst wenn die anderen um mich herum zechten, hatte ich den gleichen Spaß wie sie.

Wenn ich sage, dass ich mich besser zu fühlen begann, so ist das stark untertrieben. Es war eher so, als fielen schwere Ketten von meiner Seele, die dann in die Höhe schnellte. Ich fühlte mich frei und leicht, und ich war vor lauter Energie überwältigt. Und das war nur der Anfang! Ich habe mich noch nicht daran gewöhnt und staune nach wie vor. Von solchem Erstaunen schreiben Sie ja in jedem Newsletter. Aber es ist eine Sache, darüber zu lesen, und etwas ganz anderes, es aus eigener Erfahrung zu erleben.«

»Es freut mich zu berichten, dass ich und meine Familie uns vor sieben Monaten auf lebendige Ernährung umgestellt haben. Das geschah alles ganz plötzlich und unerwartet. Anfang Sommer inspirierten mich die Bücher über Transsurfing, und so beäugte ich eine Zeit lang misstrauisch das Buch ›Apokryphes Transsurfing‹. Einerseits hatte ich volles Vertrauen in den Autor und stimmte mit seinen Gedanken in den ersten Büchern überein; andererseits jedoch hatte ich für Leute mit ähnlichen Schrullen in der Ernährung nur bissige Ironie übrig, wobei ich kaum etwas davon verstand, sondern das Ganze einfach für törichte Quälerei hielt.

Lange zögerte ich, doch dann packte mich die Neugier, und ich dachte mir: ›Aber diese Eule werd ich mal untersuchen ...‹* So bestellte ich das Buch kurzerhand im Online-Shop. Eigentlich bestellte ich es ja mit dem Gedanken, dieses Ernährungssystem ein für alle

* Ein Zitat aus Michail Bulgakows Roman *Hundeherz*, das in Russland zu einem geflügelten Wort wurde.

Mal in Grund und Boden zu kritisieren und mich dann nicht mehr damit zu befassen.

Als die Büchersendung ankam, knöpfte ich mir sogleich *Apokryphes Transsurfing* vor, denn das Thema ließ mir keine Ruhe. Hatte ich denn eine Ahnung, wie sehr sich meine Weltanschauung praktisch über Nacht ändern sollte? Die Theorie und Praxis der lebendigen Ernährung erschlugen mich praktisch. Ich hatte das Gefühl, endlich klar zu sehen, und alle Puzzleteilchen fielen auf einmal an ihren Platz.

Ich hatte damals schon länger - und vergeblich - versucht, eine gewaltige Ladung überflüssiger Pfunde loszuwerden. Ich war eine Art luxuriöse und stattliche russische Schönheit, im Stil eines Kustodijew-Gemäldes und mit einem Gewicht von gut 100 Kilo. Außerdem trieb mich die Wunschvorstellung, meine Jugend wiederherzustellen und etwas für meine in letzter Zeit arg angegriffene Gesundheit zu tun. Ich hatte das starke Verlangen, sofort mit der lebendigen Ernährung zu beginnen.

Ich erzählte meinem Mann davon, und wir waren uns absolut einig, wie es nur selten bei uns vorkommt. Allerdings - wenn wir einen Spleen haben, dann haben wir ihn auch meist gemeinsam. Mit meinem Sohn lag der Fall noch schwieriger. Er war zwölf Jahre alt und wog bei einer Körpergröße von 1,64 m 87 Kilo. Er war die ständigen Versuche abzunehmen leid, denn gebracht hatten sie alle nichts. Alle Diäten und Einschränkungen hatten zu Schwäche und Schwindel geführt und seine ohnehin schon schwächliche emotionale Verfassung noch verschlechtert, und physische Anstrengungen fielen ihm schwer.

Ich glaube, dass Leute mit ähnlichen Problemen mich gut verstehen. Hinzu kam, dass mein Sohn schmackhaftes Essen sehr gern mochte (wir auch). Unsere Idee gefiel ihm nicht, aber wir versuchten es mit gutem Zureden und Versprechungen, ihn dazu zu bewegen, es zumindest für eine Woche auszuprobieren, als Experiment. Wie immer er sich dann entscheiden sollte, wir würden uns dann nicht weiter einmischen.

Das Experiment nahm seinen Lauf. Überraschenderweise war es gar nicht so schwierig, wie wir gedacht hatten. Es war ja auch Anfang Juli - die ideale Zeit. Zum ersten Mal setzten wir hausgemachte Kuhmilch und Sahne auf unseren Speiseplan, auch rohen Fisch, mariniert in Zitrone. Natürlich war das alles sehr ungewöhnlich. Das übliche Gefühl der Sättigung stellte sich nicht ein, und das Einzige, was wir taten, war essen, essen und nochmals essen. Doch siehe da - nach der ersten Woche hatten wir alle fünf Kilo abgenommen!!! Es war so unglaublich und so toll, dass unser Sohn sagte: Na gut, noch bis Ende des Monats, aber dann ist Schluss! Wir stimmten zu und sagten ihm, er könne jederzeit ganz mit der Diät aufhören und dann würden wir wieder für ihn kochen wie zuvor. Nun, ich schicke schon mal voraus: Dieser Moment kam nie.

Die ersten Erfolge ließen nicht lange auf sich warten. Das Aufwachen wurde leichter und viel freudiger, wir hatten eine ganze Menge mehr Energie, und wie schon lange nicht mehr verspürten wir auf einmal das Verlangen, uns zu bewegen. Unsere Magenprobleme verflüchtigten sich, unsere Haut wurde sichtbar frischer und glatter, und dunkle Flecken und Papillome verschwanden. Bei mir bildeten sich die ersten Anzeichen einer drohenden Diabetes zurück. Wir bekamen einen anderen, weniger strengen Körpergeruch. Viel hatte sich verändert. Nach einem Monat hatten wir zu dritt insgesamt 31 Kilo abgenommen!!!

Unser Sohn verfolgte diese Entwicklungen mit großer Begeisterung, doch nach wie vor erinnerte er bisweilen daran: Sobald ich abgenommen habe, will ich wieder meine alte Ernährung, merkt euch das! Wir stimmten zu, doch gleichzeitig erklärten wir ihm nebenbei das Wesen der lebendigen Ernährung. Er hörte sich gut an, was wir zu sagen hatten.

So vergingen Juli und August. Dann reisten wir für fast einen Monat ans Meer, und es war ein wahrhaft fruchtiges Paradies. Die neue Art der Ernährung hatte problem- und schmerzlos in unsere Familie Einzug gehalten, auch wenn es hin und wieder doch nicht so glatt lief. Was uns keine Ruhe ließ, waren die Düfte – die stärksten ›Anker‹ unseres ehemaligen Lebens. Und im Süden gibt es nun mal auf dem Wege zum Strand auf Schritt und Tritt Cafeterias, Restaurants und Schaschlikstände. Es war in einem Moment, als solche Gerüche uns ›in die Nase krochen‹ – wir entschieden uns ganz bewusst, eine Abweichung zuzulassen, und kauften uns gegrilltes Hähnchen.

Interessant war, in diesem Moment die eigenen Gedanken zu verfolgen – es war geradezu ein Sturm gegensätzlicher Gefühle. Einerseits erwartete uns eine willkommene und garantiert zufriedenstellende Beglückung durch unser einst so geliebtes Essen. Andererseits war uns klar, welche Prozesse wir damit in unserem Körper auslösten.

Im Grunde war es ein durchaus bewusstes Experiment. Aber die erwartete Freude hielt nur ein paar Minuten an, dann kam eine herbe Enttäuschung, und es setzten Beschwerden ein. Das Hähnchen lag uns wie ein Stein im Magen, und sogleich begann das schon fast vergessene Sodbrennen, gepaart mit Schlaffheit und Durst. Das waren sehr gegensätzliche Empfindungen, verglichen mit dem Komfort, an den wir uns gewöhnt hatten. Ich bin dem Hähnchen sehr dankbar – danach haben uns die verlockendsten Düfte völlig ruhig gelassen. Einer Legende nachempfunden, könnte man sagen: Wir tanzten den kleinen Tanz, um nicht den großen Tanz zu tanzen.

Als unser Sohn Ende September wieder zur Schule ging, war er ein ganz anderer Mensch – von 87 Kilo war er herunter auf 62 Kilo. Er war wohlgestalt, stattlich anzuschauen, gebräunt, ganz anders als zuvor. Es versteht sich von selbst, dass am ersten Tag viele bei seinem Anblick leicht schockiert waren. Einige Schüler aus den Parallelklassen haben ihn schlicht nicht mehr erkannt! Mein Sohn hatte ein verändertes Selbstwertgefühl, und als Folge davon veränderte sich auch die Einstellung der Klassenkameraden ihm gegenüber. Er hatte mehr Freunde, und die Mädchen warfen ihm Blicke nach. Seine schulischen Leistungen wurden besser, und ohne große Anstrengungen ließ er die leidigen Dreier* hinter sich. Das alles ist die Magie der lebendigen Nahrung!

Interessanterweise ist mein Sohn direkt im Anschluss an die lebendige Ernährung in die Höhe und in die Breite gewachsen (geistig, aber auch in Bezug auf Knochen und Muskeln), er bekam einen Schnurrbart, sein Stimmbruch setzte ein - alles so, wie es sein sollte. Ja, er nimmt immer noch am System teil, die lebendige Ernährung hat daran nichts geändert, er geht einfach nicht mehr in die Schulkantine. Er versteht sehr wohl, was das System ist. Er ist einer der Erwachten, aber er zeigt es nicht, grenzt sich nicht ab von den anderen und spricht mit ihnen auch nicht über die lebendige Ernährung. Warum nicht? Sie würden es ohnehin nicht verstehen.

Was das Abnehmen betrifft, so war es für meinen Sohn sehr wichtig; für meinen Mann hingegen waren Gesundheit, Jugendlichkeit und Energie vorrangig. Er hat in den ersten zwei Monaten stark an Gewicht verloren, aber dann hörte diese Entwicklung auf, und momentan nimmt er wieder zu. Das ergeht aber vielen so. Ein Hungerhaken werden Sie nicht gerade werden. Sie werden aber überflüssige Pfunde los, und Sie werden auch gesünder und jugendlicher.

Ich bin in sieben Monaten locker 40 Kilo losgeworden, und dabei kann von Hautsäcken keine Rede sein. Mit meinen 37 Jahren sieht meine Haut aus wie die einer 25-Jährigen - glatt, fest und rein. Und diese Leichtigkeit, diese Energie - einfach toll! Mein Herz ist jetzt leichter geworden. Früher schlug es 110 Mal pro Minute, jetzt habe ich einen Puls von 62-65 Schlägen. Vorbei sind die ewige Müdigkeit, die Abgeschlagenheit und Schlaffheit, und dafür habe ich jetzt eine unglaubliche Ausdauer. Ich kann problemlos bis zur zehnten Etage die Treppen hochlaufen, und das nicht nur einmal

* Die Drei entspricht im russischen Schulsystem unserer Note Vier (ausreichend). (Anm. d. Übers.)

- ganz leicht, ohne Gelenk- oder Muskelschmerz und ohne Atemnot. In all der Zeit haben wir keine Erkältung oder Grippe mehr gehabt, was sonst ein fester Bestandteil jedes Winters gewesen war. Und interessanterweise ist auch unser Husten verschwunden! Das war ein ständiges Problem für uns alle. Es war einfacher gewesen, sich an den Husten zu gewöhnen, als ihn zu heilen. Wir hatten gedacht, im Winter würde es uns kalt werden ohne warmes Essen und Tee - nichts dergleichen! Auch hatten wir befürchtet, unser Speiseplan sei für den Winter ungeeignet - wieder falsch. Sprossen, Obst, Gemüse, Algen, Nüsse, Honig, Pollen - das reicht! Schon vor Langem haben wir Milchprodukte und Fisch gestrichen. Diese Entscheidung kam wie von selbst, aus einem inneren Gefühl heraus. Der Körper lernt, auf das Essen zu reagieren, und erkennt die »chemische« Beschaffenheit von Obst, Gemüse und Kräutern bereits im Mund.

Unsere ganze Familie praktiziert Yoga, nicht weil es nötig wäre, sondern weil wir es mögen und wollen. Diese Übungen machen richtig Spaß, und du bekommst eine stärkere Intuition. Auch die Umgebung ändert sich. Es kommen interessante, lebendige Persönlichkeiten, wohingegen jene, mit denen die Kommunikation lästig war, verschwinden. Es manifestieren sich die ersten Ansätze von Ergebnissen infolge der Praxis von Transsurfing. Erstaunlich ist auch die Erkenntnis, dass meine Welt sich um mich kümmert und mich auf Händen trägt. Am Anfang ist dieser Gedanke noch schwierig und ungewohnt, aber dann bekommst du schließlich Vertrauen in deine eigene Welt. Wir sind ja noch am Anfang des Weges, aber was uns gefällt, ist, dass du viel seltener »schläfst« und der innere Aufseher an Kraft gewinnt.

Ich muss auch etwas über die »Nachteile« der lebendigen Ernährung sagen. Einer der »schwerwiegenden Nachteile« ist die komplette Ablehnung von Fernsehen und den meisten Spielfilmen. Kinobesuche waren zum Beispiel richtig langweilig (mit wenigen Ausnahmen), Fernsehsendungen sind wegen ihrer Vorausberechenbarkeit und der »Abonniererei« lächerlich, und die Werbung ist eine offene Animierung. Nachrichten ertrage ich schon rein physisch nicht. Auch früher mochten wir das Fernsehen nicht, aber jetzt ist es für uns ein hoffnungsloser Fall. Allerdings ließ sich die so entstandene Lücke leicht füllen: durch Spaziergänge, Lesen, Yoga ... Und übrigens ist es viel interessanter, das eigene Leben zu gestalten, als von der Couch aus das Leben anderer zu beglotzen.

Was für Nachteile es sonst noch gibt? Nun, es gibt auch Probleme, so zum Beispiel die vorübergehende Verschlechterung des Wohlbefindens. Ja, es gab Zeiten, als einem plötzlich die Haare ausgingen, als die Haut an den Händen trocken wurde, sich Rückenschmerzen einstellten, wunde Stellen an den Mundwinkeln auftraten, die Zähne empfindlicher wurden und so weiter. Aber wir alle spürten - mit Freude und Verständnis -, dass der Körper sich umstellt und daher ein regenerativer Prozess stattfindet. Aber das ging alles vorüber.

Mein Sohn hat gesagt: ›Okay, bis achtzehn bleibe ich bei euch, und dann werde ich sehen - wenn ihr dann jung, schön und gesund seid, so will ich es auch bleiben.‹ Das ist die Bedingung. Nun ja, natürlich will ich nicht raten, aber mein Mann und ich, wir können uns das gar nicht anders vorstellen. Interessant ist außerdem: Irgendwo im Variantenraum gibt es uns - in anderer Form, wo wir nicht diesen Weg beschreiten. Und es ist beängstigend, auch nur mit einem Auge dort hinzuschauen.«

»Heute habe ich mit meinem Mann grünen Buchweizen gekauft. Später erhielten wir einen Anruf von einem jungen Mann namens Alex. Mein Mann sprach mit ihm. Sie vereinbarten eine Parole und einen Treffpunkt, dann ging mein Mann hin. Zurück im Auto, sagte er: ›Weißt du, alles war scheinbar normal, aber es gibt da etwas, was denjenigen verrät, der sich von lebendiger Nahrung ernährt: Seine Augen leuchten, er selbst leuchtet!‹ Es war richtig toll, einem Menschen von gleicher Gesinnung zu begegnen. Wir sind nicht allein im Universum!‹

Wir haben erst vor sechs Monaten auf lebendige Nahrung umgestellt, aber wie sehr sich jetzt schon alles verändert hat! Diese Art der Ernährung ist für uns zu einem Freudenfunken in der Seele geworden, zu einer Feier, die immer bei dir ist. Wir hätten nicht gedacht, dass das Leben eine SOLCHE Wonne bieten kann! Alle Vorteile aufzuzählen würde lange dauern, und daher will ich mich auf einige beschränken: eine bislang unbekannte Leichtigkeit im Körper, eine gesteigerte Energetik, eine gelöste Heiterkeit, die Fähigkeit, endlich die Pendel rechtzeitig zu erkennen und ihnen auszuweichen. Sogar das Transsurfing wird so viel klarer. Da ist etwas, was gut zu klappen scheint, wenngleich es bislang noch etwas holpert, aber es funktioniert! Jedenfalls ziehen mich keine zehn Pferde mehr zurück zum alten Leben auf der Menschenfarm!«

»Es stimmt alles. Ein Jahr lebe ich jetzt schon mit der lebendigen Ernährung. Zuerst versuchst du deinen Bekannten und Verwandten zu erklären, was sinnvoll ist und was nicht, doch du erntest nur Unverständnis und Vorwürfe. Irgendwann aber ist dir das piepegal, vor allem dann, wenn sich wie von selbst Türen öffnen und du eine ganz neue Weltanschauung und eine gesteigerte Achtsamkeit gewinnst (Insider werden verstehen, wovon ich spreche). Du bekommst eine begeisternde, atemberaubende Freiheit. Hammergeil, dass das alles funzt. Daran zu glauben bringt nichts, du musst es auch tun. Wer nicht wagt, gewinnt nicht. Bei mir hat es geklappt.«

»Ich stelle mich allmählich auf lebendige Ernährung um (seit einem halben Jahr). Morgens und abends ist schon alles roh, am Nachmittag stehen noch gefüllte Klöße auf dem Speiseplan, aber mit Salat. Danke an meinen geliebten Gatten - er macht keine Schwierigkeiten, sondern lässt mich mit meinen Neuerungen gewähren (ab und zu mit einem freundlichen Scherz). Ich bereite ihm seine gewohnten Speisen zu, und alle sind zufrieden. Konflikte gibt es keine.«

»An der lebendigen Ernährung ist nichts Extremes oder Extravagantes, solange man auf natürliche und ungezwungene Art dazu gekommen ist. Daher hielt ich diesen Schritt nicht für besonders bedeutsam und erlegte mir keine Beschränkungen auf. Und wenn es mich nach etwas ›Gift‹ aus dem früher gewohnten Leben verlangte, zum Beispiel nach Pommes frites (meine Geschmacksnerven schmachteten danach), dann aß ich einfach ein paar Happen davon, in dem Wissen, dass das eigentlich unnötig war.

Weder meine Familie noch meine Bekannten sind besonders über meinen Schritt besorgt. Das sehe ich zum Beispiel, wenn wir alle zu einem Festmahl zusammenkommen und man mir einen großen Teller mit Salat, Nüssen und so weiter reicht. Noch nie musste ich etwas erklären oder jemanden überzeugen. Ich fühle mich einfach erstaunlich leicht und immer positiv, ohne jede Spannung.«

»Zur lebendigen Ernährung. Das ist ein Riesenspaß, ohne Probleme. Okay, im ersten halben Jahr gehst du durch eine Reinigungsphase, aber dann ist es die pure Wonne.«

»Als ich mich auf lebendige Ernährung umstellte, dachte ich nicht daran, dass sich dadurch alle Bereiche meines Lebens ändern würden. Ich kann nicht in einer Wohnung leben. Es muss ein Haus sein, noch dazu weit weg von der Stadt, das ist einfach viel besser.«

»Kleidung nur aus natürlichen Stoffen. Nicht, weil ich keine Synthetik vertrage. Ich vertrage sie schon. Aber wozu?! Mein Körper ist empfindsamer geworden, und bei Synthetik fühlt er sich einfach nicht wohl. Auch alle möglichen Cremes und Kosmetika wurden mir zunächst unangenehm, dann brauchte ich sie gar nicht mehr. Ich habe eine so zarte Haut, wie ich sie seit der Kindheit nicht mehr hatte.

Zur Arbeit gehen, Karriere machen, all das ist für mich schrecklich langweilig. Für mich habe ich herausgefunden, dass die Sache mit der Seele, mit der Kraft und der Energie mehr als genug ist. Mein psychoemotionaler Background ist immer heiter und fröhlich – gleichzeitig begleitet von einer ganz besonderen Gelassenheit! Ich bin geradezu berauscht vom Leben! Es ist eine solche Freiheit! Freiheit von allen Klischees und Stereotypen, von Beleidigungen, Verurteilung, Langeweile, von der Abhängigkeit, essen zu müssen, schlafen zu müssen, frieren zu müssen, und der Abhängigkeit davon, dass man ständig etwas braucht ...

Keine Droge kann mit der Freude und mit dem stetigen Lebensgefühl verglichen werden, wie man es bei euch findet.

Natürlich lief nicht alles ganz glatt. Es gab Störungen, Schuldgefühle, paranoide Schizophrenie und die wilden Augen eines neuen Rohköstlers, wenn er alle anderen vor den Kopf stößt, weil er sie glücklich machen will, auch gegen ihren Willen. Auch jetzt ist das alles noch bis zu einem gewissen Grad der Fall, aber nicht mehr so arg, und ich habe inzwischen einen soliden Erfahrungshintergrund, der mir Sicherheit und Seelenfrieden verleiht. Aber wenn ich mir vorstelle, dass ich das alles nicht kennengelernt und es nicht ausprobiert und mich dann auf den Weg gemacht hätte ... brrr! Auf keinen Fall! Nie wieder würde ich zurückgehen!«

»Wir sind noch ganz am Anfang des Weges – vor zwei Monaten erst bekamen wir das Buch *Apokryphes Transsurfing* in die Hände. Die Informationen über lebendige Ernährung waren für uns wie das fehlende Puzzleteil im Gesamtbild des Lebens. Unsere gesamte Familie (ich, mein Mann und unser 12-jähriger Sohn) haben sich auf die neue Ernährungsweise umgestellt. Dieser Schritt fiel uns nicht sehr schwer, denn nach der Lektüre der Bücher von P. Bragg hatten wir bereits sieben Jahre lang kein Salz mehr gegessen. Auch hatten wir schon lange die wichtigsten Produkte der Matrix gestrichen – Brot, Wurst, Zucker, Konserven und so weiter. Wir waren bemüht, uns gut zu ernähren – mit Obst, Gemüse und Kräutern aus dem eigenen Garten; Fleisch kauften wir direkt vom Bauern und so weiter. Aber wir kochten unser Essen!!! Das Wesen der lebendigen

Ernährung hatten wir nie verstanden, und Rohköstler hielten wir, gelinde gesagt, für Sonderlinge. Aber jetzt haben sich unsere Augen geöffnet ...

Es gibt sehr viele Pluspunkte. Zunächst einmal wurden wir drei in nur zwei Monaten über vierzig Kilo Übergewicht los. Dabei war das ganz leicht, ohne jeden Stress und ohne Einschränkungen beim Essen - wir essen, so viel wir wollen, alles lebendig und gesund. Wir wurden unseren Mundgeruch los, unsere physischen Ausdünstungen sind milder und angenehmer geworden, nach einem Monat hatten wir keinen Zahnstein mehr, Rücken und Gelenke fühlen sich wesentlich geschmeidiger an. Wir entwickelten die Kraft (und auch den Wunsch!!!) auf Jogging und Gymnastik. Papillome verschwanden, die Haut wurde glatter und elastischer. Sodbrennen, ständige Müdigkeit und Kopfschmerzen gehören der Vergangenheit an. Diese Liste ließe sich noch problemlos verlängern.

Und unser Bewusstsein verändert sich. Viele Sachen sehen wir jetzt anders, wir betrachten alles anders als früher. Zu den Büchern über Transsurfing bekomme ich beim wiederholten Lesen einen neuen Zugang. Als hätte jemand die innere Sicht nachjustiert. Das Positive hat sich vermehrt, Gutes geschieht immer häufiger, und es wird immer deutlicher, dass unsere Welt sich um uns kümmert und uns liebt.

Über unsere Ernährung sprechen wir nicht viel, wir gehen damit weder hausieren noch bilden wir uns ein, etwas Besonderes zu sein. Die erste Euphorie, als wir vor Freude hüpfen und schreien und jeden zu unserer Sichtweise bekehren wollten, ging schnell vorüber. Inzwischen ist die lebendige Ernährung einfach nur ein angenehmer Bestandteil unseres Lebens geworden. Dennoch hat die Zahl der Gleichgesinnten in unserem Umfeld zugenommen. Veränderungen im Aussehen und eine positive Ausstrahlung funktionieren besser als jede Werbung.«

»Unser erster Schritt zum Transsurfing war die partielle Umstellung auf lebendige Nahrung. Mein Mann ist ein ›alter Malachowite‹. Vor zwanzig Jahren, als er vierzig war, verschlechterte sich seine Gesundheit so sehr, dass er die Wahl hatte zwischen Krankenhaus oder Selbstbehandlung. Er entschied sich für Letzteres und wandte sich an den Heiler G. P. Malachow, der ihm auch helfen konnte. Daraufhin begannen wir über Themen zu sprechen wie: ‹Leben wir eigentlich richtig?‹ Und später: ›Ernähren wir uns eigentlich richtig?‹ Wir erkannten die Notwendigkeit, unseren Speiseplan auf lebendige Nahrung umzustellen. Krisen und Einbrüche gab es keine. Schlechte Laune auch nicht. Nach gekochter Nahrung haben wir kein Verlangen mehr. Und lebendiger Haferschleim ist ein traumhaft leckeres Essen! Es hat mir sogleich gefallen und wurde dankbar vom Körper angenommen. Jetzt ist es fast meine tägliche Mahlzeit geworden. Ich werde es nicht satt und esse es mindestens ein paar Mal am Tag. Wir essen lebendigen Brei. Und wie sich gezeigt hat, ist er unglaublich lecker! Wir machen auch Ihre Tomatensoße und Laminaria gemäß den vorgegebenen Rezepten. Man fühlt sich wie neugeboren und als ob man die Welt neu kennenlernt. Im Körper herrscht Leichtigkeit, in der Seele Frieden. Das Leben ist spannend geworden. Jeden Tag geschieht ein Wunder, wie wir es früher aufgrund von Unwissenheit gar nicht wahrgenommen haben.«

»Wenn man nicht fanatisch ist, wird der Körper schneller klüger, und Dinge, ohne die er vorher nicht auszukommen glaubte, gefallen ihm allmählich einfach nicht mehr. Ich bereite für meine Familie wie gewöhnlich die normalen Speisen zu, aber mir selbst gefällt das nicht besonders. Zu Weihnachten gab mir mein Mann einen Happen Beljaschi* zum Kosten, doch ich fand das schon gar nicht mehr schmackhaft.«

* Beljaschi: runde, gefüllte Teigbällchen mit Fleischfüllung. (Anm. d. Übers.)

»Mit der Zeit entdeckst du eine solche Vielfalt an lebendiger Nahrung, dass die ›pyromanischen‹ Rezepte einfach nicht mehr mithalten können.«

»Mein Mann und ich leben seit drei Monaten von lebendiger Nahrung. Das ist sehr schmackhaft. Ich habe die Bücher von Frau Boutenko, bereite Speisen nach ihren Rezepten zu und bin begeistert. Früher kochte ich nach Bedarf, jetzt bin ich mit Herz und Seele dabei. Mein Mann will abnehmen und aufhören, Tabletten gegen Diabetes zu schlucken. Er wog 120 Kilo und hat schon 14 Kilo abgenommen. Er arbeitet auf dem Bau und ist den ganzen Tag auf den Beinen. Seine Kollegen sind überrascht: ›Was – du isst Gras und siehst so gut aus?‹ Ich selbst bin jetzt schlank und jung, fahre 20 km Rad und mein Glück lässt nicht nach.«

»Schon lange habe ich das Trinken und den Konsum von Fastfood aufgegeben. Aber manchmal habe ich einfach einen Heißhunger auf einen grausigen Hamburger oder ich will etwas Wein trinken. Zwängen Sie sich nicht in einen engen Rahmen hinein. Sie sind der Boss Ihrer Realität. In der Regel gönne ich mir in solchen Momenten etwas zu essen oder zu trinken, was ich schon lange nicht mehr gehabt hatte. Dabei sage ich mir: ›Iss, iss nur, mein Guter. Dein Bauch will etwas zu naschen. Nasche für die Gesundheit, verdaue jeden Bissen dieser ›Delikatesse‹. Am nächsten Tag oder sogar schon ein paar Stunden darauf verstehe ich in der Regel, dass das unnötig, nicht lecker, sinnlos und so weiter war. Und dann esse ich wieder wie zuvor. Sie sollten Ihrem Körper ruhig hin und wieder zu verstehen geben, was für ein Fraß das alles ist. Oder umgekehrt: Wenn Sie schon lange kein Brot mehr gegessen (nicht mehr geraucht, getrunken und so weiter) haben, sollte Ihnen das Brotessen eigentlich verwerflich erscheinen. Langer Rede kurzer Sinn: Heute esse ich bewusst Brot, und morgen will ich es bewusst nicht mehr haben.«

»Ich esse seit zwei Jahren lebendige Nahrung. Im Sport bin ich schneller geworden, viele können nicht mehr mit mir mithalten. Mein Studium ist traumhaft geworden.«

»Während meiner Stillzeit habe ich auf lebendige Ernährung umgestellt (mein Sohn war damals ein halbes Jahr alt). Als Folge davon bin ich schöner und schlanker geworden und sehe zehn Jahre jünger aus. Mein Sohn ist gesund und sehr gut entwickelt! Ich stille ihn immer noch, auch wenn er jetzt schon zwei ist, und Milch habe ich soooo viel! Meine Stimmung, meine Energetik, alles stimmt einfach!«

»Mein erster Versuch, auf lebendige Ernährung umzustellen, klappte nicht. Der Übergang war zu hart. Nach zwei Monaten knickte ich ein und machte ein halbes Jahr Pause, in der ich mich von wärmebehandelten Lebensmitteln ernährte. Jetzt, im zweiten Anlauf, esse ich alles, was ich will, aber allmählich schränke ich mich ein. Aber Transsurfing an sich ist eine tolle Sache: Alles ist großartig, alles funktioniert, und wenn etwas nicht gleich klappen sollte, dann geht es halt allmählich vonstatten. Es ist nicht nur die Seele, die sich freut - ich zerberste förmlich innerlich vor Freude, und auch mein Körper fühlt sich jetzt ganz anders an. Es gab da so ein starkes Feeling von einer riesigen, guten Kraft, die sich um mich kümmert und mich liebt.«

»Seit einem Jahr esse ich jetzt kein Fleisch mehr. Gelegentlich gönne ich mir gebratenen oder gekochten Fisch. Auch wenn ich noch nicht vollständig auf lebendige Ernährung umgestellt habe, bemühe ich mich, und bei mir gibt es jede Menge Obst, Gemüse und Kräuter. Zum Frühstück nehme ich nur frisches Obst, im Laufe des Vormittags esse ich verschiedene Nüsse und Trockenfrüchte. Mittags gibt es eine Menge Kräuter und Gemüse, etwas Gekochtes mit hefefreiem Brot und Käse. Zum Abendessen das Gleiche. Schon bei dieser Ernährung hat sich mein Körper auf den frischen Modus umgestellt, und mein Allgemeinbefinden hat sich gebessert. Ich beabsichtige, in Zukunft ganz auf gekochte Nahrung zu verzichten und völlig auf lebendige Nahrung umzustellen. Ich denke, ich bin völlig auf dem richtigen Weg. Ich danke meiner Welt, dass sie mir die Möglichkeit gegeben hat, Transsurfing kennenzulernen.«

»Vor einem Jahr habe ich über Rohköstler gelacht. Heute könnte ich weinen, wenn ich daran denke, was ich früher aß.«

»Einige Zeit nach meiner Umstellung auf lebendige Ernährung setzte bei mir die Entgiftung ein. Nun, die Leute sagten mir immer wieder: ›Was ruinierst du dich? Du bist doch noch so jung!‹ Davon höre ich heute nichts mehr. Jetzt werde ich sogar öfters gefragt: ›Wo zum Teufel hast du diese leuchtende Ausstrahlung her?‹ Haha, was soll ich dazu sagen, ohne ihre Klischees zu zerstören, was für sie gleichbedeutend mit dem Tod wäre?«

»Ich bin 54. Vor etwas mehr als zwei Jahren begann ich mich auf lebendige Ernährung umzustellen, wovon ich heutzutage immer seltener abweiche. Ich empfinde all das, wovon Sie schreiben. Aber ein richtiger Ausrutscher, und diese Empfindungen gehen verloren. Das wiederum hilft einem dann, zur normalen Ernährung zurückzufinden – der Wunsch, sich jung, locker, beweglich und beschwingt zu fühlen. Eigentlich reichen Worte gar nicht aus, um diese Erfahrung zu vermitteln. Man muss sie selbst machen. Vielen Dank!«

»Bald ist es nun zwei Jahre her, dass ich mich mitsamt meiner Familie auf lebendige Ernährung umgestellt habe. Wir entschieden uns für einen sanften, allmählichen Übergang. Wir hatten keine besonderen Schwierigkeiten, außer den Problemen in den Zeiten der körperlichen Reinigung. Es schien, als zucke der Organismus zusammen, wache auf und sei voller Dank für solche Nahrung. Er brauchte sie einfach und wollte die vorherige Nahrung schon nicht mehr. Momentan sind 80 Prozent unserer Nahrung lebendige Produkte. Wir beherrschen die Zubereitung vieler lebendiger Gerichte, und sie haben uns sehr geschmeckt! Unsere Tochter schaffte es, in einem Jahr über 40 Kilo loszuwerden, und das ohne jeden Stress. Auch mein Mann und ich haben abgenommen, wir beide sahen gesünder und jünger aus. Ferner wurden wir so manche Gebrechen los, die die Ärzte nicht heilen konnten. Sie gingen allmählich von selbst weg! Wir wurden energetischer. Sie haben uns geholfen, in eine andere Realität einzugehen.«

»Ich habe vor mehr als drei Jahren auf meine eigene Ernährung und Lebensweise umgestellt. In mir finden atemberaubende Veränderungen statt. Als ich mich zum Testprogramm ›Gesundes Russland‹ meldete, bestimmte der Therapeut aufgrund meiner Leistungen mein biologisches Alter auf 20 Jahre (ich bin bald 47). Ich bin glücklich, voller Energie und das Leben fällt mir leicht. Plötzlich begann ich ganz unerwartet zu schreiben, Prosa und Gedichte. Und mir scheint, dass ich sogar noch mehr kann. Ich habe momentan noch einen recht harten Job. Dass die Methode mich zehn Kilo abnehmen ließ und auch positive Veränderungen in meinem Körper bewirkt, sind eigentlich nur Nebenwirkungen. Ich halte mich an Ihre Aussage, dass alles ohne Angst und allmählich gehen und dass es auch Spaß machen sollte!«

»Zum Frühstück gibt es bei mir Weizenkeime mit Bananen, mittags lebendigen Salat und abends Fisch, mariniert in Sojasoße und Zitrone. Ungefähr so sieht mein tägliches Menü aus. Mein Hunger wird immer mäßiger, und meine Augen immer heller. Meine Aufmerksamkeit richtete sich nun von Supermärkten und Kantinen hin zu Obstläden und Lebensmittelfachgeschäften. Was war ich blind gewesen! Es gibt so viele Leckereien in greifbarer Nähe! Manchmal verbringe ich den ganzen Tag in der Küche mit der Zubereitung neuer Gerichte. Das ist ein unglaubliches Feeling!«

»Meine Empfindungen überraschen mich. Vor allem nach dem Frühstück, während ich dreißig Minuten lang zur Arbeit fahre, beginne ich auf einmal zu lächeln (mit ernstem Gesichtsausdruck), denn es geht einfach ein inneres Licht an. Es ist ein Gefühl der Freiheit. Auch wenn ich nicht ganz verstehe, was es genau ist, wovon ich frei bin. Die Arbeit hat das Körpergewicht vermindert. Müde bin ich nicht und gehe nur deshalb schlafen, um nicht dumm aufzufallen. Denn in der Nacht wach herumzusitzen ist nicht üblich. Die äußere Erscheinung verändert sich. Es ist ein Gefühl, als wenn etwas vom Gesicht ausstrahlt. Ich ertrage leichter Stress. Letztes Jahr, da gab es Probleme, und plötzlich merkte ich, dass ich während all dieser Monate weder Beifuß brauchte noch Corvalol* noch Pfingstrose, nicht ein einziges Mal. Mein Körpergeruch war fast weg, so dass ich praktisch kein Deospray mehr brauchte. Meine Kleidung muffelt nicht, und auch mein Fußgeruch ist verschwunden. Wenn bei mir Fleischesser als Gäste zu Besuch kommen, muss ich mich zusammennehmen. Denn wenn auf einmal wieder die Gerüche des gängigen Essens präsent sind, spüre ich dieses unangenehme Gerüchlein noch tagelang im Haus. Ich verbringe jetzt den zweiten Winter ohne Erkältung, während ich normalerweise zwei Mal pro Winter eine Woche lang mit laufender Nase ins Bett musste. Sobald ich Nudeln, Reis, Getreide, Kartoffeln und Brot aufgegeben hatte, war Schluss damit: Grippe und Erkältung gehörten der Vergangenheit an.«

»Ich will mich kurzfassen: Nachdem ich eine längere Zeit auf lebendige Ernährung umgestellt hatte, spürte ich, was für eine Freude in einfachen Dingen stecken kann wie Wandern oder dem Anblick des Himmels. Es ist ein unglaubliches Gefühl, dass man durch die Betrachtung eines Baumes so viel Freude empfinden kann. In Worten lässt sich das kaum ausdrücken, man muss es selbst erleben.

* Corvalol: ein in Russland vertriebenes Beruhigungsmittel auf der Grundlage von Baldrian und Phenobarbital. (Anm. d. Übers.)

Wann haben Sie schon mal eine echte Wonne erlebt, die Geist und Sinne ergreift, so dass Sie förmlich in Endorphine getaucht werden? Vielleicht bei der ersten Romanze mit Ihrer Geliebten? Und wie ist es wohl, wenn Sie genau dieses Gefühl durch die Betrachtung eines Waldes, eines Sees oder sogar einer Stadt am Morgen bekommen? Ich merkte, wie ungesund ich war, trotz der Tatsache, dass ich ein erfolgreicher Sportler und in der Regel in guter Form war. Insgesamt kann ich nur sagen: Es lohnt sich!«

»Klasse! Genau diese wunderbaren und leicht verfügbaren Momente sind es, an denen es fast allen mangelt. Viele Leute verstehen schon von selbst, dass sie in einen Strudel hineingezogen werden – total busy, Kontakte, Facebook, E-Mails –, das alles nimmt so viel Zeit in Anspruch, dass DAS LEBEN AN EINEM VORBEIFLIESST ... Bäume, Bäche, Vögel, Schmetterlinge – sie alle bleiben so wie zuvor, nur dass der moderne Mensch sie nicht mehr beachtet.«

»Natürliche Ernährung ist der Flug der Seele, der Übergang auf eine neue Ebene des Bewusstseins! Transsurfing klappt dann wie von selbst, es ist die pure Euphorie!«

»Bei der Umstellung auf lebendige Nahrung wird der Körper zu neuem Leben erweckt, Beschränkungen und Klischees werden durchbrochen, und Sie genießen die Vielseitigkeit des Daseins!«

»Kleine Wunder geschehen, aber für die größeren steigere ich meine Absicht und meine Bewusstheit. Seit zwei Jahren bin ich dabei, mich Schritt für Schritt auf lebendige Ernährung umzustellen. Das Resultat ist offensichtlich: Meine Haut ist gereinigt von Mitessern und Pickeln, ich habe weißere Zähne, meine Figur ist ideal und gefällt mir sehr gut. Dafür bin ich von Herzen dankbar!«

»Womit füttert wohl die Schwester meiner Mutter ihr eineinhalbjähriges Baby? Mit Fleischkonserven, mit Fruchtsaftkonzentrat, mit Käse und Joghurt aus dem Supermarkt - kurzum, mit fast allem. Auch meine Mutti denkt, dass ein Kind bloß künstliche Vitamine braucht. Eine Widerrede duldet sie nicht. Ist das alles ein Traum? Wie oft habe ich schon gesehen, dass ein Kind einfach weint, wenn man es mit Synthetik ernährt? Aber wenn du ihm ein Stückchen Zwiebel reichst, wird es daran zufrieden lecken. Das Mädchen ist erst ein halbes Jahr alt. Sie kann noch nicht kauen und sagt nur ein Wort: ›Mama!‹ Ist das etwa normal? Was essen meine Verwandten? Sie kochen Nudeln und essen sie dann drei Tage lang mit Ketchup und Mayonnaise, dazu Pommes (wieder mit Ketchup und Mayonnaise), Kaffee, Weißbrot und Fleisch. Alle. Ist das etwa der Weg zur Gesundheit?«

»Der technogene Fraß raubt einem das eigene *ICH*. Auf Ihre Bücher stieß ich schon vor sehr langer Zeit, als ich sie wirklich brauchte. Ich ignorierte etwas, verstand etwas nicht, aber es gab da eine Euphorie, und die ist jetzt vorbei. Jetzt, nach der Reinigung meines Körpers, habe ich begonnen, offener und nüchterner zu denken. Die Leute haben sogar begonnen, mich skeptisch anzuschauen - ich löse schwierige Rätsel mit Leichtigkeit.«

»Ich WEISS jetzt genau, was ich früher nur vermutete oder einfach glaubte. Zum Beispiel habe ich immer geglaubt, dass mein Körper nicht altert und in seiner ursprünglichen Form erhalten bleibt, solange ich das will. Ohne Diäten, mit denen ich mich abquälte, ohne dumme Übungen in einer Sporthalle, ohne Schönheitsoperationen. Ich WUSSTE, dass es einen anderen, natürlichen und einfachen Weg für mich gibt, so zu sein, wie ich will. Was mich sehr beeindruckt hat und nun auch durch das Leben bestätigt wurde, ist, dass die Gedanken die Materie verändern können. Jeden Tag werde ich jünger, zur Überraschung meiner selbst und auch der anderen. Am wichtigsten jedoch ist die lebendige Ernährung. Wie Margarita wiederhole auch ich immer wieder: ›Eine tolle Creme!‹*

Randnotizen

Hier noch einige inspirierende Beispiele:
Ageless Women: http://www.youtube.com/watch?v=O6oJA_xhTa8
http://www.youtube.com/watch?v=ANt4RIFnJH4&feature=related
http://www.annettelarkins.com/
14-jähriges Mädchen:
http://www.youtube.com/watch?v=X-sSmk9BgS0

---

* Ein geflügeltes Wort aus Michail Bulgakows klassisch-russischem Roman *Der Meister und Margarita* (verfasst 1928, erschienen ab 1966). (Anm. d. Übers.)

Echte Esoterik

Ich komme nun zum Ende der Kapitelreihe, die sich mit lebendiger Ernährung befasst. Es ist genug über den Sinn und Zweck sowie die Vorteile des Wechsels auf eine neue Stufe der Nahrungskette gesagt worden. Zu beantworten wären noch einige letzte Fragen:

(1) Warum klappt es nicht bei allen?
(2) Wie muss man handeln, damit es klappt?

Ich möchte nochmals wiederholen: Es geht mir nicht um *gesunde Ernährung* oder *eine gesunde Lebensweise*. Ich beschäftige mich auch nicht mit *Rohkost*. Mein Thema ist Transsurfing - Realitätssteuerung. Die Steuerung der Realität ist eine holistische Technik, die aus drei unzertrennlichen Komponenten besteht: *wie wir denken, wie wir essen, wie wir uns bewegen*. Es reicht schon, eine Komponente zu vernachlässigen, und schon wird die Technik unvollständig, einseitig und fehlerhaft. Genauso sind auch beim Menschen Körper, Seele und Verstand nicht separate Entitäten, sondern Bestandteile einer Einheit.

In gleicher Weise ist auch »Ohrensessel-Transsurfing« oder »Transsurfing im Stall« kein wirkliches Transsurfing. Gesundes Leben ist nicht Transsurfing, auch Rohkost ist nicht Transsurfing. Leider geschieht es manchmal, dass man einem »Rohköstler« begegnet, ihn betrachtet und dann denkt: »Nein, das ist nichts für mich.« Und in der Tat: Ein schwarzes Schaf reicht aus, um die ganze Herde zu verderben. Woher kommen solche Probleme, und wo sind die versprochenen Vorteile?

Es gibt ein Paradox, von dem irgendwie niemand spricht, und wahrscheinlich weiß auch niemand davon. Es lässt sich so ausdrücken: *Je höher die Qualität der Leistungen des Körpers, desto höhere Forderungen stellt er.*

Seltsamerweise verhält sich der Körper wie ein Kind: Je mehr du ihn verwöhnst, desto launischer wird er. Oder wie ein Snob, der sich sehr schnell an seinen Luxus gewöhnt und der sehr schwer zufriedenzustellen ist. Woran zeigt sich das?

Wer zum Beispiel aktiv Sport treibt, der wird, wenn er sein Training auch nur für kurze Zeit unterbricht oder nicht hart genug trainiert, sehr schnell seine Form verlieren. Möglicherweise wird er an Schmerzen in den Muskeln, in den Gelenken oder in der Wirbelsäule leiden, oder er wird von Schwäche, Unwohlsein oder Krankheit geplagt. Früher hingegen, als er gar keinen Sport trieb, hatte er überhaupt keine derartigen Probleme, und selbst wenn er sich mal abrackerte, hatte er fast nichts zu beklagen. Wenn Sie Ihre Ernährung auf Nahrung der ersten Klasse umstellen, die offenbar von bester, vollwertiger Qualität ist, kann es sein, dass Sie auf einmal an einem Mangel an Vitaminen oder Mineralien leiden. Das kann sogar so weit gehen, dass Ihnen die Haare oder Zähne ausfallen. Früher jedoch, als Sie sich hauptsächlich von Konserven, Wurst und Pasta ernährten und vielleicht - nur aus Anstand - ein Blatt Salat am Tage aßen, hatten Sie keine solchen Probleme, ja alles schien normal.

Wie ist das möglich, und welchen Sinn hat es dann, sich so sehr um seinen Körper zu kümmern?

Stellen Sie sich zum Vergleich einerseits das Leben eines Obdachlosen vor und andererseits das eines Mannes, der es gewohnt ist, sich zu hegen und zu pflegen und der in dieser Hinsicht keinen Mangel leidet. Ersterer hat nicht einmal eine Zahnbürste und ist gezwungen, so zu leben, wie er eben lebt - mit einem Minimum an Verlangen und Ansprüchen. Und nun stellen Sie sich vor, was der

Zweite alles braucht! Je höher seine Lebensqualität ist, desto mehr Dinge braucht er, um seinen Standard zu halten.

Das Gleiche gilt auch für den Körper. Wenn Sie ihn mit schlechtem Essen ernähren, fällt er auf einen minimalen Status. Der Körper wird dann wie betäubt und fast gefühllos. Er gewöhnt sich an die große Belastung, unter der er sich wie ein Sträfling abrackern muss. Für ihn gibt es nichts anderes, außer seine Last zu tragen. Wie ein Esel ist er sein ganzes Leben dazu verdammt, im Kreis zu gehen und die Mühlsteine der Mühle zu drehen. Er widersetzt sich nicht und murrt nicht. Er hat sich *in sein Schicksal gefügt* und ist *in einen tiefen Schlummer versunken* - er hat einfach keine andere Wahl. In ähnlicher Weise bleibt auch dem Körper nichts anderes übrig, als sich zu fügen und anzupassen. Durch ein solches Leben wird der Körper sehr schnell abgenutzt, aber solange das Leben noch glimmt, trägt er brav seine Last. Gott sei Dank ist die Fähigkeit, in extremen Bedingungen zu überleben, in der Natur angelegt. Aber das funktioniert natürlich nur eine gewisse Zeit lang, denn alles hat seine Grenzen.

Und jetzt stellen Sie sich einmal vor, was geschieht, wenn der Körper von seiner Last befreit und in die Freiheit entlassen wird. Ein elegantes Leben beginnt! Nun finden Prozesse der Reinigung, der Erneuerung und der Regeneration statt. Der Körper erinnert sich, wie er von Natur aus sein sollte, und macht sich an die Arbeit der Sanierung und Wiederherstellung all dessen, was er verloren hat. Aber wie Sie ja wissen, erfordert ein elegantes Leben schon wesentlich mehr verschiedene Attribute.

Außerdem warten schon stapelweise Probleme für die Übergangszeit. Während der »Generalüberholung« wachsen Berge von Müll an, die irgendwohin verfrachtet werden müssen, denn die Kapazität der Ausscheidungssysteme ist überfordert. Folgen hiervon sind die Verschlimmerung chronischer Krankheiten, eine Störung des Nervensystems, eine allgemeine Verschlechterung der Gesundheit und Entzugserscheinungen. Und dem »Hausherrn« unterlaufen ständig

Pannen - hin und wieder versucht er, dem »Maultier« wieder das Geschirr anzulegen und es zu seinem alten Leben zurückzuführen. Der Körper befindet sich in einer sehr schwierigen Lage, er ist verwirrt und die Regenerierungsarbeit ist kein Pappenstiel. In dieser Situation kann es anstatt zur erhofften Verbesserung zu einer Verschlechterung kommen. Der Organismus hängt gewissermaßen zwischen zwei Stufen der Pyramide. Auf der alten kann er nicht mehr existieren, aber auf der neuen findet er sich auch noch nicht zurecht. Und wie lange dieser Zustand dauert, ist ungewiss. Es ist individuell verschieden.

Wenn Sie also Ihrem Körper ein glamouröses Leben gönnen wollen, müssen Sie das bewusst und seriös durchziehen. Larifari wird nicht funktionieren. Ist es etwa ein Witz, auf eine andere Pyramidenstufe zu wechseln? Nein, das ist kein Witz. Wie das zu bewerkstelligen ist, habe ich in meinem Buch *Apokryphes Transsurfing* detailliert beschrieben. Hier nun werde ich, zur Vervollständigung und Fortführung dieses Themas, kurz die grundlegenden Prinzipien der Umstellung darlegen.

Das Hauptprinzip - die Allmählichkeit

Der abrupte Übergang zu einer Ernährung mit ausschließlich lebendigen pflanzlichen Lebensmitteln kann von sehr unangenehmen Effekten begleitet werden. Die Krise wird ungefähr so aussehen: Es kommt zu Verdauungsstörungen, alte Krankheiten treten verstärkt auf oder neue entstehen ohne erkennbare Ursache, ein drastischer Gewichtsverlust tritt ein. Ebenso können Kopfschmerzen und Zahnschmerzen auftreten, des Weiteren allergische Reaktionen, Reizbarkeit, Nervosität, Unwohlsein und sogar Depressionen. Natürlich normalisiert sich alles mit der Zeit. Aber genau diese Krise, wenn es statt zu den erwarteten Verbesserungen zu Verschlechterungen kommt, ist der Hauptgrund, warum viele es nicht durchstehen und wieder zur toten Nahrung zurückkehren. Der plötzliche Übergang ist in jeder Hinsicht nicht gut. Er bringt eine Menge Stress mit sich, sowohl für das Bewusstsein als auch für den

Organismus. Steigern Sie daher den Anteil der lebendigen pflanzlichen Lebensmittel in Ihrer Ernährung allmählich, ohne Stress und mit Vergnügen.

Nicht einschränken, sondern ersetzen

Nach Möglichkeit sollten Sie Junkfood durch weniger schädliche Dinge ersetzen. Zum Beispiel Zucker durch Honig; Kuchen und Torte durch zweiundsiebzigprozentige Schokolade oder süße Trockenfrüchte; Geräuchertes durch Gekochtes; Gebratenes durch Dampfgegartes; tierisches Fett durch Pflanzenöl; Olivenöl und Sonnenblumenöl durch Leinöl oder Zedernöl; Porridge durch sprießende Hülsenfrüchte oder Wildreis. Produkte aus Auszugsmehl, Hefebrot, jegliche konservierten und synthetisierten Lebensmittel aus dem Supermarkt sind völlig zu streichen und durch beliebige natürliche Produkte zu ersetzen. Bitte beachten Sie hierbei den Grundsatz, dass keine Einschränkungen empfohlen werden, sondern der Ersatz bestimmter Produkte durch andere, die gesünder und weniger toxisch sind.

Reinigung statt Verunreinigung

Wählen Sie Ihre Nahrung nach dem Gesichtspunkt, dass Sie durch sie eher gereinigt als verunreinigt werden. So verkleben zum Beispiel Produkte aus Weißmehl den Darm und die Leber mit einer masutartigen Masse, wohingegen Lebensmittel aus Vollkornmehl und Kleie reinigen. Gekochter Brei verwandelt den Körper in einen zähflüssigen Morast, während sprießende Hülsenfrüchte (Bohnen, Mungbohnen, Kichererbsen, Linsen), selbst wenn sie drei bis fünf Minuten lang gekocht werden, den Körper auf allen Ebenen reinigen, von der Zelle bis zum Filtersystem. Wildreis, auch gekocht, ist eine sehr gute Speise für die Übergangszeit.

Es gibt aber auch Lebensmittel, die den Körper entgiften, besser als jede Hungerkur. Konkret möchte ich hierzu drei Rezepte anführen, die Sie wahrscheinlich nicht kennen. Sie können mir glauben, dass sie es wert sind, sie detailliert aufzuführen. Zuerst einmal werden Mariendisteln geerntet. Nehmen Sie eineinhalb Kilo Mariendistelsamen und waschen Sie sie gründlich. Legen Sie sie anschließend in eine Emailleschüssel und bedecken Sie sie mit Wasser, das mit Schungit angereichert ist. Am besten geschieht dies am Morgen.

Am Abend das Wasser abgießen, dabei die an die Oberfläche geschwemmten Samen mit weggießen, den Rest in ein Sieb geben und mit vier Schichten Gaze zudecken. Am nächsten Morgen und auch wieder am Abend die Samen unter fließendem Wasser gut abspülen (ohne Gaze). Wenn das Wasser gechlort ist, sollte es abgestanden und möglichst mit Schungit angereichert sein, damit pathogene Bakterien zerstört werden. Am Morgen des nächsten Tages sollten die Samen bereits keimen. Nochmals mit Wasser abspülen, dann auf einer Unterlage ablegen und bei 41 °C zum Trocken in ein Dörrgerät geben (oder bei niedriger Hitze und mit geöffneter Tür in den Backofen schieben).

Auf diese Weise erhalten Sie ein Produkt, dessen reinigende, heilende und pflegende Eigenschaften praktisch unerreicht sind. Die Mariendistel hat eine einzigartige Eigenschaft - sie stellt die Leberzellen wieder her und entzieht dem Organismus Toxine. Außerdem ist sie das stärkste Antioxidans. Mariendisteln haben eine 10-mal höhere antioxidative Energie als Tocopherol, auch bekannt als Vitamin E, das Vitamin der Jugendlichkeit. In dieser Pflanze ist ein einzigartiger Wirkstoff enthalten - Silymarin, das in Hinsicht auf seine Heileigenschaften multifunktional ist, so dass die Distel aus keiner Gruppe von Arzneimitteln wegzudenken ist. Die Distel wird außerdem das »Geschenk der Jungfrau Maria« genannt, und sie ist eine nationale Wappenpflanze Schottlands. Natürlich hat das seinen Grund. Aber die Sprossen der Mariendistel, das kann ich Ihnen versichern - sind eine Wucht!

Und jetzt zu den Rezepten.

(1) Ungerösteten Buchweizen durch einen Durchschlag sieben, um die darin enthaltenen Steinchen auszusondern, waschen und drei Stunden in Schungitwasser einweichen. Möglichst zwei Teile sauberen grünen und einen Teil ungeschälten Buchweizen nehmen, dann wird die Reinigung des Körpers effektiver. Anschließend in einen Durchschlag oder ein Sieb geben und mit angefeuchtetem Gaze bedecken. Der Buchweizen keimt nach 12 bis 14 Stunden. Die sprießenden Samen mit Wasser durchspülen, in einen Mixer geben, fingerdick mit Wasser bedecken und auf feiner Stufe mahlen. Nun drei EL Mariendistelsamen in eine Kaffeemühle geben und gut mahlen. Die gemahlenen Samen in eine Schüssel geben, zusammen mit einer Portion Buchweizen. Nun einen EL Zedernöl, Walnussöl oder Mariendistelöl dazugeben und umrühren. Fertig ist der lebendige Brei.

All das geht sehr schnell und erfordert einen minimalen Aufwand an Zeit und Mühe. Aber die Wirkung solcher Gerichte ist enorm. Nährwert und Heileigenschaften sind hierbei absolute Spitzenklasse. Dazu schmeckt der Brei auch noch sehr gut, und man kann ihn jeden Tag essen. Im Kühlschrank hält sich dieses Gericht höchstens drei Tage lang. (Die Distelsamen sollten direkt vor dem Gebrauch gemahlen und hinzugefügt werden.) Der wichtigste Vorteil dieses Gerichts ist, vor allem in der Übergangszeit, seine reinigende Kraft. Wenn Sie diesen Brei vor dem Schlafengehen essen, kann es sein, dass Sie in der Nacht schweißnass aufwachen, und das ist sehr gut für die Reinigung des Körpers und die Gesundheit!

(2) Eine halbe Tasse Leinsamen in einer Kaffeemühle gut durchmahlen. Drei EL Mariendistelsamen - ebenfalls frisch gemahlen. Eine Tasse Wasser und einen EL Kürbiskernöl hineingeben, optional mit etwas Zimt und Honig verfeinern, alles umrühren. Dieses Gericht ist sehr zünftig, aber auch ungemein nahrhaft und wertvoll. Parasiten können einen solchen Brei einfach nicht ausstehen, aber Ihnen wird er umso mehr gefallen.

(3) Die gleichen drei EL Mariendistel in lebendigen Haferschleim aus den Grundrezepten (aus dem Buch *Apokryphes Transsurfing*, Anm. d. Übers.) einfügen.

All diese Gerichte werden auch Ihren Kindern gefallen. (Für die ganz Kleinen sollte man allerdings auf die Zugabe von ungeschältem Buchweizen in den Brei verzichten.) Mit einer solchen Ernährung werden sie in ihrer Entwicklung jenen Kindern, die Synthetik essen, deutlich voraus sein.

Mariendistel, Buchweizen und Leinsamen können Sie entweder in einem Naturkostladen oder über das Internet beziehen.

Und natürlich brauchen Sie einen guten Mixer, je größer, desto besser. Die Leistung sollte mindestens 1 kW* betragen. Auch die Kaffeemühle sollte kräftig sein. Ein Dörrgerät ist eine recht nützliche Anschaffung, aber für den Anfang reicht auch der Backofen.

Naturprodukte

Vor jeglicher Chemie, Kunststoffen und GVO sollten Sie sich auf jeden Fall schützen. Gekochte Nahrung kann man noch eine beträchtliche Zeit lang auf dem Speiseplan lassen, aber von dem Matrix-Futter sollten Sie sich baldigst verabschieden.

Was kann man als Naturprodukte bezeichnen? Naturprodukte enthalten keine künstlichen Zusätze, keine Konservierungsstoffe, Geschmacksverstärker, Duftzusätze, Emulgatoren, Farbstoffe, Verdickungsmittel, Aromen – also keinerlei künstliche Inhaltsstoffe,

* Gute Mixer sind in der Regel auch teuer. Ein gutes Preis-Leistungs-Verhältnis ist meiner Erfahrung nach bei den Mixern von Krups zu finden: http://www.krups.de.

einschließlich der angeblich »natürlichen«. All diese Stoffe wurden vom System zur Bindung an den Futtertrog und zur Verblödung hinzugefügt. Solange Sie gehorsam die Systempillen schlucken, werden Sie es nie und nimmer schaffen, sich aus der Matrix auszuklinken und den frischen Wind der Freiheit zu schnuppern.

Sie sollten sich auch darüber bewusst sein, dass Sie eigentlich nicht wissen können (und bei uns in Russland auch nicht das Recht haben zu wissen), was insbesondere in Wurstwaren, Würstchen und Halbfertigwaren alles hineingepanscht wird. Hersteller und Händler verheimlichen die wahre Zusammensetzung und die Herkunft der Produkte oder sie verstecken diese Info clever im Kleingedruckten. In den meisten Fällen ist es besser, etwas selbst zuzubereiten, als für die eingesparte Zeit die Zeche zu zahlen: erst mit angeschlagener Gesundheit und später mit dem Leben.

Naturprodukte brauchen *keine* künstlichen Zusatzstoffe. Braucht etwa Wurst genmodifiziertes Soja als Zutat? Nein, Wurst besteht aus Fleisch. Und braucht der Käufer diese Zutat? Wieder nein. Aber so viele Leute gehen einkaufen, ohne nachzudenken. Die meisten systemkonformen Konsumenten denken überhaupt nicht darüber nach, was sie essen. Sie essen einfach stupide, das ist alles. Und genauso stupide werden sie dann krank und sterben.

Wenn Sie beginnen nachzudenken und sich die entsprechenden Informationen einholen, machen Sie viele interessante Entdeckungen. Woraus sollte zum Beispiel natürliche Mayonnaise bestehen? Zur Veranschaulichung möchte ich mit Ihnen ein Rezept für Mayonnaise teilen, das einst, vor langer Zeit, der Stolz der französischen Provence war.

250 g Pflanzenöl
2 rohe Eigelbe
1 TL Senf
50 g Essig
mit Salz und Zucker abschmecken

Das rohe Eigelb vom Eiweiß trennen. In das Eigelb Senf und Salz geben. Gründlich verrühren. Dann unter ständigem Rühren kleine Portionen Pflanzenöl hinzufügen (jeweils einen halben Teelöffel). Wenn das Öl aufgebraucht ist, Essig und Zucker beimengen. Die Anzahl der Eigelbe kann nach Geschmack erhöht, die Essigmenge reduziert oder durch Zitronensaft ersetzt werden.

Das Geheimnis gut zubereiteter Mayonnaise, die auch dickflüssig genug ist, besteht darin, dass das Öl unter ständigem Umrühren in kleinen Portionen hinzugefügt wird. Voilà, da haben Sie Ihre hausgemachte, natürliche Mayonnaise, die sich schnell zu Hause zubereiten lässt - entweder manuell, mit einer Gabel und einem tiefen Teller, oder auf niedriger Stufe in einer Küchenmaschine oder einem Mixer. Als Öl eignet sich am besten Sonnenblumenöl oder Mariendistelöl, natürlich kaltgepresst, erste Pressung und nicht raffiniert, also naturbelassen. Die Eier sollten frische Landeier sein und nicht von Geflügelfarmen stammen.

Wie Sie sehen, sind hierbei keinerlei Zusätze, Kunstgriffe oder hinterlistige Forschung im Spiel. Solche Tricks sind dann erforderlich, wenn Rohstoffe gespart, die Haltbarkeit verlängert, mehr Profit gemacht und gleichzeitig alle dunklen Machenschaften kaschiert werden sollen. Wenn hingegen alles gewissenhaft, zuverlässig und ehrlich gemacht wird, sind Panschen und Täuschung nicht mehr nötig.

Im gegenwärtigen Umfeld hat dieses Mayonnaiserezept eine höhere esoterische Bedeutung als jeglicher jahrtausendealte Text. Was in der Antike war, ist längst vorbei. Heute herrschen andere Bedingungen, es sind andere Leute, und die Realität ist eine ganz andere - eine technogene. Aber auch wenn man Ihnen in heutigen Texten versichert, dass Sie frei Ihre Realität gestalten können, ohne mit einem Wort den Einfluss der Nahrung zu erwähnen, den der Informationen, der Umweltbedingungen und der Lebensweise, so können Sie sicher sein, dass Sie hinters Licht geführt werden oder dass man Ihnen fehlerhaftes, »verstümmeltes« Wissen beibringt.

Zusammenfassung

- Wenn man den Körper mit minderwertiger Nahrung füttert, fällt er auf eine marginale Stufe herab.
- Durch ein solches Leben wird der Körper sehr schnell abgenutzt, aber solange das Leben noch glimmt, trägt er brav seine Last.
- Wenn der Körper von seiner Last befreit ist, finden Prozesse der Reinigung, der Erneuerung und der Regeneration statt.
- Der Körper erinnert sich, wie er von Natur aus sein sollte, und macht sich an die Arbeit der Sanierung und Wiederherstellung all dessen, was er verloren hat.
- Es fällt ein erhöhter Bedarf an Vitaminen und Mineralien sowie an Mikro- und Makronährstoffen an.
- Je höher die Qualität der Leistungen des Körpers, desto höhere Forderungen stellt er.
- Steigern Sie daher den Anteil der lebendigen pflanzlichen Lebensmittel in Ihrer Ernährung allmählich, ohne Stress und mit Vergnügen.
- Es geht nicht um Einschränkung, sondern um das Ersetzen bestimmter Produkte durch andere, wertvollere und weniger toxische.
- Wählen Sie Ihre Nahrung unter dem Gesichtspunkt aus, dass sie eher reinigt als verunreinigt.
- Vor jeglicher Chemie, Kunststoffen und GVO sollten Sie sich auf jeden Fall schützen.
- Natürlich sind jene Lebensmittel, die keine künstlichen Zusatzstoffe enthalten.

Randnotizen

Wie Sie sehen, ist die Information auf diesem Gebiet sehr kompakt. Es ist sehr schwer, das alles auf einmal aufzunehmen, daher wollen wir zur Entspannung unsere Aufmerksamkeit kurz auf ein anderes Thema lenken.

Seltsame Fragen

Liebe Leserinnen und Leser!* Diese Ausgabe ist wieder der Beantwortung problematischer Fragen gewidmet. Nicht alles ist immer rosig in unserer Gemeinde von Transsurfern, nicht immer treffen wir auf Verständnis und mir gelingt es nicht, alle zu erreichen. Von Zeit zu Zeit erhalte ich E-Mails mit seltsamen Fragen oder auch Vorwürfen, die an mich persönlich gerichtet sind.

Warum verdiene ich Geld mit meinen Büchern?

Ja wirklich, wie kann ich es wagen, eine Vergütung für meine Arbeit zu verlangen? Es gibt eine Kategorie von Leuten, die absolut davon überzeugt sind, dass ich verpflichtet sei, barfuß mit einem Wanderstab durch die Lande zu ziehen und das »Licht der Erkenntnis« selbstlos und unentgeltlich zu verbreiten. Oder sagen wir: in der U-Bahn zu stehen und meine Bücher kostenlos zu verteilen.

Na gut, aber wovon soll ich denn dann leben? Und soll ich womöglich gleichzeitig Ihre Fragen beantworten und neue Bücher schreiben? Wenn man für sein Schaffen, was, nebenbei gesagt, sehr arbeitsintensiv ist, nichts bekommt, muss man ja einem anderen Job nachgehen, und dann bleibt für das kreative Schaffen keine Zeit mehr.

Die Einnahmen eines Autors, vor allem auf einem so kleinen Ressort wie Esoterik, sind bei weitem nicht so hoch, wie es vielleicht

---

* Dieses und das folgende Kapitel wurden im E-Newsletter veröffentlicht und werden hier unverändert abgedruckt.

scheinen mag. Hinzu kommt noch, dass der größte Teil meiner Bücher nicht gekauft, sondern umsonst aus dem Internet heruntergeladen wird. Aber gut, ich will mich hier nicht festrennen. Ich wende mich nur an jene, die alles umsonst haben wollen. Wenn man darauf aus ist, immer nur zu nehmen und alles einzuheimsen, was man kriegen kann, ohne etwas dafür zu geben, so bekommt man in Wahrheit am Ende gar nichts. Wie also können Sie etwas bekommen, wenn Sie vor dem Weltspiegel stehen und immer nur fordern: »Gib, gib, gib!«?

Sie halten in Ihren Händen ein Placebo, das Ihnen nichts nützen wird. Das ist es auch, was geschieht. Sie schreiben mir ja ganz offen: »Ich habe Ihr Buch heruntergeladen. Jetzt hätte ich da einige Fragen an Sie ...« Andere fragen nach Dingen, die klar und deutlich in den Büchern beschrieben sind, die sie aber wiederholt nicht ein einziges Mal beachten. Was ist am Ende das Resultat davon? Es ist, als hätten sie das Buch überhaupt nicht gelesen. Das meine ich mit Placebo: Es gibt nichts her, wenn du nicht auch etwas gibst. Das ist das absolute Gesetz der Energieerhaltung.

Andererseits sollten Sie sich zumindest selbst respektieren. Es will ja wohl jeder respektiert werden. Auch hier greifen das Spiegelgesetz und das Gesetz der Energieerhaltung. Überlegen Sie mal: Wenn Sie, vor dem Weltspiegel stehend, die Arbeit anderer nicht respektieren, was werden Sie wohl für Ihre Arbeit zu erwarten haben? Wieder ein Placebo. Und Ratlosigkeit: »Wie kommt es, dass andere gut verdienen, während bei mir das Geld hinten und vorne nicht reicht? Ich muss wohl sparen. Ich sollte zuschauen, dass ich alles umsonst bekomme!«

Jetzt versucht man in aller Welt, wirksame Maßnahmen und Gesetze gegen die Raubkopiererei zu erlassen, aber erstaunlicherweise geht es damit nicht recht voran, weil es so viele Internetpiraten gab, dass sie demonstrierten und Protestaktionen starteten. Was, uns soll das Recht auf Freikopien genommen werden? Was ist denn das für ein Transsurfing? Wozu soll das nütze sein? Sie sind wie dumme

Kätzchen, die sich vor dem Spiegel abplagen, ohne auch nur im Geringsten zu verstehen, dass sie in der Realität nichts weiter als ihr Spiegelbild bekommen. Du hast nichts gegeben, also wird man dir auch nichts geben. So bedürftig, wie du warst, bist du geblieben, und du wirst es auch bleiben.

Stellen Sie sich nur einmal vor, was für eine riesige, übermenschliche Mühe zum Beispiel für Filme wie *Avatar, Star Wars* und *Der Herr der Ringe* investiert wurde! Wie wenig Respekt für die Arbeit anderer und sich selbst muss man haben, um - in dem Versuch, 100 Rubel zu sparen ein Buch kostenlos aus dem Internet herunterzuladen! Oder um sich an Protesten zu beteiligen, um ein »Recht« auf Piraterie zu bekommen.

Solchen Leuten kann man nichts erklären. Ich versuche es aber trotzdem. Vielleicht versteht es ja irgendwer. Es geht mir gar nicht darum, dass es mir direkt schaden würde, dass meine Bücher auch downgeloadet werden. Nur wie gesagt: Solches Handeln bringt in Wahrheit nichts. Es gibt das objektive Gesetz der Energieerhaltung, auch wenn wir die Spiegelprinzipien jetzt mal außer Acht lassen. Diesem Gesetz können weder ich noch Sie entrinnen.

Warum verdient das Transsurfing-Zentrum am Training? Warum werben Sie dafür?

Wieder das Gleiche: Wie könnt ihr es wagen? Warum ist nicht alles umsonst? Nun gut, ich werde es für die Unwissenden nochmals erklären. Die Arbeit eines Trainers ist ein sehr harter und schwieriger Job. Dabei ist nicht nur körperliche, sondern auch mentale Stärke gefordert. Im Grunde gibst du dabei einen Teil deiner selbst. Das Einkommen ist dabei sehr gering, denn den Preis kannst du kaum anheben, und die technischen Kosten sind beträchtlich. So gesehen ist die Arbeit eines Trainers eine Art Askese. Eigentlich bekommen die Programmteilnehmer des Zentrums mehr, als sie bezahlen. Was sie bekommen? Sie bekommen auch einen Teil der Seelenkräfte des

Trainers. Nicht direkt, aber indirekt. Das ist viel konkreter als der Teil der geistigen Kräfte des Autors, der durch seine Texte vermittelt wird. Die Arbeit eines Trainers ist also zu Recht teuer.

Nun zur Werbung. Wir alle wissen, dass Werbung bisweilen aggressiv, verschlagen oder sogar hinterlistig ist. Aber eine Werbung konkurriert halt mit einer anderen. Man sollte aber auch nicht alles über einen Kamm scheren. Mit ein wenig Unterscheidungsvermögen wird man schnell sehen, wo man für dumm verkauft wird und wo man echte Informationen bekommt; wo man gezwungen wird, »zuzusehen, wie wir Geld verdienen«, und wo einem geholfen wird; wo man kollektiv in einen Sandkasten gebracht wird, um dann »mit Sand zu handeln«, oder wo man in einen Club Gleichgesinnter eingeladen wird. Das Zentrum für Transsurfing hält sowohl kostenpflichtige als auch kostenlose Veranstaltungen ab. Ich persönlich verdiene an den Veranstaltungen des Zentrums nicht eine Kopeke. Und ich mache auch keine Werbung, sondern gebe nur Informationen weiter, die anderen nützlich sein können. Der Begriff »Werbung« bedeutet im herkömmlichen Sinne die gewerbliche Verbreitung von Information. Ich habe noch nie für Geld etwas beworben, und ich werde es auch nicht tun.

Allerdings gibt es da gewisse clevere Leute, die es fertigbringen, meine besondere Neigung – die kostenlose Verbreitung von Informationen – für ihre eigenen Zwecke zu nutzen. Ich habe bereits einmal davor gewarnt und möchte dies hier erneut tun: Wenn Sie Buchtexte von illegalen Quellen herunterladen, kann in diesen Texten alles Mögliche stehen. Sie stecken ihre Links in jenen Begleittext, so als ob ich die Links selbst empfehlen würde. Das ist schon ein recht schmutziges Geschäft. Es wäre mal interessant, den Leuten, die dies tun, persönlich zu begegnen. Solche Leute sind wahrscheinlich so etwas wie Würmer. Es gibt Parasiten des Körpers, es gibt Sozialparasiten und Parasiten des Bewusstseins, aber ich hätte nie gedacht, dass Parasiten auch einen Weg in Bücher finden könnten.

Man sollte also zwischen Werbung und Werbung unterscheiden. Lassen Sie es uns so machen: Wenn Sie einen Text brauchen, dann schreiben Sie mir, und ich werde Ihnen etwas schicken. Ich verweigere mich niemandem, wenn ich gebeten werde. Oft ist es genau dies, was die Leute tun: Sie schreiben mir mit der Bitte um einen elektronischen Text, und ich schicke ihnen dann einen. Für mich ist es egal, ob Sie ein richtiges Buch kaufen oder nicht. Wenn Sie ehrlich sind, werde ich Sie auch respektieren, und ein Buch wird zu ihnen als Geschenk kommen und nicht als leere Piratenkopie. Verstehen Sie den Unterschied?

Manchmal wird mir auch die folgende Frage gestellt:

Warum wurde aus Transsurfing ein Geschäft gemacht? Es gibt doch schon Bücher, darin ist alles beschrieben. Wozu noch diese Kurse?

So denken Menschen mit einer selbstzentrierten Haltung: »›Ich bin doch schon erleuchtet!‹* Wenn ich etwas nicht brauche, dann brauchen andere es auch nicht. Das ist doch reine Geschäftemacherei!«

Nun, wenn Sie es nicht brauchen, dann lassen Sie es doch einfach sein. Warum sollte sich jemand nur nach Ihrer Meinung und Ihren Bedürfnissen richten? Wenn es ein Angebot gibt, dann gibt es auch eine Nachfrage. Das bedeutet, dass jemand ein Bedürfnis hat.

Bitte beachten Sie: Auf der Straße trifft man heutzutage nur noch selten eine Gruppe von Freunden oder Bekannten. Auch Kinder und Jugendliche, die früher auf dem Hinterhof zusammenkamen, um

* Nach einem Gedicht von Nikolaj Rjabetschenkow (1941–1995), wörtlich: »Mich hat ein weißer Lichtstrahl getroffen.« (Anm. d. Übers.)

etwas zu spielen oder Kontakte zu knüpfen, oder einfach nur auf der Bank saßen und Bier tranken, sitzen jetzt zu Hause am Computer. Alle sind in die virtuelle Realität abgeschwirrt, ins Internet, wo es nur Surrogatkommunikation und Surrogatfreunde gibt.

Allerdings ist und bleibt der Mensch ein soziales Wesen. Er braucht einen Chat, nicht nur langweilige »Klicks« und »Likes«. Paradox daran ist: Je mehr virtuelle Freunde du hast, desto einsamer bist du. Du kannst tagelang mit diesen »Klicks« und »Likes« verbringen, zusammen mit deinen Surrogatfreunden, doch das LEBEN, wie es eine Leserin ausdrückte, FLIESST DAVON. Nur die Probleme verschwinden nicht - sie bleiben. So sind zahllose Fälle von Depressionen und auch der Anstieg der Selbstmorde zu erklären.

Das Zentrum für Transsurfing (*http:tsurf.ru*) bietet Ihnen keine Surrogatkommunikation, sondern einen Club von Gleichgesinnten und echte Hilfe. Ob das etwas für Sie ist oder nicht, das entscheiden natürlich Sie allein. Sie sollten einfach wissen, dass Sie nicht allein sind. Sie sind nicht allein mit Ihren Problemen, und Sie können stets Hilfe bekommen. Nicht alles ist kostenlos, aber alles ist real.

Persönlich freut es mich, dass das Zentrum für Transsurfing seine Existenz rechtfertigt, denn die Leute brauchen es. Ich bekomme viel positives Feedback.

Eywas Stimme

Zwischen durch - zwischen ein - zwischen Zweigen, zwischen schwellenden Blüten, schwingen, schlängeln, schlingen wir uns - Schwesterlein - Schwesterlein, schwinge dich im Schimmer - schnell, schnell herauf - herab - Abendsonne schießt Strahlen, zischelt der Abendwind - raschelt der Abendwind - raschelt der Tau - Blüten singen - rühren wie Zünglein, singen wir mit Blüten und Zweigen - Sterne bald glänzen - müssen herab - zwischen durch, zwischen ein schlängeln, schlingen, schwingen wir uns Schwesterlein.

E. T. A. Hoffmann, »Der goldne Topf«

Liebe Leserinnen und Leser!

Auf meine gestern Abend veröffentlichte Ausgabe »Seltsame Fragen« habe ich von Ihnen ein umfangreiches Feedback erhalten. Die Reaktionen lassen sich in folgende Kategorien einteilen: Botschaften der Liebe, der Dankbarkeit, des Mitgefühls, der Unterstützung; Anfragen nach elektronisch versandten Texten; Anfragen zu Bankverbindungen; lehrreiche, belehrende Botschaften; aber auch kalte, feindselige, ja geradezu grobe Rüffel; ein Blumenstrauß! Vielen Dank.

Wenn ich etwas tue wie in der letzten Ausgabe, werde ich oft gefragt, warum ich das tue. Die Antwort ist lapidar: *Ich tue einfach meine Arbeit - auf diese oder jene Weise, für alle und für jeden.* Man fordert mich auf: Erklären Sie uns Transsurfing, zeigen Sie uns neue Prinzipien und Techniken. Das ist genau das, was ich ständig tue, in verschiedenen Formaten und Aspekten und in jeder Ausgabe des E-Newsletters.

Interessant ist dabei nicht so sehr, auf unangemessene Fragen zu antworten, als vielmehr, den nachfolgenden Schwall von Reaktionen zu beobachten. Anscheinend muss von Zeit zu Zeit unser gemeinsames Pendel belebt werden, damit es sich nicht langweilt. Eine gemessene, akademische Präsentation, mag sie auch interessante Informationen enthalten, führt nur zum »Quietschen der Schreibfedern« und zum »Rascheln der Seiten« - die »Individuen« und »Persönlichkeiten« machen sich irgendwelche Notizen, es sei denn, sie schlafen.

Die größte Resonanz hingegen ergibt sich, wenn die Fragen kontrovers, herausfordernd oder gar dumm werden.

Mir kommt dann die Vision, dass ich vor dem Baum Eywa* stünde und in Kontakt mit den lebenden Seelen träte, die in seinen Ästen wohnen.

Wenn Eywa zum Beispiel etwas Kurzes sagt oder ausruft:

»Hallo, meine Guten, wie geht es euch?«,

so hört man als Antwort nur ein paar hallende Echos:

»Hallo ... allo ...«

»... Gut ... uut ...«

»Es geht ... geht ...«

* Eywa (aus dem Film *Avatar*): der Baum der Seelen, der Baum des Lebens oder auch der Mutterbaum, wie im Originalskript von J. Cameron. (Anm. d. Übers.)

Wenn aber Eywa eine ganze Passage artikuliert:

»Ich liebe euch auch. Ich könnte sie alle töten. Liebe und viel Glück, meine Guten! Großhornige und Paarhufer! Schlaue Mädchen und Buben, hier ist eure Mutter. Ihr edlen Scheusale und Missgeburten! Möget auch ihr, zu guter Letzt, alle gesund und munter sein!«,

dann wird sich aus Eywas Zweigen eine wahre Kaskade des Getrillers ergießen:

»Wir lieben den blauen Himmel und die grünen Blätter.«

»Freuen wir uns und recken uns der Sonne entgegen!«

»Lasst uns gut leben und nicht klagen!«

»So soll es sein!«

»Huste bloß nicht so rum!«

»Was willst du denn?«

»Ach, kümmert euch doch um euren eigenen Kram!«

»Fick dich!«

Im oberen Geäst wohnen die »reinen Seelen«. Sie ähneln den wundersamen gold-grünen Schlangen in den Märchen Hoffmanns. Sie recken sich der Sonne entgegen und rufen: »Lasst uns einstimmen in den Gesang der Blumen! Mögen sich unsere Stimmen erheben!« Sie freuen sich des Lebens, und daher werden auch alle in ihrer Nähe glücklich werden. Sie erzeugen den Klang von Kristallglocken und verstreuen um sich herum funkelnde Smaragde.

Auf den unteren Zweigen und auf den Wurzeln haben sich ewig unzufriedene und feindlich gesinnte Subjekte niedergelassen. Sie werfen mit Eicheln und Bruchholz. Eigentlich geht es ihnen schlecht, doch irgendwie ziehen sie auch ein gutes Gefühl daraus, dass es ihnen so schlecht geht. Ständig konstatieren und nähren sie ihr eigenes Unwohlsein, und gleichzeitig verbreiten sie überall, dass es auch den anderen schlecht geht.

Ebenso gibt es auch eine ganze Bandbreite des Feedbacks in den mir zugesandten E-Mails, von hohen Schwingungen bis hin zu niedrigen. Es kommen eine Menge Botschaften der bedingungslosen Liebe – jetzt nicht im romantischen Sinne –, Botschaften, die den Autor um nichts bitten oder fragen, sondern einfach nur wohlwollende Wünsche beinhalten: Liebe, Glück und Segen. Einfach so, ohne ersichtlichen Grund, mal mit und mal ohne Anlass. Solche Mails kommen, so würde ich sagen, von *reinen Seelen*. Sie haben sich praktisch in *Samen Eywas* verwandelt und sind bereit für »höhere Inkarnationen«, wie man sie etwa aus dem Buddhismus kennt. Erstaunlicherweise scheint es unter uns recht viele solcher Menschen zu geben. (Um objektiv zu sein: Ich kann mich nicht damit rühmen, ihnen in dieser Hinsicht nahezukommen.)

Hohe Achtung habe ich vor jenen, die direkt und ohne Umschweife um einen elektronischen Text bitten. Dies deutet darauf hin, dass der Betreffende mit sich selbst und der Welt im Reinen ist.

Ich möchte davon Abstand nehmen, andere Kategorien von Leserreaktionen zu interpretieren oder zu bewerten. Das kann jeder problemlos für sich selbst tun. Das Prinzip dabei ist folgendes:

Wir alle »reflektieren« uns selbst. Das ist klar ersichtlich, wenn wir auf externe Reize oder Spannungen reagieren. So projizieren wir beispielsweise gern unsere eigenen Schwächen auf andere; wir beschuldigen jemanden für etwas, dessen wir uns selbst schuldig gemacht haben; wir kritisieren jemanden wegen unserer eigenen Makel. Wir lieben es, über Mängel und Schwächen anderer herzuziehen. Hingegen explodieren wir, wenn wir auf unsere eigenen Mängel hingewiesen werden. Generell stehen wir in Resonanz mit jemandem, in dem wir bewusst oder unbewusst unsere eigene Unzulänglichkeit oder Sorge wiederzuerkennen glauben.

Das Gleiche gilt für unsere Tugenden. Zum Beispiel sind Mitgefühl und Empathie höhere Erscheinungsformen der bedingungslosen Liebe. »Ich liebe und schätze dich nicht weniger als mich selbst.« Der Wunsch zu helfen, aufrichtige Anteilnahme, Edelmut, Respekt, Würde, Großzügigkeit, Freigebigkeit. Gegenüber Menschen, Tieren, Pflanzen, ja unserem Planeten insgesamt. Respektiere die Welt. Ich kümmere mich um meine Welt, und meine Welt kümmert sich um mich. All diese Eigenschaften kann man bei vielen finden.

Sie können also leicht selbst bestimmen, in welcher Hinsicht Sie »arm« bzw. »reich« sind. Dazu brauchen Sie nur aufzuwachen und sich in dem Augenblick auf die Finger zu schauen, in dem Sie auf externe Anreize oder Spannungen reagieren. Und Sie werden sogleich verstehen, woran es bei Ihnen hapert und worauf Sie stolz sein können. *Dies ist ein Spiegel, den Sie immer mit sich führen.* Sie können in jedem Augenblick in ihn hineinschauen. Hierfür ist kein Psychoanalytiker nötig. Sie brauchen dazu nur Achtsamkeit und Aufrichtigkeit.

Dazu gehört natürlich auch der Wunsch, sich selbst zu verstehen, und die Bereitschaft, die eigenen Stärken und Schwächen zu erkennen. Das ist ganz wesentlich, denn die meisten Menschen wollen gar nicht in den Spiegel schauen und reagieren verständnislos, unbewusst und blind. Sie sind es so gewohnt. Sie leben in einer Traumwelt. So ist es eben bequemer. Besser, sich gut zu präsentieren und nicht nach innen zu schauen.

Diese *reflektierende Introspektion* oder Innenschau ist für den ständigen Gebrauch sehr nützlich, und zwar aus folgendem Grund. Im Großen und Ganzen erschafft sich der Mensch seine eigene Realität dann, wenn er, vor dem Weltspiegel stehend, auf die dort erscheinenden Bilder reagiert. Bei allen Lebewesen besteht ein grundlegender Hauptreflex: Anstupsen – Reaktion. Nach den genannten Reflexen richten sich alle, angefangen von Naivlingen bis hin zu denen, die sich vernünftig nennen. Wobei in der Regel die Reaktion der Austern überwiegt, verglichen mit der bewussten Reaktion.

Ihre Reaktion auf eine beliebige äußere Erscheinung ist bereits Ihre Ausstrahlung an den Spiegel der Welt. Was Sie dorthin aussenden, kommt zu Ihnen zurück, sogar noch in verstärktem Maße. Machen Sie es sich also zur Gewohnheit: *Werfen Sie, ehe Sie etwas an den externen Spiegel senden, einen Blick in den internen Spiegel und überlegen Sie sich, ob Sie das wirklich tun wollen und was es Ihnen nützt.*

Es ist nicht nötig, sich in orange Roben zu hüllen und zum Zimbelnklang »Hare Krishna« zu singen. Und alle Emotionen zu unterdrücken. Es geht darum zu lernen, seine Aufmerksamkeit nicht auf die Emotionen zu richten, die zweitrangig sind, sondern auf die eigene Haltung, die innere Einstellung. *Negatives sollte aus den eigenen Reaktionen herausgefiltert werden.* Dann wird auch die innere Welt gereinigt, und die äußere wird leuchtend erstrahlen. Und ehe Sie sich versehen, finden Sie sich auf den oberen Zweigen Eywas wieder.

Ich gebe Ihnen ein Beispiel: Wenn irgendwo von den unteren Ästen eine erboste Botschaft zu mir kommt wie: »Was machen Sie denn da? Allen möglichen Scheiß! Zeigen Sie uns besser ein paar neue Techniken!«, so wird sogleich klar, dass ein solcher Kritiker nicht einen Schritt näher an die Erkenntnis gekommen ist, was »Realitätssteuerung« bedeutet. Was nützen neue Techniken jemandem, der noch nicht einmal die Grundlagen begriffen hat, wie zum Beispiel den Bumerang und die Koordinierung der Absicht? Die Werkzeuge des Transsurfings sind völlig nutzlos für einen, der durch und durch negativ drauf ist.

Im Übrigen empfehle ich all jenen, die sich neue Techniken wünschen, zunächst einmal die alten zu meistern. Eine einfache Frage: *Was unterscheidet den Beobachter vom Aufseher?* Diejenigen, die kürzlich am Webinar des Zentrums teilgenommen haben, sollten die Antwort wissen, außer natürlich, sie haben gepennt. Diejenigen, die jetzt das 12-Tage-Training absolvieren, werden es wohl auch wissen, oder zumindest bald. Und natürlich werden auch jene die Antwort kennen, die meine Bücher aufmerksam gelesen haben - und nicht nur überflogen.

Das ist nicht etwa »Jacke wie Hose«, sondern ein sehr wichtiges Thema in der heutigen Zeit. Ich habe die Bedeutung dieser Frage immer wieder betont. Ganz sicher werden jene nicht die Antwort wissen, die glauben, es ginge uns hier um »gesunde Ernährung«. Für diejenigen, die sorgsam meine Bücher gelesen haben, schlage ich eine etwas schwierigere Variante vor:

Der Beobachter ist jemand, der ... (drei Wörter).
Der Aufseher ist jemand, der ... (vier Wörter).

Kommen Sie mit der festgelegten Anzahl von Wörtern zurecht? Wenn nicht - es geht auch mit einem Wort. Ein Tipp: Wer in unserer Gesellschaft sind die Beobachter, wer die Aufseher?

Zusammenfassung

- Sie können leicht bestimmen, in welcher Hinsicht Sie »arm« bzw. »reich« sind. Dazu brauchen Sie nur aufzuwachen und sich in dem Augenblick auf die Finger zu schauen, in dem Sie auf externe Anreize oder Spannungen reagieren. Und Sie werden sogleich verstehen, woran es bei Ihnen hapert und worauf Sie stolz sein können. Dies ist ein Spiegel, den Sie immer mit sich führen.

- Ihre Reaktion auf eine beliebige äußere Erscheinung ist bereits Ihre Ausstrahlung an den Spiegel der Welt. Was Sie dorthin aussenden, kommt zu Ihnen zurück, sogar noch in verstärktem Maße.

- Machen Sie es sich zur Gewohnheit: Werfen Sie, ehe Sie etwas an den externen Spiegel senden, einen Blick in den internen Spiegel und überlegen Sie sich, ob Sie das wirklich tun wollen und was es Ihnen nützt.

Randnotizen

Hier finden Sie die Musik von einer sehr ungewöhnlichen Künstlerin, Alfia. Es ist einfach etwas anderes als normale Musik. Einfach einzigartig und wunderschön, aus den oberen Zweigen Eywas.

Alfias eigenen Kanal finden Sie unter: http://www.youtube.com/user/AlfiaMusic.

Lebendige Schokolade

Viele Leser sandten E-Mails als Antwort auf den Test aus dem vorherigen Kapitel. Das Verhältnis der richtigen und falschen Antworten lag etwa bei 50:50. Das ist kein schlechtes Verhältnis, und es bedeutet, dass bei vielen von Ihnen die Aufmerksamkeit auf hohem Niveau liegt. Aber das trifft längst nicht auf den Großteil meiner Leser zu, selbst bei denen nicht, die überhaupt geantwortet haben. Wie dem auch sei, die Auflösung ist folgende:

Der Beobachter ist jemand, der einen Film anschaut.
Der Aufseher ist jemand, der seinen eigenen Film macht.

Gewonnen hat den Wettbewerb eine gewisse Natalie (ihr Nachname ist mir leider unbekannt), deren Antwort sinngemäß am treffendsten war, und dabei beschränkte sie sich auf jeweils ein Wort.

Der Beobachter ist Zuschauer.
Der Aufseher ist Drehbuchautor.

Der *Beobachter* ist ein passiver Zuschauer. Im besten Fall steigert er sich nicht in die Vorführung hinein, sondern betrachtet sie nüchtern und distanziert von der Seite. Aber es reicht nicht, in den Zuschauersaal hinabzusteigen. So wie es auch nicht reicht, Bücher zu lesen, um etwas zu verstehen, dann aber tatenlos zu bleiben. Aus der Sicht eines Hundes: »Ich verstehe alles, aber sprechen kann ich nicht.« Aus der Sicht eines Beobachters: »Ich verstehe alles, ich kann sprechen, handeln kann ich aber nicht.«

Der *Aufseher* ist sowohl Schauspieler als auch Regisseur als auch Zuschauer; mit anderen Worten: *kreativer Schöpfer*. In den vergangenen Kapiteln wurde darauf hingewiesen, dass die moderne Welt in zwei Gruppen eingeteilt werden kann: jene, die Informationen verbreiten, und jene, die sie konsumieren. Letztere Gruppe ist die überwiegende Mehrheit. Der Informationskonsument sitzt vor dem Fernseher oder Computer und schaut sich an, wie jemand anders sein Schicksal formt.

Die Schöpfer der Informationen sind aber nicht notwendigerweise die gleichen wie diejenigen, die die Medienprodukte veröffentlichen. Sie sitzen oft hinter den Kulissen und lassen ihre Absicht durch den Weltspiegel ausstrahlen, und so werden sie zu den Regisseuren der Realität und bekommen, was sie geplant hatten.

Ein weiterer Punkt zum Thema der beiden vorangegangenen Kapitel: Bitte senden Sie keine E-Mails mit der Frage, wohin Sie Geld überweisen können. So läuft das nicht. Wenn Sie wollen, können Sie einen E-Text kaufen, oder gehen Sie auf *Ozon** und bestellen Sie dort Audio- oder digitale Bücher.

Wie dem auch sei, das Hauptziel besteht darin, *sich aus dem Futteral des passiven Informationskonsumenten zu befreien und ein aktiver Sender zu werden, der Lenker der eigenen Realität*. Unter den Bedingungen der modernen Welt ist das in der Tat keine leichte Aufgabe. Als ich an den ersten Büchern über Transsurfing arbeitete, hatte ich keine Ahnung, dass zehn Jahre später diese Aufgabe so intensiv sein würde. Um vom Beobachter zum Aufseher zu werden, müssen Sie Ihre Achtsamkeit, Ihre Wahrnehmung, Ihr Bewusstsein und Ihre Energetik aus dem Netz des Systems befreien. Eine natürliche Ernährung (nicht einmal unbedingt Rohkost) kann erheblich hierzu beitragen.

---

* *Ozon* ist das russische Äquivalent zu *Amazon*: *http://ozon.ru*. (Anm. d. Übers.)

Haben Sie sich zum Beispiel schon mal gefragt, wo die Kakerlaken abgeblieben sind? Die Menschheit hat mit ihnen einen jahrhundertelangen fruchtlosen Krieg geführt, wobei ihnen jedes Mittel recht war. Die Vitalität dieser Insekten ist unglaublich. Es gab sie bereits zur Zeit der Dinosaurier, und sie haben all irdischen Katastrophen überlebt. Auch elektromagnetische Strahlung stellte für sie keine Bedrohung dar. Eine Kakerlake im Dezimeterwellenleiter ist eine klassische Panne für ein radiophysikalisches Labor.

Doch auf einmal, innerhalb nur weniger Jahre, sind sie heimlich, still und leise verschwunden, als hätte es sie gar nie gegeben. Wenn wir jetzt irgendwo einem Exemplar begegnen, ist das schon eine echte Seltenheit. Ist das nicht beängstigend? Ist eigentlich noch niemand auf den Gedanken gekommen, dass die technogene Nahrung eine Zeitbombe ist, die schon laut und bedrohlich tickt - das »Pendel mit der Sense«? Und jenes Pendel mäht bereits mit Macht. Hunderte Millionen Menschen sterben bereits jedes Jahr an Krankheiten, die von der modernen Lebensmitteltechnologie verursacht werden. Und neben der Gesundheit und Energie *verschlingt das System auch das Bewusstsein des Menschen*. Auch das Bewusstsein fließt *heimlich, still und leise* davon, Tropfen für Tropfen.

Eines Tages wachen Sie vielleicht auf und müssen erkennen, dass Sie die Fähigkeit zur Visualisierung völlig verloren haben. Und dann heißt es: Transsurfing bye-bye! Ja, ist das denn wirklich möglich? Sehr sogar, leider. Aber lassen Sie uns spaßeshalber so tun, als werde nichts passieren, und uns weiter mit unseren langweiligen Aufgaben beschäftigen.

Ersatz für Kaffee und Schokolade

Für viele ist das wirklich ein Problem. Verzichten wollen sie nicht drauf, und eine Alternative scheint auch nicht in Sicht. Aber warum sollte man überhaupt verzichten?

Nun, weil diese Produkte ausgesprochen toxisch sind. Wer seinen Organismus bereits genügend durch lebendige Nahrung gereinigt hat, der weiß: Wenn man Kaffee trinkt oder Schokolade isst, bekommt man nach einer Stunde, oder schon vorher, Entzugserscheinungen. Das liegt dabei nicht einmal am Koffein.

Die Tatsache ist, dass Kaffee und Schokolade ein weltweites Gewerbe sind. Und bekanntlich ist man im Big Business bei der Wahl der Mittel zur Gewinnoptimierung nicht besonders zimperlich. Auf Kaffee- und Kakaoplantagen werden im großen Stil Chemikalien eingesetzt. Und es sind gerade diese Chemikalien, die für die Toxizität sorgen. Beim Rösten der Kaffee- und Kakaobohnen, aber auch bei der Herstellung von Schokolade wird die Toxizität der Endprodukte noch einmal deutlich erhöht.

Tee ist in dieser Hinsicht weniger giftig, aber nur deshalb, weil er nicht geröstet wird und weil zur Herstellung des Endprodukts – einer Tasse Tee – lediglich einige wenige getrocknete Blätter benötigt werden. Denn auch auf den Teeplantagen werden natürlich Düngemittel, Pestizide und Insektizide eingesetzt. Kaffee, Kakao oder Tee in Bio-Qualität werden nur selten verkauft.

In solchen Fällen, wenn Chemie von allen Seiten lauert, ist es die beste Lösung, reines, lebendiges Wasser zu trinken, und es wird keine Probleme geben. Es ist manchmal beängstigend zu sehen: Wie kann man im Verlauf des Tages einzig und allein Kaffee trinken? Oder Tee, kohlensäurehaltige Getränke, Säfte aus Plastikflaschen, aber nicht einen Tropfen sauberes Wasser? Das Blut verdickt, die Innereien verkleben, und man kann sich nur wundern, dass der Körper überhaupt noch funktioniert.

Wenn Sie von Kaffee und Tee Abstand nehmen und auf lebendiges Wasser übergehen, werden Sie sich nach einer Weile fragen, wozu das überhaupt gut ist. Mit Koffein lebt es sich gut, aber ohne sogar noch besser.

Sollten Sie jedoch immer noch Doping benötigen und sich etwas Süßes wünschen, dann gibt es hierfür eine gute Alternative, und darüber hinaus sogar eine sinnvolle Alternative - *wilder lebendiger Kakao*, unter natürlichen Bedingungen gewachsen und nicht wärmebehandelt. Tatsächlich kommt ein solches Wunder immer noch in der Natur vor. Beispielsweise hier zu beziehen:
http://www.ocacao.ru.

Kakao enthält zwar nur wenig Koffein, dafür aber einen anderen »Unhold«, und zwar Theobromin. Aber im Unterschied zu Kaffee schüttelt lebendiger Kakao weder das Nervensystem durch noch verursacht er Rausch, Sucht oder ähnliche Nebenwirkungen. Positiv lassen sich folgende Eigenschaften nennen: Es ist ein Antidepressivum, ein superstarkes Antioxidans und eine reiche Quelle an Mikro- und Makronährstoffen. Ferner kräftigt es das Gehirn, stärkt das Herz-Kreislauf-System, festigt das Nervensystem und den Schlaf, verbessert das Aussehen und das allgemeine Wohlbefinden und regt die Stimmung an. Ein paar Rezepte:

(1) *Sehr einfach*: Die Kakaobohnen mit etwas Honig vermischen. Fertig. Sie sollten diese Speise aber gut kauen und in Maßen genießen, denn es handelt sich immer noch um eine milde Droge. Eine Ration sollte nicht mehr als 1-1,5 EL betragen, für den ganzen Tag nicht mehr als 40-50 g. Und essen Sie den Kakao nicht später als drei Stunden vor dem Schlafengehen, sonst können Sie nicht einschlafen. Wenn in der Nähe des lebendigen Kakaos kleine Fruchtfliegen leben, werden Sie beobachten, dass diese sich wie wild auf den Kakao stürzen, betört von dem Duft.

(2) *Kakaotrunk*: Kakaobohnen und Zedernölkuchen zu gleichen Teilen vermengen, in einer Kaffeemühle gut vermahlen, das Pulver in einen Mixer geben, Wasser und ein wenig Honig hinzugeben und den Mixer auf hoher Geschwindigkeit starten. Das Verhältnis der Zutaten können Sie je nach Geschmack und Lust selbst

bestimmen. Der Trunk kann im Kühlschrank aufbewahrt werden. Vor Gebrauch schütteln.

(3) *Tee mit Kakaobutter*: In eine heiße Tasse grünen Tee 1 TL Kakaobutter und ein wenig Honig geben. Kakaobutter ist nicht weniger nützlich als Kakaobohnen. Wenn Sie im Winter etwas Wärmendes trinken wollen, ist dies die beste Wahl. Die stimulierende Wirkung ist deutlich stärker als bei einer Tasse Kaffee, aber ohne die schädlichen Auswirkungen.

(4) *Lebendiges Konfekt*: Kakaobohnen und Zedernölkuchen zu gleichen Teilen vermengen und in einer Kaffeemühle gut vermahlen. In das so gewonnene Pulver gehackte Walnüsse und Honig geben. Die Masse wie einen Teig kneten, zu Kugeln oder anderen Formen modellieren und in den Kühlschrank legen. Um einen exquisiten Geschmack zu erhalten, können Sie Zimtstangen und Vanilleschoten, in einer Kaffeemühle gemahlen, hinzufügen. Die Menge des Honigs, der eher dünnflüssig sein sollte, ist so anzupassen, dass sich ein fester Teig ergibt. Zum Beispiel: 200 g Kakaobohnen, 100 g Nüsse, 200 g Honig. Geschmacklich werden Sie dieses Konfekt mehr als befriedigend finden. Etwas anderes ist dann nicht mehr nötig.

(5) *Lebendige Schokolade*: 80–100 g Kakaobutter mit einer Reibe in eine Emailleschüssel raspeln, dazu 200 g Honig geben. Einen großen Topf mit warmem Wasser füllen (nicht mehr als 41 °C), da hinein die Emailleschüssel stellen, um die Kakaobutter und den Honig zum Schmelzen zu bringen. 250 g Kakaobohnen in einer leistungsstarken Kaffeemühle mahlen, das Pulver zum Schüsselinhalt hinzufügen. Nicht mehr als 2 EL pro Mahlvorgang einfüllen. Wenn die Kakaobutter und der Honig vollständig geschmolzen sind, noch zwei Handvoll gehackte Walnüsse hineingeben und alle Zutaten sorgfältig durchmischen. Die Mischung in ein oder zwei Bleche füllen, glattstreichen, bedecken und kaltstellen. Nach ein paar Stunden lässt sich die Schokolade leicht vom Blech lösen. Fertig.

Vielleicht weiß nicht jeder, was Zedernölkuchen (auch Zedernmehl genannt) ist. Es ist die Masse, die übrig bleibt, wenn Zedernkerne durch Kaltpressung entölt werden. Mit seinen bis zu 45 Prozent Eiweiß ist es ein sehr nahrhaftes Produkt, das obendrein supergut schmeckt. Sie können Zedernölkuchen in Naturkostläden, Reformhäusern oder online erhalten.

Zusammenfassung

- Der Beobachter betrachtet das Geschehen nüchtern und distanziert von der Seite.
- Der Aufseher ist Schauspieler, Regisseur und Zuschauer in einem. Er ist kreativer Schöpfer.
- Das Hauptziel besteht darin, sich aus dem Futteral des passiven Informationskonsumenten zu befreien und ein aktiver Sender zu werden, der Lenker der eigenen Realität.
- Neben der Gesundheit und Energie verschlingt das System auch das Bewusstsein des Menschen. Das Bewusstsein fließt heimlich, still und leise davon, Tropfen für Tropfen.
- Wenn Sie von Kaffee und Tee Abstand nehmen und auf lebendiges Wasser übergehen, werden Sie sich nach einer Weile fragen, wozu Kaffee überhaupt gut ist. Mit Koffein lebt es sich gut, aber ohne sogar noch besser.

Randnotizen

Fast alle jungen Leute haben heutzutage verschiedenste Gesundheitsprobleme, was bei früheren Generationen unbekannt war. Unsere Kinder, die sich von Supermarktsynthetik ernähren, werden nicht so lange leben wie wir. Früher war der Trend umgekehrt. Zum ersten Mal haben die Kinder eine kürzere Lebenserwartung als ihre Eltern. Und können sie selbst dann überhaupt noch Kinder haben? Das ist eine große Frage. Verstehen Sie, was los ist?

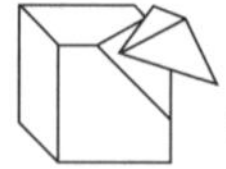

Eine neue Pyramidenstufe

Wir kommen nun zum Ende der Thematik, die mit dem Kapitel »Echte Esoterik« begann.

Vollwertige und abwechslungsreiche Ernährung

Wie gesagt, kann beim Übergang auf erstklassige Nahrung ein Mangel an Vitaminen und Mineralstoffen auftreten. Dieser Mangel ist nicht etwa darauf zurückzuführen, dass in tierischer und toter Nahrung alles in Hülle und Fülle enthalten ist, sondern darauf, dass in einem geistig auflebenden Organismus ein erhöhter Bedarf an Vitaminen, Mineralen sowie Mikro- und Makrostoffen entsteht. Dies ist ein weiterer Grund, warum es nicht ratsam ist, zu überstürzen und sich abrupt umzustellen. Der Körper braucht Zeit, um sich umzustrukturieren, eine Vitaflora herauszubilden und alle erforderlichen Elemente zu sammeln.

Während der Zeit der Umstellung von Nekrobiose zu Vitabiose findet genau diese *Sammlung* statt, die *Speicherung* von Vitaminen und Mineralen, Mikro- und Makroelementen. Haut und Muskeln machen einen echten Wandel durch. Der Speicherungsvorgang dauert so lange, bis eine ausreichende Menge aller nötigen Elemente erlangt ist. Außerdem wird, ehe sich eine vollständige lebendige Mikroflora gebildet hat, die lebendige Nahrung nicht komplett aufgenommen, und der Körper erleidet einen ständigen *Mangel.*

Dann, gegen Ende der Übergangszeit, werden Sie feststellen, dass die lebendige Nahrung vollständig assimiliert wird, *wohingegen tote Nahrung nicht mehr aufgenommen wird.* Dann wird Ihnen der ganze Unterschied zwischen Nekrobiose und Vitabiose, zwischen der einen Pyramidenstufe und der anderen, klar werden. Aber bis dahin sollten Sie bewusst vollwertig essen, lebendige Nahrung und Meeresfrüchte eingeschlossen, und möglichst im Rohzustand.

Die Hauptsache ist, dass der Prozess der Reinigung des Körpers den der Verunreinigung überwiegt. In dieser Hinsicht ist gekochtes Fleisch mit vielen Kräutern sogar besser als Porridge. Der Anteil der lebendigen pflanzlichen Nahrung sollte auf Ihrem Speiseplan allmählich ansteigen, aber bei maximaler Vielfalt. Sie sollten auch beachten, dass für den Körper Proteine, Fette und Kohlehydrate nicht so wichtig sind wie sehr viele Vitamine und Mineralien. Ohne die Ersteren könnte er leben, sogar ziemlich lange, aber ohne die Letzteren gar nicht.

Wenn Sie sich an das Kapitel »Die besonderen Eigenschaften der Pflanzen« erinnern (in *Lebendige Küche*, der neuen Ausgabe von *Apokryphes Transsurfing*), werden Sie wissen, dass jede Pflanze ihre individuellen Wertstoffe birgt. Je vielfältiger Ihre Nahrung ist, desto eher wird Ihr Körper mit allem Nötigen versorgt sein. Sie werden *satt* sein.

Natürlich können Sie nicht alles essen, und es ist ja auch nicht alles immer erhältlich, aber ich möchte darauf hinweisen, dass lebendige Ernährung nicht die bloße Ernährung von Obst und Gemüse ist. Viele nützliche Rezepte finden Sie auch in Boutenkos Buch *Rohkost + mehr (www-omega-verlag.de*).

Ernähren Sie Ihren Körper so, wie Sie ein Kind ernähren würden

Es gibt die Auffassung, der Körper wisse selbst, was er braucht. Das ist eine Fehlvorstellung. Gar nichts weiß er. Der Körper ist verwirrt und in einen tiefen Schlummer versunken, da sein ursprüngliches natürliches Wissen unter einer dicken Schicht von technogener Synthetik begraben ist. Er wurde von Anfang an mit toter Nahrung ernährt, was zu Vergiftungen und Suchtzuständen geführt hat. Er wird Ihnen eher sagen, dass Sie Bratkartoffeln oder Hamburger wollen anstatt Paprika. Und selbst wenn Sie zu hundert Prozent auf lebendige Nahrung umgestiegen sind, wird er nicht aufhören, nach solchen unreinen Dingen zu verlangen, solange die Toxine der toten Produkte noch präsent sind.

Stellen Sie sich vor, Sie ernähren Ihr Kind und wollen, dass es wieder gesund wird und gut aussieht. Gemäß dem oben erwähnten Grundsatz müssen Sie Ihren Körper bewusst und vollwertig ernähren und ihm das geben, was er braucht, ob er es nun will oder nicht. Später wird er auch von selbst wollen und beharrlich die richtige Nahrung fordern, aber zuerst müssen Sie ihn daran gewöhnen, wie ein Kind. Ähnlich verhält es sich mit dem Trinken.

Bewusst reines Wasser trinken

Auch hier ist es egal, ob Sie wollen oder nicht wollen. Je nach Gewicht, sollten Sie mindestens 1,5 bis 2 Liter pro Tag trinken. Empfehlenswert ist strukturiertes Wasser, noch besser ist lebendiges Wasser. Nicht später als 15 Minuten vor dem Essen und nicht eher als 1,5 bis 2 Stunden danach. Reines Wasser wird nicht so sehr benötigt, um den Durst zu stillen, als vielmehr für die Reinigung. Oder waschen Sie etwa Ihr Geschirr mit Limonade oder Saft?

Auch der Wasserhaushalt im Körper lässt sich leichter mit reinem Wasser aufrechterhalten als mithilfe von Produkten, aus denen es erst gewonnen werden muss. Zwingen Sie Ihren Körper nicht, seine Arbeit auf eine Weise zu erledigen, wie es Eingeborene in der Wüste tun müssen, wenn sie die Wurzeln von Pflanzen ausgraben, zerkleinern und dann zerquetschen.

Vor Kurzem wurde eine wunderbare Entdeckung gemacht. Man fand heraus, dass der Körper aus unbekannten Gründen Durst erst im letzten Moment signalisiert, wenn bereits eine gefährliche Schwelle erreicht ist. Deshalb kann es sein, dass ein Mensch den ganzen Tag lang nur eine Tasse Kaffee trinkt und nicht durstig ist. Der Körper ist anspruchslos und gibt sich bereits mit sehr wenig zufrieden. Das bedeutet aber nicht, dass man ihn vernachlässigen sollte.

Trennkost

Vermischen Sie während einer Mahlzeit keine unverträglichen Produkte, wie beispielsweise Proteine und Kohlehydrate. Proteine werden in einer sauren Umgebung verdaut, Kohlehydrate in einer alkalischen. Wenn inkompatible Nahrungsmittel vermischt werden, werden sie nicht verdaut, sondern verrotten. Produkte verschiedener Kategorien - Obst, Gemüse, Nüsse und Getreide - sollten einzeln verzehrt werden. Produkte einer Kategorie darf man vermischen, aber auch hier ist Mäßigung geboten. Die Rezepte sollten möglichst einfach und homogen sein. Aber mit der Umstellung auf getrennte Rohkost sollten Sie sich besser nicht beeilen, solange der Körper nicht gut genährt ist. Salat mit Öl, lebendige Vinaigrette, lebendige Suppe aus allerlei Gemüse und Kräutern schadet nicht.

Konsequente Ernährung

Im Laufe des Tages sollten zunächst jene Produkte verzehrt werden, die leichter verdaulich sind, und später jene, die länger brauchen. Es ist das gleiche Prinzip wie beim Autofahren: Wenn die Autos vorn langsam fahren, bildet sich ein Stau. Gemäß der Verdauungsgeschwindigkeit ergibt sich folgende Reihenfolge der Produkte: Obst, Gemüse, Getreide, Nüsse. Diese Reihenfolge sollte man im Laufe des Tages für seine Mahlzeiten einhalten. (Nüsse und Getreide können auch die Plätze tauschen, sofern nach einem Gericht mit Nüssen mindestens drei Stunden pausiert wird). Vor dem Mittagessen Obst, grüner Cocktail, lebendiger Joghurt (gemeint ist kein Milchjoghurt, sondern Kräuterjoghurt, siehe die systemischen Rezepte). Zum Mittag Gemüse und Kräuter. Abends Brot, Nüsse, lebendiger Brei aus Getreidesprossen. Bei der lebendigen Ernährung gilt keine Regel wie »nicht nach dem Sonnenuntergang/nach 18 Uhr essen«. Sie können essen, wann Sie wollen und wie viel Sie wollen, sogar vor dem Schlafengehen. Die Hauptsache ist, die Reihenfolge zu beherzigen.

Der Stoffwechsel des Kolibris

Verzichten Sie möglichst auf schwere Öle wie Olivenöl, Sonnenblumenöl, Maisöl, Sojaöl, Palmöl und einige mehr. Leichte Öle belasten im Gegensatz zu den schweren nicht unnötig den Körper und werden schneller verdaut. Dazu gehören Leinsamenöl, Zedernöl, Kürbisöl, Mariendistelöl, Amaranthöl und Walnussöl. Wenn das Öl leicht ist, kann es mit kaltem Wasser und ohne Waschmittel abgewaschen werden.

Victoria Boutenko führte die folgende Analogie an. Ein Mensch, der sich von leichten Fetten ernährt, hat den Stoffwechsel eines Kolibris. Er hat flüssige, lebendige Energie, er fühlt sich frei und leicht, bewegt sich flink und begreift schnell. Ein Mensch hingegen, der sich von schweren Fetten ernährt, hat den Stoffwechsel eines Grizzlys. Sein Körper ist massig, seine Energie zäh, seine Bewegung träge und sein Bewusstsein langsam und verschlafen.

In den meisten Fällen sind diejenigen im Vorteil, deren Organismus weniger belastet ist und die sich locker und frei fühlen. Auch im Boxring der Schwergewichtler ist nicht derjenige unbesiegbar, der einen mächtigen Körper hat, sondern derjenige mit dem Stoffwechsel eines Kolibris. Ich bin mir nicht sicher, ob die genannten Vorteile auch in einer Kneipe Gültigkeit haben, aber selbst dort wird man es leichter haben.

Ernährung im Winter

Im Allgemeinen ist der Winter nicht die beste Zeit, um auf lebendige Ernährung umzusteigen. Für den Beginn des allmählichen Übergangs eignet sich am besten der späte Frühling. Aber auch im Winter kann man Nahrung in Hülle und Fülle finden. Lebendige Nahrung beschränkt sich nicht allein auf Obst und Gemüse. Frische

Kräuter können Sie durch Algen ersetzen. Auch Gewächshausprodukte sind eine Alternative, nur sollte man hierbei vorsichtiger und zurückhaltender sein. Es gibt die Ansicht, dass Kräuter und Gemüse aus dem Gewächshaus generell vermieden werden sollten, da sie alle mit Chemikalien und so weiter behandelt seien. Dem ist jedoch nicht so. In der Tat mag man dabei hin und wieder auf »Chemie« stoßen, doch immer öfter wird heutzutage in Gewächshäusern organisch gedüngt.

Es gibt noch einen weiteren wichtigen Faktor. Wie Sie aus den Grundlagen des Transsurfings wissen, erfüllt die Welt das, worauf Sie Ihre Aufmerksamkeit richten. Wenn Sie stets sagen: »Rundherum ist alles Chemie«, dann wird es für Sie auch so sein. Wäre es da nicht besser, seine Absicht auf die Suche nach natürlichen Produkten zu richten? Wer sucht, der findet und bekommt auch das, was er braucht, extra für ihn zurückgelegt.

Ein Verkäufer weiß nicht immer, ob bestimmte Pflanzen ohne Verwendung von Chemikalien angebaut wurden; manche sagen auch nicht die Wahrheit. Aber das kann man auch selbst bestimmen. Wenn eine Pflanze einen penetranten, eigentümlichen Beigeschmack hat, sollten Sie nach Produkten anderer Hersteller Ausschau halten.

Sie können sich auch einer bewährten Methode bedienen. Gießen Sie 1,5 bis 2 Liter Wasser in eine Emailleschüssel. Pressen Sie eine halbe Zitrone gut aus und gießen Sie den Saft in die Schüssel. Nun geben Sie die Kräuter hinein und lassen Sie 5 Minuten darin. Gleichermaßen verfahren Sie mit fein geschälten Winterrüben und Karotten. So werden die Schadstoffe neutralisiert, zumindest zum größten Teil.

Tiefgekühlte Beeren eignen sich auch sehr gut für die Zubereitung grüner Smoothies. Tiefgekühltes Gemüse ist hingegen nicht unproblematisch. Es wird zunächst blanchiert, und es ist nicht bekannt, ob danach noch lebendige Enzyme übrig bleiben. Allerdings glaube ich schon, dass auch in gefrorenem Gemüse noch Lebenskraft bleibt. Sie können das auch mit Ihrem eigenen Geschmack feststellen: Ist das Produkt lebendig oder tot? Meiner Ansicht nach kann man tiefgekühlte Beeren und Gemüse noch immer als lebendige Nahrung bezeichnen, wenngleich mit reduziertem Nährwert.

Im Winter sollte man besonderen Wert auf nahrhafte Produkte legen: Nüsse und Getreidesprossen. Wenn Nüsse Ihnen zu fade erscheinen, können Sie ihren Geschmack mit etwas Honig verfeinern. Oder nehmen Sie zum Beispiel dieses Rezept: Zu gleichen Teilen Walnüsse, Zedernölkuchen und lebendigen Kakao vermischen, etwas Honig dazugeben, gut durchmischen. Wie Sie sehen werden, erwartet Sie ein ganz neues, sehr attraktives Geschmackserlebnis.

Algen, Pollen, Bienenbrot, blaue Rosinen, lebendiger Aufguss aus Hagebutten und Kräutern sind unentbehrliche Nahrungsmittel für den Winter, denn sie versorgen den Körper mit den meisten benötigten Vitaminen und Mineralstoffen.

Einen sehr hohen Nährwert besitzen auch folgende Produkte: Kürbis, Sesam, Amaranth, Zedernmehl, Zedernölkuchen, Zedernmilch, Dinkel (Informationen über Dinkel finden Sie unter *http://www.hnh.ru/food/spelled_sale*). Sie alle sind Champions, was den Proteingehalt betrifft - bis zu 45 Prozent. Da kann kein tierisches Produkt mithalten. Mehl kann man zum Beispiel als Proteinergänzung lebendigem Brei beimischen. Alle nötigen Informationen über diese Produkte finden Sie im Internet.

Alternativen zu Milch

Milch zu trinken ist nicht empfehlenswert. Sie ist schwer verdaulich und wird noch schlechter assimiliert. Noch weniger sinnvoll ist es, Kinder mit der Milch einer fremden Lebensform zu ernähren, ganz zu schweigen von künstlichem Milchsurrogat. (Gebe Gott, dass du, Kleines, nicht von einer Mutter geboren wirst, die dich so lange mit Milchmischungen und Brei füttert, bis du, armes Ding, völlig krank wirst.)

Wenn Sie kleine Kinder auf lebendige Nahrung umgewöhnen wollen, so können Sie das nach folgenden Prinzipien tun: *Behutsamkeit, kleine Mengen, Schritt für Schritt.* Zunächst einmal Milch aus Weizenkeimen, Dinkel, Hafer, Buchweizen, Erdnüssen, Sesam, Zedernmilch; Brei aus Sprossen, grüne Smoothies, grüne Suppe, frisch gepresste Säfte, pürierte Früchte und Beeren. Vorsicht mit Pollen und Bienenbrot. Besorgen Sie sich Kürbis, Sesam und Zedernmehl – das sind geeignete Zutaten für einen Brei, und man kann auch Milch daraus zubereiten. Für all das brauchen Sie einen leistungsstarken Mixer.

Gekochter Brei sollte eindeutig durch lebendigen Brei aus Getreidesprossen ersetzt werden; tierische Milch ebenfalls durch Getreidesprossen und durch Nüsse. All dies können Sie einfach in einen Mixer geben. Was Sie während des Übergangs auf lebendige Ernährung nicht zu schnell aufgeben sollten, sind: fermentierte Milchprodukte, Käse, Quark und Eigelb. Verzichten Sie auf diese Produkte erst dann, wenn Sie spüren, dass Sie bereit dazu sind.

Sie sollten jedoch beachten, dass Hartkäse eine lange, mühsame Verdauung erfordert. Frischer, weicher Käse ist vorzuziehen.

Unter den Herstellern aller Produkte (einschließlich Getreide) sollten Sie jene aussuchen, die ihre Tiere und Vögel nicht chemisch behandeln, die den Boden und die Pflanzen nicht mit Chemikalien ruinieren und die wenigstens noch einen Rest gesunden Menschenverstand haben. Solche Hersteller gibt es. Wenn Sie es sich vornehmen, werden Sie sie auch finden.

Weniger Chemie

Natürlich ist es kaum möglich, sich vor allen Auswüchsen der technologischen Zivilisation zu schützen. Sie können aber die Anzahl der Chemikalien in Ihrer unmittelbaren Umgebung minimieren, von Baumaterialien bis hin zum Make-up, wenn Sie sich dies zum Ziel setzen.

Könnten Sie sich zum Beispiel allein aus umweltfreundlichen, natürlichen Materialien ein Haus bauen? Natürlich geht das! Sagen Sie nur nicht, dazu fehle Ihnen das Geld. Dazu gibt es ja Transsurfing. Das Problem dabei sind nicht die Mittel, sondern vielmehr der Film, der in Ihrem »Projektor« abgespielt wird.

Eines Tages vielleicht werden Sie all die gesamte Haushaltschemie mitsamt dem Make-up - alles Bestandteile des billigen Massenkonsums - wegwerfen. Grund genug dafür hätten Sie jedenfalls. All die Pülverchen zum Wäschewaschen und die Flüssigkeiten zum Saubermachen stehen nicht einfach in der Ecke - sie verbreiten ihre giftigen Dämpfe im ganzen Haus, und Sie atmen dieses Gemisch ein, auch wenn Sie es nicht merken. Und die Chemie der Kosmetik dringt mit Leichtigkeit durch die Haut in die Blutbahn vor, von wo aus sie den gesamten Organismus mit Toxinen verunreinigt. Als Ergebnis wandelt sich ein vielleicht zunächst kleiner Vorteil schon bald in ein *Meer von Nachteilen* um.

Bei weitem nicht alle Reinigungsmittel und Kosmetika, die das Biosiegel tragen, können als absolut umweltfreundliche Produkte eingestuft werden. Die Frage ist lediglich, ob mehr oder weniger aggressive Chemie darin enthalten ist.

Es gibt aber auch lebendige Kosmetik, die von Hand und aus lebendigem Pflanzenmaterial hergestellt und auch nicht lange aufbewahrt wird, eben wie alle frischen Produkte.

Wir brauchen ja nicht gleich ins Extrem zu verfallen und uns daran orientieren, wie unsere Vorfahren sich die Haare und wie sie ihre Kleidung gewaschen haben. Aber es wäre ja schon mal nicht schlecht, sich von jenen »unverbesserlichen Chemiepanschern« solchen Herstellern zuzuwenden, die der Sicherheit und Umweltverträglichkeit ihrer Produkte angemessene Aufmerksamkeit schenken.

Um eine grundlegende Vorstellung davon zu bekommen, was Ökoprodukte für Haus und Körper eigentlich sind, empfehle ich diese Website: *http://www.bezhimii.ru* (eine russischsprachige Website; vielleicht gibt es eine entsprechende deutschsprachige).

Gestatten Sie sich und anderen, anders zu sein

Seien Sie nicht so wie jene Rohköstler, die mit der ganzen Welt zürnen, weil niemand sie versteht und niemand ihre Überzeugungen teilen will. Lassen Sie ab von dem Versuch, anderen Ihre Überzeugungen überzustülpen. Wenn jemand anders bemüht ist, Sie vom »wahren Weg« zu überzeugen, sollten Sie gut zuhören, ihn mit großen, verständnisvollen Augen anschauen und dann still Ihrem eigenen Weg folgen. Aber versuchen Sie nicht, jemandem etwas zu beweisen oder aufzudrängen. Das gilt auch für Kinder. Sie sind nicht in der Lage, Kinder von den Einflüssen der Technosphäre zu schützen, wenn sie es selbst nicht wollen. Sie können nicht jemanden von etwas überzeugen, wenn der Betreffende nicht bereit ist zu akzeptieren. Für jemanden, der bereit ist, reicht schon ein Hinweis und ein anschauliches Beispiel. Jeder geht seinen eigenen Weg, und es ist nicht an Ihnen zu entscheiden, welchem Pfad Ihre Angehörigen folgen sollten. Die einzige Methode, die überzeugen kann, besteht darin, mit gutem Beispiel voranzugehen. Andere Methoden funktionieren nicht. Aber natürlich - probieren können Sie es schon.

Gleichgesinnte suchen

Anstatt alle in Ihrem Umfeld mit Ihren Überzeugungen zu bestürmen, sollten Sie besser nach Gleichgesinnten Ausschau halten und mit ihnen kommunizieren. Zumindest im Internet kann man immer jemanden finden. Kommunikation ist notwendig, um nicht im Saft Ihrer eigenen Gedanken und Mängel zu schmoren, sondern Erfahrungen auszutauschen und sich gegenseitig zu helfen. Das Bewusstsein des Menschen ist so veranlagt, dass es ohne eine echte Stütze nicht auskommen kann, etwa wie ein Vogel ohne einen Zweig zum Landen. Das Bewusstsein kann sich nicht ständig im freien Flug aufhalten, es muss zwischendurch auch mal »landen«. Genau dies ist der Grund, warum Menschen, die eine gemeinsame Idee verbindet, sich in einer Gruppe versammeln, wo sie Kommunikation und Hilfe von Gleichgesinnten finden.

Fremden Erfahrungen sollte man stets mit Vorsicht begegnen. Denn erstens sind Erfahrungen immer individuell. Ich persönlich bemühe mich, keine engstirnigen, sondern weit gefasste, allgemeine Empfehlungen zu geben. Stürzen Sie sich nicht kopfüber in falsche Ernährungsmethoden, sondern hören Sie vor allem auf sich selbst - auf Ihre Seele, Ihren Verstand und Ihren Körper. Zweitens sollten Sie achtsam sein und nüchtern beurteilen, ob die betreffende Person ausgeglichen und geistig gesund ist. In der Regel ist die Ausgeglichenheit bei guter Beobachtung leicht zu beurteilen. Sobald Sie paranoide Neigungen, Anzeichen von Fanatismus oder eine starre Fixierung auf etwas Bestimmtes erkennen, halten Sie sich besser fern.

Die Ausrichtung auf das Ziel

Sie sollten sich stets bewusst vor Augen halten, warum Sie etwas tun, was Sie anstreben und was Sie erreichen wollen. Sonst wird es Ihnen nicht gelingen, den Absichtsvektor aufrechtzuerhalten und den Übergang auf eine neue Pyramidenstufe zu schaffen. Als Leitstern werden Ihnen die Vorteile dienen, die sich Ihnen eröffnen, wenn Sie sich auf der neuen Stufe befinden. Sie sollten immer daran denken:

Ein reiner, gesunder Körper; ein wacher Intellekt und ein klares Bewusstsein; ein gute körperliche Verfassung; eine stabile Psyche; Befreiung von Parasiten; das Ende von Lebensmittelsucht und anderen Abhängigkeiten; Befreiung von chronischen und degenerativen Leiden wie der Herz-Kreislauf-Erkrankung, Krebs, Diabetes, Arthritis, Aids, Übergewicht, Allergien, Depression, Neurasthenie, Unfruchtbarkeit, vorzeitigem Altern, Stress, chronischer Müdigkeit und so weiter; und nicht zuletzt als natürliche Folge eine allgemeine Vitalität und eine gesteigerte Lebensqualität.

Es ist offensichtlich: Mit dem Erwerb auch nur eines dieser Vorzüge erhalten Sie einen Vorteil gegenüber denen, die nicht über diese Tugenden verfügen.

Die eigene Realität artikulieren

Die Ernährung ist nicht alles. Voll funktionstüchtig ist nur ein ganzheitlicher Ansatz: *wie Sie essen, wie Sie denken, wie Sie sich bewegen*. Sie sollten stets an Ihr Ziel denken und Ihre Absicht ausstrahlen.

Die meisten Menschen dieser Welt beten ständig zu ihren Göttern. Und das nicht ohne Grund. So erden sich die Menschen; sie fixieren ihre Realität, damit ihr Bewusstsein nicht fortfliegt oder, grob gesagt: damit sie nicht durchdrehen. Wenn die Aufmerksamkeit nicht von einer Religion gefesselt ist, dann wird sie von einem der vielen Pendel vereinnahmt werden: dem Pendel einer Ideologie, einer Idee, der Arbeit, einer gesellschaftlichen Bewegung und so weiter. Die Natur verabscheut ein Vakuum. Wir hüten die Pendel, sie hüten uns.

Unsere Aufgabe besteht darin, in erster Linie ein Hirte zu sein anstatt ein Schaf. Uns nicht den Pendeln unterzuordnen, sondern über ihnen zu stehen und sie für unsere Zwecke zu nutzen, sie zu hüten. Und dafür müssen wir unsere Aufmerksamkeit unter Kontrolle haben. Ja, das Bewusstsein braucht Halt auf einer Grundlage, einem Pendel. Wer Götter oder Ideale anbetet, tut das unbewusst. Man kann das Gleiche aber auch bewusst tun, indem man seine Absicht ausstrahlt, seinen eigenen Film laufen lässt, seine eigene Realität artikuliert. Wenn Sie Ihre lebendige Nahrung zubereiten, sollten Sie versuchen, das nicht einfach so zu tun, mechanisch, sondern bewusst, indem Sie daran denken, warum Sie es tun, was Sie anstreben, was Sie davon haben werden. Artikulieren Sie Ihre Gedankenbilder, deklarieren Sie Ihre Absicht so oft wie möglich, machen Sie sich dies zur Gewohnheit. Gedankenbilder können etwa wie folgt aussehen:

Ich esse lebendige Nahrung; mein Körper wird gereinigt; meine Energie nimmt zu; mein Bewusstsein klärt sich.

Alle Schlacken und Giftstoffe verlassen meinen Körper. Mein Körper ist wie ein Bergfluss. Ich bin ein sauberer, reißender, turbulenter Bergfluss.

Der reißende Bergfluss treibt mächtige, energetische Turbinen an. Ich habe einen schönen, durch und durch gesunden Körper voller Energie, einen starken Intellekt und ein klares Bewusstsein.

Die lebendige Nahrung reinigt meinen Körper. Durch die Reinigung des Körpers klärt sich mein Bewusstsein. Ich habe einen klaren Verstand und ein starkes Bewusstsein. Ich lenke die Realität wie einen bewussten Traum.

Mein Körper wird mit jedem Tag reiner. In einem reinen Körper kann die Energie ungehemmt und leicht fließen. Ich bin voller kräftiger Energie, die Tag für Tag zunimmt.

Die lebendige Nahrung reinigt mich und versorgt mich mit allem Lebensnotwendigen. Ich esse sehr gut, angemessen und vollwertig. Ich kümmere mich um meinen Körper, und mein Körper wird von frischer Energie durchflutet.

Mein Körper wird gereinigt, und mir erschließen sich enorme Kräfte. Ich verfüge über kolossale Energie, einen mächtigen Körper und ein starkes Bewusstsein. Ich bin ein Genie, und die Kraft begleitet und leitet mich; daher ist alles, was ich tue, genial und brillant. Ich löse mit Leichtigkeit alle Probleme. Ich lenke meine Realität.

Ich liebe lebendige Nahrung, denn sie reinigt meinen Körper und mein Bewusstsein, entsorgt alle Parasiten, befreit mich aus der Matrix, verleiht mir eine ausgezeichnete Gesundheit und kraftvolle Energie und gibt mir Vertrauen und Freiheit. Und meinem Körper gefällt die lebendige Nahrung ebenfalls sehr – sie ist leicht, heilsam und rein. Ich liebe die lebendige Nahrung allein schon deshalb, weil sie lebendig ist.

Es ist nicht nötig, den gesamten obigen Text Wort für Wort zu artikulieren. Sie können Ihre eigenen Deklarationen zusammenstellen und diese im Laufe des Tages regelmäßig wiederholen, laut oder in Gedanken, alle zusammen oder einzeln, wie Sie wollen. Am wichtigsten ist dabei die Regelmäßigkeit. Sie können Ihre Deklarationen auch zu einem Glas Wasser oder zu einer Mahlzeit aussprechen. Doch machen Sie diese Beschäftigung nicht zu einer lästigen Pflicht. Es sollte Ihnen Spaß machen, denn auf diese Weise formen Sie Ihren Körper - Ihren Tempel, Ihren Verstand und Ihre Realität, kurzum: Ihre Welt.

Alles steht zu Ihrer Verfügung, und es lohnt sich wirklich. Ohne eine solche bewusste Ausstrahlung der eigenen Absichten ist es recht schwer, sich auf dem Pfad der lebendigen Ernährung zu halten. Ihre Aufmerksamkeit wird schnell vom System eingefangen werden - und für diesen Zweck verfügt es über eine Vielzahl von Hebeln: die Medien, die Gesellschaft, Restaurants und Supermärkte. Und schon befinden Sie sich wieder in der Herde, unter der Knute der Pendel, und Sie essen wieder wie zuvor, wie alle anderen. Dazu werden auch noch Ihre Chancen, wie bei allen anderen, nicht über dem Durchschnitt liegen.

Damit das nicht passiert, können Sie ein bewusstes Gebet verfassen - artikulieren Sie Ihre Realität, *hüten Sie Ihr Pendel der lebendigen Ernährung*, und es wird Ihnen helfen, Ihre Aufmerksamkeit auf den gewählten Pfad gerichtet zu halten.

Auf der Rolltreppe

Angemessene (nicht phlegmatisch ausgeführte, aber auch nicht strapaziöse) physische Belastungen sind ebenso Teil der Körperpflege wie die Ernährung. Wenn Sie während der lebendigen Ernährung eine sitzende Lebensweise haben, wird Ihr Gewicht in kurzer Zeit zur einen oder anderen Seite ausschlagen. Bewegung ist für den Körper sehr wichtig. Keine Bewegung, keine Entwicklung. Und wo es keine Entwicklung gibt, tritt eine Verschlechterung ein.

Stellen Sie sich vor, Sie müssten eine herabfahrende Rolltreppe hinaufsteigen. Wenn Sie stehenbleiben oder sich zu langsam bewegen, werden Sie schnell wieder ganz unten sein. Stillstehen geht also nicht. Einen festen Status quo gibt es nicht - entweder Fortentwicklung oder Rückentwicklung. Das bedeutet aber nicht, dass wir ständig laufen müssen wie ein Hamster im Rad. Das Beste ist, in seiner Entwicklung bis zu einer bestimmten (der gewünschten) Ebene auf der Rolltreppe zu gelangen und dann gemessenen Schrittes so weiterzugehen, dass man nicht wieder abfällt.

Ein Programm zur Regeneration

Tote Nahrung setzt ein Programm des Verfalls und der Zersetzung in Gang. Lebendige Nahrung hingegen ist in der Lage, den ganzen Körper zu beleben und zu regenerieren. Für den Start des Erneuerungsprogramms ist jedoch ein Impuls erforderlich. Die Ernährung allein ist keine Allround-Lösung. Die Absicht der Reinigung und der Erneuerung kann sowohl als Ziel wie auch als Impuls dienen, das heißt als primärer Auslöser, um das Erneuerungsprogramm zu starten. Glauben Sie es nicht, wenn jemand Ihnen weismachen will, das alles sei unmöglich. Auf der neuen Pyramidenstufe ist sehr vieles möglich. Erforderlich ist nur eine nüchterne Deklaration Ihrer Absicht. Ihre Gedankenbilder können etwa so aussehen:

In meinem Körper wird alles gereinigt, erfrischt, verjüngt und regeneriert. Der Alterungsprozess wird rückgängig gemacht.

Lebendige Nahrung bringt meinen ganzen Körper in Ordnung. Alle lebenswichtigen Funktionen werden wiederhergestellt und normalisiert.

In einem lebendigen Körper ist lebendige Nahrung nötig. Lebendige Nahrung verjüngt meinen ganzen Körper und bringt Regenerationsprozesse in Gang.

Anstelle ausgefallener Zähne wachsen neue nach. Mein gesamtes Nervensystem wird vollständig wiederhergestellt. Mein Kreislauf und mein Lymphsystem werden von Grund auf gereinigt, erfrischt und belebt. Meine Bandscheiben werden wiederhergestellt. Meine Wirbelsäule ist so flexibel, jung und frisch wie bei einem Kind. Alle meine Organe werden vollständig regeneriert.

In meinem Gehirn ist ein Programm zur Regeneration und Verbesserung angelegt worden. Jeden Tag entstehen neue Neuronen, Millionen neuer Neuronen. Beide Gehirnhälften arbeiten präzise, gut organisiert und synchron. Zwischen den beiden Gehirnhälften entstehen ständig neue Verbindungen. Ich habe ein geniales Gehirn und einen mächtigen Intellekt.

Meine Haut wird gereinigt, geglättet und verjüngt. Ich habe eine reine, glatte, frische, elastische Haut. Ich sehe jung und attraktiv aus. Ich sehe sehr gut aus. Mit jedem Tag wird es immer besser.

Mein gesamter Körper ist wie neugeboren. Ich verwandle mich in einen jungen, hübschen Elf (eine Elfe). Ich sehe jung, stark und attraktiv aus. Ich bin ein junger, hübscher Elf (eine Elfe).

In der Tat ist die *Deklarierung der Absicht* ein entscheidender Faktor, an dem sich die Wege scheiden: entweder *Rohkost als reine Ernährungsweise* oder *lebendige Ernährung als Bestandteil des Transsurfings*. Wenn Sie einem Rohköstler begegnen, der nicht nach jenen Zielen und Vorteilen strebt, von denen hier ständig die Rede ist, so bedeutet dies, dass seine Absicht ganz anders ausgerichtet oder überhaupt nicht aktiv ist. Oder aber er richtet sich nach ganz anderen Prinzipien der Umstellung. Allerdings hat natürlich auch Rohkost an sich schon eine ganze Menge für sich.

Der Übergang auf eine höhere Schwingung

Die Umstellung auf Nahrung der ersten Klasse versetzt Sie automatisch in einen Bereich der höheren Schwingungen. Es ist so, als ob Sie in die Höhe steigen und die Erde aus der Vogelperspektive sehen. Ihr Körper wird gereinigt, Ihre Energetik wird gesteigert, Ihr

Bewusstsein klärt sich. Es eröffnet sich Ihnen eine Realität mit ungewohntem Erscheinungsbild. Sie beginnen zu sehen, was andere nicht sehen, und zu verstehen, was andere nicht verstehen. Das ist ein sehr konkreter Vorteil.

Andererseits werden Ihnen einige niedrig schwingende Dinge nicht mehr zur Verfügung stehen. Zum Beispiel werden Sie nicht mehr rauchen und trinken können – das würde Brechreiz hervorrufen. Dennoch kann es gelegentlich nützlich sein, zu rauchen, etwas zu trinken oder tote Nahrung zu essen, um sich nochmals zu vergewissern, dass eine Rückkehr in die Vergangenheit für Sie überhaupt nicht infrage kommt.

Zusammenfassung

- Während der Umstellung von Nekrobiose auf Vitabiose findet eine Speicherung von Vitaminen, Mineralstoffen, Mikro- und Makroelementen statt.
- Ohne dass sich eine vollständige lebendige Mikroflora gebildet hat, wird die lebendige Nahrung nicht komplett aufgenommen, und der Körper erleidet einen ständigen Mangel.
- Die Hauptsache ist, dass der Prozess der Reinigung des Körpers den der Verunreinigung überwiegt.
- Der Anteil der lebendigen pflanzlichen Nahrung sollte auf Ihrem Speiseplan allmählich ansteigen, aber bei maximaler Vielfalt.
- Der Körper wird nicht aufhören, nach unreinen Dingen zu verlangen, solange die Toxine der toten Produkte noch präsent sind.
- Stellen Sie sich vor, Sie ernähren Ihr Kind und wollen, dass es wieder gesund wird und gut aussieht.
- Ernähren Sie Ihren Körper bewusst und vollwertig und geben Sie ihm das, was er braucht, ob er es nun will oder nicht.
- Trinken Sie im Laufe des Tages mindestens 1,5 bis 2 Liter reines Wasser.

- Vermischen Sie während einer Mahlzeit keine unverträglichen Produkte, wie Eiweiße und Kohlehydrate.
- Im Laufe des Tages sollten zunächst jene Produkte verzehrt werden, die leichter verdaulich sind, und später jene, die länger brauchen.
- Ersetzen Sie schwere Öle mit leichten: Distelöl, Zedernöl, Amaranthöl, Kürbisöl, Leinsamenöl, Walnussöl.
- Wenn Sie ständig sagen: »Um mich herum ist alles Chemie«, dann wird es auch so sein.
- Richten Sie Ihre Absicht auf die Suche nach Naturprodukten.
- Algen, Pollen, Bienenbrot, blaue Rosinen, lebendiger Aufguss aus Hagebutten und Kräutern sind unentbehrliche Nahrungsmittel.
- Einen sehr hohen Nährwert besitzen Kürbis, Sesam, Amaranth, Zedernmehl, Zedernölkuchen, Zedernmilch und Dinkel.
- Was Sie während des Übergangs auf lebendige Ernährung nicht zu schnell aufgeben sollten, sind: fermentierte Milchprodukte, Käse, Quark und Eigelb.
- Ersetzen Sie gekochten Brei durch lebendigen Brei aus Getreidesprossen.
- Sie können die Anzahl der schädlichen Chemikalien in Ihrer unmittelbaren Umgebung minimieren, von Baumaterialien bis hin zum Make-up, wenn Sie sich dies zum Ziel setzen.
- Die einzige Methode, mit der Sie Ihre Angehörigen überzeugen können, besteht darin, mit gutem Beispiel voranzugehen.
- Anstatt alle in Ihrem Umfeld mit Ihren Überzeugungen zu bestürmen, sollten Sie besser nach Gleichgesinnten Ausschau halten und mit ihnen kommunizieren.
- Fremden Erfahrungen sollte man stets mit Vorsicht begegnen.
- Während Sie sich auf lebendige Nahrung umstellen, sollten Sie sich stets die Vorteile vor Augen halten und auch das Ziel - warum Sie es tun.

- Die eigene Absicht ausstrahlen, einen eigenen Film drehen, die eigene Realität artikulieren.
- Angemessene physische Aktivität ist genauso ein Teil der Körperpflege wie die Ernährung.
- Erstellen Sie sich Richtlinien, artikulieren Sie Gedankenbilder zum Zwecke der Reinigung, der Regeneration und der Entwicklung.
- Die Deklarierung der Absicht ist ein entscheidender Faktor, an dem sich die Wege scheiden: entweder Rohkost als reine Ernährungsweise oder lebendige Ernährung als Bestandteil des Transsurfings.

Randnotizen

Wie wir denken, wie wir uns ernähren, wie wir uns bewegen. Wenn Ihr Bewusstsein sich klärt und Ihre Energetik sich steigert, werden Sie zu vielem in der Lage sein, von dem Sie zuvor nicht einmal träumen konnten. Ich hätte zum Beispiel dieses Buch nicht schreiben können, hätte ich nicht an einem Kurs über regeneratives Transsurfing teilgenommen, der mich auf eine neue Ebene erhob. Ich bin an sich schon in einem Alter, in dem man alle kreativen Leistungen in der Regel bereits hinter sich hat. Um ein solches Buch zu schreiben, muss man über ein ausreichendes Maß an Energetik und starkem Bewusstsein verfügen.

Teil 4

Die Gesellschaft

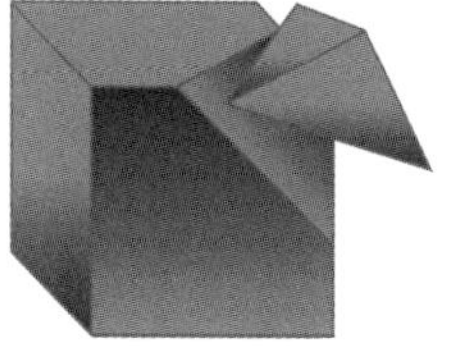

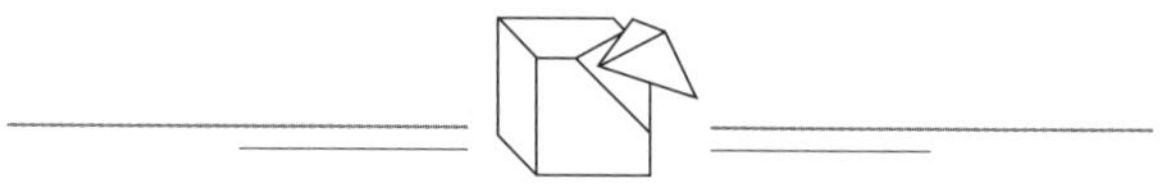

Vom inneren Joystick gebissen

Wir wollen jetzt über eine häufige Krankheit sprechen, die direkten Einfluss auf unsere Achtsamkeit hat. In Anbetracht der Tatsache, dass diese Krankheit im Verborgenen wirkt, keine eindeutigen klinischen Symptome aufweist und dass die offizielle Medizin sich nicht besonders für sie interessiert, wollen wir ihr vorläufig die Bezeichnung »Gebissenheit« geben. Versuchen Sie, im Verlauf der Beschreibung zu erraten, worum es sich handelt.

Allgemeine Symptome

- Der Gebissene hinterlässt überall Müll, leere Flaschen, Schachteln, Verpackungen, Essensreste, Zigarettenkippen und anderen Dreck.
- Er ist ständig am Zetern.
- Es ist nicht ungewöhnlich, dass er eine saubere Wand, einen Aufzug oder ein Fenster in einem öffentlichen Verkehrsmittel verunreinigt.
- Vor allem an Orten, wo sich eine natürliche Reinheit gehalten hat, ist er vom unwiderstehlichen Drang getrieben, Schmutz zu hinterlassen.
- Er hat keine Hemmung, sich grob zu verhalten, wenn er im Auto sitzt. Er drückt auf die Hupe, schneidet andere beim Überholen und parkt, wo immer es ihm passt.
- Er markiert seinen Auftritt auf virtuellen Märkten mit allerlei wenig schmeichelhaften Rezensionen, abgesandt von anonymer Adresse.

- Er versucht mit allen Mitteln, seine Negativität an anderen abzulassen.
- Er handelt unbewusst, auf der Ebene von Instinkten oder gesellschaftlichen Programmen.
- Er ist leicht beeinflussbar und lässt sich bereitwillig durch politische Propaganda und Werbeslogans führen.
- Was Nahrung betrifft, so ist er anspruchslos und kann jeden Fraß essen. Im Haushalt gibt er sich mit minderwertigen Gebrauchsgegenständen zufrieden.

Überträger

Menschenartige, Huftiere, Nager und andere Vertreter der Tierwelt.

Krankheitsverlauf

Die Krankheit verläuft meist ohne besondere klinische Symptome. Aber je nach der Serumgruppe des Erregers, dem Grad seiner Virulenz, der Höhe der ansteckenden Dosis, der Immunschwelle und der Resistenz kann sie in verschiedenen Formen verlaufen: akut, subakut, chronisch, latent oder abortiv.

Diagnose

Die Diagnose wird auf der Grundlage epizootischer Daten, pathologischer Veränderungen und der Resultate von Laboruntersuchungen erstellt.

Ansteckung

Am typischsten ist die fäkal-orale Infektion, aber auch oralnasale Infektionen sind möglich. Intensiver Kontakt, Wasser und Nahrung sind die Infektionswege. Auch die direkte Übertragung ist möglich (durch Bisse oder Stechen). Der Erreger dringt hauptsächlich über die Schleimhäute und durch das Verdauungssystem in den Organismus ein, über die Atmungswege und das urogenitale System, durch kontaminiertes Essen und Wasser, beim Verzehr infizierter Tiere, beim Baden in betroffenen Gewässern und bei der Paarung von Haustieren.

Befund

Der Gebissene verhält sich unangemessen und befindet sich in der Regel in einem verstörten Zustand, wenngleich er äußerlich ganz normal aussieht. Das Paradox der Symptomatik besteht darin, dass der Patient ein abartiges Verhalten an den Tag legt, das nicht von den gängigen Normen abweicht.

Behandlung

Zu gleichen Teilen Beifuß, Rainfarn, Strohblumen, Schafgarbe, Espenrinde und Oregano in eine Schachtel geben und gut vermischen. 2 bis 3 EL dieses Gemischs in eine Teekanne streuen, mit kochendem Wasser übergießen und für 15 Minuten in ein heißes Wasserbad stellen (zum Beispiel in eine Schüssel mit kochendem Wasser). 3 bis 4 Mal täglich eine Tasse davon trinken, jeweils vor den Mahlzeiten.

Vielleicht haben Sie erraten, worum es geht: Parasiten. Trotz des polyironischen Untertons nehme ich die Symptome und die Behandlung sehr ernst. Parasiten haben tatsächlich einen Einfluss auf die Psyche, angefangen von der Trübung des Bewusstseins bis hin zur direkten Steuerung der Motivation und der Handlungen des Patienten. Das ist sogar durch wissenschaftliche Forschung bewiesen, auch wenn nicht viele derartige Studien durchgeführt wurden. Was mag wohl ans Tageslicht kommen, wenn man sich in Zukunft näher mit den Parasiten befassen wird? Allerdings könnte es auch sein, dass das nicht geschieht. Denn für solche Sonderlinge ist es auf jeden Fall vorteilhaft, wenn ihre Präsenz nicht entdeckt wird.

Aber völlig verbergen können sie sich auch wieder nicht. Neben den körperlichen Merkmalen, die nicht immer eindeutig sind, gibt es auch noch Verhaltensmerkmale eines »Gebissenen«. Zum Beispiel weist die Gewohnheit, unbewusst Schmutz zu verbreiten und zu fluchen, fast mit Sicherheit darauf hin, dass der Betreffende von Würmern bewohnt ist.

Das ist eine Art Symbiose, nur mit dem Unterschied, dass in diesem Fall nur der Eindringling etwas davon hat. Der »Gastgeber« stellt ihm gleichzeitig Unterkunft, Nahrung und die Möglichkeit der Vermehrung zur Verfügung. Das ultimative Ziel der Parasiten besteht darin, sich so weit wie möglich zu verbreiten, und das mit allen Mitteln. Ascaris zum Beispiel legt 300.000 Eier pro Tag. Kein Lebewesen auf der Erde kann sich mit dieser Fruchtbarkeit messen.

Ihre Ziele realisieren die Eindringlinge unter anderem dadurch, dass sie die Verhaltensstörungen ihres Wirts lenken. Der Wirt ist *unbewusst* bestrebt, alles, was er berührt, auf chaotische Weise rund um sich zu verbreiten. Direkt oder indirekt, mit verbalen oder physischen Mitteln.

Das Verhalten des »Gebissenen« trägt diesen unbewussten Charakter, da nicht er die Kontrolle darüber hat, sondern derjenige, der am Joystick sitzt. Der Betreffende ist sich in dem Moment, wo er mit Müll um sich wirft, gar nicht darüber bewusst. Auch schimpft oder flucht er nicht, sondern er redet. Für ihn ist das alles ganz normal.

So ist »die Natur«. Sehr eklig, wenn man es von der Seite betrachtet, aber durchaus organisch für unsere Gesellschaft, denn diese »Gebissenen« sind bei weitem in der Mehrheit. So kommt dann jene seltsame Formulierung zustande: *ein abartiges Verhalten, das nicht von den gängigen Normen abweicht.*

Vor nicht langer Zeit wurde festgestellt, dass Parasiten eine besondere Vorliebe für synthetische Nahrung, synthetische Kleidung und synthetische Gebrauchsgegenstände haben. Je mehr Chemie, desto besser für sie. Wahrscheinlich ist diese Zuneigung auf die Folgen zurückzuführen, die die Produkte der Technosphäre mit sich bringen: Rückgang der Immunkraft und allgemeine Vergiftungserscheinungen - genau so, wie die Parasiten es brauchen können. Könnte das nicht auch der Grund sein, warum der Markt heutzutage so sehr mit billigen und minderwertigen Waren überschwemmt wird?

Es bereitet mir kein Vergnügen, über dieses Thema zu sprechen. Aber gewisse Beobachtungen sowie eine Vielzahl von darauf bezogenen E-Mails zwingen mich dazu. Hier ist eine der Beobachtungen.

Es gibt in unserer Gegend einen alten Wald. Die mächtigen Stämme der uralten Bäume ragen hoch in den Himmel. In einem abgelegenen Winkel des Waldes gibt es seit alters eine herrliche Quelle. Das Wasser dort ist sehr gut und schmeckt einfach köstlich. Die Existenz dieser Quelle hat sich herumgesprochen, und jetzt kommen immer mehr Leute dorthin, um Flaschen abzufüllen. Viele Leute aus der Stadt. Man sollte meinen, alle sollten der wunderbaren Quelle dafür dankbar sein, dass sie dort Wasser holen können. Aber nein. Was ich dort sah, hat mich völlig erstaunt. Überall um die Quelle herum lag Müll. Und ich musste das alles mit ansehen ...

Offensichtlich war das ein klinischer Fall von medizinischem Interesse. Anders ist ein solch hoher Prozentsatz an Gebissenen (ja, ab jetzt ohne Anführungszeichen) unter den Besuchern der Quelle nicht zu erklären.

Dem Wirt desjenigen, der »im Innern am Joystick sitzt«, kommt es nicht in den Sinn, der Quelle gegenüber ein Dankeswort zu äußern - im Gegenteil, er muss sie unbedingt besudeln. Aber er macht das völlig unbewusst. Er ist auch ganz unbewusst zur Quelle gekommen. Er hatte irgendwo mit halbem Ohr aufgeschnappt, dass es da eine Quelle mit gutem Wasser gebe, und glaubt blind, dass auch er daraus seinen Nutzen ziehen könne. Aber einem Gebissenen kann solches Quellwasser nichts nützen. Denn der Wert des Wassers liegt in der Güte der Informationen, die es in sich birgt. Aber was für Tugenden können sich noch in dem Wasser halten, nachdem es in die Hände des Gebissenen geraten ist - mit den für ihn typischen Gedankenbildern?

Ich bin überzeugt, liebe Leserinnen und Leser, dass es unter Ihnen niemanden gibt, der in der Nähe der Quelle Müll wegwürfe. Denn solche Typen interessieren sich nicht für die Praxis des spirituellen Wachstums und dergleichen. Und natürlich wollen Sie nichts mit denen zu tun haben. Von Ihnen kommen viele E-Mails mit der Frage, welches Antiparasitenprogramm zu bevorzugen sei.

Eine einfache Antwort hierauf gibt es nicht. Jeder Mensch ist anders, und alle haben ihre individuellen Probleme. Die Programme haben alle einen unterschiedlichen Ansatz, jedes hat seine Vor- und Nachteile. Vielmehr sollten Sie selbst intuitiv herausfinden, was für Sie richtig ist. Es gibt Methoden, die auf Phytopräparaten beruhen, und es gibt Bioresonanz-Techniken. Sie können entweder diese oder jene Methode wählen oder alle gleichzeitig. Vertrauen Sie Ihrem intuitiven Gespür. Im Idealfall wäre es natürlich besser, einen Experten zurate zu ziehen. Ich kann nur allgemeine Empfehlungen geben.

Die erste Regel ist der ganzheitliche Ansatz. Die Maßnahmen sollten sich gegen alle möglichen Parasiten gleichzeitig richten, denn an die Stelle der einen treten immer andere. Zum Beispiel werden durch Antibiotika Bakterien vernichtet, aber an ihre Stelle treten dann Pilze und so weiter. Der Vorzug ist eher den Phytopräparaten zu geben. Bei der Chemie ist es immer das Gleiche: Ein Schaden wird behoben, dafür entsteht aber sogleich ein neuer.

Die zweite Regel ist die Aktivierung der Arbeit des Magen-Darm-Traktes. Es reicht nicht, die Parasiten zu neutralisieren, sie müssen auch noch hinausbefördert werden. Auch hierfür gibt es wieder entsprechende Kräuter. Es ist nicht nötig, irgendwelche Pillen zu schlucken. Zum Beispiel je 100 g getrocknete Feigen und Pflaumen durch den Fleischwolf drehen, 50 g Sennesblätter (abgepackte Beutel können verwendet werden); nun alle Zutaten mit Honig und Kürbisöl vermischen (Olivenöl ist auch in Ordnung), auch jeweils 100 g. Die Paste im Kühlschrank lagern. Jeden Tag 1 TL vor dem Schlafengehen.

Dritte Regel: Während der Behandlung sollte das Essen reich an Ballaststoffen sein. Auf Ihrem Speiseplan sollten außerdem antiparasitäre Pflanzen enthalten sein: Zwiebeln, Knoblauch, Lauch, Pfeffer, Senf, Meerrettich, Rettich, Nelken, Kürbiskerne, Granatapfelsaft, Honigmelone, Wassermelone.

Vierte Regel: Die Dauer der Behandlung sollte mindestens eineinhalb bis zwei Monate betragen. Parasiten sind die robustesten und zähesten Geschöpfe auf Erden. Sie werden nicht einfach verschwinden, weil wir ihnen die Tür weisen. Sie müssen ihnen zu verstehen geben, dass sie in Ihrem Körper völlig unmögliche Bedingungen vorfinden werden.

Fünfte Regel: Entziehen Sie den Parasiten ihr Lieblingsmenü. Wenn Sie weiterhin Synthetik aus dem Supermarkt essen - Produkte aus Mehl und Zucker und Hefebrot -, so versuchen Sie zwar, die Fremdlinge loszuwerden, doch gleichzeitig hegen und pflegen Sie sie, was nicht gerade logisch ist. Die ganze Behandlung kann so letztlich für die Katz sein.

Wenn Sie beschlossen haben, auf eine neue Pyramidenstufe zu wechseln, werden die Fremdlinge Sie allmählich von selbst verlassen, weil sie eine reine Umgebung und lebendige pflanzliche Nahrung nicht ertragen können. Doch bis Ihr Körper völlig gereinigt ist und ein intaktes Immunsystem hat, kann noch viel Zeit vergehen. Da kann es nicht schaden, für die »Erheiterung« jener »sonderbaren Touristen« zumindest ein Programm durchzuziehen. Lassen Sie sich diesen Spaß nicht entgehen.

Das universellste und preiswerteste Mittel gegen die Fremdlinge ist ein Aufguss aus bitteren Kräutern. Das Standardrezept dafür habe ich oben bereits angeführt. Die Bitterkeit hat neben der Tatsache, dass sie Ihre »Gäste« zum Wahnsinn treibt, auch noch den Vorteil, dass sie die Funktion des Magen-Darm-Trakts normalisiert. Verglichen mit chemischen Präparaten sind Bitterstoffe fast harmlos. Sie brauchen sich nicht vor Ihnen zu fürchten.

Das Schwierigste von allem ist es, Einzeller und Pilze loszuwerden. Sie sind die heimtückischsten und hartnäckigsten »Gäste«. Sie verhalten sich ganz ruhig und machen sich kaum bemerkbar, doch im Hintergrund veranstalten sie ein ungemein zerstörerisches Werk. Nehmen wir zum Beispiel ein weniger schweres Geschütz wie den Helicobacter - ein spiralförmiges Bakterium, das die Hauptursache für Magengeschwüre, Gastritis und Sodbrennen ist. Kein Wunder, dass die Mittel gegen Sodbrennen weit und breit beworben werden. Offenbar besteht eine große Nachfrage.

Im Weiteren noch ein paar Rezepte, die aus natürlichen Antibiotika bestehen und insbesondere gegen einzellige Schädlinge gerichtet sind.

Giardien: Vermischen Sie zu gleichen Teilen Alantwurzel, Sumpf-Blutauge, Blütenstände der Immortelle, Pfefferminze, Pimpinellenwurzel. 2 bis 3 TL in eine Teekanne streuen, mit kochendem Wasser übergießen und 15 Minuten lang in ein Warmwasserbad stellen. Von diesem Sud nehmen Sie einmal täglich eine halbe Tasse, unabhängig von den Mahlzeiten.

Helicobacter: Vermischen Sie zu gleichen Teilen Ringelblume, Schafgarbe und Johanniskraut. 2 bis 3 EL in eine Teekanne geben, mit kochendem Wasser übergießen, in ein Tuch einhüllen und etwa 40 Minuten stehen lassen. Nehmen Sie mindestens vier Mal am Tag eine halbe Tasse vor den Mahlzeiten.

Das Trinken ist nicht unbedingt sehr angenehm. Aber es ist schön zu wissen, dass es für die Fremdlinge eine wahre Folter ist!

Zusammenfassung

- Parasiten haben einen Einfluss auf die Psyche, angefangen von der Trübung des Bewusstseins bis hin zur direkten Steuerung der Motivation und der Handlungen des Patienten.
- Die Gewohnheit, unbewusst Schmutz zu verbreiten und zu fluchen, weist darauf hin, dass der Betreffende von Würmern bewohnt ist.
- Parasiten haben eine besondere Vorliebe für synthetische Nahrung, synthetische Kleidung und synthetische Gebrauchsgegenstände.
- Die Maßnahmen sollten sich gegen alle möglichen Parasiten gleichzeitig richten, denn an die Stelle der einen treten immer andere.
- Es reicht nicht, die Parasiten zu neutralisieren, sie müssen auch noch hinausbefördert werden.
- Während der Behandlung sollte das Essen reich an Ballaststoffen sein.
- In Ihrem Speiseplan sollten antiparasitäre Pflanzen enthalten sein.
- Die Behandlung sollte mindestens eineinhalb bis zwei Monate dauern.
- Supermarktsynthetik ist ein Menü für die Parasiten.
- Ehe Sie auf die neue Pyramidenstufe gelangt sind, müssen Sie im Körper völlig unmögliche Bedingungen für die Parasiten herrichten.

Randnotizen

Wir haben uns dem abschließenden Teil des Buches zugewandt. Es geht um die Gesellschaft und unsere Umwelt, in der wir leben. Das folgende Kapitel wurde mehrmals in der Zeitschrift »Russischer Pionier« veröffentlicht (http://ruspioner.ru). Bitte lesen Sie sorgfältig den gesamten Text, denn diese Informationen sollen nicht nur zur Kenntnis genommen, sondern auch verstanden und assimiliert werden. Bestimmte Dinge könnten Ihr Erstaunen oder gar Ihre Empörung hervorrufen. Aber ziehen Sie keine voreiligen Schlüsse. Auf einige Themen, die ich hier nur am Rande berühre - beispielsweise die Informationsvergiftung und soziale Netzwerke -, werde ich in späteren Kapiteln detaillierter behandeln. Dennoch können auch die diesbezüglichen Punkte zumindest zum Nachdenken anregen.

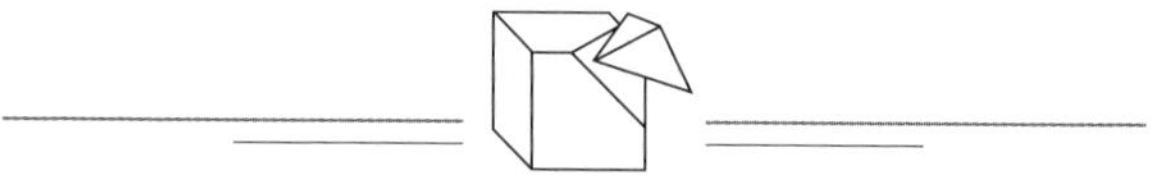

Die Involution des Bewusstseins

Es nieselte, ein typischer Herbstregen. Der raue Wind entriss den Bäumen die vergilbten Blätter und wirbelte sie in die Pfützen auf dem Exerzierplatz. Finstere Menschen in feuchten Mänteln standen in Reih und Glied und sangen in traurigen, schleppenden Tönen die Hymne der Sowjetunion. Es gab keine musikalische Begleitung, und die ganze Melodik, um deren Einhaltung sich nicht einmal jemand bemühte, war zu einem düsteren Rezitativ verkümmert, weshalb das Lied, wenn man es denn so nennen will, mal an einen Trauermarsch und mal an eine Beerdigungszeremonie erinnerte.

Der Stabschef des Regiments, auf der verzweifelten Suche nach einem Mittel zur Stärkung unseres Kampfgeistes und unserer Heimatliebe, schien große Hoffnungen auf die Hymne zu setzen. Beim ersten Mal standen wir einfach stramm und hörten uns die Hymne von einer Schallplatte an. Ein Plattenspieler mit Verlängerungskabel war zu diesem Zweck auf dem Platz aufgestellt worden, und wenn es regnete, stellte jemand einen Schirm darüber. Die Schallplatte drehte monoton ihre Runden und tauchte alles in eine Art meditative Trance, so als würde man in eine Kerzenflamme starren.

Schließlich begann die Schallplatte aufgrund des häufigen Gebrauchs an den unmöglichsten Stellen zu springen und zerstörte so auf heimtückische Weise die Feierlichkeit des Geschehens. Auf den Plattenspieler musste dann verzichtet werden. Doch schon bald kam dem Stabschef eine geniale Idee – denn Truppengesang ist ja viel patriotischer und feierlicher als bloßes Zuhören. Außerdem würde es so kein Springen mehr geben. Wir murmelten jetzt brav selbst die Hymne vor uns hin. Allerdings sah das Ganze schon etwas arg düster aus. Du kannst ein Pferd zum Wasser führen, aber du kannst es nicht zum Trinken zwingen. So musste diese Zeremonie schon bald wieder eingestellt werden - zum Bedauern des Kommandeurs und zur Erleichterung der Truppe.

Wenn ich, in Reih und Glied stehend, auf jene seltsame Weise »meine Pflicht getan« hatte, beschlich mich das vage Gefühl, als sei das alles nur ein Traum. Einerseits schien das Ganze irgendwie erforderlich und ordnungsgemäß zu sein, doch andererseits - wozu das alles? Und was machte ich eigentlich dort? »Slawsja-a-a, O-o-te-tschestwo na-sche-e swo-obodnoje ...«* Eigentlich liebten wir auch ohne jede Zeremonie unsere Heimat und waren bereit, sie zu beschützen, ob man das nun von uns pflichtgemäß verlangte oder nicht.

Seitdem sind viele Jahre vergangen, doch im Grunde läuft heute noch immer das gleiche Spiel ab wie damals. Geblieben ist nur das Gefühl, dass mir alles um mich herum wie ein Traum erscheint. Ist das vielleicht wirklich so? Kein Wunder, dass Kinder bis zum Alter von vier, fünf Jahren Traum und Wirklichkeit nicht unterscheiden können, wenn man bedenkt, dass die Realität eine Fortsetzung des Traums ist. Oder umgekehrt.

Wenn man die Evolution *des Bewusstseins* von den einfachsten Organismen bis zum »Homo sapiens« verfolgt, mag man eine völlig unerwartete, paradoxe Gesetzmäßigkeit entdecken.

Der Einfachheit halber beginnen wir mit den Pflanzen. Haben sie ein Bewusstsein? Und ob! Der Mensch, der sich für die Krone der Schöpfung hält, meint in seiner Vermessenheit, er könne die Pflanzen einfach wie Biomaterie behandeln. Laboruntersuchungen der jüngeren Vergangenheit haben ergeben, dass eine gewöhnliche Topfpflanze so etwas wie Freude verspüren kann, wenn sich ihr

* Der Beginn des Refrains der sowjetrussischen Nationalhymne (1944-2001): »Rühme dich, unser freies Vaterland ...« (Anm. d. Übers.)

jemand nähert, der sie pflegt, und Angst, wenn jemand kommt, der ihr regelmäßig Blätter abreißt. All dies wurde unzweideutig per EEG gemessen und festgehalten. Wir können nicht wissen, was die Pflanzen tatsächlich fühlen und ob sie ein Selbstbewusstsein haben, aber sie als etwas völlig Seelenloses zu betrachten ist mit Sicherheit falsch. Diese wunderschönen Träumer befinden sich, verglichen mit dem Menschen, einfach in einem Trancezustand, so als legte sich der Mensch unter dem Mondhimmel schlafen.

Im Unterschied zu den Pflanzen haben Tiere schon ein höher entwickeltes Bewusstsein. Aber auch das Leben der Tiere gleicht einem unbewussten Traum, in dem sie dazu verdammt sind, nach einem angeborenen Programm zu handeln, auf der Ebene der Instinkte. Wenn allerdings die Kraft des Instinkts nicht ausreicht, erwacht bei ihnen jedes Mal das Bewusstsein, um komplexere Lösungen für das Überleben zu finden. Ansonsten gäbe es auch keine Evolution.

Das Erwachen *aus dem Instinkt zum Bewusstsein* zeigt sich in der Regel nur bei wilden Tieren, die in ihren Handlungen relativ unabhängig und dazu gezwungen sind, in einer sich ständig wandelnden Umwelt zu leben. Was aber geschieht mit dem Bewusstsein von Haustieren, die in einem Stall eingepfercht sind? Die äußeren Grenzen sind stark eingeschränkt, und sie brauchen keine Entscheidungen mehr zu treffen, denn für alles ist gesorgt - fressen und schlafen. Und dann fällt das Bewusstsein tatsächlich in einen festen Schlaf, der von seiner Tiefe her in die Nähe der Pflanzen kommt.

Was den Menschen betrifft, so war die Entwicklung seines Bewusstseins auf dem Vormarsch, solange er in der Wildnis überleben musste, und erreichte seinen Höhepunkt, als der Mensch sich auf die Stufe der Zivilisation erhob. Daraufhin ging die Bewusstseinsentwicklung in eine Phase der Hochebene über, da sich im Laufe von vielen Jahrhunderten fast nichts an der Lebensweise des Menschen änderte. Aber dann kam das Zeitalter der industriellen Revolution. Sogleich drängt sich die Vermutung auf, dass das Bewusstsein sich in einem solchen Umfeld mit der gleichen Geschwindigkeit entwickeln sollte wie der technische Fortschritt.

Aber es geht jetzt nicht um die Wissensmenge, die der menschliche Verstand angehäuft hat, sondern vielmehr um die Bewusstheit als Fähigkeit, sich nüchtern in der Umwelt zu orientieren und sich bewusst zu machen: Wo bin ich? Was tue ich im Moment, und warum gerade so? Mit anderen Worten: Es geht um die Vernunft des Menschen, im wahrsten Sinne des Wortes.

Seltsamerweise garantiert die Erkenntnis in Fragen der modernen Wissenschaft und die Fähigkeit, Tasten zu drücken, keineswegs eine Klärung des Bewusstseins, ganz im Gegenteil.

Achten Sie einmal auf die Menschenmassen in großen Metropolen. Die Leute bewegen sich auf ihren ausgetretenen Pfaden wie Ameisen, eingetaucht in ihre Traumbilder. Alle ihre Handlungen scheinen programmiert zu sein, als wären sie Automaten oder Roboter. Besonders auffallend ist dies, wenn man sich die aus- und einsteigenden Menschenströme auf einem U-Bahnhof anschaut. Zuhause - Arbeit, Arbeit - Zuhause. Und in Japan leben viele Menschen monatelang in ein und demselben Wolkenkratzer, zusammengepfercht in einem großen Ameisenhaufen, der für sie alles in einem ist: Arbeitsstelle, Wohnung, Einkaufszentrum und Vergnügungspark. Das ähnelt schon stark einer Tierfarm, mit allen sich daraus ergebenden Konsequenzen für das Bewusstsein. Nur mit dem Unterschied, dass der Mensch sich selbst in den Stall treibt.

Die Frage ist: Was hat uns zu einem solchen Leben gebracht? Und dann noch so wahnsinnig schnell! In Dutzenden Jahrhunderten vor unserer Zeit lief alles in gemütlich-gemessenem Tempo, und dann in nur wenigen Jahrhunderten eine solche Änderung! Ist das nun gut oder schlecht?

Die Evolution - oder genauer gesagt die Involution, die Minimierung des Bewusstseins - wurde von drei Faktoren beeinflusst.

Der erste ist *die Arbeitsteilung*. Nehmen wir der Einfachheit halber die Naturalwirtschaft. Wenn dieser, jener und noch ein Dritter sich damit beschäftigen muss, so trägt das offensichtlich zu einer Erweiterung des Bewusstseins bei. Wenn dagegen der Tätigkeitsbereich des Einzelnen stark eingeschränkt ist, so verengt sich auch das Bewusstsein auf einen kleinen Bereich. Der Mensch blickt beim Gehen wie gebannt auf seine eigenen Füße und hat keine Möglichkeit, sich umzusehen. Mit anderen Worten: Er sieht den Wald vor lauter Bäumen nicht. Beispielsweise werden dann zwei Physiker verschiedener Fachgebiete einander nicht mehr verstehen, und zwei Ärzte mit unterschiedlicher Spezialisierung werden ein und demselben Patienten verschiedene Diagnosen erstellen.

In der industriellen Gesellschaft wird das Individuum in der Tat zu einer kleinen Schraube, so dass ein fähiger Verstand nicht mehr benötigt wird. Wozu auch, wenn ein Arbeiter nur ein paar Knöpfe drücken muss? Sogar Prozesse zur Entwicklung von Spitzentechnologie werden so weit wie möglich automatisiert, ganz zu schweigen also von der Herstellung einfacher Mechanismen. Der Prozess der Erzeugung und Zubereitung von Nahrung läuft ebenfalls per Knopfdruck ab. Sie holen sich aus dem Supermarktregal ein technogen erzeugtes Surrogat, und »einfach in Wasser einrühren - fertig!«. Supermarktregal oder Futtertrog - wo ist der Unterschied?

Der zweite Faktor besteht in den *technogenen Methoden zur Verarbeitung von Lebensmitteln*. Die Zunahme der degenerativen Krankheiten ist statistisch eindeutig mit dem Aufkommen und der Entwicklung von Lebensmitteltechnologien wie Konservierung, Raffination und allen möglichen chemischen Prozessen verbunden. Doch solche Nahrung macht die Menschen nicht nur krank, sie ruft *stärkste Drogenabhängigkeit* hervor und fesselt den Konsumenten an den Trog. *Die Verbraucher sollen ein ständiges Bedürfnis nach der nächsten Dosis (sorry: Mahlzeit) verspüren, jederzeit.* Nichts Persönliches, einfach nur Business.

Schon jetzt, wo fast alle jungen Leute, im Unterschied zu früheren Generationen, an allen möglichen Krankheiten künstlichen Ursprungs leiden, wie Depressionen, Allergien und so weiter, ist es eine klare Tatsache, dass die Kinder zum ersten Mal kürzer leben werden als ihre Eltern. Auf die Medizin sollte man keine großen Hoffnungen setzen - sie weiß nichts über die technogenen Krankheiten. Oder aber sie will gar nichts davon wissen, denn die moderne Medizin und die Pharmazeutik sind ein sehr großes, eiskaltes Geschäft und kein »Wohlfahrtsverein«. Wer hat etwas von geheilten Patienten? Was kann man ihnen noch abnehmen? *Patienten sollten immer krank sein - das ist doch der ganze Sinn des Geschäfts!*

Wie diese Entwicklung weitergeht, ist unbekannt. Zum Beispiel ist es schwer vorstellbar, welche Überraschungen uns von der bevorstehenden breiten Einführung von GVO erwarten - wo diese ja schon jetzt zu einem allgemeinen Anstieg der Unfruchtbarkeit unter den Menschen geführt hat und zur Ausrottung der Insekten, die diese Nährpflanzen bestäubten.

Wie recht hatte doch der Akademiker T. D. Lyssenko, als er eine Kampagne zur Ablehnung und zum Verbot der genetischen Forschung startete! Was auch immer diese Kampagne gekostet hätte, die Idee ist gut und weise, denn *niemand sollte sich ins Labor der Natur einmischen, wenn er davon nichts versteht.*

Es ist leicht vorstellbar, dass die Menschen in Zukunft wohl in Reagenzgläsern herangezüchtet werden. Was das dann für Menschen sein werden, ist ebenfalls nicht schwer zu erraten. Isst du Synthetik, wirst du zum Cyborg. Bist du ein Cyborg, isst du Synthetik. Wie jede Droge, trübt auch technogene Nahrung ganz direkt das Bewusstsein. Und was folgt daraus? *Das Bewusstsein wird eindeutig gemäß den Bedürfnissen des Systems zurechtgestutzt, während die Bedürfnisse des Einzelnen unter den Tisch fallen.*

Der dritte der hier betrachteten Faktoren ist schließlich der *Informationsrausch.* Vergleichen Sie einmal die modernen Menschen mit denen, die vor eintausend Jahren lebten, als es noch keine Zeitungen, kein Kino, kein Radio, kein Fernsehen, kein Internet und keine Mobiltelefone gab. Es waren ganz andere Menschen! Dabei sind die Hauptunterschiede nicht etwa das Niveau des Intellekts, der Höflichkeit oder der Bildung. Fakt ist, dass der moderne Mensch ganz konkret an der Informationsnadel hängt. Er kann ohne den externen Informationsstrom schon nicht mehr existieren. Und dieser Strom ist letztlich der entscheidende Faktor, der die Gesellschaft in einen abgrundtiefen kollektiven Traum versetzt.

Es ist offensichtlich: Die Bewusstheit der Völker, die vor ein paar Jahrtausenden lebten, war um ein Vielfaches höher entwickelt als bei den modernen Menschen. Es ist kein Wunder, dass Wahrheitssucher die Weisheit jahrtausendealter Kulturen verstehen wollen. Allerdings ist das kaum möglich, da die Menschen damals eben ganz anders waren. *Das bedeutet auch, dass die Wege zur Erleuchtung für uns gar nicht mit jenen der antiken Völker übereinstimmen können.* Wir müssen zunächst unseren Körper und unser Bewusstsein reinigen, bevor wir zumindest einen Schritt näher an dem Wissen sind, das die Alten besaßen.

Als die Zivilisation den künstlichen Weg der Entwicklung einschlug, wurden Gesetze wirksam, die es vorher nicht gab. Die Wirkung dieser Gesetze führt dazu, dass die Technosphäre stetig auf die Matrix zustrebt. Die Matrix ist ein Konglomerat, in dem dem Menschen die Rolle einer Batterie oder Speisungszelle für das System zukommt. Filme wie *Matrix* und *Surrogates* sind keine Science-Fiction, sondern unsere nahe Zukunft. Dabei geht es noch nicht einmal so sehr um die Technik, mit der der Mensch sich umgibt. *Wenn die Menschen in ein Informationsnetzwerk geraten (oder in ein soziales Netzwerk, wenn Sie so wollen), sind Sie in den Fängen des Systems.* Nicht der Mensch lenkt dieses System, sondern das System beherrscht und kontrolliert den Menschen. In einem weltumspinnenden Informationsnetzwerk ist das leicht zu bewerkstelligen.

Wie sagte schon Lenin: »Kommunismus ist Sowjetmacht plus Elektrifizierung des gesamten Landes.« Diese Worte können im

Lichte des oben Gesagten wie folgt angepasst werden: *Die Matrix ist allumfassende Idiotie plus die Cyborgisierung der gesamten Gesellschaft. Und die Cyborgisierung der gesamten Gesellschaft ist wiederum allumfassende Idiotie plus die Vereinigung aller Idioten in einem sozialen Netzwerk.* Das mag ein wenig exzentrisch klingen, aber im Grunde ist es so. Und der wichtigste Zweck des Netzwerks ist es, *zentrale Befehle auszugeben*, die blind von seinen Teilnehmern befolgt werden, die sich in einem Zustand der kollektiven Anabiose befinden.

Wie wir sehen, besteht die paradoxe Gesetzmäßigkeit, von der zu Beginn dieses Kapitels die Rede war, darin, dass *die Evolution des Bewusstseins eine Wende macht und, anstatt eine höhere Stufe zu erklimmen, zum Ausgangspunkt zurückkehrt*.

Verstehen Sie, was los ist? Dazu passt ja auch, dass in letzter Zeit neben der Evolutionstheorie die *Involutionstheorie* zunehmend an Popularität gewinnt, gemäß der die Affen nicht die Vorfahren der Menschen sind, sondern seine niedrigsten Nachkommen - *in degenerierter Form*. Allerdings sind wir meiner Meinung nach nicht von einer »Dehumanisierung« bedroht, jedenfalls nicht in naher Zukunft. Aber eine Cyborgisierung steht uns höchstwahrscheinlich bevor, und zwar schon sehr bald.

Vielleicht haben Horrorgeschichten vom Ende der Welt, mit denen wir uns so gern gegenseitig erschrecken - wie im Pionierlager, wenn das Licht aus ist -, ja keinen Bezug zur Realität? Als da wären: globale Erwärmung, eine neue Eiszeit, Hochwasser oder ein Meteoriteneinschlag. Nein, wohl eher nicht. Diese Szenarien sind allzu vorhersehbar für ein solch tragisches Finale. Das Ende kommt so, wie es ihm bestimmt ist, genau in dem Moment, wenn du es nicht erwartest, und genau so, wie du es dir nicht vorgestellt hast. Auf gleiche Weise, wie aus dem Nichts und urplötzlich, entsteht auch ein Traum. Da stellt sich doch die Frage: Wäre es nicht an der Zeit, sich auf die Flucht von der Farm vorzubereiten?

Zusammenfassung

- Bewusstheit ist die Fähigkeit, sich nüchtern in der Umwelt zu orientieren und sich bewusst zu machen: Wo bin ich? Was tue ich im Moment, und warum gerade so?
- Erkenntnis in Fragen der modernen Wissenschaft und die Fähigkeit, Tasten zu drücken, garantiert keineswegs eine Klärung des Bewusstseins, ganz im Gegenteil.
- Wenn der Tätigkeitsbereich des Einzelnen stark eingeschränkt ist, so verengt sich auch das Bewusstsein auf einen kleinen Bereich.
- In der industriellen Gesellschaft wird das Individuum zu einer kleinen Schraube, so dass ein fähiger Verstand nicht mehr benötigt wird.
- Die Einführung der Technologie in die Prozesse der Erzeugung und Zubereitung von Nahrung hat zu einer Zunahme der degenerativen Krankheiten und zu einer Trübung des Bewusstseins geführt.
- Der moderne Mensch hängt ganz konkret an der Informationsnadel. Er kann ohne den externen Informationsstrom schon nicht mehr existieren.
- Dieser Strom ist letztlich der entscheidende Faktor, der die Gesellschaft in einen abgrundtiefen kollektiven Traum versetzt.
- Die Wege zur Erleuchtung können für uns nicht die gleichen sein wie die der antiken Völker.
- Die Matrix ist ein Konglomerat, in dem dem Menschen die Rolle einer Batterie oder Speisungszelle für das System zukommt.
- Wenn die Menschen in ein Informationsnetzwerk geraten (oder in ein soziales Netzwerk, wenn Sie so wollen), befinden sie sich in den Fängen des Systems.
- Die Evolution des Bewusstseins macht eine Wende und kehrt, anstatt eine höhere Stufe zu erklimmen, zum Ausgangspunkt zurück.

Randnotizen

Die Geschichte mit der Hymne hatte noch eine Fortsetzung. Im Sommer dieses Jahres (2011) las ich in den Nachrichten folgende Notiz. Ich kann nicht widerstehen, sie hier wörtlich wiederzugeben, nur die Vornamen und Namen werde ich auslassen. »Ab nächstem Jahr werden die Schüler der Schulen der Oblaste Belgorod und Kostroma vor Beginn des Unterrichts die Hymne der Russischen Föderation singen. Dies erklärte am letzten Freitag der bevollmächtigte Vertreter des Präsidenten in Lipezk auf einer Ratssitzung des Zentralen Föderationskreises in Übereinstimmung mit der Familienpolitik. (Mittlerweile ist er für einen höheren Posten nominiert. – Anmerkung von V. Z.) Er sagte, dass die Hymne von Schülern der ersten bis zur elften Klasse gesungen werden solle und dass das ›eine sehr gute Idee‹ sei. Der Vertreter des Präsidenten ist der Auffassung, dass dieser Versuch auch in andere Regionen verbreitet werden sollte, meldete ITAR-TASS.«

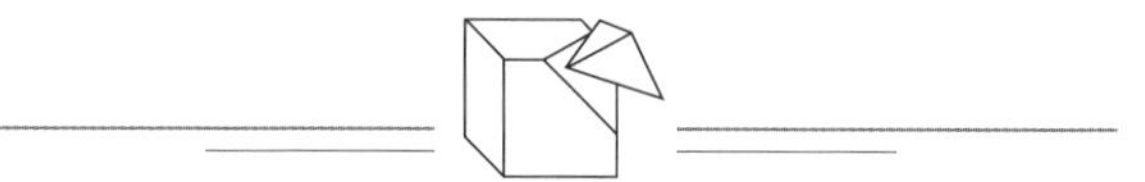

Die Kontrolle der Lebenserhaltung

Paradoxerweise ist es für das System vorteilhaft und sogar notwendig, dass seine Rädchen nicht völlig gesund sind. Die Energetik und folglich auch die Energie der Absicht ist direkt von der Gesundheit abhängig. Die Energie muss ausreichen, um die funktionalen Pläne zu erfüllen, nicht mehr und nicht weniger. Ansonsten könnte sich das Rädchen davonstehlen und durch die Gegend wandern, wohin es ihm gefällt, und das kann keinesfalls zugelassen werden. Die Aufgabe des Systems ist es, das Rädchen in der ihm zugewiesenen Zelle festzuhalten.

Unsere Aufgabe hingegen besteht darin, über genügend Energie und freien Willen zu verfügen, um unser Schicksal in die eigene Hand zu nehmen. Stellen Sie sich einmal vor, dass Sie, der Sie sich für ein freies Individuum halten, im Grunde nichts weiter sind als ein unbedeutender Algorithmus in einem komplexen Softwaremodul. Ihre Funktion besteht darin, Zahlen zu addieren, wie in einer Endlosschleife. Einschalten ..., addieren ..., umschalten ..., wieder addieren ..., warten bis Rücklauf ... Und so geht es das ganze Leben.

Oder stellen Sie sich vor, Sie sind ein Transistor in einer Systemplatine, deren Schaltkreis aus Millionen gleicher Transistoren besteht. Jeder übt an seiner Stelle eine bestimmte Funktion aus. Einem wurde ein schöner Ort zugewiesen, wo es nicht zu staubig und nicht zu heiß ist und wo der Verkehrsstrom der Megabits flüssig und locker durchläuft. Ein anderer bekommt einen Knochenjob in einer überhitzten CPU und muss schuften wie in einem Kohlebergwerk. Eine Möglichkeit zu entkommen gibt es nicht. Wohin sollte man seinem Heimatdorf auch entfliehen? Dort, in der Hauptstadt, im Scheinwerferlicht oder in den bequemen Sesseln, sonnen sich nur diejenigen, die Glück hatten. Du hattest halt kein Glück und bist da, wo du nun einmal bist.

Und tatsächlich, das Individuum denkt, es könne seine Lage nicht ändern. Wie könnte ich, mit meinem lächerlichen Gehalt, mir ein eigenes Heim leisten? Wer würde mir schon eine gut bezahlte Stelle geben, wo ich doch weder Erfahrung habe noch Beziehungen? Wie sollte ich mich von meinem Ort losreißen, wenn ich nichts weiter bin als ein Transistor oder ein Algorithmus?

Und dennoch: Es ist möglich. Jeder kann aufstehen und eine außergewöhnliche Reise durch das Labyrinth der Schaltungen und Softwarewindungen unternehmen, während alle anderen an Ort und Stelle festsitzen, wie an ihre Zelle gefesselt. Gehen Sie, wohin Sie wollen, und sei es in die entlegensten Winkel der Matrix. Wandern Sie in deren Megakosmos umher, bis Sie Ihre eigene, gleichsam für Sie vorbereitete Ecke finden, wo Sie frei und glücklich sind.

Aber zunächst einmal muss der besagte Transistor oder Algorithmus erkennen, wer er ist und wo er sich befindet. Und er braucht *freie Energie und ein klares Bewusstsein* - genau das, was ihm die Matrix entzieht. Das System schließt ihn nicht unbedingt an Saugnäpfe an oder pflanzt ihm einen Chip ins Hirn. Es verfügt über andere Möglichkeiten, die vielleicht nicht so spektakulär, aber auch nicht minder wirksam sind. Das System verpasst dem Menschen *eine Ventilklappe für seine Lebenserhaltung*, im wahrsten Sinne des Wortes. *Damit seine Lebensenergie fließt, aber nur mäßig.*

Wie wird das gemacht? Ich habe schon einmal den Vergleich von Blutgefäßen mit Flussbetten gebracht. Das Herz-Kreislauf-System ist für den Körper eine Bewässerungsanlage, die jedes Organ und jede Zelle mit Sauerstoff und Nährstoffen versorgt und gleichzeitig auch noch als Reparaturbrigade fungiert, wenn etwas aus dem Ruder läuft. Neben dem Bewässerungssystem gibt es auch eines der *Entwässerung*: das Lymphsystem. Die Lymphgefäße sind so etwas wie Abwasserleitungen, um die angesammelten Stoffwechselprodukte zu entsorgen. Wenn das Be- und Entwässerungssystem in einigen Teilen des Körpers oder insgesamt ausfällt, gerät der normale Lebenszyklus durcheinander, und Krankheiten sind die Folge.

Mit zunehmendem Alter verstopfen die feinen Blut- und Lymphgefäße, dann schrumpfen sie und sterben schließlich ab. Das Kapillarnetz trocknet allmählich aus und ist nicht mehr so effektiv wie zuvor. Als Folge davon verwandelt sich der Körper des Menschen gegen Ende des Lebens in eine ausgetrocknete Wüste oder in einen stillstehenden Sumpf. Beides bedeutet den Tod. Aber solange wenigstens ein wenig durch die Kanäle fließt, geht das Leben irgendwie weiter.

Doch während früher, noch vor einigen Jahrzehnten, das Be- und Entwässerungssystem von selbst degenerierte, hat sich die Lage mittlerweile dramatisch verändert. *Heutzutage läuft der Prozess des Verstopfens und Absterbens der Gefäße unter dem Einfluss technogener Faktoren wesentlich schneller ab.* Technogene Nahrung verstopft die Gefäße ganz direkt, weil die »Kläranlage« des Körpers mit all der Chemie und Synthetik nicht mehr zurechtkommt. Und die elektromagnetische Strahlung wirkt sich so aus, dass die elektrifizierten Erythrozyten zu Trauben verklumpen. Wenn ein solches Konglomerat in eine enge Kapillare gerät, wird diese blockiert und stirbt allmählich ab.

Das menschliche Gehirn, das einen Großteil der Zeit direkter Handybestrahlung ausgesetzt ist, erleidet ähnliche Auswirkungen wie das Gehirn eines Trinkers, denn jede Dosis Alkohol verursacht, ähnlich wie elektromagnetische Strahlung, ein Verkleben der roten Blutkörperchen. Für größere Gefäße stellen solche Verklumpungen keine besondere Gefahr dar, wenn auch das Blut längst nicht mehr so funktionstüchtig ist wie normal.

Im Kopf hingegen ist die Situation eine ganz andere. Das menschliche Gehirn besteht aus Milliarden von Neuronen. Jede dieser Neuronenzellen unterhält ein eigenes Kapillarsystem, das so fein ist, dass die Erythrozyten nur einer nach dem anderen passieren können. Wenn nun ein Cluster von roten Blutkörperchen zur Basis einer Kapillare gelangt, wird diese blockiert, und die Nervenzelle stirbt nach wenigen Minuten unwiederbringlich ab. Daher spielt es keine Rolle, ob man mit der Flasche in der Hand oder mit dem Handy am Ohr herumfummelt: Im Endeffekt wird der gleiche Friedhof toter Gehirnzellen erschaffen, der rasant anwächst.

Wenn freilich das Gehirn nicht besonders beansprucht wird, kann man diesen Effekt vielleicht vernachlässigen. Die Reserven des Gehirns sind gewaltig, und da sowieso nur ein paar Prozent der Gehirnneuronen benutzt werden, kann der Vorrat schon bis ins hohe Alter ausreichen. Als hätte die Natur in weiser Voraussicht in dieser Hinsicht eine beträchtliche Sicherheitsspanne angelegt. Bei Idioten wird ein größerer Teil des Gehirns einfach abgeschaltet, da er sonst nicht lange erhalten werden könnte.

Aber es besteht noch eine weitere Gefahr - *die Entstehung von Tumoren im Gehirn durch die ständige Einwirkung elektromagnetischer Strahlung.* Handyhersteller und Netzbetreiber wissen das sehr wohl, doch diese Tatsache stört sie nicht - es winkt ja der Profit. Handybesitzer wissen dies entweder nicht oder sie wähnen sich in sogenannter »Herdensicherheit« - schließlich telefonieren ja alle. Und können etwa alle Idioten sein? Ist das wirklich möglich?!

Ich habe eine frohe Botschaft für sie: In der Tat! In unbeschwerter Euphorie ist der Mensch in der Lage, alle möglichen alarmierenden Zeichen einfach beiseitezuschieben, solange er nicht selbst konkret betroffen ist oder solange nicht klar wird, dass die ganze Herde dem Abschlachten geweiht ist.

Bis in die 1980er Jahre hinein wurde das Aufkommen von billigen Baumaterialien auf der Grundlage von Asbest weit und breit gefeiert. Niemand beachtete die Warnungen von Experten, die auf die krebserregenden Eigenschaften des Materials hinwiesen, und die Asbesthersteller machten einen guten Reibach. Dann jedoch häuften sich die Fälle von Tumoren. Die Asbestindustrie war jedoch ein Multimilliardengeschäft, und so gelang es ihnen noch lange, ihre Interessen durch Lobbyisten aufrechtzuerhalten, die mit aller Kraft die »Sicherheit« von Asbest zu beweisen suchten.

Bis heute ist Asbest lediglich in den Ländern der EU verboten. Der Asbestkrieg ist noch lange nicht vorbei. Wieso? Die Zeit ist noch nicht reif. Tatsache ist, dass die Tumoren sich über einen langen Zeitraum entwickeln können - 35 oder 40 Jahre. Wenn man bedenkt, dass die Hochkonjunktur des Asbests Ende der 1970er und Anfang der 1980er Jahre lag, ist es leicht zu verstehen, dass der Höhepunkt der Krebserkrankungen uns noch bevorsteht: 2015-2020. Die Zeitbombe tickt also noch.

Es ist offensichtlich, dass die Folgen der massiven Einführung der Mobilkommunikation irgendwann um 2035 auftauchen werden. Welcher Art und wie umfassend diese Folgen sein werden, weiß niemand. Das Schlimmste ist, dass es ein globales Experiment ist, das die ganze Menschheit betrifft. Und da elektromagnetische Strahlung unter anderem genetische Veränderungen bewirkt, können wir davon ausgehen, dass das wahnwitzige Experiment nicht nur unsere heutige, sondern auch die künftige, noch nicht geborene Generation betreffen wird.

Jemand mag nun meinen, ich machte hier künstlich aus einer Mücke einen Elefanten. Also gut, vergessen wir für einen Augenblick die Statistiken technogener Krankheiten, die ich oben angeführt habe, und betrachten wir einmal zwei gegensätzliche Pole: Rekruten und Profisportler. Dann ergibt sich folgendes Bild.

Rekruten werden schon mit einer minimalen Gesundheit eingezogen, Profisportler hingegen brauchen eine optimale Gesundheit. In Russland werden zurzeit 30 Prozent der jungen Männer im wehrfähigen Alter ausgemustert. Man stelle sich das einmal vor: Jeder Dritte fällt bei der Musterung durch. Wenn ich mich recht erinnere, haben die Ärztekommissionen vor 30 Jahren nicht einen einzigen

Rekruten ausgemustert, und das trotz der Tatsache, dass die Anforderungen damals noch viel härter waren. Die Messlatte wurde inzwischen deutlich gesenkt, ansonsten hätte man bald niemanden mehr, der fit genug ist.

Profisportler sind auf Medikamente angewiesen. Ohne Stimulanzien könnten sie den Belastungen nicht standhalten und keine Wettbewerbe gewinnen. Um beispielsweise den Hämoglobinspiegel zu heben, müssen sie Medikamente einnehmen, die mit Eisen angereichert sind.

Damit jedoch das Eisen besser assimiliert wird, müssen sie ein weiteres Medikament einnehmen. Dieses Medikament wiederum verursacht Sodbrennen, wofür sie dann noch eine Arznei brauchen. Diese allerdings führt zu Schlafstörungen, und so müssen sie etwas gegen Schlaflosigkeit einnehmen. Und so geht es munter weiter. Niemand stellt sich die Frage, ob all die Stimulanzien und Zusatzstoffe wirklich nötig sind, interessant ist lediglich: Gelten diese Stoffe als Doping oder nicht?

Die Medizin scheint sich um all diese Fakten nicht groß zu kümmern. Zusammen mit der Pharmakologie bildet ja die Medizin ebenfalls einen riesigen Geschäftszweig. Solche Unternehmen brauchen keine gesunden, sondern kranke Patienten. Sind Sie etwa noch immer gesund? Dann sollten wir uns bald um Sie kümmern!

Und wie steht es mit dem System? Ist es nicht daran interessiert, seine Schräubchen voll auszunutzen? Nein, wie gesagt, ein Systemelement sollte zwar gesund und energetisch sein, aber gerade in dem Maße, dass es seine Funktion erfüllen kann, *nicht mehr und nicht weniger*. Besondere physische Daten sind nicht erforderlich. Die Produktion wird immer mehr automatisiert. Und auch die Militärtechnologie orientiert sich an der Tatsache, dass Kriege schon bald nur noch per Knopfdruck und Joystick geführt werden.

Demnach wird die Ventilklappe der Lebenserhaltung der Funktionalität angepasst. Elektromagnetische Strahlung und synthetische

Nahrung drosseln diese Klappe auf ein Mindestmaß. Medizin und Pharmazie helfen dabei, dieses Niveau irgendwie zu erhalten, sorgen aber auch dafür, dass es keine Steigerung der Befindlichkeit gibt. Wenn der Mensch dann alle systemischen Produkte konsumiert und sich an alle Regeln und Prinzipien des Systems hält, so werden seine Gesundheit, seine Energetik und seine Bewusstheit genau in diesem engen Korridor gehalten werden - »*nicht mehr und nicht weniger*«. Im Grunde dient dieser Korridor als eine Art Matrixzelle, die es nicht zulässt, dass man sich befreit und sich auf die Suche nach einem eigenen Lebensweg macht, und sei es auch nur in der Struktur der Matrix.

Folglich sind die Anforderungen an das einzelne Rad im Getriebe nur gering, und seine Aufgabe besteht in Folgendem:

Setz dich an deinen Arbeitsplatz in deiner Zelle und drücke wie vorgeschrieben auf die Tasten. Erschaffe Systemprodukte und konsumiere alles, was man dir vorsetzt. Beachte die Regel des Pendels: »Tu es so wie ich.« Folge dem Prinzip des Herdentriebs: »Wenn alle etwas tun, dann ist es richtig.« Und denke nicht einmal daran, aus der Reihe zu tanzen. Die Hauptsache aber ist: Sei immer mit dem Netz verbunden. Bleib im System. Trenne dich nicht von den dafür nötigen Geräten. Höre auf den eingehenden Informationsfluss. Nimm teil am großen Chor der Klicks und Likes, damit du stets in Resonanz mit dem Web stehst, als ein Teil von ihm. Suche nicht nach deinem eigenen Weg - du wirst geführt werden. Denke nicht und gebrauche nicht deinen Kopf - du wirst Weisung erhalten. Deine Aufgabe ist es zu lernen, deine Klicks und Likes auf ganz primitivem Niveau zu halten, dir die richtigen Reflexe anzueignen, so dass deine Klicks und Likes am rechten Ort und zur rechten Zeit erfolgen, ob per Tastatur oder Maus, ob Warenkorb oder Abstimmungsbutton. Und wenn die Stunde schlägt, dann sei bereit, in Reih und Glied hierhin und dorthin zu marschieren. Man wird dir sagen, wohin genau. Hauptsache, du bist dann bereit, Schräubchen.

Zusammenfassung

- Die Energie des Rädchens im Getriebe sollte gerade ausreichend sein, damit es seine pflichtgemäßen Funktionen erfüllen kann - nicht mehr und nicht weniger.
- Das System verpasst dem Menschen eine Ventilklappe zur Regulierung seiner Lebenserhaltung, so dass seine Lebensenergie zwar fließt, aber nur mäßig.
- Wenn das Be- und Entwässerungssystem in einigen Teilen des Körpers oder insgesamt ausfällt, gerät der normale Lebenszyklus durcheinander, und Krankheiten sind die Folge.
- Heutzutage läuft der Prozess des Verstopfens und Absterbens der Gefäße unter dem Einfluss technogener Faktoren wesentlich schneller ab.
- Technogene Nahrung verstopft die Gefäße ganz direkt, weil die »Kläranlage« des Körpers mit all der Chemie und Synthetik nicht mehr zurechtkommt.
- Die elektromagnetische Strahlung wirkt sich so aus, dass die elektrifizierten Erythrozyten zu Trauben verklumpen.
- Es besteht die Gefahr, dass durch die ständige Einwirkung elektromagnetischer Strahlung im Gehirn Tumore entstehen.
- Die Folgen der massiven Einführung der Mobilkommunikation werden sich irgendwann um 2035 entfalten. Dies ist ein globales Experiment, das die ganze Menschheit betrifft.
- Die Ventilklappe der Lebenserhaltung wird dazu benutzt, die Funktionalität des Menschen zu regulieren.

Randnotizen

So verrückt es auch klingen mag, aber im technogenen System (wenn Sie wirklich darin gefangen sind, auf der Farm) stehen Ihnen keine Ressourcen zum Lebenserhalt zur Verfügung. Stellen Sie sich vor: Jemand reguliert Ihre Ventilklappe oder lenkt Ihr Schicksal. Wer sollte das tun? Sie selbst oder irgendeine andere Kraft?

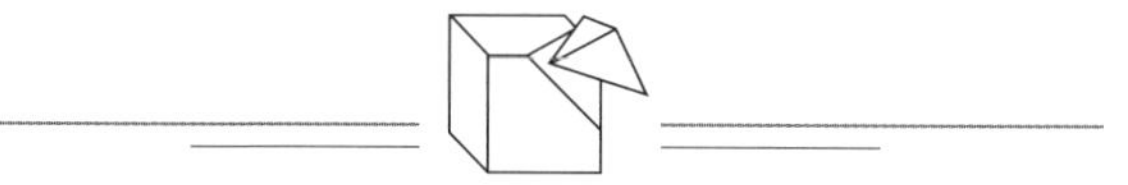

Das Öffnen der Ventilklappe

Um die Kontrolle über Ihre eigene Lebenserhaltung zu bekommen, müssen Sie einen grundsätzlichen Schritt tun: Hören Sie auf, die Systemtabletten zu schlucken.

Zunächst einmal sollten Sie auf Lebensmittel verzichten, die GVO, Chemikalien, Kunststoffe oder sonstige Zusätze enthalten, die sich als »natürlich« tarnen. Natürliche Nahrungsmittel brauchen keine Ergänzungsstoffe. Versuchen Sie nach Möglichkeit, Chemikalien und Kunststoffe für den täglichen Gebrauch zu vermeiden.

Zweitens: Benutzen Sie Ihr Handy nur für seine bestimmungsgemäße Verwendung: als Telefon (oder schalten Sie den Mobilfunk, wenn möglich, ganz ab). Nehmen Sie es nur in die Hand, wenn Sie es wirklich brauchen, und halten Sie es von Ihrem Körper fern, vor allem vom Kopf. Das einzige Mittel, um seinen Kopf vor der Strahlung zu schützen, ist ein Headset – Kopfhörer mit Kabelverbindung. Die Kabelverbindung ist wichtig, sonst gibt es eine weitere Strahlungsquelle.

Drittens: Dosieren Sie bewusst den eingehenden Informationsstrom und allgemein Ihre Teilnahme am virtuellen Geschehen im Internet. Mehr darüber später. Dies sind die wichtigsten Maßnahmen, um dem Sog der Matrix zu entkommen. Man sollte dazu noch die vom System vorgeschobene Klappe öffnen *und das Be- und Entwässerungssystem wiederbeleben*.

Wir wollen noch einmal wiederholen, warum das nötig ist. Die Kapillaren des Blut- und Lymphsystems schrumpfen im Alter und sterben ab. Das technogene System beschleunigt diesen Prozess enorm. Deshalb spielt sich das Leben des modernen Menschen im Allgemeinen zwischen dem zwanzigsten und vierzigsten Lebensjahr ab. Als junge Fachkraft braucht Sie niemand, weil Sie noch keine Erfahrung haben, und wenn Sie über vierzig sind, werden Sie wieder nicht gebraucht, weil aus Ihnen schon alles ausgepresst wurde, was zu holen ist. Aus dem gleichen Grunde verlieren Sie auch für das andere Geschlecht den Reiz, denn Ihr schöpferischer Höhepunkt ist bereits vorbei. Ehe Sie richtig dazu gekommen sind, Ihr Leben zu beginnen, ist es schon wieder vorbei. Zu dumm, nicht wahr?

Kranke und Gebrechliche sieht man immer öfter in jungem Alter. Wiederholen wir nochmals eine einfache Wahrheit, die irgendwie niemand laut und deutlich ausspricht und der sich auch kaum jemand bewusst ist: *Das System braucht keine vollkommen gesunden Elemente, da diese sonst der systemischen Kontrolle entkommen könnten.* Nein, natürlich sollen Sie zur Arbeit gehen und Ihre Pflichten erfüllen, aber Sie sollen auch chronisch krank sein, Ärzte besuchen und Medikamente einnehmen. Nur so erfüllen Sie die Anforderungen des Systems.

Krankheit tritt bekanntlich dann auf, wenn die Mikrozirkulation des inneren Organismus gestört ist - des Blutes, der Lymphe und der extrazellulären Flüssigkeit. Neben der allgemeinen Krankheit, die auf eine Degenerierung der Mikrozirkulation zurückzuführen ist, gibt es noch Übergewicht, Adipositas, Cellulitis, vorzeitige Hautalterung, Muskelschwund und eine Abnahme von Stärke, Intelligenz und Vitalität. Allein die Tatsache, dass sich 80 Prozent des Blutes in den Kapillaren befindet, spricht bereits für sich. Die systemische Klappe befindet sich genau dort. Sie lässt sich mithilfe der *Aktivierung der Mikrozirkulation von Blut und Lymphe* öffnen. Die Methoden dafür sind hinlänglich bekannt: Bewegung, körperliche Übungen, kurzzeitiges Übergießen mit kaltem Wasser, Wechselduschen und Bäder. Aber das beste Mittel, das bereits zu Beginn des letzten Jahrhunderts entdeckt wurde, ist die *Kapillartherapie*, insbesondere *Bäder mit Terpentinöl.* Diese Methode wurde von dem russischen Wissenschaftler Dr. Salmanoff entwickelt. Der dänische Professor Krogh beschäftigte sich mit ähnlichen Forschungen und erhielt dafür sogar den Nobelpreis.

Die Methode besteht darin, Blut und Lymphe zu zwingen, aktiv durch die Gefäße zu strömen. *Die Kapillartherapie ist die Stimulation der Flüssigkeitsbewegung in allen lebenserhaltenden Systemen.* Wenn die normale Funktion dieser strömenden Netzwerke wiederhergestellt ist, dann gewinnt auch der Körper seine Funktionalität zurück. Dazu gehören auch ein intaktes Immunsystem und ein normaler Stoffwechsel, die dafür sorgen, dass man nicht krank ist, sich energiegeladen fühlt und gut aussieht.

Terpentinöl wird als Stimulans benutzt. Es ist ein ätherisches Öl, das aus dem Harz von Nadelbäumen gewonnen wird. Ein Bad mit Terpentinöl hat folgende Wirkungen: Die Rezeptoren in der Haut werden angeregt, die Blut- und Lymphkapillaren werden durchgeschüttelt, weiten sich und werden aktiviert. Darüber hinaus verbessert sich auch die Leitfähigkeit der Nervenfasern, und das vegetative Nervensystem erholt sich und wird stabilisiert. *Als Folge davon wird das von der Matrix gedrosselte Ventil der Lebenserhaltung geöffnet.*

Für die Anwendung von Terpentinbädern wird natürlich nicht das technische Lösungsmittel verwandt, sondern eine besondere Zusammensetzung: eine weiße Emulsion und eine gelbe Lösung, die ein hochwertiges, harziges Terpentin enthalten. Trotz der Tatsache, dass diese Methode schon hundert Jahre alt ist, ist sie auch heute noch nicht in Vergessenheit geraten. Denn sie funktioniert tatsächlich. Sie behandelt nicht die Symptome, sondern die Ursache, daher die Wirkung. Es ist eine Präventivmedizin, die jedem zugänglich ist, der die Kontrolle über seine Lebenserhaltung in die eigene Hand nehmen will.

Die Zusammensetzung, die von Professor Salmanoff erfunden wurde, wird bis heute in Apotheken verkauft, wie vor hundert Jahren. Ein besseres Mittel zur Wiederherstellung der Mikrozirkulation wurde bisher noch nicht gefunden. Den systemischen Pharmazieunternehmen fällt es trotz aller Bemühungen offenbar schwer, das vergessene Mittel aus dem Markt zu verdrängen oder es sonst wie abzuschaffen; denn es hilft wirklich und bewegt nicht bloß die Ventilklappe ein wenig hierhin oder dorthin.

Allerdings sollte darauf hingewiesen werden, dass nicht alle Hersteller das gleiche hochwertige Terpentin produzieren, aber das kennt man ja. Allerdings gibt es ein Forschungsinstitut für Naturaltherapie, das sich eingehend mit Dr. Salmanoffs Methode beschäftigt und dessen Produktserie »Skipofit« zurzeit als besonders gut gelten kann.

Natürlich ist es überraschend, dass in der Welt der Pendel der technogenen Medizin sich eine solche, auf ihre Art subversive Medizin bis heute erhalten hat, die auch noch präventiv wirkt. In dieser Hinsicht helfe ich Ihnen gern (und natürlich uneigennützig) weiter: *http://skipofit.ru*.

Terpentinbäder gibt es, je nach ihrer Wirkung, in den Farben weiß, gelb und gemischt.

Die weiße Emulsion ruft rhythmische Kontraktionen der Kapillargefäße hervor. Dies zeigt sich daran, dass die Haut leicht brennt und prickelt. Dabei werden taube Gefäße erweitert und in ihrer Funktionalität wiederhergestellt. Der Blutdruck erhöht sich.

Die gelbe Lösung hat eine reinigende Wirkung, verursacht Schwitzen, erweitert und säubert die Kapillaren und entsorgt Schlack- und Giftstoffe. Der Blutdruck wird gesenkt.

Gemischte Bäder beinhalten die Vorteile beider Stoffe. Ob man nun die weiße Emulsion, die gelbe Lösung oder das Gemisch anwendet, hängt vom Blutdruck und von der eigenen physischen Beschaffenheit oder Vorliebe ab.

Feste Regeln gibt es hierbei nicht, aber es empfiehlt sich, die Anweisungen des mitgelieferten Beipackzettels zu befolgen. Es gibt kaum Kontraindikationen, und Salmanoff selbst meinte, dass die Bäder niemandem schaden können, wenn man sie moderat anwendet, sich vom eigenen Wohlbefinden leiten lässt und offensichtliches Unbehagen vermeidet. Die allgemeinen Grundsätze für die Bäder sind im Folgenden aufgeführt.

Füllen Sie die Badewanne mit warmem Wasser. Die Temperatur sollte 36–39 °C betragen, dabei sollte auch der eigene Gesundheitszustand und das Eigengefühl beachtet werden. Sie sollten kein Unbehagen verspüren. Für einen gesunden Menschen sind 39 °C normal.

Zunächst einmal nehmen Sie 1–2 EL der weißen Emulsion oder der gelben Lösung und vermischen dies mit der gleichen Menge heißem Wasser. Diese Mischung gießen Sie in ein Gefäß von 3–5 Liter Füllvolumen (z. B. in einen Eimer). Den Behälter mit heißem Wasser füllen, gut umrühren und in die Wanne gießen. Dann schöpfen Sie ein paar Mal einen Eimer Wasser aus der Wanne und gießen ihn aus der Höhe zurück, damit alles gut durchgemischt wird und die Zusammensetzung emulgiert.

Das Bad sollte im Durchschnitt 15 Minuten dauern oder auch etwas mehr, je nach Ihrem Wohlbefinden. Nach einer Weile beginnen Sie zu schwitzen, und das Prickeln oder Brennen setzt ein. Nun werden aus dem Körper Schlack- und Giftstoffe ins Wasser ausgeleitet. Sollte das Brennen intensiv sein, so sollten Sie die Dosierung beim nächsten Mal etwas verringern. Spüren Sie gar nichts, so war die Dosierung zu niedrig. Wenn Sie Schüttelfrost, Überhitzung oder andere Arten des Unbehagens empfinden, dann ist es Zeit, das Bad zu verlassen.

Die Wirksamkeit des Verfahrens kann erheblich verbessert werden, wenn Sie sich vor dem Bad auf mentale Bilder konzentrieren:

Mein Körper wird gereinigt, erfrischt, regeneriert und verjüngt. Schlack- und Giftstoffe werden meinen Körper verlassen. In einem reinen Körper fließt die Energie leicht und locker. Ich bin wie ein Bergfluss. Ich bin ein sauberer, schneller und starker Bergfluss. Der Bergfluss wäscht alle Blockaden und allen Schmutz aus dem Körper. Alle Schlacken und Toxine, aller Schleim und alle Parasiten werden fortgespült. Ich bin ein reiner Bergfluss.

Kreislauf, Lymph- und Nervensystem werden wieder vollständig hergestellt. Mein Kreislauf ist ein Bewässerungssystem; es versorgt jedes Organ und jede Zelle mit allem Notwendigen. Das Lymphsystem ist eine Drainage; es leitet Schlackenstoffe, Toxine und Stoffwechselprodukte aus dem Körper aus.

Mein Nervensystem ist ein System zur Steuerung meines Körpers. Es ist in meinem Besitz und gehorcht mir. Mein Nervensystem wird stabilisiert, ich fühle mich ruhig und zuversichtlich.

Jedes Blutgefäß, das zuvor schlummerte, wird nun erweckt, durchgeschüttelt, belebt und aktiviert. Es reinigt sich selbst und alles um sich herum. Mein gesamtes Bewässerungssystem erholt und entwickelt sich.

Jedes Lymphgefäß, das zuvor schlummerte, wird nun erweckt, durchgeschüttelt, belebt und aktiviert. Es reinigt sich selbst und alles um sich herum. Mein gesamtes Entwässerungssystem regeneriert und entwickelt sich.

Jede Nervenfaser wird erweckt, durchgeschüttelt, belebt und aktiviert. Ich habe jetzt ein gesundes, robustes Nervensystem. Ich bin ruhig und zuversichtlich.

Mein Bewässerungs- und Entwässerungssystem und mein Nervensystem werden vollständig restauriert und regeneriert. Jedes Organ und jede Zelle bekommen künftig einen qualitativ hochstehenden und fristgerechten Service. Nährstoffe und Sauerstoff werden zeitig geliefert, und die Stoffwechselprodukte werden rechtzeitig ausgeleitet. Jetzt befinden sich alle Systeme meiner Lebenskontrolle in meinem Besitz.

Dank der Reinigung des Körpers klärt sich auch mein Bewusstsein. Ich habe einen klaren Kopf. Ich sehe, verstehe und erkläre deutlich. Ich verfüge über kraftvolle Energie, einen scharfen Intellekt und ein mächtiges Bewusstsein. Mit jeglichen Problemen werde ich leicht fertig. Ich steuere meine Realität.

Ich stelle meine ausgezeichnete Gesundheit wieder her. In meinem Körper werden Prozesse der Regeneration und Verjüngung eingeleitet. Der Alterungsprozess wird rückgängig gemacht. Ich fühle mich voller Kraft und Energie. Ich sehe hervorragend aus. Meine ausgezeichnete Gesundheit spiegelt sich auch in meinem Erscheinungsbild wider. Ich bin perfekt.

Die mentalen Bilder können Sie nach eigenem Ermessen reduzieren, ergänzen oder verändern. Allerdings sollten Sie es vermeiden, in irgendeiner Form Probleme zu erwähnen (zum Beispiel: »Meine Krankheit geht zu Ende.«). *Keine Probleme, keine Krankheiten, sondern eine klare Ausrichtung auf Vervollkommnung und Fortentwicklung.* Artikulieren Sie positiv all das, was Sie erreichen wollen.

Natürlich erfüllt auch ein Wannenbad an sich schon seinen Zweck, aber zusammen mit den mentalen Bildern wird die Effektivität deutlich gesteigert. Wie Sie ja wissen, kommt beim Transsurfing die volle Kraft zur Geltung, wenn der ganzheitliche Ansatz angewandt wird: Wie wir denken, wie wir essen, wie wir uns bewegen.

Sie können sich sicher sein: All das hat enorme Wirkung. Überzeugen Sie sich selbst davon. Die mentalen Bilder sind in der Badewanne vor allem deshalb so wirksam, weil das Wasser die Absicht speichert, die Sie deklarieren. Das Wannenbad ist eine Art Informationsresonator, der Ihre mentalen Bilder wiederholt und verstärkt.

Fixieren Sie Ihre Absicht auf Ihr Ziel. Das kann ein beliebiges Ziel sein, aber in diesem Fall ist es logischer, den Fokus auf Ihre Gesundheit zu richten. Gesundheit, kraftvolle Energie und ein klares Bewusstsein - dann wird alles andere folgen.

Sollten Sie während des Bades irgendwelches Unbehagen empfinden, so sollten Sie die Parameter abmildern - die Dosis der Emulsion, die Länge des Bades oder die Wassertemperatur. Denken Sie daran, bei eindeutigem Unbehagen werden Sie keinen Nutzen haben. Moderation und Allmählichkeit sind hierbei angesagt.

Falls Ihnen beim Verlassen der Wanne schwindlig wird, dann hocken Sie sich kurz hin, und der Schwindel wird schnell vorübergehen.

Die Dosis Terpentin sollte jedes Mal um einen halben EL erhöht werden. Zum Abmessen können Sie bequem einen Plastikbecher benutzen, in dem Sie jeweils die letzte Menge mit einem Strich von außen markieren. Die maximale Dosis liegt zwischen 150 und 180 ml. Nach dem Erreichen des Maximums sollte keine weitere Erhöhung erfolgen, auch wenn es nicht mehr auf der Haut brennt.

Bei erhöhtem Blutdruck ist es ratsam, das Bad mit der gelben Emulsion zuzubereiten, bis der Blutdruck sich wieder normalisiert hat. Bei zu niedrigem Blutdruck hingegen ist die weiße Emulsion angesagt. In beiden Fällen können Sie auch ein Gemisch von weiß und gelb anwenden.

Menschen mit normalem Blutdruck können abwechselnd ein weißes und ein gelbes Bad nehmen. Oder einen Tag weiß, dann gelb und am dritten gemischt. Oder nur gemischt. Wie Sie möchten - richten Sie sich nach Ihrem Empfinden.

Nach dem Bad sollten Sie sich, ohne sich abzutrocknen, in einen flauschigen Baumwollbademantel hüllen, sich Woll- oder Leinenstrümpfe anziehen und unter eine warme Decke schlüpfen. Dies ist der nächste Teil des Vorgangs. So sollten Sie 30 bis 40 Minuten liegen bleiben. Währenddessen werden Sie weiter schwitzen und ein leichtes Brennen auf der Haut verspüren - das ist eine Nachwirkung des Terpentins.

Diese Zeit können Sie zu Ihrem Vorteil verwenden. Zum Beispiel können Sie die Diatechnik anwenden und über Ziele meditieren, wozu Ihnen sonst vielleicht die Zeit fehlt. Denn seien Sie ehrlich: Normalerweise sind Sie tagelang mit irgendwelchen Dingen beschäftigt, ohne dass Sie je dazu kommen, sich ruhig hinzusetzen und einfach nur über etwas nachzudenken. Richten Sie zumindest Ihre Aufmerksamkeit auf Ihre Ziele - und auf die Vorteile, die Ihnen dadurch winken. Am Morgen können Sie sich Aufgaben vorstellen, die Sie am Tage erledigen werden - das wird Ihnen dann leichter fallen. Und am Abend können Sie Ihre Erfolge betrachten. Das gibt ihnen Halt. Diese Beschäftigung wird Ihnen sicher etwas Neues bringen - Früchte, die Ihr Eigen sind.

Wenn Sie die Prozedur am Abend durchführen, können Sie sich danach auch schlafen legen. Doch um die volle Wirkung des Erwachens und des Aufbaus aller lebenserhaltenden Systeme zu erreichen, ist die Morgenzeit besser. In diesem Fall gehen Sie nach dem Aufstehen wieder ins Bad, gießen zunächst kaltes Wasser in eine große Schüssel (die Sie leicht heben können) und stellen sie, wenn möglich, auf den Rand der Badewanne, um sie nicht auf den Boden zu stellen. Je kälter das Wasser, desto besser. Dann nehmen Sie eine warme oder heiße (aber nicht allzu heiße) Dusche, um sich aufzuwärmen, wenn Ihnen kalt ist, und spülen so alles ab, was zusammen mit dem Schweiß herausgekommen ist. Falls Sie die gelbe Lösung verwendet haben, nehmen Sie dazu auch Seife. Nach dem Aufwärmen gießen Sie die Schüssel mit dem kalten Wasser über sich, und nach ein paar Sekunden duschen Sie sich nochmals mit kaltem Wasser ab. Nun werden Sie in vollem Umfang spüren, was es bedeutet, »die Klappe zu öffnen« - *Sie werden von solch starker Energie durchströmt werden, wie Sie es zuvor noch nicht erlebt haben.*

Wenn Sie allerdings Probleme mit dem Herzen oder mit dem Blutdruck haben, sollten Sie mit dem kalten Wasser vorsichtig umgehen. Dann sollten Sie den Temperaturunterschied allmählich steigern, angefangen von sommerlich warmem Wasser und dann jeden Tag etwas kälter. Falls Ihre Gesundheit stark beeinträchtigt ist, sollte Ihr Motto *Mäßigkeit und Allmählichkeit* lauten. Bringen Sie sich nicht in einen Zustand des offensichtlichen Unbehagens.

Vor und während der Prozedur, aber auch danach sollten Sie ausgiebig trinken. Nur Wasser oder Kräutertee. Wenn Sie nasses Haar vermeiden wollen, können Sie eine Duschhaube benutzen (ich bemühe mich immer, alles ausführlich zu erklären, weil es auch Leute gibt, die sich damit nicht auskennen, und für sie könnten solche Details wichtig sein).

In Ihrer Ernährung sollten weder Supermarktsynthetik noch Arzneimittel enthalten sein. Es macht keinen Sinn, die Klappe zu öffnen und sie gleich wieder zu schließen. Die Produkte sollten natürlich sein, ohne Chemie, Kunststoffe und GVO. Falls Ihre Gesundheit derart angeschlagen ist, dass Sie ohne Arzneimittel nicht auskommen, sollten Sie unbedingt Ihren Arzt konsultieren. Zuerst müssen Sie Ihrer aktuellen Krise entkommen, dann können Sie mit der Sanierung anfangen.

Zusammen mit der natürlichen Ernährung und genügend Bewegung gibt Ihnen die Kapillartherapie die Möglichkeit, die Systeme Ihrer Lebenserhaltung zu verwalten, indem Sie »die Klappe« immer unter Kontrolle behalten. (Wer sollte das tun: Sie selbst, eine andere Kraft oder das System? Verstehen Sie, wie wichtig das ist?) In jüngeren Jahren können Sie sich so in Form halten, in fortgeschrittenem Alter können Sie Ihre Form zurückgewinnen.

A. Salmanoff hat empfohlen, jeden Tag oder alle zwei Tage ein solches Bad zu nehmen. Sie können auch jeweils zwischen Bädern und Gymnastikübungen abwechseln. Zum Beispiel einen Tag ein

Bad, dann einen Tag Bewegung. Terpentinbäder sind so etwas wie Gymnastik für die Blutgefäße.

In diesem ein- oder zweitägigen Modus sollten Sie etwa 30 Bäder nehmen - oder auch mehr, je nach Ihrem Gesundheitszustand. Danach können Sie auf ein Bad pro Woche umschalten. Schon nach einem Monat des Verfahrens oder auch schon früher wird sich eine deutliche Verbesserung Ihrer Gesundheit, Ihrer Fitness und Ihrer äußeren Erscheinung einstellen. Ihre Freunde und Kollegen werden Sie anschauen und Sie fragen, wo Sie sich so gut erholt haben.

Zusammenfassung

- Verzichten Sie auf Lebensmittel, die GVO, Chemikalien, Kunststoffe oder sonstige Zusätze enthalten, die sich als »natürlich« tarnen.
- Versuchen Sie nach Möglichkeit, Chemikalien und Kunststoffe für den täglichen Gebrauch zu vermeiden.
- Benutzen Sie Ihr Handy nur für seine bestimmungsgemäße Verwendung: als Telefon, und dazu nur mit Headset (das Mobilteil vom Körper und insbesondere vom Kopf fernhalten).
- Dosieren Sie bewusst den eingehenden Informationsstrom und allgemein Ihre Teilnahme am virtuellen Geschehen im Internet.
- Sie können die Klappe mithilfe der Mikrozirkulation von Blut- und Lymphsystem öffnen.
- Beleben Sie das Be- und Entwässerungssystem des Körpers: durch Terpentinbäder, Übergießen mit kaltem Wasser, Dampfbäder, Wechselbäder und Bewegung.
- Die Kapillartherapie ist die Stimulation des fließenden Stroms in allen Netzen der Lebenserhaltung.
- Ein Bad mit Terpentinöl hat folgende Wirkungen: Die Rezeptoren in der Haut werden angeregt, die Blut- und Lymphkapillaren werden durchgeschüttelt, weiten sich und werden aktiviert.

- Es ist eine Präventivmedizin, die jedem zugänglich ist. Es behandelt nicht die Symptome, sondern die Ursache, daher die Wirkung.
- Die Wirksamkeit des Verfahrens kann erheblich verbessert werden, wenn Sie sich vor dem Bad auf mentale Bilder konzentrieren.
- Die mentalen Bilder sollten keine Probleme und keine Krankheiten enthalten, sondern in einer klaren Ausrichtung auf Vervollkommnung und Fortentwicklung bestehen.
- Das Wannenbad ist eine Art Informationsresonator, der Ihre mentalen Bilder wiederholt und verstärkt.
- Falls Ihre Gesundheit stark beeinträchtigt ist, sollte Ihr Motto Mäßigkeit und Allmählichkeit lauten.
- Vor und während der Prozedur, aber auch danach sollten Sie ausgiebig trinken.
- Falls Ihre Gesundheit so angeschlagen ist, dass Sie ohne Arzneimittel nicht auskommen, sollten Sie unbedingt Ihren Arzt konsultieren. Zuerst müssen Sie Ihrer aktuellen Krise entkommen, dann können Sie mit der Sanierung anfangen.

Randnotizen

Möglicherweise fasst sich der eine oder andere jetzt an den Kopf und fragt sich, wie es möglich sein soll, mit solch banalen, hinterwäldlerischen, ja »ambulanten« Methoden jemanden aus der Matrix herauszuziehen. Ist das nicht zu unscheinbar? Natürlich wäre etwas Exotisches wie »den Chip im Kopf deaktivieren« viel beeindruckender. Aber dafür sind es eben echte Methoden, die funktionieren. Exotik ist etwas für Hollywood. Wenn Sie wirklich meinen, dass Ihnen ein echter Chip ins Hirn gepflanzt wurde, dann werden Sie ohnehin nichts mehr verstehen können. Denn dann ist es zu spät.

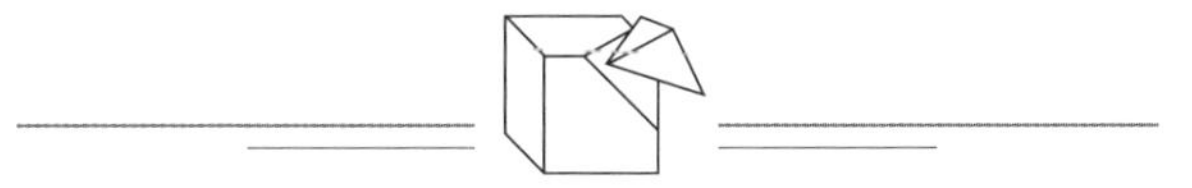

Die Vereinheitlichung des Individuums

Was braucht der Mensch, damit er über sein eigenes Schicksal verfügen kann? Drei einfache, aber gleichzeitig nicht ohne Weiteres verfügbare Dinge:

Freien Willen.
Freies Bewusstsein.
Freie Energie.

Sie sind deshalb nicht ohne Weiteres verfügbar, weil es im System der Matrix, wie wir in den vorangegangenen Kapiteln gesehen haben, drei limitierende Faktoren gibt:

Die Vereinnahmung der Aufmerksamkeit.
Die Trübung des Bewusstseins.
Das Blockieren der Energie.

Doch es gibt noch einen weiteren, nicht so klar erkennbaren, dafür aber umso stärkeren Hemmungsfaktor – *nennen wir ihn mal das Joch des Lebens an sich, so wie es ist, wie es uns auferlegt ist*.

Wenn wir einmal uns selbst, die Welt um uns herum und unseren Platz in ihr betrachten, dann ist es leicht zu verstehen, dass uns immer irgendetwas bedrückt – entweder die Last der Umstände, Pflichten, Bedingungen, Ziele oder Wertvorstellungen. Das Leben ist anstrengend, denn es wird uns gleichsam von außen auferlegt. Jeder, der in diese Welt kommt, ist mit eigener Individualität ausgestattet, die ihn einzigartig macht. Doch das Ziel des Spiels und dessen Regeln sind für alle gleich.

Die genannte Bedrückung wird als eine Art langweiliger, unbewusster Traum empfunden. Er wird uns auferlegt, wir können ihn nicht selbst wählen. Es bedrückt uns, dass wir gezwungen sind, in diesem Traum zu leben, und dass wir nicht verstehen, warum er uns aufgezwungen wird und warum man nichts dagegen tun kann. Denn irgendwo tief in unserer Seele schlummert das vergessene Gefühl, dass wir einst frei waren und alles vermochten, dass es für uns nichts Unmögliches gab. Jetzt hingegen sind wir irgendwie unfrei, eingeschränkt und sehr begrenzt in unseren Möglichkeiten.

Die beklemmende Bedrückung zeigt sich vor allem darin, dass uns falsche Ziele, falsche Stereotype, falsche Erfolgsschablonen und falsche Wege gezeigt werden. *All das steht nicht im Einklang mit unseren individuellen Qualitäten, es zerbricht die Persönlichkeit und ruiniert das **Ich***. Aber Menschen, die sich im unbewussten Traum befinden, *meinen, sie müssten sich diesen Normen beugen*.

Im Grunde geschieht Folgendes: Den Menschen werden irgendwelche *mentalen Wäscheklammern* angebracht. Verstand und Wille sind wie befangen, so wie ein Anzug, der zuerst locker und bequem saß, dann aber von allen Seiten zusammengezurrt wurde, als sei er auf einmal eingelaufen. *Die Menschen laufen umher wie wandelnde Zombies.* Ihre Absichtsenergie ist durch Wäscheklammern abgequetscht. Daraufhin treten Stagnation, Blockade und Hemmung ein. Unter solchen Umständen rutscht die Fähigkeit, die eigene Realität zu steuern, aufs primitivste, rudimentärste Niveau ab.

Wäscheklammern wirken nach folgendem Algorithmus:

(1) Es wird uns ein Bild gezeigt, sozusagen als Schmankerl oder Karotte, nach der wir dann schnappen sollen. (Uns wird immer ein und dasselbe Stereotyp als »Karotte« vorgehalten.)

(2) Dem Bild folgt eine Schlussfolgerung, die Ihnen zur Beurteilung vorgelegt wird: Glauben Sie das, stimmen Sie damit überein?

(3) Dann wird Ihnen anschaulich erklärt, dass die Karotte zwar lecker sei, dass es aber in dieser Welt nun mal nichts umsonst gibt. Wieder heißt es: Sind Sie einverstanden?

(4) Wenn Sie ja sagen, hängen Sie an der Wäscheklammer.

Hier ein Beispiel, wie das funktioniert.

Eine gute Arbeit winkt – es ist ein angesehener, gut bezahlter Job, bei dem man sich nicht die Finger schmutzig machen muss. Wollen Sie diese Arbeit? Natürlich wollen Sie. Dafür wird aber entweder ein hochqualifizierter Spezialist mit viel Erfahrung gesucht oder jemand aus dem Umfeld der Firma. Sie verfügen weder über die Erfahrung noch über die notwendigen Beziehungen, nicht wahr? Mit anderen Worten: War wohl nichts mit dem guten Job. Sie glauben das nicht? Haben Sie sich denn schon mal überlegt, wie viele Leute es wohl geben mag, die wie Sie gern eine solche Stelle hätten? Und viele von denen sind wohl auch besser als Sie. Die Arbeitgeber nehmen aber nur den Besten. Und der sind Sie nun mal nicht, stimmt's? Wieder ja. Sie können von einem guten Job also nur träumen. Versuchen Sie es erst gar nicht. Arbeiten Sie erst einmal an sich selbst. Sie müssen sehr viel und sehr hart arbeiten.

Und angenommen, jemand sagt nicht gleich ja und amen, dann wird ihn die erste schlechte Erfahrung gleich in seine Schranken verweisen. Wer dann aus Frust über diese Lage *das ihm präsentierte Bild in seine Weltanschauung aufnimmt*, taucht ein in einen schmerzlichen Traum. Die gesamte Welt um ihn herum wird zu einer aggressiven und feindlichen Umgebung, in der es sehr schwer ist, einen Platz an der Sonne zu finden. In Wahrheit ist der moderne Mensch damit beschäftigt, all dem hinterherzurennen, *was er aus der Sicht der Gesellschaft erreichen sollte,* und daher befindet er sich in einem Zustand unaufhörlichen Stresses. Es ist schon seltsam, wie er das alles aushält. Und doch wächst der Druck von Tag zu Tag. Warum ist das so?

Bis vor Kurzem übten die Stereotype in der Gesellschaft keinen so großen Druck aus, *weil es noch kein globales System der Synchronisierung der Informationen gab, wie wir es heute haben.* Jetzt aber hängen alle in einem einzigen Netz. Auf scheinbar unschuldige Weise erfolgt der Informationsaustausch auf blitzschnelle Weise. Aber der Informationsaustausch ist noch nicht einmal das Wichtigste. Die entscheidende Rolle spielt etwas anderes: der Meinungsaustausch. Alle Arten von Rating, Auswahl, Abstimmungen, Fernsehshows, Blogs, Foren, »YouTubes« und schließlich auch »Gefällt mir«, »Gefällt mir nicht« gehören zur Kategorie *Austausch und Synchronisierung von Meinungen*.

Seltsamerweise scheint niemand darüber nachzudenken, für wen und wozu das alles gut sein soll. Das System hat die Menschen so programmiert, dass sie bei jedem möglichen Anlass gern ihre Meinungen austauschen, ohne sich den Sinn und Zweck dessen klarzumachen, was dabei geschieht. Alle scheinen zu denken, sie würden nur an einem lustigen Spiel teilnehmen. Dabei entsteht die komplette Illusion, dass jeder Teilnehmer selbst spielt und seinem freien Willen Ausdruck verleiht. Niemand ahnt, dass das Spiel von außen gesteuert und dass damit ein unausgesprochenes Ziel verfolgt wird. Niemandem schwant, dass nicht er die Fäden in der Hand hat, sondern gelenkt wird.

Worin besteht nun der Sinn und Zweck? Die unangenehmste und heikelste Eigenschaft des Systems ist seine Fähigkeit, Illusionen zu weben und unmerklich und allmählich zu wirken. *Das Individuum in diesem System wird so dazu gebracht, genau das zu wollen, was für das System vorteilhaft ist.* Wie wird das erreicht? Sein Bewusstsein wird auf die Bedürfnisse des Systems zurechtgestutzt. Und wie wird das erreicht? Aus einem ungenormten Individuum wird ein Rädchen im Getriebe gefräst. Seine Ansichten, Vorteile, Nachteile, Fähigkeiten und Bedürfnisse sollen vereinheitlicht werden. Allmählich, Schritt für Schritt, auf die eine oder andere Weise werden alle über einen Kamm geschoren.

Demnach stellt dieses »Gefällt mir«, »Gefällt mir nicht« auf die eine oder andere Weise eine Möglichkeit für das System dar, *Meinungen zu synchronisieren, Werte zu vereinheitlichen sowie Normen und Stereotype zu erstellen. Jedes individuelle, einzigartige Ich wird allmählich in dem Trubel der »öffentlichen Meinung« abgeschliffen und gleichgeschaltet.* Das ist der ganze Sinn und Zweck des Spiels. Das alles ist sehr einfach: Je besser die Ansichten synchronisiert sind, desto »gleichartiger« sind die einzelnen Zahnräder. So werden sie am Schluss alle gleich vom Fließband kommen, eines wie das andere, einheitlich und genormt. Nach diesem Prinzip funktioniert jedes totalitäre System.

Ist etwa das technogene System, mit seiner Gier und Heuchelei, seiner »Demokratie« und allen möglichen anderen netten Aspekten, irgendwie besser als ein totalitäres System? Nicht im Geringsten. Der einzige Unterschied ist dieser: In einem totalitären System erfolgt die Vereinheitlichung unter Zwang, im technogenen System hingegen heimlich, still und leise.

Das Anbringen der mentalen Wäscheklammern ist somit der Prozess der Nivellierung des Individuums. Das Prinzip des Herdentriebs: »Wenn alle so denken und handeln, dann ist es richtig« dient als eine Art Achse, um die sich der ganze Prozess dreht. Und die treibende Kraft dahinter ist etwas, von dem niemand es erwartet hätte: der scheinbar harmlose Meinungsaustausch im weltumspannenden Internet.

Lebhafte Beispiele dafür, wie das in der Realität abläuft, können Sie selbst entdecken, wenn Sie hinschauen. Tja, da bliebe nur noch die Frage, wie genial sich das System *selbst lenkt und verwaltet*.

Zusammenfassung

- Ein freier Mensch braucht einen freien Willen, ein freies Bewusstsein und freie Energie.
- Im System (der Matrix) gibt es limitierende Faktoren: Die Vereinnahmung der Aufmerksamkeit, die Trübung des Bewusstseins und das Blockieren der Energie.
- Ein weiterer Faktor ist das Joch des Lebens an sich, so wie es ist, wie es uns auferlegt ist.
- Das Leben ist anstrengend, denn es wird uns gleichsam von außen auferlegt.
- Der moderne Mensch ist damit beschäftigt, all dem hinterherzurennen, was er aus der Sicht der Gesellschaft erreichen sollte.
- Den Menschen werden falsche Stereotype, falsche Erfolgsschablonen und falsche Wege aufgezwungen.
- Menschen, die sich im unbewussten Traum befinden, glauben, sie müssten sich an diese Normen anpassen.
- Menschen, die von den Wäscheklammern der Gesellschaft eingeklemmt sind, rennen umher wie wandelnde Zombies.
- Bis vor Kurzem übten die Stereotype in der Gesellschaft keinen so großen Druck aus, weil es noch kein globales System der Synchronisierung der Informationen gab, wie wir es heute haben.
- Der Informationsaustausch ist noch nicht einmal das Wichtigste. Die entscheidende Rolle spielt etwas anderes: der Meinungsaustausch.
- Es ist eine komplette Illusion, dass jeder Teilnehmer selbst spielt und dabei seinem freien Willen Ausdruck verleiht.
- Niemand ahnt, dass das Spiel von außen gesteuert und dass damit ein unausgesprochenes Ziel verfolgt wird.
- Jedes individuelle, einzigartige Ich wird allmählich in dem Trubel der »öffentlichen Meinung« abgeschliffen und gleichgeschaltet.

Randnotizen

Auf diese interessante Weise betreibt das System die Unterminierung des **Ich** *und anschließend seine Vereinheitlichung. Es ist nicht schwer zu verstehen, wozu das führt. Wenn das* **Ich** *verschleiert oder ausgelöscht wird, dann ist das Individuum - oder genauer gesagt das, was von ihm übrig geblieben ist - allein und hilflos der Umgebung und den Einflüssen auf seinen Traum ausgeliefert. Die Fähigkeit zur Selbstverwirklichung wird einem solchen Individuum (mit seiner unbewussten Zustimmung) genommen. Und dann übernehmen natürlich die Systempendel die Kontrolle über die Nivellierung der Persönlichkeit. Das ist der Grund, warum das Leben bisweilen so schwer, ja sogar unerträglich ist.*

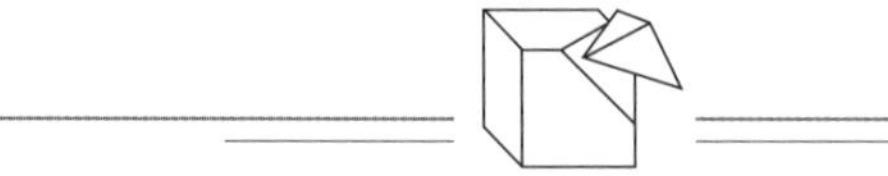

Ein Gleichnis zum Meditieren

Ein weites Feld. In der Mitte des Feldes steht eine Scheune. Um die Scheune herum läuft ein Hund und bellt. Ein paar weitere Hunde laufen herbei und bellen den ersten Hund an.

»Was bellst du hier so herum?«

»Was geht euch das denn an? Ich bin ein Hund. Es ist mein gutes Recht.«

»Auch wir sind Hunde. Aber wir lassen nicht unseren Frust an der Scheune ab. Wir versuchen, das Positive zu sehen.«

»Aber mich kläfft ihr dennoch an ...«

»Ja was hat dir denn an der Scheune so sehr missfallen? Scheune ist doch Scheune, an der hier ist nichts Schlechtes.«

»Ausgemachte Trottel seid ihr! Ich belle nicht die Scheune an. Drinnen liegt ein Haufen besoffener Hunde.«

»Nimm dir ruhig das Recht, Hund zu sein, aber lass die anderen ebenfalls Hunde sein.«

»Ach, schert euch doch zum Teufel!«

So kläfften sie einander weiter an, bis schließlich eine weitere Gruppe von Hunden kam.

»Wozu euer Gebell?«

»Der da«, erwiderten die Hunde, »meint, er sei etwas Besseres, besser als alle anderen.«

Der erste Hund ist höchst empört.

»Ihr habt mir doch selber gesagt, ich solle mir das Recht nehmen, Hund zu sein ...«

Aber die anderen Hunde warfen ein: »Meine Lieben, was ihr auch bellen möget, lasst sie einfach sein, was sie sind ... Hunde.«

Was hatten sie auf diese Worte hin nicht alles zu bellen - jeder auf seine Weise!«

»Der Hund ist übrigens ein Freund der Indianer.«

»Aber ein Hund ist des anderen Wolf.«

»Das Leben ist bei uns nicht einfach. Man kann sagen, es ist hundeschwer.«

»Lebe wie ein Hund, und stirb wie ein Hund.«

»Was seid ihr denn alle so grimmig? Wie die Hunde!«

»Halt die Klappe und lass uns unsere Meinung!«

»Aber ich habe auch meine eigene Meinung.«

»Kameraden, ihr alle seid Hunde. Immer mit der Ruhe!«

Nun torkelten die betrunkenen Hunde aus dem Stall herbei und mischten sich ein: »Heh, was habt ihr hier zu kläffen?«

...

Randnotizen

Das ist jetzt nicht etwa eine Illustration zum vorherigen Kapitel, sondern nur eine separate Beobachtung. Wie immer auch die Realität beschaffen sein mag, betrachten Sie sie mit einer Prise Humor.

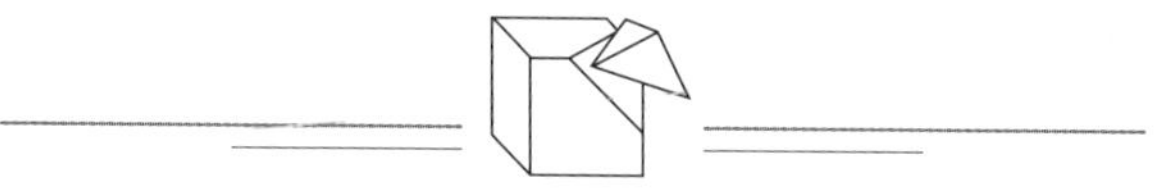

Die Anatomie der Wichtignahme

Standardisierung und Vereinheitlichung gehen nicht schmerzlos vonstatten. Zumindest nicht für alle. Natürlich gibt es Leute, die nicht einmal daran denken, Widerstand zu leisten, sondern sich organisch in das System einfügen, so wie ein Kaninchen im Käfig, dem es völlig egal ist, wo es sich befindet, Hauptsache, es gibt genug zu fressen. Wahrscheinlich sind sogar die meisten so, aber für sie ist dieses Buch nicht geschrieben worden. Es ist für Menschen, die spüren, dass hier etwas nicht in Ordnung ist; für diejenigen, die sich mit der Tatsache nicht abfinden können, dass ihr eigenes ***Ich*** nichts bedeutet, dass niemand es braucht und dass es zur Umwandlung bestimmt ist.

Der grundlegende Unterschied zwischen dem System und dem Individuum besteht in der Inkompatibilität. Die Seele will hü, und das System diktiert hott. Allerdings ist diese Diskrepanz nur vage. Der Mensch ist nicht in der Lage, klar zu erkennen, worin seine Überzeugungen und Bestrebungen bestehen, was ihm durch gesellschaftliche Stereotype aufgedrängt wird und wo die Wahrheit liegt. Der Grund hierfür liegt darin, dass der Mensch völlig von jenen gesellschaftlichen Wäscheklammern bespickt, umgeben und eingequetscht ist.

*Die Wäscheklammer ist etwas, was Sie hemmt oder mit Ihrem **Ich** nicht im Einklang steht.* Sie fühlen sich von etwas belastet, aber Sie haben nur eine vage Ahnung, dass etwas falsch ist, dass es anders sein sollte. Im Folgenden ein paar Beispiele für solche Wäscheklammern:

(1) »*Liebe kann man durch intelligente Strategie gewinnen.*« Lassen Sie sich diesen Satz einmal durch den Kopf gehen. Irgendetwas stimmt hier nicht, nicht wahr? Aber genau darüber handeln Tausende von Büchern, und genau so verhalten Sie sich, wenn Ihnen jemand gefällt.

(2) »*Eine gute Arbeitsstelle ist nur schwer zu bekommen.*« In der Tat, die Realität zeigt uns, dass dies so ist. Aber auch hier stimmt etwas nicht. Was meinen Sie, was genau dies ist? Es gibt ja auch jemanden, der trotzdem eine solche Stelle findet, und er ist glücklich und zufrieden. Aber warum er und nicht Sie? Ist er etwa im Gegensatz zu Ihnen ein Auserwählter? Oder könnte es sein, dass Sie diese falsche Ansicht einfach übernommen haben und sie jetzt ständig an Ihre Welt aussenden, so wie eine Lautsprecheranlage?

(3) »*Eine verlorene Liebe kann man zurückgewinnen.*« Auch hierüber sind viele Bücher geschrieben worden, und wieder versuchen Sie genau, dies zu tun, wenn Sie verlassen wurden. Aber glauben Sie tatsächlich, dass das möglich ist? Oder sind Sie gezwungen, es zu glauben, weil Sie es glauben wollen?

Der Grund für all diese belastenden und bedrückenden Faktoren ist in dem zu sehen, was im Transsurfing unter dem allgemeinen Begriff *Wichtignahme* zusammengefasst wird. Wenn Sie etwas belastet, wird es automatisch für Sie *wichtig*. Die Wichtignahme blockiert die freie Energie, genauso wie eine Wäscheklammer. Diese Blockade führt Sie in einen Zustand der Erstarrung. Sie verlieren die Fähigkeit, effektiv zu handeln, und können die Ereignisse schon nicht mehr lenken, sondern werden von ihnen gelenkt.

Wie können Sie sich davon befreien und aus der Erstarrung herauskommen? Das Grundprinzip besteht darin, *die Wäscheklammern zu beseitigen und den Energiestrom wiederherzustellen.* Da die Blockade ein Energiestau ist (ein Pfropfen), müssen Sie diesen zuerst entfernen, dann kann auch die Energie fließen. Wichtignahme wird im Transsurfing dadurch behoben, dass man achtsam wird. Wenn Sie aufwachen und erkennen, was genau Sie bedrückt, ist die halbe Arbeit schon getan. Wichtige Dinge haben Macht über Sie, solange Sie sich im Zustand des unbewussten Traums befinden, solange »sich die Angst im Schrank versteckt«. Sobald Sie »den Schrank öffnen« und unverwandt einen Blick auf das Objekt Ihrer Wichtigkeit werfen, wird es sich in lächerliche flaumige Flocken verwandeln.

Nach der Entpfropfung ist es erforderlich, die abgestandene Energie wegzuspülen. Das wird durch den Aufbau von neuer Energie verwirklicht. *Warte nicht, fürchte dich nicht, denke nicht – handle!* Einen besseren Weg, in Schwung zu kommen, gibt es nicht.

Um also die Blockade der Wichtignahme zu beseitigen, sollten Sie sie erkennen und ihr so die Wirkung nehmen. Der generelle Algorithmus der Selbstbefreiung ist eine ganz einfache Formel:

Wir ermitteln die Wäscheklammer (wo drückt der Schuh?), wir entfernen sie (machen sie uns bewusst), wir bringen den Strom in Gang (indem wir handeln).

Im Folgenden betrachten wir alle drei Phasen im Detail.

Die Ermittlung

Um die Wäscheklammer zu erkennen, die uns versklavt und unsere Freiheit einschränkt, *müssen wir zum rechten Zeitpunkt aufwachen und uns bei der Wichtignahme ertappen*. In der Regel tun die Leute diese einfache Sache nicht. Wenn sie etwas belastet, handeln sie wie im Delirium und würden nicht einmal nur den Kopf heben, um zu schauen, was diese Last eigentlich ist. »Tja, das Leben ist hart«, sagen sie und schleppen sich weiter mit der Last ab. Dabei können solche Schlafenden immer und immer wieder unter der

Last leiden. Sie werden dennoch einfach nur klagen: »Ach, wie schwer das ist!« Dann mühen sie sich weiter ab, anstatt anzuhalten, die Augen zu öffnen und die unnötige Last wegzuwerfen.

Daher sollten wir es uns zur Gewohnheit machen, *unsere Aufmerksamkeit in dem Moment einzuschalten, wenn unser Frust sich breitmacht*. Bin ich besorgt? Habe ich Angst? Fühle ich mich unwohl? Dann sollten wir sofort aufwachen und erkennen, was los ist. Irgendwo in unserem Kopf sollte die rote Alarmlampe angehen. Das Kommando »Bereitschaftsstufe eins« wird ausgegeben. Wir wachen auf und beginnen das Geschehen zu beobachten, dann auch uns selbst, indem wir uns fragen: Was geschieht gerade? Was bedrückt mich? Was tue ich gerade?

Wenn Sie sich die »rote Lampe« zur Gewohnheit machen, erleichtern Sie sich das Leben ungemein, und es ermöglicht Ihnen, in allen Lebenslagen effektiv zu handeln, angefangen mit einfachen Situationen, wenn jemand Sie über den Tisch ziehen will, bis hin zu Extremsituationen, wenn Sie Ruhe und einen klaren Kopf bewahren müssen.

Wenn die Lampe aufleuchtet (wenn Sie also erkannt haben, dass Sie etwas bedrückt), sollten Sie die Last betrachten und sie einem Eignungstest unterziehen. Hat die Last für Sie einen Nutzen, oder können Sie auch ohne sie auskommen? Es geht darum, Ihre innersten Sehnsüchte von jenen zu unterscheiden, die Ihnen von außen aufgezwungen wurden, Ihre eigenen Überzeugungen von Stereotypen, wahre Werte von falschen und so weiter.

Das Kriterium könnte die Überprüfung auf die Einhaltung Ihres Kredos sein. Fragen Sie sich: Was fordern die Stereotype von mir, und gefällt mir das, was sie fordern? Erheben Sie sich über die Situation, und bewerten Sie nüchtern aus der Vogelperspektive, was in diesem Moment Ihr Herz sagt und was Ihr Verstand. Genauer gesagt: nicht einmal Ihr eigener Verstand, sondern der »gesellschaftliche Verstand«.

*Wenn Sie glauben, dass ein Stereotyp, das man Ihnen aufzuerlegen sucht, nicht zu Ihrem inneren Wissen passt, so erleben Sie nichts anderes als den Prozess der Einführung einer fremden mentalen Vorlage in Ihr Kredo, einen versuchten Einbruch in Ihr **Ich**.* Das ist so ähnlich wie das Eindringen eines Virus in eine Zelle. Virale Stereotype in der Gesellschaft sind nichts anderes als Krankheiten.

Wenn dann der nächste Versuch eines Einbruches in Ihr Ich stattfindet, können Sie das mentale Virus leicht erkennen, wenn Sie von höherer Warte auf die Situation blicken. Sobald Ihnen der Mechanismus klar ist, haben Sie eine Art Immunität erlangt.

Das Entfernen

Um die Wichtignahme zu deaktivieren, sollte man ihre Anatomie kennen. Diese Frage wurde ausführlich in der Transsurfing-Reihe behandelt, und daher möchte ich hier nur an die Hauptpunkte erinnern.

Die Wichtignahme (in unserem Fall geht es in erster Linie um die externe Wichtignahme) tritt dann auf, wenn man einem Ereignis (Interview), einer Sache (neues Auto) oder einer Beziehung (Lebenspartner) eine übermäßig hohe Bedeutung beimisst.

Typische Symptome dafür sind: Angst in Erwartung eines möglichen Scheiterns oder Erregung infolge eines missglückten Unternehmens. In beiden Fällen gerät die innere Ruhe aus dem Gleichgewicht, und die Energie wird blockiert.

Der allgemeine Grundsatz beim Entfernen lautet: *sehen, erkennen, die Einstellung ändern*.

Was bedeutet es, die Wichtignahme zu erkennen? Die Wichtignahme zwingt einen, sich selbst mit Ehrfurcht und Hochachtung zu betrachten. Oder sie bevorzugt es sogar, dass man ihr zu Füßen fällt, ohne den Blick zu erheben. Aber betrachten Sie Ihre Wichtigkeit mal nüchtern und neutral, mit medizinischem Interesse, und Sie werden sehen, dass es mit Ihrer eigenen Wichtigkeit nicht so weit her ist. Zum Beispiel:

- Ich habe Angst? Ich beobachte mich, wie ich mich fürchte, und erlaube mir, mich zu fürchten. Das ermöglicht es mir, mich auf die Angst zuzubewegen.

- Ich habe mich über das Scheitern meines Planes geärgert? Ich will mit den Händen aufs Wasser schlagen und hysterisch schreien: »Alles hat so zu sein, wie ich es will!« Ich beobachte die Szene aus der Distanz, erlaube dem Drehbuch bewusst eine Abweichung und passe mich dann flexibel den Veränderungen im Variantenstrom an.

- Ich habe mir eine Sache zu bedeutend vorgestellt? Aber ich bin mir bewusst, dass jede Bedeutsamkeit nur äußerlich und scheinbar ist. Es gibt nichts, was so wahnsinnig bedeutend wäre. Bekanntlich gibt es in jedem Weisen ein gehöriges Maß an Einfalt. Gleiches gilt für alle großartigen Dinge, für alles, auf das man den Begriff »bedeutend« anwenden würde. Alle wichtigen Leute und Prüfer, wie auch alle Bosse, alle Stars des Showbusiness, alle Generäle, Geschäftsführer und Staatsoberhäupter sind ganz normale Menschen. Einer ist an einem Zwieback erstickt, ein anderer wurde wegen Trunkenheit nicht ins Flugzeug gelassen und ein dritter verstrickt sich in Liebesaffären.

Aber wenn die Wichtignahme nicht von selbst vom Podest abtreten will, muss man sie herabbeordern. Diese Herabstufung ist eine rein willkürliche Entscheidung – was auch immer ich so wichtig nahm, das sehe ich jetzt anders. Das bedeutet aber nicht, dass Sie zur Marmorstatue werden sollen. Was Sie steuern müssen, ist nur das Primäre, nämlich Ihre *Einstellung*. Emotionen und Gefühle sind sekundär.

Emotionen und Gefühle lassen sich sowieso nicht steuern, und das ist auch gar nicht nötig. Oder können Sie etwa Angst, Trauer, Hass, Widerwillen oder deren Gegenteile - Freude, Liebe, Zuneigung und Verlangen - irgendwie lenken? Sie könnten sich höchstens äußerlich nichts anmerken lassen, aber im Innern bleibt alles gleich, da lässt sich durch Unterdrückung nichts erreichen. Sie können sich auch nicht zwingen, optimistisch zu sein. Was bleibt Ihnen also noch übrig?

Treffen Sie eine Vereinbarung mit Ihrem Verstand. Sagen Sie sich: *Wenn es klappt, ist es in Ordnung, und wenn nicht, dann ist es auch gut.* Und wenn etwas danebengegangen ist, dann macht es auch nichts.

Wozu das? Der Verstand braucht Begründungen und Argumente, da er nichts einfach gutgläubig akzeptiert. Sie müssen ihm erklären, dass es ein Prinzip der Koordination der Absicht gibt und dass dieses Prinzip auch funktioniert. *Wenn Sie so tun, als gerate ein Ärgernis zu Ihrer Freude, dann wird es auch genauso sein.* Aber warum funktioniert dieses Prinzip eigentlich? Warum wird es am Ende gut? Beruhigen Sie Ihren Verstand mit den folgenden Erklärungen:

> Es bedeutet, dass ich es nicht brauche, dass mich etwas Besseres erwartet (was auch oft der Fall ist).
>
> Eine weitere Stunde ist vergangen, und sie ist nicht umsonst vergangen (nichts in diesem Leben ist umsonst).
>
> Das ist der Preis für künftigen Erfolg (auch das ist oft der Fall).
>
> Es war nicht meine Tür. Ich werde meine Tür suchen und auch finden (sie kann sich vor mir nicht verstecken).

Wenn die Wichtignahme so hoch rangiert, dass sie sich nicht reduzieren lässt, muss man sich mit einer Niederlage abfinden und zum Examen, einem Termin oder einer Veranstaltung mit einer gedrosselten Absicht gehen: »Heute werde ich kaum Erfolg haben.« Eine solche Einstellung reduziert zwar die Absicht, eliminiert aber das Wichtigkeitspotenzial, das oft in starkem Maße stört.

Allerdings sollten Sie auch beachten: Wenn Sie der Frage der Wichtignahme zu viel Bedeutung beimessen, dann kann dieser Impuls auch ins Gegenteil umschlagen, so dass einem dann alles egal ist, was auch wieder nicht gut wäre. *Die Abwesenheit von Wichtignahme ist weder Kopflosigkeit noch Gleichgültigkeit, sondern bewusste Beobachtung.*

Den Strom in Gang setzen

Wenn noch nicht die gesamte Wichtignahme verschwunden ist, so werden sich deren Reste noch hier und da in die Handlungen einmischen. Bange Erwartung und Untätigkeit steigern das Potenzial und blockieren die Energie. Aktivität hingegen zerstreut redundante Potenziale und bringt Energie zum Fließen.

Wenn Sie in einer Depression stecken, wenn Sie bedrückt sind, nichts tun wollen oder an einer ähnlichen Geistesstarre leiden, dann sollten Sie verstehen: Der Grund dafür besteht darin, dass Ihre Energie blockiert ist. Diese Blockade muss beseitigt werden. Das aber erfordert Bewegung, *Sie müssen irgendetwas tun*.

Das kann eine beliebige Tätigkeit sein; sie muss noch nicht einmal mit der Situation zu tun haben, die zur Entstehung des Wichtigkeitspotenzials geführt hat. Eine sehr effektive Methode ist *die Inversion der Wichtignahme*. Kaufen Sie sich zum Beispiel eine Flöte und einen Teddybären. Oder besser gleich drei Teddybären. Setzen Sie sich vor sie hin und spielen Sie ihnen etwas auf der Flöte vor. Führen Sie eine pathetische Zeremonie oder ein feierliches Ritual durch. Stellen Sie in Ihrem Büro eine Büste von Karl Marx auf und bringen Sie ihm ein Opfer dar. Spielen Sie mit einem Spielzeug, zum Beispiel mit einem Modellauto auf dem Fußboden: Wrrrumm!

Oder mit einem Holzpferdchen: Galoppel, galoppel. Das ist in der Regel das VIP-Spielzeug. Der große Boss muss einfach so etwas haben.

Wenn eine Situation ganz konkret ist und wenn es klar ist, dass sie durch eine bestimmte Handlung gelöst werden kann, dann gibt es nichts Einfacheres: Handeln Sie! Stillzusitzen, sich vor etwas zu fürchten, sich den Kopf zu zerbrechen, all das hat keinen Sinn. Sie müssen handeln, etwas tun. Es ist nicht so wichtig, was es ist, Hauptsache, Sie tun etwas. *Dann ist der Strom der Handlung nicht länger blockiert, und die Energie kann endlich fließen.* Wer von diesem Prinzip nichts weiß, sitzt im Sessel und raucht. Wer sich im Strom befindet, dem gelingt alles, locker vom Hocker.

Angenommen, Sie haben eine umfangreiche, schwierige Arbeit zu erledigen, dann reißen Sie sich einfach zusammen und fangen Sie an! Wenn Sie jemanden kennenlernen möchten, dann gehen Sie einfach auf die Person zu und stellen Sie sich vor - zögern Sie nicht. Wenn Sie keine Ahnung haben, wie Sie eine Arbeit oder eine Kommunikation hinbekommen sollen - egal. *Ist der Handlungsstrom erst einmal im Gange, so werden die Lösungen wie von selbst kommen.*

Wenn Sie hin und wieder einen James-Bond-Film sehen, dann achten Sie einmal darauf, dass der Mann fast gar nicht denkt, sondern einfach handelt. Das Gleiche gilt für *Mission: Impossible*. Wenn der Held gefragt wird: »Wie wollen Sie das tun?«, so antwortet er: »Keine Ahnung.« Aber er marschiert sogleich davon und legt los. Er überlegt nicht lange, ob es überhaupt möglich ist oder wie es gehen könnte (also gut: ein wenig vielleicht schon). Die Lösung kommt wie von selbst im Laufe des Prozesses. Er belädt sich nicht mit Wichtigkeitspotenzialen - er bewegt sich einfach im Strom und schnappt sich die Lösung unterwegs.

Natürlich sieht auf dem Bildschirm alles irgendwie leicht aus, aber darum geht es nicht. Das gleiche Prinzip funktioniert auch in der Realität - *die bedingungslose Absicht des Aufsehers*. Der

Aufseher denkt nicht lange nach, er geht einfach daher und nimmt sich das Seine.

Beobachten Sie einmal die Meeresbrandung. Die Absicht des Aufsehers ist wie eine Welle. Die Tatsache, dass die Welle an die Küste schlägt, ist unvermeidlich. Sie brandet mit voller Kraft ans Ufer, aber ohne jede Bedrückung. Genauso standhaft sollte auch Ihre Absicht sein. Ich gehe los und nehme mir das Meine, frei von Hysterie, Erregung und Angst. Ich bin eine Welle.

Zusammenfassung

- Die Wäscheklammer ist etwas, was Sie hemmt und nicht im Einklang mit Ihrem **Ich** steht.
- Wenn Sie etwas bedrückt, wird es automatisch immer wichtiger.
- Da die Blockade ein Energiestau ist (ein Pfropfen), müssen Sie diesen zuerst entfernen, dann kann auch die Energie fließen.
- Wenn Sie aufwachen und erkennen, was genau Sie bedrückt, ist die halbe Arbeit schon getan.
- Nach der Entpfropfung ist es erforderlich, die abgestandene Energie wegzuspülen. Das wird durch den Aufbau von neuer Energie verwirklicht.
- Der generelle Algorithmus der Selbstbefreiung: Wir ermitteln die Wäscheklammer (wo drückt der Schuh?), wir entfernen sie (machen sie uns bewusst), wir bringen den Strom in Gang (indem wir handeln).
- Um die Wäscheklammer zu erkennen, müssen wir zum rechten Zeitpunkt aufwachen und uns bei der Wichtignahme ertappen.
- Wir sollten es uns zur Gewohnheit machen, unsere Aufmerksamkeit in dem Moment einzuschalten, wenn unser Frust sich breitmacht. Die rote Alarmlampe.
- Überprüfung der Einhaltung Ihres Kredos: Was fordern die Stereotype von mir, und gefällt mir das, was sie fordern?

- Wenn Sie glauben, dass ein Stereotyp, das man Ihnen aufzuerlegen sucht, nicht zu Ihrem inneren Wissen passt, so erleben Sie nichts anderes als den Prozess der Einführung einer fremden mentalen Vorlage in Ihr Kredo, einen versuchten Einbruch in Ihr **Ich**.
- Was Sie steuern müssen, ist nur das Primäre, nämlich Ihre Einstellung. Emotionen und Gefühle sind sekundär.
- Treffen Sie eine Vereinbarung mit Ihrem Verstand. Sagen Sie sich: Wenn es klappt, ist es in Ordnung, und wenn nicht, dann ist es auch gut.
- Die Abwesenheit von Wichtignahme ist weder Kopflosigkeit noch Gleichgültigkeit, sondern bewusste Beobachtung.
- Zur Beseitigung der energetischen Blockade ist Bewegung nötig - Sie müssen irgendetwas tun.
- Ist der Handlungsstrom erst einmal im Gange, so werden die Lösungen wie von selbst kommen.

Randnotizen

Wenn Sie sich von den Wäscheklammern und den Abhängigkeiten, die Ihnen vom System auferlegt wurden, befreit haben, haben Sie die Möglichkeit, sich dafür zu revanchieren, was man Ihrer Persönlichkeit angetan hat. Sie sind einzigartig, und jetzt sind Sie frei. Das ist ein tolles Privileg. Nutzen Sie dieses Privileg!

Mentale Wäscheklammern

Wir wollen einige typische Beispiele betrachten, was für mentale Wäscheklammern es gibt und wie man sich von ihnen befreien kann.

Komplexe Probleme

Abhilfe: *Senken Sie die Wichtignahme; beginnen Sie zu handeln.*

Egal welcher Art die Probleme sind, Transsurfing befasst sich, im Gegensatz zur Psychologie, nicht mit der Analyse oder mit der Behandlung von Problemen. Der gordische Knoten wurde mit einem Schlag durchtrennt. *Das Ziel besteht darin, den gewünschten Film in den »Projektor« zu stecken und ihn dann laufen zu lassen.* Das ist alles.

Ist die Situation so verworren, dass keine klare Lösung in Aussicht steht, so richten Sie sich nach folgendem Grundsatz: *Setzen Sie sich ein gebührendes Ziel und bewegen Sie sich darauf zu.* In diesem Falle werden die Probleme unterwegs von selbst wegfallen, auch wenn das Ziel gar nichts mit ihnen zu tun hat.

Falls Sie sich nicht sicher sind, wie die Situation zu beheben ist, dann lassen Sie sich dadurch nicht beunruhigen. Es ist egal, was in der Vergangenheit war und was jetzt ist; *wichtig ist nur, was Sie in Zukunft erreichen wollen.* Es hat keinen Zweck, in die Vergangenheit zurückzublicken und im Geiste mit den Problemen der Gegenwart zu ringen. Setzen Sie sich ein Ziel und gehen Sie auf es zu.

Ihre Aufmerksamkeit und Ihre Absicht sollten einzig und allein auf die Zukunft gerichtet sein.

Schulden

Abhilfe: *Hören Sie auf, an sie zu denken. Konzentrieren Sie sich auf Ihr Ziel und werden Sie dafür tätig.*

Indem Sie über Schulden nachdenken, werden Sie sie nicht zurückzahlen können. Im Gegenteil, wenn Ihnen Gedanken durch den Kopf gehen, die sich damit befassen, was Sie bedrückt oder belastet, wie Sie schneller zurückzahlen können, wie Sie das hinbekommen oder selbst wie Sie Schulden zurückbekommen, so sind das alles nur verschiedene Variationen über Ihre Schulden. Und solange diese Gedanken in Ihrem Kopf kreisen, bleibt am Ende nur immer das gleiche eine Bild: Sie haben Schulden. Und was in Ihrem Kopf ist, das wird dann auch auf dem Bildschirm der Realität abgebildet werden.

Wie kann man einer solchen Realität entkommen? Hören Sie auf, sich mit Gedanken zu quälen (sich Wäscheklammern anzuheften), und beginnen Sie zu handeln (aktivieren Sie den Strom). Aber es ist gar nicht so einfach, solche Gedanken abzustellen, nicht wahr? Das bedeutet, Sie müssen sich in jedem Fall ein Ziel setzen und sich in Bewegung setzen. Natürlich sollte das Ziel eine Steigerung Ihres Wohlbefindens bewirken. Das wollen Sie ja auch, oder? Dann richten Sie auch die Gesamtheit Ihrer Aufmerksamkeit und Absicht auf die Zukunft, auf ein Ziel, wo Sie sehr wohlhabend sind.

Nun drehen sich all Ihre Gedanken schon nicht mehr darum, dass Sie Schulden haben, dass Sie sie zurückzahlen müssen, und auch nicht darum, wie Sie angeblich die Schulden von jemand anderem zurückbekommen. Nein, jetzt läuft ein anderer Film. *Sie sind ein gemachter Mann.* In diesem Film kommen keine Bilder von Ihrer Verschuldung vor. Im Gegenteil, es gibt nur Bilder über Ihre Zahlungsfähigkeit.

Wenn Sie *all Ihre Gedanken und Handlungen* auf Ihr Ziel richten und kontinuierlich, systematisch und zielgerichtet in Ihrem Denken und Handeln *Ihren Film* ablaufen lassen, in dem Sie Ihre Ziele erreicht haben und zu Wohlstand gekommen sind, dann wird sich der Film auch auf dem externen Bildschirm, in der Realität, allmählich entfalten. Früher oder später wird dies geschehen. Die Realität kann sich dieser Wirkung nicht entziehen - das ist ihr Wesen. Nicht Sie sind dann mehr abhängig von der Realität, sondern sie von Ihnen. Die Frage ist, wer die Initiative ergreift.

Innere Komplexe

Abhilfe: *Hören Sie auf, gegen Mängel anzukämpfen. Entwickeln Sie Vorzüge.*

Es ist das Gleiche wie mit den Schulden: Sie sind nicht in der Lage, Ihre Mängel loszuwerden, indem Sie sich mit Ihrer Beseitigung beschäftigen. Introspektion, Selbstanalyse und Gewissenserforschung sind ebenso unbrauchbare wie sinnlose Unterfangen. Wenn etwas unklar ist oder nicht klappt, sollten Sie wiederum dem obigen Grundsatz folgen: Setzen Sie sich ein Ziel und gehen Sie darauf zu.

Entwickeln Sie eigene Vorzüge und nutzen Sie sie, egal welche. Das ist viel einfacher, effizienter und angenehmer. Jeder hat seine Vorzüge, und der wichtigste von allen ist Ihre Einzigartigkeit - das, was ganz allein Sie ausmacht.

Die gesellschaftliche Wäscheklammer zwingt Sie, *der Beste* zu sein. Sie müssen diese stereotype Taktik ändern und sich gestatten, nicht der Beste, sondern *einzigartig* zu sein. Bei aufmerksamer Beobachtung werden Sie feststellen, dass Leute, die erfolgreich waren, nur einige wenige ihrer spezifischen, nur ihnen eigenen Qualitäten genutzt haben.

Das Problem ist nur, zu erkennen, worin Ihre persönliche Einzigartigkeit besteht. Das ist im Grunde das Hauptthema dieses Buches.

Das System hat Ihre Persönlichkeit bereits weitgehend abgeschliffen. Es ist an der Zeit, dass Sie sich das zurückholen, was Ihnen gehört.

Das Märchen von der angesehenen Arbeit

Abhilfe: *Hören Sie auf, eine nicht zu Ihnen passende Arbeitsstelle zu suchen. Suchen Sie lieber nach Ihrer wesensgemäßen Stelle.*

Zunächst einmal sollten Sie verstehen, dass die gängigen Klischees Sie in die Irre führen, indem sie behaupten, ein Prestigejob sei gut für alle. Überhaupt ist schon der Begriff der »angesehenen Arbeit« ein Systemprodukt, ein Surrogat für Erfolg. Die Frage muss anders angegangen werden: eine gute Arbeit, ein anständiger Job. Passend zu Ihren Vorzügen, Ihrer Einzigartigkeit.

Wenn alle an einer Norm gemessen werden, wie kann dann noch vom eigenen Weg oder einem persönlichen Ziel die Rede sein? Dann kämen alle von der Berufsschule in die Fabrik, an die Maschine. Oder, wie es bei liebevollen Eltern üblich ist: Du bekommst eine gute (angesehene) Ausbildung, dann einen gut bezahlten (angesehenen) Job und das ist dann der Erfolg deines Lebens. Die gesellschaftlichen Normen steigen von oben herab, so wie eine Fräse auf ein Werkstück: vom gesellschaftlichen Durchschnitt bis zum Niveau des Individuell-Persönlichen. Aber wie die Erfahrung zeigt, wird echter Erfolg von jenen erreicht, die diese Normen nicht befolgen, sondern sie über Bord werfen. Dann - und das ist das Seltsamste - orientieren sich die gesellschaftlichen Normen um, und zwar nach dem neuen, individuellen Erfolgsvorbild. Und steigen dann wieder herab.

Deshalb sollten wir den Mut aufbringen, diese Wäscheklammern abzuschütteln, und nicht nach einem prestigeträchtigen Job suchen, sondern nach unserer eigenen Arbeit, die unsere Tür und unseren Weg mit einschließt. Ihre Arbeit läuft Ihnen nicht davon, dort wird nicht geschubst und gedrängelt, und insbesondere für Sie wird ein Teppich ausgerollt. Hierzu finden Sie jedoch mehr in der fünfbändigen Reihe Transsurfing und in *Lenker der Realität.*

Angst und Furcht

Abhilfe: *Beenden Sie den Zustand der Erwartung - betrachten Sie sich selbst und schreiten Sie dem Objekt der Erwartung entgegen.*

Angst und Furcht sind die stärksten Energiehemmer. Bewusstheit allein reicht hier nicht aus. Diese Sperre kann nur durch Handeln vollständig fortgeschafft werden. Das Wesen von Angst und Furcht besteht hauptsächlich *in der Erwartung von etwas*. Der Schlüssel zum Entkommen: aus diesem Zustand herauskommen, egal wie. Der einfachste Weg ist, auf das Objekt der Erwartung zuzuschreiten. Angst hat man, wenn man im Schützengraben liegt, vor dem Angriff. Sobald man zur Attacke übergeht, ist die gröbste Angst verflogen.

Die Angst hat nur so lange Kraft, wie wir ihr nicht ins Angesicht sehen. Mutig ist nicht der, der sich nicht fürchtet, sondern der, der nicht versucht, sich zu verstecken. Um der Angst zu entkommen, sollten Sie aufwachen und sich selbst beobachten: *Auf welche Weise fürchten Sie sich, wie läuft dieser Prozess ab?* Ihnen steht Ihr erster Fallschirmsprung bevor. Unter Ihnen tut sich der Abgrund auf. Sie »steigen aus dem Körper aus« und richten Ihre Blicke nicht auf den Abgrund, sondern auf sich selbst, aus der Distanz. »Ach, wie furchtbar! Huch, wie interessant!« - und dann schreiten Sie der Angst entgegen und springen.

Wenn Sie irgendwann einmal Ihrer Angst entgegenschreiten, werden Sie sich mit diesem Gefühl vertraut machen, und es wird Ihnen gefallen. In jedem Fall ist es das sicherste Mittel - den Zustand der Erwartung verlassen und handeln. Falls Sie sich fürchten sollten, mit dem Tätigsein zu beginnen (was, wenn es nicht klappt?), so sollten Sie dennoch beginnen. Die Augen fürchten sich, die Hände handeln. Alles, was Sie brauchen, finden Sie auf der Straße, wie James Bond. Aber natürlich nicht Hals über Kopf, denn Sie wissen ja, dass uns der Verstand Grenzen setzt.

Eine weitere sehr effektive Methode, um Angst zu überwinden, besteht darin, sie in eine andere Emotion zu verwandeln, so dass sie verschwindet. So kann man zum Beispiel die Angst vor irgendeinem »Kampf« in Wut verwandeln, die Angst vor etwas Unbekanntem in Neugier, Scham in Sex, Verteidigung in Angriff oder die Angst vor einer Niederlage in Anspannung. Selbst wenn es nur um Unsicherheit oder Schüchternheit geht, können Sie sich vorstellen, Sie seien eine Welle, die mit der unerschütterlichen Entschlossenheit des Aufsehers auf die Küste zurollt. Das ist ein ganz interessantes Gefühl, Sie sollten es einmal ausprobieren.

Die beste Methode jedoch ist es, das, was uns erschreckt oder furchtsam macht, gar nicht erst in unsere Welt hineinzulassen. Katastrophen, soziale Unruhen, Kriminalität, Terrorismus, Naturkatastrophen – all das fliegt an meiner Aufmerksamkeit vorbei wie eine eintönige Landschaft hinter dem Fenster der S-Bahn. Meine Ruhe entstammt der Erkenntnis, dass ich in meiner kleinen Welt Herr und Meister bin. Ich und niemand anders bestimme in ihr das Wetter. Ich zerstreue die Wolken, lasse die Sonne erscheinen und schmücke den Horizont mit einem Regenbogen.

Falsche Ziele

Abhilfe: *Hören Sie damit auf, der Beste sein zu wollen; seien Sie einzigartig und suchen Sie Ihr eigenes Ziel.*

Wie bereits erwähnt, wird das Individuum mit seinen einzigartigen Qualitäten unter dem Druck der öffentlichen Meinung nivelliert. Im Zuge des Austauschs von Ansichten werden Klischees und Erfolgsnormen geschaffen. Und da die öffentliche Meinung von der »überwältigenden Mehrheit« gebildet wird, kommen am Ende aus diesem Fleischwolf hauptsächlich zweit- und drittklassige Produkte heraus. Unwissenheit und Mittelmaß triumphieren, und die nonkonforme Individualität wird entweder an den Seiten abgefräst oder wird der Weiterverarbeitung zugeführt.

Was geschieht, ist Folgendes: Es wird ein allgemeines Erfolgsstreben propagiert. Jeder soll Erfolg haben. Wer keinen Erfolg hat, ist eine Flasche und ein Versager. Die Erfolgsnormen werden auf allen Bildschirmen und Buchumschlägen verkündet. Es gewinnt angeblich derjenige, der sich der Regel unterwirft: »Mach es wie sie, sei besser als sie!«

So sieht das alles aber nur von außen aus. Eigentlich gibt es nämlich bei diesem Spiel noch eine Nebenregel, die nur nirgends explizit erwähnt wird: *»Gewinnen tut auch der, der sich nicht unter Druck setzen lässt und seine Individualität nicht aufgibt.«* Die meisten, die echten, phänomenalen Erfolg hatten, haben sich gerade an diese Regel gehalten.

In Wahrheit ist der Weg unter Umgehung des allgemeinen Rennens leichter, effektiver und auch angenehmer. Wenn jemand bereit ist, sich der Regel »Mach es wie sie, sei besser als sie« zu unterwerfen, kommt es nämlich zur besagten Korrosion des Ich, wonach es schon nicht mehr möglich sein wird, die eigene Individualität zu zeigen, und dann noch mit den anderen Schritt zu halten oder gar der »Beste« zu sein, wird schon äußerst schwierig sein.

Es ist nicht nötig, sich zu bemühen, »die anderen und sich selbst zu übertreffen«. Den Hauptvektor der Aufmerksamkeit sollte man auf die Suche nach der Entwicklung der eigenen Stärken und Qualitäten richten. Ihre Seele unterscheidet sich ganz gewiss in etwas von allen anderen, in etwas Einzigartigem. Aber was das genau ist, das können nur Sie selbst erkennen. Wenn Sie sich nicht der Korrosion des Selbst aussetzen wollen, werden Ihnen die folgenden Normen helfen, sich auf den Weg zum Erfolg zu machen.

Das eigene Ziel

Suche: *Hören Sie auf zu suchen; nehmen Sie die Position des Beobachters ein, dann findet sich das Ziel von selbst.*

Wenn es Ihnen nicht gelingt, Ihren Weg und dann Ihr Ziel zu finden, so bedeutet dies, dass Ihre Aufmerksamkeit vom Spiegel ergriffen ist. Sie sehen, wie andere Leute ihre Ziele verwirklichen, und versuchen, die fremde Realität auf sich selbst anzuwenden. Letztlich absorbiert diese Seifenoper Ihre Aufmerksamkeit, und Sie sehen tagein, tagaus einen fremden Film an, während Sie dabei völlig vergessen, dass Sie Ihren eigenen Film drehen sollten.

Um sich vom Spiegel loszureißen, müssen Sie einen ungewöhnlichen Schritt tun: Beenden Sie Ihre Suche. Eine fremde Erfahrung und eine fremde Realität an sich selbst auszuprobieren kann nützlich sein, aber nur bis zu einem gewissen Grade, nämlich um sich eine minimale Vorstellung von dem zu machen, was in der Regel in dieser Welt geschieht. Nach einer anfänglichen Erfahrung sollten Sie so schnell wie möglich die gängigen Wege vermeiden und Ihren eigenen Weg gehen. Aber wie stellt man das an?

Jeder Mensch hat seinen eigenen, einzigartigen Weg (nicht unbedingt nur einen), der sein Leben in einen Urlaub verwandelt. Das Glück liegt nicht irgendwo in der Zukunft; es liegt entweder im Hier und Jetzt oder auf einer anderen Lebenslinie. Das Leben verwandelt sich nicht dadurch in einen Urlaub, dass man etwas bekommt oder irgendwo ankommt, sondern auf dem Wege - auf jener Lebenslinie, wo die Existenz voller Freude und Sinn ist. Mit anderen Worten, *das Ziel ist der Weg, nicht ein Bestimmungspunkt.*

Dem Gefühl von Glück im Jetzt oder der freudigen Erwartung einer zukünftigen Sache liegt ein ganz physiologischer Vorgang zugrunde: Im Laufe der Bewegung auf das Ziel hin wird Energie freigesetzt - kreative Energie, wenn Sie das tun, was Ihnen gefällt. (Wenn Sie etwas tun, was Ihnen missfällt, wird Ihre Energie hingegen blockiert.) Genau diese Bewegung der kreativen Energie bringt das Gefühl der freudigen Euphorie hervor. Deshalb ist Ihr Ziel Ihr Weg zur Smaragdenstadt,* und nicht das, was Sie dort erwartet. Solange es Bewegung gibt, gibt es auch Energie. Am Bestimmungsort angekommen, machen wir eine Ruhepause, und dann geht es weiter.

Es gibt keinen Algorithmus für die Suche nach dem eigenen Ziel, denn die Aufgabenstellung ist nicht konkret, sondern vage: »Gehe an einen Ort, den du nicht kennst; finde etwas, das du nicht kennst.« Der Nachteil dieser Formulierung ist die totale Unsicherheit. Aber dieses Manko birgt in sich gleichzeitig den Schlüssel. Wenn Sie nicht wissen, was Ihr Ziel ist, so heißt das, dass Sie nicht wissen, was Sie wollen. Und wenn Sie das nicht wissen, dann brauchen Sie erst gar nicht zu suchen. Der gordische Knoten lässt sich einfach durchschlagen: *Ihr Ziel findet sich von selbst.*

Aber dazu müssen Sie aufhören, sich mit dem zu beschäftigen, was der Verstand gewohnt ist: mit der Suche nach einer Lösung. Und wo sucht er gewöhnlich nach Lösungen? In den Daten, die ihm zur Verfügung stehen, also im Spiegel der Realität. Der Verstand versucht ständig, die Reflexion zu ergreifen und sie dann von verschiedenen Seiten zu betrachten, um zu verstehen, was man damit tun kann. Aber Sie brauchen ja eine Lösung, die es in der Sie umgebenden Realität nicht gibt, nicht wahr? Das bedeutet, dass Sie in Ihre Weltschicht eine andere Realität hineinziehen müssen.

Erweitern Sie Ihren Horizont, begeben Sie sich dorthin, wo Sie noch nie zuvor waren, sehen Sie sich etwas an, was Sie noch nie gesehen haben. Lassen Sie mehr neue Informationen und neue Erfahrungen in Ihr Leben strömen. Das gilt nicht für den Verstand, sondern für die Seele. Wenn die Seele das Ihre erkennt, wird sie sogleich enthusiastisch werden.

Ich gebe absichtlich keine konkreten Anweisungen, denn die Suche nach Ihrem Ziel ist eine rein individuelle Angelegenheit.

---

* Nach dem Titel »Der Zauberer der Smaragdenstadt«, einem Kinderbuch des russischen Schriftstellers Alexander Wolkow aus dem Jahre 1939. Dieses Buch ist eine Nachdichtung von »Der Zauberer von Oz« und erfreute sich in den Staaten des ehemaligen Ostblocks großer Beliebtheit. (Anm. d. Übers.)

Es kann dabei keine Schablonen geben. *Das Grundprinzip besteht darin, dass Sie nicht über Ihr Ziel nachdenken und nach ihm suchen, sondern einfach nur beobachten und auf Ihre Gefühle achten.*

Der Verstand sollte sich in die Lage eines beobachtenden Kindes begeben, nicht in die eines systematischen Analytikers. In diesem Fall kommt ihm eine passive Aufgabe zu: der Seele neue Informationen und neue Erfahrungen bereitzustellen und nur darauf zu achten, was sie dabei erlebt.

Der Verstand schaltet sich erst dann ein, wenn die Seele ausruft: »Ja, das hier ist das Meine!« Stellen Sie sich folgende Frage: Verwandelt das mein Leben in einen Urlaub? *Die Entscheidung sollte in der Einheit von Seele und Verstand getroffen werden.* Wie Sie wissen, sollte das Ziel zumindest prinzipiell erreichbar sein. Dabei sollte auch berücksichtigt werden, dass es die Natur der Seele ist, sich zu begeistern. Es braucht Zeit, um das Ziel gründlich an sich auszuprobieren. Wenn Sie Zweifel haben, dann sollten Sie Ihre Komfortzone durch die Visualisierung des Zieldias erweitern. Lesen Sie mehr dazu in der Reihe *Transsurfing*.

Ich betone nochmals: Die Besonderheit der Suche nach dem Ziel besteht - im Gegensatz zur Arbeit mit den Wäscheklammern - darin, dass in diesem Falle das aktive Handeln nicht durch passive, sondern aufmerksame Beobachtung ersetzt wird. Die Aktivität des Verstandes beschränkt sich darauf, neue Erfahrungen und Eindrücke in die eigene Welt einzulassen. *Lassen Sie den Verstand dem Wollknäuel folgen - es zeigt selbst, wo es langgeht.*

Falls es Ihnen nicht gelingt, Ihr Ziel zu finden, ist es fürs Erste keine schlechte Idee, sich mit sich selbst zu beschäftigen. Was könnte Ihr Selbstwertgefühl steigern, was kann Ihnen Zufriedenheit mit sich selbst und Ihrem Leben geben? Sie können und sollten damit beginnen, Ihre körperliche Form zu verbessern und Ihre Energetik zu steigern. Wenn Ihr Körper schwach ist, haben Sie ein niedriges

Energieniveau, und in Ihrer Seele herrscht Apathie, so dass eine kreative Suche nicht möglich ist.

In der Regel kann das Ziel im Laufe der Zeit transformiert werden, es kann variieren. Sie sollten darauf gefasst sein und es als normal hinnehmen. Jeder hat seinen eigenen Weg, und nur selten ist es ein direkter Weg. *Keine Angst vor ehrgeizigen Zielen!* Das einzige wirkliche Hindernis auf dem Weg zu einem kühnen Ziel ist auch kein externes Hindernis, sondern die Frage, die *von innen* nagt: Wie kann ich das Ziel erreichen?

Wie?

Abhilfe: *Unzulässiges zulassen - klare Ausrichtung auf das Ziel.*

Wenn das Ziel prinzipiell erreichbar ist, Mittel und Wege aber unbekannt sind, ist dies kein Grund, das Ziel aufzugeben. Die Herangehensweise des Verstandes - »Wie ...? Ob es wohl klappen wird? Was, wenn es nicht klappt?« - ist in den meisten Fällen ein größeres Hindernis als die realen Hürden.

Ich habe nicht umsonst das märchenhafte Wollknäuel erwähnt. Wenn der Held nicht weiß, wohin er sich begeben wird und wie er anfangen soll, dann wird ihm ein Wollknäuel zur Hilfe gegeben. Der Verstand hört endlich auf, hin und her zu rutschen, und wechselt in den Modus der Beobachtung. Und genau das sollte er auch tun.

Solange der Verstand mit der Suche nach dem Ziel herumwurstelt, sieht er nicht, was um ihn herum geschieht. Reißen Sie ihn von dieser Beschäftigung los und richten Sie ihn dorthin, wo es für ihn etwas zu sehen gibt. Lassen Sie ihn beobachten.

Mit der Suche nach Mitteln und Wegen verhält es sich ähnlich. Der Verstand sagt: »Diese Aufgabe ist unlösbar.« Oder: »Dieses Ziel ist sehr schwer zu erreichen. Versuch es gar nicht erst.« Er ist es gewohnt, mit Schablonen und Stereotypen zu operieren, so wie es ihm in der Schule beigebracht wurde. Daher geht er an Fragen des Lebens heran wie an eine algebraische Gleichung, die mithilfe einfacher Algorithmen gelöst wird. Der Verstand kann nichts Neues entdecken. Alles, was er kann, ist, ein neues Haus aus alten Steinen zu bauen. All seine Entdeckungen macht er unterwegs, *während er dem Wollknäuel folgt*. Genauer gesagt »macht« er sie gar nicht, sondern sie erscheinen ihm. Aber auch nur dann, wenn sich der Verstand auf den Weg macht.

Die primäre Aufgabe besteht also nicht darin, eine Lösung zu finden, sondern darin, *den Narren auf den Weg zu schicken,* letztlich mit dem Ziel, dass er die Lösung findet, wenn sie ihm unterwegs begegnet.

Richten Sie Ihre Aufmerksamkeit und Ihre Absicht auf das Ziel. Schaffen Sie sich eine virtuelle Realität und leben Sie darin. Drehen Sie Ihren eigenen, zunächst einmal imaginären Film, in dem das Ziel realisiert wird, und Sie werden bekommen, was Sie wollen. Ich nenne diese Beschäftigung konzentriertes Schweben über den Wolken. Es macht nichts, dass der Film noch nicht der Wirklichkeit entspricht. *Ihre Wirklichkeit entfaltet sich zuerst in Ihren Gedanken, dann in der Realität.*

Während Sie Ihren Film laufen lassen, bewegt sich Ihre Weltschicht zu jenem Sektor des Variantenraums, in dem Ihr Ziel verwirklicht ist. Diese Bewegung ist nicht immer klar erkenntlich und manifestiert sich nicht auf der Stelle. Aber früher oder später öffnet sich Ihnen eine Tür (eine Gelegenheit), an die Sie vorher nicht gedacht hatten. Darin liegt die Stärke dieser Methode: *Mittel und Wege zeigen sich von selbst, wenn Sie Ihre Aufmerksamkeit und Ihre Absicht auf das Ziel gerichtet halten, ohne die Vergangenheit, die Gegenwart oder die Erfahrung anderer zu berücksichtigen.* Ein leistungsfähigeres Instrument zum Erreichen von Zielen und zur Lösung komplexer Aufgaben gibt es nicht.

Interessant ist weiterhin eine bestimmte Spielart dieser Methode. Mir persönlich ist es nicht in den Sinn gekommen, dass die Prinzipien des Transsurfings auch dazu benutzt werden können, um schwierige Aufgaben zu lösen, weil ich solche Art der Arbeit längst hinter mir gelassen habe. Aber wie sich gezeigt hat, ist auch das möglich.

Viele Aufgaben (in der Physik, der Mathematik, Chemie, Biologie und im Ingenieurswesen) werden seit langem formalisiert und mithilfe von Algorithmen und Formeln gelöst. Es gibt aber auch Gebiete (zum Beispiel Erfindungen), bei denen man nicht weiß, von welcher Seite man das Problem packen kann. Um der Arbeit des Verstandes irgendeine Orientierung zu geben, um ihm sozusagen ein »Wollknäuel« zu verschaffen, wurden verschiedene Spezialmethoden entwickelt: die Theorie zur Lösung erfinderischer Probleme (TRIZ) und die Methode der Kombination alternativer Systeme (MOAS).

Diese Techniken weisen zwar in eine Richtung, sie beseitigen jedoch nicht das Hindernis, das sich dem Verstand oft als unüberwindlich darbietet: »Das ist unmöglich! Diese Aufgabe lässt sich nicht lösen!« Der berühmte Erfinder Wladimir Gerasimow ergänzte die besagten Methoden durch ein einfaches, aber sehr wirksames Prinzip: *das Unzulässige zuzulassen*. Für diejenigen, die sich einen weiteren Einblick in das Thema wünschen, gebe ich hier die Website des Erfinders an: *http://www.trizminsk.org/e/20120118.htm*.*

Scheint ja ein recht unwissenschaftliches Prinzip zu sein, nicht wahr? Aber für den Verstand ist es sehr wichtig, dass jemand das besagte Prinzip »wissenschaftlich gerechtfertigt« und als mathematisches Axiom in sein Denksystem einführt hat; dass nämlich das Unmögliche zwar nicht »theoretisch«, aber immerhin *formell möglich* ist. Für den Verstand ist es sehr wichtig zu wissen, dass er *das Unzulässige zulassen* darf.

* Eine russische Website; Anm. d. Übers.

Und in der Tat, die Geschichte zeigt uns, dass viele geniale Erfindungen erst dann gemacht wurden, als der Verstand seine »festen Überzeugungen« hinter sich gelassen hatte.

Zum Beispiel: Ein eisernes Schiff kann nicht schwimmen, da Metall im Wasser versinkt; folglich muss ein Schiff aus Holz konstruiert werden. Erst als der Verstand das Unmögliche mit eigenen Augen sah, wurde es für ihn offensichtlich. Aber zuvor war es unmöglich! Und mittlerweile kann Metall sogar fliegen.

Wenn Sie also mit einer vom Standpunkt der Erfahrung her unlösbaren Aufgabe konfrontiert werden, wenn Sie sich nicht einmal vorstellen können, wie Sie an sie herangehen könnten, genau dann sollten Sie nicht sogleich einen Schlussstrich ziehen. Sie sollten sich vor Augen halten, dass Hindernisse und Beschränkungen nur in Ihrem Kopf existieren. Wenn Ihnen jemand sagt: »Geh dorthin, aber wohin genau, das weiß ich nicht; finde dies, aber was es ist, kann ich dir nicht sagen; aber sieh zu, dass am Ende etwas Großartiges herauskommt«, dann folgen Sie dem Wollknäuel, und Sie werden fündig werden.

Schwierig ist es nur am Anfang des Weges, wenn man *seinen Horizont überschreiten muss*. Es ist so, als würde man auf einen Spickzettel schielen, den es nicht gibt und auf dem keine Lösung für das steht, was ohnehin unmöglich ist. Aber wie soll es dann gehen? Dazu müssen Sie etwas Undurchführbares durchführen: *das Unzulässige zulassen*.

Das Prinzip besteht darin, *nicht darüber nachzudenken, wie es möglich sein könnte, sondern sich voll und ganz auf das Endziel zu konzentrieren*. Was wollen wir im Endergebnis bekommen? Alle Gedanken sollten nur darum kreisen. *Und mit solchen auf das Endergebnis gerichteten Gedanken können Sie sich auf den Weg machen*. Was genau zu tun ist und wie, das ist in der ersten Phase gar nicht so wichtig. Die Aktivität kann willkürlich, systemlos und sogar sinnlos sein. Hauptsache, die Aufmerksamkeit und die Absicht sind klar auf das Ziel gerichtet, egal was uns unsere Erfahrung sagt.

Das ganze Geheimnis ist dies: Unser Verstand löst nicht die Aufgabe, die er zuvor ohnehin nicht auf sich genommen hätte, sondern fixiert sich auf das Ziel und bewegt sich vorwärts, wie ein Pferdchen mit Scheuklappen. Die Scheuklappen werden dafür benötigt, damit Stereotype und Schablonen keine Hindernisse auf dem Weg zum Ziel werden. Die Antworten finden sich von selbst, durch die Vorwärtsbewegung. Die Formel für die Lösung einer »unlösbaren Aufgabe« lautet also wie folgt:

Das Unzulässige zulassen, den Vektor der Aufmerksamkeit und der Absicht aufs Ziel richten, sich auf den Weg machen.

Wir wollen die Wirkungsweise dieser Formel an einem konkreten Beispiel betrachten. Angenommen, wir befinden uns am Anfang des 19. Jahrhunderts, und gesucht wird eine einfache und langlebige Lichtquelle. Vor der Entdeckung der Elektrizität gab es folgende Lichtquellen: Glimmspäne, Fackeln, Karbid- und Kerosinlampen, Gaslaternen, Kerzen. Sie alle haben einen Vorteil und einen Nachteil: In ihnen brennt etwas, das am Ende verbrannt ist. Aufgabenstellung: Machen Sie es so, dass es brennt, aber nicht verbrennt.

Das schien damals unmöglich. Man dachte, die Lichtquelle müsse eine Flamme sein. Lichtquellen leuchten, weil ihn ihnen etwas brennt. Sogar die Sterne leuchten, weil sie brennen. Kann es etwas geben, was brennt und nicht verbrennt?

Wenn man das Unzulässige zulässt, so stellt sich heraus, dass es durchaus eine Lösung gibt. Die Lösung ist eine mit Inertgas gefüllte Kolbenlampe.

Dieser Ansatz ermöglicht eine völlig unerwartete Entdeckung und eine erstaunliche Erfindung. Wenn Sie bislang noch kein Genie sind, dann können Sie jetzt eines werden. Und da Sie nun über ein so mächtiges Werkzeug verfügen, werden Sie in der Lage sein, Aufgaben zu lösen, die kein anderer lösen kann.

Unerwiderte Liebe

Abhilfe: *Abstand gewinnen, nicht leiden, nicht unnötig das Leben verschwenden, sich selbst suchen - den Traumpartner finden.*

Ich werde öfters gefragt: Was kann ich tun, wenn mein Partner* mich verlässt? Wie kann ich ihn zurückbekommen? Wie gesagt: Im Gegensatz zur Psychologie beschäftigt sich Transsurfing nicht mit der Therapie von Problemen. Wenn Sie die gleiche Frage einem Psychoanalytiker stellen (sagen wir einem durchschnittlich qualifizierten), wird er Ihnen lang und breit erklären, was Sie alles falsch gemacht haben, wie Sie sich hätten verhalten sollen und was Sie jetzt tun können, um die verlorene Person wieder zurückzugewinnen.

Sich ändern, sich selbst untreu sein ... Beginnen, sich richtig zu verhalten ... Ein guter Junge (ein gutes Mädchen) werden ... In der Lage sein, eine clevere Geschlechtsstrategie zu planen.

Erinnert Sie das alles nicht an die Korrosion des *Ich*? Sie wollen sich doch gar nicht ändern, nicht wahr? Warum sollten Sie Ihrem ***Ich*** untreu werden, um einer Liebe würdig zu sein? Heißt das etwa, dass Sie jetzt unwürdig sind? Ihr neues ***Ich*** aber soll dann der Liebe wert sein? Und warum müssen Sie clever sein und eine schlaue Strategie entwickeln, um Liebe zu verdienen? Verlieben sich also nur Clevere und Intelligente? Wenn du so wirst, wie ich dich haben will, dann werde ich dich lieben.

In der Tat sind das alles Wäscheklammern und Fallen der Gesellschaft. Für die Liebe gelten ganz andere Prinzipien.

Liebe kann man nicht gewinnen; sie entsteht von selbst, spontan und unerklärlich.

---

* / meine Partnerin; fortan wird in diesem Zusammenhang der Einfachheit halber meist nur ein Geschlecht genannt, gemeint sind aber beide. (Anm. d. Übers.)

Wenn man sich, um Liebe zu gewinnen, ändern muss, kann etwas nicht stimmen.

Liebe ist wie eine Blume; wenn sie verwelkt, kann sie nicht noch einmal blühen.

Das letzte Prinzip besagt, dass man sich um die Liebe kümmern muss, ungefähr so wie um die Flamme eines Feuers. Nicht so sehr genießen und nehmen, sondern in erster Linie geben. Liebe bedeutet in der Tat viel Arbeit. Doch darum geht es hier nicht.

Die Frage ist, was Sie wiederhaben möchten: Ihren Partner oder dessen Liebe? *Die Person, die Sie verlassen hat, können Sie vielleicht zurückholen. Aber wenn die Liebe weg ist, wird sie nicht zurückkommen.* Wollen Sie Ihren Partner oder dessen Liebe, und was ergibt sich daraus? Es ist eine Frage der Wahl.

Natürlich ist im Leben nicht alles so einfach, und es gibt die sonderbarsten Situationen und dann auch Ausnahmen. Das Problem ist, dass Liebe, vor allem unerwiderte Liebe, den Verstand trübt. Und wenn Sie unerwidert ist, sind Sie in Schwierigkeiten. In einer solchen Situation sollten Sie in der Lage sein, nicht nur mit dem Herzen, sondern vor allem mit dem Verstand zu sehen. Sie müssen verstehen, was geschieht.

Wenn zwei Menschen miteinander in Beziehung treten, dann erschaffen sie ein Pendel. Daran ist nichts falsch, denn so ein Pendel dient als Stabilisator und Verbindungsglied. Wenn aber einer der beiden geht, dann beginnt das Pendel den allein Gelassenen zu quälen, um sich an seiner Energie gütlich zu tun. Und solange der Betreffende dann meint, er könne die Geliebte zurückbekommen, muss er beiden Energie geben, und darüber hinaus hat er auch noch psychisch zu leiden.

Wenn Ihr Partner fort ist, dann sollten auch Sie loslassen, damit das Pendel Ihnen keine Energie absaugt. Dazu sollten Sie Ihre Aufmerksamkeit auf mögliche andere Partner richten. Wenn Sie dies nicht tun, werden Sie leiden. Und von diesen Leiden hat niemand etwas. Sie werden Ihrem Leben schaden. Und wertvolle Zeit vergeuden.

Unerwiderte oder weggeworfene Liebe ist außerdem von Anfang an sehr destruktiv. Der Hinterbliebene hat in diesem Fall nichts als Kummer und Gram zu erwarten. Da sollte er nicht auch noch seine mentale Stärke und seine Lebenszeit verschwenden.

Man sollte sich zumindest seine Würde bewahren. Denn wie man es auch dreht: Eine einseitige Liebe ist eine ziemlich entwürdigende Angelegenheit. Du liebst, wirst aber nicht geliebt. Da muss etwas nicht stimmen. Es ist nicht normal. Aber was ist daran so unnormal? Die Wäscheklammer gibt eine eindeutige Antwort: *Du bist nicht gut genug, um geliebt zu werden.* Verstehen Sie, wie die Wäscheklammer wirkt?

Genau das Gleiche wie in dem Fall, wenn Ihr Partner Sie verlässt, ist auch bei einer unerwiderten Liebe der Fall: Sie finden einfach nicht Ihren Traumpartner. Denken Sie mal darüber nach. Wie kann Ihr Partner Sie verlassen? Und wie kann Ihr Partner Sie nicht lieben? Dafür ist diese Beziehung doch gerade da! Die Menschen sind alle verschieden, aber es gibt Paare, die passen wie der Schlüssel zum Schloss.

Von solchen Paaren, die nicht zu einer gemeinsamen Liebe finden, gibt es in der Welt nicht ein oder zwei, sondern viele Tausende. Wenn ein Gott die Liebe erfunden hat, kann er wohl kaum so brutal sein, die Wahrscheinlichkeit einer glücklichen Beziehung gegen Null gehen zu lassen. Ihr Partner wandelt irgendwo umher, vielleicht sogar ganz in Ihrer Nähe, und sucht nach Ihnen, während Sie Ihre Liebe auf jemand anderen verschwenden. Ganz schön dumm, nicht wahr?

Also gut, *eine Beziehung hat nicht geklappt, es hat aber keinen Zweck zu verzweifeln. Suchen Sie lieber nach Ihrem Traumpartner.* Sie wurden verlassen – freuen Sie sich, denn so sind Sie eine unnötige

Last in Ihrem Leben losgeworden. Nun sind Sie frei, und Sie haben die Möglichkeit, die wahre Liebe zu finden.

Wie Sie sehen, ist der Lösungsansatz trotz der hochtrabenden Thematik ganz pragmatisch. Aber was besser ist - sich mit Leiden oder mit einem pragmatischen Ansatz zu beschäftigen -, das entscheiden Sie. Ich kann über diese Dinge mit einiger Zuversicht schreiben, denn schon seit vielen Jahren bekomme ich zahlreiche Briefe, und ich weiß, wie viele Menschen unnötig leiden. Ich weiß also, wovon ich spreche.

Einsamkeit

Abhilfe: *Beenden Sie den Kampf um die Liebe. Strahlen Sie Liebe aus.*

Die Suche nach einem geeigneten Liebespartner für ein Leben zu zweit bereitet vielen Menschen Sorge. Eine Hälfte der Menschheit sucht nach der anderen, die wiederum mit der gleichen Suche beschäftigt ist, doch trotz der großen Auswahl machen beide die gleichen Schwierigkeiten durch.

Das Problem läuft meist darauf hinaus, dass ich nicht den allgemein anerkannten »Qualitätsnormen« entspreche, oder er (sie) nicht meine Anforderungen erfüllt. Daraus folgt: Sie müssen sich ändern und die Suche fortsetzen. Doch mich ändern will ich nicht! Und wo ist überhaupt mein eigenes Ideal zu finden?

Wenn Sie diese Situation leid sind und Sie nicht die gleichen Schwierigkeiten erleiden wollen wie alle anderen, dann sollten Sie Ihre Weltanschauung überdenken, d. h. beginnen, nonkonform zu denken und zu handeln. Und dazu brauchen Sie sich weder zu ändern noch Ihre alte Suche erneut zu aktivieren. Im Gegenteil, Sie sollten davon ablassen, dem Glücksvogel nachzujagen; vielmehr sollten Sie so handeln, dass er Ihnen auf die Hand geflogen kommt.

Zuerst müssen Sie die sozialen Wäscheklammern entsorgen und mit anderen Augen auf die Wirklichkeit blicken. Sie sind nicht verpflichtet, sich zu ändern und zu verbessern, um »die Kriterien der Liebe zu erfüllen«. Sie sind nicht verpflichtet, die Liebe zu erobern. Liebe ist keine feindliche Festung, die man einnimmt.

Sie müssen nur eines tun: Ziehen Sie in Ihre Weltschicht Ihren Traumpartner hinein. Dann wird alles wie von selbst laufen. Liebe wird von ganz allein entstehen. Dafür fehlt es dann nur noch an einer Kleinigkeit – dass Ihr Traumpartner in der Nähe ist und Sie einander aufmerksam in die Augen schauen.

Sie können einen Menschen mithilfe der Diatechnik in Ihre Welt hineinziehen. Stellen Sie sich systematisch ein Dia vor, in dem Ihr Leben von einer abstrakten Person begleitet wird – Ihrem Ideal. Irgendwann öffnet sich dann eine Tür, hinter der er (sie) erscheint. Alles Weitere ist dann Ihnen beiden überlassen. Nur sollte man darauf achten, dass es nicht ausreicht, Dias zu betrachten, während man in seiner Bude hockt und darauf wartet, dass der Ritter durch das Fenster einsteigt oder die Prinzessin mit einer Pizza vorbeikommt. Natürlich sollte man unter Menschen sein, wo eine Chance besteht, seinen Wunschpartner zu finden.

Wenn Sie mit Menschenansammlungen Schwierigkeiten haben oder für einen freien Umgang vielleicht nicht gesellig genug sind, können Sie auch einen anderen Weg einschlagen (die Dias sollten Sie dabei natürlich nicht vergessen).

Stellen Sie sich ein strahlendes Wesen vor, von dem inneres Licht, Charme und Liebe ausgehen (wenn Sie wollen, können Sie noch »Sex-Appeal« oder »Kraft« hinzufügen). Verinnerlichen Sie diese Vorstellung und strahlen Sie sie aus. Artikulieren Sie des Öfteren folgendes Gedankenbild:

Ich bin von sehr charmantem Wesen. Von mir gehen inneres Licht, Charme und Liebe aus. Die Menschen spüren das und finden mich sympathisch. Es ist ein Vergnügen, mit mir zu kommunizieren. Andere fühlen sich in meiner Nähe wohl. Ich bin von sehr charmantem Wesen. Ich strahle das Licht der Liebe und Freude aus. Ich bin eine strahlende Persönlichkeit.

Das Gedankenbild kann auch zusammen mit der Technik angewendet werden, die in einem früheren Buch als »*ein Glas Wasser*« beschrieben ist. Nach einiger Zeit werden Sie bemerken, dass die Menschen sich zu Ihnen hingezogen fühlen, wie Motten, die ein Feuer umschwärmen. Eine charmante, fröhliche Person wirkt wie ein Magnet, denn von ihr geht ein metaphysischer Glanz aus.

Doch um ein wirklich bezauberndes Wesen zu entwickeln, müssen Sie sich nicht verändern oder verbessern. Sie brauchen nur die Technik des Freiling anzuwenden. Ich werde hier kurz die wichtigsten Prinzipien in Erinnerung rufen.

Sie bekommen in Ihrer Realität meistens das, was in Ihnen ist und von Ihnen ausgeht. Stellen Sie sich vor, Sie stehen vor einem Spiegel. Wenn Sie keine Reflexion der Feindseligkeit, Aggression, Missbilligung und Ablehnung sehen wollen, dann sollten Sie den Spiegel nicht mit den entsprechenden Bildern versorgen. Wenn Sie Liebe wollen, dann lieben Sie! Wenn Sie Hilfe, Pflege und Aufmerksamkeit wollen, dann helfen Sie anderen, kümmern Sie sich um Sie und bringen Sie ihnen echtes Interesse entgegen.

Zuerst sollten Sie sich an Menschen erinnern, die Sie selbst charmant und sympathisch finden.

In Gemeinschaft mit einem charmanten Menschen spüren Sie Ihre eigene Bedeutung und Exklusivität. Nicht nur er, sondern auch Sie selbst sind eine interessante Person.

Ein charmanter Mensch strahlt eine fröhliche, festliche Stimmung aus. In seiner Nähe fühlen Sie sich, als wären Sie auf Urlaub.

Man könnte meinen, Charme sei eine Gabe Gottes, die nur Auserwählten zufällt. In der Tat ist Charme *wie eine innere Glut* und kann wie folgt beschrieben werden: *die gegenseitige Liebe von Seele und Verstand*; mit anderen Worten, wenn man in völliger Übereinstimmung mit sich selbst lebt, wenn innen alles harmonisch und aufeinander abgestimmt ist. Das ist wirklich nicht allen gegeben, und an diese Harmonie ist auch nicht einfach heranzukommen.

Es gibt aber auch den *äußeren Anschein* von Charme, und den kann man erlernen. Ihr Charme besteht dann aus der *Fähigkeit, sich so zu verhalten, dass Ihr Gesprächspartner seine eigene Bedeutung spürt*. Sie müssen ein paar einfache Richtlinien erlernen und sie regelmäßig und systematisch üben, immer und überall.

Der Kern der Persönlichkeit besteht in Selbstachtung, in dem Maße, wie Menschen sich selbst schätzen. Indem wir andere respektieren und schätzen, werden wir zu ihren Idolen.

Kommunizieren Sie mit Menschen so, dass sie ihre eigene Bedeutung spüren. (Dann werden sie denken: »Verdammt, der Typ hat mir gezeigt, dass ich etwas wert bin!«)

Erweisen Sie anderen Aufmerksamkeit und ehrliches Interesse. Sprechen Sie mit ihnen über sie selbst und über das, was Sie so an ihnen fasziniert.

Stimmt es Sie froh, wenn Haustiere Sie mit Enthusiasmus begrüßen? Strahlen Sie die gleiche Freude und Begeisterung aus, wenn Sie Menschen begegnen.

Kommunizieren Sie so, als befänden Sie sich gerade auf einem fröhlichen Fest, und schenken Sie all Ihre Aufmerksamkeit Ihrem Gesprächspartner.

Wollen Sie jemanden beeindrucken? Vergessen Sie nicht, dass Sie sich vor einem Spiegel befinden. Tun Sie so, als hätte er/sie Sie sehr beeindruckt.

Kritisieren Sie andere nicht dafür, was sie tun.
Danken Sie ihnen dafür, was sie tun.
Loben Sie sie dafür, was sie tun.
Bewundern Sie das, was sie tun.
Schenken Sie dem, was sie tun, Ihre Aufmerksamkeit.

Ersetzen Sie »was sie tun« mit »wie sie sind«, und gehen Sie die ganze »Maso-Liste« noch einmal von vorn durch. Tja, darin steckt in der Tat ein Stück Masochismus, aber was kann man da tun? Sie wollen ja lernen, charmant zu sein, nicht wahr?

Kritisieren Sie andere nicht dafür, wie sie sind.
Danken Sie ihnen dafür, wie sie sind.
Loben Sie sie dafür, wie sie sind.
Bewundern Sie, wie sie sind.
Schenken Sie der Art und Weise, wie sie sind, Ihre Aufmerksamkeit.

Besonders beachten sollten Sie das oberste Prinzip des Freilings: *Geben Sie die Absicht auf, etwas zu bekommen, und ersetzen Sie sie mit der Absicht zu geben; dann bekommen Sie das, was Sie aufgegeben haben.* Wenn Sie daran denken, was Sie wollen, dann werden die Leute ebenfalls an sich selbst denken, genauso wie Sie. Dann werden Sie gar nichts von ihnen bekommen. Sobald sie aber darüber nachdenken, was Ihr Gesprächspartner will, wird er Ihnen, als sei

Zauberei im Spiel, sogleich das geben, was Sie wollen. So funktioniert der Spiegel. In der folgenden Tabelle sehen Sie links das, was Sie erreichen wollen, und rechts das, was Sie dafür tun müssen.

Was Sie wollen:	Was Sie tun müssen:
➤ *Faszinieren.*	➤ *Fasziniert sein.*
➤ *Interessantes sagen.*	➤ *Aufmerksam zuhören.*
➤ *Aufmerksamkeit erregen.*	➤ *Interesse zeigen.*
➤ *Unterstützung erhalten.*	➤ *Helfen.*
➤ *Verstanden werden.*	➤ *Bemüht sein zu verstehen.*
➤ *Mitgefühl finden.*	➤ *Einfühlsam sein.*
➤ *Zustimmung bekommen.*	➤ *Zustimmung geben.*
➤ *Respektiert werden.*	➤ *Respektieren.*
➤ *Dank erhalten.*	➤ *Dankbar sein.*
➤ *Sympathisch gefunden werden.*	➤ *Sympathie zeigen.*
➤ *Liebe finden.*	➤ *Lieben.*

Wie das Bild, so die Reflexion. Wer nicht versteht, dass er vor einem Spiegel steht, tut das Gegenteil: Er schnappt nach der Reflexion und bekommt am Ende gar nichts.

Was Liebe anbelangt: Es wird Ihnen nicht gelingen, mit einer besonderen Strategie oder Taktik die Liebe eines anderen anzuziehen. Alles, was Sie tun können, ist, einfach nur zu lieben. Entweder springt der Funke über oder eben nicht. Was genau Sie unternehmen können, um dabei »nachzuhelfen«, entzieht sich unserer Kenntnis. Das Gleiche gilt für Freundschaft.

Das Einzige, was dazu beitragen kann, das Feuer der Liebe zu entfachen, ist natürlich eine angenehme Unterhaltung. Ihre Vorzüge und Mängel sind das Letzte, was Ihren potenziellen Partner interessiert; in erster Linie erwartet er *eine Aufwertung seiner eigenen Bedeutung*, die er im Gespräch mit Ihnen findet. Erreicht er dieses Ziel, dann wird er vor Ihren offensichtlichen Mängeln die Augen verschließen und über Ihre Schwächen hinwegsehen. Und wie so oft, kann sich dann eine Beziehung entwickeln, die von anderen bestaunt wird.

Was hat sie eigentlich an ihm gefunden? - Das, was er an ihr gefunden hat.

Und umgekehrt:

Was hat er eigentlich an ihr gefunden? - Das, was sie an ihm gefunden hat.

Und schließlich die letzte Frage: Ist es eigentlich möglich, sich in jemanden zu verlieben, der nicht der Traumpartner ist? Antwort: Ja, das ist möglich. So seltsam ist diese Welt. Liebe ist, wie Sie wissen, ein Übel. Aber wenn Ihnen das wirklich geschieht, dann brauchen Sie weder zu verzweifeln, sich das Leben zu nehmen oder das Pendel zu nähren noch Ihre Liebe oder Ihr Leben umsonst zu verschwenden - suchen Sie Ihren Traumpartner, und er wird auch Sie suchen.

Zusammenfassung

- Ist die Situation so verworren, dass keine klare Lösung in Aussicht steht, so richten Sie sich nach folgendem Grundsatz: Setzen Sie sich ein gebührendes Ziel und bewegen Sie sich darauf zu.
- Es ist egal, was in der Vergangenheit war und was jetzt ist; wichtig ist nur, was Sie in Zukunft erreichen wollen. Ihre Aufmerksamkeit und Ihre Absicht sollten einzig und allein auf die Zukunft gerichtet sein.
- Indem Sie über Schulden nachdenken, werden Sie sie nicht zurückzahlen können. Hören Sie auf damit, an sie zu denken. Fixieren Sie sich aufs Ziel, und los geht's.

- Nicht Sie sind abhängig von der Realität, sondern die Realität von Ihnen. Die Frage ist, wer die Initiative ergreift.
- Die gesellschaftliche Wäscheklammer zwingt Sie, der Beste zu sein. Sie müssen diese stereotype Taktik ändern und sich gestatten, nicht der Beste, sondern einzigartig zu sein.
- Wie die Erfahrung lehrt, ist echter Erfolg nicht jenen beschieden, die sich an die Normen halten, sondern jenen, die sie übertreten.
- Beseitigung von Furcht: Die Erwartungshaltung aufgeben, sich selbst beobachten und der Furcht entgegentreten.
- Wenn die Furcht sich in eine andere Emotion wandelt, wird sie selbst verschwinden.
- Lassen Sie in Ihre Welt keine Informationen eindringen, die Sie erschrecken oder beunruhigen könnten.
- Es gewinnt nicht nur der, der beim Rennen die Nase vorn hat, sondern auch jener, der sich nicht unter Druck setzen lässt und seine Individualität nicht aufgibt.
- Die Suche nach dem Ziel: Hören Sie auf zu suchen - nehmen Sie die Position eines Beobachters ein, dann findet sich das Ziel von selbst.
- Erweitern Sie Ihren Horizont; begeben Sie sich dorthin, wo Sie noch nie zuvor waren; sehen Sie sich etwas an, was Sie noch nie gesehen haben. Lassen Sie mehr neue Informationen und neue Erfahrungen in Ihr Leben strömen.
- Der Verstand sollte sich in die Lage eines beobachtenden Kindes begeben, nicht in die eines systematischen Analytikers.
- Wenn die Seele ausruft: »Ja, das hier ist das Meine!«, dann stellen Sie sich folgende Frage: Verwandelt das mein Leben in einen Urlaub? Die Entscheidung sollte in der Einheit von Seele und Verstand getroffen werden.
- Falls es Ihnen nicht gelingt, Ihr Ziel zu finden, ist es fürs Erste keine schlechte Idee, sich mit Dingen zu beschäftigen, die Ihr

Selbstwertgefühl steigern und Ihnen Zufriedenheit mit sich selbst und Ihrem Leben geben.

- Keine Angst vor ehrgeizigen Zielen!
- Ihre Wirklichkeit nimmt zuerst in Ihren Gedanken Gestalt an, dann in der Realität.
- Mittel und Wege zeigen sich von selbst, wenn Sie Ihre Aufmerksamkeit und Ihre Absicht auf das Ziel gerichtet halten, ohne die Vergangenheit, die Gegenwart oder die Erfahrung anderer zu berücksichtigen.
- »Das Unzulässige zulassen« bedeutet im Prinzip, nicht darüber nachzudenken, wie es möglich sein könnte, sondern sich voll und ganz auf das Endziel zu konzentrieren.
- Für den Verstand ist es sehr wichtig zu wissen, dass er das Unzulässige zulassen darf.
- Wenn Ihnen jemand sagt: »Geh dorthin, aber wohin genau, das weiß ich nicht; finde dies - was genau es ist, kann ich dir nicht sagen; aber sieh zu, dass am Ende etwas Großartiges herauskommt«, dann sollten Sie dem Wollknäuel folgen, und Sie werden fündig werden.
- Indem Sie sich in Gedanken auf das Endergebnis fixieren, sollten Sie sich auf den Weg machen.
- Die Formel für die Lösung einer »unlösbaren Aufgabe« lautet: Das Unzulässige zulassen, den Vektor der Aufmerksamkeit und der Absicht aufs Ziel richten, sich auf den Weg machen.
- Wenn Sie auch noch kein Genie sind - Sie können eines werden.
- Liebe kann man nicht gewinnen; sie entsteht von selbst, spontan und unerklärlich.
- Wenn Sie sich, um Liebe zu gewinnen, ändern müssen, dann kann etwas nicht stimmen.
- Liebe ist wie eine Blume; wenn sie verwelkt, kann sie nicht noch einmal blühen.

- Um die Liebe muss man sich kümmern, ungefähr so wie um die Flamme eines Feuers. Nicht so sehr genießen und nehmen, sondern in erster Linie geben.
- Einen Menschen, der uns verlässt, können wir zurückholen. Doch wenn die Liebe einmal gegangen ist, kehrt sie nicht mehr zurück.
- Wenn zwei Menschen miteinander in Beziehung treten, erschaffen sie damit ein Pendel.
- Wenn einer der beiden geht, so beginnt das Pendel den anderen zu quälen, um ihm einen Teil seiner Energie zu nehmen.
- Hat es mit einem Partner nicht geklappt, so sollten Sie den Mut nicht sinken lassen - suchen Sie nach Ihrem Traumpartner. Und wenn jemand Sie verlassen hat, können Sie sich eigentlich freuen; denn so sind Sie eine unnötige Last in Ihrem Leben losgeworden.
- Sie sind nicht verpflichtet, sich zu ändern und zu verbessern, um »die Kriterien der Liebe zu erfüllen«.
- Sie müssen nur eines tun: Ziehen Sie Ihren Traumpartner in Ihre Weltschicht.
- Stellen Sie sich systematisch ein Dia vor, in dem Ihr Leben von einer abstrakten Person begleitet wird - Ihrem Idealpartner.
- Stellen Sie sich ein strahlendes Wesen vor, von dem inneres Licht, Charme und Liebe ausgehen. Verinnerlichen Sie diese Vorstellung und strahlen Sie sie aus.
- Um ein wirklich bezauberndes Wesen zu entwickeln, müssen Sie sich nicht verändern oder verbessern. Sie brauchen nur die Technik des Freilings anzuwenden.

Randnotizen

Wenn die Jugend wüsste und das Alter könnte ... Jetzt ist beides der Fall!

Das Rennen der Behinderten

In diesem Kapitel wollen wir uns wieder etwas spezifischeren Themen zuwenden: der Physiologie und der Psychosomatik. Sie werden sich davon überzeugen können, dass diese Begriffe einen ganz direkten Bezug zum Transsurfing als Technik der Realitätssteuerung haben und dass der von mir geschaffene Begriff der »Wäscheklammern« kein abstraktes Konstrukt ist, sondern eine durchaus angemessene Definition eines realen Phänomens.

Die Möglichkeiten der Einflussnahme des Systems auf unseren Körper und unser Bewusstsein lassen sich wie folgt zusammenfassen:

- Synthetische und tote Nahrung (direkte Auswirkungen auf Physiologie und Bewusstsein)
- Elektromagnetischer Smog (Auswirkungen auf Gehirn, Blut und das Biofeld)
- Bewegungsmangel (Muskeln, Gefäße, Bewegungsapparat)
- Umweltverschmutzung (allgemeine toxische Belastungen, Trübung des Bewusstseins)
- Induzierte Wachheit, aufgezwungene Dauerleistung (Stress)
- Technogene Unterhaltung (Gehirn, Nervensystem)
- Informationsdruck (gesamte Psychosomatik)

Eine Diagnose, wie diese Auswirkungen zustande kommen, wird sich nicht einmal so sehr aufgrund einer Statistik von Krankheiten und Sterbefällen erstellen lassen, als vielmehr in Bezug auf herkömmliche Werbung. Nehmen wir einmal die teuersten Werbungen im Fernsehen. Dort wird vor allem das angeboten, was am meisten gefragt ist. Aus einem sehr eingeschränkten Spektrum von Waren, Dienstleistungen und Informationen ist es möglich zu beurteilen, was die Menschen krank macht und worüber sie sich beklagen:

- Blähungen, Verdauungsstörungen
- Sodbrennen, Magendrücken
- Übergewicht
- Dysbakterie
- Immunschwäche
- Kopfschmerzen
- Depressionen
- Verminderte Vitalität
- Grippeepidemien
- Zahnkrankheiten
- Parasiten
- Seh- und Erinnerungsschwäche
- Prostatitis, Soor, Impotenz
- Alle möglichen chronischen Krankheiten
- Krebs, Diabetes, Arthritis, Herz-, Leber- und Nierenleiden
- Rücken- und Nackenschmerzen

In dieser Liste ist der letzte Punkt am typischsten und verdient besondere Aufmerksamkeit. Bücher und DVDs, die Problemen mit der Wirbelsäule gewidmet sind, rangieren auf Bestsellerlisten. Die Ausbreitung von Krankheiten des Stütz- und Bewegungsapparates sind ein Phänomen unserer Zeit (oder genauer gesagt: der technogenen Zivilisation, da Aborigines nicht davon betroffen sind).

Man mag nun vermuten, dass wohl unsere sitzende Lebensweise dazu geführt hat, aber das ist nicht ganz richtig. Wie sich zeigt, gibt es zu diesem Thema ebenso viele Meinungen wie Ärzte. Und noch interessanter ist die Tatsache, dass die moderne Medizin dieser Jahrhundertkrankheit praktisch machtlos gegenübersteht. Für Rückenschmerzen gibt es keine Heilung, sie können bestenfalls in eine schleichende chronische Phase überführt werden. Wenn wir alle Ansichten hierzu zusammennehmen, ergibt sich ein seltsames Bild.

Die Ursachen für Schmerzen im Rücken und im Nacken sind nach Ansicht verschiedener Spezialisten:

- Strukturelle Störungen (Veränderungen der Organe)
- Funktionelle Störungen (z. B. der Muskeln)
- Krankheiten des Magen-Darm-Trakts (z. B. Darmprobleme können zu Wirbelleiden führen)
- Spasmische Kontraktionen einzelner Muskeln
- Störungen der Mikrozirkulation (Blut und Lymphe)
- Angeborene Schädelverletzungen
- Altersbedingte Veränderungen

Geteilte Meinungen herrschen auch in der Frage, was genau wehtut:

- Die Wirbelsäule (Knochen, Knorpel)
- Muskeln
- Eingequetschte Nerven
- Das Rückenmark

Gleiches gilt für die Frage, was den Schmerz verursacht:

- Bandscheibenvorfall
- Verkrampfte Muskeln

Und was überhaupt ein Bandscheibenvorfall ist:

- Der Kern der Bandscheibe tritt aus seinem Gehäuse hervor
- Die Überreste einer zerstörten Bandscheibe

Und man stelle sich einmal vor: Auch in der Frage, woraus eine Bandscheibe besteht, herrscht keine Einigkeit:

- Eine gallertartige Masse
- Eine Art Gelee
- Eine gummiartige Masse

Glauben Sie mir, ich habe zu diesem Thema viele Bücher gelesen und musste erstaunt feststellen: Diejenigen, die zur Behandlung der Wirbelsäule zugelassen sind (auch diejenigen, die Bücher darüber schreiben), haben weder je gesehen noch ertastet, was genau da zwischen den Wirbeln steckt.

Auch bei den vorgeschlagenen Behandlungsmethoden gibt es eine bunte Vielfalt, so dass man sich nicht des (schon leicht grausigen) Gefühls erwehren kann, dass am Ende der unwissende Patient selbst entscheiden soll.

- Einzig und allein eine Operation kann helfen
- Operation? - Auf gar keinen Fall!
- Physiotherapie
- Manualtherapie
- Osteopathie
- Ruhe

- Bewegung
- Das Tragen von Lasten einschränken
- Im Gegenteil: mehr belasten
- und so weiter ...

Schließlich noch Empfehlungen für den Alltag (wieder nach Wahl des Patienten):

- Unbedingt ein festes Korsett tragen.
- Ein festes Korsett? - Auf keinen Fall!
- Nicht mehr als 2, 3, 5 oder 10 kg heben
- Ein komplettes Verbot für das Heben von Lasten
- Im Gegenteil - Lastentragen und Übungen sind notwendig
- Nicht bücken
- Bücken nach Belieben
- Ein hartes Bett
- Ein weiches Bett
- Den Rücken auf keinen Fall abkühlen lassen
- Im Gegenteil: Kaltes Wasser kann Abhilfe schaffen

Aufschlussreich ist auch, was über Skoliose gesagt wird (Verkrümmung der Wirbelsäule). Eine maßgebliche Ansicht über die Ursache von Skoliose besagt, dass einige Muskeln stärker entwickelt sind als andere. (Dann wäre allerdings anzunehmen, dass beispielsweise Hockey- und Tennisspieler völlig gekrümmt gehen sollten.) Und was kann man dagegen tun? Die schwachen Muskeln trainieren (zum Beispiel nur die der linken oder der rechten Körperhälfte), wobei den gut entwickelten Muskeln keine Beachtung geschenkt wird (ansonsten würden ja auch sie sich heranbilden und die Asymmetrie würde weiter bestehen). Dies ist die offizielle Lehrmeinung, aber irgendetwas kann doch hier nicht stimmen, nicht wahr?

Ein weiteres Beispiel: Das Hauptproblem mit der Wirbelsäule ist, wie wir alle wissen, der intervertebrale Bandscheibenvorfall, wodurch nach gängiger Ansicht der Nerv eingequetscht wird. Aber vor Kurzem machten einige medizinische Wissenschaftler, die einen genaueren Blick auf die Wirbelsäule und das Nervensystem warfen (man muss sich das mal vorstellen: einen genaueren Blick!), eine Entdeckung. Wie sich herausstellte, kann die intervertebrale Bandscheibe nicht die Ursache für einen eingeklemmten Nerv sein, weil das anatomisch gar nicht möglich ist! Ferner fand man heraus, dass die Nerven gar nicht wehtun können. Schmerzen werden von den Nervenenden, den Rezeptoren, signalisiert.

Dieses Thema lässt sich fast beliebig in die Länge ziehen. Fazit: *Die Tatsache, dass es so viele radikal unterschiedliche Ansichten und Behandlungsmethoden gibt, macht deutlich, dass die offizielle Medizin keine Ahnung hat, was das Problem ist und wie man ihm zu begegnen hat.*

Das wäre ja beinahe schon wieder witzig, wenn es nicht auch beängstigend wäre. Die Gründe für diese Sachlage (nicht hinsichtlich der Krankheit, sondern der Medizin) - und darüber sprechen auch Ärzte - sind folgende:

➤ Es ist ein eng umgrenztes medizinisches Fachgebiet.

Der Mensch ist ein Ganzes, nicht eine Zusammensetzung einzelner Mechanismen, auf die sich dann die verschiedenen Fachärzte spezialisieren. Daher sollte man den Körper auch als Ganzes verstehen und behandeln. Aber dieser Ansatz ist für die Medizin nicht vorteilhaft, denn genau wie dem System ist ihr nicht daran gelegen, den Menschen zu heilen. Die Medizin als Wissenschaft ist daran interessiert, den Behandlungsprozess selbst wie auch die Laborforschung ins Unendliche fortzusetzen. In praktischer Hinsicht ist die Medizin profitorientiert.

➤ Der symptomatische Behandlungsansatz:

Es ist kein Geheimnis, dass die überwiegende Mehrheit der Behandlungsmethoden auf die Beseitigung der Symptome abzielt, nicht auf die Beseitigung der Krankheitsursachen. Chronische Krankheiten entstehen durch Fehldiagnosen. Wenn die Diagnose falsch ist, wird auch die Behandlung keine Ergebnisse hervorbringen. Interessant dabei ist, dass der Schmerz in der Regel nur das primäre Symptom ist. Doch ihm wurde der Status der Pathologie gegeben, und ihm gilt auch die Behandlung. Man könnte diesen Ansatz als stur militärisch bezeichnen: Schmerzen - dann behandeln wir die Schmerzen.

➤ Der physikalisch-chemische, fast mechanische Ansatz:

Die meisten Ärzte halten sich an konservative Ansichten und Methoden, wie sie an medizinischen Instituten gelehrt werden. Die Wissenschaft von der Gesundheit beschäftigt sich mit »Mechanismen und Strukturen«. Insbesondere behauptet sie, dass Schmerzen im Rücken, in den Schultern, im Nacken, in den Oberschenkeln und im Gesäß aufgrund von funktionellen und strukturellen Störungen auftreten. Die Beziehung von Körper und Geist wird außer Acht gelassen. Was nicht in Laboren erforscht wird, gilt als »unwissenschaftlich«. Unwissenschaftlich sind insbesondere Emotionen, weil man sie nicht messen kann.

Bezüglich des letzten Punkts: Anscheinend ist klar, dass die Auffassung »alle Krankheiten sind nervlich bedingt« nicht aus der Luft gegriffen ist, doch fast niemand schenkt dieser Idee die gebührende Aufmerksamkeit.

Im Obigen haben wir die Gründe für Schmerzen im Rücken und im Nacken bezeichnet. Aber was ist *der ursprüngliche Grund* dafür, dass diese Symptome auftreten?

Der amerikanische Arzt John Sarno kam nach jahrelanger Forschung zu dem Schluss, *dass die primäre Ursache der Schmerzen nicht funktionelle und strukturelle Störungen sind, sondern unterdrückte Emotionen.*

Der moderne Mensch befindet sich in einem Zustand permanenten Stresses. Dieser Zustand ist für ihn schon fast zur Gewohnheit geworden, »normal«. Einige der Hauptfaktoren, die Stress hervorrufen, sind:

- Verpflichtungen im Beruf und in der Schule
- Der Weg zur Arbeitsstelle und zurück
- Finanzielle Probleme
- Der Wechsel des Berufs oder des Wohnorts
- Probleme im Umgang mit Kollegen und Freunden
- Versagen im Beruf und im Privatleben
- Ein übersteigertes Verantwortungsgefühl
- Eine starke innere Motivation, die Zwangsvorstellung, der Beste und der Erste sein zu müssen

Die wichtigsten Einstellungen in dieser Liste sind *Verantwortung und Motivation.* Dies sind die bedeutendsten Wäscheklammern, die dem Menschen vom System aufgezwungen werden, um ihn einerseits anzuspornen und andererseits seine Energie, sein Bewusstsein und seine Freiheit zu beschränken oder, mit anderen Worten, um »*seinen Eifer zu drosseln*«. Wenn derartige Erfahrungen eine kritische Masse erreichen, entwickelt sich das, was John Sarno als *Syndrom der Muskelverspannung* (TMS, Tension-Myositis-Syndrom) bezeichnet.

Emotionaler Stress führt zu physischer Verspannung. Die Energie der verdrängten Emotionen verpufft oder verschwindet nicht, sondern geht in eine Funktionsstörung über: Muskelverkrampfungen. Und dies wiederum führt zu strukturellen Beeinträchtigungen: Verkrümmung der Wirbelsäule, Bandscheibenvorfall und so weiter.

Nach Ansicht von Dr. Sarno erweckt das Syndrom der Muskelverspannung deshalb nicht das Interesse der akademischen Wissenschaft, weil sich keine verursachenden Spuren ausmachen lassen. Emotionen kann man nicht wiegen, messen oder in ein Reagenzglas stecken. Da medizinische Methoden hauptsächlich laborbezogen sind, kann die Wirkungsweise von TMS nicht registriert werden.

Das Syndrom der Muskelverspannung existiert nicht einfach so als Phänomen, sondern birgt in sich *die Substitution von psychischen Schmerzen durch physische*, was die primäre Ursache von TMS ist.

Physische Schmerzen erträgt der Mensch besser als psychische. Das liegt daran, dass das Gehirn im Körper der Boss ist. Das Gehirn bevorzugt es, physische Leiden im Körper zu ertragen, als negative Erlebnisse mit sich herumtragen zu müssen. Solange unsere Aufmerksamkeit mit Schmerzen beschäftigt ist, können die unterdrückten Emotionen die Ebene des Bewusstseins nicht verlassen.

Charakteristisch für TMS ist außerdem eine *verzögerte Reaktion*. Es kann sein, dass Schmerzen nicht sogleich auftreten, sondern später, zum Beispiel im Urlaub. Auf der Arbeit sind emotionale Spannungen in der Regel etwas Vorübergehendes, aber im Urlaub gibt es für sie kein Ventil.

Der zweite Grund für die Entstehung von TMS ist mit dem ersten vergleichbar: *Das Bewusstsein des Menschen ist bestrebt, alle Störungen und Probleme immer tiefer ins Unterbewusstsein zu verdrängen*.

Angst, Wut, Schuld, Haftung, vermindertes Selbstwertgefühl und so weiter werden tief ins Unterbewusstsein getrieben, weil der Verstand all diese Dinge nicht ertragen will und sie auch vor anderen verbergen möchte. Doch es kommt der Augenblick, wo das Unterbewusstsein nichts Weiteres mehr aufnehmen kann. Dann tritt TMS auf.

Die Natur hat für Problemlösungen einfache und direkte Methoden: Wenn wir uns fürchten, wird Adrenalin ins Blut ausgeschüttet, und die Furcht ist vorbei. Wenn wir wütend sind, kommt wieder Adrenalin, wir reagieren uns ab und fühlen uns besser. In einem technogenen System funktioniert das so nicht. Gehirn und Nervensystem sind nicht an die Existenz in einem solchen Umfeld angepasst. Die Evolution ist noch nicht so weit, hierfür eine Lösung zu finden. Physiologische und physische Aktivität sind eine Sache. Aber das Gehirn weiß nicht, was es mit aufgestauten Emotionen tun soll, für die es keinen Ausweg gibt. Daher kommt es dann zu der primitiven Reaktion, sie durch Schmerzen und Krankheiten zu ersetzen.

Die Muskeln, die unter TMS leiden, befinden sich im Nacken, im Rücken und im Gesäß. Diese Muskeln sind auch verantwortlich für die richtige Haltung von Kopf und Rumpf und sorgen für eine effiziente Funktion der Arme und Hände. Das System weiß, wo es die Wäscheklammern anzubringen hat. Damit eine Marionette sich so bewegt, wie man will, muss man sie an den richtigen Punkten *aufhängen*.

Mentale Wäscheklammern bewirken folglich eine weitere Art von Wäscheklammern - *somatische*. Das sind bereits ganz konkrete Klemmen und Fesseln. Schmerzhafte Empfindungen zwingen den Menschen zu einer sitzenden Lebensweise. Es tut mir weh - bloß nicht bewegen! Der Mensch sucht nicht mehr nach Wegen, um dem Problem Abhilfe zu verschaffen. Somatische Wäscheklammern machen bewegungslos: Man sitzt im Auto, im Sessel, auf dem Sofa, vor dem Fernseher, am Telefon, am Computer (bleib verbunden, bleib im System!). Der Kreis hat sich geschlossen.

Ohne mich jetzt in düsteren Prognosen ergehen zu wollen (eigentlich handelt es sich hierbei auch nicht um Prognosen, sondern um schlichte Beobachtungen), ist eines offensichtlich: Das System zieht die Schlinge enger zu. Der Mensch leidet nicht nur unter der aggressiven technogenen Umwelt, sondern ist darüber hinaus ständig durch induzierte soziale Spannungen, Konkurrenz und Rivalität belastet. Insgesamt ergibt sich ein sehr exzentrisches Bild. Man tischt uns synthetische Nahrung auf, drosselt unser energetisches Ventil, bespickt uns von allen Seiten mit Wäscheklammern, macht uns unbeweglich und weist uns dann auf ein in schillernden Farben glitzerndes Ziel hin: ein Wettrennen für Invaliden. Immer in der Runde, immer in der Runde - ein Teufelskreis ohne Ende?

Zusammenfassung

- Die Verbreitung von Krankheiten des Stütz- und Bewegungsapparates ist ein Phänomen der technogenen Zivilisation.
- Die offizielle Medizin hat keine Ahnung, was das Problem ist und wie man ihm begegnen kann.
- Der Mensch ist ein Ganzes, nicht eine Zusammensetzung einzelner Mechanismen, auf die sich dann die verschiedenen Fachärzte spezialisieren.
- Die Wissenschaft von der Gesundheit beschäftigt sich mit »Mechanismen und Strukturen« und behandelt Symptome. Die Beziehung von Körper und Geist wird außer Acht gelassen.
- Die Ursache von Schmerzen liegt nicht in funktionellen oder strukturellen Störungen, sondern in unterdrückten Emotionen.
- Wenn die belastenden Erfahrungen eine kritische Masse erreichen, entwickelt sich das Syndrom der Muskelverspannung (TMS).
- Emotionaler Stress führt zu physischer Verspannung.
- Dies wiederum führt zu strukturellen Beeinträchtigungen - Verkrümmung der Wirbelsäule, Bandscheibenvorfall und so weiter.
- Charakteristisch für TMS ist eine verzögerte Reaktion.
- Das Bewusstsein des Menschen ist bestrebt, alle störenden Probleme immer tiefer ins Unterbewusstsein abzudrängen.

- Schmerzhafte Empfindungen zwingen den Menschen zu einer sitzenden Lebensweise. Der Mensch sucht nicht mehr nach Wegen, um dem Problem Abhilfe zu verschaffen.
- Mentale Wäscheklammern bewirken eine weitere Art von Wäscheklammern: somatische.
- Das Gehirn und das Nervensystem sind nicht darauf eingestellt, in einer technogenen Umgebung zu überleben.

Randnotizen

Aus irgendeinem Grunde denken nur sehr wenige Menschen über den seltsamen Status quo nach: Die Krankheiten der Menschheit schreiten voran, und gleichzeitig feiert man die »schwindelerregenden Erfolge« der Medizin, so als hätte diese damit nichts zu tun. Einerseits haben wir eine hypermoderne Spitzentechnologie, doch demgegenüber steht ein Meer von chronischen und degenerativen Krankheiten. Und da diese Krankheiten von Natur aus nicht heilbar sind, kann man halt nichts tun ...

Der Informationsrausch

Eine Frage bleibt noch offen. Nach den Beobachtungen von John Sarno grassiert die Epidemie der Rückenkrankheiten seit dreißig Jahren und nimmt bis zum heutigen Tag stetig zu. Daraus ergibt sich, dass die Ursache irgendwo in den 1980er-Jahren liegen muss. Zuvor hat man etwas Derartiges in solchem Ausmaß nie beobachtet. Was ist geschehen? Die Entwicklung des technogenen Systems mit ihrem verderblichen Einfluss begann ja schon lange davor. Und auch die sitzende Lebensweise, Dauerstress, den Mechanismus der Verdrängung von Erfahrungen ins Unterbewusstsein gab es schon vorher. Warum ist das Syndrom der Muskelverspannung ausgerechnet dreißig Jahre alt?

Dr. Sarno beantwortet diese Frage nicht. Aber die Antwort liegt meines Erachtens auf der Hand. In den 1980er-Jahren setzte die intensive Entwicklung von Informationstechnologie ein und damit auch ein Schub von IT-Medien, Massenmedien und Kommunikationstechnologie.

Durch das Aufkommen von PC, CDs, DVDs, Satellitenfernsehen, Internet, Handys und sozialen Netzwerken wurde der Mensch von einem Riesenschwall an Informationen überschwemmt. Es begann im wahrsten Sinne des Wortes ein *Informationsrausch*.

Während früher das Verschieben von psychischen Belastungen ins Unterbewusstsein noch mehr oder weniger erfolgreich gelang, hat die Belastung durch Informationen inzwischen einen kritischen Punkt erreicht, bei dem die Kapazität des Unterbewusstseins überschritten wurde. Dies führt nun zu physischen Problemen. Der moderne Mensch ist so sehr durch Informationen überlastet, dass Körper, Bewusstsein und Unterbewusstsein mit dem Druck der technogenen Faktoren nicht mehr klarkommen.

Seltsamerweise wird über diese Dinge nirgends klar und offen diskutiert. Der Großteil der Gesellschaft hüllt sich in »glückliche Unwissenheit« (oder in Vergessen?); man schaut nicht hin, will nichts verstehen, achtet nicht darauf und denkt, *es werde schon nichts passieren*. Aber wie gesagt: *Es passiert sehr wohl etwas*.

Charakteristisch ist, in welche Richtung sich das Fernsehen entwickelt. Der Kanal *Discovery* beispielsweise war einst sehr interessant und informativ! Heutzutage kann man da irgendwelche Deppen beobachten, die sich die Zeit damit vertreiben, etwas zu zertrümmern und zerstören. *Animal Planet* zeigt im Grunde nur gefährliche Tiere. Auf *National Geographic* gibt es handfeste Katastrophen zu sehen. Auch die Nachrichten bestehen ausschließlich aus gefährlichen und beängstigenden Geschehnissen. Insgesamt ergibt sich das Bild, dass die Zeit der Intellektuellen vorbei ist und die Ära der Idioten und Schwachsinnigen angebrochen ist.

Diese Entwicklung ist heute viel prominenter als noch vor wenigen Jahrzehnten. Dafür gibt es viele Gründe. Aber das ist nicht die Hauptsache. Die Sache ist die, dass die Menschen heute von Informationen übersättigt sind und dass es daher sehr schwer ist, sie noch mit etwas zu überraschen oder für etwas zu interessieren. Da sind die Massenmedien eben bestrebt, mit aller Macht unsere Aufmerksamkeit zu erwecken. Von den Schauergeschichten in einem Pionierlager wird direkt umgeschaltet auf globalen Horror.

Leider fördert dies nur die Ansammlung von Aggressionen und das realistische Potenzial für eine echte Katastrophe, da das kollektive Bewusstsein dann eine entsprechende Realität formt.

Somit hat die Technosphäre ein neues Phänomen unserer Zeit hervorgebracht: den Informationsrausch. Das ist aber natürlich bei weitem nicht alles. Um die geballte Wucht der sich in diesem Buch zusammenbrauenden Wolken nicht noch unnötig zu verstärken, seien hier kurz die drei wichtigsten Faktoren der Auswirkung des technogenen Systems auf die menschliche Psyche aufgeführt.

(1) Veränderung des Gehirns:
Das Gehirn entwickelt sich in einem technogenen IT-Umfeld nicht weiter, sondern *befindet sich im Umbruch* - natürlich nicht im guten Sinne. Das ist bereits eine wissenschaftlich belegte Tatsache.

Die Direktorin des britischen *Royal Institute*, Baroness Greenfield, erklärt: »Wenn der Mensch zu lange vor dem Monitor sitzt, kommt es zu Veränderungen seines Gehirns, und zwar auf der physiologischen Ebene. Das führt unweigerlich zu Problemen mit seinem Verhalten und seiner Aufmerksamkeit. Spiele sind in der Lage, bestimmte neuronale Verbindungen im Gehirn abzuschalten, weil das Gehirn sich an die veränderten Umstände anpasst. Computerspiele sind ein Beispiel für solche veränderten Umstände.« Die Baroness weiß nicht, was man dagegen tun kann, und so klagt sie nur, dass es eigentlich nötig wäre, die Kinder vom Monitor abzuhalten und sie nach draußen zu bringen, damit sie das Gras unter den Füßen zu spüren bekommen. Doch wie soll man ihnen das erklären? Was soll man sagen? Wie kann man sie überzeugen?

Wenn in diesem Buch von Cyborgs und einer »allgemeinen Cyborgisierung« die Rede ist, so ist das also durchaus keine Zukunftsmusik, sondern ganz real. Die Modifizierung des Gehirns läuft nicht auf eine Entwicklung kreativer Fähigkeiten hinaus oder auf die Fähigkeit, seine eigene Realität zu gestalten, sondern auf die Entwicklung primitiver Fähigkeiten wie »Clicks« und »Likes«, Häkchen setzen, Knöpfe drücken und Hebel bewegen. Für die Rädchen im Systemgetriebe reicht das schon aus. Vieles wird jetzt schon auf rein technischem Wege produziert: durch Computer und Maschinen. Und wahrscheinlich dauert es nicht mehr lange, bis die Computer und Maschinen sich selbst herstellen können.

(2) Die Einengung des Bewusstseins:
Wenn von geistiger und spiritueller Entwicklung die Rede ist, ist damit meist eine Erweiterung des Bewusstseins, der Wahrnehmung und des Verstehens der Wirklichkeit gemeint. In der Technosphäre ist das Gegenteil der Fall.

Wenn die Zivilisation den technogenen Entwicklungsweg einschlägt, gräbt sich der Verstand tief in ein Labyrinth technischer Lösungen hinein und kann dann schon bald nicht mehr das grundlegende Wesen der Dinge begreifen. Alle Instrumente und Mechanismen beruhen auf sehr komplexen Schaltungen und bestehen aus Millionen von Einzelteilen.

Zum Beispiel enthielt der erste Mikroprozessor der Firma *Intel* namens Intel 4004 (1971 auf den Markt gekommen) 2300 Transistoren. Im Jahr 1989 waren in den Intel 486 bereits 1,2 Millionen Transistoren verbaut, dann 2000 waren es bereits 42 Millionen - Intel Pentium-4). Der neue Quad-Core-Prozessor Intel Core 2 Extreme, erstellt auf der Grundlage der 45-Nanometer-Fertigungstechnologie, enthält sage und schreibe 320 Millionen Transistoren.

Die Schaltungstechnik wird also immer komplizierter. Jemand mag das für Fortschritt halten, aber eigentlich ist das eine Sackgasse. Man kann die Technik praktisch unendlich verkomplizieren, nur wird sie dann auch immer schwerer zu handhaben und immer unzuverlässiger. Flugzeuge, U-Boote und Raumschiffe sind sehr kompliziert und daher auch entsprechend unzuverlässig.

Wer will noch in einem hochmodernen, sprich: superkomplexen Flugzeug fliegen, in dem ein Pilot sitzt, dessen Bewusstsein radikal reduziert ist, weil sein Hirn mit all den Schwierigkeiten nicht mehr fertig wird? Auf einmal ist einer der Millionen Transistoren defekt. Und beim Piloten »klemmt es im Getriebe« ...

Trotz alledem zerbricht sich unsere »moderne« Zivilisation den Kopf, wie in grauer Vorzeit die Megalithen verarbeitet und verbaut wurden, wie sich außerirdische Objekte auf so unbegreifliche Weise bewegen können, wie in der Antike »fliegende Vimanas« existieren konnten, bei denen der Antrieb aus nicht mehr als ein paar Töpfen bestand.

Offenbar gibt es ja wohl eine andere, einfachere Technologie, die auf einer anderen Ebene funktioniert, jenseits der Sphäre rein technischer Lösungen. Zum Beispiel fliegt ein außerirdisches Raumschiff wahrscheinlich nicht durch mechanische Bewegung in einem Luft- oder Wasserumfeld, sondern durch Projektionsumsetzung aus dem Variantenraum. Daher die enorme Geschwindigkeit, die nicht durch materielle Objekte oder Massenträgheit begrenzt ist.

Aber der technokratische Verstand ist völlig vertieft in die Mechanik der materiellen Komponente unserer Welt. Wie soll er da die Metaphysik begreifen können, wo sein Bewusstsein doch so getrübt und eingeengt ist?! Eigentlich wäre es also möglich, die Lösung komplexer Aufgaben bis ins Unendliche zu vertiefen, doch was kann man tun, *wenn man den Wald vor lauter Bäumen nicht sieht*?

Ich habe vor Kurzem zufällig einen Blick in ein Mathematikbuch der Oberstufe geworfen. Wie ich sah, werden die Kinder gezwungen, irgendwelche drei-, vier- oder fünfschichtigen Konstrukte aus Logarithmen und Wurzeln zu lösen. Wer solche Aufgaben lösen muss, wird dabei völlig vergessen, was ein Logarithmus ist und wozu das Ganze eigentlich gut ist.

Offensichtlich besteht das Ziel der Ausbildung dieser Schüler nicht darin, sie das Wesen und die Schönheit der Mathematik entdecken zu lassen, sondern darin, sie in ein verwirrendes Labyrinth zu treiben und ihr Bewusstsein enorm einzuengen. Das gleiche Ziel, die Einengung des Bewusstseins, wird offenbar auch mit dem einheitlichen staatlichen Abschlussexamen verfolgt. Von irgendeiner Entwicklung des kreativen Denkens kann bei dieser »Bildung« keine Rede sein.

Das Problem dabei ist auch, dass die Betreiber dieses Systems all diese Prozesse schon lange selbst nicht mehr beherrschen. Dahinter steckt einfach das System. Die für die Erziehung zuständigen Beamten denken sich - »wohlmeinend«, wie sie sind - eine solche Erziehungsmethodik aus, ohne darüber nachzudenken, was sie da eigentlich tun, denn ihr eigenes Bewusstsein ist auch bereits deutlich getrübt und verengt. Das System gibt klar und unmissverständlich zu erkennen: Es braucht Rädchen für sein Getriebe, bestenfalls Cyborgs, jedenfalls keine kreative Individualität.

(3) Informationssucht:

Jeder Rausch erzeugt eine Sucht. Der moderne Mensch wird vorsätzlich an die Informationsnadel gebracht. Wenn er die nächste Dosis nicht bekommt, wird ihm übel, er hat Schmerzen und wird von Angst, Sucht und Panik ergriffen. Und die Dosis wird jedes Mal höher und stärker. Spektakuläre Filme beeindrucken nicht mehr, es muss schon ein Riesenknall her, der das Gehirn erschüttert, die Bilder müssen in 3D oder besser noch in 4D sein, am besten untermalt von Gerüchen oder sonst irgendeinem Nonsens, um dem Gehirn eine echt geile Powerdröhnung zu verpassen.

Der moderne Mensch sitzt mit seiner Fernbedienung vor dem Fernseher und hat es eigentlich satt, zwischen Hunderten von Kanälen zu wechseln, von denen sowieso keiner sich mehr als ein paar Minuten lohnt. Ohne Effekthascherei kann der Mensch nicht existieren, doch gleichzeitig ist er durch nichts zu erfreuen, zu berühren, zu beeindrucken. Jetzt übertreibe ich vielleicht ein wenig, aber nur ein wenig. Das alles läuft auf Folgendes hinaus.

Meine Kindheit lag in jenen Zeiten, als es noch nicht in jedem Haushalt einen Fernseher gab. Aber dafür gab es etwas Besseres: ein *Filmoskop*. Die jüngere Generation weiß wahrscheinlich gar nicht, was das ist. Es ist ein Lichtprojektor - statt eines DVD-Players-, in den man statt einer DVD einen Film einlegt. Jedes Bild hat unten ein paar Zeilen Text. Es ist nämlich kein richtiger Film, sondern eine Folge von Bildern, die man manuell durch ein Rad am Filmoskop weiterbewegt.

Dazugehörige Filme wurden damals in großer Vielfalt veröffentlicht: Erzählungen, verschiedene Geschichten, Märchen, Lehrserien, alles Mögliche eben. Diese »Filme« befanden sich in kleinen zylindrischen Behältern. Sehr unterhaltsam und spannend war das. Am Abend, wenn die ganze Familie beieinandersaß, wurden die Fenster verdunkelt, an die Wand kam ein Bettlaken und der Zauber konnte losgehen.

Es war kein Fernseher! Das Spektakel war so faszinierend, anregend und vor allem so beruhigend, dass man es nicht müde wurde, den gleichen Streifen immer noch einmal anzusehen. Die Empfindung war von solch allumfassender Ruhe und Ausgeglichenheit, dass du das Gefühl hattest, alles mit dir und deiner Welt sei IN ORDNUNG. ALLES WAR EINFACH NUR GUT, SO, WIE ES SEIN SOLLTE.

Nicht einmal die anspruchsvollste Medienproduktion war in der Lage, so viel Spaß, Ruhe und Freude zu bringen wie jene kleinen, goldigen Bildserien.

Heutzutage ist das etwas ganz anderes. Du knipst die Glotze an und bekommst sogleich einen Schlag mit einem Baseballschläger vor die Birne – deine Dosis. Und deine Vorstellung von der Welt wird gleich mitgeliefert – so wie sie zu sein hat! Du gehst auf die Straße, und dort erwartet dich eine große Reklamewand: ein Kind, das noch nicht sprechen kann, aber schon mit einem Handy telefoniert. Und das, obwohl hinlänglich bekannt ist, dass ein solches Gadget in der Hand eines Kindes dessen Entwicklung verzögern und zu Anomalien führen kann. Aber wieso eigentlich »obwohl«? Gerade weil es hinlänglich bekannt ist. Offenbar muss es ja wohl so sein, nicht wahr?

Wenn du überall in der Werbung zweijährige Kinder mit einem Handy telefonieren siehst, bekommst du den Eindruck, das sei richtig gut und sogar notwendig. Das ist nicht nur ein Telefon, sondern ein integraler Bestandteil deiner selbst. Sprich, spiele, höre, beobachte, kaufe, bezahle, »like« – all das kannst du, und mehr brauchst du nicht. Hauptsache, du bist verbunden, online, im System und du gibst deinen Senf dazu.

Und nein - ich kann es nicht glauben, dass etwas in dieser Welt NICHT IN ORDNUNG IST und DASS ETWAS ANDERS SEIN SOLLTE. DAS KANN EINFACH NICHT ANGEHEN.

Zusammenfassung

- Durch den Boom der Telekommunikation wurde der Mensch von einem Riesenschwall an Informationen überschwemmt. Es begann im wahrsten Sinne des Wortes ein Informationsrausch.
- Heutzutage hat die Belastung durch Informationen einen kritischen Punkt erreicht, bei dem die Kapazität des Unterbewusstseins überschritten wurde. Dies führt nun zu physischen Problemen.
- Die Modifikation des menschlichen Gehirns führt zur Entwicklung primitiver Fähigkeiten.
- Der moderne Mensch gräbt sich tief in ein Labyrinth technischer Lösungen hinein und kann dann schon bald nicht mehr das grundlegende Wesen der Dinge begreifen.
- Der technokratische Verstand ist völlig vertieft in die Mechanik der materiellen Komponente unserer Welt.
- In der Technosphäre kommt es zu einer Verengung des Bewusstseins.
- Der moderne Mensch wird vorsätzlich an die Informationsnadel gebracht.

Randnotizen

Werden Indigokinder unsere Zivilisation retten? Ich bezweifle das sehr. Schon allein die technogene Nahrung wird alle ihre Fähigkeiten zunichte machen. Zu diesem Zweck hat ja das System das synthetische Futter hervorgebracht, um nicht etwa unfügsame Sturköpfe heranzuziehen, sondern willfährige Cyborgs.

Somatische Wäscheklammern

Wie wir gesehen haben, werden dem Menschen infolge technogener Faktoren im wahrsten Sinne des Wortes Wäscheklammern angeheftet - energetische Klemmen. Der Mensch ist praktisch eingequetscht, an Händen und Füßen festgemacht. Mentale Wäscheklammern blockieren direkt die Aufmerksamkeit, den Willen, das Bewusstsein und den Verstand. Und somatische Wäscheklammern blockieren direkt die Muskeln und den Energiefluss. Beide Gruppen beeinflussen sich gegenseitig. Physische Blockaden erzeugen psychische und umgekehrt. Die mentalen Wäscheklammern haben wir in groben Zügen abgehandelt. Jetzt soll es darum gehen, wie man mit den somatischen verfahren kann.

Eine Vereinbarung mit dem Unterbewusstsein

Zunächst einmal sollten wir uns ins Gedächtnis rufen, dass unterdrückte Gefühle und unangenehme Erlebnisse die Eigenschaft haben, aus dem Bewusstsein ins Unterbewusstsein verdrängt zu werden. Reicht die Kapazität des Unterbewusstseins nicht aus (beim heutigen Menschen ist dieses Behältnis chronisch nahezu voll), führen solche Gefühle und Erfahrungen in das Muskelverspannungssyndrom (TMS). Wie Sie vielleicht schon wissen, schmerzen immer nur die Muskeln - nicht die Knochen, die Nerven oder das Rückenmark. Wenn nun Muskeln verspannt sind, entsteht eine Kette von Pathologien: Die Mikrozirkulation wird gestört; der Energiefluss wird blockiert; es entstehen weitere Krankheiten, für die wir keine genaue Bezeichnung mehr haben.

Aufgrund seiner langjährigen Praxis hat Dr. Sarno dennoch einen Weg zur Befreiung von TMS gefunden. Der Weg war überraschend einfach. Wenn ein Patient versteht, dass die Ursache für seine schmerzhaften Symptome unterdrückte Gefühle und Emotionen sind, verschwinden die Schmerzen. Wenn die Ursache für TMS ans Licht kommt, begreift das Unterbewusstsein gleichermaßen, dass es einem nicht weiter etwas vormachen kann.

Der Schmerz geht nicht immer sofort weg, es kann ein paar Tage dauern, manchmal auch einen oder zwei Monate. Das Unterbewusstsein versucht gewissermaßen, nicht zu erkennen zu geben, dass es eines »verborgenen Verbrechens« überführt wurde. Denn es ist wirklich eine Art Verbrechen gegenüber dem Körper, da das Unterbewusstsein durch die Verschiebung des Problems auf den Körper seine eigene Ohnmacht eingestehen muss. Aber nun, da das Geheimnis gelüftet ist, funktioniert der Trick nicht mehr weiter.

Das Problem selbst, durch das das TMS hervorgerufen wurde, kann natürlich dem Bewusstsein nicht entweichen. Aber die Schmerzen und Beschwerden im Zusammenhang mit der muskulären Verspannung lassen nach. Die Patienten werden die Schmerzen los, einfach indem sie erkennen, was mit ihnen geschieht. Es mag unglaublich klingen, aber die Fakten lassen sich schwer wegdiskutieren: Zehntausende Patienten von Dr. Sarno sind frei vom TMS, frei von Schmerzen im Rücken, im Nacken und anderen Beschwerden. *Wie sich herausstellte, können auch Magengeschwüre, Asthma, Prostatitis, Kopfschmerzen, Ekzeme, Psoriasis und einige andere Krankheiten ihre Ursache im gleichen Mechanismus der Verdrängung von Emotionen ins Unterbewusstsein haben*.

Weitere Informationen zur Methodik von John Sarno finden Sie in seinem Buch *Befreit von Rückenschmerzen: Die Körper-Seele-Verbindung realisieren*. Die Menschen müssen die Wahrheit wissen! Die deutsche Ausgabe ist bei Goldmann erschienen, München 2006. Die englische Originalausgabe heißt *Healing Back Pain*.

Im Weiteren werde ich noch einmal erklären, was der Sinn dieser Methodik ist, und dazu noch einige eigene Gedanken anführen.

Zunächst einmal sollten Sie sich *von den mentalen Wäscheklammern befreien*, denn sie sind die Ursache für die Entstehung von TMS. Sie müssen verstehen, was Sie bedrückt, dann die Wichtignahme herunterfahren und einen energetischen Strom schaffen, wie in den vorangegangenen Kapiteln erklärt.

Danach sollten Sie *mit Ihrem Unterbewusstsein eine Vereinbarung treffen*. Was ist überhaupt das Unterbewusstsein? Es ist verantwortlich für unmittelbare Reflexe und Funktionen, die nicht durch Gedanken gesteuert werden. Zum Beispiel die Atmung oder die Verdauung. Auch unwillkürliche Muskelkontraktionen gehören zum Aufgabenbereich des Unterbewusstseins. Der überwiegende Teil der emotionalen, mentalen und physiologischen Aktivität ist unterhalb des Bewusstseins angesiedelt. Das Bewusstsein ist nur ein kleiner Teil des ganzen Eisbergs. Aber die Kapazität des Unterbewusstseins ist auch nicht unbegrenzt. Aufgrund der Informationsflut und auch aufgrund der mentalen Wäscheklammern vonseiten der Gesellschaft ist die Kapazität des Unterbewusstseins beim modernen Menschen erschöpft.

Das Unterbewusstsein ist wie ein Tier. Es scheint alles zu verstehen, aber so ganz ist dies dann doch nicht der Fall. Im Unterschied zum Bewusstsein hat das Unterbewusstsein Ähnlichkeit mit einem Traum. Man kann ihm nicht alles erklären, aber dafür kann man etwas mit ihm vereinbaren. Die Bedeutung der Vereinbarung mit dem Unterbewusstsein besteht darin, *dass Sie ihm erklären, dass Sie künftig selbst die Verantwortung für Probleme übernehmen*. Es braucht nicht mehr Probleme zu verstecken, das Bewusstsein selbst wird von nun an selbst die Probleme erkennen und beheben - Sie selbst.

Gleichzeitig sollte man sich respektvoll an das Unterbewusstsein wenden, einfach weil es das verdient. Sie können ein Gedankenbild folgenden Inhalts erstellen und es von Zeit zu Zeit wiederholen, zum Beispiel wenn Sie in der Badewanne sitzen oder kurz vor dem Einschlafen:

Mein Unterbewusstsein, du bis die Königin meines Körpers. Alles in meinem Körper untersteht deiner Direktive. Mein Unterbewusstsein, du hältst meinen ganzen Körper in Ordnung. Unter deiner Leitung werden alle Funktionen überholt werden, meine Gesundheit und meine kraftvolle Energie werden wiederhergestellt werden. Mein Unterbewusstsein, meine Königin, du hältst meinen ganzen Körper in Ordnung. Und ich werde dir bei allem helfen, ich werde mein Bestes tun. Ich esse lebendige Nahrung, die mich reinigt und mich mit allem Erforderlichen versorgt. Ich esse abwechslungsreich und vollwertig und gönne mir die beste Nahrung. Ich nehme sehr nützliche Bäder und übergieße mich mit kaltem Wasser. Ich mache Übungen, um meinen Körper fit zu halten. Ich handle zielgerichtet, und meine Absichtsenergie ist auf Perfektion eingestellt. Ich selbst bin die Perfektion. Mein Unterbewusstsein, meine Königin, unter deiner Leitung wird mein Körper gereinigt, erfrischt, regeneriert sich und entwickelt sich fort. Mein Unterbewusstsein, du bist die Königin meines Körpers.

Es ist gut möglich, dass nur wenige Tage, nachdem Sie diese Zeilen gelesen haben - es können auch ein oder zwei Monate sein -, alle Schmerzen und chronischen Krankheiten Ihren Körper verlassen. Ihre Gangart wird freier sein, Sie werden es spüren. Ihrem Körper werden sich höhere Stufen der Freiheit erschließen, und er wird eher bereit sein, Ihnen zu gehorchen. Ihr Wohlbefinden wird sich deutlich verbessern. Schließlich wird er sich an das längst vergessene Gefühl erinnern, was es bedeutet, *ein Leben ohne Wäscheklammern zu führen*.

Mit der Rolltreppe fahren

Verlassen Sie sich nicht allein auf die Vereinbarung mit dem Unterbewusstsein; der Aspekt der körperlichen Aktivität sollte keinesfalls vernachlässigt werden. Wer ein bewegungsarmes Leben führt, ist ein perfektes Opfer für zwickende Wäscheklammern. Hundertprozentige Ergebnisse können nur bei einem umfassenden Ansatz gewährt werden: wie Sie denken, wie Sie essen, wie Sie sich bewegen. Die Bewegung spielt hierbei eine sehr wichtige Rolle.

Ich habe bereits zuvor den Zustand des Körpers mit dem Fahren auf der Rolltreppe verglichen. Bis zum Alter von ungefähr 20 Jahren fährt die Rolltreppe hoch, dann geht sie allmählich in die entgegengesetzte Richtung: nach unten. *Dort gibt es dann keine Weiterentwicklung mehr, und der Abbau beginnt. Was nicht genutzt wird, verkümmert.*

Wenn Sie gut in Form bleiben wollen, müssen Sie tagtäglich für ausreichend Bewegung sorgen. Suchen Sie sich irgendeine Form der körperlichen Ertüchtigung aus (Sport, Fitness, Gymnastik). Steigen Sie nun allmählich die herabfahrende Rolltreppe hinauf, bis Sie eine für Sie befriedigende Stufe erreicht haben. Dann steigen Sie stetig weiter nach oben, während Sie die von Ihnen festgelegte Norm der Belastungen und Übungen erfüllen.

Gymnastische Übungen sollten von dreierlei Art sein: somatische (Übungen zum Relaxen), Krafttraining (dynamische Belastungen) und Dehnung (Stretching).

Somatische Übungen entspannen und dehnen die Muskeln, wobei Klemmen und Blockaden beseitigt werden. Krafttraining baut Muskelmasse auf und unterstützt schwächelnde Muskeln, verbessert die Mikrozirkulation, regeneriert die Gefäße und fördert die Entgiftung des Körpers. Dehnübungen entwickeln die Bänder, geben motorische Ressourcen frei, gewähren zusätzliche Freiheitsstufen und machen den Körper flexibel und beweglich.

Sie sollten dabei diese Reihenfolge einhalten: zuerst Entspannungsübungen, dann dynamische Belastung und erst zuletzt (oder abwechselnd mit der Dynamik, nach reichlicher Aufwärmung) das Stretching.

Die Übungen sollten möglichst vielfältig sein. Aber da TMS vor allem im Bereich der Wirbelsäule angreift, *sollte ein besonderes Augenmerk auf Rücken, Nacken und Schultern gerichtet werden*. Sie können diverse Methoden anwenden, die auf die Eliminierung von Rückenschmerzen abzielen (heutzutage sind viele in Buchform oder auf DVD erhältlich), und sich dann jene aussuchen, die Ihnen am besten gefallen.

Als Grundlage können Sie auf zwei Methoden zurückgreifen: die von Thomas Hanna und Sergej Bubnowskij. Meiner Meinung nach sind dies zwei fortschrittliche und intelligente Ratgeber zum Thema der gesunden Wirbelsäule.

Thomas Hanna und John Sarno gehören zu den wenigen fortschrittlichen Ärzten, die die Kommunikation zwischen Körper und Geist und deren gegenseitige Abhängigkeit beachten. Zu TMS hat Dr. Hanna in etwa die gleiche Ansicht wie Dr. Sarno, nur verwendet er einen anderen Begriff - sensorisch-motorische Amnesie - und einen anderen Ansatz: die Entfernung von Blockaden durch Entspannung der Muskeln. Dr. Hanna hat ein System somatischer Übungen entwickelt, das er »täglichen Cat-Stretch« nennt. Diese Übungen nehmen nicht viel Zeit in Anspruch. Thomas Hanna beschreibt seine Methode in seinem Buch *Beweglich sein - ein Leben lang*, herausgegeben beim Kösel-Verlag.

Bei Sergej Bubnowskij hingegen liegt der Schwerpunkt auf der Beseitigung vom TMS durch dynamische Belastungen. Auch das ist eine sehr vernünftige Technik. Dr. Bubnowskij vertritt die Auffassung, dass Muskeln in jedem Alter wiederhergestellt werden können. Seine Bücher sind allerdings nur in russischer Sprache erhältlich, zum Beispiel unter:

http://www.ozon.ru/context/detail/id/7002726/
Oder hier: *http://www.ozon.ru/context/detail/id/5858927/*.

Wie wir gesehen haben, gibt es drei verschiedene Methoden zur Behandlung von TMS: *die Vereinbarung mit dem Unterbewusstsein, physische Entspannungsübungen und dynamische Belastungen*. Sie können entweder eine der drei wählen oder auch alle zusammen. Nach meiner Überzeugung kommen die besten Ergebnisse nicht durch einen einseitigen, sondern durch einen ganzheitlichen Ansatz zustande: also durch die Anwendung aller drei Methoden.

Im Weiteren möchte ich kurz die wichtigsten Punkte erwähnen, die man dabei kennen und berücksichtigen sollte.

Der Körper ist ein selbstreparierendes System, in dem das Potenzial zur Regeneration und Entwicklung steckt. Aber es ist nur ein Potenzial, eine Möglichkeit. Bedenken Sie, *dass der Körper gar nicht den Wunsch hat, sich zu entwickeln*. Er erreicht einen Zustand des minimal möglichen Status quo und beginnt dann zu degenerieren. *Um ihn in guter Form zu halten, müssen Sie dem Körper Belastung auferlegen und Ihre Absicht anspornen, ihm Entwicklung und Aufbau zukommen zu lassen.* Auch hier ist wieder der holistische Ansatz vonnöten: wie Sie denken, wie Sie essen, wie Sie sich bewegen.

Wird der Körper nicht trainiert, dann sinkt er auf den niedrigst möglichen Optimalzustand herab, in dem er nur Belastungen aushält, die ihm auferlegt werden - nicht mehr und nicht weniger. Auf lebendiger pflanzlicher Nahrung aufbauende Muskelmasse kann enttäuschend gering sein. Bei toter Nahrung beginnt der Körper Schlackenstoffe, Toxine, Fett und anderen Ballast anzusammeln. Die Muskeln werden sich nur so weit entwickeln, um das Eigengewicht tragen zu können. Der massige Körper eines bewegungsarmen Menschen bezieht seine Masse nicht von Muskeln, sondern größtenteils von Ballaststoffen.

Wie bereits erwähnt, sollten die Übungen möglichst vielfältig sein, damit alle Muskelgruppen davon profitieren können. Wenn alle Muskeln (Ruderer) entwickelt sind, dann wird auch der Herzschlag leichter sein, und die Gefäße (Flussbetten) werden voller Wasser und gesund sein.

Wenn es die physische Verfassung zulässt, ist folgende Standard-Übungsreihe sehr nützlich: Kniebeugen, Liegestützen, Klimmzüge. Wird diese Reihe oft genug wiederholt, wie von Dr. Bubnowskij empfohlen, dann »öffnen sich die Klappfenster«, und die hauptsächlichen Krämpfe und Verspannungen lösen sich. Alle Übungen sollten mit voller Beugung und Streckung der jeweiligen Extremität ausgeführt werden und nicht achtlos, so dass beispielsweise die Arme nur zu einem Drittel durchgebeugt werden.

Bei allen Übungen *sollte die Hauptaufmerksamkeit auf die Phase der Entspannung gerichtet sein, nicht auf die der Anspannung.* Es ist immer schwieriger, einen Muskel dazu zu zwingen, sich zu entspannen, denn zu arbeiten ist er gewohnt.

Es ist nicht empfehlenswert, sich zu überanstrengen. Die Belastung sollte in einem angemessenen Rahmen bleiben und erst allmählich erhöht werden. Die Übungen sollten nicht in bequemlicher, aber auch nicht in strapaziöser Manier absolviert werden – das sollte als Grundsatz für die gesamte Dauer des Übungskurses gelten. Bewegung soll Spaß machen. Ist dies nicht der Fall, so wird der Körper mit Schlacken und Toxinen überlastet werden. In diesem Fall sollte die Belastung reduziert und der Körper gereinigt werden.

Die Übungen sollten nach Möglichkeit jeden Tag ausgeführt werden, aber auch ein Rhythmus von zwei oder drei Tagen ist akzeptabel, je nachdem, wie man mag und kann. *Die Hauptsache ist die Regelmäßigkeit.* Kämpfen Sie sich nicht bis zur Erschöpfung ab. Wenn Ihre Übungsreihe aus vielen Einzelübungen besteht, können Sie sie auch auf mehrere Tage verteilen: eine Gruppe an einem Tag, eine andere am nächsten und so weiter.

Parallel zu den Bewegungsübungen sollten Sie auch auf Ihren Energiefluss achten.

Nachdem Sie sich mit einem Eimer kaltem Wasser übergossen haben (je kälter, desto besser), sollten Sie noch 20 Sekunden lang kalt duschen. (Kaltes Wasser wird nur von einem gut durchgewärmten Körper vertragen. Wenn Ihnen kalt ist, sollten Sie zunächst heiß duschen.) Reiben Sie sich gut mit einem Handtuch ab, sammeln Sie sich für eine Minute, und Sie werden spüren, wie der Körper von einem mächtigen Energiefluss durchströmt wird (direkt nach dem Übergießen wird dies auch schon der Fall sein), und artikulieren Sie laut oder in Gedanken Ihr mentales Zielbild. Im Zuge der energetischen Wallung wird Ihre bildliche Zielsetzung besonders effektiv sein.

Denken Sie während der Übungen daran, was Sie mit ihnen erreichen wollen. Von Zeit zu Zeit sollten Sie sich folgendes Gedankenbild ins Gedächtnis rufen: *Alle meine Muskeln entspannen sich, alle Klemmen werden entfernt. Mein Körper wird gereinigt und erfrischt, er wird sich regenerieren und entwickeln. Mein Unterbewusstsein, meine Königin, verwaltet meinen ganzen Körper. Meine Muskelmasse nimmt zu. Ich habe einen gesunden und schönen Körper, eine robuste Gesundheit und strotze vor Energie. Mein Intellekt ist scharf und mein Bewusstsein mächtig. Ich bin die personifizierte Perfektion. Ich lenke die Realität wie einen bewussten Traum. Die Kraft ist mit mir, die Kraft führt mich, und daher ist alles, was ich tue, genial und brillant.*

Wenn Sie all diese Empfehlungen im Gesamtpaket befolgen, werden Sie unweigerlich das bekommen, was Sie beabsichtigen zu bekommen.

Das Dosieren der Informationen

Bewusstsein und Aufmerksamkeit des Menschen sind schon weit genug blockiert. Doch im Zusammenhang mit dem wachsenden Informationsrausch wird schon bald auch die *Fähigkeit der*

Visualisierung versperrt sein. Das technogene System versucht mit allen Mitteln, schon nur die potenzielle Möglichkeit, eine eigene Realität erschaffen zu können, zu untergraben und zu zerstören. Ein Rädchen im Getriebe sollte eben nicht etwas Eigenes erschaffen, sondern das konsumieren, was ihm das System gibt. Eines Tages wird der Mensch erwachen und feststellen, dass es ihm nicht einmal mehr gelingt, die einfachsten Dinge auf dem inneren Bildschirm abzubilden. Transsurfing kann man dann vergessen.

Allem Anschein nach waren die Zivilisationen der Antike sehr weit entwickelt, zwar nicht auf der Ebene von Technik und Kommunikation, aber was menschliche Fähigkeiten anbelangt. Es gibt auch die Vermutung, dass die Atlanter sich selbst zerstört haben, weil sie sich eine Kraft angeeignet hatten, mit der sie nicht vernünftig umzugehen wussten. Mit anderen Worten, diese Kraft war für sie eine Nummer zu groß.

Heutzutage ist alles umgekehrt. Alle Kraft und Macht wohnt dem System inne. Der Mensch kann von selbst schon kaum mehr etwas auf die Beine stellen, ohne die Hilfe der Systemgadgets. Er kann ein Häkchen setzen, ein Knöpfchen drücken und seine Klicks und Likes abgeben. Zum Visualisieren reicht es schon bald nicht mehr. Bestimmt können viele es gar nicht mehr, aber sie versuchen es auch erst gar nicht, weil sie glauben, es nicht zu brauchen.

Ich übertreibe hier durchaus nicht. Nach Schätzungen von Psychologen ist in den vergangenen Jahrzehnten jede neue Generation fauler, dümmer und bösartiger als die davor geworden. Einige Zahlen und Fakten:

- *Besonderheiten der »Pepsi-Generation« (Perestroika-Kinder): leicht beeinflussbar, schluckt jeden beliebigen Werbeköder, lässt sich von jeder Propaganda leiten.*
- *Die darauffolgende Generation war die »Generation Z« (ein vom Psychologen Mark Sandomirski geprägter Begriff).*

Zusätzlich zu den gerade genannten Besonderheiten kommen noch ein Sympathiedefizit und gesteigerte Aggressivität hinzu.

- *Soziologen und Psychologen glauben, dass die Kinder von heute böse, grausam, infantil und leicht manipulierbar sind und zu primitiven Verbrauchern heranwachsen.*
- *Der Anteil der Kinder mit körperlichen und psychischen Behinderungen wächst Jahr für Jahr um 10 Prozent.*
- *Die Zahl der Schüler mit psychischen Erkrankungen liegt zwischen 15 und 30 Prozent, je nach der Region.*
- *10 Prozent der Erwachsenen leiden regelmäßig unter Panikattacken (schwere Angstattacken).*
- *40 Prozent der Bevölkerung Europas sind anerkanntermaßen psychisch nicht gesund.*
- *Die amerikanische Nation ist total krank und weist alle möglichen Anzeichen von Degeneration auf.*

Bitte beachten Sie, dass dies nicht meine eigenen Erkenntnisse sind, sondern tatsächliche Daten aus verschiedenen offiziellen Quellen. Dabei sollte auch noch berücksichtigt werden, dass amtliche Statistiken in der Regel unter den eigentlichen Werten liegen. Dies sind die Folgen all der technogenen Reize, die auf die Psyche des modernen Menschen einwirken. Natürlich handelt es sich nur um Statistiken und allgemeine, durchschnittliche Trends. Nach wie vor kann man überall auch viele ausgeglichene, intelligente, sympathische und kluge Menschen sehen. Dennoch beginnt die übrige graue Masse, die »überwiegende Mehrheit« allmählich einen immer grauslicheren Eindruck zu machen.

Um in dieser grauen Masse nicht als »schraffiert« zu erscheinen, *sollte man Informationen bewusst dosieren und filtern und sich nicht auf alles einlassen und überall mitmachen.* Das bedeutet jetzt nicht, dass Sie den Fernseher wegwerfen, das Telefon abschalten und alle sozialen Netzwerke für immer meiden sollten. Das Prinzip besteht darin, *in der Position des Beobachters zu sein, nicht in der des Informationskonsumenten*.

Informationsrausch und -sucht führen dazu, dass die Menschen letztlich zu Informationsverbrauchern und somit zu passiven Empfängern werden. Davon, selbst etwas zu »senden«, kann keine Rede mehr sein. *Wo blinder Informationskonsum anfängt, dort ist das Ende von Transsurfing.*

Der eine oder andere mag jetzt erwarten, dass ich aufzähle, was nicht möglich bzw. möglich ist und in welchem Maße. Aber das Prinzip der Dosierung der Informationen ist eine Frage der persönlichen Wahl. Die Frage ist nicht, was und wie viel möglich ist, sondern entscheidend ist, diese Wahl bewusst zu treffen. Dabei gelten drei Grundprinzipien:

- *Achtsamkeit (ich bin mir bewusst, was ich tue, warum und zu welchem Zweck)*
- *Beobachtung (ich steigere mich nicht in etwas hinein, sondern beobachte nüchtern und distanziert)*
- *Selektivität (anstatt Informationen zu absorbieren, wähle ich aus); ich beobachte, was geschieh, womit ich gerade beschäftigt bin, was man mir aufzudrängen versucht und ob ich das wirklich brauche.*

Es ist, so glaube ich, nicht nötig, dieses Thema noch weiter zu vertiefen. Wer auch nur über einen Rest Bewusstheit und nüchternen Verstand verfügt, wird es begreifen. Und wer nicht, dem werden auch keine weiteren Erklärungen helfen. Ich bezweifle nicht, dass Sie, liebe Leser, auch sehr gut von allein verstehen, wovon in diesem Buch die Rede ist, denn sonst würden Sie es jetzt nicht in Ihren Händen halten.

Integration

Besagtes Prinzip bedeutet:

- *Vermeiden Sie es, sich in die Lösung von Aufgaben und Problemen hineinzusteigern und darüber den Sinn und Zweck des Ganzen zu vergessen. Behalten Sie Ihr Ziel immer im Hinterkopf.*
- *Verbeißen Sie sich auf der Suche nach Mitteln und Wegen nicht in Details, sondern denken Sie immer an die Hauptsache, den Sinn und Zweck.*
- *Schlendern Sie nicht durch die Altstadt, verloren in einem Gewirr von engen Gassen, sondern betrachten Sie alles aus der Vogelperspektive.*

Mit anderen Worten: Wer wie die Fliege mit dem Kopf gegen die Fensterscheibe fliegt, der differenziert. Wer hingegen auf Abstand geht und das Gesamtbild sieht, der integriert. Er sieht den offenen Spalt und fliegt hindurch.

Wenn Sie sich in die Lösung irgendwelcher Probleme hineinsteigern und intensiv nach Mitteln und Wegen suchen, wird Ihr Bewusstsein sich verengen und Sie werden nur noch Ihre eigenen Füße sehen, anstatt den Überblick zu bewahren. *Vor lauter Bäumen sehen Sie nicht mehr den Wald, der das Wichtigste ist.*

Der Ursprung dieses geflügelten Worts wird einer französischen Anekdote zugeschrieben. Sieur Gaulard, ein Reisender des 16. Jahrhunderts, kam nach Paris. Während er durch die Straßen ging, sprach er: »Jeder sagte mir, ich würde eine so große und schöne Stadt sehen; aber man machte sich über mich lustig; denn man kann sie nicht sehen wegen der Menge von Häusern, die den Umblick verhindern.« (In der Tat gibt es noch eine andere Version dieser Legende: Als er nach Paris kam, habe er eine Menge von Bäumen gesehen, die dort in den Parks, an den Boulevards und Straßen standen, und gemeint, sie würden die Aussicht auf die Häuser versperren.)

Die Einengung *der Sicht* führt zu einem Zustand der Betäubung und Verwirrtheit. Anstatt Mittel und Wege zu finden, erhöht sich nur der Druck der Wäscheklammern. Der beste Ausweg aus diesem Zustand ist, aufzusteigen und alles aus der Vogelperspektive zu betrachten.

Wie ist das zu machen? Sehr einfach: Wenden Sie Ihren Blick von Ihren Füßen ab und richten Sie ihn auf Ihr Ziel. Beim Transsurfing beschäftigt man sich nicht mit der Suche nach Lösungen, vielmehr finden die Lösungen sich wie von selbst unterwegs. Der gordische Knoten wurde nicht entwirrt, sondern mit einem Hieb zerschlagen. Dazu müssen Sie sich ein Ziel setzen und mit voller Aufmerksamkeit und Absicht darauf zuschreiten. Es spielt keine Rolle, was war und was ist. Der Vektor Ihrer Aufmerksamkeit zeigt nach vorn, aufs Ziel. Türen (Gelegenheiten) öffnen sich unterwegs, Mittel und Wege finden sich von selbst. Hier noch einmal die Formel zur Lösung »unlösbarer« Aufgaben:

Das Unzulässige zulassen,
den Vektor der Aufmerksamkeit und der Absicht aufs Ziel richten,
sich auf den Weg machen.

Das Geheimnis dabei ist folgendes: Wenn Ihre Aufmerksamkeit auf das Ziel gerichtet ist, ergreift der Wind der Absicht Ihr Bewusstsein. Wie ein aufsteigender Drachen wird es dann emporgetragen, erreicht die Vogelperspektive und hat dann einen hervorragenden Überblick.

Die Schaffung eines Flusses

Dass es das Phänomen der Intoxikation nicht nur auf der physischen, sondern auch auf der psychischen Ebene gibt, zeugt davon, dass das Bewusstsein nicht unendliche Mengen an Informationen aufsaugen kann, sondern dass es dabei Grenzen gibt und auch eine Informationsermüdung. Sicher kennen Sie das auch aus eigener Erfahrung: Wenn Sie sich auf eine Prüfung vorbereiten, stellt sich irgendwann ein Sättigungsgefühl ein, und Sie können keine weiteren Informationen mehr aufnehmen.

Hierfür gibt es zwei Gründe. Erstens: »Speicher voll«, die Kapazität reicht nicht aus. Denn das Gedächtnis hat nicht nur eine metaphysische, sondern auch eine rein physiologische Grundlage. Das Gehirn muss bestimmte neuronale Verbindungen herstellen, und das braucht auch seine Zeit. Zweitens: Wenn die Kapazität erschöpft ist, errichtet das Unterbewusstsein eine Barriere und blockiert den Eingangskanal, damit die bereits vorhandenen Infos erst einmal verdaut werden können.

Aber unter den Bedingungen des totalen Informationsdrucks funktioniert dieser Mechanismus nicht mehr normal: Der Speicher bekommt einen »Riesenbauch«, und die »Eingangsklappe« steht ständig offen. Als Folge davon ergibt sich eine Pathologie: Informationsüberlastung, Stagnation und »Verdauungsstörungen«.

Zur Beseitigung dieser Stagnation müssen Sie einen Fluss erstellen, damit die Informationen weitergeleitet werden und sich nicht akkumulieren. Wenn Sie etwas hören oder lesen, laden Sie die Informationen lediglich in sich herein. Wenn hingegen Sie selbst jemand anderem etwas erzählen, erklären oder vermitteln, fließt Information frei durch Sie hindurch. Ähnlich ist es, wenn Sie etwas lernen: Ihr Speicher wird angefüllt, was nur bis zu einem gewissen Grad möglich ist. Wenn Sie aber eine Aufgabe lösen, befinden Sie sich im Fluss; es gibt dann weder eine Blockade noch ein Überlaufen, sondern einen freien Informationsstrom. In diesem Sinne *ist unterrichten leichter als lernen, und Aufgaben zu lösen ist wiederum einfacher, als etwas zu lehren*.

In meiner Studienzeit stürzte ich mich mit besonderem Eifer auf die Theorie. Damals (wie auch heute) befand sich die Physik in einer Krise, und mir schien, wenn ich sehr komplexe mathematische Themen studiere, die normal nur Mathematikern zugänglich, Physikern aber verschlossen sind (und das ist wirklich so!), dann würden sich mir alle Geheimnisse des Universums erschließen.

Ich war sehr fleißig damals und absorbierte begierig alle Informationen. Gleichzeitig war mir klar, dass Gier nach Informationen eigentlich fehl am Platze ist, weil du ohnehin nicht viel aufnehmen kannst, das verstand ich bereits damals. In meinem Jahrgang studierte auch ein Kumpel von mir, ebenfalls ein begeisterter Physiker, aber im Gegensatz zu mir ein echter Hallodri. Ein notorischer Wackelkandidat bei Prüfungen und ein Nachtschwärmer. Oft sah man ihn untätig durchs Wohnheim schlendern, als hätte er mit der Studiererei gar nichts im Sinn.

Doch zur Überraschung aller löste er Aufgaben, mit denen kein anderer der Studenten etwas anzufangen wusste. Also gut, auch ich konnte solche Aufgaben lösen, aber nur mit harter Arbeit und einer guten Portion Sitzfleisch, während es ihm offenbar ganz leicht von der Hand ging.

Mit kam das seltsam, ja geradezu unbegreiflich vor: Wie kann einer, ohne etwas zu lernen, schwierige Aufgaben knacken, als seien sie Sonnenblumenkerne? Es gibt natürlich Menschen, die von Natur aus begabt sind, doch ohne ein Studium der Theorie werden sie in der Regel nicht weit kommen.

Eines Tages kam er in mein Zimmer im Wohnheim, während ich hinter einem Berg von Lehrbüchern saß, aber wahrscheinlich mit einem sehr dummen Gesichtsausdruck, denn mein Kumpel wieherte sogleich los, schlug mir auf die Schulter und rief: »Genug ist genug! Schluss jetzt, heute ist Donnerstag!« (Der Donnerstag war in unserem Heim Biertag.) Ich widersprach murmelnd: »Nein, ich kann nicht.« Er packte eines meiner Bücher und sagte: »Ganz schön schlaue Bücher, nicht wahr?! Mann, was für Wälzer!« Ich begann ihm zu erklären, dass ich es mir zum Ziel gesetzt hatte, den gesamten mehrbändigen Kurs der theoretischen Physik - den sogenannten Landau-Lifschitz - durchzubüffeln.

(Unter den Studenten herrschte die Überzeugung, dass jemand, der diesen schrecklichen Kurs meisterte, der Allerallerschlauste sei!

Und der Landau-Kurs war in der Tat extrem schwer zu bewältigen, denn er war von einem Genie geschrieben worden, das noch dazu meinte, alle anderen würden theoretische Physik ebenso gut verstehen wie er selbst, so dass er sich nicht bemühte, ausführliche Erklärungen abzugeben.)

Was war auf einmal in meinen Freund gefahren?! Er begann Grimassen zu schneiden und sich wie ein Idiot aufzuführen, als hätte ich gerade etwas unglaublich Dummes gesagt. Am Ende fügte er »mit zitternder Stimme« hinzu: »Du kannst einem wirklich leidtun.« Da er mich nach Herzenslust verarschte, begann ich ihn zu löchern, warum er es für eine dumme Idee hielte, wo doch er selbst die Aufgaben auch lösen könne. Dazu sagte er nur: *»Ich löse die Aufgaben, weil ich die Aufgaben löse.«*

Wie sich herausstellte, ging er das Studium von einer ganz anderen Seite an. Wir lernten die Theorie und versuchten, sie dann in die Praxis umzusetzen. Und er tat das Gegenteil: Er löste Aufgaben, und nur wenn er etwas nicht verstand, warf er mal einen flüchtigen Blick ins Lehrbuch. Sein Hauptziel war die Fähigkeit, die Lösung für ein bestimmtes Problem zu finden; die Theorie war für ihn sekundär, eine Art Zusatz. Das Studium fiel ihm leicht, weil er nicht seinen Behälter füllte, sondern sich im Fluss befand.

Ein paar Jahre nach dem Studienabschluss, als die Perestroika unsere physikalische Fakultät an verschiedene Orte verstreut hatte, traf ich meinen Freund zufällig an einer Bushaltestelle. Er war immer noch der Gleiche, ausgelassen und ungehobelt, einen Apfel essend. Ich fragte ihn, wie es ihm gehe und was er jetzt mache. »Ah!«, antwortete er und warf den Butzen über einen Zaun, »neulich habe ich meine Promotion verteidigt.« Ich war fassungslos. Nur wenige Jahre nach dem Studium. Allerdings war es eigentlich gar nicht so verwunderlich. Jetzt ist mir nämlich klar, dass er ein Spitzbube ist, ein cleverer Schelm, der alles auf eigene Art macht.

Die Schlussfolgerungen hieraus lauten wie folgt: *Wenn Sie etwas erlernen wollen, dann lernen Sie nicht die Theorie. Lösen Sie Probleme, wenden Sie sich direkt der Praxis zu.* Denn letztlich wurde jede Theorie zu diesem Zweck entworfen: Probleme zu lösen. An erster Stelle sollte die konkrete praktische Arbeit stehen und erst an letzter Stelle die Theorie. Alle Aufmerksamkeit sollte dabei nicht auf die Beherrschung eines bestimmten Wissensspektrums gerichtet sein, sondern auf die Aufgaben, die Sie mithilfe dieses Wissens lösen. Die Übertragung von Aufgaben an andere löst auch einen Fluss aus. *Bringen Sie anderen eine Theorie bei, die Sie gerade kennengelernt haben - das ist die beste Methode, sie selbst zu erlernen.*

Mithilfe der genannten Prinzipien können Sie jede komplexe Wissenschaft meistern. Das wird sich im Laufe der praktischen Arbeit ergeben, im Fluss. Dabei wird das kein fremdes Wissen sein, das Ihnen bei nächster Gelegenheit wieder entfällt - es wird Ihr eigenes Wissen sein, das immer bei Ihnen ist.

Zusammenfassung

- Wenn jemand versteht, dass die Ursache für seine schmerzhaften Symptome unterdrückte Gefühle und Emotionen sind, verschwinden seine Schmerzen.
- Zunächst einmal sollten Sie sich von den mentalen Wäscheklammern befreien, denn sie sind die Ursache für die Entstehung von TMS.
- Die Bedeutung der Vereinbarung mit dem Unterbewusstsein besteht darin, dass Sie ihm erklären, dass Sie ab jetzt selbst die Verantwortung für Probleme übernehmen.
- Hundertprozentige Ergebnisse können nur bei einem umfassenden Ansatz gewährt werden: wie Sie denken, wie Sie essen, wie Sie sich bewegen. Die Bewegung spielt hierbei eine sehr wichtige Rolle.

- Gymnastische Übungen sollten von dreierlei Art sein: somatische (Übungen zum Relaxen), Krafttraining (dynamische Belastungen) und Dehnung (Stretching).
- Die Übungen sollten möglichst vielfältig sein. Ein besonderes Augenmerk sollte auf Rücken, Nacken und Schultern gerichtet werden.
- Es gibt drei verschiedene Methoden zur Behandlung von TMS: die Vereinbarung mit dem Unterbewusstsein, physische Entspannungsübungen und dynamische Belastungen.
- Die besten Ergebnisse kommen durch den ganzheitlichen Ansatz zustande.
- Der Körper hat gar nicht den Wunsch, sich zu entwickeln. Er erreicht einen Zustand des minimal möglichen Status quo und beginnt dann zu degenerieren.
- Um sich in guter Form zu halten, müssen Sie Ihrem Körper Belastung auferlegen und Ihre Absicht anspornen, ihm Entwicklung und Aufbau zukommen zu lassen.
- Wenn man oft genug Kniebeugen, Liegestützen und Klimmzüge übt, dann »öffnen sich die Klappfenster«, und die hauptsächlichen Krämpfe und Verspannungen lösen sich.
- Bei allen Übungen sollte die Hauptaufmerksamkeit auf die Phase der Entspannung gerichtet sein, nicht auf die der Anspannung.
- Die Belastung sollte in einem angemessenen Rahmen bleiben und erst allmählich erhöht werden.
- Parallel zu den Bewegungsübungen sollten Sie auch auf Ihren Energiefluss achten.
- Denken Sie während der Übungen daran, was Sie mit ihnen erreichen wollen. Von Zeit zu Zeit sollten Sie sich kurz Ihre Gedankenbilder ins Gedächtnis rufen.
- Nehmen Sie nach den Übungen eine kalte Dusche, dann gut abtrocknen.

- Um in dieser grauen Masse nicht als »schraffiert« zu erscheinen, sollte man Informationen bewusst dosieren und filtern und sich nicht auf alles einlassen und überall mitmachen.
- Das Prinzip besteht darin, in der Position des Beobachters zu sein, nicht in der des Informationskonsumenten.
- Wenn Ihre Aufmerksamkeit auf das Ziel gerichtet ist, ergreift der Wind der Absicht Ihr Bewusstsein. Wie ein aufsteigender Drachen wird es dann emporgetragen, erreicht die Vogelperspektive und hat dann einen hervorragenden Überblick.
- Zur Beseitigung dieser Stagnation müssen Sie einen Fluss erstellen, damit die Informationen weitergeleitet werden und sich nicht akkumulieren.
- Wenn Sie etwas erlernen wollen, dann lernen Sie nicht die Theorie. Lösen Sie Probleme, wenden Sie sich direkt der Praxis zu.
- Bringen Sie anderen eine Theorie bei, die Sie gerade kennengelernt haben - das ist die beste Methode, sie selbst zu erlernen.

Randnotizen

Wenn es Ihnen gelingt, Ihre Wäscheklammern - psychische wie somatische - loszuwerden, werden Sie mit dem Erreichen Ihrer Ziele keine Probleme mehr haben. Wenn Sie diese Technik der Befreiung zur Verfügung haben, werden Sie sehr viel erreichen können. Die Kraft Ihrer Intelligenz und Ihrer Kreativität wird auf ein Niveau steigen, das für Sie früher einfach nicht denkbar war.

Empfänger und Sender

Im Transsurfing sind die beiden wichtigsten Instrumente zum Erreichen von Zielen *die Visualisierung des Ziels* und *die Visualisierung des Prozesses*. Ersteres kann als *Deklarierung* definiert werden, Letzteres als *Konstatierung*. Die Deklarierung umfasst das Ausrichten des Vektors der Aufmerksamkeit und der Absicht auf das Ziel sowie das Betrachten von Gedankenbildern und Zieldias. Die Konstatierung ist die ständige Bestätigung, dass der Prozess läuft, dass die Sache vorangeht, dass einem alles gelingt und die Türen sich öffnen. Es ist eine Art »Selbstunterstützung« und »Selbstbestätigung«, dass tatsächlich alles funktioniert. Auf diese Weise erstellt und betrachtet man seine eigenen *Filme*.

Dieses Schema – »*Deklarierung + Konstatierung*« – ist eine universelle Form der Steuerung der individuellen Realität und der Gesellschaft. Du hast einen Aufruf in die Massen geworfen, auf ein Ziel hingewiesen, dem Ziel ein bestimmte Ideologie zugewiesen, und du führst die Massen voran, unter dem Banner der Deklarierung und zu den Klängen des Marsches der ständigen Konstatierung: »Wir sind auf dem richtigen Weg.«

Die Gesellschaft lässt sich gern von Deklarierungen leiten und konstatiert gehorsam Parolen, denn das ist das Wesen des menschlichen Bewusstseins: Es kann sich nicht im freien Flug befinden, sondern braucht einen Halt, so wie der Vogel einen Zweig zum Sitzen braucht. Warum beten Menschen zu ihren Göttern? Doch nicht, um um Vergebung oder eine Segnung zu bitten. In erster Linie brauchen sie einen Halt für ihr Bewusstsein. Ohne an etwas zu glauben, ohne sich auf etwas verlassen zu können, ohne ein Ziel sind sie wie Blätter, die im Wind umherwirbeln.

So war es schon immer - ob in der Urgesellschaft, in totalitären Regimen oder in Demokratien. Aber die technogene Gesellschaft (wenn man die Gesellschaft als Ganzes nimmt) ist ein Sonderfall, denn die Situation hat sich durch die Bildung eines einheitlichen Informationsraumes deutlich verändert. Es gibt keine klar umrissenen Ziele mehr, Ideologien haben sich praktisch aufgelöst und auch die Kirche hat ihren früheren Einfluss verloren. Worauf stützt sich unter solchen Umständen das System, wodurch wird es zusammengehalten? Denn die neue Generation hat im Großen und Ganzen kein Interesse mehr an Ideologien, sie ist apolitisch und irreligiös.

Wie sich zeigt, haben diese Dinge für das technogene System keine besondere Bedeutung mehr. Wirtschaft und Finanzen haben schon seit langem die Macht an sich gerissen und bestimmen auch die Politik. Und die Rollen von Ideologie und Religion sind auf Konsum beschränkt. Wahrscheinlich besteht im Konsum auch der Hauptzweck von allem und jedem. Das ist jetzt noch nicht einmal eine revolutionäre Idee, denn auch im Transsurfing geht es darum, Bedürfnisse zu befriedigen - sein Leben besser zu machen, nach eigener Verwirklichung zu streben. Doch um das zu tun, müssen Sie verstehen, wie das System funktioniert und was die Kosten sind.

Das System beruht auf dem World Wide Web, und seine Hauptaufgabe besteht darin, die Individualität zu löschen, individuelle Bestrebungen und Ziele zu zerstäuben und zu verschmieren, sie im Getöse der öffentlichen Meinung untergehen zu lassen. Hauptsache, alle befinden sich in einem Netzwerk, in einem »Sandkasten«. Die Idee ist einfach: Baue einen Sandkasten, um die Aufmerksamkeit von Kindern zu erregen, und verkaufe ihnen dann Sand oder was immer du willst. Im gleichen Sandkasten wird auch die Aufgabe der Verwaltung der Gesellschaft entschieden. Während früher das Prinzip galt: »Teile und herrsche«, ist heutzutage das Gegenteil der Fall: »Vereine und herrsche ungeteilt über alle.«

Es ist auch egal, welcher Personengruppe dies nützt. Vor allem nützt es dem System.

So sind zum Beispiel soziale Netzwerke eine geniale Erfindung des Systems, worin das Schema »Deklarierung + Konstatierung« perfekt umgesetzt ist, unter gleichzeitigem Eintauchen in den kollektiven Traum. Wenn es ein Netzwerk gibt, dann kann jemand, der an den Fäden zieht, ein Signal (einen Befehl) senden, dann braucht er nicht mehr zu lenken - das Netzwerk tut alles von selbst, es wiederholt und deklariert dieses Signal einfach wie ein riesiger Verstärker.

Die Abwicklung des Meinungsaustauschs, angefangen mit dem harmlosen »Mag ich - mag ich nicht«, bildet den Kern des Betriebssystems. Von diesem Kern entfaltet sich alles andere. Aus der Mitte Ihres Netzes können Sie einen Befehl geben, wodurch alle Rädchen in der Peripherie sogleich synchron reagieren, wie es in einem Rudel Wölfe der Fall ist. *Das ist ein genereller und kohärenter bewusster Traum*. Denke nicht - »like« einfach, wo es nötig ist. In der Tat ist dies ein tägliches Training, *die Probe für eine Master-Action, die nur darauf wartet, bis ihre Stunde geschlagen hat*. Daher auch die Losung: Bleib verbunden, bleib im Netz, leiste deinen Beitrag, bleib im System!

Soziale Netzwerke dienen zur Synchronisation des Bewusstseins des Menschen, zur Erstellung der Matrix. *Die Matrix selbst wird aufgebaut, wenn die Rädchen in ihren Zellen synchron denken und handeln.* Wenn die Menschen beginnen, in einer Richtung zu denken und zu handeln, bildet sich ein Pendel. Pendel stehen über Menschengruppen. Und die Matrix steht über den Pendeln.

Denken Sie mal darüber nach, warum es keinen Zweck hat, seinen Account im Netzwerk zu löschen. Weil alle Netzwerke vom System überwacht werden. Selbst wenn es Ihnen in irgendeinem Netzwerk gelingt, die Information über sich selbst »zu löschen«, bleibt diese Info dennoch bestehen. Sie können sich einfach nicht völlig abmelden, wenn Sie einmal registriert sind.

Menschen, die in die Abwicklung des Informationsaustauschs eingetaucht sind, können nicht mehr begreifen, was sie können und was sie vom Leben wollen. Das System selbst bestimmt, was sie wollen, und hält dabei die Klappe ihrer Fähigkeiten zu.

Die Einbindung in das Netzwerk der Matrix erfolgt schrittweise. Zuerst wird mithilfe der Nahrungstechnologie das Bewusstsein getrübt - das ist die erste Phase. Dann bricht über das Bewusstsein eine Welle der Informationen herein, die Wäscheklammern kommen ins Spiel - Phase zwei. Die dritte Phase ist *die Cyborgisation des Bewusstseins*.

Zum Beispiel ist für Tiere, solange sie für sich selbst leben, eine hohe Bewusstheit erforderlich - sie müssen für ihre Ernährung sorgen und sich vor Feinden schützen. Sobald sie sich zu einer Herde zusammenschließen, sinkt ihr Bewusstheitsniveau, und ihr Leben wird ruhiger. Auf einer Tierfarm findet ein vollständiger Bewusstheitsverlust statt, denn dort ist Bewusstheit gar nicht mehr nötig - Fressen und Schlafen (Klicks und Likes) sind das Ein und Alles.

Man könnte jetzt einwenden: Was soll daran so eigenartig und furchtbar sein: Die Leute vertreiben sich die Zeit, reden miteinander, haben Spaß - sollen sie doch! In Wahrheit jedoch ist dies nur ein Schein von Kommunikation, Selbstdarstellung und Selbstverwirklichung, nur ein Schein der Teilhabe an Leben und Gesellschaft. All dies ist unecht. Je mehr »Surrogatfreunde« du hast, desto einsamer bist du. Von Selbstverwirklichung kann gar keine Rede sein. Im Großen und Ganzen hat diese Form des »Austauschs« keinen Wert; es ist eine Verschwendung von Zeit und Lebensenergie.

Viele geben sogar zu, dass die Zeit, die man im Internet verbringt, vergeudet ist. Aber es ist nicht so einfach, diesem Sumpf zu entkommen. Die durch den Informationsrausch hervorgerufene Sucht lässt dich nicht mehr los. Überraschend ist das keineswegs. Wahrscheinlich ist es sogar einfacher, das Rauchen aufzugeben. Und so erfinden die Menschen alle möglichen Ausflüchte und Gründe: Nein, es ist keine Zeitverschwendung, ich brauche das.

Allerdings ist die vertrödelte Zeit nicht einfach verloren, sondern hat auch noch Nebeneffekte. Wie gesagt, führt die Informationsübersättigung zu einer Verengung des Bewusstseins. Hieraus ergibt sich ein interessantes Phänomen: *geschnipseltes Denken und geschnipselte Kultur*. Der moderne Mensch kann Informationen nur in kleinen Portionen verarbeiten oder herausgeben - in Schnipseln. Zu mehr reicht es bei ihm nicht. Die Bewusstheit erwacht ebenfalls nur scheinbar - wie Stroboskopblitze in einer Diskothek.

Das Spektrum der Interessen ist gleichfalls primitiv. Man unterhält sich vor allem über Dinge, die irrelevant und bedeutungslos sind - über das, was als »cool« gilt. Du hast etwas Außergewöhnliches entdeckt, schaust es dir kurz an, machst einen Witz darüber und weiter geht's. Wirklich wichtige Dinge werden uninteressant. Solch *geschnipselte Neugier* ist der letzte Aufschrei des Bewusstseins, ehe es endgültig cyborgisiert wird. Wofür kann man sich noch interessieren, wenn auch der geschnipselten Neugier die Luft ausgeht?

All das erinnert sehr an eine Vogelkolonie. Eine große Ansammlung von Exemplaren einer bestimmten Spezies, zum Beispiel Möwen, mit einer stetigen Kreisch- und Zeterkulisse. Hin und wieder geschieht es, dass sich alle zugleich wie auf Kommando in die Lüfte erheben und irgendwohin fliegen. Dann beruhigt sich der Tumult, und alles wird wieder zu einer grauen Masse. Alle sind einander sehr ähnlich, sowohl was das Äußere betrifft als auch ihr Verhalten. Nur gelegentlich kommt es vor, dass eine dieser Möwen beginnt nachzudenken, sich von der Masse absondert und sich auf die Suche nach etwas Eigenem, Individuellem macht. Und dann könnte sie sich wie folgt an die Masse wenden:

»Wisst ihr was - ein Mann hat ein Buch geschrieben: *Die Möwe Jonathan*. Anscheinend können Möwen nicht nur kreischen, sondern auch kreativ sein!«

Als Antwort drehten sich die anderen nur kurz um, starrten die Möwe an und kreischten ohrenbetäubend:

»Jonathan Livingston! Jonathan Livingston! Köstlich! Sehr amüsant!«

Dann fahren sie fort mit ihrem unverständlichen Gekreische.

In einem sozialen Netzwerk *sind nicht Sie es, der Konstatierungen steuert*; Sie können nur auswählen, was Sie selbst konstatieren, und das auch nur gemäß dem, was vorgeschlagen wurde. Schon gar nicht können Sie *Ziele bestimmen oder eigene Deklarierungen abgeben*. Natürlich können Sie eigene Videoclips ins Netz stellen, aber der Sinn davon ist gleich null – Ihre Stimme geht im allgemeinen Stimmengewirr schnell unter.

Als ordentliches Mitglied des Netzwerks und als Informationskonsument sind Sie, während Sie auf dem Sofa liegen oder vor dem Bildschirm sitzen, damit beschäftigt, *dem zuzusehen, was andere mit ihrem Leben anfangen*. Sie betrachten die Filme von anderen. Einen Vorteil davon haben nur jene, die das Netz für ihre eigenen Ziele verwenden. Auch Medien, Hersteller und Lieferanten tummeln sich ja gern im Netz, weil Sie dort Konsumenten erreichen können.

Aber auch Geschäfte sind unter solchen Bedingungen nicht leicht zu machen, denn eine Vogelkolonie ist nun einmal eine Vogelkolonie und nicht etwa ein wohlorganisierter Markt. Dafür sind die Netzwerke nicht gemacht; sie haben andere Funktionen, allen voran *die Manipulation des Bewusstseins der Massen*. Die Netzwerke wurden eben nicht von bestimmten Organisationen geschaffen, sondern vom System selbst, gemäß den Bedürfnissen, den Bedingungen und der Synergetik des Systems.

Angenommen, der ganz normale Prozess des Eintauchens in den Traum der gesamten Zivilisation ist im Gange. Kurzfristig gesehen bedeutet dies den Absturz in völlige Selbstvergessenheit. Weil sich die Menschen im World Wide Web von Schöpfern und Sendern – wenn sie das auch von vornherein gar nicht sein mögen – in reine

Konsumenten verwandeln, werden sie zu Empfängern einer fremden Sendung. Sie mit einem bestimmten Programm zu verbinden, so dass sie den ganzen Tag zuhören, und so ihr Bewusstsein zu manipulieren ist ein Leichtes. Was daraus resultiert, ist nicht schwer zu verstehen - der vollständige Verlust der Individualität und der Fähigkeit, sein eigenes Schicksal zu lenken.

Für Sie, liebe Leser, ist vieles von dem, was Sie hier lesen, vielleicht nichts Neues. Aber es gibt mittlerweile eine ganze Generation, die nicht begreift, wo sie hineingeraten ist und was eigentlich los ist.

Die Generation Z verbringt ihr Leben vorzugsweise in der virtuellen Realität, während sie gleichzeitig ihr Leben in ein Computerspiel verwandelt. Hier finden sie auch scheinbare Kommunikation, Ersatzziele und irreale Chancen.

Aber früher oder später werden sie dennoch mit der Realität konfrontiert. Und dann beginnt der Kampf um den Platz an der Sonne, und die Regeln des Überlebenskampfes sind wesentlich härter. Nun kommt der tragische Widerspruch auf: haufenweise Wünsche und Bedürfnisse: Ich will ein Auto, ein Haus, einen Prestigejob und Urlaubsreisen - *ich will*!

Aber gibt es etwa keine realen Möglichkeiten? Nun, wo sind sie denn? Alles nur Imitate. Etwas mit den Händen tun, etwas mit dem Kopf kreieren oder wenigstens angeln gehen und einen echten Fisch fangen - *kann ich nicht, hab ich noch nie ausprobiert*. Wie sich zeigt, *VERRINNT das Leben aufgrund des nutzlosen Zeitvertreibs im Sandkasten einfach*.

Und vor allen Dingen: Wem nützt das alles? Dem System und seinen Vertretern, die sich über die graue Masse der Verbraucher erheben und noch genügend Grips haben, um einen Sandkasten zu bauen und dort alle übrigen spielen lassen.

Wie kann man nun der schraffierten, grauen Masse entkommen? Der erste und wichtigste Schritt dabei ist wiederum:

Das Prinzip des Herdentriebs durchbrechen. Hören Sie auf zu glauben: »Wenn alle so denken und handeln, dann ist es richtig.« *Tanzen Sie aus der Reihe*. Hören Sie auf, den Erfolgen anderer nachzueifern, und suchen Sie Ihren eigenen Weg zum Erfolg. Wer aus der Reihe tanzt, hat immer folgende Vorteile:

- Er betrachtet distanziert, wohin alle anderen laufen.
- Er schüttelt alle Wäscheklammern und Klischees der Gesellschaft ab.
- Er lernt, zu sehen und zu verstehen, was andere nicht sehen und verstehen.
- Er hört auf, der Erste sein zu wollen, und strebt stattdessen nach Einzigartigkeit.

Die Dosierung der Informationen. Hierüber haben wir bereits gesprochen. Es gibt dabei eine Einschränkung. Wenn Sie überhaupt keine Bücher lesen, wie es bei der Mehrheit der Verbraucher der Fall ist, sondern nur Filme, Fernsehen und Videos anschauen, dann geht die Fähigkeit der Visualisierung allmählich verloren. Wenn Sie lesen oder hören, formt sich auf Ihrem inneren Bildschirm eine plastische Vorstellung von dem, was Sie gelesen oder gehört haben. Wenn Sie nur externe Bildschirme betrachten, entfällt die Notwendigkeit des inneren Bildschirms. Was nicht genutzt wird, verkümmert. Deshalb ist es ratsam, das Lesen oder Anhören von Büchern nicht zu vernachlässigen. (Bücher wie dieses allerdings sollte man nicht anhören, sondern lesen, zumindest beim ersten Mal, denn sonst wird man vieles nicht verstehen.)

Das Web für eigene Zwecke verwenden. Normal ist es ja umgekehrt. Doch Sie können das Web auch für Ihre Ziele benutzen, oder zumindest mit dem Ziel der bewussten Beobachtung des Geschehens. Einfach im Internet herumzuhängen hat weder Sinn noch Zweck.

Ihre Herausforderung besteht darin, Ihr eigenes Spiel zu spielen, sich in eigener Regie zu betätigen, nicht unter fremder Regie, wo Sie nur eine Schachfigur für die Spiele und Tricks eines anderen sind.

Auf Beobachtungsmodus umschalten. Seien Sie kein Konsument von Informationen, sondern ein Beobachter. Wenn Sie im Internet surfen gehen, sollten Sie es vermeiden, in das Meer von Informationen einzutauchen, und stattdessen bewusst und distanziert beobachten, was dort geschieht. Aus der Reihe zu tanzen bedeutet keineswegs, nie ins Internet zu gehen oder den Fernseher aus dem Fenster zu werfen. Wenn Sie sich vollständig von externen Informationen abnabeln, werden Sie eines Tages in einer anderen Welt erwachen, die Ihnen fremd ist. Aus der Reihe zu tanzen bedeutet vor allem, in den Modus der nüchternen, bewussten Beobachtung umzuschalten. Als Transsurfer werden Sie wissen, was das bedeutet.

Zum Sendemodus wechseln. Seien Sie kein Konsument, sondern ein Schöpfer von Informationen. Wenn Sie online sind, sollten Sie Ihre eigenen Filme einstellen. Sie haben schon genug fremde Filme angeschaut. Mit Ihrem eigenen Film sind jetzt nicht Handy-Clips gemeint, sondern Sie selbst, Ihre Fähigkeiten, Ihre Kreationen, Ihre Mission. Es spielt keine Rolle, wenn Ihre eigenen Kreationen auf dem Markt nicht sogleich gute Bewertungen bekommen. Mag sein, dass das Ergebnis später kommt, auf einem anderen Gebiet oder bei einem anderen Publikum. *Der wichtigste Grundsatz ist, nicht Empfänger, sondern Sender zu sein, wo auch immer, bei jeglicher Aktivität.* Wenn Sie vom Wesen und von Ihrer Seinsart ein Sender sind, werden Sie unweigerlich früher oder später Erfolg haben. Einfach schon deshalb, weil es nur ein paar wenige Sender gibt, aber Milliarden von Empfängern.

Mit Gleichgesinnten kommunizieren. Mit denen, die Ihnen ähnlich sind, die auch aus der Reihe tanzen. Keine Angst, es wird nicht einfach eine neue »Reihe« sein oder eine Vogelkolonie, denn unangepasste Menschen gibt es nicht viele. Dafür verfügen diese wenigen über besondere Vorteile und Stärken. In der Gemeinschaft von Gleichgesinnten finden Sie Unterstützung und Rückhalt, aber nicht nur das.

In sich selbst Halt finden. Geben Sie die Abhängigkeit von synthetischer Nahrung auf. Befreien Sie sich von der Informationssucht. Kümmern Sie sich um Ihren Körper, um Ihre Energetik. Ein freier, gesunder Mensch mit hoher Energetik und einem klaren Bewusstsein wird leicht den Kern in sich finden, der nach dem Ebenbild Gottes geschaffen wurde - das sind keine leeren Worte. Der Vorgang der Erschaffung Ihrer eigenen Welt wird Ihnen Halt geben und auch die Kraft, Ihren Weg zu gehen.

Zusammenfassung

- Das Schema »Deklarierung + Konstatierung« ist eine universelle Form der Steuerung der individuellen Realität und der Gesellschaft.
- Wirtschaft und Finanzen haben schon seit langem die Macht an sich gerissen und bestimmen auch die Politik. Und die Rollen von Ideologie und Religion sind auf Konsum beschränkt.
- Das System beruht auf dem World Wide Web, und seine Hauptaufgabe besteht darin, die Individualität zu löschen, individuelle Bestrebungen und Ziele zu zerstäuben und zu verschmieren, sie im Getöse der öffentlichen Meinung untergehen zu lassen.
- Während früher das Prinzip galt: »Teile und herrsche«, ist heutzutage das Gegenteil der Fall: »Vereine und herrsche ungeteilt über alle.«
- Die Abwicklung des Meinungsaustauschs, angefangen mit dem harmlosen »mag ich - mag ich nicht«, bildet den Kern des Betriebssystems zur Steuerung der Menschen.

- Soziale Netzwerke dienen zur Synchronisation des Bewusstseins des Menschen, zur Erstellung der Matrix. Ihre zweite Funktion ist die Manipulation des Bewusstseins der Massen.
- Die Matrix selbst wird aufgebaut, wenn die Rädchen in ihren Zellen synchron denken und handeln.
- Der moderne Mensch kann Informationen nur in kleinen Portionen verarbeiten oder herausgeben - in Schnipseln. Zu mehr reicht es bei ihm nicht. Die Bewusstheit erwacht ebenfalls nur scheinbar - wie Stroboskopblitze in einer Diskothek.
- Weil sich die Menschen im World Wide Web von Schöpfern und Sendern - wenn sie das auch von vornherein gar nicht sein mögen - in reine Konsumenten verwandeln, werden sie zu Empfängern einer fremden Sendung.
- Aufgrund des nutzlosen Zeitvertreibs im Sandkasten VERRINNT das Leben einfach.
- Das Prinzip des Herdentriebs durchbrechen. Hören Sie auf zu glauben: »Wenn alle so denken und handeln, dann ist es richtig.« Tanzen Sie aus der Reihe. Hören Sie auf, den Erfolgen anderer nachzueifern, und suchen Sie Ihren eigenen Weg zum Erfolg.
- Wenn Sie überhaupt keine Bücher lesen, wie es bei der Mehrheit der Verbraucher der Fall ist, sondern nur Filme, Fernsehen und Videos anschauen, dann geht die Fähigkeit der Visualisierung allmählich verloren.
- Das Web für eigene Zwecke verwenden. Normal ist es ja umgekehrt. Doch Sie können das Web auch für Ihre Ziele benutzen oder zumindest mit dem Ziel der bewussten Beobachtung des Geschehens.
- Auf Beobachtungsmodus umschalten. Seien Sie kein Konsument von Informationen, sondern ein Beobachter.
- Der wichtigste Grundsatz ist, nicht Empfänger, sondern Sender zu sein, wo auch immer, bei jeglicher Aktivität.

- In der Gemeinschaft von Gleichgesinnten finden Sie Unterstützung und Rückhalt. Geben Sie die Abhängigkeit von synthetischer Nahrung auf. Befreien Sie sich von der Informationssucht. Kümmern Sie sich um Ihren Körper, um Ihre Energetik, dann werden Sie Halt in sich selbst finden.

Randnotizen

Was die Teilnahme am Spiel des Meinungsaustauschs betrifft, so ist es nicht unbedingt nötig, davon Abstand zu nehmen, solange es Sie befriedigt. Achten Sie jedoch darauf, wie bei allen Interaktionen mit dem System, dass Sie bewusst am Spiel teilnehmen und sich darüber im Klaren sind, welcher Sinn und Zweck damit verfolgt wird. Sinn und Zweck sind Ihnen ja jetzt bekannt: die Synchronisation der Meinungen, die Vereinheitlichung der Werte, die Schaffung von Normen und Stereotypen, als Folge dessen jeder Einzelne und jedes einzigartige Ich unter dem Getöse der »öffentlichen Meinung« allmählich abgeschliffen wird.

Und möge mich bitte niemand in sozialen Netzwerken suchen! Es gibt da höchstens »Klone« von mir. Interessanterweise gelingt es jenen »Vadim Zelands« dort, Gruppen um sich zu scharen, indem sie alles Mögliche predigen. Die Leute sind offenbar bereit für solche Spielchen und lassen sich willig führen. Ich wünsche ihnen allen süße Träume!

Zwei Notizbücher

In der Realität haben Sie jenen Film, der in Ihrem »Projektor« abgespielt wird. *Was Sie zeichnen, das sehen Sie dann auch*. Das Problem ist, dass die meisten es umgekehrt machen: Was sie sehen, das zeichnen sie. Verstehen Sie den Unterschied?

Ein Reicher, der morgens aufwacht, sieht um sich herum eine luxuriöse Szenerie. Er bekommt Frühstück ans Bett, hat von seinem Balkon eine herrliche Aussicht und denkt: »Heute wäre es schön, einen Ausflug mit meiner Yacht zu unternehmen. Oder vielleicht ab in die Alpen?« So konstatiert er seine Realität.

Ein Armer sieht in Gedanken nur Probleme. Er hat alles satt, was ihn umgibt, denkt aber ständig daran, weil er nichts anderes sieht. Er schaut in seine Geldbörse und rechnet nach, was er sich noch vom Munde absparen kann, um bis zum Monatsende durchzukommen. Auch er konstatiert seine Realität und dreht seine Filme.

Beide zeichnen in ihren Gedanken das, was sie vor Augen haben. Und es wird immer wieder in der Realität bestätigt. Aber nicht sie selbst setzen sich diese Filme in den Kopf. Die Umstände haben sich so entwickelt, dass der eine Glück hat, der andere nicht. Aber das Prinzip der Existenz ist bei beiden das gleiche: Was ich sehe, das artikuliere ich. Und was ich artikuliere, das sehe ich, immer und immer wieder.

Allerdings kann sich sowohl für den Armen als auch für den Reichen auf einen Schlag alles ändern. Im Film, der sich im Leben abspielt, kann alles geschehen – im guten wie im schlechten Sinne.

Die Frage ist, wie sehr man sich das eine oder andere Geschehnis zu Herzen nimmt.

Wenn es geschieht, dass der Reiche in seinem Lebensfilm schlechte Vorzeichen sieht, und wenn ihn dies in der Tiefe seiner Seele berührt und er seinen Ruin befürchtet, was wird dann geschehen? Unwillkürlich wird er in seinen Projektor einen Film mit negativem Szenario einlegen, der negative Film wird abgespielt, und die schlimmsten Erwartungen beginnen wahr zu werden.

Und umgekehrt: Wenn der Arme merkt, dass es mit ihm allmählich bergauf geht, kann ihn das inspirieren; vor ihm tun sich neue Perspektiven auf, er beginnt ein Licht am Ende des dunklen Tunnels zu sehen und glaubt, dass er der Armut entkommen kann. Und in der Tat, seine Realität wird sich schon bald ändern, weil im Projektor nun ein positives Szenario abgespielt wird.

Wie lautet die Schlussfolgerung von alledem? *Die Menschen werden durch ihre Umstände gelenkt.* Ein bedauerliches Ereignis kann den Einzelnen völlig aus der Bahn werfen, indem es ihm eine negative Perspektive aufpfropft. Ähnlich verhält es sich mit dem Glück. Es kommt als etwas Äußerliches, unabhängig vom Willen des Individuums. Das liegt daran, *dass der Mensch nicht Herr seines Projektors ist.* Die Filmrolle, die dort eingelegt ist, die wird er auch abspielen, unwillkürlich und unbewusst.

Gedanken sind das, was die Menschen nicht gewohnt sind zu lenken. Ihre Handlungen zu lenken, das verstehen sie, aber nicht ihre Gedanken. Es ist einfacher, sich zu zwingen, etwas zu tun, als an etwas Bestimmtes zu denken, nicht wahr? Angenommen, Sie gehen mit irgendeinem Vorhaben durch die Stadt, da kommt ein Passant, nimmt Sie an der Hand und führt Sie hierhin und dorthin, wo es ihm gerade passt. Sie folgen ihm gehorsam und willenlos. Sie halten das für unrealistisch? Das ist aber genau das, was mit Ihren Gedanken geschieht.

Werden Sie Herr und Meister Ihres Projektors. *Lassen Sie nicht das abspielen, was Sie sehen, sondern das, was Sie sehen möchten.* Indem Sie den Gang Ihrer Gedanken lenken, lenken Sie Ihre Realität. Schauen Sie sich einmal um: Die meisten Menschen leben in einem Zustand des unbewussten Traums. Sie sind wie Empfänger einer Fernsehsendung, die von irgendwoher übertragen wird. Sie sehen den Film eines anderen. *Sie sollten selbst Sender sein und ihren eigenen Film abspielen*.

Die Realität ändert sich nicht schlagartig. Aufgrund der Trägheit des Realitätsspiegels werden zunächst die gleichen tristen Programme weiterlaufen. Wenn Sie jedoch beharrlich und lange genug Ihre eigene Absicht senden, werden sich in der alten Serie plötzlich die Merkmale eines neuen Programms manifestieren, und schließlich wird die alte Realität vollständig durch eine neue ersetzt werden.

Auf diese Weise materialisieren sich Gedanken. Die einzige Bedingung dabei, die man sich zu Herzen nehmen sollte, ist folgende: Damit sich ein Gedankenbild materialisieren kann, müssen Sie Ihre Aufmerksamkeit systematisch und lange genug darauf fixieren.

Allerdings gewinnt die Frage der Fokussierung auf einen bestimmten Film im Projektor in unserer Zeit immer mehr an Bedeutung. Das ist kein Wunder, denn die Kinder von heute leiden am Syndrom der Hyperaktivität. Sie können sich nur kurze Zeit auf einen kleinen Videoclip konzentrieren.

Astronauten in der Erdumlaufbahn machten eine seltsame Entdeckung. Das Gedächtnis ist im Kosmos erstaunlich kurz. Es ist sehr schwer, in der Gegenwart konzentriert bei der Sache zu bleiben oder sich an die Pläne für die unmittelbare Zukunft zu erinnern. Unter unseren Kosmonauten kursierte das Sprichwort: »Selbst ein stumpfer Bleistift ist besser als ein scharfes Gedächtnis.« Sie hatten ständig mit einer Blockade ihrer Handlungen zu kämpfen.

Es ist schwer, die Ursache für dieses Phänomen definitiv festzustellen. Eine Rolle spielen könnte hierbei die Entfernung von der

Noosphäre der Erde, die direkt an den Mechanismus des Gedächtnisses gekoppelt ist. Denn die Bilder vergangener Ereignisse befinden sich nicht im Kopf, sondern im Variantenraum - das Gehirn greift dann nur auf die entsprechenden Adressen dieses kosmischen Speichers zu.

Unter den Bedingungen der allgemeinen Bewusstseinstrübung und des Informationsrausches herrscht eine ähnliche Situation. Es fällt dem Menschen schwer, die chaotischen Bewegungen der Gedanken zu stabilisieren und sie auf eine bestimmte Richtung zu fixieren.

Zur Lösung dieses Problems möchte ich eine einfache und gleichzeitig sehr effektive Technik anbieten. Führen Sie zwei Notizbücher: eines für den Morgen und eines für den Abend. Morgens schreiben Sie eine Seite mit einer Deklarierung - Ziele, die Sie sich setzen, in einer positiven, selbstbewussten Art und Weise, so als ob Sie sie schon erreicht hätten oder Sie sie mit Bestimmtheit erreichen werden. Am Abend schreiben Sie eine Seite mit Konstatierungen - welche Fortschritte auf dem Weg zum Ziel Sie gemacht haben.

Folglich schreiben Sie morgens eine Deklarierung (Visualisierung des Ziels) und abends eine Konstatierung (Visualisierung des Prozesses).

In der Deklarierung setzen Sie sich ein Ziel in Form eines klar ausgerichteten Gedankenbildes für eine nahe, vielversprechende Zukunft. Formulieren Sie Ihre Gedanken darüber, was Sie im Allgemeinen und im Besonderen anstreben, was Sie erreichen wollen. *Das ist kein Drehbuch für den Gang eines Geschehens, sondern eine Beschreibung des Endergebnisses.* Wie Sie ja wissen sollten, wird das Drehbuch nicht von Ihnen bestimmt, sondern von der äußeren Absicht und vom Variantenstrom, je nachdem, wie sich Ihnen Türen öffnen.

Das Aufschreiben der Konstatierungen ist so ähnlich wie *das Führen eines persönlichen Logbuchs.* Sie vermerken die Ereignisse und Errungenschaften, die Sie dem Ziel näher bringen. Alle positiven Momente. Die Konstatierung bestätigt und festigt Ihre deklarierenden Gedankenbilder.

Beachten Sie dabei folgende Grundsätze:

- *Die Konstatierung sollte selektiv sein - nur das, was Sie brauchen können.*
- *Die Deklarierung sollte zielgerichtet sein - genau das, was Sie wollen.*
- *Der Vektor sollte eindeutig auf das Ziel ausgerichtet sein - ohne Vergangenheit, Gegenwart oder die Erfahrungen anderer zu berücksichtigen.*

So erstellen Sie eine Konfiguration Ihrer Welt und wählen mit Ihrem Aufmerksamkeitsstrahl all das aus, was es dort geben soll. Sie strahlen Ihre eigenen Filme aus. Sie zeichnen nicht das, was Sie sehen, sondern das, was Sie sehen wollen.

Wenn Sie Ihre Gedanken und Bestrebungen in schriftlicher Form ordnen, schließen Sie dabei Seele und Verstand mit ein. Sie brauchen sich dabei nicht jedes Mal etwas Neues auszudenken. Sie können jeden Tag ein und dasselbe wiederholen, in verschiedenen Variationen. *Wiederholen Sie das Bild Ihrer Welt und bekräftigen Sie es. Lassen Sie Ihre eigenen Filme abspielen.*

Wenn Sie dieser Technik täglich, morgens und abends, ein paar Minuten konzentrierter Aufmerksamkeit widmen, werden Sie schon bald bemerken, dass Ihre Gedanken sich ordnen und dass Ihre Absicht sich verwirklicht.

Zusammenfassung

- Was Sie in Ihrer Realität zeichnen, das werden Sie auch sehen. Die Menschen machen es umgekehrt: Was sie sehen, das zeichnen sie.
- Der Mensch ist nicht Herr seines Projektors. Die Filmrolle, die dort eingelegt ist, die wird er auch abspielen, unwillkürlich und unbewusst.
- Werden Sie Herr und Meister Ihres Projektors. Lassen Sie nicht das abspielen, was Sie sehen, sondern das, was Sie sehen möchten.
- Damit sich ein Gedankenbild materialisieren kann, müssen Sie Ihre Aufmerksamkeit systematisch und lange genug darauf fixieren.
- Schreiben Sie morgens eine Deklarierung (Visualisierung des Ziels) und abends eine Konstatierung (Visualisierung des Prozesses).
- Die Deklarierung ist kein Drehbuch, sondern die Beschreibung eines Ergebnisses.
- Das Drehbuch wird nicht von Ihnen bestimmt, sondern von der äußeren Absicht und vom Variantenstrom, je nachdem, wie sich Ihnen Türen öffnen.
- Das Aufschreiben der Konstatierungen ist so ähnlich wie das Führen eines persönlichen Logbuchs. Sie vermerken die Ereignisse und Errungenschaften, die Sie dem Ziel näher bringen. Alle positiven Momente.
- Der Vektor sollte eindeutig auf das Ziel ausgerichtet sein – ohne Vergangenheit, Gegenwart oder die Erfahrungen anderer zu berücksichtigen.
- Wiederholen Sie das Bild Ihrer Welt und bekräftigen Sie es. Lassen Sie Ihre eigenen Filme abspielen.

Randnotizen

Deklarieren Sie Ihre Gedankenbilder auch im Laufe des Tages - bei jeder Gelegenheit, vor allem dann, wenn Sie sie bestätigt finden. Tragen Sie Ihre Gedankenbilder ständig im Hinterkopf, um sie oft zu wiederholen, wie ein Gebet. So können Sie tagein, tagaus wie ein wandelnder TV- und Radiosender umherlaufen und dabei ein oder mehrere ausgewählte Programme ausstrahlen. Schließlich wird Ihre Weltschicht mit Ihrer Sendung übereinstimmen.

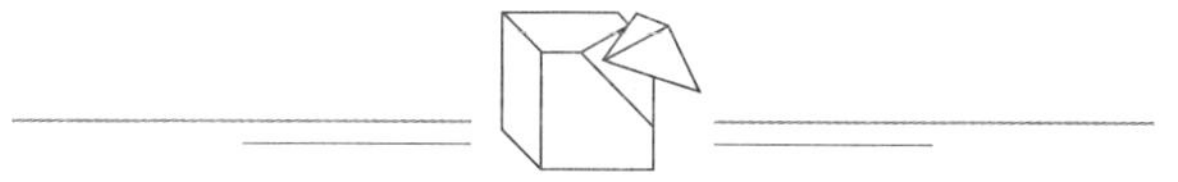

Die Realität des dualen Spiegels

Wie Sie wissen, ist es mit der Deklarierung und der Konstatierung allein nicht getan. Sie sollten auch konkrete Maßnahmen ergreifen und sich nicht nur mit Metaphysik befassen. Sie sind tatsächlich in der Lage, jede beliebige Welt für sich selbst zu erschaffen. Aber ich habe nicht gesagt, dass Sie das tun können, indem Sie zu Hause auf dem Sofa liegen.

Auf der einen Seite des dualen Spiegels liegt das materielle Universum, auf der anderen der Variantenraum. Ihre Weltschicht besteht aus beiden Komponenten. Der typische Fehler besteht darin, in ein Extrem zu verfallen, indem man etwa denkt, nur das Sein bestimme das Bewusstsein oder umgekehrt: nur das Bewusstsein bestimme das Sein. Beides ist gleichzeitig der Fall.

Man mag sich nun fragen: Was ist denn nun wichtiger – dieses oder jenes? Natürlich haben Gedanken einen gewissen Einfluss auf die Wirklichkeit, doch die gängige Erfahrung sagt uns, dass konkrete Schritte in der materiellen Welt die entscheidende Wirkung haben. Aber wir wollen uns ein wenig der Mathematik zuwenden, und Sie werden sehen, was für ein wunderbares Paradox hier besteht.

Gehen wir einmal vom Zeitpunkt der Geburt aus (oder sogar vom Zeitpunkt der Empfängnis). Angesichts der dualen Natur der Welt wollen wir annehmen, dass die Weltschicht eines bestimmten Menschen an diesem Startpunkt ausgeglichen ist: 50 Prozent Sein und 50 Prozent Bewusstsein. Wir wollen jetzt nicht über die Seele urteilen und begründen, woher die 50 Prozent Bewusstsein kommen, sondern dies einfach als grundlegendes Prinzip des Dualismus voraussetzen.

Unser Mensch beginnt also sein Leben. Er sieht im Spiegel eine Reflexion - die gegenwärtige Realität - und bringt seine Haltung zum Ausdruck, worauf sich die Realität wandelt. Dieser Wandel bewirkt, dass der Mensch eine neue Haltung zum Ausdruck bringt, was wiederum die Realität verändert und so weiter - bis zum Ende seines Lebens. Wenn Sie vor einem großen Spiegel stehen und einen zweiten, kleinen Spiegel in der Hand halten, können Sie bei richtigem Winkel darin eine Reihe von Reflexionen erblicken, die sich bis in die Unendlichkeit fortsetzt: Sie sehen und äußern Ihre Haltung; Sie sehen und äußern Ihre Haltung; Sie sehen und äußern Ihre Haltung ...

Nach dem gleichen Prinzip wollen wir davon ausgehen, dass in jedem Lebensabschnitt des Menschen ein Teil der Weltschicht durch seine Handlungen und ein gleicher Teil durch seine Gedanken gebildet wird. Wenn der Ausgangspunkt halb und halb war, dann wird in der nächsten Reflexion die Hälfte dessen, was durch Gedanken gebildet wurde, durch zwei geteilt, bei der nächsten Hälfte nochmals, und so weiter. Daraus ergibt sich eine unendliche Folge:

50 + 25 + 12,5 + 6,25 + 3,125 + 1,5625 + 0,78125 + 0,390625 + 0,1953125 ...

Die Summe dieser Reihe ergibt 99,9999999999999... Prozent, wobei sich nach dem Komma eine endlose Reihe von Neunen erstreckt. Ahnen Sie, was das bedeutet? Die Weltschicht des Menschen wird, für das ganze Leben genommen, zu fast 100 Prozent aus seinen Gedanken gebildet. Da hätten wir ihn, den Triumph der Metaphysik!

Aber es ist noch zu früh für eine endgültige Schlussfolgerung. Denn nur eine Hälfte ist auf Gedanken zurückzuführen, die andere Hälfte entfällt auf Handlungen. Lassen Sie uns dementsprechend eine zweite Reihe aufstellen: Sie handeln, Sie sehen; Sie handeln, Sie sehen; Sie handeln ... Wieder erhalten wir durch Addition am Ende den gleichen Wert: 99,9999999999999... Prozent, was bedeutet, dass fast 100 Prozent der Weltschicht durch materielle Handlungen gebildet werden. Wo liegt nun die Wahrheit?

Die Wahrheit liegt nicht in der Mitte, sondern in der Überschneidung zweier Flächen: der physischen und der metaphysischen. Es ist schwer zu fassen, aber das wahre Antlitz unsere Welt ist verloren in der Unendlichkeit, in die die Reihe von Neunen führt. Der Rest ist Illusion, eine Maskerade der vielschichtigen Realität. Das wahre Antlitz versucht, die wissenschaftliche Grundlagenforschung zu erhaschen, aber weil eben die Reihe endlos ist, werden die Grundlagenforscher es nie schaffen. Nichts in dieser Welt ist hundertprozentig - nur fast.

Was können wir jetzt mit diesen Paradoxen anfangen? Wir können vor allem das tun, was der Wissenschaft so sehr widerstrebt: die gleichberechtigte Existenz beider Seiten der Wirklichkeit anzuerkennen: der physischen und der metaphysischen. Woher kommt jener verschwindend kleine Bruchteil, so dass wir nie auf 100 Prozent kommen? Das ist die Grenze der gegenüberliegenden Seiten des dualen Spiegels, jener Ort, wo die materielle Wirklichkeit plastisch wird, wie im Traum.

Jemand, der sich entweder für diese oder für jene Seite der Realität entscheidet, unterliegt der illusorischen Macht der Reflexion. Ein Materialist, der Probleme zu lösen versucht, versteht nicht, dass er mit der Reflexion seiner eigenen Gedanken kämpft, wie ein Kätzchen vor einem Spiegel. Er begreift nicht, dass er mit der Folge kämpft, ohne die Ursache zu beachten, seine eigene Form. Der Idealist hingegen, der auf die Metaphysik setzt, schwebt in den Wolken, ohne die eigene Umgebung wahrzunehmen. Beide laufen in einem geschlossenen Spiegelkreis.

Der Kreis öffnet sich in dem Moment, wenn man seine Aufmerksamkeit von der Reflexion auf das Urbild richtet. Dieses Urbild ist die eigene Haltung, die Einstellung zur Realität, zur Reflexion. Indem Sie vorsätzlich eine wie auch immer beschaffene Einstellung zur Reflexion aufbauen, kreieren Sie die entsprechende Realität. Aber vergessen Sie dabei nicht die materielle Sphäre. Wenn sich zum Beispiel als Folge Ihrer Arbeit mit Dias eine Tür öffnen sollte, sollten

Sie auch durchgehen, indem Sie konkrete Maßnahmen ergreifen, und nicht in den Wolken schweben. Mit anderen Worten, während Sie Gedankenbilder an die Welt aussenden, sollten Sie auch auf dem harten Boden der Realität Schritte unternehmen.

Überhaupt brauchen Sie nur drei einfache Dinge zu verstehen. Erstens: Die Wirklichkeit ist nichts anderes als eine verzögerte Reflexion Ihrer Gedankenbilder. Zweitens: In dem Spiegel reflektiert sich das, worauf Sie Ihre Aufmerksamkeit richten. Drittens: Indem Sie Ihre Aufmerksamkeit auf das konzentrieren, was für Sie wünschenswert ist, erhalten Sie dies in der Realität. Sie sollten nur bedenken, dass der Spiegel mit Verzögerung reagiert. Weitere Informationen über all dies finden Sie in der Serie *Transsurfing*, Band 1–5.

Folglich besteht der ideale Zustand zum Lenken der Realität darin, dass Sie in Ihrer Welt aufgehen und gleichzeitig eine Absonderung, eine Loslösung von ihr verspüren. Wenn Sie sich am Rande des dualen Spiegels befinden, transformiert sich die Wirklichkeit in »Surrealität«, und umgekehrt. Suchen Sie nach diesem Zustand, beobachten Sie sich selbst und Ihre Umgebung, stimmen Sie sich auf die Langsamkeit des Spiegels ein und versuchen Sie, die Verbindung mit Ihrer Welt zu empfinden – denn es ist ja Ihre Welt.

Zusammenfassung

- Während Sie Gedankenbilder an die Welt aussenden, sollten Sie auch auf dem harten Boden der Realität Schritte unternehmen.
- Deklarierung und Konstatierung allein reichen nicht aus – konkrete Schritte sind ebenfalls erforderlich.

Randnotizen

Für die Pflege von Gesundheit, Energetik und Bewusstsein müssen Sie nicht unbedingt nach Tibet reisen. Sie können im System bleiben, während Sie gleichzeitig draußen sind. Biosphäre und

Technosphäre unter einem Dach vertragen sich sehr wohl. Ein Holzhaus mit Computer. Eine elektrische Mühle mit hausgemachtem Brot zu Hause. Oder ein Haus aus umweltfreundlichem Material mit einem russischen Ofen. Sie können für sich in der technogenen Welt eine Biosphären-Oase erschaffen.

Die Ausstrahlung der Absicht

Ich hoffe, liebe Leser, dass Sie verstehen, worin der Unterschied zwischen Ihrem »Film« und einem Handyclip besteht. Das ist eine einfache Frage, deren Antwort aber gar nicht so offensichtlich ist, wie es scheinen mag. Daher möchte ich dieses Thema zum Abschluss eindeutig klären.

Als von den mentalen Wäscheklammern die Rede war, haben wir darüber gesprochen, dass die Blockaden der Wichtignahme durch Handeln aufgelöst werden. Sie sollten nicht herumsitzen, abwarten und sich fürchten, sondern zu handeln beginnen, um den Fluss in Gang zu bringen. Die radikalste und mächtigste Art zu handeln besteht darin, *seine eigenen Absichten, seinen eigenen Film auszustrahlen, ganz gleich, was rundherum passiert.*

Normalerweise betrachten Sie passiv jenen Film, der Ihnen aufgedrängt wird und sich in Ihrer Realität abspielt. Genauer gesagt wurde er für Sie eingeschaltet und wird für Sie abgespielt. Sie nehmen das als selbstverständlich hin. *Sie betrachten den Bildschirm der Realität und wiederholen in Gedanken alles, was sich vor Ihren Augen abspielt.* Tja, es läuft schlecht. Was geschehen ist, ist geschehen. Und was geschehen wird, ist nicht schwer zu erraten: dieses und jenes. Die schlimmsten Erwartungen eben.

So reagieren fast alle Menschen, weil die meisten von uns ihrem Wesen nach Empfänger sind und nicht Sender. Und das war schon immer so – mit nur wenigen Ausnahmen –, seit dem Aufkommen unserer Zivilisation.

Die Sender - die Schöpfer und Urheber - waren unsere »Götter«, während wir immer Empfänger waren - Konsumenten und Bittsteller. Unsere Psyche ist völlig externen Informationen untergeordnet. Was auf dem Bildschirm erscheint, das spielt sich auch in unserem Kopf ab, nicht umgekehrt. Was wir sehen, das zeichnen wir nach.

Und nun stellen Sie sich eine völlig andere Art der Reaktion vor. Bedrückt Sie etwas? Dann sollte in Ihrem Kopf die rote Alarmlampe aufleuchten. Wachen Sie auf und aktivieren Sie den Modus der Beobachtung. Und dann wechseln Sie vom mutlosen Modus des Befolgens von Bedingungen und Umständen in den Modus der Ausstrahlung Ihres eigenen Films.

Sie sehen es: Was geschieht und geschehen ist, ist »dieses und jenes«. Aber eigentlich ist Ihnen das egal, es berührt Sie nicht, und schon gar nicht spornt es Sie an. Machen Sie jetzt alles umgekehrt. *Die Wirklichkeit wird jetzt zum Bildschirm, wo ein Film abläuft. Ihre Realität hingegen ist innen, in Ihrem Kopf.* Legen Sie in Ihren Projektor einen eigenen Film ein, der Ihnen die Realität aus der von Ihnen gewünschten Perspektive zeigt, und lassen Sie diesen Film laufen. Sagen Sie sich: »Nein, das soll nicht so und so sein, sondern *so*!« Wenn der äußere und der innere Film nicht übereinstimmen, dann werden Sie halt zum Sender. Dann wird sich allmählich der äußere Film Ihren inneren Bildern angleichen.

Für Sie soll es jetzt keine Rolle spielen, was um Sie herum geschieht. Sie betrachten alles aus der Distanz, lassen es in sich hinein, aber ohne das Szenario zu beeinflussen. Die Realität geht durch Sie hindurch, als ob Sie in einer anderen Dimension existieren, wie ein Gespenst. Das externe Szenario existiert für sich, und Ihre innere Absicht existiert ebenfalls separat. Was auch immer auf dem Bildschirm der Wirklichkeit geschieht, Sie senden einfach weiter stur und unnachgiebig Ihr eigenes Szenario, Ihren Film. *Jetzt werden Sie nicht mehr vom externen Film beeinflusst, sondern gestalten Ihren eigenen, unabhängigen Film.*

Natürlich wird die materielle Wirklichkeit nicht so formbar sein wie ein bewusster Traum. Aber Ihr Einfluss auf den Verlauf der Dinge wird sich wesentlich steigern, wenn Sie mit der Realität auf beiden Ebenen interagieren: auf der physischen wie auf der metaphysischen.

Die einzige Bedingung: Für diese Technik brauchen Sie ein hohes Maß an Energie und ein klares Bewusstsein. Ferner brauchen Sie die Kraft des Geistes, um Ihre Aufmerksamkeit nicht durch bedrückende Umstände ablenken zu lassen, sondern um stetig Ihre eigene Absicht zu senden. *Das ist bereits die nächste Stufe des Transsurfings.* Zum Erreichen dieser neuen Stufe gibt es auch einen neuen Ansatz: wie Sie denken, wie Sie handeln, wie Sie sich bewegen.

Der normale, vom System ausgequetschte Durchschnittsbürger hat praktisch nicht die Kraft, sich vom Spiegel loszureißen und vom Empfänger zum Sender zu werden. Niedrige Energetik, getrübtes Bewusstsein und einfach auch die Unwissenheit des Prinzips des Senders: *Mein Film ist nicht das, was ich sehe, sondern das, was ich sehen will.*

Wenn Sie sich hingegen dies zum Ziel setzen - ein Sender zu sein -, werden Sie vollen Erfolg haben. Jetzt wissen Sie, wie es gemacht wird. Wenn Ihr Körper und Geist gereinigt sind und Ihre Energie zu einem mächtigen Strom wird, werden Sie in der Lage sein, diese Barriere zu überwinden, und dann sieht für Sie die Sache schon ganz anders aus: *Draußen, in der Realität, wird von nun ab der Film ablaufen, den Sie innerlich gezielt gedreht haben.*

Zusammenfassung

- Die radikalste und mächtigste Art zu handeln besteht darin, seine eigenen Absichten, seinen eigenen Film auszustrahlen, ganz gleich, was rundherum passiert.
- Bedrückt Sie etwas? Dann sollte in Ihrem Kopf die rote Alarmlampe aufleuchten. Wachen Sie auf und aktivieren Sie den Modus der Beobachtung.

- Wechseln Sie dann vom mutlosen Modus des Befolgens von Bedingungen und Umständen in den Modus der Ausstrahlung Ihres eigenen Films.
- Die Wirklichkeit wird jetzt zum Bildschirm, wo ein Film abläuft. Ihre Realität hingegen ist innen, in Ihrem Kopf.
- Was auch immer auf dem Bildschirm der Wirklichkeit geschieht, Sie senden einfach weiter stur und unnachgiebig Ihr eigenes Szenario, Ihren Film.
- Jetzt werden Sie nicht mehr vom externen Film beeinflusst, sondern gestalten Ihren eigenen, unabhängigen Film.

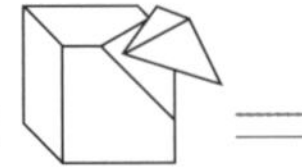

Die Entfesselung der Kraft

Wir nähern uns dem Ende dieses Buches. Wahrscheinlich sind Ihnen jetzt viele Dinge klar geworden, die zwar simpel erscheinen, aber doch nicht so offensichtlich sind. Die Realität hat sich Ihnen in einer fremden Gestalt eröffnet, und von nun an werden Sie sie nicht mehr so wahrnehmen wie die Masse der Menschen. Damit ist Ihnen ein Vorteil in die Hand gegeben, den Sie aber nur nutzen können, wenn Sie sich auf den Weg der Befreiung von den Abhängigkeiten und Wäscheklammern der Gesellschaft machen.

Im letzten Kapitel wollen wir kurz zusammenfassen:

Warum sehen nicht all jene blühend aus, die lebendige Nahrung essen?

Der Körper ist ein selbstreparierendes System; er kann alles von selbst begradigen. Wir brauchen dazu nur die nötigen Bedingungen zu schaffen und unsere Absicht zu verkünden.

Lebendige Nahrung allein ist nicht ausreichend. Das Flussbett (die Gefäße) wird zwar gereinigt werden, aber es wird nur ein schmales Rinnsal sein. Die Ruderer (die Muskeln) werden nicht trainiert sein, sondern schwach. Bewegung ist ein Muss.

Nur Bewegung allein ist nicht ausreichend. Die Nahrung muss vollwertig und physiologisch stimmig sein, ansonsten werden sich Rausch- und Erschöpfungszustände einstellen.

Die Absicht allein ist nicht ausreichend. Ohne die Berücksichtigung der beiden vorangegangenen Faktoren werden Sie nicht genügend Kraft haben.

Nahrung, Bewegung, Absicht – wenn Sie diese drei Komponenten vereinen, wird sich alles regenerieren und im Lot sein.

Warum funktioniert Transsurfing nicht bei allen und längst nicht immer so, wie es sein sollte?

Der moderne Mensch befindet sich in einem kraftlosen Zustand. Sein Bewusstsein ist getrübt. Sein Körper ist verschlackt. Seine Energetik ist schwach. Die Ventilklappe seiner Lebenserhaltung ist gedrosselt. Sein Unterbewusstsein ist von Informationen überlastet. Er steckt in einer ungesunden Sucht nach Lebensmitteln und Informationen und ist mit somatischen und mentalen Wäscheklammern bespickt.

Belastung + Ventilklappe + Wäscheklammern + Sucht = zombifizierter Mensch

Außerdem befindet sich der Mensch in der Macht der Spiegelillusion. Er ist Verbraucher, nicht Schöpfer. Er ist Empfänger, nicht Sender. Dass unter solchen Umständen Transsurfing manchmal dennoch funktioniert, ist eigentlich ein Wunder. Aber hierin liegt ein enormes Potenzial. Wenn dieses Potenzial freigesetzt wird, zeigt sich die wirkliche Kraft. Der Schlüssel zu dieser Kraft ist die Einheit aller Komponenten:

Wie wir denken + wie wir uns ernähren + wie wir uns bewegen

Deklarierung + Konstatierung + Handlung

Die Ausstrahlung der Absicht

Der eigene Film

Wenn Sie Ihre Ventilklappe lockern, sich von Ihrer Last, von Ihren Abhängigkeiten und Ihren Wäscheklammern befreien, wird sich Ihre Kraft deutlich steigern. Und wenn Sie vom Empfänger zum Sender werden, werden Ihre Chancen nur durch Ihre Absicht begrenzt sein. Sie können sich eine beliebige Welt erschaffen.

• ● •

Somit wäre das System geknackt, die Wolken sind vertrieben. Nun, liebe Leser, möchte ich Sie bitten, noch einmal zum Vorwort zurückzukehren, in dem vielleicht von Anfang an etwas unklar war, und es noch einmal zu lesen. In diesem Moment verbinden sich alle in diesem Buch beleuchteten Facetten der Realität zu einem großen Puzzlespiel, und vor Ihnen entsteht ein klares Bild. Und wenn Sie möchten, lesen Sie das Buch noch einmal; es wird Ihnen, wie ein Hologramm, neue, zuvor nicht gesehene Aspekte eröffnen.

Und zum Schluss möchte ich Sie mit einer lustigen Novelle im Stil des ironischen Surrealismus* erheitern. Denn die Grenze zwischen Realität und Fiktion ist in der Tat sehr schmal. Möge in Ihrer Welt, liebe Leserinnen und Leser, ein Regenbogen leuchten und die Sonne scheinen! Ich wünsche Ihnen viel Glück!

---

* Zum ersten Mal wurde diese Novelle in kroatischer Sprache veröffentlicht, und zwar in der Zeitschrift *20 + 1 najbolja pri a za ljeto 2011*, nachdem sie zu einem Wettbewerb unter den Schriftstellern der Länder des ehemaligen Jugoslawiens eingesandt worden war, an dem ich die Ehre hatte teilzunehmen.

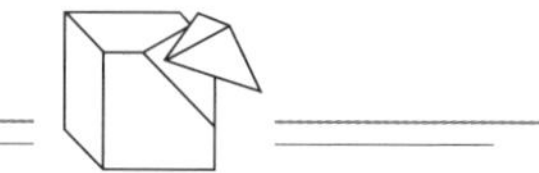

Der orange Feiertag

Schließlich bin ich wieder an der Stelle angelangt, wo ich vor sieben Jahren mein Buch *Transsurfing – Die Realität ist steuerbar* schrieb. Meine Welt erkannte mich nicht und begegnete mir unfreundlich.

Ich sitze zu Hause, und durch das Fenster sehe ich hinterlistige Bäume und einen heimtückischen Himmel.

»Sieh nur, wie grün wir sind!«

»Sieh nur, wie blau ich bin!«

Ich gehe auf die Straße. Sie warten und lauern. Und dann scheinen sie nach mir mit Regen und Wind zu werfen! Ich laufe nach Hause, und das Unwetter beruhigt sich. Die Bäume sehen prächtig aus, und der Himmel strahlt, als sei nichts gewesen.

Wieder gehe ich vorsichtig aus dem Haus, wobei ich mich ungläubig umblicke. Und wieder treiben die Schelme ihren Schabernack mit mir! Wieder beginnen sie, zu blasen und mich mit Wind und Regen zu überschütten. In Ordnung, denke ich; das Meer ist ganz in der Nähe. Es soll mich nicht umsonst geärgert haben! Ich werde hingehen, ihm ihn die Augen schauen und ihm alles sagen, was ich über es denke.

Ich gehe in den Wald. Nachdem der Himmel sich vergewissert hat, dass ich nicht beabsichtige umzukehren, klart er auf. Aber hier bin ich von Bäumen umgeben, die offensichtlich feindliche Absichten hegen. Sie stehen da, die Äste in die Seiten gestemmt.

»Nun, was sagst du jetzt?«

Was soll ich schon sagen? Ich versuche, mich durchzuzwängen, aber sie lassen mich nicht passieren.

»Jungs«, sage ich, »ich versuche es jetzt noch einmal im Guten, ansonsten ...«

»Ansonsten machen wir aus dir Hackfleisch«, antworten sie.

Ich war gezwungen, ihnen ein paar Zweige abzubrechen. Erst dann ließen sie mich durch. Sieh an!

Ich gehe weiter auf dem gleichen Weg, von dem ich bereits im ersten Band der *Transsurfing*-Serie schrieb, da kommt mir ein Kater mit Banditenmiene entgegen.

»Hast du Fisch?«, will er wissen.

Können Sie sich das vorstellen? Vor Verblüffung fiel mir die Kinnlade herunter.

»Was denn für ein Fisch?«

Da versperrte mir ein zweiter fetter Kater den Weg.

»Blödmann, stell dich nicht so an! Her jetzt mit dem Fisch! Oder wir zerkratzen dir deine Fresse.«

»Gut, nun gut, meine Herren«, sagte ich. »Dann lasst mich bitte zum Meer durch, damit ich Fische fangen kann.«

»Na schön«, stimmten die Kater widerwillig ein, »dann stapf mal los, aber dalli, und komm ja nicht ohne Fisch zurück. Wir werden dich überall finden.«

Auch das Meer wollte mich partout nicht erkennen. Oder es tat einfach nur so, als würde es meine Anwesenheit nicht bemerken. Was hatte das zu bedeuten? Es war doch niemand Geringerer als ich gekommen! Und das Meer spülte gelangweilt ein paar Wellen ans Ufer und reagierte überhaupt nicht. »Pass nur auf!«, denke ich. »Jetzt werde ich dir einen Schrecken einjagen. Ich werde hinter dem Felsen vorlaufen, ich werde dich anschreien, ich werde über dich herfallen!« Das tat ich dann auch. Doch das Meer schien unbeeindruckt. Im Gegenteil, es versuchte, mich mit seinen Wellen wegzudrücken, um mich loszuwerden.

»Heh!«, sage ich. »Los, ich brauche jetzt Fisch, um die Katzen zu füttern.«

»Fisch sollst du haben«, sprach das Meer.

Und ein böser Butt packte mich am Bein und zog mich nach unten. Ich schrie ihn an: »Warum bist du denn so gemein? Lass mich los!«

Aber der Butt ließ nicht los, sondern zerrte nur noch stärker an mir und glotzte mich mit seinen verruchten Glubschaugen an. Da schlug ich dem bösen Butt aufs Auge und konnte irgendwie entkommen.

»Jetzt reicht's mir aber mit euch allen!«, sagte ich beleidigt und trat ans Ufer. Das Meer schmunzelte boshaft und riss mich mit einer Welle nieder. Und obendrein kreischten auch noch die Möwen wie verrückt.

»Heh, ihr da! Was macht ihr für ein Geschrei?!«, rief ich erbost.

»Und was hast du hier zu suchen?«, erwiderten die Möwen noch grantiger und begannen, in meiner Nähe Kreise zu ziehen und nach mir zu schnappen.

»Wisst ihr denn nicht, dass sich meine Welt um mich kümmert?«, schrie ich verzweifelt.

»Halt die Klappe! Wir sind auch deine Welt«, erwiderten die Möwen und pickten weiter nach mir. Ich wehrte mich gegen sie mit einer Fliegenklatsche, die ich irgendwie dabei hatte. (Offenbar kümmerte sich meine Welt trotz allem um mich.) Das Meer hingegen versuchte, mich zu erhaschen und mich mit Wasser zu überschütten.

Inzwischen kam mir eine Idee. Ich musste etwas tun, damit sie mich alle erkannten. Schnell ritzte ich einen Satz in den Sand: »Ich bin es!« Und man stelle sich vor: Das Meer beruhigte sich sofort und wich zurück. Auch die Möwen regten sich ab und flogen davon. Aber zuerst hoben sie verständnisvoll den Kopf, öffneten den Schnabel und sprachen: »A-a-a!« Dann flogen sie fort.

Der böse Butt steckte den Kopf aus dem Wasser und blinzelte mir mit einem blauen Auge zu. Oder Moment mal, Fische können eigentlich gar nicht blinzeln ... Jedenfalls schien es mir, dass er mir zublinzelte.

Ich ging nach Hause, nur auf einem anderen Weg, um eine Begegnung mit den diebischen Katern zu vermeiden. Nur der Himmel schien nicht bereit, mich zu erkennen. Aus heiterem Äther regnete es in Strömen. Allerdings ... nicht von oben, sondern von unten. Die Tropfen sammelten sich aus den Pfützen, kletterten die Grashalme hoch und fielen nach oben, unter meine Hose. Der Himmel verhöhnte mich offenbar.

Ich versuchte zu springen und zu rufen: »Himmel! Gib mir mich selbst!«

Der aber reagierte nicht im Geringsten, sondern goss weiter seinen höhnischen umgekehrten Regen unter mich. Dabei gab es fast gar keine Wolken. Aber wozu auch, es regnete ohnehin von unten. Ich dachte: »Was für ein Geizhals, er gibt mir weder Wolken noch Regen!« Vielleicht sollte ich das Prinzip des Freilings anwenden und die Absicht zu bekommen mit der Absicht zu geben ersetzen? Ich begann zu schreien.

»Himmel! Ich bin hier!«

Wieder keine Reaktion.

»Ich bin es!«

Aber offenbar sah der Himmel mich nicht. Die gleiche Welt, die ich sieben Jahre zuvor verlassen hatte, hatte sich verändert und erkannte mich nicht. Mit dem Meer, den Möwen und den Katzen hatte ich mich irgendwie geeinigt. Nur der Himmel wollte mich nicht erkennen. Er ist in der Tat hoch. Ich vergaß ihn mitzunehmen, als ich ging.

Verwirrt ging ich nach Hause. Unterwegs dachte ich darüber nach, was ich tun könnte, damit der Himmel mich erkannte. Da konfrontierte mich meine Welt mit der nächsten Überraschung. Aus dem Wald stapfte plötzlich ein gelbes Unterseeboot in orangen Stiefeln hervor und sang das Lied *Stairway to Heaven* der Musikgruppe Led Zeppelin. Ich dachte: »Au weia, jetzt piept's wohl endgültig bei mir. Etwas in meiner Welt ist heftig in Schräglage geraten.«

»Heh, was ist denn in dich gefahren?«, rief ich ihm zu und starrte ihn an.

»Ich gehe schwimmen. Wie ist das Wasser, ist es warm?«

»Nein mit mir ist alles in Ordnung«, antwortete ich unpassenderweise. »Mit mir ist alles in Ordnung.«

»Ja, ja!«, plapperte das U-Boot. »Das Wetter ist heute clever und raffiniert. Kolossal!«

»Wie kann das Ding bloß über das Wetter reden, als sei es gar nicht das Wetter?«, schoss es mir durch den Kopf. »Oder meint es vielleicht den umgekehrten Regen? Es könnte sich nie vorstellen, dass das an mir liegt. Ich sollte wohl das Thema wechseln ...«

»Und wozu die orangen Stiefel?«, fragte ich.

»Aber bei uns ist doch heute oranger Feiertag! Weißt du das denn nicht? Es ist sehr taktlos von dir, an einem solchen Tag ganz in Schwarz gekleidet zu scin.«

Ich schaute an mir herab und stellte zu meinem Erstaunen fest, dass ich einen Frack anhatte. Sapperlot! Offenbar nahmen die Überraschungen kein Ende. Hatte ich etwa völlig den Kopf verloren?

»Den Kopf wirst du kaum verloren haben, sonst könntest du ja gar nicht mehr denken«, sang das U-Boot, als hätte es meine Gedanken gelesen. »Obwohl ... was ich sage, ist alles möglich, wenn es bei dir den orangen Feiertag gibt!«

»In welchem Sinne?«

»Bist du aber schwer von Begriff! Du selbst malst doch deine Welt in Farben an, die du gewählt hast, und du bestimmst, was möglich ist und was nicht.«

»Kolossal!«, imitierte ich das U-Boot. »Denkst du, indem du orange Stiefel trägst, wird die ganze Welt sogleich deinem Beispiel folgen?«

»Ach, ach! Wie dumm, wie dumm! Ich habe glatt vergessen, sie auszuziehen und stattdessen Schwimmflossen zu tragen! Dass ich heute aber auch so zerstreut bin! Schnell, schnell! Ich eile.«

Das gelbe U-Boot trippelte eilig in seinen Stiefeln davon und entschwand schnell meinen Blicken. Nur sein Lied, das aus der Ferne klang, ließ mich glauben, dass ich das nicht alles nur träumte: »There's a lady who's sure, all that glitters is gold, and she's buying a stairway to heaven ... pampam pampam ...«

Und dann fiel es mir ein! Ich rannte nach Hause, wo in meinem Schuppen eine lange Treppe lag.

Also packte ich die Treppe - Sie werden wahrscheinlich schon erraten haben, warum -, ich wollte sie wegschleppen, doch sie sträubte sich. Sie wollte nicht: »Lass mich in Ruhe! Ich hatte einen wunderbaren Traum, als würde ich bis zum Mond reichen! Und du hast mich geweckt!«

»Dann lass uns gehen«, sagte ich zu ihr. »Du sollst meine Treppe in den Himmel sein.«

»Also gut! Hoch genug bin ich. Ich könnte bis zu den Sternen reichen!«

»Warte!«, sagte ich. »Ich muss im Wald der Wichtignahme etwas Oranges von mir unterbringen und ein Lied für den Himmel komponieren, damit er mich erkennt.

Leider fand ich zu Hause nichts außer orangen Möhren. Na gut, dachte ich, auch nicht schlecht. Während ich die Treppe hinaufstieg, verfasste ich mein Lied und sang es gleichzeitig laut und eifrig. Dabei dirigierte ich mich selbst mit einer Möhre.

Ich bin ein fideles, nettes Vögelchen!
Fliege in den Himmel hoch, sehr hoch!
Ich bin glücklich, ich bin frei!
Und trällere für dich, o Himmel,
Dieses mein Lied, das schö-ö-ne!
Laut und gedeh-eh-ehnt!
Die ganze Welt werde ich anmalen
Mit oranger Farbe wunderbar!
Damit allen warm ist und froh ums Herz!
Wir werden tanzen und glücklich sein
Unter dem orangen Himmel!
Möge die Sonne für uns scha-hei-nen!
So fröhlich und so glückli-hich!
Hurra-ha-ha-ha!

So sang ich und schwang dazu meine Möhre, bis mir plötzlich jemand von oben eine besonnene Bemerkung ins Ohr flüsterte:

»Was schreist du denn so? Du verscheuchst mir noch alle Schmetterlinge.«

Als ich mich umdrehte, erblickte ich eine vorbeifliegende Kuh mit einem Schmetterlingsnetz. Die Kuh, die mit ihren kleinen Flügeln schwirrte, hing über meinem Kopf und starrte mich vorwurfsvoll an. Vor Erstaunen fiel mir nichts anderes ein, als sie zu fragen: »Sehr geehrte Kuh, warum sind Sie so orange?«

Vielleicht denkt jetzt jemand, alles andere an ihr überraschte mich nicht.

»Ich eile zur Feier, siehst du das nicht? Ich brauche Zeit, um Schmetterlinge zu fangen.«

»Und was willst du mit den Schmetterlingen?«

»Ich veranstalte am Himmel eine spektakuläre Airshow.«

Ich war mir nicht sicher, ob die Kuh eigentlich wusste, was eine Airshow ist, aber das war auch egal.

»Und was machst du hier?«

»Ich bin in meine Welt zurückgekehrt, aber der Himmel hat mich nicht erkannt. Wahrscheinlich kann er nicht hören. Ich habe keine Ahnung, wie ich ihn anschreien soll.«

Die Kuh dachte nach und antwortete: »Gut, ich kann es dir sagen.«

»Wirklich? Oh, wie toll! Ach, was bin ich froh!« Vor Freude machte ich einen Hüpfer und wäre beinahe die Treppe heruntergefallen.

»Und was bekomme ich dafür?«, fragte die Kuh und schielte auf die Möhre.

»Oh, zum Dank werde ich dir etwas sehr Leckeres und Saftiges geben.«

»Gut. Dann geh zum weisen Hechtdorsch und frage ihn. Er weiß alles.«

»Und wo kann ich den finden?«

»Tauche ins Meer, ganz unten in der Tiefe wirst du ihn finden. Vergiss aber nicht, etwas Oranges anzuziehen. Schließlich ist heute ein Feiertag.«

»Gut, und vielen Dank nochmals«, sagte ich und hielt ihr die Möhre hin.

»Besten Dank auch«, sagte die Kuh und kaute genüsslich auf der Möhre herum, während sie weiterflog.

Während ich der Treppe dankte (sie war sehr stolz auf mich), lief ich ungeduldig ins Haus, um nachzuschauen, ob ich dort etwas Oranges finden würde. Glücklicherweise kam mir eine alte Kommode zu Hilfe.

»Hör mal, ich habe hier seit langem eine orange Krawatte liegen, groß und schön, genau richtig für einen solchen Fall«, sagte die Kommode.

»Dann gib sie mal schnell her«, antwortete ich.

Ich zog also die Krawatte an, und obwohl sie nicht besonders zu meinem Frack passte und mir bis unter die Gürtellinie reichte, war mein gesamtes Erscheinen sehr farbenfroh und feierlich. Es gab da nur ein Problem. Ich musste irgendwie hinaus aufs Meer, hatte aber kein Boot. Viel Zeit hatte ich nicht, und so ging ich zur Badewanne und sagte zu ihr: »Komm mit mir und sei mein Boot.«

»Gut«, stimmte die Badewanne zu, »wohin geht die Reise?«

»Zum weisen Dorschhecht. Schaffst du das?«

»Mit Leichtigkeit.«

Und so brach ich auf zum Meeresstrand, im Frack und mit oranger Krawatte, hinter mir her zog ich die Wanne. Die Möwen staunten nicht schlecht und starrten mich mit offenen Schnäbeln an. Eine von ihnen schrie: »Schreck lass nach! Hat man so was schon mal gesehen?«

»Nein, so was haben wir noch nie gesehen«, antworteten die anderen Möwen und schüttelten den Kopf.

Ich schob die Wanne ins Meer und ruderte mit einem Kochtopfdeckel, denn ein Ruder hatte ich nicht gefunden. Da sah ich das gelbe U-Boot vorbeischwimmen, das mit seinen Schwimmflossen fröhlich auf dem Wasser herumpatschte.

»Willst du ein Bad im Meer nehmen?«, rief es mir zu. »Kolossal!«

»Nein, ich will zum weisen Dorschhecht, nur weiß ich nicht, ob ich es bis zu ihm schaffe. Denn er wohnt auf dem tiefen Meeresgrund.«

»Hier, nimm meinen Anker«, sagte das U-Boot.

Ich nahm den Anker, und mit dem Ruf »Sieg der Revolution!« tauchte ich ins Meer. Die Möwen bedeckten ängstlich mit den Flügeln ihre Augen. Wie wird das noch enden?!

Ich tauchte bis zum Grund. Unten sah ich den weisen Dorschhecht hinter einem breiten Schreibtisch sitzen. Er war gerade dabei, etwas zu schreiben, und hinter ihm stand eine ganze Bibliothek mit den verschiedensten dicken Büchern. »Wie weise er doch ist!«, dachte ich mir. »Sicher wird er mir helfen.«

»O Ehrbarster unter den Weisen«, begann ich, doch der Dorschhecht unterbrach mich:

»Was gurgelst du denn so herum? Du wirst dich noch verschlucken! Ich weiß alles. Geh sofort nach Hause und lass einen Drachen steigen, nachdem du auf ihn eine ausführliche Erläuterung geschrieben hast. Und damit du das alles hinbekommst, sollst du ein oranges Fahrrad von mir bekommen. Geh, es wartet schon zu Hause auf dich. Und rück deine Krawatte zurecht.«

Das Meer trug mich freundlicherweise zurück zur Küste. Die Möwen sahen, dass alles ein glückliches Ende genommen hatte, und klatschten freudig mit ihren Flügeln. Ich verbeugte mich tief vor ihnen. Und die Katzen, die sich aus irgendeinem Grunde am

Ufer befanden, applaudierten mir ebenfalls und boten mir ihre Hilfe an, die Wanne zurückzubringen. Auf diese Weise zog eine feierliche Prozession im Triumph zu mir nach Hause. Vornweg stolzierte das gelbe U-Boot in seinen Schwimmflossen und sang: »We are the champions ...« Die Katzen zogen mit Begeisterung die Wanne. Auch die Möwen hatten beschlossen, sich dem Zug zu Fuß anzuschließen, aus Höflichkeit. Und die Kuh flog über uns am Himmel mit ihrer absolut atemberaubenden und spektakulären Airshow aus Schmetterlingen. Der orange Feiertag war gelungen!

Sie denken jetzt wahrscheinlich, ich hätte mir das alles zusammenphantasiert. Von wegen! So ist es tatsächlich gewesen. Und hören Sie auf zu lächeln. Mir ist nicht zum Witzemachen zumute. Ich werde jetzt meinen Drachen steigen lassen, auf dem in großen Buchstaben steht: »Hier bin ich!« Und ich hoffe, dass mich der Himmel entdecken wird.

Ich schwang mich auf das orange Fahrrad (die Sonne ging bereits unter, und der Himmel nahm eine orange Färbung an, diese Farbe gefiel ihm offenbar) und fuhr los, um den Drachen steigen zu lassen.

Ich fahre auf dem orangen Fahrrad, und hinter mir steigt der Drache hoch, sehr hoch.

»Nun?«, rufe ich dem Himmel mit erhobenem Haupt zu.

Schließlich reagiert der Himmel. Er sagt: »Du bist ein Idiot.«

Was kann man auch sonst zu einem Idioten sagen, der auf einem orangen Fahrrad sitzt und einen Drachen steigen lässt, auf dem steht: »Hier bin ich!«

Nun gut. Der Himmel hat mich erkannt, hat aufgehört, Regen auf mich fallen zu lassen, und lächelt mir mit einem umgekehrten Regenbogen zu. Wo immer ich jetzt auch hinfahre, ich werde meinen Himmel immer mitnehmen.

Weiterführende Informationen zu
Büchern, Autoren und den Aktivitäten
des Silberschnur Verlages erhalten Sie unter:
www.silberschnur.de

Natürlich können Sie uns auch gerne den
Antwort-Coupon aus dem beiliegenden
Lesezeichenflyer zusenden.

Ihr Interesse wird belohnt!

Die Transsurfing-Reihe von Vadim Zeland

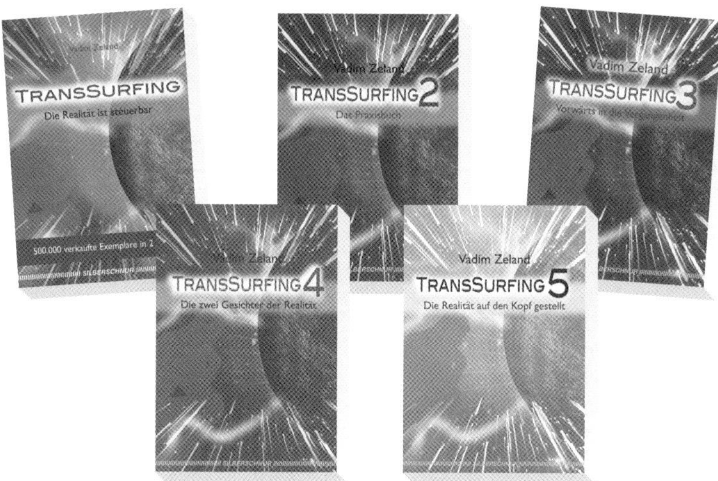

Transsurfing – Die Bücher zur Realitätssteuerung

Transsurfing ist eine mächtige Technik zur Realitätssteuerung, mit der jeder die Möglichkeit hat, die Realität nach Belieben zu lenken. Vadim Zeland erläutert in den 6 Bänden dieser Reihe, dass die Realität nicht festgeschrieben ist. Jeder Mensch kann zu jeder Zeit aus einer Vielzahl möglicher Wege den für sich richtigen wählen, um sein Ziel zu erreichen. Er kann selbst entscheiden, welche Ereignisse in seinem Leben stattfinden werden und welche nicht. Millionen von Lesern in aller Welt haben Vadim Zelands Bücher gelesen und die Prinzipien des Transsurfings in ihr Leben integriert – mit Erfolg.

Transsurfing

Die Realität ist steuerbar

232 Seiten, broschiert · € [D] 14,90
ISBN 978-3-89845-154-3

Transsurfing 2

Das Praxisbuch

240 Seiten, broschiert · € [D] 14,90
ISBN 978-3-89845-201-4

Transsurfing 3

Vorwärts in die Vergangenheit

240 Seiten, broschiert · € [D] 14,90
ISBN 978-3-89845-253-3

Transsurfing 4

Die zwei Gesichter der Realität

192 Seiten, broschiert · € [D] 14,90
ISBN 978-3-89845-285-4

Transsurfing 5

Die Realität auf den Kopf gestellt

192 Seiten, broschiert · € [D] 14,90
ISBN 978-3-89845-324-0

216 Seiten, broschiert
ISBN 978-3-89845-377-6
€ [D] 14,90

Vadim Zeland

Transsurfing in 78 Tagen

Die Kunst der Realitätssteuerung

Transsurfing ist eine mächtige Technik zur Realitätssteuerung, mit der jeder die Möglichkeit hat, die Realität nach Belieben zu lenken. Das Basiswissen zu Transsurfing fasst Vadim Zeland hier in 78 Schritten zusammen und bietet damit ein Buch, das die Grundlagen der Realitätssteuerung verständlich erklärt. Dieses Wissen ist notwendig, um zu erkennen, dass die Realität nicht festgeschrieben ist. Jeder Mensch kann zu jeder Zeit den für sich richtigen Weg wählen, um sein Ziel zu erreichen, und selbst entscheiden, welche Ereignisse in seinem Leben stattfinden werden und welche nicht.

296 Seiten, broschiert
ISBN 978-3-89845-445-2
€ [D] 14,95

Vadim Zeland

Transsurfing – Lenker der Realität

Die Antworten

TransSurfing fasziniert seit Jahren Tausende begeisterter Leser. »Lenker der Realität« ist auf Grundlage von Leserbriefen entstanden. Jegliche Fragen, die noch offen sind, klärt Vadim Zeland in diesem Buch.

Warum funktionieren die bekannten Visualisierungsmethoden manchmal sehr gut und in anderen Fällen nicht? Der Grund dafür ist ein fehlendes Teil in der Kette, ohne das alle spirituellen Praktiken Zeitverschwendung sind.

Dieses Buch verrät Ihnen, was das fehlende Teil ist. Wenn Sie den Schlüssel zur Steuerung der Realität erhalten haben, entdecken Sie eine Welt, in der das Unmögliche möglich wird.

320 Seiten, gebunden
ISBN 978-3-89845-113-0
€ [D] 21,90

Johannes von Buttlar & Trutz Hardo

Supersurfing – Reisen durch Raum und Zeit

Dies ist das erste zusammenfassende Buch, das dem Leser die Technik vermittelt, wie man sowohl Reisen außerhalb seines Körpers in die Nähe und Ferne als auch Zeitreisen in die verschiedensten vergangenen und zukünftigen Leben erfolgreich durchführt. Reisen durch Raum und Zeit bedeutet Aufbruch ins holistische Zeitalter.

Erweitern Sie Ihre Erlebnisgrenzen. Dieses Buch gibt Ihnen die Praxis in die Hand, wie Sie die Grenzen von Zeit und Raum durchbrechen können, um die aufregendsten Abenteuer gefahrlos erleben zu können.

240 Seiten, broschiert
ISBN 978-3-89845-678-4
€ [D] 18,00

Andrej Korobeishchikov

Metanoia – Der Weg der Seher

Überwinde die Grenzen deiner Realität

Es gibt eine Welt hinter der Welt!
Der Autor offenbart uns die Welt hinter der Welt und enthüllt Stereotypen der Gesellschaft mit einem Trainingsprogramm, durch das wir diese andere Welt, sehen und verstehen können. Als Jäger-Schamane der Taiga bestreitet er den Weg des Sehers.
Durch den Eintritt in ein neues Raum-Zeit-Gefüge, entdeckt man eine Parallelzivilisation und eine Welt die unseren Alltag mit ungeahnten Kräften beeinflusst. Die mystischen Erfahrungen des Autors werden in das moderne Leben eingebunden und es beginnt eine Suche nach dem Höchsten Geist und dem verlorenen Zuhause durch die Schattenseiten der modernen Gesellschaft.

144 Seiten, mit Farbteil, broschiert
ISBN 978-3-89845-624-1
€ [D] 12,00

Ewgenij Titow

Die Sibirische Zeder

Die »Königin der Taiga« und die Kostbarkeiten der Zedernnüsse

In diesem Ratgeber zeichnet der Autor ein umfassendes Bild der »Königin der Taiga« und beschreibt anschaulich die verschiedenen Arten, das breite Spektrum an heilenden Wirkungen in den Nüssen, den Nadeln, dem Harz, dem Holz und den ätherischen Ölen und originelle Landschaftsgestaltungen mit der Zeder. So macht er Lust darauf, die majestätischen Bäume auch im eigenen Garten anzusiedeln.
Ein umfangreiches, lehrreiches und auf dem deutschen Markt einzigartiges Kompendium für alle, die mehr über den alten Kultbaum Russlands erfahren möchten.

288 Seiten, broschiert
ISBN 978-3-89845-420-9
€ [D] 14,95

Larisa Renar

Die Macht der Weiblichkeit

Dieses Buch beschreibt die Stärken der weiblichen Energie, die schönen Schwächen, die unglaublichen Möglichkeiten und die süßesten Mächte der Erde. Entdecken Sie mit diesem voller Charme geschriebenen Buch Ihre Weiblichkeit, die Macht der Verführung und das Geheimnis, wie Sie Ihre Wünsche realisieren. Tauchen Sie ein in die moderne Welt von Larisa Renar und in die Welt des frühen 20. Jahrhunderts der Fürstin Varvara Renar. Profitieren auch Sie wie die Autorin von den Kenntnissen der Urgroßmutter, von den Verführungsrezepten und dem geheimen Wissen über die weibliche Macht – und werden Sie zur modernen Liebesgöttin ...

240 Seiten, broschiert
ISBN 978-3-89845-354-7
€ [D] 14,90

Alexander Sviyash

Ab heute bin ich Glückskind

Leben ist das, was ich will

Haben Sie tatsächlich das, was Sie für Ihr Glück brauchen? Nein? Dabei können Sie jederzeit zu einem wahren Glückskind werden und alles haben, was Sie sich wünschen. Es kommt nur auf Sie an! Alexander Sviyash verrät, wie sich Ihr Leben selbst unter den schwierigsten Bedingungen drastisch zum Besseren wendet und wie Sie zu einem Glückskind werden. Ihre Ziele erreichen Sie zukünftig mit wenig Mühe. Das mag wie ein Wunschtraum klingen, aber es ist eine unumstößliche Tatsache, von der Sie profitieren können, wenn Sie es nur zulassen ...

528 Seiten, gebunden
ISBN 978-3-89845-075-1
€ [D] 29,90

Franziska Krattinger

Pentagramm des Lebens

Das Leben verstehen – das Schicksal neu bestimmen

Die Pentagramm-Analyse nach F. Krattinger ist eine gänzlich neue Methode, um unsere wesentlichen Verhaltensweisen und deren Folgen für uns zu erkennen, die völlig ohne komplexe astrologische oder numerologische Berechnungen auskommt. Vielmehr handelt es sich hierbei um ein revolutionäres, auf dem Pentagramm basierendes Konzept, das dem Leser alles an die Hand gibt, was er wissen muss, um sein unbewusstes Programm umzuschreiben, die »schicksalhafte Fügung« aufzuknacken. Denn indem die Schattenwelt im Inneren durchdrungen wird, nehmen wir unser Schicksal endlich selbst in die Hand ...

160 Seiten, broschiert
ISBN 978-3-89845-152-9
€ [D] 10,90

Franziska Krattinger

Ein Wort genügt!

... sich einfach umprogrammieren

Schalten Sie einfach um! – Manchmal genügt ein einziges Wort, um verborgene Haltungen ans Licht zu bringen oder Einstellungen zu ändern. Dabei gibt es spezielle Worte, die gleichsam eine magische Wirkung haben, da sie die Schlüssel zu unserem Unterbewusstsein sind: Schaltworte. Schalten Sie einfach um! – und beobachten Sie die Veränderungen in Ihrem täglichen Leben, ohne dass Sie bewusst daran denken oder eine Vorstellung der Lösung haben müssen. Nutzen Sie die Kraft, eine Situation augenblicklich im besten und idealen Sinn zu verändern.